Am Schlusse dieses Bandes befindet sich ein „Nachweis wichtiger Gesetzesausgaben“, in dem die meisten Bände der jetzt über 240 Nummern umfassenden

Guttentagschen Sammlung Deutscher Reichs- und Preußischer Gesetze

sowie größere und kleinere Kommentare, Lehrbücher, Sammelwerke, Entscheidungssammlungen und Zeitschriften verzeichnet sind.

Guttentagsche Sammlung
Nr. 37 Deutscher Reichsgesetze Nr. 37
Kommentare und erläuterte Textausgaben

Gesetz gegen den
unlauteren Wettbewerb

vom 7. Juni 1909

In der Fassung vom 9. März 1932

Kurzer Kommentar für Praxis und Studium

Neunte,
durchgearbeitete und wesentlich ergänzte Auflage
der erläuterten Textausgabe von
Justizrat Dr. Albert Pinner und Dr. Alexander Elster

von

Dr. Alexander Elster
Berlin

Berlin und Leipzig 1932
Walter de Gruyter & Co.
vormals G. J. Göschen'sche Verlagshandlung – J. Guttentag, Verlagsbuchhandlung – Georg Reimer – Karl J. Trübner – Veit & Comp.

Archiv-Nr. 21 1 037

Vorwort zur achten Auflage.

Die Bedeutung des unlauteren Wettbewerbes ist wie seine Bekämpfung im Laufe der Zeit wesentlich größer, die wissenschaftliche Behandlung eindringender, die Rechtsprechung umfassender geworden. In der 1. bis 3. Auflage dieser kurzen Kommentierung des Wettbewerbsgesetzes aus der Feder des Regierungsrats Stephan fand namentlich die geschichtliche Einleitung lebhaftes Interesse. Justizrat Pinner, der die 4. bis 6. Auflage nach Verabschiedung des Gesetzes von 1909 mit hervorragender Sachkenntnis bearbeitete, behielt jene für die Entwicklung der Bekämpfung des unlauteren Wettbewerbs interessante Darstellung bei und gab eine eigene, in knappem Rahmen juristisch wertvolle Kommentierung des Gesetzes. Die 7. Auflage, die ich bearbeitete, hielt noch an der Gestaltung des Büchleins im wesentlichen fest und ergänzte sie nur in Einzelheiten. Die stark gewachsene Bedeutung des unlauteren Wettbewerbs und seiner rechtlichen Bekämpfung erforderte unter Beibehaltung der bisher als willkommen erwiesenen Darlegungen jetzt eine Erweiterung der kommentierenden Bearbeitung, namentlich unter Berücksichtigung der Streitfragen und der Rechtssätze der reichsgerichtlichen Judikatur. So wurde wie bisher auch in dieser neuen Auflage auf die Berücksichtigung der Entscheidungen der höheren Gerichte und auf die rechtstheoretischen Grundlagen des Wettbewerbsschutzes besonderes Gewicht gelegt, die Ausführung im einzelnen eingehender gestaltet, um — wenn auch in möglichst kurzer Form — in den Geist dieses Gesetzes einzuführen und auf die auftauchenden Fragen begründete Antworten zu geben. Ohne den Aufgaben eines großen Kommentars gerecht werden zu wollen, wurde hier in kleinerem Rahmen auf systematisches Verständnis des Gesetzes, nicht nur in der Einleitung (S. 34 ff.), sondern auch in den Erläuterungen zu den einzelnen Paragraphen, Wert gelegt, um das Büchlein sowohl für das Studium des Gesetzes wie für jeden Ratsuchenden in der Praxis in Anbetracht der heutigen Anforderungen möglichst brauchbar zu erhalten.

Juli 1927.

Alexander Elster.

Vorwort zur neunten Auflage.

Der Weg, den die 8. Auflage beschritt, ist weiter gegangen worden. Allerlei Fragen beanspruchen neue Stellungnahme. Der Grundgedanke ist der gleiche geblieben: auf den rechtsethischen Gehalt des Wettbewerbsrechts, den das Reichsgericht (RGZ. 134, 350) als grundlegend berechtigt anerkennt, ist wie bisher Gewicht gelegt. Die wesentlichen Neuerungen, insbesondere nach der Verordnung vom 9. März 1932 — Zugabewesen, Ausverkäufe, Geheimnisverrat —, sind im Zusammenhang erläutert.

April 1932.

Alexander Elster.

Inhaltsverzeichnis.

Seite

Anhang.

Abkürzungen.

Begr. . . . . Begründung zum Entwurf des Gesetzes, Anfang 1909 dem Reichstag vorgelegt.

DJZ. . . . . Deutsche Juristenzeitung.

GRUR. . . . Gewerblicher Rechtsschutz und Urheberrecht, herausgegeben von Mintz.

HdR. . . . . Handwörterbuch der Rechtswissenschaft.

HRR. (d. JR.) Höchstrichterliche Rechtsprechung (der Juristischen Rundschau).

JW. . . . . Juristische Wochenschrift.

KomBer. . . Bericht der Kommission des Reichstags, 12. Legislaturperiode, I. Session 1907/09.

LZ. . . . . . Leipziger Zeitschrift für deutsches Recht.

MuW. . . . Markenschutz und Wettbewerb (Monatsschrift für gewerblichen Rechtsschutz, herausgegeben von Wassermann).

OLGR. . . . Rechtsprechung der Oberlandesgerichte.

RG. . . . . . Reichsgericht.

RGBl. . . . Reichsgesetzblatt.

RGSt. . . . Entscheidungen des Reichsgerichts in Strafsachen.

RGZ. . . . . Entscheidungen des Reichsgerichts in Zivilsachen.

UW. . . . . Unlauterer Wettbewerb.

UWG. . . . Gesetz gegen den unlauteren Wettbewerb.

WZG. . . . Gesetz zum Schutze der Warenbezeichnungen.

Gesetz gegen den unlauteren Wettbewerb.

Vom 7. Juni 1909 (RGBl. 1909 Nr. 31 S. 499—506), geändert 21. März 1925 (RGBl. II S. 115) und 9. März 1932 (RGBl. I S. 121).

§ 1.

Wer im geschäftlichen Verkehre zu Zwecken des Wettbewerbes Handlungen vornimmt, die gegen die guten Sitten verstoßen, kann auf Unterlassung und Schadensersatz in Anspruch genommen werden.

§ 2.

Unter Waren im Sinne dieses Gesetzes sind auch landwirtschaftliche Erzeugnisse, unter gewerblichen Leistungen und Interessen auch landwirtschaftliche zu verstehen.

§ 3.

Wer in öffentlichen Bekanntmachungen oder in Mitteilungen, die für einen größeren Kreis von Personen bestimmt sind, über geschäftliche Verhältnisse, insbesondere über die Beschaffenheit, den Ursprung, die Herstellungsart oder die Preisbemessung von Waren oder gewerblichen Leistungen, über die Art des Bezugs oder die Bezugsquelle von Waren, über den Besitz von Auszeichnungen, über den Anlaß oder den Zweck des Verkaufs oder über die Menge der Vorräte unrichtige Angaben macht, die geeignet sind, den Anschein eines besonders günstigen Angebots hervorzurufen, kann auf Unterlassung der unrichtigen Angaben in Anspruch genommen werden.

§ 4.

Wer in der Absicht, den Anschein eines besonders günstigen Angebots hervorzurufen, in öffentlichen Bekanntmachungen oder in Mitteilungen, die für einen größeren Kreis von Personen bestimmt sind, über geschäftliche Verhältnisse, insbesondere über die Beschaffenheit, den Ursprung, die Herstellungsart oder die Preisbemessung von Waren oder gewerblichen Leistungen, über die Art des Bezugs oder die Bezugsquelle von Waren, über den Besitz von Auszeichnungen, über den Anlaß oder den Zweck des Verkaufs oder über die Menge der Vorräte wissentlich unwahre und zur Irreführung geeignete Angaben macht, wird mit Gefängnis bis zu einem Jahre und mit Geldstrafe oder mit einer dieser Strafen bestraft.

Werden die im Abs. 1 bezeichneten unrichtigen Angaben in einem geschäftlichen Betriebe von einem Angestellten oder Beauftragten gemacht, so ist der Inhaber oder Leiter des Betriebs neben dem Angestellten oder Beauftragten strafbar, wenn die Handlung mit seinem Wissen geschah.

§ 5.

Die Verwendung von Namen, die im geschäftlichen Verkehre zur Benennung gewisser Waren oder gewerblicher Leistungen dienen, ohne deren Herkunft bezeichnen zu sollen, fällt nicht unter die Vorschriften der §§ 3, 4.

Im Sinne der Vorschriften der §§ 3, 4 sind den dort bezeichneten Angaben bildliche Darstellungen und sonstige Veranstaltungen gleichzuachten, die darauf berechnet und geeignet sind, solche Angaben zu ersetzen.

§ 6.

Wird in öffentlichen Bekanntmachungen oder in Mitteilungen, die für einen größeren Kreis von Personen bestimmt sind, der Verkauf von Waren angekündigt, die aus einer Konkursmasse stammen, aber nicht mehr zum Bestande der Konkursmasse gehören, so ist dabei jede Bezugnahme auf die Herkunft der Waren aus einer Konkursmasse verboten.

Zuwiderhandlungen gegen diese Vorschrift werden mit Geldstrafe oder mit Haft bestraft.

§ 7.

Als Ausverkäufe dürfen in öffentlichen Bekanntmachungen oder in Mitteilungen, die für einen größeren Kreis von Personen bestimmt sind, nur solche Veranstaltungen angekündigt werden, die ihren Grund

a) in der Aufgabe des gesamten Geschäftsbetriebs oder

b) des Geschäftsbetriebs einer Zweigniederlassung oder

c) in der Aufgabe einer einzelnen Warengattung haben.

Bei der Ankündigung eines Ausverkaufs ist anzugeben, welcher der im Abs. 1 unter a bis c genannten Gründe für den Ausverkauf vorliegt. Im Falle zu c ist die Warengattung anzugeben, auf die sich der Ausverkauf bezieht.

Die Vorschriften im Abs. 2 gelten auch für Ankündigungen, die, ohne sich des Ausdrucks „Ausverkauf" zu bedienen, eine der im Abs. 1 bezeichneten Veranstaltungen betreffen.

Nach Beendigung eines Ausverkaufs ist es dem Geschäftsinhaber vor Ablauf einer Frist von einem

Jahr nicht gestattet, an dem Ort, an dem der Ausverkauf stattgefunden hat, einen Handel mit den davon betroffenen Warengattungen zu eröffnen. Ausnahmen kann die höhere Verwaltungsbehörde nach Anhörung der zuständigen Berufsvertretungen von Handel, Handwerk und Industrie gestatten. Der Eröffnung eines eigenen Handels steht es gleich, wenn der Geschäftsinhaber sich zum Zwecke der Umgehung der Vorschrift des Satzes 1 an dem Geschäft eines anderen beteiligt oder in diesem tätig wird.

§ 7a.

Wer in öffentlichen Bekanntmachungen oder in Mitteilungen, die für einen größeren Kreis von Personen bestimmt sind, einen Verkauf zum Zwecke der Räumung eines bestimmten Warenvorrats aus dem vorhandenen Bestande ankündigt, ist gehalten, in der Ankündigung den Grund anzugeben, der zu dem Verkauf Anlaß gegeben hat. Betrifft der Verkauf nur einzelne der in dem Geschäftsbetrieb geführten Warengattungen, so sind in der Ankündigung weiterhin die Warengattungen anzugeben, auf die sich der Verkauf bezieht.

§ 7b.

Die unter §§ 7, 7a fallenden Veranstaltungen sind unter Einhaltung einer durch die höhere Verwaltungsbehörde festzusetzenden Frist vor der Ankündigung bei der von ihr bezeichneten Stelle anzuzeigen. Der Anzeige ist ein Verzeichnis der zu verkaufenden Waren nach ihrer Art, Beschaffenheit und Menge beizufügen, dessen Erneuerung von den höheren Verwaltungsbehörden für den Fall vorgesehen werden kann, daß die Veranstaltung nach Ablauf einer bestimmten Frist nicht beendigt ist. Die Anzeige muß die im § 7 Abs. 2, 3, § 7a vorgesehenen Angaben enthalten und den Beginn, das voraussichtliche Ende und den Ort der Veranstaltung bezeichnen. Auf Verlangen der Stelle, bei der die Anzeige zu erstatten ist, sind für die den Grund der Veranstaltung bildenden Tatsachen Belege vorzulegen.

Die höhere Verwaltungsbehörde kann zur Ausführung der vorstehenden Vorschriften weitere Bestimmungen treffen. Sie kann ferner Anordnungen über die Dauer der Veranstaltung erlassen. Sie kann Veranstaltungen untersagen, die die zugelassene Dauer überschreiten, die nach der Vorschrift des § 7 Abs. 1 nicht zulässig sind oder die im Falle des § 7a durch den angegebenen Grund nach der Verkehrsauffassung nicht gerechtfertigt werden. Vor Erlaß ihrer Anordnungen hat sie die zuständigen amtlichen Berufsvertretungen von Handel, Handwerk und Industrie zu hören.

Die Einsicht in die Anzeige ist jedermann gestattet. Zur Nachprüfung der Angaben sind außer den zuständigen Behörden die amtlich bestellten Vertrauensmänner der amtlichen Berufsvertretungen von Handel, Handwerk und Industrie befugt.

§ 8.

Mit Gefängnis bis zu einem Jahre und mit Geldstrafe oder mit einer dieser Strafen wird bestraft:

1. wer im Falle der Ankündigung eines Ausverkaufs (§ 7 Abs. 1 bis 3) oder eines Verkaufs gemäß § 7a Waren zum Verkauf stellt, die nur für diese Veranstaltung herbeigeschafft worden sind (sogenanntes Vorschieben oder Nachschieben von Waren);

2. wer den Vorschriften des § 7 Abs. 4 zuwider einen Handel eröffnet oder sich an dem Geschäft eines anderen beteiligt oder in diesem Geschäft tätig wird.

§ 9.

Auf Saisonschluß- oder Inventurverkäufe, die von den zuständigen amtlichen Berufsvertretungen von Handel, Handwerk und Industrie für bestimmte Warengruppen als im ordentlichen Geschäftsverkehr üblich oder als für eine ordentliche und gesunde Geschäftsentwicklung notwendig anerkannt werden, finden die Vorschriften der §§ 7 bis 8 keine Anwendung. Über Zahl, Zeit und Dauer dieser Saisonschluß- und Inventurverkäufe sowie über die Art ihrer Ankündigung soll die höhere Verwaltungsbehörde nach Anhörung der zuständigen amtlichen Berufsvertretungen von Handel, Handwerk und Industrie Bestimmungen treffen.

§ 10.

Mit Geldstrafe bis zu einhundertfünfzig Reichsmark oder mit Haft wird bestraft:

1. wer es unterläßt, in der Ankündigung eines Ausverkaufs oder eines Verkaufs gemäß § 7a die im § 7 Abs. 2, 3, § 7a vorgeschriebenen Angaben zu machen;
2. wer den Vorschriften des § 7b oder den auf Grund dieser Vorschriften erlassenen Anordnungen zuwiderhandelt oder bei Befolgung der Vorschriften oder Anordnungen unrichtige Angaben macht;
3. wer den von der höheren Verwaltungsbehörde auf Grund des § 9 Satz 2 getroffenen Bestimmungen zuwiderhandelt.

§ 11.

Durch Beschluß des Reichsrats kann festgesetzt werden, daß bestimmte Waren im Einzelverkehre nur in vorgeschriebenen Einheiten der Zahl, des Maßes oder des Gewichts oder mit einer auf der Ware oder ihrer Aufmachung anzubringenden Angabe über Zahl, Maß, Gewicht, über den Ort der Erzeugung oder den Ort der Herkunft der Ware gewerbsmäßig verkauft oder feilgehalten werden dürfen.

Für den Einzelverkehr mit Bier in Flaschen oder Krügen kann die Angabe des Inhalts unter Festsetzung angemessener Fehlergrenzen vorgeschrieben werden.

Die durch Beschluß des Reichsrats getroffenen Bestimmungen sind durch das Reichsgesetzblatt zu veröfffentlichen und dem Reichstage sogleich oder bei seinem nächsten Zusammentritte vorzulegen.

Zuwiderhandlungen gegen die Bestimmungen des Reeichsrats werden mit Geldstrafe oder mit Haft bestraft.

§ 12.

Mit Gefängnis bis zu einem Jahre und mit Geldstreafe oder mit einer dieser Strafen wird, soweit nicht nacch anderen Bestimmungen eine schwerere Strafe verrwirkt wird, bestraft, wer im geschäftlichen Verkehre zu Zwecken des Wettbewerbes dem Angestellten oder Beeauftragten eines geschäftlichen Betriebs Geschenke odeer andere Vorteile anbietet, verspricht oder gewährt, umm durch unlauteres Verhalten des Angestellten oder Beeauftragten bei dem Bezuge von Waren oder gewerblicchhen Leistungen eine Bevorzugung für sich oder einen Drritten zu erlangen.

Die gleiche Strafe trifft den Angestellten oder Beeauftragten eines geschäftlichen Betriebs, der im geschäftlichen Verkehre Geschenke oder andere Vorteile fordert, sich versprechen läßt oder annimmt, damit er durch unlauteres Verhalten einem anderen bei dem Bezuge von Waren oder gewerblichen Leistungen im Wettbewerb eine Bevorzugung verschaffe.

Im Urteil ist zu erklären, daß das Empfangene oder sein Wert dem Staate verfallen sei.

§ 13.

In den Fällen der §§ 1, 3 kann der Anspruch auf Unterlassung von jedem Gewerbetreibenden, der Waren oder Leistungen gleicher oder verwandter Art herstellt oder in den geschäftlichen Verkehr bringt, oder von Verbänden zur Förderung gewerblicher Interessen geltend gemacht werden, soweit die Verbände als solche in bürgerlichen Rechtsstreitigkeiten klagen können. Auch können diese Gewerbetreibenden und Verbände denjenigen, welcher den §§ 6, 8, 10, 11, 12 zuwiderhandelt, auf Unterlassung in Anspruch nehmen.

Zum Ersatze des durch die Zuwiderhandlung entstehenden Schadens ist verpflichtet:

1. wer im Falle des § 3 die Unrichtigkeit der von ihm gemachten Angaben kannte oder kennen mußte. Gegen Redakteure, Verleger, Drucker oder Verbreiter von periodischen Druckschriften kann der Anspruch auf Schadensersatz nur geltend gemacht werden, wenn sie die Unrichtigkeit der Angaben kannten;
2. wer gegen die §§ 6, 8, 10, 11, 12 vorsätzlich oder fahrlässig verstößt.

Werden in einem geschäftlichen Betriebe Handlungen, die nach §§ 1, 3, 6, 8, 10, 11, 12 unzulässig sind, von einem Angestellten oder Beauftragten vorgenommen, so ist der Unterlassungsanspruch auch gegen den Inhaber des Betriebs begründet.

§ 14.

Wer zu Zwecken des Wettbewerbes über das Erwerbsgeschäft eines anderen, über die Person des Inhabers oder Leiters des Geschäfts, über die Waren oder gewerblichen Leistungen eines anderen Tatsachen behauptet oder verbreitet, die geeignet sind, den Betrieb des Geschäfts oder den Kredit des Inhabers zu schädigen, ist, sofern die Tatsachen nicht erweislich wahr sind, dem Verletzten zum Ersatze des entstandenen Schadens verpflichtet. Der Verletzte kann auch den Anspruch geltend machen, daß die Behauptung oder Verbreitung der Tatsachen unterbleibe.

Handelt es sich um vertrauliche Mitteilungen und hat der Mitteilende oder der Empfänger der Mitteilung an ihr ein berechtigtes Interesse, so ist der Anspruch auf Unterlassung nur zulässig, wenn die Tatsachen der Wahrheit zuwider behauptet oder verbreitet sind. Der Anspruch auf Schadensersatz kann nur geltend gemacht werden, wenn der Mitteilende die Unrichtigkeit der Tatsachen kannte oder kennen mußte.

Die Vorschrift des § 13 Abs. 3 findet entsprechende Anwendung.

§ 15.

Wer wider besseres Wissen über das Erwerbsgeschäft eines anderen, über die Person des Inhabers oder Leiters des Geschäfts, über die Waren oder gewerblichen Leistungen eines anderen Tatsachen der Wahrheit zuwider behauptet oder verbreitet, die geeignet sind, den Betrieb des Geschäfts zu schädigen, wird mit

Gefängnis bis zu einem Jahre und mit Geldstrafe oder mit einer dieser Strafen bestraft.

Werden die im Abs. 1 bezeichneten Tatsachen in einem geschäftlichen Betriebe von einem Angestellten oder Beauftragten behauptet oder verbreitet, so ist der Inhaber des Betriebs neben dem Angestellten oder Beauftragten strafbar, wenn die Handlung mit seinem Wissen geschah.

§ 16.

Wer im geschäftlichen Verkehr einen Namen, eine Firma oder die besondere Bezeichnung eines Erwerbsgeschäfts, eines gewerblichen Unternehmens oder einer Druckschrift in einer Weise benutzt, welche geeignet ist, Verwechselungen mit dem Namen, der Firma oder der besonderen Bezeichnung hervorzurufen, deren sich ein anderer befugterweise bedient, kann von diesem auf Unterlassung der Benutzung in Anspruch genommen werden.

Der Benutzende ist dem Verletzten zum Ersatze des Schadens verpflichtet, wenn er wußte oder wissen mußte, daß die mißbräuchliche Art der Benutzung geeignet war, Verwechselungen hervorzurufen.

Der besonderen Bezeichnung eines Erwerbsgeschäfts stehen solche Geschäftsabzeichen und sonstigen zur Unterscheidung des Geschäfts von anderen Geschäften bestimmten Einrichtungen gleich, welche innerhalb beteiligter Verkehrskreise als Kennzeichen des Erwerbsgeschäfts gelten. Auf den Schutz von Warenzeichen und Ausstattungen (§§ 1, 15 des Gesetzes zum Schutze der Warenbezeichnungen vom 12. Mai 1894, Reichsgesetzbl. S. 441) finden diese Vorschriften keine Anwendung.

Die Vorschrift des § 13 Abs. 3 findet entsprechende Anwendung.

§ 17.

Mit Gefängnis bis zu drei Jahren und mit Geldstrafe oder mit einer dieser Strafen wird bestraft, wer als Angestellter, Arbeiter oder Lehrling eines Geschäftsbetriebs ein Geschäfts- oder Betriebsgeheimnis, das ihm vermöge des Dienstverhältnisses anvertraut worden oder zugänglich geworden ist, während der Geltungsdauer des Dienstverhältnisses unbefugt an jemand zu Zwecken des Wettbewerbes oder aus Eigennutz oder in der Absicht, dem Inhaber des Geschäftsbetriebes Schaden zuzufügen, mitteilt.

Ebenso wird bestraft, wer ein Geschäfts- oder Betriebsgeheimnis, dessen Kenntnis er durch eine der im Abs. 1 bezeichneten Mitteilungen oder durch eine gegen das Gesetz oder die guten Sitten verstoßende eigene Handlung erlangt hat, zu Zwecken des Wettbewerbes oder aus Eigennutz unbefugt verwertet oder an jemand mitteilt.

Weiß der Täter bei der Mitteilung, daß das Geheimnis im Ausland verwertet werden soll, oder verwertet er es selbst im Ausland, so kann auf Gefängnis bis zu fünf Jahren erkannt werden.

Die Vorschriften der Abs. 1 bis 3 gelten auch dann, wenn der Empfänger der Mitteilung, ohne daß der Täter dies weiß, das Geheimnis schon kennt oder berechtigt ist, es kennenzulernen.

§ 18.

Mit Gefängnis bis zu zwei Jahren und mit Geldstrafe oder mit einer dieser Strafen wird bestraft, wer die ihm im geschäftlichen Verkehr anvertrauten Vorlagen oder Vorschriften technischer Art, insbesondere Zeichnungen, Modelle, Schablonen, Schnitte, Rezepte, zu Zwecken des Wettbewerbes oder aus Eigennutz unbefugt verwertet oder an jemand mitteilt. § 17 Abs. 4 gilt entsprechend.

§ 19.

Zuwiderhandlungen gegen die Vorschriften der §§ 17, 18 verpflichten außerdem zum Ersatze des entstandenen Schadens. Mehrere Verpflichtete haften als Gesamtschuldner.

§ 20.

Wer zu Zwecken des Wettbewerbes oder aus Eigennutz jemand zu einem Vergehen gegen die §§ 17 oder 18 zu verleiten sucht oder das Erbieten eines anderen zu einem solchen Vergehen annimmt, wird mit Gefängnis bis zu zwei Jahren oder mit Geldstrafe bestraft.

Ebenso wird bestraft, wer zu Zwecken des Wettbewerbes oder aus Eigennutz sich zu einem Vergehen gegen die §§ 17 oder 18 erbietet oder sich auf das Ansinnen eines anderen zu einem solchen Vergehen bereit erklärt.

§ 20 a.

Auf die Vergehen gegen die §§ 17, 18 und 20 findet die Vorschrift des § 4 Abs. 2 Nr. 1 des Strafgesetzbuchs für das Deutsche Reich Anwendung, wenn sich die Tat gegen das Geheimnis eines inländischen Geschäfts oder Betriebs richtet.

§ 21.

Die in diesem Gesetze bezeichneten Ansprüche auf Unterlassung oder Schadensersatz verjähren in sechs Monaten von dem Zeitpunkt an, in welchem der Anspruchsberechtigte von der Handlung und von der Person des Verpflichteten Kenntnis erlangt, ohne

Rücksicht auf diese Kenntnis in drei Jahren von der Begehung der Handlung an.

Für die Ansprüche auf Schadensersatz beginnt der Lauf der Verjährung nicht vor dem Zeitpunkt, in welchem ein Schaden entstanden ist.

§ 22.

Die Strafverfolgung tritt, mit Ausnahme der in den §§ 4, 6, 10, 11 bezeichneten Fälle, nur auf Antrag ein. In den Fällen der §§ 8, 12 hat das Recht, den Strafantrag zu stellen, jeder der im § 13 Abs. 1 bezeichneten Gewerbetreibenden und Verbände.

Die Zurücknahme des Antrags ist zulässig.

Wegen der nach § 4 strafbaren Handlungen ist ebenso wie bei den nur auf Antrag verfolgbaren Handlungen (§§ 8, 12) neben dem Verletzten (§ 374 Abs. 1 Nr. 7 der Strafprozeßordnung) jeder der im § 13 Abs. 1 bezeichneten Gewerbetreibenden und Verbände zur Privatklage berechtigt.

§ 23.

Wird in den Fällen der §§ 4, 6, 8, 12 auf Strafe erkannt, so kann angeordnet werden, daß die Verurteilung auf Kosten des Schuldigen öffentlich bekanntzumachen sei.

Wird in den Fällen des § 15 auf Strafe erkannt, so ist zugleich dem Verletzten die Befugnis zuzusprechen, die Verurteilung innerhalb bestimmter Frist auf Kosten des Verurteilten öffentlich bekanntzumachen.

Auf Antrag des freigesprochenen Angeschuldigten kann das Gericht die öffentliche Bekanntmachung der Freisprechung anordnen; die Staatskasse trägt die Kosten, insofern sie nicht dem Anzeigenden oder dem Privatkläger auferlegt worden sind.

Ist auf Grund einer der Vorschriften dieses Gesetzes auf Unterlassung Klage erhoben, so kann in dem Urteile der obsiegenden Partei die Befugnis zugesprochen werden, den verfügenden Teil des Urteils innerhalb bestimmter Frist auf Kosten der unterliegenden Partei öffentlich bekanntzumachen.

Die Art der Bekanntmachung ist im Urteil zu bestimmen.

§ 24.

Für Klagen auf Grund dieses Gesetzes ist ausschließlich zuständig das Gericht, in dessen Bezirke der Beklagte seine gewerbliche Niederlassung oder in Ermangelung einer solchen seinen Wohnsitz hat. Für Personen, die im Inlande weder eine gewerbliche Niederlassung noch einen Wohnsitz haben, ist ausschließlich zuständig das Gericht des inländischen Aufenthaltsorts, oder wenn ein solcher nicht bekannt ist, das Gericht, in dessen Bezirke die Handlung begangen ist.

§ 25.

Zur Sicherung der in diesem Gesetze bezeichneten Ansprüche auf Unterlassung können einstweilige Verfügungen erlassen werden, auch wenn die in den §§ 935, 940 der Zivilprozeßordnung bezeichneten Voraussetzungen nicht zutreffen. Zuständig ist auch das Amtsgericht, in dessen Bezirke die den Anspruch begründende Handlung begangen ist; im übrigen finden die Vorschriften des § 942 der Zivilprozeßordnung Anwendung.

§ 26.

Neben einer nach Maßgabe dieses Gesetzes verhängten Strafe kann auf Verlangen des Verletzten auf eine an ihn zu erlegende Buße erkannt werden.

Für diese Buße haften die dazu Verurteilten als Gesamtschuldner. Eine erkannte Buße schließt die Geltendmachung eines weiteren Entschädigungsanspruchs aus.

§ 27.

Bürgerliche Rechtsstreitigkeiten, in welchen durch die Klage ein Anspruch auf Grund dieses Gesetzes geltend gemacht wird, gehören, sofern in erster Instanz die Landgerichte zuständig sind, vor die Kammern für Handelssachen.

In bürgerlichen Rechtsstreitigkeiten, in welchen durch Klage oder Widerklage ein Anspruch auf Grund dieses Gesetzes geltend gemacht ist, wird die Verhandlung und Entscheidung letzter Instanz im Sinne des § 8 des Einführungsgesetzes zum Gerichtsverfassungsgesetze dem Reichsgerichte zugewiesen.

§ 27 a.

Die obersten Landesbehörden können anordnen, daß bei den amtlichen Berufsvertretungen von Handel, Handwerk und Industrie sowie deren öffentlich-rechtlichen Verbänden oder bei einzelnen von ihnen Einigungsämter eingerichtet werden, die bei bürgerlichen Rechtsstreitigkeiten aus § 13, soweit die Wettbewerbshandlungen den Einzelverkauf an den letzten Verbraucher betreffen, von jeder Partei zum Zwecke einer Aussprache mit dem Gegner über den Streitfall angerufen werden können. Für die Zuständigkeit der Einigungsämter gelten die Bestimmungen des § 24 entsprechend.

Die Einigungsämter sind mit einem Rechtskundigen, der die Befähigung zum Richteramt hat, als Vorsitzenden und mindestens zwei sachverständigen Gewerbetreibenden als Beisitzern zu besetzen.

Das Einigungsamt kann das persönliche Erscheinen der Parteien anordnen und im Falle unentschuldigten Ausbleibens Ordnungsstrafen in Geld gegen sie festsetzen. Gegen die Straffestsetzung findet die sofortige Beschwerde an das für den Sitz des Einigungsamts zuständige Landgericht (Kammer für Handelssachen oder, falls es an einer solchen fehlt, Zivilkammer) statt. Die Ordnungsstrafen werden auf Veranlassung des Einigungsamts durch die amtliche Berufsvertretung nach den Bestimmungen über die Einziehung der Beiträge zu der amtlichen Berufsvertretung beigetrieben.

Das Einigungsamt hat einen gütlichen Ausgleich anzustreben: Kommt ein Vergleich zustande, so findet auf ihn die Vorschrift des § 1044 a ZPO. Anwendung. Kommt ein Vergleich nicht zustande, so kann das Einigungsamt sich in einem gutachtlichen Spruch über den Streitfall äußern. Das Einigungsamt kann, wenn es den geltend gemachten Anspruch von vornherein für unbegründet oder sich selbst für unzuständig erachtet, die Einleitung von Einigungsverhandlungen ohne weiteres ablehnen.

Ist ein Rechtsstreit der im Abs. 1 bezeichneten Art ohne vorherige Anrufung des Einigungsamts anhängig gemacht worden, so kann das Gericht auf Antrag den Parteien unter Anberaumung eines neuen Termins aufgeben, vor diesem Termin das Einigungsamt zur Herbeiführung eines gütlichen Ausgleichs anzugehen. In dem Verfahren über den Antrag auf Erlaß einer einstweiligen Verfügung ist diese Anordnung nur zulässig, wenn die Gegenpartei zustimmt.

Die zur Durchführung der vorstehenden Vorschriften erforderlichen Bestimmungen werden von der obersten Landesbehörde getroffen.

§ 28.

Wer im Inland eine Hauptniederlassung nicht besitzt, hat auf den Schutz dieses Gesetzes nur insoweit Anspruch, als in dem Staate, in welchem seine Hauptniederlassung sich befindet, nach einer im Reichsgesetzblatt enthaltenen Bekanntmachung deutsche Gewerbetreibende einen entsprechenden Schutz genießen.

§ 29.

Welche Behörden in jedem deutschen Lande unter der Bezeichnung höhere Verwaltungsbehörde im Sinne dieses Gesetzes zu verstehen sind, wird von der Zentralbehörde des deutschen Landes bestimmt.

§ 30.

Dieses Gesetz tritt am 1. Oktober 1909 in Kraft.

Mit diesem Zeitpunkte tritt das Gesetz zur Bekämpfung des unlauteren Wettbewerbes vom 27. Mai 1896 (Reichsgesetzbl. S. 145) außer Kraft.

Die gesetzgeberische Bekämpfung des unlauteren Wettbewerbs.

1. Was ist unlauterer Wettbewerb?

Unlauterer Wettbewerb ist der gegen die Gebote von Treu und Glauben im Handel und Verkehr unternommene Bewerb um die Kundschaft eines anderen. Darin liegt das Moment der Sittenwidrigkeit. Die Sittenwidrigkeit ist hier die Begründung der Rechtswidrigkeit. Ein sittenwidriger Wettbewerb ist ein rechtswidriger Wettbewerb. Dabei kann die Sittenwidrigkeit sowohl eine individuelle (subjektive) wie eine generelle (objektive) sein,[1]) d. h. entweder auf unlauterer Gesinnung beruhen oder eine unlautere Wirkung erzeugen. Beides ist Gegenstand der Bekämpfung des unlauteren Wettbewerbes, wenn diese Bekämpfung nicht Stückwerk sein soll. Das Gesetz beschränkt sich aber auf geschäftlichen Wettbewerb; anderen (namentlich immateriellen) Wettbewerb trifft es nicht; geschäftliche Sittenwidrigkeit ohne Wettbewerbscharakter trifft es auch nicht. Schon in dieser Beschränkung ist es ein beachtenswerter Vorstoß aus dem rein Juristischen ins Moralische, soweit die geschäftliche (nicht nur die kaufmännische) Werbetätigkeit

[1]) Vgl. Elster, Art. „Rechtswidrigkeit", „Sittenwidrigkeit", „Wettbewerb" im HdR. Bd. IV, V, VI; Unlauterer oder unerlaubter Wettbewerb? in LZ. f. dtsch. R. 1927, 1076; ferner in JR. 1932, 4 ff. Vgl. auch unten Anm. 8 ff. zu § 1.

in Betracht kommt. Die Bekämpfung dieser Sittenwidrigkeit im Geschäftsleben hat in dem Gesetz gegen den UW. eine Magna Charta erhalten. Nicht der Wettbewerb als solcher, der keine Unlauterkeit zeigt, ist verpönt und kann auch nicht durch dieses Gesetz verpönt werden. Denn Wettbewerb, u. W. auch scharfer Wettbewerb, ist für die Erzielung vom Fortschritten erforderlich, also das Bestreben, im Kampfe um das wirtschaftliche Dasein dem Gegner den Rang abzulaufen und das Absatzgebiet durch Angebot besserer und preiswürdigerer Waren und Leistungen an sich zu ziehen. Konkurrenz ist zunächst noch keineswegs Konflikt, hat jedoch die Tendenz, Konflikt zu werden (L. von Wiese). Mag aber grundsätzlich Wettbewerb und Wettstreit kaum unterscheidbar sein, kasuistisch für das Recht ist eine möglichst scharfe Trennung nötig. Diese Trennung kann nicht aus der absoluten Wettbewerbshandlung hergeleitet werden; denn deren gibt es zu viele, die erlaubt sein müssen, jedes Prioritätsrecht hat wettbewerblichen Charakter. Das Unterscheidungsmerkmal kann nur aus den Beziehungen der Wettbewerbshandlung zu milieuhaften Erscheinungen, zu Grundsätzen der Umweltordnung hergeleitet werden. Und es darf nie außer acht gelassen werden, daß der Wettbewerb zunächst ein Verhältnis zwischen Individuum und Allgemeinheit ist und sich erst für den besonderen Fall zu einem Verhältnis zwischen Individuum und Individuum spezialisiert. Daher müssen Grundsätze allgemeinen Charakters für die Erkenntnis des Wesens des UW. herangezogen werden, und dieser ist mithin ein solcher, der auf Kosten von Treu und Glauben und der sittlichen Grundsätze des gewerblichen und geschäftlichen Verkehrs unternommen wird. Alsdann entsteht nicht allein für den oder die einzelnen Geschädigten, sondern auch für die Allgemeinheit, für den Staat eine nicht zu unterschätzende Gefahr, deren unnachsichtige Bekämpfung und tunlichste Ausrottung sein eigenstes Interesse erheischt.

Denn das Schutzobjekt bei dieser Bekämpfung soll nicht so sehr das kaufende Publikum als vielmehr der redliche Wettbewerber sein (vgl. z. B. RGSt. 47, 281), und dies bedeutet, daß dem ehrlichen Geschäftsverkehr als solchem Schutz gegen Unlauterkeit gewährt werden soll. (Näheres hierüber s. in den Erläuterungen zu § 1.)

2. Entwicklung der Bekämpfungsmaßnahmen bis zum deutschen Gesetz von 1909.

a) Bis zum Erlaß des Gesetzes von 1896.

So einig man in der Ansicht war, daß eine derartige Schädigung nicht länger bestehen könne, so schwierig erschien es, die geeigneten Mittel zur Beseitigung eines Übels zu finden, welches die mannigfachsten Schleichwege und Hinterpförtchen zu finden wußte, um zu seinem Ziele zu gelangen. Denn gerade diese Art des Wettbewerbes war findig darin, sich jede Masche der Abwehrgesetzgebung zunutze zu machen, sich auf formale Neugestaltung sonst verbotener Wettbewerbsmaßnahmen zu stützen und es damit zu versuchen, bis auch solche Neugestaltung von der Rechtsprechung oder der Gesetzgebung unter die verbotenen Wettbewerbsmaßnahmen eingereiht wurde.

Die Gesetzgebung im Reiche wie in den deutschen Einzelstaaten bot lange Zeit keine genügende Handhabe zur Vernichtung oder auch nur zur Einschränkung des Übels, weder auf strafrechtlichem noch auf zivilrechtlichem Gebiete. Wie Kohler hervorhebt,[1]) vermeidet der unlautere Wettbewerb (wie dies auch heute noch der Fall ist) gerade die gesetzlich verpönten Gestalten, um in unzähligen Ver-

[1]) Markenschutz, Würzburg 1884, S. 70. Ähnlich drückt sich auch Pouillet aus: Traité des marques de fabrique et de la concurrence déloyale en tout genre, Paris 1892, Introduction p. VIII.

kleidungen dem loyalen Verkehr die Früchte seiner redlichen Bemühungen abzujagen. War also das wirklich deliktische Handeln (Betrug, Verleumdung, strafbarer Eigennutz, namentlich in Gestalt der Verletzung des geistigen Eigentums, insbesondere der Patent-, Muster- und Markenschutzgesetze und dergl.) mit den Rechtsmitteln der Strafgesetzgebung zu fassen, so war das doch nicht der Fall bei der häufigen Erscheinung des UW. in Gestalten, die den Tatbestand einer strafbaren Handlung überhaupt nicht oder nur zum Teil erfüllten. So fehlte oft, um einen Betrug, d. i. die in rechtswidriger Gewinnsucht durch Täuschung herbeigeführte Vermögensschädigung, als vorliegend anzunehmen — wenngleich nach mehrfach ausgesprochener Ansicht des Reichsgerichts Identität der Person des Getäuschten und der des Geschädigten nicht gegeben zu sein braucht —, doch die innere Wechselwirkung zwischen Täuschung und Schädigung, insofern als ein ganz außerhalb des Kampfes stehender Dritter geschädigt sein kann, ohne daß die Irrtumserregung gerade gegen ihn gerichtet war. Ebensowenig konnte bei Kreditschädigung eine strafbare Beleidigung oder Verleumdung angenommen werden, wenn dem Täter die Absicht oder das Bewußtsein der Verletzung der Geschäftsehre des Anderen nicht nachzuweisen war, wiewohl auch hier das Reichsgericht bemüht war, dem Geschädigten tunlichst Schutz angedeihen zu lassen.

Wie das Strafrecht, so versagte auch das Zivilrecht in der Bekämpfung des UW. Denn wenn auch jede unerlaubte Handlung zivilrechtliche Verantwortlichkeit nach der Gesetzgebung aller Kulturstaaten nach sich zieht, so ist als unerlaubte Handlung doch immer nur eine gesetzlich verbotene oder rechtswidrige (nicht schon sittenwidrige) Rechtshandlung anzusehen.

Man suchte nun auf die Gesetzgebung und Rechtsprechung Frankreichs zu exemplifizieren. Bekanntlich spülten in Frankreich am Ende des 18. Jahrhunderts die hochgehenden Wogen der Revolution alle Privilegien und Monopole, alle Zünfte und Innungen über Bord des arg bedrängten Staatsschiffes, und das namentlich auf Betreiben des Jakobinerklubs zustande gekommene Gesetz vom 17. März 1791 verkündete das Prinzip der unbedingten Freiheit der Arbeit und der Industrie, indem es die unbeschränkte Wahl und Ausübung des Gewerbes jedweder Art gewährte. Was über zwei Menschenalter später in Deutschland eintrat, die Gewerbefreiheit, war somit in weit unbegrenzterer Form in Frankreich längst gegeben. Indessen hatten sich hier die nachteiligsten Folgen bald bemerkbar gemacht, zu deren Beseitigung nicht sowohl der Code pénal als vielmehr der Code civil die geeignete Handhabe bieten sollte. Die schrankenlose, von keiner behördlichen Genehmigung abhängige, nicht einmal auch nur an eine Anmeldung bei der Gewerbebehörde geknüpfte oder sonstwie bedingte Gewerbefreiheit trieb bald für die einzelnen Beteiligten und schließlich für alle Gewerbe bedenkliche Blüten, da neuerworbene Freiheiten meist dazu verführen, über die Stränge zu schlagen. Aber es wäre falsch, nun daraufhin anzunehmen, nur die Gewerbefreiheit habe den UW. erzeugt oder ihr allein sei seine große Ausbreitung zuzuschreiben gewesen. Solche Annahme beruht auf den zwei Irrtümern: daß die absolute Zahl der Fälle eines UW. maßgebend sei und daß das Maß der Bekämpfung des UW. maßgebend sei. Naturgemäß wird, je größer und stärker der Wettbewerb wird, um so größer und stärker auch der Anreiz zu unlauterem Wettbewerb sein; und daß in der Zeit der Monopole und Privilegien und der langsamen Gewerblichkeit die stille Abwehr und unsichtbare Bekämpfung der Unlauterkeit in Wettbewerbshandlumgen schon das erreicht, was in einem modernen Erwerbslieben nur durch organisierte Überwachung und gesetzliche Bestimmungen erreicht werden kann, bedarf kaum eines Beweises. Je lebhafter der gewerbliche Kampf, je ausgebreiteter die Kundenwirkung, je zahlreicher überhaupt die Bevölkerung wird, um so mehr Gelegenheit ist für Überschreitung der Grenzen alter kaufmännischer und gewerblicher Tradition gegeben und um so lockender wird der gelegentliche Gewinn aus verwerflichem Tun. Mit der Gewerbefreiheit als solcher hat das nur insofern etwas zu tun, als die früheren monopolistischen Bindungen und zugleich ihre klare Übersichtlichkeit einem ungehinderten Zugang aller möglichen unsicheren Elemente wichen. Dem Grade nach muß also mit der neueren Zeit der wirtschaftlichen Betätigung und mit der Lockerung fester Wirtschaftsformen des Einzelhandels die Ausbreitung des UW. größer werden, und insofern hat jener Satz eine gewisse äußerliche Berechtigung; aber einen UW. als solchen gab es auch früher.

Ein erstes, in Frankreich angewandtes Mittel zur Beseitigung dieses Übels, das man als ein Quasidelikt ansah, glaubt man in den Bestimmungen [1]) des im Februar 1804 erlassenen 4. Titels des Code civil zu erblicken, welche lauten:

§ 1382. Tout fait quelconque de l'homme, qui cause à autrui un dommage, oblige celui par la faute duquel il est arrivé à le réparer.

§ 1383. Chacun est responsable du dommage qu'il a causé non seulement par son fait, mais encore par sa négligence ou par son imprudence.

---

[1]) Im Grunde genommen enthalten diese Bestimmungen, die wir übrigens in fast allen anderen Zivilgesetzbüchern finden, weiter nichts als eine Erweiterung der lex Aquilia, deren Leitmotiv dahin geht, daß jeder den durch seine Schuld (Arglist) entstandenen Schaden zu ersetzen verpflichtet sei. Dig 4. 3, Cod. 2, 21 de dolo malo L. 31 D. ad leg. Aquil, 9. 2.

Dies darf als Anstoß zu einer Bekämpfung des UW. und als eine gewisse frühe Handhabe des französischen Rechts angesehen werden. Man nahm dann einige Tatbestände heraus, die man wegen ihrer Unlauterkeit bekämpfte, die usurpation de nom (französische GG. vom 28. Juli 1824, 23. Juni 1857 [mit Ergänzungen von 1873 und 1890], 30. Juni 1886), usurpation d'enseigne (Schild, äußere Kennzeichnung des Geschäftslokals), Mißbrauch der Herkunftsbezeichnung einer Ware, Nachahmung individueller Warenbezeichnungen, ebenso von Titeln von Druckschriften, Umhüllungen von Waren, Anmaßung besonderer Auszeichnungen oder von Titeln, Patenten, und namentlich das dénigrement, die Anschwärzung, Herabsetzung oder Verleumdung des Konkurrenten.

Auch für Deutschland lag es nahe, zunächst die analogen Vorschriften der bürgerlichen Gesetzgebung zu gleichem Zwecke wie in Frankreich heranzuziehen; dieser Versuch ist jedoch gescheitert, nicht zum letzten auf Grund der Stellung, welche das Reichsgericht zu dieser Frage seinerzeit eingenommen hat. Hat doch das Reichsgericht selbst in solchen Fällen, wo das französische Recht in deutschen Rechtsgebieten noch Platz griff, die Anwendung der vagen Bestimmung, wie sie die französischen Gerichte, namentlich der Kassationshof in Paris, handhaben, ausdrücklich abgelehnt.[1]) Die Gründe dieser einander diametral gegenüberstehenden Rechtsauffassungen sind verschiedener Art. Einmal lag es jahrhundertelang und liegt auch jetzt noch häufig im Wesen des deutschen Richters, sich tunlichst genau an den ausdrücklichen Wortlaut des Gesetzes zu halten, während der Franzose leichter geneigt ist, der Sinnverwandtschaft mangelhafter Gesetzesbestimmungen mit anderen nachzugehen, die ratio legis tunlichst zu generalisieren, ähnlich wie auch der Engländer dem Richter größere

[1]) Vgl. RGZ. 17, 101; 18, 93; 15, 120.

Freiheit in der Rechtsfindung gegeben hat.[1] Gerade in einer Materie wie der der Bekämpfung unlauteren Geschäftsgebarens ist solche Freiheit dringend erforderlich, wenn die Winkelzüge der Unlauteren auch nur einigermaßen vom Recht gefaßt werden sollen. Auch der englische Richter hat hier eine hochstehende, salomonische Rechtsprechung ausgebildet. Vgl. Rosenthal, Begriffsbestimmungen (in dem systematischen Teil seines Kommentars). Hinzu kommt, daß in Frankreich alle Verstöße des unlauteren Wettbewerbs, da sie sich ausschließlich oder zumeist auf dem Gebiete des gewerblichen Verkehrs abspielen, der Kompetenz der Handelsgerichte unterworfen sind.[2] Während nun bei uns das zum größten Teil mit Laien besetzte Institut der Handelsgerichte erst jüngeren Datums ist, bestehen in Frankreich die unter dem Vorsitz eines gelehrten Richters aus Vertretern des Handels und der Industrie zusammengesetzten Handelsgerichte bereits seit dem Anfang des 19. Jahrhunderts. Ist somit dort dem Laienelement ein erheblicher, um nicht zu sagen ausschlaggebender Einfluß auf die Rechtsprechung auf diesem Gebiete des gewerblichen Lebens gegeben, so darf es nicht wundernehmen, wenn die Rechtssprüche dieser Gerichtshöfe nicht an dem starren Buchstaben des Gesetzes haften, sondern, von Zweckmäßigkeitsgründen getragen, den jeweiligen Bedürfnissen des praktischen Lebens tunlichst Rechnung tragen. Endlich dürfen wir einen Umstand nicht vergessen, nämlich den Einfluß der Staatsanwaltschaft in Frankreich auf die Rechtsprechung.

---

[1] Mendelssohn-Bartholdy, Das Imperium des Richters, Straßburg 1908, S. 150 ff., wo es u. a. heißt: „Man bindet den Richter an die Gesetze, wenn man ihm mißtraut, ... wenn man ihm aber vertraut, so läßt man ihm Freiheit vor dem Gesetz, soviel er selbst sie braucht und haben will."

[2] Code de commerce Art. 631 ff.

Letztere hat jederzeit das Recht und die Pflicht, Rechtssprüche, welche ihr zweifelhaft erscheinen und die sie aus Gründen des öffentlichen Interesses einheitlich festgelegt wissen will, dem obersten Gerichtshof (Kassationshof) zur Entscheidung vorzulegen, eine außerordentlich wertvolle Einrichtung behufs Erzielung einheitlicher Rechtsprechung und Rechtspflege. Der Kassationshof hat aber als von jeher alleinige höchste Instanz in unverbrüchlicher Konsequenz in allen Fällen, wo irgendwie ein UW. vorlag, die extensive Anwendung der oben angezogenen Bestimmungen gutgeheißen. Auch bei uns macht sich neuerdings ein solches Bestreben in der reichsgerichtlichen Judikatur über Fragen des UW. geltend, erleichtert durch den Umstand, daß zur Erzielung der einheitlichen Anwendung des deutschen UWG. wie in allen Rechtsstreitigkeiten, welche die gewerblichen sowie die literarischen und künstlerischen Schutzrechte betreffen, die Entscheidung letzter Instanz dem Reichsgericht zugewiesen worden ist.

Es ist und bleibt das unbestrittene, nicht genug hervorzuhebende Verdienst Kohlers, daß er immer und immer wieder, und zwar zu Zeiten, als der UW. ein dem deutschen Volke, ja selbst den deutschen Juristen noch ungeläufiger Begriff war, die allgemeine Aufmerksamkeit auf die Gefahren des UW. im gewerblichen Leben hingewiesen und nach dem Beispiele der französischen Gesetzgebung und Rechtsprechung eine allgemeine Anwendung auch der deutschrechtlichen Bestimmungen zur Bekämpfung des UW. empfohlen hat; hatte er auch nicht diesen unmittelbaren Erfolg, so doch einen mittelbaren: es kam gerade auf Kohlers rastloses Betreiben die Frage der Gemeinschädlichkeit des UW. und seiner Bekämpfung immer mehr in Fluß, alsbald erschienen Abhandlungen juristischen Inhalts mit Vorschlägen, die teils dem Erlasse eines Sondergesetzes ernstlich das Wort redeten, teils die bestehende Gesetzgebung für ausreichend ansahen,[1]) bald einen zivilrechtlichen Schutz für zweckdienlich, bald einen strafrechtlichen Schutz für notwendig erachteten. Schließlich wurden aus industriellen und kommerziellen Kreisen der Bevölkerung Petitionen um Erlaß von Schutzmaßregeln gegen den UW. an den Reichstag und an die Reichsregierung gerichtet, die in der Folge nicht unberücksichtigt bleiben konnten.

So finden wir denn bereits in dem Gesetze zum Schutze der Warenbezeichnungen vom 12. Mai 1894 die ersten deutschrechtlichen Bestimmungen gegen den UW., allerdings nur insoweit, als sie in dem technischen Rahmen eines Warenzeichenschutzgesetzes unterzubringen sind. Die Verschleierung der Herkunft der Ware und die Fälle der Täuschung durch verwechselungsfähige Zeichen sind die Brücke vom Warenzeichenschutzgesetz zum Schutzgebiet gegen den UW.; die Auswüchse des Reklamewesens, die gerade in erster Linie auf eine Verschleierung der Herkunft der Waren zielen, haben hauptsächlich den Anstoß zum Erlaß des neuen Gesetzes gegeben und bilden somit auch seinen Ausgangspunkt. Hier besteht nun die engste Verbindung zum § 16 UWG., der den Mißbrauch von Namen und anderen Bezeichnungen betrifft. Auch der Ausstattungsschutz, der im § 15 des WZG. geregelt ist, gehört viel eher in das Gesetz gegen den UW. als in jenes Gesetz, das sich mit eintragungsfähigen Warenmarken beschäftigt.

b) Die wichtigsten Grundsätze des Gesetzes von 1896.

Bereits bei Beratung des Gesetzes zum Schutze der Warenbezeichnungen wurde im Reichstag der Versuch gemacht, Bestimmungen dorthin aufzunehmen, die den auf Täuschung berechneten wahrheitswidrigen Angaben

---

[1]) Bachem, Wie ist dem UW. zu begegnen? Köln 1893. — Katz, UW. Vortrag. Berlin 1894.

über Herkunft, Beschaffenheit und Wert der angebotenen Waren entgegentreten sollten. Dieser Versuch ist jedoch von der Regierung und vom Reichstage unter der Begründung abgewiesen worden, daß diesen Vorschriften nicht in einem Warenzeichenschutzgesetz, sondern in einem besonderen Gesetze zur Bekämpfung des UW. Aufnahme zu gewähren sei. Die alsbaldige Vorbereitung eines solchen Gesetzes wurde von der Regierung in Aussicht gestellt, und bereits im Januar 1895 erschien auch der Entwurf zu diesem Gesetze nebst Begründung.

Die Gesichtspunkte, welche bei Aufstellung des Entwurfes von 1895 die maßgebenden und leitenden gewesen, sind noch heute als grundlegend wichtig für die Regelung der ganzen Materie anzusehen. Es waren etwa die folgenden:

Trotz der Vielseitigkeit der Gestalten, in welchen sich der UW. zeigt, erschien es gegenüber der oben dargelegten Rechtsprechung der deutschen Gerichte, insbesondere des Reichsgerichts, nicht geboten, dem französischen Beispiele zu folgen und nur eine allgemeine Vorschrift zu geben, an die sich dann eine gelegentliche gesetzliche Kasuistik anschließen könnte, vielmehr empfahl es sich zunächst wenigstens, die besonderen Auswüchse des UW. zwar kasuistisch, aber doch schon die heute noch wichtigen Hauptpunkte zusammenfassend zu treffen. Als solche erschienen fünf besonders hervortretende Erscheinungen: 1. der Reklameunfug, 2. die Quantitätsverschleierungen, 3. die Kreditschädigung, 4. der Firmen- und Namenmißbrauch, 5. die Geschäftsgeheimnisverletzung.

Was den Schutz im allgemeinen betraf, so sollte er in erster Linie auf zivilrechtlichem Gebiet zu fordern sein und in der Klage auf fernere Unterlassung der Zuwiderhandlung sowie auf Schadensersatzleistung bestehen, und nur da, wo auf Kosten der Wahrheit und mit besonders verwerflichen Mitteln der unlautere Mitbewerber sein Wesen treibt, sollten nach Maßgabe der vom Reichstag damals beratenen Novelle zur Strafprozeßordnung, wonach bei der Verfolgung sogenannter Privatdelikte die Privatklage an Stelle der öffentlichen Klage treten sollte, Strafbestimmungen Platz greifen, indessen sollte die strafrechtliche Verfolgung im allgemeinen mittels der Privatklage, und nur wenn das öffentliche Interesse berührt war, im Wege der öffentlichen Klage seitens der Staatsanwaltschaft betrieben werden.

Nach der Begründung zu dem Gesetz von 1896 sollte nur die mit unlauteren Mitteln kämpfende, insbesondere der Vorspiegelung unwahrer Tatsachen sich bedienende, d. i. die schwindelhafte Reklame gesetzlich unzulässig sein, aber auch nicht ohne jede Rücksicht auf ihre Wirkung, sondern nur für den Fall, daß sie entweder an sich geeignet oder unternommen ist, den Anschein eines besonders günstigen Angebots hervorzurufen. Die nicht auf Täuschung abzielende unwahre Angabe ist nur zivilrechtlich, die betrügerische aber strafrechtlich und somit ebenfalls zivilrechtlich verfolgbar. Die Reklame besteht, wie der Ursprung des Wortes besagt, in der Anpreisung einer zum Verkauf gestellten Ware oder gewerblichen Leistung (Arbeit); sie führt zum Rechtsbruch, wenn sie in der Behauptung unrichtiger oder unwahrer Tatsachen über die angepriesene Ware oder die gewerbliche Leistung besteht. Wenn auch die Person des Getäuschten und des Geschädigten nicht zusammenfallen müssen, so muß doch die Wechselwirkung, der ursächliche Zusammenhang zwischen Täuschung und Schädigung, bestehen. Zum Tatbestande des strafbaren UW. genügt aber schon die Aufstellung wissentlich unwahrer tatsächlicher Angaben, welche an sich geeignet sind, eine Täuschung hervorzurufen, ohne daß eine solche in Wirklichkeit erfolgt ist. Hierin zeigt sich der fruchtbare Gedanke, daß auf dem hier in Rede stehenden Gebiet das Objekt der Bekämpfung schon die Unlauterkeit als solche sein sollte, nicht erst der durch Unlauterkeit herbeigeführte Erfolg.

In oft gemeinschädlicher Weise zeigte sich ferner der UW. in den Angriffen auf den Ruf und den Kredit des unbequemen Mitbewerbers. Gegen solches Gebaren bot die Gesetzgebung und Rechtsprechung vor dem Gesetz von 1896 wenn überhaupt, so doch nur geringe Hilfe. Nach der Auslegung, welche das Reichsgericht dem § 186 StGB. gab, macht sich derjenige der Beleidigung schuldig, der in bezug auf einen Kaufmann ohne weitere Einschränkung die unwahre, d. i. wissentlich unrichtige Angabe, daß derselbe zahlungsunfähig geworden, macht. An der Hand dieser noch dazu lediglich strafrechtlichen Bestimmung ließ sich dem UW. mit Erfolg nicht entgegentreten. Das Gesetz von 1896 verbot daher zwei Arten von Kreditschädigung: die üble Nachrede und die verleumderische Kreditschädigung. Die üble Nachrede hat die Aufstellung nicht erweislich wahrer Behauptungen zur Voraussetzung, gleichviel ob der, der die Behauptungen aufstellt, sie für wahr gehalten hat oder nicht. Werden dagegen die unwahren Behauptungen wider besseres Wissen aufgestellt, dann liegt eine strafrechtlich verfolgbare Handlung vor, auch ohne den Beweggrund des UW.

Ebensowenig ausreichend war früher der Schutz der Firma und des Namens eines geschäftlichen Unternehmens gesichert. Der Schutz der Firma eines Kaufmanns ist zwar bereits im Handelsgesetzbuch vorgesehen, indessen genügt das nicht, da hier der Mißbrauch der Firma durch irgendwelche für wesentlich erachtete Abänderung zumeist nicht verfolgt werden kann. Ferner ist dort nur die Firma eines im Handelsregister eingetragenen Kaufmanns geschützt, während der Name des Geschäfts anderer, nicht als Vollkaufmann anzusehender Gewerbetreibender schutzlos gewesen wäre. Wesentliche Änderungen und Verbesserungen hatte bereits das Markenschutzgesetz vom 30. November 1874 und in seiner Umgestaltung als Gesetz zum Schutze der Warenbezeichnungen vom 12. Mai 1894 gebracht; indessen erstreckte sich sein Schutz natürlich nur auf Waren und Warenbezeichnungen, d. h. auf den Mißbrauch der Firma und des Namens eines Andern bei der Kennzeichnung von Waren. Dieser von dem Gesetz von 1896 unternommene Vorstoß gegen jeden Mißbrauch der Bezeichnung, unter welcher ein fremdes oder ein eigenes Erwerbsgeschäft geführt wird, im geschäftlichen Verkehr, d. h. unter Gewerbetreibenden, zur Herbeiführung von Verwechselungen ist eine der wichtigsten Positionen auch des Gesetzes von 1909 geblieben (§ 16) und hat durch die höchstrichterliche Rechtsprechung fast ebensoviel Interesse, Förderung und Ausgestaltung erfahren wie z. B. die die Generalklausel und die unwahren Reklamemitteilungen behandelnden §§ 1 und 3.

Eines der wichtigsten Kapitel schon des Gesetzes von 1896 bildeten die Bestimmungen über den Schutz der Geschäfts- und Betriebsgeheimnisse. Zuvor hatte, wenigstens von Reichs wegen, ein Schutz gewerblicher Geheimnisse nicht bestanden, denn der Schutz erstreckte sich, abgesehen von der jedem Beamten obliegenden Amtsverschwiegenheit, nur auf Staatsgeheimnisse,[1]) auf das Briefgeheimnis,[2]) auf die den Rechts- und ärztlichen Beiständen anvertrauten Geheimnisse[3]) sowie auf die Geheimnisse eines Betriebes gegenüber den Vertretern der Berufsgenossenschaften bei der Überwachung der Unfallverhütung. Auch hier ergaben sich wiederum enge Be-

[1]) §§ 92 I und 353 a StGB.
[2]) § 299 StGB. — [3]) § 300 StGB.

rührungspunkte mit urheberrechtlichen Schutzbedürfnissen. Denn es kann keinem Zweifel unterliegen, daß die wirklichen Betriebs- und Geschäftsgeheimnisse in das Gebiet des Immaterialgüterrechts fallen, stellen sie doch, ähnlich wie die Erfindung, zumeist das Ergebnis schöpferischer geistiger Tätigkeit dar, das ebenso auf Schutz Anspruch erheben darf wie die Erfindung. Kohler hatte schon vor geraumer Zeit den strafrechtlichen Schutz des Geschäftsgeheimnisses als „ein dringendes Postulat der deutschen Gesetzgebung" bezeichnet, weil wesentliche Interessen der redlichen Industrie gegenüber den Usurpationen dessen, was erdacht und ersonnen ist, zu schützen sind.[4]) Schwierig bleibt nur die Feststellung, wann wirklich ein Betriebs- oder Geschäftsgeheimnis vorliegt und wieweit ein Schutz auch gegen den aus dem Dienstverhältnis ausgeschiedenen Arbeitnehmer durchführbar ist.

Da die Verletzung der Geschäftsgeheimnisse fast ausschließlich im UW. ihren Beweggrund hatte, so war die Einfügung der Schutzbestimmungen für die Geschäftsgeheimnisse in den Rahmen eines der Bekämpfung des UW. dienenden Gesetzes durchaus geboten, und die Beibehaltung dieser Materie im Gesetz von 1909 (§§ 17—20) beweist, daß sich die Betrachtung des Geheimnisverrats als Teil unlauteren Geschäftsgebarens theoretisch und praktisch bewährt hat. Nicht ohne erhebliche Schwierigkeiten war es möglich, allen seinerzeit geäußerten Wünschen gerecht zu werden. Von der einen Seite wurde überhaupt jeder Schutz als entbehrlich, sogar als bedenklich verworfen; die Gegner vermochten andrerseits sich den Schutz nicht umfassend genug, namentlich rücksichtlich der Zeit, vorzustellen. Auf diese Dinge ist angesichts der im Jahre 1932 erlassenen Verordnung bei der Erläuterung der §§ 17 ff. UWG. noch ganz besonders einzugehen, so daß die hierauf bezüglichen

[4]) „Patent- und Industrierecht" Heft I S. 92 („Glasers Annalen" 88 S. 31).

Erwägungen aus der Zeit vor 1896 keine Aktualität mehr beanspruchen können.

Die Entstehungsgeschichte und die Grundsätze des Gesetzes vom 27. Mai 1896 sind hier ausführlicher geschildert worden, weil zum Verständnis des neuen Gesetzes das alte nicht entbehrt werden kann und einige der wichtigsten Grundlagen des geltenden Rechts sich darin bereits maßgebend vorgezeichnet fanden.

c) Kodifizierung des Gesetzes von 1909.

Nicht viele Jahre konnte sich das Gesetz von 1896 ungeänderter Geltung erfreuen. Zunächst fanden seine Vorschriften, die nach der deutlich zutage getretenen Absicht des Gesetzgebers nur einige Fälle des UW. treffen sollten, eine Ergänzung in den §§ 823, 824 und besonders 826 des BGB. Gerade der letztere Paragraph erschien geeignet, allen vorsätzlichen illoyalen Schädigungen des Verkehrslebens in wirksamer Weise entgegenzutreten und auch für den Wettbewerb eine Generalklausel, unter die alle nicht im Gesetz ausdrücklich bezeichneten Tatbestände fallen, zu bilden. Nachdem das RG. (RGZ. Bd. 48 S. 119) diese Ansicht gebilligt und den § 826 als Schutzwehr gegen illoyale Handlungen bezeichnet hatte, schien der von Vielen beklagte Übelstand, daß das Gesetz keine allgemeinen Grundsätze aufstelle, sondern nur Spezialfälle treffe, beseitigt und eine ruhige Weiterentwicklung des Gesetzes gewährleistet.

Trotzdem verstummten die Wünsche nach einer Erweiterung des Gesetzes nicht. Teils sollten Unzuträglichkeiten durch Mißgriffe gerichtlicher Entscheidungen, veranlaßt durch Unklarheiten im Gesetz, entstanden sein, teils wurde das Fehlen wichtiger Vorschriften gegen gewisse unlautere Machenschaften („bei den in ständiger Wandelung begriffenen Schlichen und Kniffen", vgl. RGSt. 41, 81) bemängelt.

Um den Wünschen der Beteiligten entgegenzukommen, hat zunächst das Reichsamt des Innern im Februar 1907 Sachverständige aus den Kreisen des Handwerks und Handels sowie Rechtskundige zur Besprechung einer Revision des Gesetzes eingeladen, hat dann im Dezember 1907 einen vorläufigen Entwurf eines Abänderungsgesetzes veröffentlicht (abgedruckt im Reichsanzeiger vom 16. Dez. 1907 und in MuW. 7 S. 49), „um auch weiteren Kreisen Gelegenheit zur Meinungsäußerung zu geben". Nachdem die Interessenten sich sehr eingehend geäußert hatten, ging im Januar 1909 dem Reichstag ein gegenüber dem ersten in mehreren Punkten abgeänderter Entwurf zu (abgedruckt mit Begründung in MuW. 8, Februarheft). Der Reichstag überwies den Entwurf am 25. Januar 1909 einer Kommission von 21 Mitgliedern, die sich am 26. Januar konstituierte und in zwei Lesungen bis 5. Mai 1909 den Entwurf durchberiet und mit verschiedenen Änderungen und Ergänzungen dem Reichstag zur Annahme empfahl. Noch im Mai fand die zweite und dritte Lesung im Reichstag statt, in der das Gesetz in der bis zum Jahre 1925 geltenden Fassung beschlossen und am 7. Juni 1909 (RGBl. S. 499) veröffentlicht wurde. Seitdem ist es zweimal abgeändert worden. Durch Gesetz vom 21. März 1925 (RGBl. II 115) ist infolge des Beitritts des Deutschen Reiches zu dem Madrider Abkommen betreffend die Unterdrückung falscher Herkunftsangaben auf Waren der § 22 geändert worden, und durch die Verordnung des Reichspräsidenten zum Schutze der Wirtschaft vom 9. März 1932 (RGBl. I 121) haben die Bestimmungen über das Ausverkaufswesen (§§ 6—10) und diejenigen über den gewerblich-wettbewerblichen Geheimnisverrat (Industriespionage) (§§ 17—20) Abänderungen erfahren und es ist ein neuer § 27a (über Einigungsämter) eingefügt worden. Zugleich ist mit derselben Verordnung — ohne daß dadurch das UWG. ausdrücklich und formell berührt wurde — das

Zugabewesen gesetzlich geregelt worden, was als eine Paraphrase zu den §§ 1, 3 und 4 UWG. angesehen werden kann, und es sind Bestimmungen über Einheitspreisgeschäfte getroffen worden (über Beides siehe den Anhang dieses Buches).

3. Übersicht über den Inhalt des geltenden Gesetzes.

Die hauptsächlichsten Änderungen des jetzigen Gesetzes gegen das frühere sind die (erst von der Reichstagskommission beschlossene) Einführung der Generalklausel, die Einführung von Vorschriften über die Haftung des Prinzipals für Handlungen Angestellter, über Ausverkaufswesen, Bestechung von Angestellten (ebenfalls erst durch die Kommission eingeführt) und Verschärfung der Strafen sowie Erleichterung zivilprozessualen Vorgehens. Daneben sind noch viele Einzelheiten geändert, z. B. die vielangegriffenen Worte „tatsächlicher Art" in §§ 1 und 4 des früheren Gesetzes gestrichen, so daß kaum eine Vorschrift des alten Gesetzes genau wörtlich übernommen, aber doch der seinerzeit begonnene Weg folgerichtig fortgesetzt worden ist.

Jetzt steht der Generalklausel (§ 1) eine Reihe besonders genannter Einzelfälle gegenüber, die sich wie folgt gliedern lassen:

I. Einwirkungen auf das Publikum:

1. durch unrichtige bezw. ungehörige Angaben:

a) über die eigene geschäftliche Sphäre, und zwar α) durch unlautere Anpreisung (§§ 3—5), β) durch Ausverkaufs- und ähnliche Ankündigungen (§§ 6—10), γ) durch Warenmengenverschleierung (§ 11);

b) über die fremde geschäftliche Sphäre, und zwar durch Kreditschädigung, falsche Nachrede (§§ 14, 15);

2. durch Namen- und Titelmißbrauch (§ 16).

II. Einwirkung auf Angestellte des Mitbewerbers und deren Vertrauensbruch bezw. andere Verratshandlungen (§§ 12, 17—20 a).

Die Gliederung des Gesetzes selbst ist eine andere als diese eben gekennzeichnete systematische Ordnung. Da folgt auf die Generalklausel (§ 1) und den ziemlich überflüssigen § 2 in den §§ 3—12 die Kasuistik derjenigen Wettbewerbsverstöße, die die Allgemeinheit angehen (Unlautere Anpreisung, Ausverkauf, Warenmengenverschleierung, Angestelltenbestechung), so daß § 13 die Aktivlegitimation zur Klage außer an den Verletzten auch an Verbände von Interessenten erteilt. Als zweiter Teil (§§ 14—20) hebt dann die Kasuistik der Verstöße gegen bestimmte Gegner an (Kreditschädigung, Namenmißbrauch und Geheimnisverletzung). Als dritter Teil folgen mit §§ 21 ff. prozessuale, internationale und andere gemeinsame und Schlußbestimmungen.

Die Erörterung der Bedeutung und Tragweite dieser Bestimmungen ist Sache der Erläuterung zu den einzelnen Paragraphen. Hier gilt es nur, einige allgemeinere Punkte hervorzuheben.

Die Rechtsfolgen der unlauteren Wettbewerbshandlungen, die als Maßnahmen der Bekämpfung sich an die verschiedenen Tatbestände des UW. anzuschließen haben und mithin hier im Zusammenhang hervorgehoben zu werden verdienen, sind: 1. der Anspruch auf Unterlassung und 2. der Anspruch auf Schadenersatz; dazu kommt 3. für bestimmte Handlungen doloser Natur die Strafverfolgung, und zwar teilweise als Antragsdelikt, teilweise als Offizialdelikt, 4. der Anspruch auf Buße.

1. Der in erster Reihe stehende Unterlassungsanspruch ist bei jeder Beschwerung durch Handlungen des UW. gegeben. Denn die Abwehrklage gegen unerlaubte Handlung (als die sich eine Handlung des UW. darstellt) ist nicht an ein Verschulden als Voraussetzung geknüpft, sondern beruht auf einer Rechtswidrigkeit, die auch generell sein kann (vgl. Art. Rechtswidrigkeit im Handwörterbuch der Rechtswissenschaft Bd. IV S. 739 ff.). Rosenthal (in seinem großen und führenden Kommentar zum UWG.) hat dem Unterlassungsanspruch eine eingehende Untersuchung gewidmet, auf die hiermit verwiesen sei; er unterscheidet den negatorischen, den quasinegatorischen (vorbeugenden) und den deliktischen Unterlassungsanspruch, während er den „wiederherstellenden“ als eine irrtümliche Bezeichnung des Beseitigungsanspruchs erklärt. Der Unterlassungsanspruch schließt ja tatsächlich und naturgemäß unter Umständen einen Anspruch auf Beseitigung und Widerruf in sich; denn da seine Voraussetzung die Wiederholungsgefahr (Besorgnis weiterer Beeinträchtigung), sein Zweck die Wiederherstellung des Zustandes vor der widerrechtlichen Beeinträchtigung ist, so ist es mit einer Unterlassung weiterer Verletzungen nicht getan, wenn die Wirkung der unrechtmäßigen Verletzung fortbesteht. Eine üble Nachrede z. B. verliert ihre Wirkung nicht schon dadurch, daß sie nicht wiederholt wird, ein Inserat mit unerlaubtem Reklameinhalt kann dadurch noch lange fortwirken, daß sich Interessenten das Inserat ausgeschnitten und aufgehoben, ja schon dadurch, daß sie seinen Inhalt im Gedächtnis behalten haben. Die Besorgnis weiterer Beeinträchtigung für den Verletzten besteht also nicht allein in der Wiederholung gleicher oder ähnlicher Werbemaßnahmen

des Konkurrenten, sondern schon in der Fortwirkung der einmal geschehenen. Es ist mithin nach der Natur der Sache ganz gleichgültig, ob Wiederholungshandlungen schon vorgekommen sind, genau wie es oftmals im geschäftlichen Wettbewerb dem Wettbewerber selbst für seine Zwecke genügt, eine Wettbewerbshandlung einmal vorgenommen zu haben. Auch die mit Strafe bedrohten Wettbewerbshandlungen können mit der Unterlassungsklage verfolgt werden; diese wird nicht (ebensowenig wie der Schadenersatzanspruch) durch die Strafverfolgung konsumiert, und ebenso kann natürlich eine offizial zu verfolgende Handlung durch strafrechtliche Privatklage verfolgt werden (vgl. §§ 13 und 22 des Gesetzes).

Prozessual wichtig ist namentlich auch die leichtere Ermöglichung einstweiliger Verfügungen (vgl. § 25 des Gesetzes).

2. Die Regelung des Schadenersatzanspruchs geschieht nach den allgemeinrechtlichen Sätzen (§ 249 BGB.); er beruht auf tatsächlich in ursächlichem Zusammenhang mit dem unlauteren Verhalten entstandenem Schaden und auf Verschulden (Vorsatz oder Fahrlässigkeit, auch culpa in eligendo, Eintreten in weitem Maße für die Handlungen der Angestellten). Die Schadenersatzforderung bezieht sich auch auf entgangenen Gewinn. Da der Schadenersatzanspruch sich meist nicht substantiieren läßt und nach Lage der Sache überhaupt mehr allgemeine Geschäftsgrundlagen und Aussichten betrifft, so wird seine Höhe im wesentlichen durch Schätzung zu ermitteln sein; dabei kann es vielfach auf geldliche Abschätzung von Imponderabilien ankommen, da es sich beim UW. zumeist um die Schädigung des guten Namens, also um werbemäßig in Betracht kommende Immaterialgüter handelt (vgl. § 13 des Gesetzes).

3. Bestraft werden (vgl. auch § 22 des Gesetzes) die Tatbestände:

§ 4. Wissentlich unwahre Anpreisung (Offizialdelikt seit der Revision des Madrider Abkommens, vgl. RG. vom 21. März 1925 [RGBl. II, 115]).

§ 6. Fälschliche Ankündigung von Waren als zu einer Konkursmasse gehörig (Offizialdelikt).

§ 8. Vorschieben und Nachschieben von Waren im Ausverkauf (Antragsdelikt).

§ 10. Verletzung der Vorschriften der §§ 7, 7 a, 7 b und 9 bezüglich der Ankündigung des Ausverkaufs (Offizialdelikt).

§ 11. Warenmengenverschleierung (Offizialdelikt).

§ 12. Angestelltenbestechung (Antragsdelikt).

§ 15. Wissentlich falsche Nachrede (Antragsdelikt).

§§ 17—20a. Geheimnisverrat (Antragsdelikt).

4. Buße (§ 26) kann nur neben einer Strafe verhängt werden. Im übrigen wird ihre Funktion durch den Schadenersatzanspruch ersetzt.

4. Grundlegende Gesichtspunkte bei der Auslegung und Anwendung des Gesetzes gegen den UW.

Die Schwierigkeiten bei der Auslegung dieses Gesetzes und zugleich auch das besonders lebhafte Interesse, das man in Juristen- und in Kaufmannskreisen diesem Gesetz entgegenbringt, beruhen darauf, daß hier eine praktische Frage des täglichen kaufmännischen Lebens auf ihre tiefste sittliche Grundlage — Lauterkeit oder Unlauterkeit — zurückgeführt und die Rechtsentscheidung auf diese sittliche Grundlage gestellt wird. Es handelt sich also jeweils um die Feststellung, ob ein bestimmtes, im heißen geschäftlichen Wettbewerb geschehendes Handeln den Anforderungen des kaufmännischen Anstandes, wie er von den maßgebenden beteiligten Kreisen vertreten wird, entspricht oder nicht.

Der Richter hat also einmal nach objektiven Gesichtspunkten („Anstand", „Lauterkeit", „Sittenwidrigkeit"), zweitens und zugleich aber nach teilweise subjektiven Gesichtspunkten (Urteil der beteiligten Kreise!) zu entscheiden.

Zwar wird theoretisch die Beurteilung meist auf das „Anstandsgefühl aller gerecht und billig Denkenden" abgestellt, aber gemeint sind auch dabei stets solche, die über die Verkehrssitte und die Brancheneigentümlichkeiten des betreffenden Gewerbszweiges, vielleicht auch des Ortsgebrauches und der Zeitumstände, unterrichtet sind (vgl. hierüber Anm. 8 ff. zu § 1 unten S. 89 ff.). Der Richter muß also gerade auf diesem Rechtsgebiet Kenntnis vom kaufmännischen Leben, von den Anforderungen des wettbewerblichen Verkehrs und eine Einfühlungsfähigkeit in diese Sonderverhältnisse besitzen.

Unter diesen Umständen ist es nicht verwunderlich, daß das Reichsgericht und andere höherinstanzliche Gerichte lieber einen schärferen statt einen milderen Maßstab anlegen, denn kein Richter will sich sagen lassen, er urteile sittlich laxer als die Kaufmannschaft. Dadurch, daß Konkurrenten sehr empfindlich sind und gern in einer ihnen unangenehmen Wettbewerbsmaßnahme des Anderen schon von vornherein nach einer „Unlauterkeit" suchen oder sie ohne weiteres darin erblicken, ja namentlich auch dadurch, daß nach § 13 die Interessenverbände zu Hütern und Klagberechtigten gemacht sind, wird der Richter in der schärferen Auffassung unterstützt, und so hat der angegriffene Wettbewerber, der sich zu exkulpieren hat, insofern einen schwereren Stand. Im Sinne wahren und richtigen Rechts ist also hier eine feste theoretische Grundlage der Auffassung über Sinn und Wesen des Gesetzes dringend vonnöten, da sonst die Rechtssicherheit leiden würde. In dieser Hinsicht ist die reichsgerichtliche Judikatur, die doch von so erheblichem Einfluß auf die Rechtsprechung der unteren Instanzen ist, nicht immer bedenkenfrei. Ein typischer Gefahrenpunkt, eine immer vorhandene Klippe, macht sich bemerkbar, nämlich dort, wo rein objektive Maßstäbe der Verwechselungsfähigkeit oder der ungewöhnlichen Anpreisung in Gegensatz treten zu subjektiven Rechten freier Betätigung bezüglich des Namens oder der Wettbewerbshandlung. Wer die Rechtsprechung des Reichsgerichts in dieser Hinsicht verfolgt, bemerkt dort ein Schwanken; zwar vorherrschend die Neigung, den objektiven Maßstab allein gelten zu lassen, aber doch auch immer wieder die Besinnung darauf, daß ja das Gesetz ein Gesetz zur Bekämpfung des „unlauteren" Wettbewerbs heißt und daher wohl der Gesichtspunkt der Unlauterkeit des Handelns nicht ganz beiseite gelassen werden darf. Grundsätzlich-methodisch ist über diese schwierigen Fragen in den letzten Jahren manche Polemik im Schrifttum laut geworden.[1]) Das Reichsgericht (und mit ihm namentlich das Dresdner OLG.) ist zu einer Ausweitung des Sittenwidrigkeitsbegriffs im Wettbewerbsrecht gelangt, bei der man manchmal fragen durfte, ob hier denn wirklich diese angenommene „Sittenwidrigkeit" genügte, die Rechtswidrigkeit der betreffenden Wettbewerbshandlung zu tragen. Man wird aber behaupten dürfen, daß das Reichsgericht es mit überragender Kunst verstanden hat, aus dem Imponderabile „Verstoß gegen die guten Sitten" eine Anzahl Ponderabilien zu machen und den Gesamtbegriff so auszubeuten, daß er auf Einzelfälle anwendbar wurde. Vielleicht liegt eine gewisse Gefahr vor, diese Einzelausbeutungen (z. B. Ausbeutung fremder Mühe,

[1]) Z. B. Reichel, Arch. f. d. ziv. Praxis 1927, 257; Rosenthal, GRUR. 1927, 786, Zentrbl. f. HR. 1932 Heft 1; Goldbaum, GRUR. 1927, 781 und LZ. 1927, 72; H. Isay, GRUR. 1927, 863 und 1928, 71; R. Callmann, GRUR. 1928, 102; Elster, JR. 1928, 54; Zentrbl. f. HR. 1932 Heft 5. Weitere Schrifttumsangaben hierzu siehe unten beim § 1 (S. 78).

fremden Vertragsbruchs, Anstandsgefühl, Schleuderverbot) formalistisch erstarren zu lassen. Der Begriff des „Anstandsgefühls aller billig und gerecht Denkenden" ist eine Arbeitshypothese und muß als solche behandelt werden. Denn es ist nichts Greifbares, es ist ein Imponderabile wie die „Sittenwidrigkeit", zwar ein wenig enger gefaßt als diese, durch Worte, die ja Begriffe bedeuten sollen, etwas handgreiflicher gemacht, aber teilweise noch so sehr im Gefühlsmäßigen steckend, daß der intellektuelle Maßstab, der für Argumente und Gesetzesvorschriften die Voraussetzung ist, in den Hintergrund tritt. Dies trifft genau so wie auf den § 1 UWG. auch auf die §§ 138 und 157 BGB. zu, so daß die obenerwähnte viel weitere Tragweite unserer Frage angezeigt ist. Es mag bedenklich sein, den „Instinkt", den „Gefühlskomplex" an die Stelle von „Gedankenkomplexen" in der Rechtsfindung zu setzen. Deshalb muß die Aufgabe, die hier zu lösen ist, lauten: an die Stelle der Gefühlskomplexe des Sittenwidrigkeitsbegriffs Gedankenkomplexe zu setzen, damit auf solchem Wege der Nachweis, wann Sittenwidrigkeit zur Rechtswidrigkeit werde, geführt werden kann.

Wirtschaftliche Gesichtspunkte allein können auch die intellektuellen nicht ersetzen; denn sie sind ebenso metajuristisch wie die moralischen und nicht zur Tragung der Entscheidung tauglich, wenn nicht intellektuelle Maßstäbe hinzukommen. Ein solches Moment ist das Wahrheitsmoment.

Dieses ist auch ein ethisches Moment; aber Wahrheit ist bis zu einem hohen Grade beweisbar, da sie auf Tatsachen ruht.[1]) Hierbei aber muß zwischen Wahrheit und for-

[1]) Wenn Ulmer, Sinnzusammenhänge im modernen Wettbewerbsrecht (Berlin 1932), gegenüber meiner Auffassung behauptet, das Wahrheitsmoment sei völlig identisch mit dem

malem Wahrheitsschein sehr scharf und klar unterschieden werden. Für die Beweisführung und Beweiswürdigung ist das von großer Bedeutung. Ich erinnere nur an die so oft vorkommenden Fälle, in denen etwas weitergegeben wird, was Jemand gesagt hat, ohne daß der Zusammenhang angegeben wird, in dem er es gesagt hat, namentlich etwa, worauf jene Äußerung die Antwort war. Äußerlich formale Tatsache ist es, was der Betreffende gesagt hat — durch Grammophon hätte es sogar bewiesen werden können! —, aber die wirkliche Wahrhaftigkeit ist anders als dieser Anschein. In der Rechtsprechung zum unlauteren Wettbewerb, von der ja Goldbaum in seiner Kritik des Moralisierens ausging, läßt sich diese Nützlichkeit des Wahrheitsmomentes gegenüber dem etwas vagen ethischen Moment deutlich nachweisen:

Ein Satz, Zugaben seien unlauterer Wettbewerb, ist kaum begründbar durch bloße sittliche Forderung. Aber mit dem Gedanken, daß Zugaben soweit erlaubt sind, als dadurch der Preis der Ware nicht erhöht wird, sondern eine tatsächlich größere Leistungsfähigkeit oder eine Ersparnis an sonstigen Reklamekosten vorliegt — vgl. RGSt. 61, 58 —, ist eine ganz andere Sicherheit gegeben; denn dadurch wird der Sittlichkeitsgedanke aus einem Wahrheitsmoment der geschäftlichen Leistung entwickelt. Beim Schleudern ist es ähnlich. Preisunterbietung an sich ist keine Sittenwidrigkeit, kann es nicht sein. Erst die näheren Umstände, die ein Unwahrhaftigkeitsmoment hineinbringen (Untreue, schieberhafte Machenschaften, Irreführung in der Preisgestaltung oder der Warenqualität), können die Preisunterbietung zur unlauteren Schleuderei machen. Wird z. B. eine Preisunterbietung nur unternommen, um durch Behinderung

---

Unlauterkeitsmoment, so ist das unrichtig; vgl. meine Gegenäußerungen in Hess. Rechtspr. 1932 S. 25 ff. („Die wichtigsten Grundlagen des Wettbewerbsrechts").

eines Außenseiters schließlich höhere Preise ansetzen zu können, so steckt darin ein Moment der Unwahrhaftigkeit, das den ungehörigen Wettbewerb kennzeichnet (RGZ. 134, 342 ff.).

Die Setzung von Verwechslungsgefahr schlechthin als unlauteren Wettbewerb zu nehmen, wie das RG. dies manchmal tat, entbehrt des tieferen Eingehens auf die Gründe der Verwechslungsgefahr, und das RG. hat in seinen besten Urteilen auch tatsächlich diesen Grund der immanenten Wahrheit zum diskreditionären Element gemacht (z. B. Stollwerck-Fall, RGZ. 116, 209, Grempler-Fall, JW. 1925, 2757 und dergl., entgegen den Fällen Malzmann, Arnheim, vgl. Isay a. a. O., der auch nach den Begleitumständen fragt, was wohl Ähnliches bedeutet wie die von mir betonten wahrheitlichen Gründe).

Es geht nicht an, das Gesetz gegen den UW. umzudeuten in ein Gesetz gegen den „unerlaubten" Wettbewerb und — sei es aus den kasuistischen Bestimmungen des Gesetzes, sei es mit Hilfe der Auslegung — einen Katalog unerlaubter Wettbewerbshandlungen aufzustellen ohne innersten lebendigen Zusammenhang. Gerade wenn man, wie dies immer mehr erkannt wird, den Schutz der Warenbezeichnungen nach WZG. unterordnet unter den Gesichtspunkt des (höheren) Wettbewerbsrechts und formale Warenzeichenrechte zurücktreten läßt hinter dem Moment der lauteren Benutzung, zeigt sich erneut die notwendige Betonung eines inneren Zusammenhanges. Die Stimmen, die eine Bekämpfung des „unerlaubten" Wettbewerbes vorziehen einer solchen des „unlauteren" oder sittenwidrigen Wettbewerbs, sind nicht neu.[1]) Das ist keine müßige Be-

[1]) Vgl. darüber u. a. Elster, Unlauterer und unerlaubter Wettbewerb, LZ. 1927 S. 1076; Anm. zum Typobar-Urteil JW. 1927, 1569; Weisbart in „Die Industrie- und Handels-

nennungsfrage. Man stößt sich — namentlich in den Kreisen der Kaufmannschaft — an dem Odium des Wortes „unlauter“ und fordert eine mildere Benennung, selbst wenn der Inhalt des Gesetzes der gleiche bliebe. Aber „unerlaubt“ bedeutet nur ein Ergebnis und keine Begründung; unerlaubt (illicite oder déloyale in der französischen Gesetzessprache) läßt die Frage völlig unbeantwortet, warum eine Wettbewerbshandlung unerlaubt sein soll, verweist einzig und allein auf die Tatsache, daß das Gesetz sie nicht erlaube, öffnet mithin der Buchstaben- und Schema-Jurisprudenz das Tor und ist schließlich nichts als eine Tautologie: unerlaubt ist, was das Gesetz nicht erlaubt. Auf jeden höheren Gesichtspunkt wird dabei verzichtet.

Wenn die Bezeichnung „unlauterer“ Wettbewerb bedenklich sein mag, obwohl sie sich eingebürgert und auch historische Gründe hat, so kann trotzdem ein besseres Wort gesucht werden; ein solches wäre: „ungehöriger“ Wettbewerb. Dieser Ausdruck hat folgende Vorzüge: a) er vermeidet die Farblosigkeit und Negation des bloß „unerlaubten“ Wettbewerbs; b) er neigt sich in die Nähe der Verletzung von Sitte und Brauch; c) er drückt zwar milder aber doch klar und auf allgemeine Grundsätze gestützt den Grund des Verbots gewisser Wettbewerbsmaßnahmen aus; d) er deckt auch die objektive „Unlauterkeit“ in einer Weise, die deren sprachliche Härte vermeidet.

Dieser Begriff der „objektiven Unlauterkeit“ ist für die Auslegung des UWG. anerkannt und übernommen worden u. a. von Callmann[1]), Reimer[2]),

kammer zu Berlin 1907—1927“, Berlin 1927; ferner Hans Kirchberger, Unlauterer, sittenwidriger und unerlaubter Wettbewerb, Berlin 1931, mit reichhaltigem Schrifttumsnachweis.

[1]) Komm. S. 45, 265, 359.

[2]) Vgl. Rosenthal, Komm., 8. Aufl. S. 3.

in der Sache selbst auch von Kirchberger[1]), abgelehnt nur wegen „sprachlicher Unmöglichkeit" von Baumbach[2]) und energischer von Rosenthal.[3]) Nun vermag ich nicht anzuerkennen, daß der Begriff einer objektiven Unlauterkeit sprachlich unmöglich sei, weil ja Unlauterkeit m. E. nicht nur subjektiv, sondern auch als Ergebnis und Wirkung[4]) so vorkommen kann, daß die Allgemeinheit etwas als unlauter empfindet, was in dem Herzen des „Täters" gar nicht einmal so unlauter war. Aber wenn dies der Sache nach richtig ist, so darf der Ausdruck nicht schuld sein, daß daran die Sache leidet, und gerade aus diesem Gesichtspunkt dürfte dann der Begriff einer „objektiven Ungehörigkeit" einwandfrei sein und das ausdrücken, was damit richtigerweise bezweckt wird.

Die Ermittlung des wettbewerblichen Unlauterkeitsmoments ist eine Aufgabe des richterlichen Ermessens; es kann (wie häufig) subjektive Unlauterkeit (dolus, dolus eventualis, auch Fahrlässigkeit als Schuldmoment) vorliegen, es kann aber auch objektive Unschicklichkeit sein, d. h. die im Verkehr als Unlauterkeit (Ungehörigkeit) wirkende Handlung. Das ergibt sich aus Verkehrssitte und Verkehrsanschauung. Auch die Heranziehung der Einzelbestimmungen, nicht nur der Generalklausel des § 1, zeigt überall, daß der Kern stets eine Ungehörigkeit, eine Wahrheitswidrigkeit, eine Sittenwidrigkeit bildet und nicht etwa lediglich ein Verbot gewisser Methoden gegeben wird, ohne daß es auf jene ethischen

[1]) a. a. O. S. 79. Siehe auch unten S. 89 ff.
[2]) Komm., 2. Aufl. S. 73.
[3]) Komm., 8. Aufl. S. 3.
[4]) Pinner-Elster, Komm., 8. Aufl. S. 42 ff.

Gesichtspunkte ankäme. So bei der Kreditschädigung, bei der Ankündigung von Ausverkäufen, bei dem Schmiergeldverbot, bei dem Verbot des Warennachschubs und namentlich bei der unwahren Anpreisung (§§ 3—5). Nicht jeder „unbequeme" Wettbewerb genügt schon für den Begriff der Unlauterkeit, und zutreffend sagt das von der Arbeitsgemeinschaft des Bayerischen Einzelhandels herausgegebene Merkblatt über das UWG.: „Es wendet sich nur gegen die unlautere, nicht gegen die unbequeme oder unschöne Reklame." Vgl. auch unten die Anm. 8 ff. und 15 sub c zu § 1. Freilich wird diese gutzuheißende Systematik in der Bekämpfung des unlauteren Wettbewerbs durch die Art, wie die Zugaben-Verordnung (siehe Anhang) ihre Aufgabe anpackt, leider gefährdet und durchbrochen.

Mit dem Aufsuchen des objektiven Ungehörigkeitsmoments kann allen berechtigten Wünschen entsprochen werden, und es wird damit die Gefahr der Willkür sowohl wie der Abgrenzungsschwierigkeit vermieden, wo Verwechselungsgefahr beginnt bezw. groß genug wird, um einem Wettbewerber seinen Namen und seine Arbeit zu Gunsten eines Anderen zu nehmen. Daß Niemand von fremder Arbeit (es sei denn, daß er ein Recht darauf habe durch Kauf, Erbgang oder dergl.) profitieren soll zum Schaden dieses Anderen, dieser Gesichtspunkt der Judikatur ist gut, und er ist auch völlig ausreichend als Grundlage des objektiven Ungehörigkeitsmoments. Das Wahrheitsmoment ist immer das Wesentlichste in diesen Fragen.[1])

---

[1]) Vgl. (namentlich bezüglich der Belege dieser Auffassung auf Grund des § 16 UWG.) Elster, Unlauterer oder unerlaubter Wettbewerb, LZ. f. dtsch. Recht 1927, 1076; anerkannt durch RGZ. 134, 350.

Es ist in diesem Zusammenhang angebracht, kurz darüber zu sprechen, was denn nun in diesem Umkreis erlaubt ist. Es hängt dies zum Teil mit urheber- und erfinderrechtlichen Gedanken zusammen, in denen der Wettbewerbsschutz entweder als immanenter Gedanke wirksam wird oder zu denen er in Stützstellung tritt.

Es scheiden aus dem Monopolschutz gegen wettbewerbliche Nachahmung aus z. B.: Benennung von Waren ohne Warenzeichencharakter; der Kaufmann kann seine Kleidermodelle mit den Namen der Grazien, Parzen und Musen bezeichnen, und ein Anderer kann das Gleiche tun, sofern er nicht im Speziellen eine Verwechselungsfähigkeit herbeiführt und somit unlauteren Wettbewerb treibt, oder ein Pferdezüchter, dem die Pferdenamen eines Rennstalles gefallen haben, kann seinen Pferden die gleichen Namen geben (wieder unter der eben angeführten einschränkenden Voraussetzung); bekommt Jemand einen Brief, dessen Unterschriftfloskel (z. B. „in geziemender Schätzung" statt „mit vorzüglicher Hochachtung") ihm etwa gefällt, so darf er ebenfalls so schreiben; gefällt ihm Format und Papier eines Prospektes, so darf er (immer außerhalb der Grenzen des etwa auf Verwechselungsgefahr oder täuschende Nachahmung berechneten Nachmachens) daran lernen und seine Prospektherstellung verbessern. Auf einer gewissen Freiheit des Nachmachens in dieser Richtung beruhen ja auch die kaufmännischen Unternehmungen, welche Werbevorlagen liefern, Briefentwürfe zusammenstellen, Modeartikel bemustern. Nun liegt es freilich bei diesen Vorlagen insofern anders, als dort der schutzberechtigte Hersteller der Entwürfe — gerade auf Grund seiner Schutzberechtigung — die Vorlagen und Entwürfe verkauft, dem Benutzer also durch Vertrag die Berechtigung verschafft; aber auch der beliebige Dritte darf Anregungen daraus entnehmen, sofern er sich vor sklavischer, d. h. gedankenloser Übernahme hütet. Auch Zweckmäßigkeitsgründe sind es oft, die für Waren gleicher Branche z. B. Ähnlichkeit der Packung mit sich bringen, so daß, selbst wenn (wie stets) eine Neuerung oder Besserung auf einen einzelnen Geschäftsmann zurückgeht, diese Neuerung doch häufig im Zuge der Branchenkunde liegt und gerade die Schnelligkeit ihrer allgemeinen Aufnahme dem Monopol des ersten Ideeverwirklichers im Wege steht. So bleiben oftmals die praktischsten Einfälle ohne Monopolschutz — ob mit Recht oder Unrecht, wird jedesmal zu untersuchen sein. Es ist aber nicht möglich, jede Verbesserung im Kultur- und Wirtschaftsleben, im technischen und kaufmännischen Arbeiten mit einem besonderen Monopolschutz zu belegen, wie man dies auch an den Bestrebungen gesehen hat, die, vorwiegend im Auslande, für den Schutz des sogenannten „wissenschaftlichen Eigentums", d. h. für Entdeckungen, Theorieen, Lehren, medizinische Behandlungsweisen und dergl., propagiert worden sind. Die Grenzen, die dem Monopolschutz durch die geltenden Urheber- und Erfinder-, Musterschutz- und Wettbewerbsgesetze gezogen sind, treffen im allgemeinen das Richtige; Verbesserungen im einzelnen — gerade auch gegen eine Senkung des Niveaus der schutzfähigen Erzeugnisse — sind erwägenswert, aber in der Hauptsache muß es dabei bleiben, daß bestimmte Voraussetzungen der Formgebung eines Erzeugnisses maßgebend sind für die Erlangung eines ausschließenden Rechtsschutzes, daß aber die Fälle täglicher, namentlich kaufmännischer, Einfälle keinen Monopolschutz erlangen können. Deren Nutzen und Wert liegt in der Schnelligkeit der Ausführung und Benutzung. Die Priorität sich wahren und „den Rahm abschöpfen" ist da die Hauptsache; und zieht der Einfall nicht mehr, weil ihn Andere aufgenommen haben, so muß dem Rührigen eben wieder etwas Neues einfallen.

Das Lernen von Anderen muß also in gewissem Grade frei sein, auch insoweit, als man dieses Gelernte zu eigenem Nutzen verwendet. Auf der Schwierigkeit, hier klare Abgrenzungen zu schaffen, beruht ja auch der Widerstreit um die Lösung der Betriebsgeheimnisfrage. Es ist das Problem des gerechten Interessenausgleichs, das auch dort in Frage steht und weder juristisch noch ethisch mit ganz klaren Formeln gelöst werden kann. Im einzelnen sind diese Dinge bei der Erläuterung der Paragraphen des UWG. zu erörtern, hier galt es nur, darauf hinzuweisen, daß auch die Bekämpfung des sogenannten oder angeblichen UW. dort ihre Grenze finden muß, wo die Unlauterkeit nicht mehr oder auch nur mit sehr fragwürdigen Gründen zu behaupten ist. Denn es würde dem guten und tragfähigen Inhalt des UWG. sehr viel von seiner Kraft nehmen, wenn man ihn durch die Einbeziehung recht zweifelhafter Erscheinungen verwässerte. So ist es z. B. nicht unlauter, wenn auf Erzeugnisse einer anderen Firma hingewiesen wird, für die die eigenen Erzeugnisse dienlich und nützlich seien (RG. II 630. 1923 über Gummiringe zu Rexgläsern). Und auch für die zahlreich hervorgetretenen Wünsche zur Reform und Ausweitung des Gesetzes gegen den UW. sollte man immer dessen eingedenk bleiben, daß man zwar den wirklich ungehörigen, aber nicht den nur unbequemen und neuartigen Wettbewerb dem Anderen verbieten kann und daß es, namentlich in Zeiten naturgemäß schwerer Konkurrenzkämpfe, dem findigen und rührigen Geschäftsmann erlaubt sein muß, neue und u. U. eigenartige Wege der Werbung einzuschlagen. Unüblichkeit und Eigenartigkeit dieser Wege ist nicht ohne weiteres identisch mit Unerlaubtheit, Ungehörigkeit und Sittenwidrigkeit. Dies muß auch bei den nun noch zu erwähnenden Reformbestrebungen der Bekämpfung des sogenannten unlauteren Wettbewerbs im Auge behalten werden.

5. Reformbedürftigkeit des Gesetzes?

Während im allgemeinen behauptet werden darf, daß sich das Gesetz von 1909 bewährt hat und daß auf Grund namentlich der höchstrichterlichen Rechtsprechung eine große Entwicklung der vom Gesetz gegebenen Grundsätze herbeigeführt worden ist, die die Bekämpfung des UW. sehr fruchtbar gestaltet hat, so ist doch an manchen Punkten lebhafte Kritik geübt worden. Diese hat in der Hauptsache vier Angriffspunkte: 1. die — schon oben S. 56 ff. erwähnte — Handhabung des § 1 (Generalklausel — Sittenwidrigkeit); 2. die Ausverkaufsbestimmungen; 3. die Behandlung des Geheimnisverrats (Industriespionage); 4. das Zugabewesen. Die beiden ersteren Punkte, heißt es, seien nicht klar genug geregelt, die beiden letzteren ungenügend behandelt.

Zu 1. Wohl am schärfsten hat Baumbach [1]) Kritik an der reichsgerichtlichen Auslegung des Sittenwidrigkeitsparagraphen (§ 1 UWG.) geübt, der diese Judikatur ein Würfelspiel nennt, das der festen Form und der Rechtssicherheit ermangele und bei dem die Sittlichkeitshysterie Orgien feiere; es werde nach dem Anstandsgefühl des Richters geurteilt, der das gewerbliche Leben nicht genügend kenne. Es sei daher zu fordern, daß man diese Auslegung des § 1 UWG. aufgebe oder den Paragraphen ganz beiseite lasse. Mit Rosenthal, Callmann und Anderen kann ich dieser Ansicht Baumbachs schlechterdings nicht beipflichten. Daß auf einem so schwierigen Gebiet man „Normen“ vermißt, die wie Klischees gehandhabt werden können, trifft nicht den Kern einer juristisch und ethisch hochstehenden Bestimmung. Vielmehr muß es die Aufgabe der richterlichen ars boni et aequi sein und bleiben, gerade

---

[1]) DJZ. 1931, 58; gegen ihn: A. Rosenthal in LZ. 1931, 410.

in solchen schwierigen Dingen nicht klischeeartig mit Gesetzesbuchstaben zu operieren, denn eine etwa so gewonnene Rechtssicherheit wäre ein schlechtes Ergebnis, weil ein Recht, das im Kern ungerecht ist (da es klischeeartig angewendet wird), erst recht keine Sicherheit bieten kann, sondern an allen Ecken und Enden berechtigten Angriffen ausgesetzt bleibt. Gewiß soll man bestrebt sein (siehe oben S. 58), Gefühlskomplexe durch greifbarere Argumente zu ersetzen, aber auch diese sind bei richtiger Anwendung dem § 1 UWG. auf der Linie der reichsgerichtlichen Rechtsprechung zu entnehmen. Vollends abwegig aber erscheint es, wenn Baumbach demgegenüber empfiehlt, die Formel von Treu und Glauben statt der genannten als Kriterium heranzuziehen. Dadurch wird nichts gewonnen, denn auch diese Formel entbehrt der formellen Exaktheit; überdies aber bezieht sich Treu und Glauben stets in erster Linie auf bestimmte gegenseitige Rechtsbeziehungen und Geschäftsverhältnisse (Schuldverhältnisse!).

Zu 2. Im Herbst 1929 wurde von der Reichsregierung an den Reichswirtschaftsrat das Ersuchen gerichtet, ein Gutachten über einige Fragen des Wettbewerbsrechts zu erstatten, und dadurch sind mancherlei Wünsche auch aus den beteiligten Wirtschaftskreisen laut geworden. Einer davon betrifft eine bessere Regelung des Ausverkaufswesens und will[1]) von den eigentlichen Ausverkäufen (siehe §§ 6 ff. UWG.) nicht nur die Saison- und Inventurverkäufe (die also auch nicht als eigentliche „Ausverkäufe" zu bezeichnen wären), sondern auch die sogenannten Abverkäufe unterschieden und gesetzlich anders behandelt wissen. Bei diesen „Abverkäufen" handelt es sich um Veranstaltungen aus besonderem Grund (z. B. Geschäftsverlegung, teilweisen Brandschaden usw.), die sich auf

[1]) Vgl. „Konfektionär" vom 20. Sept. 1930.

einen mengenmäßig beschränkten Teil des Lagers und auf einen ganz beschränkten Zeitraum beziehen. Diesen Wünschen ist (siehe oben S. 50) durch die Verordnung zum Schutze der Wirtschaft vom 9. März 1932 in wesentlichen Teilen entsprochen worden.

Zu 3. Die anderweitige — schärfere — Behandlung des Geheimnisverrats (Industriespionage) ist Gegenstand eingehenderer literarischer und kongreßmäßiger Behandlung (36. Deutscher Juristentag 1931)[1]) gewesen, und nachdem ein Entwurf vorgelegt worden war, ist eine Verschärfung dieser Bestimmungen durch die Verordnung vom 9. März 1932 erfolgt.

Zu 4. Endlich hat der Wunsch, das Zugabewesen stärker und „klarer" zu regeln, insbesondere das Zugabe-„un"wesen zu bekämpfen, zu differenzierten Bestimmungen in der genannten Verordnung vom 9. März 1932 geführt. Diese Materie hängt mit dem UW. aufs engste zusammen, obwohl die Verordnung in dieser Hinsicht von den sonst das UWG. tragenden Grundsätzen (Sittenwidrigkeit, Ungehörigkeit) in weitem Maße absieht. Die z. T. recht anfechtbare und die Rechtssicherheit keineswegs fördernde Regelung verdient keine lange Geltungszeit in der ihr gegebenen gesetzlichen Form; es sind dort wirtschaftspolitische Wünsche befriedigt worden, ohne daß eine tiefere juristische Lösung versucht oder gelungen wäre. Vgl. die eingehenderen Ausführungen darüber im Anhang dieses Kommentars. (Als Sonderausgabe Guttentagsche Sammlung Nr. 37 a.)

Die Anwendung des Gesetzes gegen den UW. ist so fortgeschritten, so klar wissenschaftlich durchgearbeitet, daß der

---

[1]) Gutachten und Verhandlungen, Berlin 1932.

verletzte Wettbewerber und Hilfesuchende nicht enttäuscht wird.

Einer neuen Gesetzesänderung bedarf es nicht, wie es auch der bisherigen, abgesehen von der schärferen Bestrafung der Industriespionage, kaum bedurft hätte — abgesehen vielleicht von dem Fehler, daß das Gesetz mehr auf den Wettbewerb in Wort und Schrift, auf das Ankündigen und Benennen, als auf den Handel und die Fabrikation, das Handeln und stille Tun, gemünzt ist. Aber welches Gesetz hat denn, wie dieses, eine solche Generalklausel wie die des § 1 UWG.? Einen solchen grundlegenden Paragraphen, der überall da anwendbar ist, wo die Einzelbestimmungen des Gesetzes nicht ausreichen? Der mit dem Grundsatz der Bekämpfung der Sittenwidrigkeit eine Ausdehnungsmöglichkeit in sich trägt, die jedem unlauteren Gebaren im geschäftlichen Wettbewerb den Kampf ansagt! Und zugleich mit der Erkenntnis, daß Wahrheitswidrigkeit in der Reklame sittenwidrig ist, ist die Anwendbarkeit des Gesetzes überall gegen Unwahrheit im Wettbewerb gegeben, selbst dort, wo es über die Einzeltatbestände der §§ 3 und 4 (unlautere Anpreisung), 11 (Warenmengenverschleierung), 14 und 15 (Kreditschädigung durch üble Nachrede), 16 (Namen- und Firmenmißbrauch) hinausgeht.

Über alle diese Einzelheiten — auch in kritischer Hinsicht — sind die Erläuterungen zu den betreffenden Paragraphen zu vergleichen. Jedenfalls werden wir besser und zielbewußter, ja auch erfolgreicher den wirklich ungehörigen Wettbewerb bekämpfen, wenn wir, wie das andrerseits auch in manchen sehr trefflichen neueren Reichsgerichtsentscheidungen geschieht, den Tatbestand auf die Unlauterkeit, die Sittenwidrigkeit, die Wahrheitswidrigkeit beschränken und sehr genau zwischen Wahrheit und Unwahrheit unterscheiden. Dann allein sind wir in der Lage, diese Fälle aber auch wirklich energisch zu fassen und dem geschäftlichen Verkehr eine Rechtssicherheit auf diesem Gebiet zu geben, deren er dringend bedarf. Nötig ist freilich, daß einerseits die juristische Arbeit der Durchdringung der Möglichkeiten, die dieses Gesetz gibt, nicht ruht und daß andrerseits die beteiligten Kreise der Kaufmannschaft und des Publikums das Gesetz zu nutzen verstehen.

Dem Richter hat also das Gesetz von 1909 mit seinen allgemeinen Grundsätzen die schwere, aber hochstehende Aufgabe übertragen, unter sachgemäßer Prüfung aller in Betracht kommenden Verhältnisse im Wettbewerb Rechte und Pflichten der Konkurrenten gegeneinander abzuwägen. Dieser Aufgabe hat sich der deutsche Richterstand durchaus gewachsen gezeigt; daran können gelegentliche kritische Meinungsverschiedenheiten nichts ändern. Die Rechtsprechung und die rechtswissenschaftliche Behandlung auf dem Gebiete des Wettbewerbsrechts haben sich immer mehr zu klaren und sittlich bedeutsamen Grundsätzen durchgerungen, haben dem unlauteren Geschäftsgebaren den Schleichweg energisch verlegt, ohne den erlaubten und gebotenen Wettbewerb zu schädigen und einzuengen. Im Zweifel wurde stets der sittlich strengere Maßstab angelegt und die Unlauterkeit auch da getroffen, wo sie sich hinter scheinbarem Recht zu verbergen suchte — eine unvergängliche Leistung insbesondere des II. Zivilsenats des Reichsgerichts!

Ebenso wie die Generalklausel des § 1 UWG. ergänzend und klärend alle anderen Bestimmungen dieses Gesetzes durchdringt, so bringt der Rechtsgedanke des lauteren im Gegensatz zu dem unlauteren Wettbewerb auch in den gesamten geistig-gewerblichen Rechtsschutz, das Urheber- und

Erfinderrecht ein, wo oftmals der Tatbestand einer Urheberrechtsverletzung von dem Vorliegen einer Wettbewerbshandlung abhängt und die verletzende Rechtshandlung zumeist eine unlautere ist [1]) — und namentlich dringt diese Betrachtungsweise in das Gebiet des Warenzeichengesetzes ein, dessen allernächste Berührung mit dem Gesetz gegen den UW. immer mehr erkannt wird; gehört doch beispielsweise der § 15 WZG. (Ausstattungsschutz) ebensogut oder besser in das Gesetz gegen den UW. und werden doch die §§ 9, 13, 14 und 16 des WZG. sehr stark durch Probleme des UWG. berührt (vgl. hierüber auch Anm. 4 ff. zu § 1 und ferner § 15 UWG.).

6. Ausländisches und internationales Recht.

Von dem französischen Recht, das als der Vater der Bekämpfung des UW. zu bezeichnen ist, wurde oben im Abschnitt 2 über die geschichtliche Entwicklung schon gesprochen. Vom französischen Recht beeinflußt wurde namentlich die Gesetzgebung in Belgien und Italien. In England gehen die Anfänge der Bekämpfung durch die Rechtsprechung weit zurück; einschneidend ist das Gesetz vom 23. August 1887 (Merchandise Marks Act), welches neben warenzeichenrechtlichen Aufgaben es sich angelegen sein ließ, ausländische Konkurrenz zu bekämpfen. In der Schweiz und in Österreich waren die Vorschriften, die gegen einen UW. anzuwenden waren, in Hauptgesetzen verstreut, bis z. B. Österreich — nach Versuchen, die bis auf das Jahr 1906 zurückgehen — in seinem Gesetz vom 26. September 1923 (BGBl. S. 1717) ein eigenes Gesetz gegen den UW. erließ, das sich fast völlig an das deutsche Gesetz von 1909

---

[1]) Vgl. Elster, Urheber- und Erfinder-, Warenzeichen- und Wettbewerbsrecht, Berlin 1928.

anlehnt, jedoch einzelne Verbesserungen enthält, die sich aus deutschen Erfahrungen ergeben haben; denn es soll bewußt der Rechtsangleichung an das Deutsche Reich dienen. (Es folgte dann noch zur Ergänzung eine Verordnung vom 8. November 1924, die gewisse glückspielartige Formen des Vertriebes von Waren und Leistungen verbot.) Spezialgesetze gegen den UW. haben ferner: Dänemark (20. März 1918), Norwegen (7. Juli 1922), Ungarn (2. Januar 1923), Polen (2. August 1926), die Tschechoslowakei (15. Juli 1927).

Die Anfänge internationaler Verständigung gehen auf das Jahr 1883 zurück.

In der Rev. Pariser Übereinkunft zum Schutze des gewerblichen Eigentums (vom 20. März 1883, rev. Brüssel 14. Dezember 1900 und in Washington 2. Juni 1911 — RGBl. 1913 S. 209 —) wurde im Art. 2 der Grundsatz der Gleichberechtigung der In- und Ausländer bezüglich des Schutzes gegen den UW. in den Verbandsländern aufgestellt; dies wird besonders wichtig durch die Bestimmung des Art. 10 b: „Alle vertragschließenden Länder verpflichten sich, den Angehörigen des Verbandes einen wirksamen Schutz gegen den UW. zu sichern." Darin liegt die Pflicht zum Erlaß geeigneter Gesetze, dem Deutschland längst und in höherem Maße als viele andere Länder nachgekommen ist (siehe oben). Durch die neue Revision der Pariser Übereinkunft auf der 6. Haager Konferenz (8. Oktober bis 6. November 1925) (in Deutschland ratifiziert durch Bek. vom 27. Mai 1928, RGBl. II, 489; vgl. auch das deutsche Gesetz vom 31. März 1928, RGBl. II, 175) ist in den Art. 10 b eine dem deutschen UWG. entsprechende Generalklausel aufgenommen worden, nach welcher jedes Vertragsland verpflichtet ist, gegen Wettbewerbshandlungen Schutz zu gewähren, die den anständigen Gebräuchen auf dem Gebiete des Handels und des Gewerbes zuwiderlaufen, insbesondere soweit sie Verwechselungen von Erzeugnissen und falsche Behauptungen über die Waren eines Anderen betreffen. Das geht noch nicht so weit wie das deutsche Gesetz, ist aber ein Fortschritt, zumal Art. 10 c wirksamen Rechtsschutz gegen Verletzung des Art. 10 b vorsieht. Dieser Art. 10 b lautet jetzt: „Les pays contractants sont tenus d'assurer aux ressortissants de l'Union une protection effective contre la concurrence déloyale. — Constitue un acte de concurrence déloyale tout acte de concurrence contraire aux usages honnêtes en matière industrielle ou commerciale. — Notamment devront être interdits: 1. tous faits quelconques de nature à créer une confusion par n'importe quel moyen avec les produits d'un concurrent; 2. les allégations fausses, dans l'exercice du commerce, de nature à discréditer les produits d'un concurrent. Vgl. des näheren § 28 UWG. und dessen Anmerkungen.

Dem II. Madrider Abkommen (14. April 1891), betr. die Unterdrückung falscher Herkunftsabgaben auf Waren, revidiert in Washington 2. Juni 1911, ist Deutschland durch Gesetz vom 21. März 1925 beigetreten (Ratifikation wie oben). (§ 2: „Waren, die an sich selbst oder auf ihrer Aufmachung oder ihrer äußeren Verpackung irgendwelche Warenzeichen (Marken), Namen, Aufschriften oder sonstige Zeichen tragen, die unmittelbar falsche Angaben über Ursprung, Gattung, Art oder charakteristische Eigenschaften dieser Waren darstellen, unterliegen bei ihrer Einfuhr oder Ausfuhr der Beschlagnahme zum Zwecke der Beseitigung der unrichtigen Angabe.") Hiermit ist Art. 274 Abs. 2 des Versailler Vertrages erfüllt worden, während der übrige Inhalt der Art. 274 (und 275) dieses Vertrages keine internationale Förderung der Bekämpfung des UW. ist, sondern nur als eine einseitige handelspolitische Maßnahme gegen Deutschland zu Gunsten der alliierten und assoziierten Mächte anzusehen ist. Im Frieden von St. Germain konnte man Österreich den Erlaß gesetzlicher Bestimmungen gegen den UW. auferlegen, aber Deutschland hatte das Erforderliche längst getan. So mußten sich die genannten Artikel des Versailler Vertrages damit begnügen, dem Besiegten aufzuerlegen (Art. 274 Abs. 1): „Deutschland verpflichtet sich, alle erforderlichen Gesetzgebungs- oder Verwaltungsmaßnahmen zu treffen, um die Roh- oder Fertigerzeugnisse einer jeden alliierten oder assoziierten Macht gegen jede Art von unlauterem Wettbewerb im Handelsverkehr zu schützen.“ (Abs. 2:) „Deutschland verpflichtet sich, durch Beschlagnahme und durch alle anderen geeigneten Rechtsbehelfe die Ein- und Ausfuhr sowie für das Inland die Herstellung, den Umlauf, den Verkauf und das Feilbieten aller Erzeugnisse oder Waren zu unterdrücken und zu verhindern, die auf dem betreffenden Gegenstand selbst oder seiner unmittelbaren Aufmachung oder seiner äußeren Verpackung irgendwelche Marken, Namen, Aufschriften oder Zeichen tragen, welche unmittelbar oder mittelbar falsche Angaben über Ursprung, Gattung, Art oder charakteristische Eigenschaften dieser Erzeugnisse oder Waren darstellen.“ — (Art. 275:) „Deutschland verpflichtet sich unter der Bedingung der Gegenseitigkeit auf diesem Gebiet, die in einem alliierten oder assoziierten Lande geltenden und durch die zuständigen Behörden Deutschland gehörig bekanntgegebenen Gesetze und in Übereinstimmung mit diesen Gesetzen ergangenen Verwaltungs- oder Gerichtsentscheidungen zu beobachten, wodurch das Recht auf eine Lagebezeichnung für die in dem betreffenden Lande erzeugten Weine oder geistigen Getränke bestimmt oder geregelt wird, oder wodurch die Bedingungen bestimmt oder geregelt werden, an welche die Erlaubnis zum Gebrauch einer Lagebezeichnung geknüpft ist. Die Ein- und Ausfuhr, die Herstellung, der Umlauf, der Verkauf oder das Feilbieten von Erzeugnissen oder Waren, die den obengenannten Gesetzen oder Entscheidungen zuwiderlaufende Lagebezeichnungen tragen, sind von Deutschland zu untersagen und durch die im vorigen Artikel vorgeschriebenen Maßnahmen zu unterdrücken." Vgl. hierüber die §§ 5 und 28 UWG. und die dazu gegebenen Anmerkungen, ferner den Anhang am Schluß des Buches.

Gesetz gegen den unlauteren Wettbewerb

vom 7. Juni 1909
in der Fassung vom 9. März 1932.

(RGBl. 1909 Nr. 31 S. 499—506, RGBl. 1932 I Nr. 15 S 122—124).

---

§ 1.

Wer im geschäftlichen Verkehre zu Zwecken des Wettbewerbes Handlungen vornimmt, die gegen die guten Sitten verstoßen, kann auf Unterlassung und Schadensersatz in Anspruch genommen werden.

I. **Allgemeiner Sinn des § 1 (Generalklausel).**
1. Entstehung der Bestimmung.
2. Umkreis der Bedeutung der Generalklausel.
3. Ergänzung der anderen Paragraphen des UWG.
4. Verhältnis zum Warenzeichenrecht.
5. Verhältnis zum Urheberrecht.
6. Verhältnis zum Kunstschutzrecht.
7. Übertragung und Spezialisierung des § 826 BGB. auf Wettbewerbsfälle.

II. **Sittenwidrige Handlung.**
8. Begriff der Sittenwidrigkeit.
9. Merkmale des sittenwidrigen Geschäfts.
10. Besonderheiten des kaufmännischen Handelns.
11. Wettbewerbliche Sittenwidrigkeit.

III. **Im geschäftlichen Verkehr zu Zwecken des Wettbewerbs.**
12. Der Wettbewerbszweck.
13. Der Zweck des Wettbewerbsgesetzes.
14. Begriff des Geschäftlichen.

IV. Einzelne Fälle als Beispiele und Richtlinien.
15. Gruppe der Ausnutzung fremder Arbeit.
16. Gruppe der Irreführung und Verwechslungsgefahr.
17. Andere, nicht so fest umschriebene Gruppen.

V. Die Abwehr (Unterlassungs- und Schadenersatzklage).
18. Unterlassungsanspruch.
19. Schadenersatzanspruch.

Aus dem Schrifttum:

1. Systematische Werke über unlauteren Wettbewerb: Kohler, Unlauterer Wettbewerb, 1914. — Lobe, Die Bekämpfung des unlauteren Wettbewerbs, 1907. Das Gesetz zur Bekämpfung des unlauteren Wettbewerbs, 1896. — Osterrieth, Lehrbuch des gewerblichen Rechtsschutzes, 1908. — Wassermann, Unlauterer Wettbewerb, 2. Aufl., 1911. — Elster in Urheber- und Erfinder-, Warenzeichen- und Wettbewerbsrecht, 2. Aufl., 1928. (Vgl. auch den Artikel Wettbewerb im HdR. VI, 887 ff.)

2. Kommentare: Rosenthal, 8. Aufl., 1930; Baumbach, 2. Aufl., 1931; Callmann, 1929; Becher, 2. Aufl., 1932; Pinner-Eyck, 1910; Fuld, 1910; Finger, 1911; Goldbaum, 1926; Seelow, 1926.

3. Arbeiten insbesondere zu dem allgemeinen Gedanken des § 1 UWG.: Kirchberger, Unlauterer, sittenwidriger und unerlaubter Wettbewerb, 1931; in GRUR. 1927, 82. — Baumbach in JW. 1930, 1646. — Becher in MuW. 1930, 159. — Callmann in GRUR. 1928, 102. — Elster in HdR. V, 493; in LZ. 1927, 1076; in JR. 1928, 54; in ZblHR. 1932 Heft 5. — Frhr. von Godin in MuW. 1930, 42. — Goldbaum in GRUR. 1926, 297; 1927, 781; in LZ. 1927, 72. — Isay in GRUR. 1927, 863; 1928, 71, 245. — Kohler in MuW. 13, 45. — Lobe in GRUR. 1931, 1215. — Reichel in ArchZivPr. 1927, 257. — Reimer in MuW. 1929, 208. — Rosenthal in LZ. 1927, 718; 1931, 415; in ZblHR. 1932 Heft 1; in GRUR. 1927, 786; 1928, 167. — Wertheimer in GRUR. 1928, 250, 526.

I. Allgemeiner Sinn des § 1 (Generalklausel).

1. **Entstehung der Bestimmung.** Die Generalklausel war in dem G. von 1896 noch nicht enthalten. Die deutsche Rechtsprechung war zögernd an die Verfolgung des UW. herangetreten, nachdem in den außerdeutschen Ländern bereits vielfach der Kampf gegen das unlautere Gebaren im Geschäftsverkehr mit Erfolg geführt war. Insbesondere war die französische Rechtsprechung anknüpfend an die ganz allgemein gehaltene Bestimmung des § 1382 des Code civil gegen die concurrence déloyale vorgegangen. Über die Strömungen und Absichten bei der Beratung des deutschen Gesetzes s. die Einleitung oben S. 44 ff.

Das BGB. stellte dann in den §§ 823 und 826 allgemeine Grundsätze auf, nach denen unlauteres Gebaren zu Schadenersatz verpflichtete. Die Praxis, insbesondere das Reichsgericht (RGZ. 48, 115, JW. 1905, 237 und seitdem dauernd, s. a. unten Anm. 3), wendete diese allgemeinen Grundsätze auch auf den UW. an, so daß neben den Spezialvorschriften des Gesetzes die allgemeinen Grundsätze des BGB. zur Anwendung kamen. Da insbesondere § 826 immer mehr auf den UW. im Geschäftsleben angewendet wurde und damit die Lücken des Gesetzes vom 27. Mai 1896 beseitigt schienen, so nahm der Entwurf zu dem neuen Gesetz von der Generalklausel Abstand mit der Begründung, daß, nachdem das Reichsgericht die Vorschriften des § 826 als Schutzwehr gegen illoyale Handlungen hingestellt habe, eine weitere Aufnahme einer Generalklausel in das Wettbewerbsgesetz überflüssig, ja schädlich sei. In der Reichstagskommission dagegen war von Anfang an die Stimmung, und zwar augenscheinlich unter Zustimmung der verbündeten Regierungen, für die Generalklausel. Diese solle nach der Begründung, die dem Antrage gegeben war, das ganze Gesetz beherrschen; es handele sich darum, dem im § 826 BGB. ausgesprochenen Grundsatz eine besondere Richtung auf das Gebiet des UW. zu geben. Es wurde nicht darüber debattiert, ob eine Generalklausel einzufügen sei, sondern im wesentlichen nur darüber, ob neben dem Anspruch auf Unterlassung der Anspruch auf Schadenersatz gegeben werden solle.

2. Umkreis der Bedeutung der Generalklausel. Die Bedeutung der Generalklausel für die Bekämpfung des UW. ist sehr groß. Sie ist

a) eine Ergänzung aller anderen Paragraphen des UWG. (s. Anm. 3),
b) eine Ergänzung des Wettbewerbsschutzes im Warenzeichen- und Urheberrecht (s. Anm. 4, 5, 6),
c) eine Übertragung und Spezialisierung des § 826 BGB. auf die Tatsachen des Wettbewerbs (s. Anm. 7),
d) eine Sicherung der Bekämpfung der Sittenwidrigkeit in Wettbewerbsdingen (s. Anm. 8—11).

Aus diesem Umkreis der Bedeutung ergibt sich klar (was schon oben in der Systematischen Einleitung S. 60 ff. hervorgehoben werden mußte), daß das Gesetz tatsächlich ein solches gegen den unlauteren, d. h. sittenwidrigen Wettbewerb sein soll und daß sein Sinn und Inhalt nicht umgedeutet werden darf in einen bloß „unerlaubten", d. h. irgendwie willkürlich als verboten bezeichneten Wettbewerb (anderer Ansicht Weisbart in der Festschrift „Die Industrie- und Handelskammer zu Berlin 1902 bis 1927", Berlin 1927; vgl. ferner Kirchberger a. a. O. und unten Anm. 8 ff. S. 89 ff.). Verboten ist z. B. das, was für den Wettbewerb das Warenzeichengesetz durch formale Beschränkungen verbietet oder vom Zivilrecht (in den §§ 823 ff. und sonst) oder Strafrecht als unerlaubt kodifiziert ist; zur Heranziehung des UWG. kommt es in allen den Fällen nur, wenn a) Wettbewerb und b) Sittenwidrigkeit (Unlauterkeit) in Betracht kommt. Das gilt für die Generalklausel zweifellos, für die übrigen Paragraphen des UWG. (unrichtige Reklame, unrichtige Ausverkaufsangabe, Ausdehnung des Ausverkaufsbegriffs, Verleumdung, Kreditschädigung, Bestechung) wird man es kaum leugnen können, selbst wenn in vielen Fällen zur Sicherheit § 1 ergänzend mit herangezogen wird. Wenn also in einigen höchstrichterlichen Entscheidungen die Neigung hervorgetreten ist, absolute Verwechslungsgefahr ausreichend sein zu lassen für Verurteilungen aus UWG., so erscheint dies als eine von diesem Gesetz nicht gestützte Ausdehnung, die infolge ihrer unsicheren gesetzlichen Stütze Unsicherheit für die energische Verfolgung des wirklichen UW. mit sich bringen muß. Anlaß dazu gab wohl der § 16; s. deshalb dort das Nähere.

Jedenfalls muß von vornherein stets beachtet werden, daß der Wettbewerb an sich nichts Sittenwidriges ist, er es vielmehr nur durch das Hinzutreten besonderer sittenwidriger Momente wird (z. B. Vertragsbruch, Schleichwege, Unwahrhaftigkeit usw.). Vgl. RGZ. 134, 347: „Ziel jeden Wettbewerbs ist die Schädigung des Gegners, und diese ist in normalen Fällen meist zu ertragen und zu überwinden und daher vom sittlichen Empfinden aus jedenfalls so lange nicht zu beanstanden, als sie nicht zum bloßen Selbstzweck wird." Das UWG. dient also dazu, den Wettbewerb aufrechtzuerhalten, ihn aber gleichzeitig in gesunde Bahnen zu lenken.

3. **Ergänzung der anderen Paragraphen des UWG.** Das Reichsgericht (RGZ. 79, 321) hat diese Bedeutung des § 1 wie folgt umschrieben: „Die Stellung, die dem § 1 an der Spitze des Gesetzes gegeben worden ist, sollte nach der Entstehungsgeschichte des § 1 schon äußerlich anzeigen, daß die in § 1 enthaltene Generalklausel das ganze Gesetz beherrsche; sie soll überall da eingreifen, wo die Einzelvorschriften des Gesetzes nicht ausreichen. Es sollte aber nicht gesagt werden, daß da, wo die Einzelvorschriften des Gesetzes einen für ihre Anwendung passenden Tatbestand vorfinden, nur diese unter Ausschluß des § 1 anwendbar sein sollten. Vielmehr wollte der Gesetzgeber dem § 1 seine Anwendbarkeit nicht versagen, wenn der für ihn bestimmte Tatbestand zugleich auch noch die Verletzung einer der nachfolgenden Einzelvorschriften darstellt."

Beispielsweise ergibt sich keine Verkürzung der Rechte, wenn neben dem allgemeinen Sittenwidrigkeitsverstoß (§ 1) noch ein spezieller Verstoß — etwa aus § 14: Kreditschädigung — in Betracht kommt; oder wenn § 3 die öffentliche unlautere Reklame trifft, so kann mit § 1 die nichtöffentliche sittenwidrige Reklame getroffen werden; oder wenn § 12 die Angestelltenbestechung betrifft, so kann mit § 1 gegen andersartige unlautere Verführung zum Kontraktbruch oder dergleichen vorgegangen werden, oder wenn die Heranziehung des § 3 (unlautere Reklame) nicht die Anwendung einer reklamehaften Bezeichnung (z. B. „Steueranwalt") treffen sollte, so kann (wie RG. in JW. 1920, 778) die Klage auf § 1 gestützt werden; oder wenn § 16 beim Wettbewerb zweier Zeitschriftentitel als Voraussetzung verlangt, daß sich der Berechtigte noch des Titels bedient, kann § 1 in Betracht kommen, wenn auch ohne solche Voraussetzung wettbewerbliche Sittenwidrigkeit vorliegt.

Namentlich bei Verstößen gegen §§ 3 und 16 (s. diese unten S. 113 ff. und 214 ff.) wird § 1 zur Stützung mit herangezogen, vgl. z. B. RG. in MuW. 26, 144 (unwahre Angaben) und 26, 220 (bewußtes Ausnutzen fremder Namenserfolge — Elida — neben bloßer Eignung zur Verwechslung). Gleiches gilt bisher für die Fragen der Zugaben (s. unten im Anhang A I) und der wettbewerblichen Ausspielung (s. S. 101).

4. **Verhältnis zum Warenzeichenrecht.** In gleichem Sinne kommt § 1 UWG. auch als Ergänzung von Bestimmungen des Warenzeichengesetzes in Betracht, da das Warenzeichenrecht wettbewerblicher Natur ist [vgl. die Kommentare von Pinzger-Heinemann (WZG.), Hagens (WZG.), Rosenthal (UWG.), Callmann (UWG.), Baumbach (UWG.); ferner Mittelstaedt in GRUR. 1927, 137, Hagens in MuW. 1928, 289 und schon Lobe (1896) S. 34. Besonders Rosenthal (§ 1 Note 59 ff. § 16 Note 52 ff.) behandelt dies sehr eingehend und spricht aus, daß erst durch das UWG. in die von Formalien überwucherte Anwendung des WZG. ein großer Zug komme]. So sagt RG. in RGZ. 100, 25 und 106, 254: „Auch die unlautere Ausnutzung des Warenzeichenrechts fällt unter §§ 1 UWG., 826 BGB. Denn auch das WZG. dient der Bekämpfung des UW. und dem Schutze des Publikums, d. i. des Verbrauchers. Soweit durch die formalen Bestimmungen des WZG. ein unlauteres Verhalten ermöglicht werden könnte, wird dieses Ergebnis durch die §§ 1 UWG., 826 BGB. verhütet." Oder RG. in MuW. 26, 256: „Das Warenzeichenrecht, das nur einen Teil des Wettbewerbsrechts auf dem besonderen Gebiete der Bezeichnung der Waren nach ihrer Her-

kunftstätte bildet.“ Oder RG. in MuW. 24, 135: „Die Anwendbarkeit des § 1 UWG. in Verbindung mit § 826 BGB. beschränkt sich nicht nur auf die Verwechslungsfähigkeit der Zeichen, die hier nicht vorliegt, sondern ist je nach den tatsächlichen Umständen auch im Falle des § 9 Ziff. 3 WZG. gegeben“ (Aspirin-Entscheidung). Oder RG. in MuW. 25, 33: „Der § 13 WZG. soll nicht als Handhabe dienen, um durch UW. das Recht aus der Zeicheneintragung zu beeinträchtigen. Die allgemeinen Schranken, die in § 1 UWG. und § 826 BGB. aufgestellt sind, gelten auch für die Anwendbarkeit des § 13 WZG.“ (Gebrauch des eigenen Namens). Näheres hierüber s. zu § 16 UWG., namentlich Anm. 4, 5 u. 10). Insbesondere bildet der Ausstattungsschutz des § 15 WZG. eine breite Brücke zum UWG.

„Nach ständiger Rechtsprechung des Reichsgerichts kann der Klaggrund eines UW., der sich auf unlautere Ausnutzung des Zeichenrechts durch den Beklagten stützt, nur nach Feststellung der Verwechslungsfähigkeit der Zeichen in Betracht kommen. Da diese Frage vom Berufungsgericht verneint worden ist, so bleibt für die Annahme eines UW. kein Raum, selbst wenn, was hier nach den Feststellungen des Berufungsgerichts nicht zutrifft, das subjektive Moment der Täuschungsabsicht gegeben sein sollte.“ (RG. in MuW. 26, 181.) Dieser Satz erscheint bedenklich, und zwar zu nachsichtig; er läßt sich zwar mit der Anschauung von einer objektiven Ungehörigkeit, aber nicht mit der Anschauung, daß Täuschungsabsicht und arglistige Mittel einer Handlung diese unlauter (sittenwidrig) machen, vereinen; es sei denn, daß man ihn rein strafrechtlich als Versuch mit untauglichen Mitteln auffaßt. Die Auffassung steht auch in gewissem Widerspruch zu der RG.Entsch. in MuW. 16, 191, wonach es auf den größeren oder geringeren Grad der Verwechslungsfähigkeit nicht ankomme, wenn Täuschungsabsicht vorliegt, sicherlich aber mit den Grundsätzen von der Sittenwidrigkeit (s. unten Anm. 8 ff.) und dem im Wettbewerb zu fordernden Wahrheitsmoment. Jedenfalls ist vorsätzliche Zeichenverletzung zugleich ein Verstoß gegen § 1 UWG. (RGZ. 77, 433; 106, 250; RG. in HRR. d. JR. 1930, 1362). Man vergleiche auch die RG.Urteile über Hervorholen lange nicht (oder überhaupt noch nicht) gebrauchter Defensiv- und Vorratszeichen im Sinne eines Mißbrauchs des formalen Zeichenrechts (z. B. Grammofox-Urteil, RGZ. 114, 360 und JW. 1927, 108, Bären-Stiefel MuW. 26, 175, Goldina RGZ. 111, 192, Typobar MuW. 26, 286 und JW. 1927, 1569). Vgl. auch § 16 Anm. 9 u. 10 S. 239 ff. Nicht bedenkenfrei das Waldorf-Krone-Urteil MuW. 26, 255, und zwar zu streng, da es ohne genügenden Nachweis einer Unlauterkeit das Warenzeichenrecht zu sehr beengt.

Ein neuer wettbewerblicher Begriff, der das formelle Warenzeichenrecht (und nicht nur dieses, sondern auch andere gewerbliche Schutzrechte) zu durchbrechen oder zu erweitern bestimmt ist, ist der der Verkehrsgeltung und des wettbewerblichen Besitzstandes — beides wichtige Dinge, die nur nicht überspannt werden dürfen (vgl. Ulmer, Warenzeichen und unlauterer Wettbewerb [1929]; Pinzger, Zur Reform des Markenrechts, DJZ. 1931, 659; Wassermann, Zeichen, die sich im Verkehr durchgesetzt haben, GRUR. 1929, 1; Die nichteingetragene Marke im Verhältnis zum eingetragenen Warenzeichen, GRUR. 1929, 413; Elster, „Verkehrsgeltung" als wettbewerblicher Besitzstand, GRUR. 1931, 686; vgl. auch unten Anm. 4 zu § 16 S. 221). Diese Verkehrsgeltung beruht vorwiegend auf § 15 WZG. (Ausstattungsschutz) und § 16 UWG. (Bezeichnungsschutz), die beide eine formale Eintragung als Warenzeichen nicht voraussetzen, verlangt aber für die Kennzeichnung von Herkunft, Firmenzugehörigkeit oder Namensgeltung eines Objekts stets eine materielle, aus der Gewöhnung der Allgemeinheit bzw. der beteiligten Verkehrskreise herkommende communis opinio. Es ist ein gewohnheitsrechtlicher Kennzeichnungsschutz, beruhend auf redlich erworbenem Besitzstand, auf Zeit und intensiver Arbeit. „Es genügt die Durchsetzung bei den Händlern und Verbrauchern. Ausstattungsschutz wird daher von den Gerichten häufig bewilligt, wenn das Zeichen für eine Eintragung in die Zeichenrolle noch nicht reif ist" (Wassermann a. a. O.). Das RG. hat den Unterschied zwischen Ausstattung und Warenzeichen teilweise verwischt und wendet „die

Grundsätze der §§ 1 UWG. und 826 BGB. auch auf die mißbräuchliche Benutzung von Zahlen, Buchstaben und Worten an, die ein Anderer durch Werbetätigkeit, Arbeit und Kosten in den Verkehr eingeführt hat". Dieser recht stark gewordene Schutz der „Verkehrsgeltung" gibt freilich keinen ganz sicheren Boden, und vor einem Übergreifen dieser Gesichtspunkte in das Urheber- und Erfinderrecht, wo die Verkehrsgeltung einen Ersatz der urheber- oder erfinderrechtlichen Voraussetzungen (z. B. beim Musterschutz) bieten soll, ist zu warnen; die in dieser Hinsicht deutbare „Huthaken"-Entsch. des RG. (RGZ. 120, 94) ist später mit Recht vom RG. in ihrer sachlichen Tragweite eingeschränkt worden (HRR. b. JR. 1931, 843; vgl. Elster in GRUR. a. a. O.).

5. **Verhältnis zum Urheberrecht.** Über das Verhältnis zwischen Urheberrecht und Wettbewerbsrecht s. die Anm. 8 zu § 16 UWG. (unten S. 231 ff.), da dies sich namentlich im Anschluß an den Titelschutz geltend macht. Aber auch sonst ist UWG. § 1 berufen, den Urheberschutz bei sittenwidriger Ausnutzung fremden Schaffens zu ergänzen, aber nicht etwa zu ersetzen (vgl. oben Anm. 4 am Ende und unten Anm. 6). Es ist nicht so, daß in Fällen, die urheberrechtlich erlaubt sind, ein Schutz auf der Grundlage „unlauteren" Wettbewerbs gegeben sei (RGZ. 121, 73), sofern nicht ein neues Moment der Unlauterkeit neben der urheberrechtlich nicht verbotenen Nachahmung oder Wiedergabe hinzukommt (z. B. Ausnutzung einer erlaubten Bearbeitung in sittenwidriger Art gegen die Schöpfer des Originals, Faksimile-Ausgaben gemeinfreier Werke unter Beibehaltung des Original-Firmennamens, dessen sich der Originalverleger noch bedient); vgl. auch RGZ. 120, 94, wonach die Art und Weise, in der jemand eine sonst erlaubte Nachahmung begeht, als sittenwidrig bezeichnet wird, und RG. in HRR. b. JR. 1929, 522. Hier sei der zugleich urheberrechtliche wie wettbewerbsrechtliche Fall erwähnt, daß jemand eine Ausgabe eines freiwerdenden Werkes für die Zeit nach Ablauf der Schutzfrist plant, vorbereitet und ankündigt (Gottfried Kellers

Werke, RGZ. 107, 277), oder daß jemand Rundfunknachrichten zeitungsmäßig verbreitet und ein Widerstreit zwischen § 18 Lit.UG. und § 1 UWG. in Betracht kommt (RGZ. 128, 330 und RG. in JW. 1929, 1251; dazu Elster in ArchFunkR. 3, 335 ff. und List ebenda). Vorbereitungshandlungen, damit der Nachdruck sofort nach Ablauf der Schutzfrist beginnen könne, sind erlaubt, nur die Vervielfältigung selbst darf nicht zuvor begonnen werden. Soweit ein Verstoß gegen die guten Sitten nicht vorliegt, ist Anwendung des § 1 UWG. nicht gegeben; hier stand derjenige, der sich des Werkes nur in den vom Lit.UG. gesteckten Grenzen bediente, auf gesetzlichem Boden und sein Handeln kann nicht als unerlaubt und gegen die guten Sitten verstoßend aufgefaßt werden, mögen seine Berufsgenossen auch von ihrem persönlichen Standpunkt aus sein Vorgehen mißbilligen (RGZ. 107, 281). In dem Plagiat „Jung-Heidelberg" als „Fortsetzung" von „Alt-Heidelberg" machte sich neben Plagiat UW. geltend (RG. in GRUR. 1926, 441). Über die enge Zusammengehörigkeit von Urheberschutz und Wettbewerbsschutz (Geistesgut-Wettbewerbstheorie) s. Elster in JW. 1930, 1653 und in Urheber- und Erfinder- usw. Recht (1928) S. 26 ff. und Fuld in BuchhBörsBl. 1927 Nr. 186.

Über den Titelschutz als enge Berührung zwischen Urheberrecht und Wettbewerbsrecht s. unten bei § 16 Anm. 8.

6. **Verhältnis zum Kunstschutzrecht.** Für das Verhältnis zwischen Kunstschutz, Musterschutz und Wettbewerbsrecht ist eine RG.Entsch. über die Nachbildung künstlerischer Gummipuppen wichtig (RGZ. 115, 180 = GRUR. 1927, 132 — und ähnlich wie in dem Fall der Käthe-Kruse-Puppen RGZ. 111, 254; vgl. auch RGZ. 109, 278 und 120, 94).

Die Entscheidung scheint einen selbständigen Schutz sonst ungeschützter Waren gegen Nachahmung aus dem § 1 UWG. (Verstoß gegen die guten Sitten) herzuleiten. Denn das RG. sagt u. a.: „Der Rechtsgrund des UW. trägt die Entscheidung des Berufungsgerichts. Auch wenn Kunstwerkschutz zuzubilligen wäre, so würde sich damit im Ergebnis an dem nur von der Beklagten angegriffenen Berufungsurteil nichts ändern. ... Daß eine schrankenlose Ausnützung fremder Gedanken und Arbeiten auch außerhalb des Gebiets der gewerblichen Schutzrechte nicht schlechtweg freisteht, ist anerkannter Rechtsgrundsatz. Neben den besonderen Bestimmungen der gewerblichen Schutzgesetze stehen ergänzend die des allgemeinen bürgerlichen Rechts und des UWG. ... Das angefochtene Urteil stellt die völlige Wesensgleichheit der Puppen der Beklagten mit jenen der Klägerin fest; der Zusammenhang ergibt klar, daß es damit die Gleichheit des äußeren Anscheins und Eindrucks meint, also die Verwechselbarkeit für den Durchschnittskäufer. ... Weiterhin stellt das Oberlandesgericht ausdrücklich als seine Überzeugung fest: Die Beklagte habe die Puppen der Klägerin gerade nachgeahmt, um sie gewerblich auszunützen; sie habe den — eine gewisse Eigenart aufweisenden — Gedanken der Klägerin aufgegriffen, weil sie sich davon besonderen Absatz der Ware versprochen habe; im Bewußtsein dieser zugkräftigen Eigenschaften habe sie so gehandelt, um sich Vorteile zuzuführen, die nach der Denkart der gerecht und billig Empfindenden, zumal des ehrbaren Kaufmanns, der Klägerin gebührten." Das Reichsgericht geht hier in der Anwendung des § 1 UWG. zu weit. Es hat, wenn wir tiefer blicken, hier — ebenso wie in RGZ. 111, 354 — den Wettbewerbschutz in Wahrheit doch nur deshalb bejaht, weil es sich nicht um gewöhnliche Waren, sondern um solche handelt, bei denen der gewerbliche Rechtsschutz aus künstlerischen oder kunstgewerblichen Gründen gegeben erscheint. Dem ist im Ergebnis recht zu geben, aber die juristische Begründung ist auf den Zusammenhang zwischen Kunstgewerbe- bezw. Musterschutz und Wettbewerbschutz zu gründen. — Richtiger RGZ. 109, 278: Nachbau von gewerbeschutzrechtlich (Patent o. dgl.) nicht geschützten Maschinen erlaubt, aber wenn unter Verstoß gegen § 18 UWG. (Entwenden der Vorlagen durch einen Angestellten) geschehen, dann sittenwidrig nach § 1 UWG. Vgl. zu dieser Frage ferner: OLG. Dresden in MuW. 24, 45, RG. in GRUR. 1925, 40 und Kirchberger in GRUR. 1927, 93, weiterhin auch das Urteil OLG. Dresden über Ausmusterung von Schablonen in MuW. 26, 218; über „sklavische" Nachahmung unten Anm. 15.

7. Übertragung und Spezialisierung des § 826 BGB. auf Wettbewerbsfälle. Da das Reichsgericht schon lange Zeit vor Erlaß des UWG. von 1909 allgemeine Fälle des UW. mit dem § 826 bekämpfte und damit durchaus auf dem Boden zulässiger Gesetzesanwendung geblieben ist, so kann der später geschaffene § 1 UWG. jene Anwendungsmöglichkeit nicht einschränken, soweit er dem Inhalt des § 826 nicht im Wege steht. Ferner steht grundsätzlich das BGB. stets gültig neben Spezialgesetzen. Der Unterschied beider Paragraphen (die fast dauernd nebeneinander für den gleichen Fall angewendet werden) besteht darin: § 826 verlangt Vorsatz für Schadenzufügung und trifft jede sittenwidrige, auch nicht wettbewerbliche Handlung, § 1 sittenwidrige Wettbewerbshandlung auch ohne Schadenzufügung und ohne Verschulden. Sie sind also im Verhältnis zueinander jeder teils enger, teils weiter und bleiben ergänzend nebeneinander (OLG. Hamburg in JW. 1918, 188, dort weitere Literatur; ferner Rosenthal Komm. Anm. 3, 3a und 4 zu § 1 und Einl. S. 18 ff., Callmann S. 49, Baumbach S. 90 ff., 179; ferner Salinger in MuW. 1916, 1242). Daß § 826 BGB. u. U. nicht so weitreichend ist wie § 1 UWG., zeigt u. a. RG. in RGZ. 78, 78, denn ein Interessentenverein, der nicht selbst durch die unlautere Wettbewerbshandlung eines Anderen geschädigt ist, kann nicht aus § 826 BGB., wohl aber gemäß § 13 UWG. aus § 1 UWG. klagen. Vgl. auch RGZ. 79, 415 und später noch häufig, z. B. 101, 1, OLGR. 35, 277.

Daß das Umgekehrte zutreffen kann, ergibt sich z. B. aus der Begründung des 1909er UWG., wo es heißt: „Die Bestimmung in § 826 BGB. gibt die Handhabe zum Einschreiten gegen Mißbräuche auf dem Gebiete des Rabatt- und Zugabewesens. Der gleiche Gesichtspunkt trifft bei mannigfachen anderen Tatbeständen zu, deren sich der unlautere Wettbewerb zum Schaden der redlichen Geschäftswelt bedient, um Kundschaft und Absatz zu vermehren. Im Anschluß an die seitherige Gerichtspraxis sind besonders die Fälle des Weglockens von Kunden, die Verleitung zum Kontraktbruch und die Aufnahme kontraktbrüchiger Angestellter zu erwähnen. Auch das sogenannte Schleudern (Verkaufen unter dem Preise) gehört unter Umständen hierher. Die Vorschriften der §§ 1 bis 4 des geltenden Gesetzes treffen nur denjenigen, der sich in öffentlichen Bekanntmachungen unwahrerweise einer billigeren Preisstellung rühmt, nicht aber denjenigen, welcher tatsächlich billiger als Andere verkauft, auch wenn es zu dem Zwecke geschieht, damit geschäftliche Vorteile zu sichern, insbesondere Kunden zu werben. Das letztbezeichnete Verfahren liegt an sich im Bereiche des zulässigen Geschäftsverkehrs, jedoch würde auch in solchem Falle, wie von der Reichstagskommission anerkannt ist, § 826 Platz greifen, insofern nach den näheren Umständen ein Verstoß gegen die guten Sitten vorliegt." Über einzelne dieser Fragen s. unten Anm. 15 ff.

Unterliegt es also beispielsweise einem Zweifel, ob, wie § 1 es fordert, die sittenwidrige Handlung „im geschäftlichen Verkehre zu Zwecken des Wettbewerbes" vorgenommen ist, so kann § 826 angewendet werden, wenn „die Erlangung eines gewerblichen Vorteils auf Kosten des Wettbewerbers durch Täuschung der Abnehmer gegen die guten Sitten verstoßen würde" (RGZ. 77, 433; 106, 256).

II. Sittenwidrige Handlung.

8. **Begriff der Sittenwidrigkeit.** Obwohl Sittlichkeit und Sitte nicht identisch sind[1]), wird oft ihr Gegensatz „Sittenwidrigkeit" fälschlich mit Unsittlichkeit gleichgesetzt, was schon von Bode (s. Schrifttum oben S. 78) mit Recht bekämpft worden ist. Der Verstoß gegen die „guten Sitten" ist nicht ein

[1]) Vgl. Kirchberger, Unlauterer, sittenwidriger und unerlaubter Wettbewerb, Berlin 1931, S. 5 ff., 53 ff. Kritisch dazu Elster in JW. 1932 S. 4 und in Hess. Rechtspr. 1932, Februarheft. Man kann das geschützte Rechtsgut nicht in der Persönlichkeit des Wettbewerbers, auch nicht in erster Linie in dem Gewerbebetrieb, der angegriffen wird, erblicken, sondern vorherrschend in dem Schutz allgemein-objektiver Anständigkeit des Verkehrs.

Verstoß gegen die Sittlichkeit im rein moralischen Sinne oder gar gegen eine „absolute" Sittlichkeit. Es handelt sich bei den „guten Sitten" um eine Materialisierung und Projektion des Sittlichen in den menschlichen Verkehr, insoweit aber doch um eine „rechtsethische" Größe (s. oben S. 58).

Auf dieser Brücke der Materialisierung bildet sich a) der Begriff des Anstands, der zum Rechtsbegriff der Sitte geworden ist, und b) der Begriff des Delikts als der spezielle Ausdruck der strafbaren Verletzung der Sittlichkeit und der Sitte.

Aus diesem Komplex bildet sich unter Berücksichtigung aller Umstände des Falles (s. unten Anm. 9) das, was von dem rechtmäßigen, nicht sittenwidrigen Verhalten erwartet wird und was vom Reichsgericht mit dem „Anstandsgefühl aller billig und gerecht Denkenden" bezeichnet und auf das Volksbewußtsein gegründet wird. Trotz der tatsächlichen Verschiedenartigkeit der Sittenanschauungen in den verschiedenen Volks- und Berufsschichten ist es eine für die Rechtspflege notwendige Forderung, daß ein gewisser Durchschnitt durch die verschiedenen Sittenanschauungen gezogen wird und dies als Arbeitshypothese benutzt wird. Man muß sich nur darüber klar sein, daß man mit einer Hypothese arbeitet (vgl. auch den oben Anm. 5 zitierten Satz aus dem RG.Urteil in RGZ. 107, 281, wo das allgemeine Sittlichkeitsbewußtsein der Ansicht der beteiligten Fachkreise entgegengehalten wird, und namentlich den Aufsatz von Goldbaum in LZ. 1927, 723). Während die „guten Sitten" im allgemeinen auf das Volksbewußtsein in dem ihm vom Richter beigemessenen Querschnitt sich stützen und der Richter für den Begriff der guten Sitten sich mit Recht auf seine eigene Lebenskenntnis und Urteilskraft berufen darf, muß er bezüglich der Verkehrs- und Geschäftssitten (s. unten Anm. 10 ff.) sich auch auf das Urteil Sachverständiger, Branchenkundiger, Angehöriger des betreffenden Verkehrs- und Geschäftskreises stützen. Diese grundlegende Erkenntnis des Wesens der Sittenwidrigkeit (eingehendere Entwicklung und Begründung dieser Gedanken im HdR. V, 493) ist erforderlich für die Erkenntnis des Verstoßes gegen die guten Sitten im Wettbewerb.

9. Merkmale des sittenwidrigen Geschäfts. Zutreffend betont das RG. in zahlreichen Entscheidungen (z. B. RGZ. 86, 148; 108, 180; 114, 341), daß das Geschäft selbst, im ganzen, unter Berücksichtigung der gesamten Umstände des Falles sittenwidrig sein muß, um der Nichtigkeit nach § 138 BGB. anheimzufallen (etwas anders ausgedrückt als nach § 826 BGB., wo es auf die sittenwidrige Art und Weise einer Handlung ankommt, wenn sie zu Schadenersatz verpflichten soll). Richtig aber dürfte sein, daß beide Stellen (§§ 138 und 826) und naturgemäß ebenso der in § 1 UWG. wiederkehrende gleiche Begriff das gleiche Merkmal des sittenwidrigen Geschäfts meinen, so daß die ganze Art und Weise maßgebend ist. Jedenfalls nicht maßgebend ist das Motiv, namentlich nicht das Motiv eines Beteiligten, wohl aber der „aus der Zusammenfassung von Motiv und Zweck zu entnehmende Gesamtcharakter" (RGZ. 56, 203; 117, 21). Man sagte auch, auf den „Erfolg" und die „Mittel" des Geschäfts oder der Handlung komme es an, was jedenfalls für das „Mittel" sich mit dem Begriff „Art und Weise" deckt, den Erfolg aber wohl nur als Ergebnis dieser Art und Weise des Verhaltens meinen kann (vgl. Kirchberger in GRUR. 1912, 82 und Rosenthal in LZ. 1927, 720). So wirkt mala fides superveniens (eine nachträglich sich einstellende Arglist) vergiftend auf die anfangs vielleicht gutzuheißende Art und Weise (vgl. RGZ. 109, 277).

Zur Beurteilung der Art und Weise des Handelns gehört aber u. U. auch, „daß auf die Sittenanschauung eines bestimmten Volkskreises, wenn sich in ihr die herrschende Sitte ausprägt, Rücksicht genommen wird, so auf die Anschauung eines ehrbaren Kaufmannes im Handelsverkehr" (RGZ. 48, 125; vgl. jedoch RGZ. 107, 281; Wandlungen dieser Anschauungen sind zu berücksichtigen, wenn sie die herrschenden geworden sind, RG. in HRR. d. JR. 1930, 799). „Damit ist aber nicht zu verwechseln eine im Handelsverkehr tatsächlich aufgekommene Geschäftspraktik, welche möglicherweise nicht sowohl eine Sitte als vielmehr eine Unsitte sein kann" (RGZ. 48, 125; vgl. ferner RGZ. 58, 214; 73, 107). Die Verkehrssitte, obwohl ein Verstoß gegen die Verkehrssitte nicht schon an sich ein Geschäft sittenwidrig macht, gehört aber in den Kreis der Umstände des Falles, aus denen die Art und Weise einer Handlung, also u. U. auch ihre Sittenwidrigkeit, zu ersehen ist. Die Verkehrssitte ist „die den Verkehr der beteiligten Kreise beherrschende tatsächliche Übung, keine Rechtsregel" (Komm. d. RGR. auf Grund von RG.Entsch., s. Bd. I [1928] S. 261 [zu § 157]). Sie ist also insofern enger als die Sitte, als sie sich auf bestimmte Verkehrsformen und Verkehrsgebiete bezieht, also z. B. auf Markt und Börse, Betrieb und Fortbewegung, Beruf und Gewerbszweig.

10. **Besonderheiten des kaufmännischen Handelns.** Daß das kaufmännische Handeln zum eigenen Vorteil leicht dem Gegner Nachteil bringt, wird auch von der Rechtsprechung als natürlich anerkannt, und erst besondere hinzutretende Umstände sittenwidriger Art machen das ganze Geschäft sittenwidrig, so besondere Unwahrheit (RGZ. 66, 379), besondere Knebelung (übermäßig harte Beschränkung der Freiheit, Warneyer 1912, 142; 1913, 187; RGZ. 68, 190; 82, 308; JW. 1919, 443), besondere Rücksichtslosigkeit (z. B. der Monopolstellung eines Unternehmerverbandes, RGZ. 115, 219), besondere Ausbeutung wucherischer Art oder Ausnutzung der Unerfahrenheit des Anderen (dies mündet dann in die Sondervorschrift des Abs. 2 des § 138 BGB., die den Wucher betrifft). Daß Ausübung eines Rechts nicht schon deshalb zu unterbleiben hat, weil sie einem Anderen schadet, ist ein noch heute gültiger Satz (abgesehen von Schikane und dem Rechtsmißbrauch)). So wird das bloße Mißverhältnis zwischen Leistung und Gegenleistung, auch wenn es groß ist, nicht als sittenwidrig angesehen (RGZ. 103, 37), desgleichen Bestechung beim Zustandekommen eines Geschäfts an sich nicht, wenn nicht ein Mißverhältnis zwischen Leistung und Gegenleistung hinzukommt (RGZ. 107, 210); desgleichen lediglich besonders lästige Bedingungen eines Geschäfts an sich nicht (RGZ. 104, 98; vgl. auch RG. in MuW. 26, 55, Nachahmung fremder ungeschützter Erzeugnisse an sich nicht (s. unten Anm. 15).

Abwehr gegen Angriffe der Konkurrenz ist an sich berechtigt, und bei der Abwehr sind die Grenzen des Erlaubten etwas weiter zu ziehen, jedoch nicht so weit, daß z. B. die Reklame des Gegners noch unter deren Überbietung zum eigenen Vorteil ausgenutzt wird (RGZ. 71, 173; 92, 111; RG. in MuW. 17, 110), und sicherlich nicht berechtigt ist die Benutzung unlauterer Mittel hierzu (RG. in JW. 1927, 113). Der „Notwehr"-Begriff ist hier nicht unbedingt maßgebend (Rosenthal gegen Callmann, Baumbach u. a.).

11. **Wettbewerbliche Sittenwidrigkeit.** Im Wettbewerbsrecht (wie ähnlich im bürgerlichen und im Urheberrecht) besteht eine besondere Empfindlichkeit gegenüber persönlichkeitsrechtlicher Sittenwidrigkeit, so gegen Unterdrückung des Namens des wahren Urhebers, Sichschmücken mit fremden Federn, Verstoß gegen das Wahrheitsmoment, müheloses Sichaneignen der Früchte fremder Arbeit, Setzung von Verwechslungsgefahr und Irreführung (vgl. Elster in JW. 1927, 1570). Dies geht aber unmerklich auch in wirtschaftsrechtliche Sittenwidrigkeit über. Soll eine Wettbewerbshandlung als unlauter dem Anstandsgefühl aller billig und gerecht Denkenden zuwiderlaufen, so kann nicht jede unerlaubte Handlung (trotz der Überschrift „Unerlaubte Handlungen" über den Deliktsobligationen des BGB.) schon unter den Tatbestand des § 1 UWG. (bzw. § 826 BGB.) fallen. Als sicherlich unter § 1 UWG. fallende ungehörige (sittenwidrige) Wettbewerbshandlungen ergeben sich aus der Lehre und Judikatur folgende: a) solche, in denen jemand sich die Früchte fremder Arbeit ohne Mühe aneignet und fremdes Schaffen leichthin für sich ausnutzt; b) solche, die Verwechslungsgefahr und Irreführung mit sich bringen — also in beiden Fällen a und b Verstöße gegen das dem Geistesgutwettbewerbsrecht immanente Wahrheitsmoment (vgl. Elster, Urheber- und Erfinder-, Warenzeichen- und Wettbewerbsrecht [1928] S. 31 ff., 397 ff., 424 ff., 431 ff.). Handelt es sich also in diesen Tatbeständen um organisch begründete, unbedingte Fälle des UW., d. h. des sittenwidrigen Ver-

stoßes gegen Wettbewerbsgrundsätze, so erscheint dies jedoch durchaus **nicht** zweifelsfrei für folgende Fälle: c) Verletzung von Vertrags- oder Gesetzesbestimmungen (vgl. unten Anm. 17) oder d) „unangemessene und übermäßige Beeinträchtigung des freien Wettbewerbs", wie das Goldina- (RGZ. 111, 192) und das Typobar- (JW. 1927, 1569) Urteil sich ausdrückte. Denn bei c gibt es zwar gewißlich Fälle, in denen die Gesetzes- oder die Vertragsverletzung Sittenwidrigkeit im Wettbewerbssinne bedingt (RGZ. 120, 47), z. B. wenn Vorschriften des UWG. oder des WZG. verletzt werden oder wenn gegen Vertragsbestimmungen eigens wettbewerblicher Natur (wie z. B. in der Entsch. Illustr. Ztg. OLG. Hamm in MuW. 25, 49) verstoßen wird, oder wenn trotz Allgemeinverbindlicherklärung eines Tarifvertrags, dem also der Unternehmer unterworfen ist, untertarifliche Löhne bezahlt werden und infolge dieses Rechts- und Vertragsbruchs billigere Konkurrenzpreise gestellt werden können (RGZ. 117, 16; dazu JW. 1927, 2367), oder wenn eine öffentlich-rechtliche Versicherungsanstalt nur um ihres öffentlich-rechtlichen Charakters willen eine Form der Kundenwerbung betreibt, welche ihre privaten Konkurrenten, und zwar unter dem Druck des Reichsaufsichtsamts, als verwerflich mißbilligt haben (RGZ. 132, 300). Aber sicherlich ist nicht schon jede Gesetzes- oder Vertragsverletzung irgendwelcher Art zugleich Sittenwidrigkeit im Sinne des § 1 UWG. Bei d aber — und das ist das eigentliche und tiefste Problem des Typobar- (wie des Goldina- und des in MuW. 26, 255 abgedruckten Waldorf-Krone-) Urteils — muß doch gefragt werden, wo denn die **Grenze** der „unangemessenen und übermäßigen Beeinträchtigung des freien Wettbewerbs" beginnt. Dies ist keineswegs ein so klares Rechtsmoment wie das der Wahrheitswidrigkeit (Sichschmücken mit fremden Federn, Okkupation fremder Erfolge als eigene, Irreführung und Verwechslungsvorschubleistung), sondern ist etwas sehr Vages, Molluskenhaftes, das um deswillen die Gefahr in sich birgt, wohlerworbenen Rechten, wie z. B. dem Prioritätsrecht, ohne hinreichende Legitimation entgegenzutreten. Es bedarf hier der Auffindung schärferer Kriterien für Unlauterkeit und Sittenwidrigkeit (näher ausgeführt in JW. 1927, 1569 ff.). Vgl. auch unten § 16 Anm. 6.

III. Im geschäftlichen Verkehr zu Zwecken des Wettbewerbs.

12. **Der Wettbewerbszweck.** Die beiden Voraussetzungen „geschäftlicher Verkehr“ und „Wettbewerbszweck“ gehören für § 1 wie überhaupt für das ganze UWG. (auch für § 16, wo es freilich bestritten ist) zusammen. Der Wettbewerbszweck muß geschäftlicher Art sein, die Unlauterkeit sowohl in geschäftlicher wie in wettbewerblicher Beziehung vorhanden sein, ja in unmittelbarer Beziehung zu dem Wettbewerbscharakter der Handlung stehen (RGZ. 78, 78; 88, 183). Unlauterkeiten, die zu dem einen oder anderen dieser Momente keine Beziehung haben, scheiden für die Verfolgung mit Bestimmungen dieses Gesetzes aus. Unsittlicher Lebenswandel eines Kaufmanns, selbst wenn er etwa damit in sittenlosen Kreisen Anklang finden sollte, so daß man bei ihm kauft (Verbrecher, der beim Hehler kauft), ist keine „Sittenwidrigkeit im geschäftlichen Verkehr zu Zwecken des Wettbewerbs“ (schon wegen der Verschiedenheit der Begriffe „Sitten“ und „Sittlichkeit“, s. oben Anm. 8). Jedoch braucht es sich nicht ausgesprochenermaßen um wettbewerbliche Sittenwidrigkeit (d. h. Sittenwidrigkeit des Wettbewerbs) zu handeln, es genügt eine zu Zwecken des Wettbewerbs geschehende generelle Sittenwidrigkeit (nicht Unsittlichkeit).

In der Formel „zu Zwecken“ des Wettbewerbs liegt die auf Wettbewerb gerichtete Absicht; bloße Eignung zum Wettbewerb genügt für § 1 (sittenwidrige Handlung) nicht (im Gegensatz zu § 3 und § 16). Der dolus muß auf den wettbewerblichen Charakter der Handlung gerichtet sein. Dann genügt aber auch, daß Wettbewerbszwecke nicht vornehmlich, sondern auch nebenher damit verfolgt werden (Warnungen vor dem Geschäftsgegner, RG. in JurRdsch. 1926, 398/99; Warnung vor Patentverletzung s. unten Anm. 17 zu d, ferner § 14 und Rosenthal, Komm. Note 16 zu § 14). Dieser Wettbewerb äußert sich im wesentlichen in drei Formen: 1. zu Gunsten eigenen Interesses; 2. zu Gunsten fremden Interesses; 3. zu Schaden fremden Interesses. „Den Zwecken des Wettbewerbs im geschäftlichen Verkehr dient eine Handlung dann, wenn durch sie der eigene Absatz gefördert oder ein fremder beeinträchtigt, der eigene Kundenkreis auf Kosten von Gewerbsgenossen erweitert werden soll. Die Vorschriften des Gesetzes gegen den UW. wollen den redlichen Handels- und gewerblichen Verkehr schützen; sie wollen verhindern, daß beim Umsatz von Gütern und gewerblichen Leistungen sich der eine Gewerbetreibende durch unlautere Mittel auf Kosten anderer Geschäftsleute, die auf demselben Gebiete des Güterumsatzes tätig sind, Vorteile verschafft." (RGSt. 58, 430.) Der Wettbewerbszweck erfordert nicht, daß der eigene Geschäftsbetrieb auf Kosten eines bestimmten Mitbewerbers gefördert werden sollte, ebensowenig wie er sich andererseits auf die Förderung eines bestimmten Geschäfts zu beziehen braucht (KG. in OLGR. 30, 259). Eine dem Interesse des gesamten Berufszweiges dienende Maßnahme ist keine Wettbewerbshandlung (RG. in MuW. 14, 74), doch können Berufsvereine, Interessenvertretungen, auch Behörden Handlungen zum Zwecke des Wettbewerbs vornehmen; der Unterschied liegt darin, ob es sich um eine Maßnahme ohne wettbewerbliche Gegnerschaft oder mit solcher handelt. Vgl. auch § 3.

13. **Der Zweck des Wettbewerbsgesetzes.** Es taucht hier die Frage auf, ob, wer konkurrenzlos ist, sich jedes Mittel erlauben darf, also ob Monopolbetriebe einen so starken Zwang auf Abnehmer ausüben dürfen, daß er von den Beteiligten als sittenwidrig empfunden wird. Zweck des Schutzes gegen UW. ist der lautere Wettbewerb, also in erster Linie der Mitbewerber, erst sekundär das Publikum. Diese These ist jedoch nicht ohne Bedenken; beispielsweise bei der Frage der Preisunterbietung, der sog. „Schleuderei" (s. unten Anm. 17), muß in jedem Falle die Frage nach der Erlaubtheit und Lauterkeit untersucht werden unter Berücksichtigung aller Umstände des Falles (s. oben Anm. 9; vgl. auch Goldbaum in LZ. 1927, 723). Nur der Mitbewerber (s. auch § 13) kann aus dem Grunde des UW. klagen, das Publikum nur aus dem Grunde des Betrogenwerdens oder des Geschädigtseins (nach § 826 BGB.). Aber auch eine ganze Gruppe von Mitbewerbern kann Objekt der ungehörigen Wettbewerbshandlung sein; so ist z. B. die Be-

hauptung, in allen Geschäften, wo Rabattmarken gegeben werden, kaufe man nicht gut, eine sittenwidrige Äußerung (RG. in MuW. 13, 563).

Sobald aber ein Mitbewerber sich geschädigt fühlen kann, tritt der Schutz des UWG. ohne weiteres ein. So z. B. in dem Wettbewerb der öffentlichen Hand gegen Privatbetriebe unter Benutzung der obrigkeitlichen Autorität. Dies ist vom RG. (RGZ. 116, 28) als Verstoß gegen die guten Sitten und gegen das UWG. bezeichnet worden. Auch das Erfordernis des „Geschäftlichen" liegt bei solcher Betätigung von Behörden im kaufmännischen Verkehr vor. Vgl. auch RGZ. 116, 1.

14. **Begriff des Geschäftlichen.** Das Geschäftliche ist der Gegensatz zur privaten Betätigung (RGSt. 44, 152; RGZ. 108, 274). Der Ausdruck „geschäftlicher Verkehr" kehrt in §§ 12, 13, 16 und 18 wieder, geschäftlicher Betrieb ebenfalls in § 12 und in § 16 Abs. 3. Geschäftlich und geschäftsmäßig ist ein weiterer Begriff als gewerblich und gewerbsmäßig; letzteres verlangt das Moment des Entgeltlichen, das Geschäftsmäßige kann auch bei unentgeltlicher Tätigkeit gegeben sein (vgl. RGSt. 61, 47). Wenn in dieser Entsch. darauf hingewiesen wird, „ähnlich" sei der Begriff des geschäftlichen Betriebes in § 12 UWG. im Urteil RGSt. 55, 31 gekennzeichnet, wo als geschäftlicher Betrieb jede im Handel und Verkehr betriebene dauernde, mit Erzielung von Einnahmen verbundene Tätigkeit angesehen wird, so scheint diese „Ähnlichkeit" doch nicht ganz gegeben, im Wettbewerbsrecht ist vielmehr dem Geschäftlichen das Wettbewerbsmoment wesentlich. Daß „geschäftlich" in der Zusammensetzung mit Betrieb und Verkehr Verschiedenes bedeute, sagt auch Rosenthal (Komm., Einl. S. 15). Geschäftlicher Verkehr ist danach auch der landwirtschaftliche, der Berufsverkehr des Arztes, Künstlers, Anwalts, die keinen geschäftlichen „Betrieb" haben. Da liegt freilich der Unterschied weniger im Begriff „Geschäft" als in den Begriffen „Verkehr" und „Betrieb" und wohl auch ein Unterschied zwischen geschäftlich und geschäftsmäßig. Es darf als ein durch die reichsgerichtliche Judikatur erzielter Fortschritt bezeichnet werden, zwischen geschäftlich

und gewerblich scharf zu unterscheiden, und es ist von großer Tragweite, daß man „geschäftlichen Verkehr" auch auf alles unentgeltlich Geschäftsmäßige auszudehnen hat; denn damit dehnt sich, da das Wort im § 1 UWG. steht, der Geltungsbereich des UWG. sehr stark aus. Klar ist hierfür nur soviel, daß der private und der amtliche Verkehr aus dem Begriff des Geschäftlichen ausscheidet. Soziale Betätigung, freiwillig-unentgeltliche Dauerbetätigung gehört aber, wenn sie geschäftsmäßig ist, zu dem geschäftlichen Verkehr und fällt in den Bereich des UWG.

IV. Einzelne Fälle als Beispiele und Richtlinien.

15. Gruppe der Ausnutzung fremder Arbeit.

a) Benutzung eines Namens, der auf anderem Gebiet sich guten Ruf erworben hat, als eigenes Warenzeichen oder Benennung, z. B. Salamander, RGZ. 115, 410; Elida, MuW. 26, 220, wie überhaupt die Fälle des § 16 (s. d.); auch „Ersatz"erzeugnisse (RGZ. 86, 125); aber kein Verstoß, wenn nur Hinweis auf einwandfreie Tatsachen, ohne wettbewerbliche Aneignung (RGZ. 134, 38).

b) Benutzung fremder Geschäftseinrichtungen, OLG. Kolmar in MuW. 10, 353; fremder Klischees.

c) Sklavische Ausnutzung und Nachahmung fremder Arbeit. (Lit.: Benjamin in GRUR. 1929, 649; Callmann in GRUR. 1928, 251, 430; MuW. 1930, 291; Herse in GRUR. 1929, 538; Hillig in GRUR. 1929, 247; MuW. 1929, 477; v. Moser in GRUR. 1930, 667; Nolting-Hauff in MuW. 1929, 430; 1930, 388; Smoschewer in GRUR. 1929, 381, 537.)

„Dem Gewerbetreibenden und Geschäftsmann ist grundsätzlich nicht verwehrt, fremde Arbeit und deren Ergebnisse, die mit Mühen und Kostenaufwand errungen sind, überhaupt auszunutzen. Solche Ausnutzung ist sogar in mannigfaltigster Gestalt erlaubt, ja notwendig, weil Gewerbfleiß, Handel und Verkehr der Gegenwart auf dem Erbe der Vergangenheit beruhen. (Baumbach, WettbRecht (1929) S. 514 ff., [2.] (1931) S. 400 ff.

Kap. 95; Callmann, Unl. Wettb. (1929) S. 116 Anm. 48 zum § 1; Rosenthal, WettbG. [8.] (1930) S. 175 Note 49 zum § 1.) Unter gewissen besonderen Umständen aber verstößt die Ausbeutung fremder Arbeit gegen die guten Sitten. So namentlich 1. wenn sie täuschend wirkt und die Gefahr von Verwechslungen oder anderen irreführenden Vorstellungen erzeugt; 2. wenn eine ungerechtfertigte Bereicherung beabsichtigt wird; 3. wenn bewußt rechtswidrig ein gesetzlich anerkanntes Ausschließungsrecht — im Erfinder-, Muster- oder Urheberrechte — verletzt wird; 4. wenn die Ausnutzung erschlichen ist." (RG. in HRR. 1932, 868.) „Redlichkeit und Anstand im Geschäftsverkehr verbieten es unter allen Umständen, daß jemand ohne irgendwelche eigene Aufwendungen oder Leistungen die Früchte fremden Schaffens zu ernten sucht." (RG. in JW. 1926, 2536 und 1927, 1580.) In der Hauptsache handelt es sich um die Nachahmung und Bezeichnung von Modellen und Maschinenteilen, wobei die Frage der Bezeichnung ins Gebiet des Warenzeichenrechts übergreift, während das Problem in der Hauptsache wohl ein wettbewerbsrechtliches ist. In der „Multigraph"-Entscheidung hat das Kammergericht (GRUR. 1925, 40) und in der „Huthaken"-Entscheidung das Reichsgericht (RGZ. 120, 94) versucht, einen Schutz gegen gewisse Formen der Nachahmung außerhalb des ausdrücklichen Urheber- oder Erfinderschutzes der Spezialgesetze festzulegen, im wesentlichen auf § 1 UWG. und § 826 BGB. gestützt. Es soll die Verwertung fremder Arbeitserzeugnisse auch über den Schutz der Spezialgesetze hinaus unerlaubt sein, wenn bestimmte Modifikationen des Falles gegeben sind (§ 826 BGB.). Man hat also entweder gesagt, es liege z. B. sklavische Nachahmung vor, wenn man Dinge nachmache, die durch den Gebrauchszweck nicht bedingt sind (KG.), oder man hat den Maßstab der Sittenwidrigkeit unter differentieller Beachtung des Umfangs des speziellen Immaterialgüterschutzes herangezogen (RG.) und so diese Protuberanz des Urheber- oder des Patentrechts als Schutzobjekt betrachtet. Die Verwandtschaft mit dem Ausstattungsschutz bei der „Huthaken"-Entscheidung und mit dem kunstgewerblichen Schutz in der „Gummipuppen"-Entscheidung (RGZ. 115, 180) zeigt ganz deutlich, daß es sich dabei um jenes Wettbewerbsmoment handelt, das dem Urheber- und Erfinderrecht *immanent* ist. *Ganz anders* aber muß die Frage lauten, wenn es sich um eine Ausdehnung des Schutzes auf außerhalb der Grundsätze der Spezialgesetze liegende Objekte handelt, die gegen „*sklavische*" — das bedeutet doch wohl schon dem Worte nach eine unlauter abhängige – Nachahmung geschützt werden sollen. Nicht das Wettbewerbsmoment schlechthin kann als sittenwidrig gelten, sondern nur die auf *besonderen Umständen* beruhende Sittenwidrigkeit der Wettbewerbshandlung, die *auch da* von fremdem Arbeitserzeugnis profitieren will, wo dies in der Verkehrssitte nicht begründet ist, wo die fremde Leistung nicht als Gattungs- und gemeinfreie Leistung erscheint. Richtlinien gibt u. a. die RG.Entsch. in HRR. d. JR. 1930, 2006, die u. a. sagt: „Ein sklavischer Nachbau eines gemeinfreien Apparates würde erst dann gegen die Grundsätze des anständigen Wettbewerbs verstoßen und unlauter sein, wenn besondere Umstände hinzutreten würden, die ihn sittenwidrig machen. Das wäre dann der Fall, wenn zu der an sich geschaffenen objektiven Verwechselungsgefahr die *Absicht der Täuschung* des Publikums durch bewußte Irreführung über die Herkunft des Gegenstandes, also die gewollte oder gebilligte Herbeiführung der Verwechselbarkeit hinzutreten würde. ... Um Täuschungsabsicht handelt es sich auch dann, wenn die Nachahmung geschieht, um den guten Ruf der Ware eines Wettbewerbers auszunutzen. ..." (Vgl. auch RG. in MuW. 1927/1928, 490; JW. 1925, 2758; GRUR. 1932, 317 und unten Anm. 16 zu a). Insbesondere aber müßte, was m. E. als das Wesentliche an Ungehörigkeit bezeichnet werden darf, die Nachahmung den Wettbewerber gerade mit *dessen* Arbeitsergebnissen wettbewerblich zu bekämpfen suchen (so auch RG. in HRR. d. JR. 1929, 522), worin ein besonderes Unwahrhaftigkeitsmoment der eigenen angepriesenen Leistung liegen kann. Gegen Verallgemeinerung der im Käthe-Kruse-Puppen-Urteil (RGZ. 111, 254) ausgesprochenen Grundsätze wendet sich das RG. mehrfach (vgl. HRR. d. JR. 1929, 514, 522, 1476) im Sinne des Ausnahmecharakters verbotener Nachahmung und der Bindung des Unerlaubten an besondere Umstände der Sittenwidrigkeit.

Über Abdruck von Preislisten GRUR. 1926, 117; Nachahmung der Ausstattung s. unter „Verwechslungsgefahr" unten Anm. 16.

16. Gruppe der Irreführung und Verwechslungsgefahr (Täuschung).

a) Nachahmung der Ausstattung (RGZ. 77, 431; 106, 250; RG. in MuW. 23, 199, in GRUR. 1917, 192, in HRR. b. JR. 1929, 1850). Auch bei Nachahmung von Gegenständen (Waren) spielt dieses Moment mit (s. oben Anm. 15 zu c am Ende).

b) Namensähnlichkeit oder Gleichheit s. § 16.

c) Zu nahe Berührung mit dem Warenzeichen eines Anderen s. oben Anm. 4.

d) Anschein eines zu günstigen Angebots s. § 3.

e) Reklame-Preisausschreiben, die nur Spiel sind, und andere Ausspielungen (Schneeballsystem RGZ. 115, 319 = JW. 1927, 1572).

Mißbrauch von Preisausschreibungen, z. B. durch sogenannte Preisrätsel, die keine sind, verstößt gegen den lauteren Wettbewerb (Auffassung der Berliner Ind.- u. Handelskammer; s. in deren „Mitteilungen" 1929 S. 864). Gerade aus dem Begriff Preis = Hochschätzung und Lob ergibt sich hier die Unwahrhaftigkeit, da man dabei ins Hasard umbiegt, was schwierige Leistung sein sollte. Es liegt eine Irreführung darin, etwas als ein preiswürdiges Rätselraten hinzustellen, was jeder raten kann oder was — infolge irgendeiner Täuschung — kaum jemand raten kann, und dann das Los entscheiden zu lassen im Sinne einer glücksspielmäßigen Ausspielung (vgl. R. Wassermann in GRUR. 1931, 37).

Wettbewerbliche Ausspielungen ohne Zugabecharakter (über Zugabe s. unten Anhang A I) teilen mit den spielhaften Zugaben den Umstand, daß unter gewissen geschäftlichen Bedingungen eine Ware ohne Entgelt oder gegen geringen Einsatz zu erlangen ist. Das ist der Fall, wenn z. B. die hunderttausendste Eintrittskarte oder eine bestimmte Billettnummer als Gewinnlos für ein Auto oder ein Kleid bestimmt ist oder wenn an einem vorher bestimmten, aber dem Publikum unbekannten Tag alle gekauften Waren unentgeltlich abgegeben werden. Hier fragt es sich, ob eine Ausspielung im Gesetzessinne vorliegt (§ 286 StGB.), d. h. ob ein Einsatz für die Beteiligung an der Gewinnchance verlangt wird. Denn wenn kein Einsatz verlangt wird, liegt keine strafbare Ausspielung vor, sondern nur ein Geschenk, dessen Hingabe durchaus nicht ohne weiteres als unlauterer Wettbewerb zu gelten braucht, sondern eine erlaubte Werbemaßnahme zur Steigerung des Umsatzes sein kann. Beide Fragen (Strafbarkeit als Ausspielung und Sittenwidrigkeit) aber stehen hier — anders als bei wirklichen Zugaben von spielhaftem Charakter, die nach der Vo. vom 9. März 1932 verboten sind — miteinander in engem Zusammenhang. Wird die Strafbarkeit nach § 286 StGB. bejaht, so muß die Frage, ob unlauterer Wettbewerb vorliege, ebenfalls ohne weiteres bejaht werden; wird jedoch die Strafbarkeit als Ausspielung verneint, dann kann die Frage der wettbewerblichen Sittenwidrigkeit mit ja oder nein beantwortet werden und es bedarf dafür eigener Untersuchung der betreffenden Fälle (vgl. auch Ascher in MuW. 1931, 144). Das RG. sagt (HRR. d. JR. 1931, 847): „Jedes Reklamemittel (RGZ. 115, 320) ist sittenwidrig, wenn es sich der Spielleidenschaft des Publikums bedient und diese so dem Wettbewerb dienstbar macht, gleichgültig ob eine Ausspielung im strafrechtlichen Sinne, d. h. eine Verletzung des § 286 StGB., vorliegt." Damit kann natürlich auch nur gemeint sein, daß bei nicht strafbarer Ausspielung immer noch wettbewerbliche Sittenwidrigkeit vorliegen kann, während bei der strafbaren, wenn sie überhaupt zu Zwecken des Wettbewerbs geschieht, die Sittenwidrigkeit nicht zweifelhaft sein kann. Aber andererseits sagt RG. a. a. O., daß ein zu Wettbewerbszwecken veranstaltetes Preisausschreiben keineswegs ohne weiteres ein unlauteres Mittel der Kundenwerbung ist. Es verneint dies z. B. in dem

Fall eines „Kinder-Wettbewerbs zur Herstellung eines Modells des betreffenden Geschäftshauses auf Grund eines den Kindern gereichten Modellierbogens" (ebd.). Andererseits arbeiten die Strafsenate des RG. — m. E. in abwegigem Maße — mit dem Begriff des „versteckten Einsatzes" (vgl. Zitate und Kritik in meinem Aufsatz in JR. 1931, 145) und erblicken einen solchen u. a. schon in der „Nichtermäßigung des Eintrittspreises", da sie meinen, daß der Eintrittspreis andernfalls, d. h. wenn die Verlosung nicht gemacht würde, hätte ermäßigt werden können. Das geht zu weit; Hoffnung auf gesteigerten Umsatz durch eine Werbemaßnahme ist noch kein versteckter Einsatz, da zwischen vorheriger Zahlung an den Veranstalter der Ausspielung einerseits und erhofftem Erfolg (Gewinn, Nutzen) andererseits, der sich erst aus der Wirkung der „Ausspielung" und ihrer Ankündigung, also durch erhöhten Umsatz, entwickeln soll, grundlegend unterschieden werden muß (vgl. auch Mansfeld in JW. 1924, 1704). „Über die in solcher Richtung liegende Einrichtung eines „Freien Verkaufstages" vgl. Elster in JR. 1930, 56 mit näheren Angaben. Das Einlegen von Gutscheinen in Nähseidepäckchen ist vom RG. (JW. 1928, 1210) in Übereinstimmung mit dem KG. als sittenwidrig verboten worden. Aber es muß daran festgehalten werden, daß das aleatorische Moment allein noch nicht als sittenwidrig im Wettbewerb angesehen werden darf, sondern jeweils „besondere" Momente der Sittenwidrigkeit (s. oben Anm. 9—11) hinzukommen müssen; nach RG. in GRUR. 1930, 1204 ist das Publikum heutzutage an Überraschungen im Reklamewesen und auch daran gewöhnt, etwaige Vorteile auf Grund von Reklameveranstaltungen ohne Scheu entgegenzunehmen. Einen schärferen Standpunkt fast allgemeiner Mißbilligung von Werbe-Preisausschreibungen u. dgl. nimmt die Handelskammer Leipzig in einem Gutachten in GRUR. 1929, 889 ein.

Die Gella-, Hydra-, Schneeballsysteme (vgl. RGZ. 60, 379; 115, 329; RGSt. 34, 145, 395; 60, 252) haben an Bedeutung nachgelassen auf Grund dieser höchstrichterlichen Urteile. Es handelte sich meist um Verkaufsanlockungen derart, daß eine gewisse Warenmenge, z. B. im Werte von 5 RM, versprochen wird für die Einsendung von 1 RM, verbunden mit dem Absatz von vier weiteren Kupons an andere Käufer, die daraufhin wieder diese Möglichkeit des Warenerwerbs zu geringem Preis bei Weiterverschleiß der Kupons erwerben. Das Unerlaubte dieser „Systeme" liegt in dem spielhaften Charakter sowie in der Täuschung über die Aussichten des Geschäfts, insbesondere in der Forderung der Mindestzahl weiterer Unterbringung von Kupons. Vgl. dazu die Gutachten von Gerland und von Kern, besprochen in Ztschr. f. d. ges. StrafrWiss. 48, 712; Elster in „Konfektionär" 1927 Nr. 97.

Über Ausspielungen als „Zugabe" s. unten im Anhang A I.

f) Lockartikel (RG. in MuW. 10, 36) und Zugaben (die im Preise mit bezahlt werden müssen, auch nach §§ 3 und 4 verfolgbar, RGSt. 61, 58; Näheres s. § 3 Anm. 4 und bei Zugaben unten im Anhang A I).

g) Erlangen fremder Betriebskenntnis durch Täuschung über die eigene Person (Wettbewerber, der sich als Kunde ausgibt, RGSt. 42, 394; OLG. Dresden in MuW. 26, 57).

h) Durch sklavische Nachahmung der Ware, s. oben Anm. 15 bei c; Entsch. in HRR. d. JR. 1930, 2006.

17. **Andere, nicht so fest umschriebene Gruppen**, bei denen es noch mehr auf die Umstände des Falles ankommt.

a) Verleitung zum Kontraktbruch (Rosenthal in MuW. 10, 83).

b) Vertragsuntreue (insbesondere verbunden mit Preisunterbietung, s. namentlich RGZ. 120, 52), die durch eigenen oder fremden Kontraktbruch ermöglicht wird, namentlich bei Durchbrechung eines lückenlosen Reverssystems. Nach Rosenthal (Komm. § 1 Note 92) ist „Preisschleudern" die Abgabe von Ware, deren Kleinverkaufspreis durch Vorschriften der Hersteller verbindlich festgesetzt ist, zu einem niedrigeren als dem vorgeschriebenen Kleinverkaufspreise, und zwar zum Zwecke des „Wettbewerbs". Und „Markenartikel" sind (nach Rosenthal) „Waren, die der Fabrikant regelmäßig in gleicher Art, Güte und Bezeichnung (Ausstattung) in den Verkehr bringt und für die er den Kleinverkaufspreis festsetzt". (Über die „Verordnung über Preisbindungen von Markenwaren" vom 16. Januar 1931: Reinh. Wolff, Markenwaren-Verordnung, Berlin 1931.) Entweder werden besondere Reverse unterschrieben oder schon die Zugehörigkeit zur Fachorganisation enthält die Verpflichtung zur Einhaltung der einmal vereinbarten oder vom Lieferer selbst bindend festgesetzten Preise. Vgl. RG. in JW. 1929, 250; desgl. Callmann, Komm. § 1 Note 93 ff. Ferner namentlich KG. in GRUR. 1930, 1053 ff., wo u. a. gesagt wird, daß der Händler mit der Empfangnahme eines die Preise betreffenden Rundschreibens und der Preisliste dem Preisschleuderverbot und den Vertragsstrafenbestimmungen des Rundschreibens und der Preisliste zugestimmt habe, so daß beide als selbständige vertragliche Verpflichtungsgründe zu dem Verpflichtungsschein hinzutreten. Weiter betont KG., daß gemäß § 328 BGB. der Verband selber berechtigt ist, die Forderungen aus dem Verpflichtungsschein geltend zu machen, und nicht nur der einzelne Lieferer, der den Preis festgesetzt hat; Preisschutzbestimmungen seien grundsätzlich sowohl wirtschaftlich wie sittlich berechtigt. Das KG. hält also für den Begriff der Preisschleuderei durchgängig an dem Kriterium des Vertragsbruches fest. Dabei betont es, daß es gleichgültig sei, ob die Preisschutzbestimmungen eine kartellmäßige Bindung nach § 1 der Kartellverordnung sind oder nicht, und bekämpft auch die Auffassung, daß kartellartige Bindungen „Knebelung" oder „Ausbeutung" seien. Freilich wird — auch vom RG. — verlangt, daß die Bindung (das Reverssystem) so gut wie lückenlos durchgeführt sei; sonst liegt keine Sittenwidrigkeit bei Preisunterbietung vor (RG. in HRR. d. JR. 1930, 322). Vgl. auch Rosenthal in LZ. 1915, 1289, in JW. 1915, 227, 465, 734, in GRUR. 1915, 32 und 195, Leander in GRUR. 1914, 111, Recken in RGUR. 1914, 66, Finger in MuW. 14, 298, Elster in GRUR. 1931, 213. OLG. Hamm über Zufrühverkauf der Ill. Ztg., MuW. 25, 49. Angebot von Genossenschaften, satzungswidrig an Nichtmitglieder Darlehen zu geben, OLG. Dresden in LZ. 1911, 792. Sonderrabatte OLG. Dresden in GRUR. 16, 242; RGZ. 78, 194; 79, 321. Andererseits ist aber auch die Preisbindung, selbst der „zweiten Hand" (mittelbar), trotz NotVo. vom 26. Juli 1930 nicht an sich sittenwidrig: sie muß aber lückenlos sein (RG. II. ZS. vom 6. Okt. 1931 — 71/31 —).

Wieweit die Preisunterbietung unter dem Gesichtspunkt der „Existenzvernichtung" des Geschäftsgegners wettbewerblich sittenwidrig ist, ist bestritten (vgl. Nipperdey, Wettbewerb und Existenzvernichtung, Berlin 1930). OLG. Düsseldorf (GRUR. 1929, 1368 mit Rechtsgutachten von R. Isay) schützte einen preisunterbietenden Außenseiter gegen eine Konvention der zusammengeschlossenen Geschäftsgegner, die nun ihrerseits mit größerer Macht jenen unterboten und ihn vernichten wollten. Nipperdey kritisiert das insofern zutreffend, als Existenzvernichtung an sich nicht sittenwidrig ist und man zwischen einem erlaubten Leistungswettbewerb und einem weit weniger erlaubten Behinderungswettbewerb unterscheiden müsse. Aber er läßt außer acht, daß in diesem Kampf das Wahrheits- und Leistungsmoment auf seiten des Außenseiters lag, ein Unwahrheits- und Behinderungsmoment aber auf seiten der Konvention. Die Konventionsfirmen unterboten den Außenseiter nicht weil sie in Wahrheit billiger, sondern weil sie im Ergebnis teurer liefern wollten; ihr Ziel war mit ihrer Handlung nicht in Übereinstimmung, es war da ein Umweg, der etwas Unwahrhaftiges an sich hatte; der Außenseiter aber wollte wirklich das, was er wettbewerblich tat: billiger bedienen. Deshalb ist dem OLG.-Urteil im Ergebnis zuzustimmen, wie dies auch vom RG. bestätigt ist (RGZ. 134, 342 ff.). Wettbewerbrechtlich genügt es noch nicht, etwa zu sagen, eine Vertrags- oder Normverletzung durch Preisunterbietung sei „unerlaubt", — diese Unerlaubtheit oder Rechtswidrigkeit ist nicht die spezifisch wettbewerbrechtliche, die, wie Gesetz und Rechtslehre heute liegen, etwas Zusätzliches auf der Grundlage wettbewerblich-sittenwidriger Unerlaubtheit (absoluter, nicht nur vertraglichrelativer, Ungehörigkeit) ist. Vgl. über die Frage Aufsätze in MuW. 1929 und 1930 von Callmann (1929, 570), Baumbach (1930, 2), Kaiser (1930, 390), Reinhardt (1930, 468), Goldbaum (1930, 505), Blum (1930, 512), Wagner in GRUR. 1931, 357, Lobe in GRUR. 1931, 1215, Elster in DAZ. vom 14. April 1931 und KartRdsch 1932, 77. Unlauterkeit beruht vorwiegend darauf, daß es in Wirklichkeit nicht die wahre im Verhältnis zum Mitbewerber größere eigene Leistungsfähigkeit ist, die den Kampf um den freien Kunden entscheiden soll.

Das gilt auch in dem Fall RGZ. 117, 16, wo die Unterbietung durch unzulässige untertarifliche Bezahlung des Angestellten (Tarifuntreue) ermöglicht wurde. Daß hier UW. vorliege, wurde mit dem RG. auch von Hueck und Nipperdey (JW. 1927, 2367) bejaht. Entgegen anderseitiger Kritik trifft Nipperdey das Richtige, wenn er den Unterschied in greifbareren Punkten als diesen eben genannten sucht und ausführt, es komme darauf an, ob eine Rechts- und Vertragswidrigkeit gegenüber den Arbeitnehmern vorliege. Also weder auf die Frage, ob ein gewöhnlicher oder für allgemeinverbindlich erklärter Tarifvertrag vorliegt, noch auf die Frage, ob der Betrieb nicht anders als mit untertariflichen Löhnen bestehen kann, noch auf die Frage, ob die Arbeitnehmer auf die Tarifpositionen rechtswirksam verzichten können oder nicht, kommt es für das Vorliegen der Sittenwidrigkeit an, — sondern darauf, ob die Arbeitnehmer auf die Tarifpositionen ungezwungen und ohne unlauteren Einfluß des Arbeitgebers verzichtet haben und den Arbeitgeber rechtmäßig in den Stand gesetzt haben, billiger zu produzieren.

Von der Wahrheit der schutzwürdigen größeren Leistungsfähigkeit, die sich u. a. auch in billigeren Preisen ausdrücken kann (infolge Spesenersparnis, persönlicher Tüchtigkeit, guten Einkaufs, großen Kapitals usw.), muß für die Frage, ob ungehöriger Wettbewerb vorliegt, ausgegangen werden, um zu richtigen Ergebnissen der Beurteilung zu gelangen, nicht von der „Existenzvernichtung“

und dem Schutz des ausgeübten Gewerbebetriebs, da dies beides keine scharfen und daher keine brauchbaren Begriffe sind; denn nicht jeder Gewerbebetrieb ist in jeder Weise schutzwürdig; der Versuch der Abwägung der Interessen muß oft zu unlösbaren Fragen führen (gegenüber der Entsch. RGZ. 120, 47 — planmäßige Zuwiderhandlung gegen vertragliche Verpflichtungen als UW. — unterscheidet sich RGZ. 134, 342 durch drei Momente: Außenseitertum des Unterbietenden, Unwahrhaftigkeit der Preisgestaltung, Änderung der Zeitauffassung über Preisgestaltung), zumal der Wettbewerb begriffsnotwendig ein Kampf ist.

c) Herabsetzung des Geschäftsgegners; z. B. Veröffentlichung geschäftlichen Briefwechsels des Konkurrenten mit seinen Kunden, OLG. Dresden in LZ. 1911, 792; Namensnennung der bekämpften Geschäftsgegner bei Preisvergleichungen, und zwar Hervorhebung der eigenen Vorzüge gegenüber bestimmten Konkurrenten (RG. in GRUR. 1929, 1223) oder bestimmten gegnerischen Gruppen (RGZ. 116, 277; RG. in GRUR. 1929, 1214). Jedenfalls muß, wenn einmal Gegenüberstellungen unerläßlich scheinen, Sachlichkeit und Objektivität gewahrt werden (RG. in GRUR. 1930, 1123). Unerlaubt sind ferner gehässige Angaben (RG. in MuW. 23, 16); Kreditschädigung s. § 14. Abfangen von Kunden vor dem Laden der Konkurrenten, Hineinrufen Vorübergehender, auch durch Gestikulieren: „3000 RM Belohnung zahle ich für den Nachweis, daß die Konkurrenz billiger ist"; „Billiger als die Konkurrenz". Gewöhnliche Werbung um Aufträge, während bereits anderweitige Beziehungen des Auftraggebers und eines Konkurrenten bestehen, ist nicht ohne weiteres sittenwidrig (RG. in MuW. 26, 55). Sperren (Boykott) gegenüber Geschäftspartnern, obwohl an sich erlaubt (RGZ. 85, 177; 120, 52), sind nicht immer berechtigt; so ist übermäßige Ausnutzung eines Monopols sittenwidrig; es kommt dabei auf Grund und Mittel an (vgl. auch RGZ. 115, 219), also wenn der Grund kleinlich, das Mittel scharf und die Folge Existenzvernichtung ist (vgl. Callmann, Komm.

Note 27—32 a). Dabei ist nicht von einem absoluten Schutz des eingerichteten Gewerbebetriebs oder von Persönlichkeitsschutz schlechthin auszugehen; vielmehr müssen auch hier besondere Umstände sittenwidrigen Handelns hinzukommen, wenn die Sperre oder dgl. mit § 1 UWG. (oder § 826 BGB.) bekämpft werden soll (vgl. z. B. RGZ. 56, 278; 120, 52; RG. in JW. 1913, 134). Auch hier kann man mit Nipperdey (s. oben zu b) Leistungswettbewerb (der meist erlaubt ist) vom Behinderungswettbewerb (der viel weniger erlaubt ist) unterscheiden.

d) Mißbräuchliche, sittenwidrige Ausnutzung eigener Wettbewerbsmomente, z. B. Warnung vor Patentverletzung mit dem Zweck, die eigene Leistung in ein zu helles, also unwahres Licht zu setzen; vgl. jedoch RGZ. 94, 271 und RG. in HRR. d. JR. 1930, 1832, wonach Warnungen solcher Art an sich nicht unerlaubt sind, selbst wenn sich der Warnende nicht über den Umfang seines Patents durch Rechtsverfolgung volle juristische Sicherheit verschafft hatte. Bezeichnung Rechtsanwalt a. D. eines unter unwürdigen Umständen aus dem Rechtsanwaltstande ausgeschiedenen Rechtskonsulenten verstößt gegen die guten Sitten (RG. in HRR. 1929, 1851). Mißbräuchliche Benutzung des Warenzeichenrechts (Rosenthal in GRUR. 15, 172 und RG. in RGZ. 100, 3). Auch Entfernung von Warenzeichen, ferner Anbringen und Entfernen der originellen Verpackung aus Gründen des Wettbewerbs ist unzulässig (Elster in MuW. 18, 23). Desgleichen Ausbeutung der Befugnis zur Veröffentlichung eines Gerichtsurteils (OLG. Hamburg in MuW. 26, 223). Dies geht in die Materie der §§ 3 und 4 über (s. diese).

V. Die Abwehr (Unterlassungs- und Schadenersatzklage).

18. Unterlassungsanspruch. Über Unterlassungs- und Schadenersatzklage ist Grundsätzliches oben S. 53/54 in der systematischen Einleitung ausgeführt. Vgl. ferner § 13.

Hier sei nur ergänzend gesagt: Der Umfang des Unterlassungsanspruchs ist im Gesetz nicht festgelegt (RGZ. 101, 278) und muß sich daher aus den Umständen des Falles ergeben. Für die Klage auf Unterlassung (vgl. Anm. 2 zu § 13) ist Nachweis eines besonderen Interesses nicht nötig, es genügt die Zugehörigkeit zu einem verwandten Berufe, wie in § 13 bezeichnet, oder die Klage eines der dort genannten Verbände. Ein subjektiv schuldhaftes Verhalten ist für keine der Klagen aus § 1 Voraussetzung (so die herrschende Meinung, dagegen für den Schadenersatzanspruch Lobe in MuW. 8, 270). „Jeder auch objektiv widerrechtliche Eingriff (nicht nur eine „unerlaubte Handlung") berechtigt, wenn mit weiteren Eingriffen zu rechnen ist, zur Klage auf Unterlassung; das Schuldmoment kommt hierbei nicht in Betracht" (RGZ. 109, 276; 116, 151.) Sittenwidrigkeit (Unlauterkeit) ist an sich schon Verschulden genug, so daß es für diesen Tatbestand keines besonderen „Verschuldens" im einzelnen Fall mehr bedarf. Wichtige Voraussetzung ist die Wiederholungsgefahr (RGZ. 96, 244), auch die etwa in veränderter Form drohende Wiederholungsgefahr. Ob Wiederholungsgefahr vorliegt, ist nach dem Verhalten des Gegners bis zur letzten Verhandlung (nicht nach dem voraussichtlich dem Urteil folgenden Verhalten) zu entscheiden (RG. in JurRdsch. 1926, 398); s. weiter Anm. 2 zu § 13.

Der Antrag geht dahin: Beklagte zu verurteilen, die ... Handlung künftig zu unterlassen. Der Anspruch auf Beseitigung der Folgen ist ein Hilfs- und Nebenanspruch (Rosenthal, Komm. S. 95 ff.). Der Antrag auf Unterlassung muß inhaltlich sehr sorgfältig abgefaßt sein (Goldbaum, Komm. S. 41), denn er darf einerseits nicht zu weit gehen, um nicht bei teilweiser Abweisung durch das Gericht den Kläger mit Kosten zu belasten, andererseits muß er weit genug sein, um nicht neben der durch den prozessualen Sieg zugezogenen Masche eine andere Masche offen zu lassen, durch die der Gegner mit anderen Mitteln das Gleiche wie vorher versuchen oder erreichen kann. Wichtig ist dabei also die praktische Bezeichnung dessen, was der Gegner (z. B. bei Ankündigungen welche Worte, auch auf Briefbogen, Rechnungen, Verpackungen) unterlassen soll.

Verwirkung des Unterlassungsanspruchs kann durch langjährige Duldung des wettbewerblichen Tatbestandes eintreten, durch die der Gegner den guten Glauben gewinnen konnte, seine Handlung werde von dem an sich Berechtigten geduldet und für recht gehalten (RGZ. 127, 321; 134, 41). Es entsteht so auf vorher unsicherem oder unerlaubtem Grunde ein wettbewerblicher Besitzstand, den der an sich durch Priorität besser berechtigte Gegner dann gegen sich gelten lassen muß (vgl. über Besitzstand oben S. 84). Jedenfalls ist das Verhalten beider Streitteile dabei auf rechtmäßiges oder unberechtigtes Verhalten zu prüfen.

Über Veröffentlichung des Urteils s. § 23 Abs. 4.

Ein einmal rechtskräftig abgewiesener Unterlassungsanspruch kann selbst bei veränderter Auffassung der Rechtsprechung nicht erneut geltend gemacht werden, wenn die Veränderungen der Tatsachen oder der Auffassung die wesentlichen Gründe des früheren rechtskräftigen Urteils nicht beeinflussen (RGZ. 125, 159).

Über Unterlassungsanspruch aus Handlungen Angestellter gegen Chef und Leiter vgl. § 13 Abs. 3.

Über Verjährung des Anspruchs s. zu § 21.

Ein Unterlassungsanspruch aus § 1 UWG. und § 826 BGB. schließt, wenn die zu unterlassende Handlung in der Führung einer eingetragenen Firma besteht, ohne weiteres das Recht auf Löschung der Firma in sich (RGZ. 125, 164).

19. **Schadenersatzanspruch.** Auf die Klage auf Schadenersatz aus § 1 bezieht sich § 13 nicht; auf Schadenersatz klagen kann daher nur der, der wirklich geschädigt ist. Maßgebend für den Schadenersatz sind die §§ 249 bis 259 BGB., § 287 ZPO. (auch freie Würdigung und Schätzung durch das Gericht). Der Schadenersatzanspruch kann häufig mit Erfolg auch auf § 826 BGB. allein statt auf § 1 UWG. gestützt werden. Vgl. das Nähere § 13 Anm. 4.

§ 2.

Unter Waren im Sinne dieses Gesetzes sind auch landwirtschaftliche Erzeugnisse, unter gewerblichen Leistungen und Interessen auch landwirtschaftliche zu verstehen.

1. Waren.
2. Leistungen.
3. Interessen.

1. **Waren.** Ware ist „jedes Erzeugnis, das Gegenstand des Handels sein kann" (RG. in JW. 1897, 212), oder (RG. in DJZ. 1898, 250) „jedes Erzeugnis, das aus einem auf Gewinn abzielenden Unternehmen im Bereich der Produktion oder des Handels in den wirtschaftlichen Verkehr gebracht wird". Gegensatz: Leistungen (s. Anm. 2) und z. B. elektrische Kraft (über letzteres vgl. RGSt. 29, 111 und RGZ. 67, 232).

2. **Leistungen.** Diese Bestimmung ist methodisch von Wichtigkeit für die Erkenntnis des gewerblichen Rechtsschutzes, zu dem auch das Wettbewerbsgesetz gehört. Gewerblicher Rechtsschutz ist der Schutz für geistig-gewerbliche Rechte, und zwar nicht begrenzt auf Gewerbe im Gegensatz zu Landwirtschaft und freien Berufen, sondern für jede gewerbliche Betätigung im weiteren Sinne.

Unter gewerblichen Leistungen oder Arbeiten sind die Erzeugnisse menschlicher Tätigkeit auf dem Gebiete des gewerblichen Lebens, die wirtschaftlich abschätzbar sind, anzusehen. Im übrigen ist unter Gewerbe jede auf Erzielung eines Erwerbes gerichtete Berufstätigkeit zu verstehen, gleichgültig, ob es konzessioniert oder besteuert ist, ob es der Gewerbetreibende selbständig oder als Angestellter betreibt. Als Gewerbetreibender ist also nicht allein der Kaufmann und Handwerker, sondern auch der Fabrikant, der Landwirt, der Gärtner sowie der Arzt (RGSt. 37, 173), Apotheker, Rechtsanwalt (RGZ. 99, 190), Drogist, Buchhändler usw. anzusehen, und jeder Privatmann, der eine Leistung gewerblich verwerten läßt (RGZ. 74, 169). Mit Recht rechnet eine österreichische Entscheidung (GRUR. 1926, 401) den Betrieb eines Hotels zu den „Leistungen", auf die sich das UWG. (das in Österreich dem unsrigen ganz ähnlich ist) bezieht.

Im Recht der Zugaben (s. unten im Anhang A I) spielen die „Leistungen" eine große Rolle: sie werden dort rechtlich ebenso behandelt wie Waren.

3. **Interessen.** Der Begriff Interesse deutet auf eine ausdehnende Interpretation des Anwendungsgebietes dieses Gesetzes. Er steht in engem Zusammenhang mit der Bestimmung des § 13, nach welcher die Verbände zur Förderung gewerblicher Interessen klageberechtigt sind (s. § 13). Vgl. auch die Erwähnung des „berechtigten Interesses" in § 14 Abs. 2.

§ 3.

Wer in öffentlichen Bekanntmachungen oder in Mitteilungen, die für einen größeren Kreis von Personen bestimmt sind, über geschäftliche Verhältnisse, insbesondere über die Beschaffenheit, den Ursprung, die Herstellungsart oder die Preisbemessung von Waren oder gewerblichen Leistungen, über die Art des Bezugs oder die Bezugsquelle von Waren, über den Besitz von Auszeichnungen, über den Anlaß oder den Zweck des Verkaufs oder über die Menge der Vorräte unrichtige Angaben macht, die geeignet sind, den Anschein eines besonders günstigen Angebots hervorzurufen, kann auf Unterlassung der unrichtigen Angaben in Anspruch genommen werden.

I. **Unrichtige Angaben.**

1. Der Grundsatz der Wahrhaftigkeit im Wettbewerb.
2. Was ist Unwahrheit und Unrichtigkeit?
3. „Angaben."

I. Unrichtige Angaben.

1. **Der Grundsatz der Wahrhaftigkeit im Wettbewerb.** Im § 3 ist der Grundsatz der Wahrhaftigkeit im Wettbewerb aufgestellt. Wahrhaftigkeit, wenn nicht ein ganz schikanöser Gebrauch davon gemacht wird (etwa ganz unnötige Betonung früherer Bestrafung des Geschäftsgegners, RG. in JW. 1925, 2377), rechtfertigt auch scharfe Wettbewerbsmaßnahmen in hohem Grade. Vgl. RGZ. 76, 110 (nach § 826 BGB.), Gruch. Beitr. 60, 498. Absicht und Bewußtsein, daß dadurch der Gegner geschädigt wird, macht wahrhaftige Wettbewerbsangaben noch nicht zu sittenwidrigen oder nach § 3 unerlaubten. Es müßte schon besondere Sittenwidrigkeit der wahren Äußerung (nach § 826 BGB. oder § 1 UWG., s. Anm. 8 zu § 1) nachzuweisen sein. Unwahrheit, die dem Wettbewerb nicht zu dienen vermag, kommt hier nicht in Betracht (s. Anm. 5).

Der Unterschied des § 3 (und 4, 5) gegenüber § 14 ist der, daß jene die unwahren Angaben über die eigene geschäftliche Sphäre, § 14 diejenigen über die fremde geschäftliche Sphäre betreffen; der Unterschied gegenüber § 16 ist der, daß es sich in § 3 (und 4) um absolut unrichtige Benennungen handelt, ganz gleichgültig, ob sie mit berechtigten Benennungen eines Anderen kollidieren, in § 16 aber nur solche Kollision, unabhängig von dem Moment der Unwahrheit oder Unrichtigkeit, in Betracht kommt.

2. **Was ist Unwahrheit und Unrichtigkeit?** Unrichtig müssen die Angaben sein, also unbewußt unrichtige Angabe genügt (RGZ. 46, 23); sind sie dagegen wissentlich unrichtig, dann greifen die schärferen Bestimmungen des § 4 Platz. Unrichtig ist die Angabe, welche ernstlich gemeint ist und den tatsächlichen Verhältnissen nicht entspricht. Bei der Beurteilung, ob eine Ankündigung, durch welche Waren angeboten und angepriesen werden, im Sinne des § 3 unrichtige Angaben über geschäftliche Verhältnisse, Preisbemessungen u. dgl. enthält, kommt es nicht auf eine möglichst enge, sich streng an die gebrauchten Ausdrücke haltende Auslegung, auch nicht auf die Absicht des Ankündigenden, sondern wesentlich nur auf die Auffassung des lesenden Publikums (d. h. nicht des besonders genau lesenden, aber auch nicht des besonders flüchtig und nur die Anzeigen überfliegenden [vgl. RG. in GRUR. 1911, 80] Publikums) an, zu dessen Täuschung die Ankündigung also objektiv geeignet sein muß. Vgl. RGZ. 58, 129 und 293; 83, 384; 96, 298; 99, 28; RGSt. 40, 438 und JW. 1906, 40; 1902, 547, 138; 1904, 395; 1901, 13; 1907, 527; 1908, 370 und unten Anm. 5.

„Wahrheit ist hiernach nicht schon das, was einmal wahr gewesen ist und es formell noch ist; die leise Verschiebung der Frische und Neuheit, die falschtönliche Übertreibung, indem längst Übermoostes als gegenwärtig hingestellt wird, macht es schon unwahr" (Elster, Urheber- und Erfinder-, Warenzeichen- und Wettbewerbsrecht [1928] S. 426.) Wirkliche Wahrheit ist von formaler Richtigkeit scharf zu scheiden, nach dem Sinn, u. U. nach dem zwischen den Zeilen zu lesenden Sinn, ist zu urteilen. Maßgebend ist der

Gesamteindruck, nicht so sehr die Einzelheiten (RGSt. 44, 143 und RG. in MuW. 26, 143). Auch hier ist, wenn zwar der Wortlaut an sich nichts Falsches enthält, die Fassung und Art der Bekanntmachung aber eine andere (unrichtige) Auffassung des Publikums veranlaßt, der Maßstab des nicht ganz sorgfältigen Lesers anwendbar (RGSt. 40, 439; 47, 204; 48, 101; 50, 15; OLGR. 32, 253; RG. in JW. 1915, 1361, in MuW. 13, 559; 15, 355). Hierbei spielen beispielsweise auch Hervorhebungen durch Fettdruck (vgl. RGZ. 92, 380; OLGR. 44, 114) oder Kleinheit und Verstecktheit der Mitteilung wesentlicher Dinge eine Rolle (s. auch unten § 5 Anm. 2). Es können daher auch dem Wortlaut nach richtige Angaben im Sinne des § 3 unrichtig sein. RG. in JW. 1915, 34 sagt: „Der objektive Inhalt einer an einen bestimmten Leserkreis gerichteten Mitteilung ist dasjenige, was diese Leser bei ungekünsteltem Verhalten daraus entnehmen, nicht aber, was eine künstlich einschränkende Wortauslegung, an die kein Unbefangener denkt, ergibt.“ Umgekehrt darf aber auch nichts Künstliches in den Wortlaut hineininterpretiert werden (so wenn Jemand von mehrhundertjährigen Erfahrungen verschiedener Betriebe, denen er angehört hat, spricht, darf der Gegner ihm nicht andichten, er habe von jedem der Betriebe mehrhundertjährige Erfahrungen behauptet). Auch in konkludenten Handlungen kann eine unrichtige Angabe liegen, so z. B. in der Aufnahme von Füllanzeigen, die dem unkundigen Leser als bezahlte Anzeigen erscheinen und den Inseratenteil voll besetzt aussehen lassen (OLGR. 30, 261), oder in der Herausgabe von Kopfblättern (Nebenblättern), durch die die Vertretung lokaler Interessen vorgetäuscht wird (RGZ. 93, 189; 96, 298).

Auch zeitliche Momente sind zu berücksichtigen. Ob die in einer Zeitung veröffentlichte Bekanntmachung über eine künftige Veranstaltung unrichtige Angaben im Sinne des § 3 enthalte, ist nicht lediglich nach dem Zeitpunkt des Erscheinens des betreffenden Zeitungsblattes zu beurteilen; die Bekanntmachung dauert vielmehr bis zum Zeitpunkt des Entfernens des Plakats oder bis zum Ablauf der in der Ankündigung für die Veranstaltung bestimmten Zeit (vgl. RGZ. 46, 53). Bei der Angabe, im wievielten Jahrgang eine Zeitschrift, die durch Zusammenlegung aus mehreren Organen jetzt vereinheitlicht ist, erscheint, dürfen nicht erschienene Jahrgänge (im Kriege) nicht aufgeführt, auch darf die Anzahl der Jahrgänge der verschiedenen zusammengelegten Blätter nicht addiert werden (LG. I Berlin in JW. 1930, 1761).

Dahin gehört auch das Verschweigen von Tatsachen, deren Angabe für die Wettbewerbshandlung wesentlich wäre (RGZ. 96, 243; RGSt. 45, 376; 46, 275; RG. in MuW. 19, 110; in HRR. 1928, 2130; OLGR. 25, 348). So ist es als ein Verschweigen wichtiger Angaben anzusehen, wenn aus Reklamegründen Preisunterschiede gegenüber der Konkurrenz mitgeteilt, aber eine genaue Vergleichung der Qualität der Waren trotz vorgelegter Proben unbeachtet gelassen wird, wie RG. in GRUR. 1927, 486 = JW. 1927, 1574 sagt: Das OLG. habe übersehen, daß keine Gewähr dafür vorlag, es werde jeder Besucher auch tatsächlich an der Hand der Aufstellung eine Prüfung über die Beschaffenheit der Proben anstellen. Es hätte festgestellt werden müssen, welche Auffassung auch flüchtige Besucher der Ausstellung oder gar Personen, denen die Drucksache außerhalb der Ausstellung zu Gesicht kam, erhielten. „Gerade für diese Waren bestehen große Unterschiede hinsichtlich der Beschaffenheit, und es läßt sich deshalb keine vollständige Gleichwertigkeit von Warenproben erreichen, besonders nicht bei einer unbedeutenden, rasch und oberflächlich zusammengestellten Warenkollektion.“ (Erschwerend kam hier in Betracht, daß die Konkurrenten bei der Gegenüberstellung mit Namen genannt wurden, was gegen § 1 verstößt.) Grundsätzlich ausschlaggebend ist die Wirkungsmöglichkeit (s. unten Anm. 4), nicht aber, ob der Kauflustige an Ort und Stelle hätte sehen können, um was es sich handelte; z. B. Verkauf im Geschäft statt aus Privathand (OLGR. 25, 348; 32, 253), gekürzte Buchausgabe, wenn die Tatsache erheblicher Kürzung verschwiegen ist (OLGR. 27, 277).

Auch der etwaige gute Glaube, in welchem die Angaben gemacht sind, schützt nicht vor der hier behandelten

Unterlassungsklage (RGZ. 46, 54; 60, 6). Über die sehr häufigen Verschleierungen der falschen Angaben vgl. Pinner-Eyck S. 33.

3. **Angaben.** Das Gesetz von 1896 enthielt hinter dem Worte „Angaben" die Worte „tatsächlicher Art". Die Begründung zu dem Gesetz von 1909 führt aus, „daß in den beteiligten Kreisen der Wunsch laut geworden sei, die Worte „tatsächlicher Art" zu streichen. Es sei ein anerkannter Satz der heutigen Rechtsprechung, daß von der Vorschrift des Gesetzes die Angaben nicht nur dann getroffen werden, wenn sie reine Tatsachen enthalten, sondern auch schon dann, wenn sie tatsächlicher Art sind, das heißt nämlich, wenn es sich um Urteile handele, die auf bestimmten Tatsachen beruhen. Mehrfach habe das RG. ausgesprochen, daß das Gesetz auch auf Angaben, die sich in Form subjektiver Urteile kleiden, Anwendung finde, sobald sich die Richtigkeit oder Unrichtigkeit des Behaupteten objektiv feststellen lasse, und ferner, daß bei der Beurteilung des Inhalts der Anpreisung nicht die Absicht oder die Auffassung des Täters, sondern die Auffassung des jedesmal in Betracht kommenden Publikums entscheide. Demnach ließe sich ein Bedürfnis, die zulässige Reklame über die bisherigen Grenzen hinaus einzuengen, nicht anerkennen." Trotzdem hat die Reichstagskommission beschlossen, die Worte „tatsächlicher Art" zu streichen. Es wurde geltend gemacht, die beiden Worte seien überflüssig. Eine rein marktschreierische Reklame, bloße Werturteile usw., würde auch beim Fehlen dieser Worte nicht unter § 3 fallen, weil dort immerhin „Angaben" verlangt werden. Der Begriff „Angaben" fordere schon an sich etwas Tatsächliches. Man wird sich also der Ansicht, daß Angaben im Gegensatz zu bloß allgemeinen Urteilen zu verstehen sind, anschließen müssen und eine lediglich allgemeine Reklame, die nichts Tatsächliches enthält, sondern nur ein subjektives Urteil gibt, als Angabe im Sinne des Gesetzes nicht erachten; immerhin ist das Gebiet des § 3 wohl ein etwas weiteres als früher (a. M. Rosenthal). Dies hängt dann innerlich zusammen mit dem Begriff Tatsachen in § 14, fordert also Nachprüfbarkeit (s. § 14 Anm. 4).

Den Unterschied zwischen „Angaben" und „Marktschreierei" kennzeichnet das RG. (vom 24. Juni 1929 — 3 D 401/29 XI 558/29 — in Mitt. der Berl. Ind.- u. Handelsk. 1929 S. 785) etwa folgendermaßen: „Handelte es sich nur um „marktschreierische Reklame", wie das Landgericht meint, also auch nach der durchschnittlichen Auffassung jenes Publikums bloß um ein keiner sachlichen Nachprüfung zugängliches subjektives Lob der Ware, so käme Unwahrheit der Ankündigung freilich nicht in Betracht. Marktschreierei kann aber tatsächliche oder urteilsmäßige Aussprüche enthalten, die — sei es auch nur vermöge ihres Zusammenhanges — im Käufer eine falsche Vorstellung von den gegebenen Tatsachen hervorrufen, und solchenfalls liegen unwahre Angaben vor."

Über Beispiele von „Angaben" s. unten bei IV Anm. 9 ff.

II. Eignung zum „Anschein eines besonders günstigen Angebots".

4. **Anschein.** Der „Anschein" des besonders günstigen Angebots ist eine Spezifizierung der Unrichtigkeit, und nur das. Denn der Anschein ist der Gegensatz zur Wirklichkeit; § 3 (und 4) kommt nur in Betracht, wenn der Anschein günstiger ist als das wirklich Angebotene. So könnte es zu einer falschen Vorstellung von diesen Rechtsgrundsätzen des § 3 (und 4) führen, wenn man aus der RG.Entsch. RGSt. 47, 280 nur den Satz zitiert: „Der Ausdruck des Gesetzes „Anschein" zwingt nicht zu der Annahme, daß im Sinne des Gesetzes die Meinung, welche der Täter im Publikum hervorzurufen beabsichtigt, eine falsche sein müsse", und daraus schließt, die Nachteile für den redlichen Mitbewerber, dessen Schutz das Gesetz bezweckt, könnten selbst dann entstehen, wenn der Anbietende den Abnehmern tatsächlich die in Aussicht gestellten Vorteile biete. Beachtlicherweise fährt die genannte Entscheidung fort: Der Ausdruck Anschein „ist nur so zu verstehen, daß die Absicht des Täters dahin gehen muß, durch das Mittel der unwahren Angaben die (möglicherweise vorhandenen) Vorteile des Angebots in den Augen des Publikums besonders in die Erscheinung treten zu lassen und es

so zum Kaufe bei ihm zu bewegen". Es handelte sich um eine vergleichende Mitteilung früherer und jetziger Preise; die jetzigen waren vorteilhaft, aber die früheren waren falsch angegeben, um die Preissenkung größer erscheinen zu lassen. Ganz zutreffend hält also das RG. an dem Gesichtspunkt der Unrichtigkeit fest; die Vorstellung, die der Täter beim Publikum erweckte, war nicht insofern falsch, als es tatsächlich vorteilhaft kaufen konnte, wohl aber insofern war die erweckte Vorstellung falsch, als das Maß der Ersparnis beim Kauf gegen früher unrichtig angegeben war. RGSt. 61, 58 verurteilt mit Recht Geschäftsleute nach § 4 UWG., weil sie bei Zugaben auf Grund ersparter Reklamekosten („Werte statt Worte") den Preis der Ware ein wenig erhöht haben (vgl. im Anhang A I: Zugaben-Vo.). Zutreffend Callmann Komm. S. 166), daß „die Angabe gerade darin unrichtig sein muß (wenn ein Verstoß gegen §§ 3 und 4 vorliegen soll), worin sie den Anschein eines besonders günstigen Angebots erweckt, vor allem in den Tatsachen, die von den beteiligten Kreisen als besonders belangreich angesehen werden". Aber es braucht nicht verlangt zu werden, daß immer Anlaß und Zweck eines Verkaufs angegeben und überhaupt jede Wahrheit gesagt werden müsse.

Das Reichsgericht macht also — mit Recht — den klaren Unterschied zwischen dem wirklich und dem nur „anscheinend" besonders günstigen Angebot — und es muß unbedingt daran festgehalten werden, daß das wirklich besonders günstige Angebot, wenn keinerlei Unwahrheit mitspielt, kein UW. ist.

Bei der Frage, ob ein besonders günstiges Angebot vorliegt, kann auch eine beim Publikum vorhandene Kenntnis von Umständen berücksichtigt werden (RGZ. 58, 281; 66, 171). Auch bei der Beurteilung, ob eine Benennung richtig ist, kommt es auf die Durchschnittsauffassung des jeweils maßgebenden Publikums an (RGSt. 40, 438; 44, 258). Handelsmißbrauch kann unrichtige Angaben nicht zu richtigen machen, wohl aber kann diese Wirkung eintreten, wenn die an sich falsche

Bezeichnung sich als Gattungsbezeichnung eingebürgert hat (RGSt. 48, 40; RG. in JW. 1914, 708; RGZ. 99, 131).

Als eine Verkennung des Wahrheitsprinzips erscheint die RG.Entsch. Tauchlitzer Schwarzbier MuW. 26, 80, wo das Kriterium der geographischen Richtigkeit zu stark betont ist gegenüber dem materiell wichtigeren der Beschaffenheit; in diesem Fall brauchte die Gefahr, aus Herkunftsbezeichnungen Gattungsbezeichnungen zu machen (s. § 5 Anm. 3), nicht überschätzt zu werden. Richtig die in RGZ. 133, 156 bejahte Zulässigkeit der Bezeichnung „staatlich geprüfter Dentist".

5. **Eignung.** Nur wenn die unrichtige Angabe „g e e i g n e t i s t", den Anschein des besonders günstigen Angebots hervorzurufen, liegt der Tatbestand des § 3 (und 4) vor. „Es würde über die Zwecke des Gesetzes hinausgreifen, wenn man unwahre tatsächliche Angaben schlechthin wegen ihrer Unwahrhaftigkeit und ohne Rücksicht auf die Wirkung, welche sie im Verkehr ausüben können, zur Verantwortung ziehen wollte" (aus der Begr. des Ges. von 1896). Wegen dieser Forderung der W i r k u n g s m ö g l i c h k e i t werden u. U. sogar richtige Angaben zu unrichtigen, wenn sie in der Regel anders verstanden werden (s. oben Anm. 2). Diese Wirkungsmöglichkeit (Eignung) hat zwei Bestandteile: 1. d i e v o n d e m W e r b e r g e w ä h l t e A u s d r u c k s w e i s e, 2. d i e v o n d e n i n B e t r a c h t k o m m e n d e n I n t e r e s s e n t e n k r e i s e n z u e r w a r t e n d e A u f f a s s u n g. Maßgebend ist das Urteil und die Auffassungsgabe des für die betreffende Sache oder Angelegenheit in Betracht kommenden Publikums und der Eindruck des etwas flüchtigen, nicht des besonders aufmerksamen Lesers (RGZ. 58, 128, 293; 99, 28; JW. 1908, 370; RGSt. 47, 204; 48, 101; 50, 15). Diese schon oben (Anm. 2) für die „Unrichtigkeit" als erforderlich bezeichneten Momente gehören auch zu der Forderung, daß die Unrichtigkeit zur Erweckung des „Anscheins" geeignet sein muß. Ob etwas zur Irreführung geeignet ist, ist Tatfrage (RG. in JW. 1904, 480 und 128). „Größte" Zeitschrift eines Gebiets ist unwahre Angabe, wenn zwar die gedruckte, aber nicht die abonnierte Auflage die größte ist; auch Umfang und An-

sehen sprechen mit (KG. vom 23. April 1931 und RG., s. Buch.-BBl. 1932 Nr. 31); „Führendes Blatt" nur bei wirklichem Einfluß auf maßgebende Kreise; Autorenangaben auf Büchern müssen den wahren Verfasser, nicht den berühmten Mann als Aushängeschild für Hilfsarbeit tragen (so richtig Rosenthal, Komm. Note 88 ff.); „Titelauflagen" z. T. irreführend. Daß die Irreführung wirklich eingetreten, also ein Geschäft daraufhin getätigt ist, wird nicht gefordert (RGZ. 92, 382; 93, 189; 96, 298; GRUR. 1927, 489), aber wenn ein Teil des Publikums tatsächlich irregeführt wurde, so spricht dies für die Eignung zur Irreführung.

Ob die Angabe durch Wort oder Bild geschieht (s. unten Anm. 7 und § 5 Abs. 2), bleibt sich gleich; es kommt auch hier auf die Eignung zur Irreführung an. Kleine Ungenauigkeiten einer bildlichen Darstellung brauchen nicht schon ohne weiteres als unrichtige Angaben bewertet zu werden (RGZ. 112, 309/10).

Richtig ist, daß der Schutz des Mitbewerbers, nicht der des Publikums in erster Linie steht (RGZ. 92, 382); aber die Abstellung auf den auf das Publikum wirkenden Anschein ist die notwendige Voraussetzung für den Wettbewerbskampf, und daher kann nur von hier aus der Wettbewerber sich beschwert fühlen, nicht durch seiner Meinung nach unrichtige Angaben des Konkurrenten, die ohne entsprechende Wirkungsmöglichkeit auf das Publikum sind. Publikum bedeutet dabei Abnehmerkreis, also für den nur an den Großhandel verkaufenden Fabrikanten u. U. nur die Auffassung des Großhändlers.

6. **Besonders günstiges Angebot** ist ein den sonstigen gewöhnlichen Verhältnissen gegenüber günstiges, also ein Angebot von Vorteilen, die im allgemeinen nicht gewährt werden (objektiver Maßstab).

III. Mittel der Angabe.

7. **Öffentliche Bekanntmachung** ist jede Veröffentlichung, die zur Kenntnis einer unbestimmten, prinzipiell unbegrenzten Menge von Personen bestimmt ist und gelangen kann, ohne

Rücksicht darauf, ob sie im einzelnen Falle zur Kenntnis einer größeren Anzahl von Personen gelangt ist (RGSt. 40, 123). Die Bekanntmachung oder Mitteilung kann durch Wort, Bild (z. B. durch zeichnerische Wiedergabe der Fabrik auf Briefbogen, OLGR. 27, 274) oder Schrift, mündlich (durch Ausruf), schriftlich (durch Briefe oder Rundschreiben) oder durch Druckschrift bzw. durch irgendwelche mechanische Vervielfältigung im Druck erfolgen; aber auch z. B. durch Mitteilungen am Laden, im Schaufenster, auf dem Straßenpflaster, auch im Firmennamen (RG. in MuW. 26, 145), durch Filmreklame oder durch Rundfunk; sogar auf der Ware selbst usw. Auch Mitteilungen durch die Fachpresse fallen unter die Bestimmung (RGSt. 26, 194). Geringe Auflage einer Ankündigung ist kein Gegengrund gegen ihre Öffentlichkeit (RG. in GRUR. 1927, 488). Wieweit eine Druckschrift „strafbaren Inhalts" die Tatbestandsmerkmale enthalten muß (RGSt. 66, 147), s. unten Anm. 2 zu § 4.

8. **Mitteilungen an einen größeren Kreis von Personen.** Mitteilungen, die für einen größeren Kreis von Personen bestimmt sind: z. B. auch „individuell gestaltete" Vertragsanträge an viele Interessenten (RG. in MuW. 15, 231); verschlossene Briefe, die an mehrere beliebige Personen gehen (OLG. Düsseldorf in GRUR. 1916, 71); Etiketten (RG. in JW. 1898, 393; 1904, 247); auf Kassenbons (RGSt. 49, 230); Kapselverschlüsse, Korkbrände (OLG. Zweibrücken in LZ. 1909, 797); Hüllen, in denen Photographieen verschickt werden (RGSt. 40, 132); Einprägungen auf Einmachgläsern (Sächs. Arch. f. Rpfl. 1921, 21); auch wiederholte, auf Anweisung des Geschäftsherrn (mit oder ohne schriftliche Unterlage) erfolgende Mitteilung an Ladenkundschaft durch Angestellte (RG. in MuW. 26, 78). Bei mündlichen Mitteilungen kann deren Bestimmtsein für einen größeren Personenkreis (s. oben) zweifelhaft sein, wenn diese Mitteilungen nacheinander in nicht unbedingt gleicher Fassung an einzelne Personen gemacht werden (RGSt. 64, 247; Elster in GRUR. 1930, 1093). Maßgebend ist der Gesichtspunkt der Planmäßigkeit der Mitteilung, der zur inhaltlich gleichen Wiederholung des betreffenden wettbewerb-

lichen Gedankens führt. Es macht keinen Unterschied, ob die einzelne Ankündigung etwa nur einem Empfänger zu Gesicht kommt (Empfehlungskarten, Kassenbons im Gegensatz zu Plakaten; RGSt. 49, 230).

IV. Gegenstand der Angabe.

9. Geschäftliche Verhältnisse. Diese schon in das Gesetz von 1896 aufgenommene Verallgemeinerung, die Generalklausel des früheren Gesetzes, die sich im Gegensatz zu der Generalklausel des geltenden Gesetzes nur auf die Reklame bezog, umfaßt alle nur möglichen Umstände, mit denen die Anpreisung erfolgen kann. Sie ist so weit wie möglich auszulegen; sie kann sich auf die Entstehung, das Alter (RG. in LZ. 1909, 166), den Erwerb, den Namen, den Umfang (so z. B. auf öffentliches Ausschreiben angeblich zahlreicher offener, tatsächlich nicht vorhandener oder nicht zu besetzender Stellen oder größere bildnerische Darstellung des Unternehmens auf Briefbogen), den Absatz, die Bedeutung, den Ruf, den Kundenkreis des Geschäftes beziehen, so daß namentlich mit Rücksicht auf das verbindende Wort „insbesondere" die nachfolgenden Umstände (s. Anm. 10—18) nur als erläuternde Beispiele zu behandeln sind. Auch die Bezeichnung des Unternehmens als Fabrik oder als „Werk", wenn z. B. nur ein Arbeiter oder nur kleine Handmaschinen im Betriebe sind oder die frühere enge Verbindung mit einer Fabrik aufgehört hat (RG. in MuW. 26, 146), gehört zu solchen unrichtigen Angaben (OLGR. 27, 270; 34, 152; RG. in GRUR. 1914, 286, in MuW. 15, 23; 23, 214) oder eines kleinen Geschäfts als „Pianohaus" (OLG. Dresden in MuW. 26, 215; Sprinz in Mitt. d. Ind.- u. Handelsk. Berlin 1928 S. 1150). Über den Begriff „Fabrik" (nicht lediglich die Arbeiterzahl maßgebend, mehr die kaufmännische Organisation bei eigener Warenherstellung) vgl. RG. in JW. 1905, 58 und RGSt. 44, 258; OLG. Breslau in MuW. 11, 56 („Möbelfabrik"); HansOLG. in HRR. d. JR. 1929, 573. „Konsumfabrik" als Anschein besonders günstigen Angebots: RG. in JW. 1906, 258: „Zur großen Fabrik" RG. in MuW. 26, 146. Über „Fabrikant" RG.

in JW. 1901, 657 und RGSt. 36, 430; über „Bank“, „Bankier“ Wertheimer in GRUR. 1911, 67 und das dort zitierte Erk. des LG. Halle; „Atelier“ RG. in MuW. 15, 26. „Die nach den Vorschriften des HGB. erlangte formelle Befugnis zur Firmenzeichnung berechtigt nicht, sie im geschäftlichen Verkehr zu Zwecken des Wettbewerbs in einer Weise zu verwenden, die gegen die guten Sitten verstößt, insbesondere mit der Firma unlautere Reklame zu treiben.“ (RG. in GRUR. 1920, 63, in MuW. 26, 146.) Firmenbezeichnung ist als „Angabe“ anzusehen, mithin ist ein im Firmennamen verwendetes Wort „Garantie“ unerlaubt, da man darin eine besondere Ausgestaltung der Sicherung erblicke (RG. in MuW. 26, 145). Unzulässig ist die unrichtige Benennung als Generalvertreter, als Treuhandgesellschaft (für eine bloße Baufirma), als Verein (für eine G. m. b. H., wenn nicht ein Verein der Inhaber ist), OLGR. 25, 345; 30, 297; 25, 355. Dagegen darf sich ein Bücherrevisor, der Treuhandgeschäfte wirklich betreibt, folgerichtig „Treuhänder“ nennen; daß er subjektiv dazu qualifiziert sei, kann nicht als Rechtsgrund der objektiv richtigen Benennung gefordert werden (RGZ. 99, 23). „Eigene Kellereien“, wenn nicht vorhanden (Heyn in Konfektionär 1927 Nr. 50); „Eigene Anfertigung“ nicht zu beanstanden, wenn neben Fertigwaren ein ganz beträchtlicher Bruchteil selbstangefertigte Waren sind (RG. in MuW. 1931, 203); Vortäuschung von Gemeinnützigkeit (RG. in MuW. 21, 98); „Alleinvertreter“: RG. in LZ. 1907, 224; unrichtige Bezeichnung einer Zeitschrift als „amtliches Organ“ oder als „städtischer Anzeiger“ (RGZ. 88, 306); Alter der Firma, Zurechnung der Besitzzeit früherer Firmeninhaber (RG. in HRR. d. JR. 1931, 349); Zählung der Jahrgänge einer Zeitschrift s. oben Anm. 2.

10. **Beschaffenheit der Waren.** Beschaffenheit (vgl. Warenzeichengesetz §§ 4, 13, wo derselbe Ausdruck vorkommt) drückt die äußeren und inneren, körperlichen und unkörperlichen Eigenschaften der Ware oder der Leistung aus (vgl. § 2), die bei Würdigung ihrer Brauchbarkeit in Betracht kommen (RGSt. 33, 442), namentlich auch die Her-

stellungsart und Zusammensetzung der Ware. Unrichtige Angaben über die Beschaffenheit liegen z. B. vor, wenn als wollene Stoffe halbwollene, als seidene halbseidene, als goldene golddoublierte oder -plattierte Waren bezeichnet werden. Bemberg-Seide, Agfa-Seide usw. wurde, weil es sich um Kunstseide handelt, vom RG. als irreführende und daher unzulässige Angabe bezeichnet (RGZ. 128, 264), während KG. entgegengesetzt entschieden hatte. Auch für „Waschseide" gilt das (Gutachten der Handelskammer München). Beschaffenheitsangaben, die genau zutreffen müssen, wenn ihre Verwendung nicht unlauterer Wettbewerb sein soll, sind ferner: „Leinen garantiert vierfach" (RGZ 58, 281); „reinseiden" (RGSt. 70, 439); „Fabrikarbeit und Handarbeit" (RG. in MuW. 10, 163); „chemisch rein" (RG. in MuW. 10, 217); „schmerzlose Zahnbehandlung" (RG. in MuW. 15, 24); „mottensicher", wenn dies nur bei sorgfältiger Reinigung zutrifft (RG. in MuW. 15, 25); „patentiert" (Patentberühmung § 40 PatGes.), wenn nur ein Teil (aber nicht der wesentlichste Teil) patentiert ist (RGZ. 84, 195); „unbegrenzt haltbar", „wirklich lagerbeständig", weil es diese Eigenschaften für die betreffende Ware nicht gibt (RG. II 418/1928 vom 22. Januar 1929); limonadenartiges Getränk aus Apfelwein und Hopfen als „Volksbräu" (RGZ. 92, 380); „Rahma buttergleich" für eine Margarine mußte in „Rama butterfein" geändert werden.

Auch die Bezeichnung tatsächlich minderwertiger Ware als „Primaware" oder ähnlich ist unzulässig. Auch die auf Verkehrssitte beruhende Ausstattung für bestimmte Qualitäten (z. B. sternförmige Wickelung von Leinengarn, LG. Dresden in GRUR. 1925, 161, wenn für Baumwollgarn gebraucht) ist als irreführende Beschaffenheitsangabe zu werten. Es können mit § 3 UWG. Vorspiegelungen getroffen werden, die wegen mangelnder Vermögensschädigung den Tatbestand des Betruges nach § 263 StGB. nicht erfüllen.

In Angaben über schlechte Beschaffenheit der Ware eines Konkurrenten kann indirekt die Angabe über die Beschaffenheit der eigenen Ware liegen (RG. in JW. 1901, 211 und in MuW. 10, 219).

Auch auf öffentliche Ankündigungen der Übernahme von Krankheitsheilungen und der Befähigung zu solchen seitens der Kurpfuscher ist der § 3 anzuwenden, falls tatsächlich eine solche Befähigung dem Täter abgeht. (Über Doctor of dental surgery, dental surgeon, Dr. chir. dent., in Amerika approbierter Zahnarzt vgl. RG. in JW. 1904, 343 und 1907, 846, RG. in DJZ. 1911, 705; über die Bezeichnung „Spezialarzt" RG. in JW. 1908, 249; über geprüfter Zahntechniker RG. in JW. 1907, 86). Zur Stellung von Anträgen gegen Kurpfuscher sind die Ärztekammern in Preußen auf Grund der Verordnung vom 27. Mai 1887 (GS. S. 169) berechtigt, denn sie haben die Eigenschaft eines Verbandes im Sinne des Gesetzes § 13 (vgl. RGSt. 35, 268). Benennung des Leiters eines Heilinstituts als Dr., der nicht Dr. med. ist, wird als Irreführung angesehen (RG. in MuW. 20, 22). Ähnlich RG. in MuW. 15, 126. Die Bezeichnung „Steueranwalt" (ähnlich: Handelsanwalt, Praxisanwalt, s. MuW. 26, 222) für einen nicht dem Rechtsanwaltstande angehörigen Berater ist ebenfalls Irreführung über die Beschaffenheit der Leistung (RG. in JW. 1922, 33).

11. **Ursprung.** Dies ist neu in das Gesetz von 1909 hereingekommen. Es soll Tier- und Pflanzenzüchtern erhöhter Schutz gewährt werden. Auch Herkunftbezeichnung kann darunter verstanden werden; hierüber s. § 5 Anm. 3. Hierher gehören insbesondere die Verwendung von Ortsnamen (Emser Pastillen), Auslandsherkunft (Schweizer Schokolade), berühmte Firmen (Dekor Meißen, RG. in JW. 1926, 1985). Für Weinbenennungen s. § 5.

12. **Herstellungsart.** Herstellungsart verweist auf die Unterschiede bei der Gewinnung, Ver- und Bearbeitung der Rohstoffe zu Waren, ob sie mittels Handarbeit oder in Fabrik (RG. in JW. 1908, 602), ob mit oder ohne Maschinen, ob in freien Werkstätten oder in Strafanstalten hergestellt oder ob sie als Natur- oder Kunstprodukt anzusehen sind (RG. in JW. 1904, 479). Vgl. auch oben Anm. 9 (geschäftliche Verhältnisse).

13. **Preisbemessung** ist die Festsetzung des Wertes, welchen die Ware für den Käufer haben soll (RGSt. 1, 266).

Der Wert der Ware kann ein subjektiv relativer oder ein objektiv absoluter sein, sofern auf die Neigungen, Wünsche und Bedürfnisse des Käufers Rücksicht genommen wird oder nicht. Die Preisbemessung unterliegt lediglich dem freien Ermessen des Verkäufers, sie fällt aber in den Bereich des UW., sofern sie einen Irrtum über den sonst üblichen höheren Preis der Ware hervorruft (RGSt. 37, 266), also wenn z. B. Waren mit niedrigeren Preisen angeboten oder ausgelegt als später verkauft werden (RG. in JW. 1905, 507). Über „reeller Wert" vgl. RGSt. 37, 267 und in JW. 1903, 147. Über „Selbstkostenpreis" RG. in JW. 1916, 273: bei Selbstkostenpreis ist nur der Einschluß *spezieller* Geschäftsunkosten (Fracht, Zoll u. dgl.), aber *nicht* ein Anteil an *Generalunkosten* zu verstehen; dies müßte ausdrücklich erwähnt werden, um nicht „unrichtige Angabe" zu sein. Kontroverse zwischen KG. und RG. darüber, ob die Gesellschafter einer G. m. b. H. schon vorher einen Privatgewinn gemacht haben dürfen und dann die G. m. b. H. doch noch von Selbstkostenpreis sprechen darf. Die Ankündigung eines Verkaufs zu *Fabrikpreisen* erfordert Einhaltung der Preise der Fabrik, zu denen diese ans Publikum verkauft; verkauft die Fabrik überhaupt nicht ans Publikum und nimmt der Ankündigende zu dem Original-Wiederverkäuferpreis der Fabrik einen Aufschlag, so ist die Ankündigung irreführend und mithin unlauter (RG. in JW. 1914, 200; s. auch JW. 1915, 805 und GRUR. 1914, 287; 1916, 191). Irreführung über Einkaufspreis durch spielhaftes Werbesystem RGSt. 61, 286.

Vgl. auch oben Anm. 4 (Vergleichung von Preisen nicht hinreichend vergleichbarer Qualitäten sowie Einkalkulierung einer Zugabe in den Preis). Über Zugaben s. das besondere Gesetz unten im Anhang A I.

Zu *unterscheiden* ist zwischen nur *marktschreierischen Angaben* — die sehr überhand genommen haben — („staunend" billige [!] Preise, „rücksichtloser Preisabbau", „Kaufen heißt sparen" und derlei Blüten der Sprache und der Anreißerei, denen der ernste Käufer wohl kaum mehr eine Bedeutung beimißt) und andererseits *wirklichen An-*

gaben, wie „Ausnahmetage“, Herabsetzung bis zu 50 %, unter Selbstkostenpreis. Dies muß, um kein Verstoß gegen § 3 (und 4) zu sein, genau der Wahrheit entsprechen; daneben kommt in Betracht, inwieweit Sonderveranstaltungen wie Ausnahmetage, drei billige Tage u. dgl. den Bestimmungen der §§ 6 ff. über Ausverkäufe usw. (s. unten S. 145 ff.) zuwiderlaufen. Wenn Schaufensterstücke nur Ausnahmestücke sind, so muß dies deutlich angegeben werden (SeuffArch. 61, 59) oder sich für den Durchschnittskäufer aus den Umständen klar ergeben; es liegt eine Schädigung darin, wenn z. B. ein Schuhhaus einen Schuh mit sehr niedrigem Preis ausstellt, den ein Konkurrent mit regulärem Preise ausgestellt hat, jener aber verschweigt, daß er nur Einzelpaare, etwa in Größe 35, hat, der andere aber jede Schuhgröße abgibt.

Preisermäßigung ist nur Wahrheit, wenn die vorherigen Preise nicht erhöht worden waren. Waren sie aus anderen Gründen vorher hoch, so spielt das allerdings keine Rolle. Wahrheitsgemäße Preisvergleichungen jetziger und früherer Preise sind erlaubt.

Über Anzeigen der „Gratis“-Lieferung von Waren ist im Zusammenhang bei der Behandlung der „Zugaben“ gehandelt (s. unten Anhang A I), obwohl es sich dabei nicht stets um „Zugaben“ (zu anderen Waren) handelt.

14. **Art des Bezuges** kann verschieden sein, je nachdem die Ware z. B. vom Fabrikanten oder Produzenten, mit eignen oder fremden Transportmitteln, zu Land oder zu Wasser (z. B. bei Tee), durch eigene direkte Verbindung mit dem Herstellungs- oder Herkunftsort, mit oder ohne Umladung usw. bezogen ist. Künstlich (betrügerisch) hergestellte, wenn auch tatsächlich erfolgte Zwangsversteigerung (HRR. 2, 68) bedeutet ebenfalls Unrichtigkeit der Angabe. Siehe namentlich auch Anm. 9.

15. **Bezugsquelle** bedeutet den rein geschäftlichen Hinweis auf die Herkunft der Ware (z. B. aus Havarie, Brand, Konkurs, Nachlaß infolge Umzugs, Wohnungs- oder Wohnortwechsels). Die Meinung der Begründung zum Gesetz von 1896, daß sich der Begriff Bezugsquelle nur auf Ursprungsangaben

nicht geographischen Charakters beziehe, ist von den maßgebenden Kommentatoren mit Recht abgelehnt worden. Bezugsquelle ist jede Art von Bezugsquelle, nähert sich begrifflich eng der „Ursprungsangabe", wie denn überhaupt die einzelnen im § 3 gebrauchten Worte nur Beispiele für die Möglichkeiten der Unrichtigkeit sind und keine ausschließliche oder erschöpfende Bedeutung in der Art einer festen Begrenzung haben; das entspricht auch der Generalklausel des § 3 „geschäftliche Verhältnisse". Über Herkunftbezeichnung und das Verhältnis zu § 16 WZG. s. unten § 5.

16. **Besitz von Auszeichnungen.** Unter Auszeichnungen sind nicht allein Orden und andere Ehrenzeichen, deren unbefugtes Tragen bereits nach § 300 Nr. 8 StGB. verboten ist, sondern namentlich die anläßlich gewerblicher Ausstellungen und Preisausschreibungen verliehenen Medaillen (RGZ. 63, 256) und Diplome sowie auch behördliche Belobigungs- und Anerkennungsschreiben zu verstehen. Für den Begriff Auszeichnung ist wesentlich, daß sie von zuständiger Seite nach wirklicher Prüfung als ernstgemeinte Anerkennung verliehen ist (RG. in JW. 1908, 603), daß sie nicht wieder entzogen ist (RG. 80, 293). Private Zeugnisse, Belobigungen, Besprechungen, Urteile fallen nicht unter den Begriff der „Auszeichnungen"; trotzdem ist ihre unwahrhaftige Verwendung, Änderung durch sinnentstellende Weglassungen oder dgl. ebenfalls nach § 3 (und 4) zu verfolgen (vgl. „geschäftliche Verhältnisse", Anm. 9, oder „Beschaffenheit", Anm. 10).

Über Ausstellungsschwindel vgl. RG. in JW. 1907, 317 und RGSt. 41, 161. Über „patentiert" vgl. § 40 PatGes. und OLG. Hamburg in MuW. 7, 145 sowie RGSt. 38, 244; 41, 81; 41, 163; 49, 230; RGZ. 84, 195. Über „gesetzlich geschützt" LG. Krefeld in MuW. 9, 66; über „gerichtlich vereidigter Bücherrevisor" RG. in DJZ. 1900, 302. Über Hoflieferantentitel RGZ. 80, 273; daß nach Wegfall der Höfe dieser Titel in Deutschland nicht mehr geführt werden dürfe, läßt sich nicht aus dieser RG.Entsch. entnehmen (a. A. Goldbaum), sondern ist nach allgemeinen Grundsätzen des Wettbewerbsrechts (Unrichtigkeit, Irreführung) und des Verfassungsrechts (Verbot der Titelführung ohne Amt) zu entscheiden. Daß ein Lieferer ausländischer Hofhaltungen (z. B. der niederländischen) sich auch in Deutschland Hoflieferant nennt, ist mit Mitteln des UWG. nicht zu beanstanden.

Die Angabe über den Besitz von Auszeichnungen kann einen Verstoß auch enthalten, wenn entweder der Betrieb oder der Inhalt des Geschäftes ein ganz anderer geworden ist, als er zur Zeit der Verleihung der Auszeichnung war. Der Wahrheitsgedanke, der dem Gesetz gegen den unlauteren Wettbewerb zugrunde liegt, würde sonst verletzt (Elster, Urheber- und Erfinder-, Warenzeichen und Wettbewerbsrecht S. 425 ff.). Im Falle des Besitzwechsels wird man demgemäß zu unterscheiden haben, ob die Auszeichnung mehr für die Leistungen der Person oder der Firma verliehen worden ist. Der Rechtsnachfolger einer juristischen Person darf die Auszeichnung auch bei Wechsel in der Person ihrer Vertreter oder Inhaber führen, sofern nur nicht ein Wechsel in dem Gegenstande des Geschäftsbetriebes eintritt (vgl. OLGR. 14, 149).

Auszeichnungen, Medaillen, Preise, Diplome u. dgl., die einem Erfinder oder Produzenten verliehen werden, können (RG. in GRUR. 1925, 16) nicht im Lizenzwege an Andere zur wettbewerblichen Benutzung überlassen werden, selbst wenn der Erfinder die gewerbliche Herstellung der betreffenden Erzeugnisse jenem Anderen überläßt. Nach RG. in GRUR. 1925, 16 ist gleichgültig, ob der Kläger die Apparate als Angestellter der Beklagten erfunden und ob diese die Kosten der Patentierung getragen, die Ausstellungen beschickt und die Apparate gewerblich verwertet habe; dadurch, daß die Firma die Auszeichnungen auf ihren Geschäftsformularen führe, verstoße sie gegen § 3 UWG. RG. sagt zwar, „daß dem Kläger Wettbewerbsansprüche auf Grund der §§ 3 und 13 des genannten Gesetzes nur dann zustehen würden, wenn er den Nachweis führen könnte, daß er einen entsprechenden Gewerbebetrieb führt", hat aber in dem wesentlichen Teil, nämlich in der Frage der Benutzung der Medaillen auf Briefbogen und

Ankündigungen, ebenfalls gegen die Firma und für den persönlichen Erfinder entschieden. („Diese Verleihungen schufen ein rein persönliches Recht des Klägers.")

17. **Anlaß oder Zweck des Verkaufs** bilden die äußere Ursache oder den inneren Grund der Veräußerung. Der Anlaß kann ebenso verschieden sein wie der vermeintliche Zweck, wenn wegen Aufgabe, Verlegung oder Änderung des Geschäfts und der Geschäftsräume oder wegen Konkurses, Brand- und anderen Schadens oder wegen Todesfalles, erbteilungshalber, umzugshalber zu einem verhältnismäßig niedrigen Preise Waren (schleunigst) verkauft werden sollen. Vgl. hierzu auch RGSt. 33, 441. Über „Gelegenheitskauf", „Verkauf Umstände halber", „Verkauf unter dem Preis" RG. in MuW. 11, 7 und LG. Barmen in MuW. 10, 258. S. weiteres darüber unten §§ 6 ff. (S. 145 ff.).

18. **Menge der Vorräte.** Getroffen werden soll einerseits die zu niedrige Vorratsangabe („nur noch Reste", „Eile nötig", obschon das Lager voll ist) und andererseits die zu hohe Vorratsangabe („um zu räumen", obschon das Lager klein ist und erst nachbezogen werden müßte). Liegt jedoch im letzteren Fall eine feste Abmachung mit einem Lieferer vor, jedes Quantum sofort nachzuliefern, so kann dies in die Vorratsangabe mit aufgenommen werden, denn auf die rechtliche Verfügungsmöglichkeit über den Vorrat kommt es mehr an als auf den Lagerort. „Solange der Vorrat reicht" ist zumeist eine neutrale, unanfechtbare Angabe. Das Nachschubverbot des § 8 gilt dafür nur, wenn jene Angabe einen Ausverkauf bedeutet. Das ist Tatfrage.

V. Rechtsfolgen.

19. **Klage auf Unterlassung und Schadenersatz.** Für Verstöße gegen § 3 (also bei nicht absichtlicher Unlauterkeit und nicht wissentlich unwahren Angaben) ist die Inanspruchnahme nur eine zivilrechtliche und kann sowohl auf Unterlassung der unrichtigen Angaben (über Unterlassungsklage vgl. § 13) als auch auf Ersatz des verursachten Schadens (§ 13 Abs. 2) gerichtet werden. Schadenersatzklage ist aber nur dann gegeben, wenn der, der die Angaben gemacht hat, die

Unrichtigkeit kannte oder kennen mußte. Die erste Klage ist also eine viel weiter gehende und hat zu ihrer Voraussetzung nur die Tatsache der Aufstellung unrichtiger Angaben seitens des später Beklagten, gleichgültig ob der Chef oder sonst jemand die Angabe gemacht hat (s. § 13 Abs. 3); ob dieser wissentlich oder unbewußt, vorsätzlich oder unabsichtlich gehandelt hat, ist gleichgültig. Es genügt zum Tatbestande der Klage, daß der Beklagte unrichtige geschäftliche, den Anschein eines besonders günstigen Angebots möglicherweise erweckende Angaben über eine Ware usw. gemacht hat, und Verschulden ist nicht nötig (RGZ. 46, 51). Näheres s. § 13.

Lit. zu §§ 3 u. 4: Wolff-Crisolli, Recht der Reklame, Berlin 1929, insbes. S. 236 f.

§ 4.

Wer in der Absicht, den Anschein eines besonders günstigen Angebots hervorzurufen, in öffentlichen Bekanntmachungen oder in Mitteilungen, die für einen größeren Kreis von Personen bestimmt sind, über geschäftliche Verhältnisse, insbesondere über die Beschaffenheit, den Ursprung, die Herstellungsart oder die Preisbemessung von Waren oder gewerblichen Leistungen, über die Art des Bezugs oder die Bezugsquelle von Waren, über den Besitz von Auszeichnungen, über den Anlaß oder den Zweck des Verkaufs oder über die Menge der Vorräte wissentlich unwahre und zur Irreführung geeignete Angaben macht, wird mit Gefängnis bis zu einem Jahre und mit Geldstrafe*) oder mit einer dieser Strafen bestraft.

*) Die Höhe der Geldstrafe richtet sich nach Vo. vom 6. Februar 1924 (RGBl. I 44). Dies gilt auch für §§ 6, 8, 10, 11, 12, 15, 17, 18, 20. Siehe unten Anhang C.

Werden die im Abs. 1 bezeichneten unrichtigen Angaben in einem geschäftlichen Betriebe von einem Angestellten oder Beauftragten gemacht, so ist der Inhaber oder Leiter des Betriebs neben dem Angestellten oder Beauftragten strafbar, wenn die Handlung mit seinem Wissen geschah.

1. Verhältnis des § 4 zum § 3.
2. Absicht des unlauteren Wettbewerbs.
3. Wissentlichkeit der falschen Angaben.
4. Rechtsfolgen.
5. Angestellter und Beauftragter.

1. **Verhältnis des § 4 zum § 3.** § 4 unterscheidet sich von § 3 nur durch das Tatbestandsmerkmal der absichtlichen Irreführung durch wissentlich unwahre Angaben und mithin die diesem dolus entsprechende strafrechtliche Folge. Wer sich auf den § 4, diese Verstärkung des § 3, stützen will, kann also Anzeige bei der Staatsanwaltschaft (die bei Vorliegen eines öffentlichen Interesses öffentliche Anklage erheben soll) und strafrechtliche Privatklage erheben. Für den Kläger in der Privatklage empfiehlt sich aber Vorsicht mit der Benutzung des § 4, wenn er sich des (oft schwer nachweisbaren) dolus des Gegners nicht ganz sicher ist; denn dann läuft er Gefahr, bezüglich der Berufung auf § 4 abgewiesen und u. U. in einen Teil der Kosten verurteilt zu werden, während eine Klage aus § 3, die den dolus des Gegners nicht zur Voraussetzung hat, ihm vollen Erfolg hätte bringen können.

Die sachlichen Voraussetzungen sind also die gleichen wie die des § 3, so daß auf diesen und dessen Anm. 1—19 verwiesen werden muß; nur die persönlichen Voraussetzungen sind andere.

2. Die **Absicht des unlauteren Wettbewerbs** muß auch als vorliegend angenommen werden, wenn der Anpreisende eine Irreführung des Publikums nur für möglich hält, die Hervorrufung des Anscheins eines besonders günstigen Angebots also für gegeben hält (vgl. Rosenthal Note 14 zu § 4).

Nach RG. (GRUR. 1914, 285) braucht die Ankündigung nicht einmal objektiv zur Hervorrufung des zu günstigen Anscheins geeignet zu sein. Hier sind schwierige Fragen über die Beziehung dieser Absicht des unlauteren Wettbewerbs zu dem Bewußtsein der Eignung zur Irreführung zu lösen. Rosenthal (vgl. auch seine Note 3 und 10 zu § 4) und das RG. (z. B. RGSt. 33, 299; 40, 442 und in MuW. 11, 473) gehen von drei Tatbestandsmerkmalen aus: 1. Absicht der Erweckung des „Anscheins", 2. wissentlich unwahre Angaben, 3. wissentlich zur Irreführung geeignete Angaben, wobei häufig aus einem der drei Merkmale auf das Vorhandensein des anderen zu schließen ist. „Hatte der Angeklagte nicht nur die Vorstellung, daß seine Angabe geeignet sei, einen Irrtum über das Bestehen eines Patentschutzes zu erregen, sondern auch die fernere Vorstellung, daß infolge des Irrtums das angebotene Mittel für besonders gut werde gehalten werden, so kann daraus seine Absicht, den Anschein eines besonders günstigen Angebots zu erwecken, gefolgert werden." Zu fragen aber bleibt doch, ob nicht die Absicht der Erweckung eines besonders günstigen Anscheins (da ja Anschein der Gegensatz von Wirklichkeit ist) identisch ist mit wissentlicher Eignung zur Irreführung (was auch dem § 3 besser entsprechen würde, so Pinner-Eyck S. 49) und ob nicht mithin das „wissentlich" sich nur auf „unwahre Angaben", nicht zugleich auch auf die Eignung zur Irreführung bezieht, die dann nur als objektives Tatbestandsmerkmal hinzukäme (s. unten Anm. 3). Die schärfere Auffassung scheint mir die richtigere. Durchaus berechtigt auch die Ansicht des RG. (RGSt. 66, 145 und dort zitierte Entsch.), daß ein durch eine Druckschrift begangener Verstoß gegen § 4 UWG. vorliegt, auch wenn nicht alle Tatbestandsmerkmale aus der Druckschrift selbst zu ersehen sind: „Eine Druckschrift „strafbaren Inhalts" liegt also schon dann vor, wenn die Druckschrift die in dem jeweils maßgebenden Tatbestande erforderte Erklärung enthält und außerhalb ihrer diejenigen Umstände gegeben sind, von denen die Strafbarkeit der Erklärung nach dem in Betracht kommenden Tatbestande sonst noch abhängt. Daraus folgt für den Tatbestand des § 4 UWG., daß die Druckschrift lediglich die unwahren, zur Irreführung geeigneten Angaben über geschäftliche Verhältnisse zu enthalten braucht, wenn sie nur in der Absicht, den Anschein eines besonders günstigen Angebotes hervorzurufen, verbreitet wird, daß aber weder diese Absicht noch auch die Unwahrheit und das Irreführende der Angaben aus der Druckschrift selbst ersichtlich zu sein brauchen." Diese Auffassung des RG. entspricht durchaus dem materiellen Moment der Wahrhaftigkeit.

Über das Vorliegen der Absicht zur Tat entscheiden strafrechtliche Grundsätze. Das Bewußtsein der Rechtswidrigkeit ist nicht erforderlich, nur das Bewußtsein des (unlauteren) Tatbestandes, den der Täter herbeizuführen beabsichtigt, der Vorsatz als das Wissen und Wollen sämtlicher Deliktsmerkmale.

Also Fahrlässigkeit genügt nicht. Nicht nötig zur Strafbarkeit ist es aber, daß der Wille des Täters auf die Täuschung des ganzen Publikums in seiner völligen Unbegrenztheit geht (RGSt. 40, 439).

3. **Wissentlichkeit der falschen Angabe** bedeutet „wider besseres Wissen". Jedes Wissen von Unwahrheit genügt. Auch auf öffentliche Ankündigung der Übernahme von Krankheitsheilungen und der Befähigung zu solchen ist der § 4 des Gesetzes anwendbar, falls tatsächlich eine solche Befähigung (wie zumeist bei Kurpfuschern) dem Täter abgeht (RGSt. 35, 268). Daß der Täter aber außer dem Wissen von der Unrichtigkeit der Angabe auch noch das Wissen von ihrer Eignung zur Irreführung haben müsse, scheint ein unrichtiges Merkmal des strafbaren Tatbestandes. Hat der Täter wissentlich eine unrichtige Angabe gemacht in der Absicht, den Anschein eines besonders günstigen Angebots hervorzurufen (z. B. „reine Seide"), so ist es schon durch diese Absicht selbstverständlich (und mithin als neues Tatbestandsmerkmal überflüssig!), daß er die unwahre Angabe als zur Irreführung geeignet hält. Der Wortlaut des Gesetzes hat nur dann einen Sinn, wenn die Angabe objektiv zur Irreführung geeignet ist. Darauf allein kann es strafrechtlich ankommen, sonst wäre es die Bestrafung eines Versuchs mit absolut untauglichen Mitteln und widerspräche

auch den Grundsätzen des § 3. Ob die Irreführung erreicht, die falsche Vorstellung wirklich erweckt wird, bleibt sich gleich, objektive Eignung dazu genügt.

4. **Rechtsfolgen.** Strafverfolgung der Verstöße gegen § 4 trat früher nur auf Antrag ein, das ist durch die Fassung des Gesetzes vom 21. März 1925 (RGBl. II 115) geändert (s. § 22). Auf eine Eingabe (des Industrie- und Handelskammerverbandes Niedersachsen-Kassel) ist im Jahre 1927 der Bescheid des Preußischen Justizministers ergangen, daß die Beamten der Staatsanwaltschaft bereits mehrfach angewiesen worden seien, daß eine Strafverfolgung nach § 4 UWG. regelmäßig dann im öffentlichen Interesse zu erfolgen habe, wenn Auswüchse des Ausverkaufswesens (vgl. §§ 6 ff.) in Frage kämen. Aber auch in anderen Fällen des unlauteren Wettbewerbs werde ein öffentliches Interesse an der Strafverfolgung im allgemeinen nur dann verneint werden dürfen, wenn die Ausschreitung leichterer Art sei und zugleich nur das Interesse eines engbegrenzten Personenkreises berühre. Die Bekämpfung geschäftlicher Mißbräuche, an deren grundsätzlicher Unterdrückung ganze Gewerbezweige ein begründetes Interesse hätten, werde dagegen auch dann im öffentlichen Interesse durch die Staatsanwaltschaft zu bewirken sein, wenn die im Einzelfall eingetretene Schädigung eine geringfügige sei (vgl. Vfg. des Preußischen Justizministers vom 16. August 1927, zitiert unten bei § 22).

Über Privatklage und staatsanwaltliche Einschreitung vgl. § 22.

Ob eine fortgesetzte Handlung oder mehrere Einzelhandlungen vorliegen, hängt von der Einheitlichkeit des Entschlusses ab (RGSt. 36, 44; 47, 201).

Was die Strafe betrifft, so war im früheren Gesetz nur Geldstrafe und nur im Wiederholungsfalle Gefängnis angedroht. Jetzt ist auch schon bei der ersten Verfehlung eine Freiheitsstrafe angedroht. Vgl. für die Geldstrafe die Fußnote oben S. 133 und den Anhang C.

Die Verurteilung kann bekanntgemacht werden, gleichgültig auf welche Strafart erkannt ist. Vgl. Näheres hierüber § 23.

Zur Privatklage auf Bestrafung und Unterlassungsklage sind nach § 22 der Verletzte sowie die Interessenverbände berechtigt (s. §§ 13 und 22).

5. **Angestellter und Beauftragter.** Der Inhaber oder Leiter ist für unlautere Wettbewerbshandlungen seiner Angestellten haftbar, d. h. der strafrechtlich verantwortlich gemachte Alleininhaber oder Besitzer von Geschäften und die verantwortlichen Leiter (Direktoren von Aktiengesellschaften, Geschäftsführer der G. m. b. H. usw.); die Haftung ist jedoch darauf beschränkt, daß der Inhaber oder Leiter von der Handlung der Beauftragten oder Angestellten gewußt hat (RGSt. 46, 275), außer wenn er es zwar gewußt hat und hindern wollte, aber nicht hindern konnte (Rosenthal Note 28 zu § 4), wohl aber wenn er es wußte und aus Fahrlässigkeit nicht verhinderte.

Die Bestimmung ist dem § 151 der Gewerbeordnung nachgebildet (Lit. Weiß in MuW. 10, 46).

Verjährung tritt in fünf Jahren ein (§ 67 StGB.).

Über zivilrechtliche Haftung s. § 13 Abs. 3; über Bestrafung und Verjährung von Preßdelikten (Zeitungsreklame u. dgl.) Preßgesetz §§ 20 ff.

§ 5.

Die Verwendung von Namen, die im geschäftlichen Verkehre zur Benennung gewisser Waren oder gewerblicher Leistungen dienen, ohne deren Herkunft bezeichnen zu sollen, fällt nicht unter die Vorschriften der §§ 3, 4.

Im Sinne der Vorschriften der §§ 3, 4 sind den dort bezeichneten Angaben bildliche Darstellungen und sonstige Veranstaltungen gleichzuachten, die darauf berechnet und geeignet sind, solche Angaben zu ersetzen.

I. **Inhalt des § 5.**

1. Entstehung und Bedeutung des § 5.
2. Bildliche Darstellungen und sonstige Veranstaltungen.

II. Das Problem der Herkunftbezeichnungen.
3. Herkunftbezeichnung gegen Gattungsnamen.
4. Bier- und Weinnamen insbesondere.

I. Inhalt des § 5.

1. **Entstehung und Bedeutung des § 5.** Der § 5 enthält eine Ergänzung zu §§ 3 und 4, und zwar in Abs. 1 eine Ausnahme, in Abs. 2 eine Gleichstellung. Die Ausnahme bezieht sich auf das Problem der Gattungsnamen, das mit den Herkunftbezeichnungen oftmals in Widerspruch gerät (s. unten Anm. 3 ff.). Beide Ergänzungsbestimmungen, die einschränkende wie die ausdehnende, sind in ihrer Tragweite lediglich und völlig aus dem Sinn der §§ 3 und 4 zu beurteilen. Die Gleichstellung der bildlichen Darstellungen mit Angaben ist auf die strafrechtliche Vorschrift des § 4 ausgedehnt. Die „gewerblichen Leistungen" bedeuten Angleichung an §§ 2, 3 und 4; auch bei ihnen ist eine Umwandlung von Herkunftsbezeichnung in Gattungsnamen (s. unten Anm. 3 ff.) möglich.

2. **Bildliche Darstellungen und sonstige Veranstaltungen.** Die Gleichstellung von bildlichen Darstellungen, da sie, was sehr nahe liegt, Angaben enthalten können, mit wörtlichen Angaben ist logisch richtig und entspricht der auch sonst im gewerblichen Rechtsschutz (Film, Warenzeichenrecht) sich durchsetzenden Gleichstellung von Bild und Wort (s. auch § 3 Anm. 5 und 7). Gerade auf diesem Wege hat das Publikum weit mehr als bisher Bilder zu deuten gelernt und in ihnen wettbewerbliche Aussagen finden können. Der Relativsatz „die darauf berechnet und geeignet sind, solche (d. h. wörtliche) Angaben zu ersetzen" bezieht sich auf Bilder und „sonstige Veranstaltungen"; auch bei Bildern handelt es sich natürlich nur um solche, bei denen die Voraussetzungen der §§ 3 und 4 zutreffen, d. h. die als Ersatz wörtlicher Angaben unwahr und zur Hervorrufung des Anscheins eines besonders günstigen Angebots geeignet sind. Freilich wird sich dies bei Bildern oftmals schwerer nachweisen lassen als bei wörtlichen Angaben; verhältnismäßig leicht noch bei graphischen Darstellungen (Größenangaben, Vergleiche).

Veranstaltungen sind „in die äußere Erscheinung tretende Kundgebungen" (RG. in JW. 1901, 255). Hierunter kann auch die Aufnahme von Inseraten aus fremden Zeitungen („Füllinserate") fallen (RG. in JW. 1901, 255 und RGZ. 73, 267; RGSt. 46, 427 sowie Boenigk in GRUR. 1910, 114). Besondere Heraushebung und Druckausstattung, durch die eine Angabe irreführend wird, gehört ebenfalls hierher (RGSt. 47, 203; 50, 15; JW. 1914, 768) (s. auch oben § 3 Anm. 2). Über „Veranstaltungen" als Sonderverkäufe s. unten S. 177 ff. Bei Veranstaltungen ist auch für die zivilrechtliche Verfolgung (§ 3) sowohl nötig, daß sie täuschende Angaben ersetzen, wie daß sie zu Zwecken des Wettbewerbs vorgenommen und zur Erweckung des Anscheins eines besonders günstigen Angebots geeignet sind. Soll § 4 auf sie Anwendung finden, so muß die Absicht der Täuschung und das Wissen von der Unwahrheit hinzugetreten sein.

II. Das Problem der Herkunftbezeichnungen.

3. Herkunftbezeichnung gegen Gattungsnamen. Über Herkunftbezeichnungen vgl. Finger in MuW. 7, 201; 17, 74; Niebour ebd. 19, 20; Wassermann ebd. 19, 55, 79, 99; Sontag in GRUR. 1931, 114 und namentlich die Kommentare zum WZG. (§ 16). Die Schwierigkeit der hier auftauchenden Probleme, die eine lange Geschichte in der Judikatur haben, liegt darin, daß Herkunftbezeichnung meist zugleich eine Beschaffenheits- oder Gattungskennzeichnung ist und diese Begriffe ineinander übergehen, auch oft durch die zeitliche Entwicklung sich ändern. Gattungsbezeichnungen (nicht mehr Herkunftbezeichnungen) sind: Teltower Rüben, Wiener Schnitzel, Kölnisches Wasser, Berliner Blau, Kasseler Rippespeer, Thorner Honigkuchen, Nordhäuser Korn, Liberty (RGZ. 69, 311), Liebig (RGZ. 40, 61); aber nicht mehr Gattungsname bei näherer Bezeichnung wie „echt" u. dgl. Weitere Beispiele bei Rosenthal Komm. Note 8 zu § 5, Hagens WZG. zu § 16. Keine Gattungs-, sondern Herkunftbezeichnung ist alles, was nicht vom Verkehr als Gattungsbezeichnung angesehen wird: also z. B. Braunschweiger Wurst, Gervais, Emser Pastillen, ägyptische Zigaretten usw. usw. Es hat wenig Zweck, hier weitere Beispiele dafür anzuführen, weil es sich hier um eine Regel, keine Ausnahmen, handelt und um einen Zug der Auffassung, der sich vermutlich immer mehr im Sinne der strengeren Auffassung der Wahrheit (so auch Hagens a. a. O. Note 9) durchsetzen wird. Jedenfalls ist jedem Gewerbtreibenden zu raten, unrichtige geographische Bezeichnungen zu vermeiden und im Zweifel den geographischen Namen als Herkunft-, nicht als Gattungsbezeichnung anzusehen. Daß etwa nur „nach Art" eines geographisch bekannten Erzeugnisses hergestellt wird, berechtigt noch nicht zur Übernahme der Bezeichnung des ursprünglichen Herstellungsortes in wettbewerblicher und irreführender Weise (vgl. für das Gegenteil RGZ. 134, 38). Auch hier bleibt grundsätzlich das Prioritätsrecht maßgebend, das nicht ohne zwingenden Grund depossediert werden darf (s. auch unten UWG. § 16). Auch Nummern können zur Herkunftbezeichnung werden (OLG. Hamburg in HRR. 1928, 2128).

4. **Bier- und Weinnamen insbesondere.** Namentlich bei Bier-, Wein- und Tabaksorten ist das in Anm. 3 Gesagte akut geworden. Die Pilsener- (und Münchener-) Bier-Frage hat die Gerichte vielfach beschäftigt. Das Reichsgericht hat „Pilsener" zur Gattungsbezeichnung werden lassen, wenn eine deutliche andere örtliche Herkunftbezeichnung hinzugesetzt ist (Radeberger, Lindener, Berliner Pilsener; Bautzener Münchener). Auch dies konnte seinerzeit bedenklich erscheinen, da auf diesem Wege ein Präjudizium für die Verwässerung von Herkunftbezeichnungen und für ein Spiel mit Ortsangaben geschaffen wird. Vgl. RGZ. 79, 250; 99, 135; 100, 182; RG. in JW. 1914, 203, 708, 768; in MuW. 12, 406; 13, 266; 14, 226, 257; 23, 152; in GRUR. 1914, 82; 1915, 98 und zusammenfassend kritisch Dunkhase in MuW. 15, 115, Finger in MuW. 17, 74, Wassermann ebd. 19, 62, 79, Osterrieth in GRUR. 1915, 57, Herzog, Recht der Bierbezeichnung, 1931, Froese in GRUR. 1927, 441, Sontag in GRUR. 1931, 696, Gellner in MuW. 1931, 421, Rosenthal Komm.

Note 6 zu § 5. Gegen die Ansicht des RG. hat sich fast das gesamte Schrifttum ausgesprochen. Da aber nun einmal seit Jahrzehnten diese Rechtsprechung gilt und die Entwicklung des Verkehrs darauf hat Rücksicht nehmen müssen, so ist die Bezeichnung „Pilsener“ oder „Münchener“ Bier zu einer Beschaffenheitsangabe und zu einem Gattungsname geworden. Der Bierkonsument hat schärfer unterscheiden gelernt und eine zwanzigjährige Entwicklung kann nicht wieder rückgängig gemacht werden (so namentlich auch Sontag a. a. O.). „Pilsator“, „nach Pilsener Art“, „Radeberger Pilsener“ u. dgl. m. ist also erlaubte Bezeichnung. Siehe auch § 16 Anm. 9.

Für Wein, Sekt und Weinbrand ist jetzt maßgebend das

Weingesetz

vom 25. Juli 1930 (RGBl. I 356) mit AusfVo. vom 29. August 1930 (RGBl. I 446). Daraus sind folgende Stellen besonders wichtig:

§ 5.

(1) Es ist verboten, Wein unter einer irreführenden Bezeichnung, Angabe oder Aufmachung anzubieten, zum Verkaufe vorrätig zu halten, feilzuhalten, zu verkaufen oder sonst in den Verkehr zu bringen.

(2) Gezuckerter Wein darf nicht mit einer Bezeichnung, Angabe oder Aufmachung versehen sein, die auf Reinheit des Weines oder auf besondere Sorgfalt bei der Gewinnung der Trauben deutet; solche Weine dürfen insbesondere nicht als naturrein, Wachstum, Gewächs oder Kreszenz, allein oder in Verbindung mit dem Namen eines bestimmten Weinbergsbesitzers oder Weinguts, bezeichnet werden.

(4) Wer Wein gewerbsmäßig in Verkehr bringt, ist verpflichtet, dem Abnehmer auf Verlangen vor der Übergabe mitzuteilen, ob der Wein gezuckert, verschnitten, vor vollendeter Gärung entkeimt oder mit entkeimtem Traubenmost versetzt worden ist, und sich beim Erwerbe von Wein die zur Erteilung dieser Auskunft erforderliche Kenntnis zu sichern.

(5) Das Nähere regeln die Ausführungsbestimmungen; sie können insbesondere bestimmen, welche Bezeichnungen, Angaben oder Aufmachungen nach Abs. 1 bis 3 verboten oder zulässig sind.

§ 6.

(1) Im gewerbsmäßigen Verkehre mit Wein dürfen geographische Bezeichnungen nur zur Kennzeichnung der Herkunft verwendet werden.

(2) Die Vorschriften des § 16 Abs. 2 des Gesetzes zum Schutze der Warenbezeichnungen vom 12. Mai 1894 (Reichsgesetzbl. S. 441) in der Fassung vom 7. Dezember 1923 (Reichsgesetzbl. II S. 445) und des § 5 Abs. 1 des Gesetzes gegen den unlauteren Wettbewerb vom 7. Juni 1909 (Reichsgesetzbl. S. 499) finden auf die Benennung von Wein keine Anwendung. Es ist jedoch gestattet, die Namen einzelner Gemarkungen oder Weinbergslagen, die mehr als einer Gemarkung angehören, zu benutzen, um gleichartige und gleichwertige Erzeugnisse benachbarter oder nahegelegener Gemarkungen oder Lagen zu bezeichnen. Die Ausführungsbestimmungen haben nähere Anordnungen darüber zu treffen, inwieweit Gemarkungen als nahegelegen oder benachbart im Sinne dieser Vorschrift anzusehen sind.

§ 7.

(1) Ein Verschnitt aus Erzeugnissen verschiedener Herkunft darf nur dann nach einem der Anteile allein benannt werden, wenn dieser mindestens zwei Drittel der Gesamtmenge beträgt und die Art bestimmt; dabei finden die Vorschriften des § 6 Abs. 2 Satz 2 Anwendung. Die Angabe einer Weinbergslage ist jedoch nur dann zulässig, wenn der aus der betreffenden Lage stammende Anteil nicht gezuckert ist.

(2) Ein Verschnitt darf nicht als Wachstum, Gewächs oder Kreszenz, allein oder in Verbindung mit dem Namen eines bestimmten Weinbergsbesitzers oder Weinguts, bezeichnet werden.

§ 17.

(1) Schaumwein (Sekt), der gewerbsmäßig verkauft oder feilgehalten wird, muß eine Bezeichnung tragen, die das Land erkennbar macht, in dem er auf Flaschen gefüllt worden ist; bei Schaumwein, dessen Kohlensäuregehalt ganz oder teilweise auf einem Zusatz fertiger Kohlensäure beruht, muß die Bezeichnung die Herstellungsart ersehen lassen. Dem Schaumwein ähnliche Getränke müssen eine Bezeichnung tragen, die erkennen läßt, welche dem Weine ähnlichen Getränke zu ihrer Herstellung verwendet worden sind. Das Nähere regeln die Ausführungsbestimmungen.

(2) In den Ausführungsbestimmungen kann vorgeschrieben

werden, daß und in welcher Weise ein anders als in der Flasche vergorener Schaumwein zu kennzeichnen ist.

(3) Die in den Ausführungsbestimmungen vorgeschriebenen Bezeichnungen sind auch in die Preislisten, Weinkarten und Rechnungen sowie in die sonstigen im geschäftlichen Verkehr üblichen Mitteilungen mit aufzunehmen.

§ 18.

(1) Trinkbranntwein, dessen Alkohol ausschließlich aus Wein gewonnen und der nach Art des Kognaks hergestellt ist, darf als Weinbrand bezeichnet werden. Trinkbranntwein, der neben Weinbrand Alkohol anderer Art enthält, darf als Weinbrandverschnitt bezeichnet werden, wenn mindestens ein Zehntel des Alkohols aus Weinbrand stammt. Andere Getränke und Grundstoffe zu Getränken dürfen nicht als Weinbrand oder mit einer das Wort Weinbrand enthaltenden Wortbildung bezeichnet werden, auch darf das Wort Weinbrand kein Bestandteil anderer Angaben der Flaschenaufschrift sein; auf Eierweinbrand findet dieses Verbot keine Anwendung.

(3) Weinbrand, der nach französischem Rechte die Bezeichnung Cognac tragen darf und in trinkfertigem Zustand, entweder in Frankreich oder unter deutscher Zollaufsicht auf Flaschen gefüllt, mit den für den Verkehr innerhalb des Ursprungslandes vorgeschriebenen Begleitscheinen zur Einfuhr gelangt und unverändert geblieben ist, darf als Kognak (Cognac) bezeichnet werden. Andere Getränke und Grundstoffe zu Getränken dürfen nicht als Kognak (Cognac) oder mit einer das Wort Kognak (Cognac) enthaltenden Wortbildung bezeichnet werden, auch darf das Wort Kognak (Cognac) kein Bestandteil anderer Angaben der Flaschenaufschrift sein.

(4) Die Vorschriften der Abs. 1, 3 finden auch auf solche Bezeichnungen Anwendung, die mit den Namen Kognak, Weinbrand oder Weinbrandverschnitt verwechselt werden können.

(6) Trinkbranntwein, der in Flaschen oder ähnlichen Gefäßen unter der Bezeichnung Kognak, Weinbrand oder Weinbrandverschnitt gewerbsmäßig verkauft oder feilgehalten wird, muß zugleich eine Bezeichnung tragen, welche das Land erkennbar macht, in dem er für den Verbrauch fertiggestellt worden ist. Das Nähere regeln die Ausführungsbestimmungen.

(7) Die in den Ausführungsbestimmungen vorgeschriebenen Bezeichnungen sind auch in die Preislisten, Weinkarten und Rechnungen sowie in die sonstigen im geschäftlichen Verkehr üblichen Mitteilungen mit aufzunehmen.

§ 26.

(1) Mit Gefängnis bis zu zwei Jahren und mit Geldstrafe oder mit einer dieser Strafen wird bestraft, wer vorsätzlich

3. den Vorschriften des § 2 Abs. 5 Satz 2, des § 5 Abs. 1 bis 3, der §§ 6, 7, des § 10 Abs. 3, der §§ 17, 18 oder den nach §§ 5, 17, 18 erlassenen Vorschriften zuwiderhandelt.

(3) Ist in den Fällen des Abs. 1 Nr. 1, 3, 4 die Zuwiderhandlung fahrlässig begangen, so tritt Geldstrafe oder Haft ein.

§ 6.

Wird in öffentlichen Bekanntmachungen oder in Mitteilungen, die für einen größeren Kreis von Personen bestimmt sind, der Verkauf von Waren angekündigt, die aus einer Konkursmasse stammen, aber nicht mehr zum Bestande der Konkursmasse gehören, so ist dabei jede Bezugnahme auf die Herkunft der Waren aus einer Konkursmasse verboten.

Zuwiderhandlungen gegen diese Vorschrift werden mit Geldstrafe*) oder mit Haft bestraft.

1. Bedeutung der §§ 6—10 über Ausverkäufe u. dergl.
2. Verbot der Beziehung auf die Herkunft trotz ihrer Wahrheit.
3. Rechtsfolgen.

1. **Bedeutung der §§ 6 bis 10 über Ausverkäufe u. dergl.** §§ 6 bis 10 bekämpfen in ihrer neuen Fassung durch die Vo. zum Schutze der Wirtschaft vom 9. März 1932 (RGBl. I 121 ff.) — Teil II — die unlautere Ankündigung und Veranstaltung von Schnellverkäufen und schränken sie durch positive Bestimmungen noch ein, viel enger als nach dem Gesetz von 1909. Auch schon nach dem Gesetz von 1896 waren unrichtige Angaben über Anlaß und Zweck des Verkaufs verfolgbar; aber die Frage des Nachschubs war streitig, vor allem nachdem das Reichsgericht

*) S. Anhang C.

(RGSt. 30, 257) diesen nicht als unbedingt unzulässig bezeichnet hatte (vgl. auch MuW. 7, 178; RGSt. 37, 358 und über Konkursmassenausverkauf RGSt. 38, 396). Seit jener Zeit ist die Behandlung des Ausverkaufswesens immer schärfer geworden und hat in der Vo. vom 9. März 1932 den Bestrebungen Rechnung getragen, die im Laufe der Jahre den gesetzgebenden Stellen nahegelegt worden sind. Die bisherigen, zum Teil den Charakter von Rahmenvorschriften tragenden Bestimmungen des Gesetzes sind vielfach durch Ausverkaufsverordnungen der Verwaltungsstellen (z. B. des Berliner Polizeipräsidenten) auf Grund der Vorschläge der Verbände und der Industrie- und Handelskammern ausgefüllt worden. Jetzt ist durch die Vo. von 1932 eine neue Lage geschaffen worden, die Bestimmungen sind eingehender und detaillierter geworden und entsprechen teilweise den Anschauungen, die sich in der Praxis gebildet hatten (vgl. insbesondere §§ 7, 7 a und 7 b).

§ 7 betrifft die erheblich verschärfte Regelung der künftig in ganz beschränkter Wortbedeutung gefaßten „Ausverkäufe", § 7 a die Räumungsverkäufe bestimmter Warengattungen, § 7 b die verwaltungsrechtlichen Vorschriften und die Rechte der Behörde, § 8 bestraft das Vor- und Nachschieben von Waren und Umgehung der Sperrfrist des § 7, § 9 regelt die „Saisonschluß- und Inventur-Verkäufe" und § 10 gibt Strafbestimmungen (außer denen des § 8).

2. **Verbot der Beziehung auf die Herkunft trotz ihrer Wahrheit.** Nach der Erklärung der Redaktionskommission in der Kommission des Reichstags, die in der Kommission selbst unwidersprochen blieb, ist die Vorschrift im § 6 lediglich eine reine Polizeivorschrift: sie verbiete im Interesse der Allgemeinheit jede Bezugnahme auf die Herkunft aus einer Konkursmasse, und zwar auch für den Fall, daß die Ankündigung klar erkennen lasse, daß die Waren sich bereits in dritter Hand befinden, also nicht mehr zum Bestande der Masse gehören. Es werde damit also — im Gegensatz zu §§ 3 und 4 — etwas Wahres verboten.

Das Gesetz gibt dieser Auslegung recht. Dem Wahrheitsgedanken im Wettbewerb dient die Vorschrift aber trotzdem mittelbar, weil die Betonung der „Herkunft" aus einer Konkursmasse auch dann den Anschein eines allzu günstigen Angebots hervorruft, wenn die Ware schon von Hand zu Hand gegangen und durch Zwischengewinne verteuert ist. Waren, die nicht mehr zum Bestand einer Konkursmasse gehören, sollen in keiner Weise als aus einer Konkursmasse stammend bezeichnet werden. Maßgebend ist dabei auch nicht lediglich der Zeitpunkt der Ankündigung, sondern der Zeitpunkt des Verkaufs, so daß also Waren, die zur Zeit ihres Verkaufs nicht mehr zur Konkursmasse gehören, nicht als aus einer Konkursmasse bezeichnet werden dürfen (RGSt. 45, 41). Die Herkunftbezeichnung als solche ist verboten, sie wird bestraft, selbst wenn die Ankündigung nur wahre Tatsachen enthält. Nicht nötig für die Anwendung der Vorschrift ist, daß der Ausdruck „Konkurs" gebraucht wird; nach Lage des Falls ist § 6 verletzt, wenn von „gerichtlich taxierten", von „Massewaren" gesprochen oder wenn auf die in Konkurs befindliche Firma hingewiesen wird (LG. Bielefeld in MuW. 10, 316).

Bestraft werden auch Umgehungen des Gesetzes, wenn z. B. der Verwalter, nachdem er das Warenlager veräußert hat, es für Rechnung des Käufers verkauft oder verkaufen läßt.

In der Kommission wurde konstatiert, daß eine besondere Strafandrohung gegen vorsätzliches Hervorrufen des Anscheines, daß Waren, die nicht für Rechnung der Konkursmasse verkauft werden, noch zum Bestande der Konkursmasse gehören, im Gesetz nicht enthalten ist; der Tatbestand sei aber durch § 4 UWG. gedeckt. Zivilrechtlich können auch §§ 1 und 3 UWG. in Frage kommen.

3. **Rechtsfolge.** Ob Schadenersatzansprüche aus der Verletzung des im § 6 bezeichneten Tatbestandes hervorgehen, wurde lebhaft besprochen. Der Vertreter der verbündeten Regierungen führte aus, daß § 6 zweifellos eine Schutzvorschrift im Sinne des § 823 Abs. 2 BGB. darstelle, daher die Verletzung schadenersatzpflichtig mache. Die Schadenersatzpflicht wurde aber der Sicherheit halber ausdrücklich im § 13 festgesetzt.

Wegen Klage auf Unterlassung s. § 13 Abs. 1, wegen Haftung für Angestellte s. § 13 Abs. 3. Über Bestrafung siehe § 22.

§ 7.

Als Ausverkäufe dürfen in öffentlichen Bekanntmachungen oder in Mitteilungen, die für einen größeren Kreis von Personen bestimmt sind, nur solche Veranstaltungen angekündigt werden, die ihren Grund

a) in der Aufgabe des gesamten Geschäftsbetriebs oder
b) des Geschäftsbetriebs einer Zweigniederlassung oder
c) in der Aufgabe einer einzelnen Warengattung haben.

Bei der Ankündigung eines Ausverkaufs ist anzugeben, welcher der im Abs. 1 unter a bis c genannten Gründe für den Ausverkauf vorliegt. Im Falle zu c ist die Warengattung anzugeben, auf die sich der Ausverkauf bezieht.

Die Vorschriften im Abs. 2 gelten auch für Ankündigungen, die, ohne sich des Ausdrucks „Ausverkauf" zu bedienen, eine der im Abs. 1 bezeichneten Veranstaltungen betreffen.

Nach Beendigung eines Ausverkaufs ist es dem Geschäftsinhaber vor Ablauf einer Frist von einem Jahr nicht gestattet, an dem Ort, an dem der Ausverkauf stattgefunden hat, einen Handel mit den davon betroffenen Warengattungen zu eröffnen. Ausnahmen kann die höhere Verwaltungsbehörde nach Anhörung der zuständigen Berufsvertretungen von Handel, Handwerk und Industrie gestatten. Der Eröffnung eines eigenen Handels steht es gleich, wenn der Geschäftsinhaber sich zum Zwecke der Umgehung der Vorschrift des

Satzes 1 an dem Geschäft eines anderen beteiligt oder in diesem tätig wird.

Aus dem Schrifttum: Menge, Deutsches Ausverkaufswesen, 1911. — Rosenthal in MuW. 13, 191. — Callmann in Konfektionär 1929 Nr. 57. — Holzinger, Zulässigkeit von Wettbewerbshandlungen, 1931 (S. 99 ff.). — Weisbart, Der Begriff der Ausverkäufe, JW. 1932, 699; R. Wassermann, Ausverkauf als Selbstzweck, MuW. 1931, 421. — Zu der Neuordnung: Harmening-Wagner-Schäfer, Ausverkaufswesen und der Schutz von Geschäfts- und Betriebsgeheimnissen, Berlin 1932. — Harmening in JW. 1932, 990; Callmann ebd. 993.

1. Neufassung der Bestimmungen durch die Verordnung vom 9. März 1932.
2. Rechtsbegriff des Ausverkaufs.
3. Die drei Ausverkaufsgründe.
4. Sperrfrist bis zu erneuter Geschäftstätigkeit.

1. Neufassung der Bestimmungen durch die Verordnung vom 9. März 1932. Die Änderungen bringen durchweg eine Verschärfung der Bestimmungen gegen Ausverkäufe aller Art. „Zum Schutze der Wirtschaft" hat man es, auf Drängen wirtschaftspolitischer Faktoren, für erforderlich gehalten, nicht nur den Begriff des Ausverkaufs einzuschränken und genau festzulegen (s. unten Anm. 2), sondern in allen in dieses Gebiet fallenden geschäftlichen Äußerungen und Betätigungen Werbefreiheit und Gewerbefreiheit wesentlich zu verengen. Ob dies sich im Laufe der Zeit als eine gute Lösung erweisen wird, ist schwer zu sagen. Zweifellos ist es notwendig, gegen ungehörige wettbewerbliche Machenschaften, die sich hier breitmachen, vorzugehen. Aber die Neuordnung befriedigt weder diejenigen, die schärfere Maßnahmen forderten, noch diejenigen, die mit den bisherigen Handhaben des UWG. bei richtiger Anwendung glaubten auskommen zu können. Die amtliche Begründung, die im Reichsanzeiger Nr. 61 vom 12. März 1932 veröffentlicht worden ist, äußert sich über den allgemeinen Sinn und Zweck der neuen Ausverkaufsbestimmungen unter anderem wie folgt: „In einem wichtigen Punkte lassen die geltenden Vorschriften den Veranstaltern von Ausverkäufen eine Freiheit, die den berechtigten Anschauungen der Öffentlichkeit nicht entspricht und die Unterdrückung unlauterer Veranstaltungen erschwert. Während das kaufende Publikum mit der Bezeichnung „Ausverkauf" regelmäßig die Vorstellung verbindet, daß der ganze Warenbestand ausverkauft werden soll, daß also eine vollkommene Räumung mit der Absicht vorgenommen wird, nach dem Ausverkauf die Waren nicht mehr weiter zu führen (Aufgabe des Geschäftsbetriebs oder doch einer von mehreren Warengattungen), gestattet § 9 Abs. 1 des Gesetzes gegen den unlauteren Wettbewerb, auch solche Veranstaltungen als Ausverkauf zu bezeichnen, durch die nur „ein bestimmter Warenvorrat aus dem vorhandenen Bestande" geräumt wird. In Fällen der letzteren Art, d. h. beim Verkauf eines bestimmten Postens bestimmter Waren — etwa zwecks Abfindung eines Mitgesellschafters, wegen Verkleinerung, Umbaus oder Verlegung des Ladens, wegen Brandschadens usw. —, liegt zwar auch das Bedürfnis nach einem schnellen Absatz der Waren vor; jedoch besteht hier, im Gegensatz zum eigentlichen Ausverkauf, stets die Absicht, nach Beendigung der Veranstaltung Waren von der Art der ausverkauften wieder anzuschaffen und weiter zu führen. Abgesehen davon, daß für solche Veranstaltungen das Wort „Ausverkauf" schon dem Wortsinne nach nicht paßt, besteht auch der Nachteil, daß ihre Einbeziehung in den gesetzlichen Begriff eine sichere Überwachung erschwert. Während nämlich die Aufgabe eines Geschäftsbetriebs (oder einer Warengattung) leicht festgestellt werden kann, entzieht sich die bloße Absonderung eines Warenvorrats, an die sich nach Beendigung der Veranstaltung der Weiterverkauf gleicher Waren knüpft, naturgemäß vielfach der Nachprüfung."

Es darf als durchaus problematisch bezeichnet werden, ob es richtig ist, daß „das kaufende Publikum mit der Bezeichnung „Ausverkauf" regelmäßig die Vorstellung verbindet, daß der ganze Warenbestand (!) ausverkauft werden soll, daß also eine vollkommene Räumung mit der Absicht vorgenommen wird, nach dem Ausverkauf die Waren nicht mehr weiter zu führen". Schon die Tatsache, daß die Saison- und Inventur-„Ausverkäufe" die dem Publikum bekanntesten Ausverkäufe sind, spricht gegen diesen von der amtl. Begr. behaupteten Sprachgebrauch. Folgerichtig merzt die Novelle den Ausdruck „Ausverkauf" auch in § 9 aus und spricht dort nur von „Saisonschluß- und Inventur-Verkäufen". So macht es unweigerlich den Eindruck, daß die Begr. der Vo., die das UWG. hier ändert, eine petitio principii vornimmt, eine Publikumsmeinung ohne hinreichenden Grund behauptet, um darauf die Berechtigung der Änderung zu gründen, während in Wahrheit hier ein Eingriff in die autonome Bildung des Sprachgebrauchs vorliegt, wie er bisher selten oder wohl kaum in solcher Deutlichkeit vom Gesetzgeber vorgenommen worden ist.

Richtig ist, wenn die Begr. sagt: „Wiederholt haben sich Schwierigkeiten ergeben, die Fälle der Räumung eines bestimmten Warenvorrats von anderen Sonderveranstaltungen zu unterscheiden, die, ohne Beschränkung auf einen abgesonderten Warenvorrat, gleichfalls den schnellen Umsatz von Waren bezwecken (wie „Weiße Woche", „Billige Woche für Steingutwaren" u. dgl.) und die irgendwelchen gesetzlichen Beschränkungen — abgesehen von den allgemeinen Vorschriften des Wettbewerbsgesetzes — nicht unterliegen." Man will also diese Schwierigkeit der Abgrenzung von Sonderveranstaltung und Teilausverkauf dadurch umgehen, daß man für Teilausverkäufe das Wort Ausverkauf verbietet und diesen Begriff durch positive Gesetzesvorschrift auf ein endgültiges Verkaufen mit endgültigem Sichabwenden von dem Geschäft oder der ganzen Warengattung beschränkt. „Postenverkäufe" (Restposten u. dgl.) gehören in § 7a (s. dort).

Rein opportunistisch also ist der Grund, der hier dazu führt, den Sprachgebrauch zu reglementieren, wie es die Begr. auch offen zugibt mit den Sätzen:

„Um den lebhaften Klagen der Mitbewerber über Mißbräuche zu entsprechen und die Kontrolle über das Ausverkaufswesen leichter durchführbar zu machen, ist es deshalb zweckmäßig, den Ausdruck „Ausverkauf" nur für die Fälle echter Ausverkäufe

(Aufgabe des Geschäftsbetriebs oder einer Warengattung) zuzulassen. Diesem Zweck dient die Vorschrift im Art. I Nr. 1.

Für die Fälle des Verkaufs eines bestimmten Warenpostens (z. B. „1000 Paar Schuhe zu verkaufen wegen Brandschadens, wegen Abfindung eines Sozius, wegen Umzugs u. dgl.") soll dagegen in Zukunft die Bezeichnung „Ausverkauf" nicht mehr verwendet werden dürfen. Diese Fälle werden in dem neu vorgesehenen § 7a des Wettbewerbsgesetzes besonders geregelt."

Aber weder ist es gutzuheißen, daß (s. oben) die Begr. sich trotzdem (fälschlich!) darauf beruft, das „Publikum" habe bereits diese Verengung des Begriffs von sich aus vorgenommen, noch erscheint es richtig, daß es so notwendig war, auch hier wieder — wie bei der Zugaben-Vo. — von dem tragenden Gedanken der Bekämpfung des unlauteren Wettbewerbs — dem Gedanken des Wahrheitsschutzes gegen Sittenwidrigkeit oder Ungehörigkeit, wie er im UWG. zum Ausdruck gekommen ist — abzusehen und formal regelnd einzugreifen. So hatte gegen die 1927er Beschlüsse des Einzelhandelsausschusses des Deutschen Industrie- und Handelstages mit Recht G. Bach im „Konfektionär" (1927 Nr. 38) gesagt: „Zu diesen Änderungen sei vorerst gesagt, daß das jetzt bestehende Gesetz nicht nur völlig ausreicht, jede Unlauterkeit im Handel und Gewerbe zu treffen, sondern, daß es das weitaus schärfste Gesetz ist, das in irgendeinem Lande besteht und das unter Umständen schon dazu mißbraucht werden kann, nicht nur den unlauteren, sondern auch den unbequemen Wettbewerb zu bekämpfen." Diese Kritik verdient volle Zustimmung; das UWG. in alter Fassung ist bei richtiger Auslegung völlig ausreichend, und solche Verschärfungen zerstören seinen Sinn der Bekämpfung der Unlauterkeit (s. oben Einleitung S. 56 ff. und Elster im „Konfektionär" 1927 Nr. 37), ohne wirklich zu dem beabsichtigten Ergebnis zu führen, eine rechtssichere Ausmerzung von wirklichen Übelständen herbeizuführen.

2. **Rechtsbegriff des Ausverkaufs.** Wir haben es jetzt mit einer gesetzlichen Definition des Begriffs „Ausverkauf" zu tun. Nicht mehr der Sprachgebrauch oder die An-

schauung der beteiligten Verkehrskreise ist maßgebend, sondern die gesetzliche Begrenzung des Begriffs auf ein Zu-Ende-Verkaufen ohne den animus revertendi; wer einen „Ausverkauf“ machen will, verschließt sich auf ein Jahr den Handel in den betreffenden Warengattungen (s. unten zu 4). Das tritt auch ein, wenn der Ausdruck „Ausverkauf“ vermieden wird (RGSt. 45, 317), aber einer der drei gesetzlich umschriebenen Ausverkaufstypen vorliegt (Abs. 3). Die Begr. sagt, dieser Fall liege vor, wenn die Ankündigung „ihrem Inhalt nach den Eindruck hervorrufen müsse, daß eine völlige Räumung des Warenlagers wegen Geschäftsaufgabe usw. stattfindet“. Auf den Eindruck der Ankündigung auf das Publikum kommt es an; das ist richtig und entspricht bisherigen bewährten Grundsätzen des UWG. (vgl. RGSt. 45, 45; OLGR. 25, 359; 41, 3). Geheime Vorbehalte sind ohne rechtliche Wirkung, die Erklärung (Ankündigung) ist wesentlich. Nach der früheren Begr. (des UWG.) stehen der Bezeichnung „Ausverkauf“ Bezeichnungen wie „Totalverkauf“, „Räumungsverkauf“ (RG. in GRUR. 1911, 245; RGSt. 45, 189), „schneller und billiger Verkauf“ und ähnliche Bezeichnungen gleich. Die auf eine bloße Räumung hindeutenden Ankündigungen und Veranstaltungen, also auch Bezeichnungen wie „Räumungspreise“, „Nur noch kurze Zeit“ usw., gehören jetzt zum Tatbestand des § 7a (s. dort). Diese sind dann wieder von den sonstigen Sonderveranstaltungen (s. § 9 Anm. 2) abzugrenzen.

Das oben Gesagte (§ 7 Abs. 3) gilt auch, wenn trotz Vorliegen der Tatbestände des § 7 der Ausdruck „Ausverkauf“ nicht gebraucht wird; damit wird eine frühere Streitfrage richtig entschieden (vgl. Steckhan in DJZ. 1929, 1474 und die dort zit. Entscheidungen). Wird aber der Ausdruck „Ausverkauf“ fälschlich gebraucht, d. h. nicht für einen in § 7 Abs. 1 genannten Tatbestand, so „läßt sich dies“ (wie die Begr. sagt) „an der Hand der im § 7b vorgeschriebenen Anzeige des Ausverkaufs, bei der der Grund (Aufgabe des Geschäftsbetriebs, einer Zweigniederlassung oder einer Warengattung) anzugeben ist, feststellen. Die strafrechtliche Folge ergibt sich aus § 10 Nr. 2; auch kommt die Anwendung des § 4 Wettbewerbsgesetz in Betracht." Es soll also als wissentlich unwahre Angabe angesehen werden. Hiernach wird der Sprachgebrauch gezwungen, sich — bei Vermeidung von Strafe — den neuen gesetzlich verengten Rechtsbegriff des Ausverkaufs zu eigen zu machen. Die Bemühungen von Rechtsprechung und Schrifttum, den Begriff des Ausverkaufs nach der früheren Fassung des Gesetzes festzulegen — Anm. 2 zu § 9 in der vorigen Auflage —, sind also überholt und nicht mehr von aktueller Bedeutung.

Ein Ausverkauf liegt also nur vor — und der Ausdruck darf nur dann gebraucht werden —, wenn der Grund liegt: a) in völliger Geschäftsaufgabe, b) im Aufgeben einer Zweigniederlassung, c) im Aufgeben einer einzelnen Warengattung. Hierüber im folgenden Näheres.

3. Die drei Ausverkaufsgründe.

a) Völlige Geschäftsaufgabe. Dies bedeutet Einstellung des Betriebs des Handelsgewerbes mit der Folge, daß die Firma erlischt (vgl. HGB. §§ 1 und 17; Staub-Bondi Anm. 15 zu § 17), also nicht bei Übergang des Geschäfts mit Aktiven und Passiven an einen neuen Inhaber oder an die Ehefrau (Harmening, Ausverkaufswesen S. 19). Daß die wirkliche Geschäftsaufgabe ein einen Ausverkauf rechtfertigender Grund ist, bedarf keiner weiteren Erörterung. Vgl. jedoch die Sperrfrist (unten Anm. 4).

b) Aufgeben einer Zweigniederlassung. „Die Unterscheidung einer Zweigniederlassung von einer bloßen Verkaufsstelle, deren Aufgabe einen Ausverkauf nicht rechtfertigt, ergibt sich aus denselben Gesichtspunkten, die bei der Abgrenzung des Begriffs der Zweigniederlassung im § 13 des Handelsgesetzbuchs zu berücksichtigen sind. Danach kann man nur dann von einer Zweigniederlassung sprechen, wenn für sie eine in gewissem Grade selbständige Geschäftsführung vorhanden ist. Eine Geschäftsstelle, deren Tätigkeit sich im wesentlichen auf den Verkauf der vom Hauptgeschäft übersandten Waren zu den von dort vorgeschriebenen Preisen beschränkt, ist nicht als Zweigniederlassung anzusehen. Daß der § 13 des Handelsgesetzbuchs Zweigniederlassungen nur insoweit berücksichtigt, als sie außerhalb des Bezirks des Registergerichts der Hauptniederlassung liegen, ist naturgemäß für die Begriffsauslegung im vorliegenden Fall ohne Bedeutung." (Begr.)

Der Hinweis der Begr. auf den aus § 13 HGB. bekannten Begriff der „Zweigniederlassung" ist zutreffend. Nur ist dieser Begriff auch bisher nicht so ganz eindeutig gewesen, wie es auch aus den Worten der Begr. „eine in gewissem Grade selbständige Geschäftsführung" hervorgeht. Bis zu welchem Grade muß Selbständigkeit vorliegen? Beschränkung auf den Verkauf der vom Hauptgeschäft übersandten Waren zu den von dort vorgeschriebenen Preisen ist als Gegensatz zu der Zweigniederlassungstätigkeit noch nicht ganz ausreichend. Eine Zweigniederlassung liegt vor, wenn (s. Staub-Bondi, HGB. § 13 Anm. 5) der an einem anderen Orte (als dem der Hauptniederlassung) eingerichtete Betrieb auf Dauer berechnet ist und sein Leiter eine selbständige Tätigkeit ausübt, indem er nicht als bloßer Vermittler, sondern nach außen als selbständig auftritt (was nicht gerade in unbeschränktem Umfang notwendig ist) und eine besondere Buchführung mit gesondertem Geschäftsvermögen hat, sodaß bei Wegfall der Hauptniederlassung die Zweigniederlassung weiterbestehen könnte. — Nur wenn in solchem Sinne eine Zweigniederlassung vorliegt, kann deren Auflösung einen nach § 7 UWG. hinreichenden Grund eines Ausverkaufs abgeben; es liegt kein Anlaß vor, jenen für § 13 HGB. geltenden Begriff der Zweigniederlassung hier für § 7 UWG. zu modifizieren, und somit bietet diese Bestimmung eine starke Einschränkung des Wortes und Begriffs „Ausverkauf". Wegen Aufgabe eines Ladens oder sonstigen Geschäftslokals und Umzuges gibt es künftig also keine „Ausverkäufe" mehr, sondern nur Räumungsverkäufe nach § 7 a. Eine materielle Änderung des Rechts gegenüber dem bisherigen Zustand liegt darin kaum.

c) Aufgeben einer einzelnen Warengattung. Hier taucht die überaus schwierige Frage auf, wie die einzelne Warengattung abzugrenzen ist. Nicht jede besondere Ware ist schon eine besondere Warengattung.

Warengattung ist auch nicht identisch mit der aus dem WZG. bekannten Warenklasse. Für die „Gattung" ist an sich nicht erforderlich „Gleichheit" der einzelnen Waren, wohl aber „Gleichartigkeit" oder „Verwandtschaft" (wie in § 2 der Zugaben-Vo.). Da man aber natürlich mehrere Warengattungen gleichzeitig ausverkaufen darf, so steht hier nicht das expansive Problem der Gleichartigkeit oder Verwandtschaft der Waren in Frage, sondern das engere Problem, ob und wann eine einzelne Warenqualität als Warengattung anzusehen ist, also ob der Kaufmann z. B. einen Markenartikel bestimmter Herkunft, die Auflage eines einzelnen Buches, Waren einer bestimmten Preislage, Restposten bestimmter Dessins im Wege des „Ausverkaufs" abstoßen darf. Dies wird nach dem Sinn des § 7 zu verneinen sein, wenn er den Markenartikel von anderer Qualität wieder beschaffen, von dem Buch eine neue Auflage machen, ähnliche Waren in etwas anderer Preislage führen will (u. dgl.) — und dann gehören diese Restverkäufe in den § 7a und es bedarf der Angabe eines zureichenden Grundes! —; es wird jedoch zu bejahen sein, wenn nichts Ähnliches an die Stelle der auszuverkaufenden Warenart treten soll. So kann also die Umschreibung des Begriffs Warengattung nicht absolut geschehen, sondern hängt von dem Grade der Ähnlichkeit der — an Stelle der auszuverkaufenden — weiter zu führenden Waren ab. Will beispielsweise jemand künftig nur noch reine Seide führen und alle kunstseidenen Waren abstoßen oder Bücher eines bestimmten Fachgebiets nicht mehr führen oder die Damenkleidungabteilung neben der Herrenkleidung aufgeben oder dgl., dann liegt eine Warengattung vor und Ausverkaufsankündigung ohne nähere Grundangabe ist erlaubt.

Welcher der drei Gründe a bis c vorliegt, muß angegeben werden; im Falle c muß die Warengattung genau bezeichnet werden. Wie bisher (nach dem alten § 7) muß der Grund in jeder Ankündigung enthalten (RGSt. 45, 314 [318]) und unzweideutig erkennbar sein (RG. in JW. 1911, 253). Der Grund muß sachlich zutreffend und ernstlich gemeint sein (OLG. Kolmar in DJZ. 1911, 712). Eine Nachprüfung, ob nach der Verkehrsauffassung ein rechtfertigender Grund vorliegt, ist für die drei genannten absoluten Gründe ausgeschlossen (Harmening, Ausverkaufswesen S. 19).

Über den Begriff „öffentliche Bekanntmachungen oder Mitteilungen, die für einen größeren Kreis von Personen bestimmt sind" s. die Erläuterungen 7 und 8 zu § 3 (oben S. 122/123).

Auch Versteigerungen gehören, wenn im übrigen die Voraussetzungen a bis c gegeben sind, zu den Ausverkäufen (vgl. Rosenthal in MuW. 13, 191: Jacubowsky ebd. [mit Entscheidungen] 13, 482).

4. Sperrfrist bis zu erneuter Geschäftstätigkeit.

„Es ist wiederholt beobachtet worden, daß Geschäftsleute alsbald nach Veranstaltung eines Ausverkaufs wegen Aufgabe des Geschäfts oder einzelner Warengattungen ein anderes Geschäft gleicher Art eröffnet oder die aufgegebenen Warengattungen wieder eingeführt haben. In solchen Fällen liegt die Annahme nahe, daß die Maßnahmen nur getroffen worden sind, um einen Vorwand zur Veranstaltung von Ausverkäufen zu haben. Um Mißbräuche in dieser Richtung zu verhüten, wird eine Sperrfrist von einem Jahr nach Beendigung des Ausverkaufs geschaffen, innerhalb welcher es dem Geschäftsinhaber nicht gestattet ist, einen Handel mit den von dem Ausverkauf betroffenen Waren zu eröffnen. Der Vermeidung von Umgehungen der Sperre im Wege der Beteiligung und Betätigung in Geschäften anderen Personen dient eine besondere Vorschrift. Um besonderen Verhältnissen, die ausnahmsweise schon in einem früheren Zeitpunkt die Wiedereröffnung des in Frage kommenden Geschäftsbetriebs sachgemäß erscheinen lassen, Rechnung tragen zu können, ist vorgesehen, daß die höhere Verwaltungsbehörde nach Anhörung der in Betracht kommenden amtlichen Berufsvertretungen Ausnahmen von der Sperre zulassen kann. Die Nichtbeachtung der Sperrfrist wird durch eine Ergänzung des § 8 unter Strafandrohung gestellt. Daraus ergibt sich in Verbindung mit den Vorschriften des § 13, daß Zuwiderhandlungen auch zivilrechtlich mit der Unterlassungsklage und der Schadenersatzklage verfolgt werden können." (Begr.)

Vgl. unten § 8 Anm. 2. Strafbar ist also nicht etwa nur die Einleitung eines neuen Ausverkaufs vor Ablauf der Sperrfrist, sondern schon der Beginn der Handelstätigkeit mit Waren, die der Inhalt des früheren Ausverkaufs waren, am gleichen Orte. Ist die Sperrfrist verstrichen, so darf nicht nur die Handelstätigkeit in den betreffenden Waren wieder aufgenommen, sondern auch alsbald wieder ein Ausverkauf angekündigt und veranstaltet werden, sofern die Gründe a bis c erneut vorliegen.

Die Sperrfrist trifft jeden Geschäftsinhaber; bei der offenen Handelsgesellschaft also jeden Einzelnen von mehreren, bei der Kommanditgesellschaft die Kommanditisten (a. A. Harmening S. 23/24; vgl. dagegen Staub-Pinner, HGB. § 164 Anm. 7 und § 252 Anm. 27) und persönlich haftenden Gesellschafter, bei der G.m.b.H. die Geschäftsführer. Nur ihnen in ihrer Gesamtheit die Betätigung, die durch die Sperrfrist gesperrt ist, zu untersagen, würde dem Sinn des Gesetzes nicht entsprechen. Bei der Aktiengesellschaft und Kommanditgesellschaft auf Aktien sind Kommanditisten und Aktionäre nicht als Geschäftsinhaber anzusehen.

Die örtliche Beschränkung der Sperrfrist begünstigt Händler an kleinen Orten, die mal hier mal dort ein Geschäft aufmachen, gegenüber denen in Großstädten, die nicht von einem Stadtteil in den anderen gehen dürfen, um hintereinander Geschäfte zu eröffnen und im Wege des Ausverkaufs den Betrieb wieder zu beendigen.

Die Verhinderung der Umgehung ist eine notwendige Sicherung der Wirksamkeit der Vorschrift. Nicht nur die Beteiligung an einem fremden Geschäft, das die betreffende Ware führt, und die Tätigkeit in diesem (also auch als Angestellter!) ist durch § 7 Abs. 4 für die Sperrfrist untersagt, sondern sinngemäß auch die Eröffnung eines neuen Geschäfts unter anderer Firma, wenn es die betreffenden Waren führt. Diese Bestimmung wäre drakonisch und sozial bedenklich, wenn nicht die Sperrfrist von dem Tatbestandsmerkmal „zum Zwecke der Umgehung der Vorschrift“ abhängig gemacht wäre. Immerhin wird ein Geschäftsinhaber, dessen Betrieb nicht mehr geht, bei der Veranstaltung eines Ausverkaufs mit Rücksicht auf sein späteres Fortkommen sehr vorsichtig sein müssen.

Was die „Beteiligung“ an einem anderen Unternehmen betrifft, so kann die Ansicht von Harmening (a. a. O. S. 24) nicht generell richtig sein, daß Erwerb von Aktien oder von GmbH.-Anteilen schon diesen Tatbestand erfüllt; erstens kann dies nur dann die Sperrfrist rechtfertigen, wenn der Erwerb „zum Zweck der Umgehung der Vorschrift“ geschieht, was nur selten zutreffen wird, und zweitens kann nicht (s. oben S. 158) der Begriff des „Geschäftsinhabers“ für Satz 1 und Satz 3 des Abs. 4 verschieden ausgelegt werden, sofern nicht klare Tatsachen (z. B. Umgehungszweck) dies verlangen.

Da solche Schwierigkeiten entstehen können, ist es sehr wichtig, daß Ausnahmen durch die höhere Verwaltungsbehörde zugelassen werden können und daß namentlich eine Anhörung der zuständigen Berufsvertretungen von Handwerk, Handel und Industrie dabei vorgeschrieben ist. Bedenklich ist an der „Kannvorschrift“ der Ausnahmebehandlung, daß diese nach dem Wortlaut des § 7 nur im Falle der Zulassung der Ausnahme, nicht im Falle der Ablehnung die Berufsvertretungen hören muß.

§ 7a.

Wer in öffentlichen Bekanntmachungen oder in Mitteilungen, die für einen größeren Kreis von Personen bestimmt sind, einen Verkauf zum Zwecke der Räumung eines bestimmten Warenvorrats aus dem vorhandenen Bestande ankündigt, ist gehalten, in der Ankündigung den Grund anzugeben, der zu dem Verkauf Anlaß gegeben hat. Betrifft der Verkauf nur einzelne der in dem Geschäftsbetrieb geführten Warengattungen, so sind in der Ankündigung weiterhin die Warengattungen anzugeben, auf die sich der Verkauf bezieht.

1. Wesen des Räumungsverkaufs.
2. Angabe des Grundes.
3. Begrenzung der Warengattung.

1. Wesen des Räumungsverkaufs.

„Die bisher in § 9 Abs. 1 des geltenden Gesetzes mitbehandelten Fälle der Räumung eines bestimmten Warenvorrats aus dem vorhandenen Bestande werden in dem neu einzustellenden § 7a behandelt. Auch für diese Veranstaltungen sind die für Ausverkäufe vorgesehenen Sicherungen (Angabe des Grundes, Anzeigepflicht, Verbot des Vor- und Nachschiebens von Waren) nach wie vor geboten, auch wenn für sie die Bezeichnung Ausverkauf in Zukunft zu unterbleiben hat. Denn die Ankündigung, daß ein bestimmter Warenposten aus bestimmten dringenden Gründen (z. B. wegen Brandschadens) sofort geräumt werden soll, erweckt auch ohne den Ausdruck Ausverkauf im Publikum die Erwartung einer besonders günstigen Kaufgelegenheit.“ (Begr.)

Der neue Gesetzesbegriff „Räumungsverkauf“ des § 7a tritt in Gegensatz zu dem Begriff „Ausverkauf“ des § 7. Der Unterschied besteht darin, daß für den Ausverkauf des § 7 die Gründe kasuistisch begrenzt sind, während dies für den Räumungsverkauf nicht der Fall ist. Aber auch hier ist der Räumungs*zweck* nicht bereits identisch mit dem Räumungs*grunde*. Für die Stichhaltigkeit des Grundes bleiben im wesentlichen die Gesichtspunkte maßgebend, die bisher für die Zulässigkeit des „Ausverkaufs“grundes nach dem alten § 7 gültig waren (s. unten Anm. 2).

Über den Begriff „öffentliche Bekanntmachungen oder Mitteilungen, die für einen größeren Kreis von Personen bestimmt sind“ s. Anm. 7 und 8 zu § 3 UWG. (oben S. 122/23). Vgl. auch RGSt. 63, 107. (Direkte Werbedrucksachen an Mitglieder, Zeitungsanzeigen, die sich nur an einen Teil des Publikums wenden, gehören hierher.)

Strafbestimmungen s. § 10.

2. Angabe des Grundes. Da es — wie nach dem bisherigen § 7 auch jetzt für § 7a — dabei bleiben muß, daß *Grund nicht gleich Zweck* ist, also daß der Zweck zu räumen nicht schon ausreicht als Grund, dessen Anlaß etwa nur der Zweck war, so gilt als nicht genügende Grundangabe z. B.: Totalverkauf, Räumungsverkauf, Sommerverkauf (Finger in MuW. 10, 45), „weil nicht mehr in allen Farben und Größen vorrätig" (RG. in GRUR. 1916, 124), „um Platz zu schaffen" (RG. vom 17. April 1930 — IV 23. 30/13 —), geplanter Umbau, zu dem der Ausverkauf erst die Mittel geben soll (wie in der Praxis des Einigungsamts in Sachen des unl. Wettbew., Mitt. d. Berl. Ind.- u. Handelskammer 1927 S. 578, entschieden wurde).

Die Berliner Industrie- und Handelskammer hat durch ein Merkblatt die zulässigen von den unzulässigen Ausverkäufen (was jetzt für Räumungsverkäufe gelten würde) deutlicher abzugrenzen versucht. Als ein nach der Verkehrsauffassung berechtigender Anlaß wird dort angesehen z. B.: Geschäftsverlegung, Geschäftsübertragung, Auseinandersetzung, Umzug, Brand- und Rauchschaden. Insbesondere ist auch nur aus solchen Gründen die Ankündigung der Räumung eines bestimmten Warenvorrates aus dem vorhandenen Bestand zulässig, während als unzulässig z. B. Folgendes genannt wurde: „Die noch vorrätige Ware wird zu herabgesetzten Preisen verkauft", „Endgültiger Verkauf übernommener Waren", „Kehraus-Tage", „Kehraus-Wochen", „Massen-Schnellverkauf", „Nur noch kurze Zeit", „Schneller und billiger Verkauf", „Schnellverkauf", „Massenverkauf", „Verkauf von Restbeständen", „Verkauf von Restposten", „Räumungsverkauf", „Um zu räumen". Nicht zutreffend daher die Ansicht von Harmening (a. a. O. S. 27), daß die Aufgabe einer Verkaufsstelle nur dann stichhaltiger Grund sei, wenn die Übernahme der Waren in das Hauptgeschäft oder eine andere Verkaufsstelle nicht möglich ist; das kann so nur zutreffen, wenn besondere Umstände den Vorgang als unlautere Machenschaft erweisen.

Jedenfalls bleibt noch heute der Gesichtspunkt aus der Begr. des UWG. von 1896 zutreffend, daß bei der vorgeschriebenen Angabe nur solche Umstände als Grund für den Ausverkauf gelten können, welche nach der Auffassung des Verkehrs den Verkauf von Waren in der forcierten Form eines Ausverkaufs rechtfertigen.

Es hat auch hier der das UWG. durchziehende Wahrheitsgedanke zu herrschen. Ob er im einzelnen Fall vorhanden ist, bedarf sachverständiger, auch branchekundiger Untersuchung. Restpostenverkäufe gehören hierher und sonstwie zusammengehörige Posten von Waren; nur muß gerade für ihre Räumung ein plausibler Grund vorhanden sein. Daß Wäsche „angestaubt" ist, wurde von RG. (12. Juni 1931 HRR. 1931, 2052) und KG. (26. Okt. 1931 — 31 U 5067/31 —) als ausreichender Grund für billigeren Schnellverkauf angesehen (dagegen Weisbart in JW. 1932, 699). Daß Waren aus einer Konkursmasse stammen, darf (gemäß § 6 UWG.) nicht angegeben werden, auch wenn dies der nach § 7a geforderte wahre Grund des Räumungsverkaufs ist (RGSt. 47, 118). Grenzfälle wird es nach wie vor geben. Auch in der Durchführung des Verkaufs und seiner Ankündigung muß Wahrheit herrschen. So gehört zu den Veranstaltungen im Sinne des § 5 Abs. 2 (s. oben S. 139), soweit sie unrichtige Angaben bei Ausverkäufen oder Räumungsverkäufen bedeuten, u. a. Auslage unverkäuflicher oder vom Sonderverkauf ausgeschlossener Waren zur Anlockung (RGSt. 47, 161), undeutliche, irreführende, auch drucktechnisch irreführende Ankündigung, also wenn z. B. bei der Angabe des Preisnachlasses die Worte „bis zu" ganz versteckt, die „50 Prozent" aber ganz groß und fett gedruckt sind (RGSt. 50, 15).

War es schon nach der früheren Fassung der Gesetzesbestimmungen zweifelhaft, ob man bei der Frage, ob ein unzulässiger „Ausverkauf" vorliege, dies darauf abstellen könne, daß dieser Verkauf gegenüber anderen Geschäften tatsächlich in gefährdenden Wettbewerb trete, so ist es jetzt ganz eindeutig, daß die Bestimmungen der §§ 6 ff. einen objektiveren, absoluteren Charakter tragen, so daß das Wettbewerbsmoment immanent vorhanden ist, sobald solche „Ausverkäufe", „Räumungsverkäufe" „Saisonschluß- und Inventur-Verkäufe" oder andere ähnliche Ankündigungen und Veranstaltungen vorgenommen werden. Es wird dadurch der RG.Entsch. (9. April 1929, RGSt. 63, 107) in allen wesentlichen Stücken recht gegeben, die den Veranstalter einer „Räumungswoche" verurteilte und dabei u. a. als Begründung ausführte, daß jeder derartige Verkauf, der, wie eine „Räumungswoche", mindestens als ein Teilausverkauf erscheint, schlechthin als eine im öffentlichen Interesse zu überwachende Wettbewerbshandlung anzusehen ist. „Dafür, daß diese Überwachung nur dann zu erfolgen habe, wenn in einem Einzelfall mit dem Ausverkauf die Absicht einer Schädigung oder Gefährdung der Inhaber von Geschäften gleicher oder ähnlicher Art verfolgt werde, oder wenn der Ausverkauf zu einer solchen Schädigung oder Gefährdung auch nur geeignet sei, bietet das Gesetz keinen Anhalt."

Überaus bedenklich ist, daß künftig über die Frage, ob ein ausreichender rechtfertigender Grund des Räumungsverkaufs vorliegt, die Verwaltungsbehörde zu befinden hat (s. unten § 7b Anm. 3).

3. Begrenzung der Warengattung.

„Wird in einem Geschäftsbetrieb, der sich auf mehrere Warengattungen erstreckt, die Räumung eines Warenvorrats angekündigt, so könnte das im Publikum die Vorstellung erwecken, als wenn alle Arten von Waren, die das Geschäft führt, zu besonders billigen Bedingungen zu kaufen seien. Um hierbei von vornherein Täuschungen vorzubeugen, schreibt die Verordnung vor, daß bei Ankündigung eines Verkaufs, der nur einzelne der im Geschäft geführten Warengattungen betrifft, neben der Angabe des Grundes auch die vom Verkauf betroffenen Warengattungen anzugeben sind." (Begr.)

Über den Begriff der Warengattung s. auch Anm. 3 zu § 7, aber mit dem Unterschiede, daß dort (§ 7) die Umgrenzung des Begriffs von dem Verhältnis zu den wiedereinzuführenden ähnlichen Waren abhängt, während sie hier (§ 7a) der autonomen Bestimmung durch den Verkäufer unterliegt, er also nur für diese von dem Räumungsverkauf erfaßte Gattung einen wahren und rechtfertigenden Grund angeben muß. Die Begriffe „Warengattung" sind also in § 7 und § 7a nicht einander gleich.

Auch der Räumungsverkauf eines Teils des Lagers kann, sofern es sich um bestimmte Warenvorräte aus dem vorhandenen Bestande (vgl. unten § 8) handelt, angekündigt werden, doch muß das unzweideutig geschehen (RG. in LZ. 1911, 64), und der Grund muß für den Teilverkauf ebenso berechtigt sein, wie er (s. oben) für die Verkäufe im ganzen gefordert wird.

Den Begriff „bestimmter Warenvorrat" wendet RG. (und KG.) (6. Jan. 1931, HRR. 1931, 848) auch auf Waren an, die bei einer bestimmten Gelegenheit (Presseball) einmalig verwendet worden waren: „Ein bestimmter Warenvorrat muß im Sinne des Gesetzes gerade auch jeder Vorrat sein, der für den vorübergehenden Zweck des Ausverkaufs zusammengestellt wird, danach aber auch jeder Vorrat, der zu einem anderen dauernden oder vorübergehenden Zweck zusammengestellt worden ist und alsdann in dieser Zusammenstellung einer beschleunigten, die Erfordernisse des Ausverkaufs sonst erfüllenden Abstoßung unterstellt wird. Das könnte auch mit einer Auswahlsendung geschehen." Es sind also auch auf solchen Warenkomplex die einschränkenden Bestimmungen über Angabe hinreichenden Grundes anzuwenden, und als ein solcher hinreichender Grund ist die Auslegung der Teppiche auf dem Presseball nicht anzusehen.

Über sog. „Sonderveranstaltungen" s. Anm. 2 zu § 9.

§ 7 b.

Die unter §§ 7, 7a fallenden Veranstaltungen sind unter Einhaltung einer durch die höhere Verwaltungsbehörde festzusetzenden Frist vor der Ankündigung bei der von ihr bezeichneten Stelle anzuzeigen. Der Anzeige ist ein Verzeichnis der zu verkaufenden Waren nach ihrer Art, Beschaffenheit und Menge beizufügen, dessen Erneuerung von den höheren Verwaltungsbehörden für den Fall vorgesehen werden kann, daß die Veranstaltung nach

Ablauf einer bestimmten Frist nicht beendigt ist. Die Anzeige muß die im § 7 Abs. 2, 3, § 7a vorgesehenen Angaben enthalten und den Beginn, das voraussichtliche Ende und den Ort der Veranstaltung bezeichnen. Auf Verlangen der Stelle, bei der die Anzeige zu erstatten ist, sind für die den Grund der Veranstaltung bildenden Tatsachen Belege vorzulegen.

Die höhere Verwaltungsbehörde kann zur Ausführung der vorstehenden Vorschriften weitere Bestimmungen treffen. Sie kann ferner Anordnungen über die Dauer der Veranstaltung erlassen. Sie kann Veranstaltungen untersagen, die die zugelassene Dauer überschreiten, die nach der Vorschrift des § 7 Abs. 1 nicht zulässig sind oder die im Falle des § 7a durch den angegebenen Grund nach der Verkehrsauffassung nicht gerechtfertigt werden. Vor Erlaß ihrer Anordnungen hat sie die zuständigen amtlichen Berufsvertretungen von Handel, Handwerk und Industrie zu hören.

Die Einsicht in die Anzeige ist jedermann gestattet. Zur Nachprüfung der Angaben sind außer den zuständigen Behörden die amtlich bestellten Vertrauensmänner der amtlichen Berufsvertretungen von Handel, Handwerk und Industrie befugt.

1. Anzeige bei der Behörde.
2. Einreichung eines Verzeichnisses.
3. Untersagungsrecht der Behörde.
4. Anhören der Berufsvertretungen.

1. Anzeige bei der Behörde.

„Der § 7 Abs. 2 des geltenden Wettbewerbsgesetzes, der den Landesverwaltungsbehörden den Erlaß von Überwachungsbestimmungen überläßt, hat in der Rechtsprechung infolge seiner allgemein gehaltenen Fassung zu Auslegungszweifeln geführt. Die dort den Landesverwaltungsbehörden erteilte Ermächtigung zum Erlaß von Verordnungen ist in der Rechtsprechung oft so eng ausgelegt worden, daß den auf Grund der Vorschrift erlassenen Verordnungen, auch wenn sie durchaus zweckmäßige Maßnahmen vorsahen, die Rechtsgültigkeit aus dem Grunde abgesprochen werden mußte, weil sie den Rahmen der Ermächtigung überschritten. Vor allem ist es mehrfach beanstandet worden, wenn die Verordnungen vorschrieben, die Anzeige des Ausverkaufs bereits eine bestimmte Zeit vor der öffentlichen Ankündigung des Ausverkaufs vorzunehmen. Um für die Zukunft eine gewisse Einheitlichkeit in dieser Hinsicht sicherzustellen und Zweifel für die Rechtsprechung auszuschließen, sind die wesentlichen Überwachungsvorschriften in das Gesetz selbst (in den neuen § 7b) aufgenommen worden. So ist nunmehr ausdrücklich vorgesehen, daß die Ausverkäufe (§ 7 Abs. 1 bis 3) und Verkäufe gemäß § 7a binnen einer durch die höhere Verwaltungsbehörde festzusetzenden Frist vor der Ankündigung bei der Anmeldestelle anzuzeigen sind. Nach den gemachten Erfahrungen ist es ohne solche Frist in den meisten Fällen nicht möglich, die Anmeldung des Ausverkaufs ausreichend auf ihre Berechtigung nachzuprüfen. Für die beteiligten Gewerbetreibenden bedeutet die Innehaltung der Frist keine unbillige Zumutung. Die Bemessung der Frist soll der höheren Verwaltungsbehörde überlassen bleiben, da hier örtliche Verschiedenheiten (Größe des Bezirks) berücksichtigt werden müssen. Es steht auch nichts im Wege, für besondere Fälle, z. B. für den Ausverkauf leichtverderblicher Waren, ausnahmsweise eine abgekürzte Frist zu bestimmen." (Begr.)

Es ist zunächst und im allgemeinen nur Anzeige bei der Behörde nötig; Genehmigung kann nicht gefordert werden, aber durch Kannvorschrift (s. unten zu 3) ist der Behörde ein Untersagungsrecht aus bestimmten Gründen gegeben. War früher nur Anordnung seitens der Behörde, daß Anzeige zu erfolgen habe und ein Verzeichnis einzureichen sei, vorgesehen, so muß jetzt die Anzeige für alle Ausverkäufe und

Räumungsverkäufe (§§ 7 und 7a) erfolgen, und zwar vor der Ankündigung des Verkaufs.

Die Anzeige muß folgende Angaben enthalten:

A. für den Ausverkauf (§ 7), mag er als solcher bezeichnet sein oder nur in Wirklichkeit ein solcher sein:

1. welcher der Gründe a bis c des § 7 vorliegt; im Falle c, um welche Warengattung es sich handelt,
2. Beginn des Ausverkaufs und voraussichtliches Ende (Dauer),
3. Ort des Ausverkaufs (Geschäftslokal);

B. für den Räumungsverkauf (§ 7a):

1. Angabe des Grundes des Räumungsverkaufs; bei Beschränkung auf einzelne Warengattung Angabe dieser Warengattung,
2. Beginn des Räumungsverkaufs und voraussichtliches Ende (Dauer),
3. Ort des Räumungsverkaufs (Geschäftslokal).

Auf Verlangen der Behörde ist der Grund (A 1, B 1) zu belegen (s. auch die folgende Anm. 2).

2. Einreichung eines Verzeichnisses.

„Wenn in dem § 7b weiterhin die Einreichung eines Warenverzeichnisses und durch Bezugnahme auf die Vorschriften in § 7 Abs. 2, 3, § 7a die Angabe des Grundes des Ausverkaufs oder Verkaufs gefordert werden, ferner die Angabe des Beginns der Veranstaltungen, so entspricht das dem bereits geltenden Recht. Neu ist, daß zur besseren Klarstellung auch das voraussichtliche Ende und der Ort der Veranstaltungen angegeben werden sollen und daß für besonders lange dauernde Ausverkäufe die Möglichkeit vorgesehen ist, nach Ablauf einer bestimmten Zeit die Einreichung eines neuen Warenverzeichnisses zu fordern. Es soll damit der Anmeldestelle die Möglichkeit gegeben werden, an der Hand eines neuaufgestellten Warenverzeichnisses die Notwendigkeit einer Verlängerung der Veranstaltung nachzuprüfen. ... Der höheren Verwaltungsbehörde ist es überlassen, ergänzende Vorschriften zu treffen, so etwa genauere Angaben über Stückzahl,

Maß, Gewicht oder Art der auszuverkaufenden Waren, ferner bei Waren, die im Zeitpunkt der Anmeldung bereits in Auftrag gegeben, aber noch nicht geliefert worden sind, die Bezeichnung des Tages der Bestellung und der Abnahme usw. zu verlangen, die Form der Anzeige und des Warenverzeichnisses vorzuschreiben, mehrfache Ausfertigungen von beiden zu fordern usw." (Begr.)

Das Verzeichnis dient auch der Kontrolle, ob Waren nachgeschoben werden (§ 8). Die Einsichtnahme in das Verzeichnis ist auch dem Konkurrenten — ohne Nachweis eines besonderen, oder gar eines berechtigten, Interesses — gestattet.

3. Untersagungsrecht der Behörde.

„Während Ausverkäufe nur beim Vorliegen von bestimmten, im § 7 abschließend aufgeführten Gründen veranstaltet werden dürfen, sind die Voraussetzungen für Verkäufe gemäß § 7 a nicht in der gleichen Weise geregelt worden, weil es nicht möglich erscheint, die hierfür in Betracht kommenden Fälle mit Bestimmtheit durch eine Aufzählung zu erfassen. Die gebotene Sicherung gegen Mißbräuche wird dadurch geschaffen, daß der höheren Verwaltungsbehörde die Befugnis verliehen wird, Verkäufe gemäß § 7 a zu untersagen, wenn sie nach der Verkehrsauffassung durch den vom Veranstalter angegebenen Grund nicht gerechtfertigt werden." (Begr.)

Das bei Verstößen gegen § 7 sowie das gegen zu lange Dauer der Veranstaltung gegebene Untersagungsrecht der Verwaltungsbehörde mag hingenommen werden, weil die gesetzlichen Vorschriften klar und deutlich sind — obschon auch da die Nichterwähnung des Rechtsweges gegen Mißbrauch des Untersagungsrechts auffällt. Eine Verwirrung der Gewalten (Verwaltung statt Rechtspflege) ist aber gegeben durch das Untersagungsrecht der Verwaltungsbehörde angesichts des § 7 a. Danach entscheidet nicht mehr das Gericht darüber, ob ein hinreichender Grund für den Räumungsverkauf vorliegt, sondern die höhere Verwaltungsbehörde; sie hat sich dabei freilich nach der „Verkehrsauffassung" zu richten. Als eine gewisse Sicherung (Rechtssicherheit) kann erscheinen, daß die Verwaltungsbehörde vor Erlaß ihrer Anordnungen die zuständigen amtlichen Berufsvertretungen zu hören hat (s. die folgende Anm. 4).

Mangels ausdrücklicher Übergangsbestimmungen werden Ausführungsverordnungen der Verwaltungsbehörden über Dauer und Beendigung der Ausverkäufe und Räumungsverkäufe das Erforderliche verfügen. Ein vor dem 1. April 1932 als dem Inkrafttretungstermin der Vo. vom 9. März 1932 rechtmäßig begonnener Aus- und Räumungsverkauf darf noch zu Ende geführt werden, soweit es sich um die ordnungsmäßige Abwickelung des wirklich gleichen Verkaufs handelt. Das ist insbesondere wichtig bei schwebenden Konkurs- und Vergleichsverfahren. Schiebungen sind strafrechtlich zu verfolgen, ähnlich dem Vor- und Nachschieben von Waren (§ 8).

Der Preußische Minister für Handel und Gewerbe hat den zuständigen Regierungspräsidenten durch Erlaß vom 22. März 1932 ein

Muster einer Ausverkaufsanordnung

empfohlen, in welcher es u. a. heißt:

§ 6. Die Dauer der Ausverkäufe darf zwei Monate nicht überschreiten.

In besonders begründeten Ausnahmefällen, in denen diese Frist offenbar nicht ausreicht, kann die zuständige Polizeibehörde nach Anhörung der Industrie- und Handelskammer, gegebenenfalls der Handwerkskammer, eine Fristverlängerung bewilligen. In diesen Fällen ist eine Woche vor Ablauf der Frist von zwei Monaten ein neues Verzeichnis (§ 4) einzureichen.

§ 7. Veranstaltungen, welche die Räumung eines bestimmten Warenvorrats aus dem vorhandenen Bestande betreffen, dürfen nur stattfinden, wenn ein von der Verkehrsauffassung als ausreichend anerkannter Grund vorliegt (z. B. Aufgabe einer Verkaufsstelle, Brandschaden, Auseinandersetzung, Geschäftsverlegung). Der Grund muß im einzelnen Fall die Veranstaltung rechtfertigen.

§ 8. Die Bestimmungen der §§ 2 bis 7 finden auf Saisonschluß- und Inventurverkäufe, die von den zuständigen amtlichen Berufsvertretungen von Industrie, Handwerk und Handel für bestimmte Warengruppen als im ordentlichen Geschäftsverkehr üblich oder als für eine ordentliche und gesunde Geschäftsentwicklung notwendig anerkannt werden, keine Anwendung.

Diese Verkäufe dürfen höchstens zweimal im Jahre, und zwar in der Zeit vom .... bis .... und vom .... bis ...., stattfinden.

Die Dauer der Veranstaltungen ist auf je .... Wochen beschränkt.

Die Gewerbetreibenden sind verpflichtet, in allen Ankündigungen dieser Verkäufe den Zeitpunkt des Beginns ihrer Veranstaltung für jedermann deutlich erkennbar anzugeben.

Die Veranstaltung, die vom .... bis .... zulässig ist, muß als „Saisonschlußverkauf", die Veranstaltung, die vom .... bis .... zulässig ist, als „Inventurverkauf" bezeichnet werden.

§ 9. (1) Diese Anordnung tritt am .... in Kraft. Die Anordnung vom .... wird hierdurch aufgehoben.

(2) Auf Ausverkäufe und die im § 7 genannten Veranstaltungen, die beim Inkrafttreten dieser Anordnung noch nicht beendet sind, finden bis zum 30. Juni 1932 die Bestimmungen über die Dauer (§§ 6 und 7 Abs. 2) keine Anwendung.

Strafbestimmungen s. § 10.

4. **Anhören der Berufsvertretungen.** Daß die höhere Verwaltungsbehörde die zuständigen amtlichen Berufsvertretungen von Handel, Handwerk und Industrie (Industrie- und Handelskammern, Handwerkskammern und deren zentrale Zusammenschlüsse und Ausschüsse) vor Erlaß ihrer Anordnung zu hören hat, bezieht sich zweifellos nicht nur auf die generellen Ausführungsvorschriften des Satzes 1 von Abs. 2 und auf Satz 2, sondern auch auf die nach Satz 3 gegebenen Untersagungsrechte im Einzelfall. Ihre Aufgabe ist nicht leicht.

„Im letzten Absatz des § 7 b ist zur Behebung von Zweifeln ausdrücklich festgestellt, daß die amtlich bestellten Vertrauensmänner der Berufsvertretungen (Handelskammern usw.) zur Mitwirkung bei der Nachprüfung befugt sind. Dabei liegt es auf der Hand, daß Maßnahmen, die zu einem Einblick in die Geschäfts- und Betriebsgeheimnisse des Gewerbetreibenden führen können, wie die Anordnung der Vorlegung von Geschäftsbüchern, nicht von den Vertrauensmännern persönlich, sondern nur von der Berufsvertretung zu treffen sein werden." (Begr.)

§ 8.

Mit Gefängnis bis zu einem Jahre und mit Geldstrafe*) oder mit einer dieser Strafen wird bestraft:

1. **wer im Falle der Ankündigung eines Ausverkaufs (§ 7 Abs. 1 bis 3) oder eines Verkaufs gemäß § 7 a Waren zum Verkauf stellt, die nur für diese Veranstaltung herbeigeschafft worden sind (sogenanntes Vorschieben oder Nachschieben von Waren);**
2. **wer den Vorschriften des § 7 Abs. 4 zuwider einen Handel eröffnet oder sich an dem Geschäft eines anderen beteiligt oder in diesem Geschäft tätig wird.**

1. Vorschieben und Nachschieben von Waren.
2. Umgehung der Sperrfrist des § 7 Abs. 4.

1. **Vorschieben und Nachschieben von Waren.** Der § 8 verbietet sowohl das Nachschieben der Waren als das Vorschieben der Waren, auch wenn es sich um Nachschübe von ganz geringem Umfang handelt (RGSt. 44, 64 und in GRUR. 1911, 340; RGSt. 45, 314; 45, 168). Die Begr. führte aus, daß z. B. hier an den Fall gedacht sei, daß ein Kaufmann sein durch Brandschaden betroffenes Lager durch neue Waren ergänzt und alsdann den Ausverkauf wegen Brandschadens ankündigt; ferner auch an die Fälle, daß vor der Ankündigung eines Totalausverkaufs wegen Todesfalls oder eines Ausverkaufs wegen Geschäftsverkleinerung, Raummangels, langer Lagerung der Waren das Lager für den Zweck des Ausverkaufs komplettiert wird. Die Fassung dieser Vorschrift trifft nach der Begr. auch die Hinzuziehung solcher Waren, deren Lieferung bereits vor der Ankündigung des Ausverkaufs in Auftrag gegeben war. Hierbei sei jedoch, wie

---

*) S. Anhang C.

die Fassung ergebe, Voraussetzung, daß die Bestellung von vornherein für die Verwertung der Waren in der Form des Ausverkaufs erteilt worden sei, während in sonstigen Fällen dem redlichen Besteller der Mitverkauf der nachträglich eingehenden Waren nicht wohl werde verwehrt werden können (RG. in LZ. 1910, 852). Ob der Fall einer unzulässigen Ergänzung des Lagers vorliegt, werde sich aus den Umständen ergeben. Wenn die Ausverkaufswaren nicht von anderen Waren klar getrennt sind, nimmt der Erlaß des Preuß. Ministers für Handel und Gewerbe vom 14. Sept. 1926 den Verdacht des Nachschiebens an (s. Mitt. d. Berl. Ind.- u. Handelskammer 1927 S. 578).

Die reichsgerichtliche Rechtsprechung hat diese Gedanken scharf und folgerichtig weiter gefestigt. Vorschieben und Nachschieben von Waren macht die Ankündigung des Ausverkaufs von selbst zu einer unwahren Angabe (RGSt. 45, 50; 45, 372). Nachschub liegt auch vor, wenn Waren von einer Niederlassung zur anderen, z. B. vom Hauptgeschäft zur Zweigniederlassung, in der der Ausverkauf oder der Räumungsverkauf stattfindet, geschafft werden (RGSt. 46, 232 gegen die frühere Entscheidung in RGSt.; denn die starke Werbekraft der Ausverkaufsankündigung wird in irreführender Weise erweitert); ebenso bei Eintauschen von Waren usw. (RG. in RGUR. 1911, 340). Über das Verhältnis des § 8 zum § 4 (Gesetzeskonkurrenz) eindringend Rosenthal, Komm. Note 2, 3, 4 zu § 8.

Vor- und Nachschieben ist an sich ein strafrechtlich abgeschlossener Tatbestand. Die unerlaubte Vorschiebung vollendet sich mit der Ankündigung, nicht mit dem körperlichen Herbeischaffen (RGSt. 44, 273; 45, 314). Dieses Herbeischaffen ist in seiner wirtschaftlichen Bedeutung zu verstehen (RGSt. 45, 168, 371; 48, 35 und RG. in JW. 1916, 333). Notwendig ist das Bewußtsein, daß ein Ausverkauf oder Räumungsverkauf angekündigt sei; hierzu genügt aber die Kenntnis von Ankündigungen und demnächstige nach dieser Kenntnis erfolgende Nachschübe (RG. in MuW. 10, 216; 15, 130). Gleichgültig ist, ob der Nachschiebende Eigentümer der nachgeschobenen Waren ist (RG. in MuW. 10, 281; RGSt. 46, 232).

Strafverfolgung geschieht nur auf Antrag (§ 22 UWG.), nicht von Amts wegen (was man in interessierten Kreisen für einen Mangel des Gesetzes hält).

Wegen Schadenersatz vgl. § 13 Abs. 2 Nr. 2; wegen Klage auf Unterlassung § 13 Abs. 1; wegen Haftung für Angestellte § 13 Abs. 3; wegen Beschlagnahme der Waren §§ 94, 95, 98 StPO.

2. **Umgehung der Sperrfrist des § 7 Abs. 4.** Vgl. die Anm. 4 zu § 7. Während man berechtigtermaßen — auch mit scharfer Strafbestimmung — die sittenwidrige absichtliche Schädigung der Mitbewerber, die durch ein wahrheitswidriges Ausverkäufemachen und Eröffnen und Schließen immer neuer Scheinbetriebe geschieht, treffen will, trifft man — unberechtigterweise — auch Vorgänge, die als ganz ordnungsgemäß zu betrachten wären, mit dieser weitgehenden und kaum genügend durchdachten Strafbestimmung. Denn wenn ein Kaufmann, der sein Geschäft aufgab und seine Waren durch Ausverkauf endgültig losschlug, vor Ablauf des Sperrjahres sich an einem Geschäft der gleichen Branche als Gesellschafter beteiligt oder in einem solchen als Angestellter tätig wird, was in ganz ehrlicher Weise und aus selbstverständlichen wirtschaftlichen Betätigungsgründen geschehen könnte, so wäre er nach diesem § 8 Ziff. 2 ebenfalls strafbar. Denn der Hinweis darauf, daß es zur „Umgehung" der Eröffnung eines eigenen Geschäftes geschehe, wird schwer zu entkräften sein. Das Verschulden oder das rechts- oder sittenwidrige Verhalten kann also unter Umständen verschwindend sein. Hier liegt ein auf Formalrecht gegründeter Mißgriff vor gegenüber den bisherigen Grundgedanken des UWG., das sorgsam und feinfühlig das anständige Geschäftsgebaren von dem unanständigen zu scheiden sich bemühte.

§ 9.

Auf Saisonschluß- oder Inventurverkäufe, die von den zuständigen amtlichen Berufsvertretungen von Handel, Handwerk und Industrie für bestimmte Warengruppen als

im ordentlichen Geschäftsverkehr üblich oder als für eine ordentliche und gesunde Geschäftsentwicklung notwendig anerkannt werden, finden die Vorschriften der §§ 7 bis 8 keine Anwendung. Über Zahl, Zeit und Dauer dieser Saisonschluß- und Inventurverkäufe sowie über die Art ihrer Ankündigung soll die höhere Verwaltungsbehörde nach Anhörung der zuständigen amtlichen Berufsvertretungen von Handel, Handwerk und Industrie Bestimmungen treffen.

1. Das Recht der Saisonschluß- und Inventur-Verkäufe.

„Die Vorschriften des geltenden Rechts über Saison- und Inventurausverkäufe (§ 9 Abs. 2) erfahren durch den Entwurf inhaltlich keine Änderung. Die neue Fassung verfolgt einmal den Zweck, diese Veranstaltungen schon ihrer Bezeichnung nach von dem Begriff „Ausverkauf" schärfer abzuheben; sie sollen deshalb in Zukunft unter Vermeidung des Wortes Ausverkauf als Saison*schluß*- und Inventur*verkäufe* bezeichnet werden. Ferner wird der schon bisher anerkannten Auslegung des § 9 Abs. 2 entsprechend festgestellt, daß es sich bei der Üblichkeit solcher Veranstaltungen um die Ortsüblichkeit handelt, wie sie von der zuständigen gesetzlichen Gewerbe- und Handelsvertretung im Benehmen mit den in Frage kommenden Fachverbänden anerkannt wird. Der neue Wortlaut bringt weiter in Übereinstimmung mit der Rechtsprechung zum Ausdruck, daß mit dem Erfordernis der Üblichkeit nicht der Zustand unabänderlich festgelegt werden soll, der beim Inkrafttreten des Gesetzes vorlag, sondern daß auch der weiteren Entwicklung des Geschäftsverkehrs Rechnung zu tragen ist; deshalb sind die genannten Veranstaltungen auch insoweit zugelassen, als sie für eine ordentliche und gesunde Geschäftsentwicklung als notwendig anerkannt werden." (Begr.)

Auch hier ist wieder wie in § 7 und § 7 a die neue Idee verwirklicht, auf dem Wege der Terminologie Klarheit zu schaffen. Der Begriff „Ausverkauf" soll — entgegen dem Sprachgebrauch — den Saison- und Inventur-„Aus"verkäufen genommen und dadurch neben den Kategorieen 1. echter Ausverkauf (§ 7) und 2. Räumungsverkauf (§ 7 a) als 3. Saisonschluß- und Inventur-Verkauf (§ 9) gesetzt werden. Vor allem übrigen, nämlich den bisher so genannten „Sonderveranstaltungen", wird das Auge geschlossen (s. unten Anm. 2).

Bei der Beratung des UWG. wurden alle Anträge, bestimmte Fristen für Inventur- und Saisonausverkäufe schon im Gesetz festzustellen, abgelehnt und alles der höheren Verwaltungsbehörde überlassen. Es wurde regierungsseitig darauf hingewiesen, daß beabsichtigt sei, allgemeine Vorschriften zu erlassen, die in dem betreffenden Bezirk oder Ort ein für allemal für alle Saison- und Inventurausveräufe zu gelten hätten. Hieß es damals, es empfehle sich für die höhere Verwaltungsbehörde, vor Erlaß der Bestimmungen die Handelsvertretungen zu hören, so ist diese Anhörung jetzt zur Pflicht gemacht.

Wichtige Voraussetzung für die Zulässigkeit des Saisonschluß- und Inventur-Verkaufs ist, daß solche Verkäufe a) im ordentlichen Geschäftsverkehr üblich sind oder b) als für eine ordentliche und gesunde Geschäftsentwicklung notwendig anerkannt werden. Das ist für die einzelnen Gewerbszweige verschieden.

a) Üblich sind sie ohne weiteres in der Bekleidungsindustrie, weil da die Mode eine große Rolle spielt. Für die Glas- und Porzellanbranche wird vom OLG. Düsseldorf (MuW. 26, 221) ein Unterschied zwischen der Art des Verkaufs gemacht und allgemein gesagt: „Bei der Prüfung, was als üblich anzusehen ist, muß in erster Linie davon ausgegangen werden, was sich im kaufmännischen Verkehr im allgemeinen (im Gegensatz zu den besonderen örtlichen Gepflogenheiten) Geltung verschafft hat", damit der Fortschritt nicht gehemmt werde. Es betont (mit Callmann, dagegen Cordes in MuW. 31, 197) die Bedeutung eines starken Bedürfnisses als Grund der Üblichkeit.

HansOLG. (HRR. d. JR. 1931, 1422) meint hingegen, Bedürfnis (z. B. Modewechsel) und Üblichkeit ständen in keiner Beziehung. Für den Begriff der Üblichkeit könne mangels anderer Anhaltspunkte nur der allgemeine Sprachgebrauch maßgebend sein. „Üblich" bedeute nach dem Sprachgebrauch nichts anderes als in Übung sein, im Schwange sein, geübt werden; das Wort enthalte zugleich aber auch ein gewisses Wertverhältnis: üblich sei, was überwiegend geübt werde (so auch RGZ. 117, 276), wo verlangt wird, daß „eine überwiegend große Anzahl von Geschäften solche Ausverkäufe unbeanstandet vornimmt"; auch müsse die Üblichkeit nach der Verschiedenheit der Verhältnisse in den einzelnen Gegenden beurteilt werden und auch nach der Verschiedenheit in den einzelnen Geschäftszweigen.

b) Notwendig für eine ordentliche und gesunde Geschäftsentwicklung können Saisonschluß- und Inventur-Verkäufe (nur auf solche bezieht sich ja auch dieses Kriterium) sein, wenn der rasche Wechsel der Mode oder sonstige Wandlungen der Konjunktur einen Vorteil für den Verkäufer wie für den Käufer mit sich bringen, wenn Vorräte, die die Läger verstopfen und Anschaffungskapital einfrieren lassen, schnell und zu billigen Preisen abgestoßen werden. Hier ist der Zusammenhang, der oben zu a vom HansOLG. für die „Üblichkeit" abgelehnt wurde, als wichtig für die „Notwendigkeit zu gesunder Geschäftsentwicklung" zu bejahen. Der Begriff der „ordentlichen" Geschäftsentwicklung weist auf das aus § 1 UWG. bekannte Moment der Bekämpfung der „Ungehörigkeit" (s. oben S. 56 ff., 89 ff.) hin; denn es soll einerseits der außerordentliche Saisonschluß- und Inventur-Verkauf dort, wo er organisch berechtigt ist, erlaubt und nur der krampfhafte, nicht hinreichend durch die Umstände begründete bekämpft werden.

Über Üblichkeit (a) und Notwendigkeit (b) entscheidet nicht die Verwaltungsbehörde, sondern die amtliche Berufsvertretung von Handel, Handwerk und Industrie, also die Verkehrsauffassung der beteiligten Kreise. Die Entscheidung erscheint gegebenenfalls sehr schwierig.

Bei Saison- und Inventur-Verkäufen gilt das Verbot der Vor- und Nachschübe nicht (Rosenthal Komm. § 9 Note 12, vgl. auch Jacubowsky in MuW. 9, 188). Sie sind keine Ausverkäufe im Sinne von Räumungsverkäufen, ihre Bezeichnung als Saison-Räumungsausverkauf oder ähnlich ist also unzulässig.

Saison- und Inventur-Verkäufe sind nach bisheriger Übung nur zweimal im Jahre gestattet. Strafbestimmung s. § 10. Die Hauptzeit der Saison- und Inventur-Verkäufe ist in der Regel Ende Juni und Anfang Januar. Auch Weihnachtsverkäufe können unter Umständen als Saisonverkäufe angesehen werden (RGSt. 44, 63).

2. **Sonderveranstaltungen.** Obwohl anscheinend nach der neuen Fassung des § 9 im Zusammenhang mit §§ 7—8 kein Raum mehr ist für die Annahme eines besonderen Verkaufsbegriffs der „Sonderveranstaltungen" — denn es gibt jetzt nur noch a) Ausverkäufe aus drei bestimmten Gründen (§ 7), b) Räumungsverkäufe (§ 7a), c) Saisonschluß- und Inventur-Verkäufe (§ 9) —, so gibt es doch — mag das UWG. nun davon sprechen oder nicht — in der Praxis eine Fülle weiterer Benennungen und auch eingeführter Einrichtungen, wie z. B. der „Weißen Wochen" u. dgl. Die Kaufleute sind und bleiben auch erfinderisch in Bezeichnungen, die, ohne daß eine besondere Verpflichtung dadurch eingegangen werden soll, einen Anreiz zu bieten bestimmt sind, wie z. B. „Großer Osterverkauf", „Billige Handschuh-Tage", „Neue Serienverkäufe zu 3.95, 4.95, 5.95 Mark", „Werbewoche", „Reklametage", „Gelegenheitskäufe", „Ausnahmetage" oder dgl.

Die Frage der Sonderveranstaltungen ist also überaus wichtig. Vgl. § 27a (Einigungsämter).

a) Gesetzt den Fall, eine solche Veranstaltung — wenn es überhaupt als eine Veranstaltung angesehen werden kann und nicht bloß eine anlockende Benennung oder ein „Maulaufreißen" ist — gehöre in einen der Tatbestände der §§ 7, 7a oder 9, dann ist es erforderlich, den Einzelfall zu untersuchen und ihn mit Argumenten in die richtige Rubrik einzuordnen (z. B. daß „Restposten" zu den

„Räumungsverkäufen von Warengattungen" gehören), so daß danach geurteilt werden kann. Gesetzt aber — was die Regel ist —, er gehöre nicht in einen dieser Tatbestände, dann bleibt es noch ebenso wichtig, den Fall wettbewerbrechtlich zu beurteilen und ihn vermutlich anderen Tatbeständen des UWG. — z. B. § 1 oder §§ 3 und 4 — anzugliedern, damit eine Beurteilung ebenfalls möglich wird. Die Frage der Abgrenzung der sogenannten Sonderveranstaltungen bleibt mithin nach wie vor wesentlich.

Abgesehen von den „Weißen Wochen" herrscht ziemliche Unklarheit darüber, und zwar sowohl beim Publikum wie bei den ankündenden Kaufleuten, ob man es im einzelnen Fall mit einer Sonderveranstaltung oder mit einer bloßen Anpreisung und Anlockung zu tun hat. Diese Unterscheidung wäre gleichgültig, wenn es sich nicht darum handelte, sie auf die Richtigkeit oder Unrichtigkeit der Angabe (gemäß §§ 3 und 4 UWG.) zu prüfen und die oftmals sehr naheliegende Abgrenzung gegen Ausverkäufe (und damit gegen die Sonderbestimmungen der §§ 7—10 dieses Gesetzes) vorzunehmen (vgl. OLG. Stuttgart in HRR. d. JR. 1929, 2066). Obwohl diese Sonderverkäufe heute noch klarer als vor der Novelle von 1932 keine „Ausverkäufe" sind und sie doch meist nur durch Spezialisierung auf eine gewisse Warengattung und ermäßigte Preise sich stützen, ist ihre positive geschäftliche und rechtliche Bedeutung nach wie vor undurchsichtig. Weisbart (JW. 1932, 699) erblickt den Unterschied (gegenüber dem Ausverkauf, was jetzt ähnlich gegenüber dem Räumungsverkauf Gültigkeit hat) darin, daß beim Ausverkauf ein äußerer zwingender Grund, bei der Sonderveranstaltung freier Wille des Geschäftsinhabers maßgebend sei; Regelmäßigkeit des Vorkommens spreche gegen Ausverkauf und für Sonderveranstaltung. Letztere braucht also keinen rechtfertigenden Grund, darf nicht als Ausverkauf oder Räumungsverkauf bezeichnet werden oder den Anschein eines solchen erwecken. Die Grenze gegenüber einem Teilräumungsverkauf wird aber doch noch schwer zu ziehen sein, es sei denn, daß man Grund und Ziel (s. § 7a Anm. 2) durcheinanderwirft, also rechtlich zum Ergebnis eines unzulässigen Ausverkaufs kommen muß. Hält sich jedoch die Sonderveranstaltung von den wirtschaftlichen Eigenheiten des Teilräumungsverkaufs fern, so wird sie kaum Werbekraft haben. Solche Ankündigungen wie „Billige Tage", „Ausnahmetage" usw. werden von der Vorschrift des § 7a nicht betroffen, es sei denn, daß unrichtige Angaben gemacht seien und ein verschleierter Räumungsverkauf vorliegt. Ein „Großer Sommerverkauf", der kurz vor der üblichen Saisonschlußverkaufszeit angekündigt wird, muß als solches Umgehungsmanöver angesehen werden.

Auch bei sogenannten Lockartikeln (vgl. § 1 Anm. 16) kann eingeschritten werden, wenn die in der Ankündigung enthaltenen Angaben mit den tatsächlichen Umständen in Widerspruch stehen; insbesondere dann, wenn der Verkäufer sich weigert, die angepriesenen oder zur Schau gestellten Waren zu den angezeigten Preisen abzugeben. Auch kann schon darin ein Verstoß gegen das Gesetz liegen, daß nur einzelne der ausgestellten Waren zu besonders billigen Preisen ausgezeichnet werden, andere aber keine Preisnotierung tragen und hierdurch das Publikum in den Glauben gesetzt wird, daß die ausgestellten Waren durchweg zu den niedrigen Preisen verkauft werden (Begr.). Auch die Mitausstellung von Waren, die gar nicht verkauft werden sollen, ist unlauter. Dies alles also mündet wiederum in die grundsätzlichen Bestimmungen der §§ 3 und 4 bzw. des § 1 ein.

Für das Verhältnis der nachprüfbaren Angabe einer Sonderveranstaltung zur „bloßen marktschreierischen Reklame" sei auf RG. in HRR. d. JR. 1929, 1985 hingewiesen, wo es u. a. heißt:

„Handelt es sich nur um „marktschreierische Reklame", also auch nach der durchschnittlichen Auffassung des Publikums bloß um ein keiner sachlichen Nachprüfung zugängliches subjektives Lob der Ware, so käme Unwahrheit der Ankündigung freilich nicht in Betracht. Marktschreierei kann aber tatsächliche oder urteilsmäßige Aussprüche enthalten, die — sei es auch nur vermöge ihres Zusammenhanges — im Käufer eine falsche Vorstellung von den gegebenen Tatsachen hervorrufen, und solchenfalls liegen unwahre Angaben vor."

Es macht sich immerhin die Notwendigkeit geltend, die sogenannte „bloße Marktschreierei" einzuschränken, also davon abzugehen, daß man wettbewerbliche Ankündigungen nur deshalb für erlaubt und lauter ansieht, weil sie „bloße" Marktschreiereien seien und keine ganz ernst zu nehmenden Angaben enthalten. Solche weitgehende Entschuldigung des Anreißertums paßt nicht gut zu der sonst so strengen Unterscheidung des lauteren vom unlauteren Wettbewerb. Nicht nur in der eben genannten, sondern auch in einer Straf-Entsch. des RG. (RGSt. 63, 120) macht sich die notwendige Selbstbesinnung auf eine strengere Behandlung der Marktschreierei geltend, wenn dort gesagt wird: „Marktschreierische Anpreisungen können zwar als bloße Übertreibungen straflos sein, wenn sie als solche sofort und allgemein erkannt werden. Aber Angaben über die Beschaffenheit von Waren sind regelmäßig keine bloße marktschreierische Anpreisungen. Außerdem begründet auch die Gewöhnung an straflose Übertreibungen in der Reklame noch nicht den Schluß, daß auch tatsächliche Angaben lediglich als Übertreibung angesehen werden. Die durch das Gesetz beabsichtigte Bekämpfung des unlauteren Wettbewerbs durch Schwindelreklame darf nicht dadurch vereitelt werden, daß von der Gewöhnung an Schwindelreklame ausgegangen wird." Das RG. berichtigt damit die Auffassung der Vorinstanz, die davon ausging, „daß heute, wo die Reklame einen fast erschreckenden Umfang angenommen hat, das durch die Überhandnahme des Reklamewesens in heutiger Zeit fast gar ermüdete, aber auch in der Bewertung von Reklameansprüchen vorsichtiger gewordene Publikum weiß, daß Bezeichnungen, wie sie vom Angeklagten gewählt worden sind, eben Reklame sind und nichts weiter". Damit würde aber, so sagt das RG. mit Recht, dem Reklamewesen, also dem Mißbrauch der Reklame, den das Gesetz bekämpfen will, eine Wirkung beigelegt, die zuletzt darauf hinausläuft, ihn dem Gesetz zu entziehen. Solche grundsätzlich schärfere Auffassung muß gerade auch bei der Frage der „Sonderveranstaltungen" und ihrer Benennung Geltung erhalten. Hier liegen wichtigere Fortschritte der Erkenntnis des richtigen Rechts im Wettbewerb, als sie durch die künstliche Begriffseinschränkung der §§ 7 und 7a der Novelle von 1932 versucht worden sind.

3. **Arbeitsrechtliches.** Für Sonderveranstaltungen wie „Weiße Wochen" liegt im arbeitsrechtlichen Sinne kein „Notfall" vor, für den etwa eine Überschreitung der normalen Arbeitszeitbestimmungen zu gestatten wäre; RGSt. 63, 266 hat den Prokuristen einer Mode- und Weißwarenfirma bestraft, der drei Dekorateure und einen sich an den Arbeiten freiwillig beteiligenden Expedienten für die Vorbereitungen der Weißen Woche Nachts und am Sonntag beschäftigt hatte; es wurde nicht als ausreichender Grund der Berechtigung angesehen, daß diese Dekorationsarbeiten außerhalb der Geschäftszeit vorgenommen werden mußten, „um das kaufende Publikum nicht zu stören".

§ 10.

Mit Geldstrafe bis zu einhundertfünfzig Reichsmark oder mit Haft wird bestraft:

1. **wer es unterläßt, in der Ankündigung eines Ausverkaufs oder eines Verkaufs gemäß § 7 a die im § 7 Abs. 2, 3, § 7 a vorgeschriebenen Angaben zu machen;**
2. **wer den Vorschriften des § 7 b oder den auf Grund dieser Vorschriften erlassenen Anordnungen zuwiderhandelt oder bei Befolgung der Vorschriften oder Anordnungen unrichtige Angaben macht;**
3. **wer den von der höheren Verwaltungsbehörde auf Grund des § 9 Satz 2 getroffenen Bestimmungen zuwiderhandelt.**

Die Neufassung des § 10 bringt lediglich die formale Angleichung der Strafbestimmungen an die neue Fassung der

§§ 7—9, entspricht im übrigen aber dem alten § 10. Strafverfolgung findet von Amts wegen statt (§ 22 UWG.).

§ 10 straft Übertretungen. Andere Verstöße, z. B. gegen die Wahrheit wettbewerblicher Angaben oder gegen das Vor- und Nachschiebeverbot, werden nach § 4 oder § 8 (strenger!) bestraft. Über Buße s. § 26.

Wegen Klage auf Unterlassung § 13 Abs. 1, wegen Schadenersatz § 13 Abs. 2, wegen Haftung für Angestellte § 13 Abs. 3. Vgl. Rosenthal in MuW. 13, 483.

§ 11.

Durch Beschluß des Reichsrats kann festgesetzt werden, daß bestimmte Waren im Einzelverkehre nur in vorgeschriebenen Einheiten der Zahl, des Maßes oder des Gewichts oder mit einer auf der Ware oder ihrer Aufmachung anzubringenden Angabe über Zahl, Maß, Gewicht, über den Ort der Erzeugung oder den Ort der Herkunft der Ware gewerbsmäßig verkauft oder feilgehalten werden dürfen.

Für den Einzelverkehr mit Bier in Flaschen oder Krügen kann die Angabe des Inhalts unter Festsetzung angemessener Fehlergrenzen vorgeschrieben werden.

Die durch Beschluß des Reichsrats getroffenen Bestimmungen sind durch das Reichs-Gesetzblatt zu veröffentlichen und dem Reichstage sogleich oder bei seinem nächsten Zusammentritte vorzulegen.

Zuwiderhandlungen gegen die Bestimmungen des Reichsrats werden mit Geldstrafe *) oder mit Haft bestraft.

---

*) Siehe Anhang C.

1. Zweck der Vorschrift.
2. Bisher ergangene Bestimmungen.
3. Rechtsfolgen.

1. Zweck der Vorschrift. Bei einzelnen Warenarten (nicht ganzen Klassen), deren Menge sich beim Kauf in Packung oder Behältnissen schwer durch Augenschein feststellen läßt, soll durch bindende Vorschriften zum Schutze der Käufer wie der Konkurrenten Näheres über Art und Menge der Packung sowie über sichtbare Mengenbezeichnung bestimmt werden. Es bezieht sich nur auf „feilgehaltene" Ware, d. h. solche, die unmittelbar zum Verkauf steht, nicht auf nur gelagerte (vorrätig gehaltene, z. B. beim Spediteur, in der Fabrik, beim Transport) (RGSt. 25, 242). Vgl. Lobe in MuW. 8, 119 und Grunow ebd. 127.

2. Bisher ergangene Bestimmungen:

A. Gesetz wegen Änderung des Schankgefäßgesetzes. Vom 24. Juli 1909 (RGBl. S. 891).

Artikel I.

Das Gesetz, betreffend die Bezeichnung des Raumgehalts der Schankgefäße, vom 20. Juli 1881 (RGBl. S. 249) wird wie folgt geändert:

1. An die Stelle des § 1 Abs. 3 tritt folgende Vorschrift:

Zugelassen sind nur Schankgefäße, deren Sollinhalt einem Liter oder einer Maßgröße entspricht, welche vom Liter aufwärts durch Stufen von ½ Liter, vom Liter abwärts durch Stufen von Zehnteilen und vom halben Liter abwärts durch Stufen von Zwanzigteilen des Liters gebildet wird.

2. Im § 2 Abs. 1 wird eine neue lit. b eingefügt in folgender Weise:

b) bei Schankgefäßen für Bier zwischen 2 und 4 Zentimeter,
c) wie bisher b.

3. Dem § 2 werden folgende Absätze 3 und 4 hinzugefügt:

Die höhere Verwaltungsbehörde ist ferner befugt, den in Abs. 1 zu b bezeichneten Mindestbetrag des Abstandes für Gefäße von einem halben Liter und darüber bis auf 3 Zentimeter zu erhöhen.

Bis zum 1. Oktober 1913 ist der Gebrauch von Schankgefäßen für Bier mit einem Mindestabstande von 1 Zentimeter gestattet.

Artikel II.

Dieses Gesetz tritt am 1. August 1909 in Kraft.

B. Bekanntmachung über den Kleinhandel mit Garn.

Vom 10. April 1918 (RGBl. S. 181)

[die an die Stelle der Bek. vom 20. November 1900 getreten ist].

Auf Grund des § 11 Abs. 1 des Gesetzes gegen den unlauteren Wettbewerb vom 7. Juni 1909 (RGBl. S. 499) hat der Bundesrat die nachstehenden Bestimmungen für den Kleinhandel mit Garn beschlossen:

§ 1. Zum Einzelverkauf aufgemachte baumwollene, wollene und halbwollene Garne aller Art dürfen nur in bestimmten Einheiten des Gewichts und unter Angabe der Gewichtsmenge im Einzelverkehre gewerbsmäßig verkauft oder feilgehalten werden, baumwollene Garne jedoch auch in bestimmten Einheiten der Länge und unter Angabe der Länge.

§ 2. Als Mengeneinheiten werden zugelassen:

a) Gewichtseinheiten zu 1, 5, 10, 20 und 50 Gramm und zu einem Vielfachen von 50 Gramm;
b) Längeneinheiten für baumwollene Nähgarne zu 50, 100, 200, 500, 1000 Meter und zu einem Vielfachen von 1000 Meter;
c) Längeneinheiten für andere baumwollene Garne zu 5, 10, 20, 30 usw. bis 100 Meter.

Die Vereinigung mehrerer zulässiger Mengeneinheiten ist nur insoweit statthaft, als sie zusammen eine zulässige Mengeneinheit darstellen.

§ 3. Als Gewicht gilt das Trockengewicht der Garne ohne Umhüllung, Einlage usw. (Reingewicht) und ohne Beschwerung, soweit diese nicht durch die Herstellung bedingt ist, nebst einem Normalfeuchtigkeitszuschlage, der bei Bauwollgarn 8½, bei halbwollenen Garnen (sog. Mischgarnen) 10, bei Kammgarn 18¼ und bei Streichgarn 17 Hundertteile des Trockengewichts beträgt.

§ 4. Das Gewicht darf nicht um mehr als 3 vom Hundert bei Mengen über 50 Gramm, 5 vom Hundert bei Mengen von 10 bis 50 Gramm und 10 vom Hundert bei Mengen von 1 oder 5 Gramm, die Länge darf nicht um mehr als 3 vom Hundert bei Längen über 100 Meter, 5 vom Hundert bei Längen von

10 bis 100 Meter und 10 vom Hundert bei Längen von 5 Meter hinter den angegebenen Beträgen zurückbleiben.

§ 5. Das Gewicht ist in Gramm, die Länge in Meter anzugeben; die Angaben sind an der Ware selbst oder an ihrer Aufmachung, Verpackung oder Umschließung leicht erkennbar anzubringen.

Bei Vereinigung mehrerer Stränge im Gesamtgewichte bis zu 50 Gramm genügt es, wenn die Gewichtsangabe auf der gemeinsamen Verpackung angebracht ist, bei Mengen über 50 Gramm ist sie auf jedem einzelnen Stücke anzubringen. Garne in Knäueln sowie Garne, die nach der Länge verkauft werden, müssen stets mit einer Mengenangabe versehen sein.

§ 6. Für den Einzelverkauf bestimmte Packungen mit baumwollenem Nähgarn, die gewerbsmäßig verkauft oder feilgehalten werden, dürfen an Einzelaufmachungen (Spulen, Rollen, Karten, Papierhülsen oder dgl.) nur je 10 oder 20 oder 30 usw. bis 100 Stück oder Vielfache von 100 Stück enthalten. Die Stückzahl muß unter Bezeichnung der Aufmachungen auf der Außenseite der Packung leicht erkennbar angegeben sein.

§ 7. Die Bestimmungen finden keine Anwendung

a) auf Garne, die zum Zwecke der Fertigstellung von halbfertigen Waren in Verbindung mit diesen feilgehalten werden;
b) auf Garne, die dem Käufer zugemessen oder zugewogen werden.

§ 8. Diese Bestimmungen treten mit dem 1. Oktober 1918 in Kraft.

Zum gleichen Zeitpunkt werden die Bekanntmachungen, betreffend Bestimmungen für den Kleinhandel mit Garn, vom 20. November 1900 (RGBl. S. 1014) sowie vom 17. November 1902 (RGBl. S. 278) außer Kraft gesetzt.

C. Bekanntmachung, betr. Bestimmungen für den Kleinhandel mit Kerzen. Vom 4. Dezember 1901 (RGBl. S. 494).

Auf Grund der Vorschriften im § 5 Abs. 1 des Gesetzes zur Bekämpfung des unlauteren Wettbewerbes vom 27. Mai 1896 (RGBl. S. 145) hat der Bundesrat die nachstehenden Vorschriften, betr. den Kleinhandel mit Kerzen, beschlossen:

§ 1. Packungen mit Stearin- und Paraffinkerzen sowie mit Kerzen, die überwiegend aus diesen Stoffen hergestellt sind (Kompositionskerzen), dürfen im Einzelverkehre nur in bestimmten

Einheiten des Gewichts und unter Angabe der Gewichtsmenge gewerbsmäßig verkauft oder feilgehalten werden.

§ 2. Als Einheiten für das Rohgewicht der Packungen werden 500 g, 330 g und für Packungen, bei welchen die einzelne Kerze 25 g oder weniger wiegt, auch 250 g zugelassen.

§ 3. Das Reingewicht der in den Packungen enthaltenen Kerzen muß bei einem Rohgewichte

von 500 g mindestens 470 g,
von 330 g mindestens 305 g,
von 250 g mindestens 225 g

betragen.

§ 4. Auf der Außenseite der Packungen ist sowohl das Rohgewicht als das Reingewicht in leicht erkennbarer Weise anzugeben. Die Angabe ist in Gramm oder in Bruchteilen von Kilogramm auszudrücken.

§ 5. Weder das Rohgewicht noch das Reingewicht darf um mehr als 10 g hinter dem angegebenen Betrage zurückbleiben.

§ 6. Diese Vorschriften treten mit dem 1. Januar 1903 in Kraft.

Dazu Bekanntmachung vom 25. September 1915 (RGBl. S. 621), die folgenden Wortlaut hat:

Auf Grund des § 11 Abs. 1 des Gesetzes gegen den unlauteren Wettbewerb vom 7. Juni 1909 (RGBl. S. 499) hat der Bundesrat beschlossen:

Packungen mit Kerzen dürfen im Einzelverkehre bis auf weiteres in anderen als den in §§ 1 bis 3 der Bekanntmachung, betreffend Bestimmungen für den Kleinhandel mit Kerzen, vom 4. Dezember 1901 (RGBl. S. 494) vorgeschriebenen Gewichtsmengen gewerbsmäßig verkauft oder feilgehalten werden.

Diese Bestimmung tritt mit dem Tage der Verkündung in Kraft.

D. Verordnung über den Handel mit Tafelschokolade. Vom 11. Dezember 1925 (RGBl. I S. 467).

Auf Grund des § 11 Abs. 1 des Gesetzes gegen den unlauteren Wettbewerb vom 7. Juni 1909 (RGBl. S. 499) wird nach Zustimmung des Reichsrats verordnet:

§ 1. Tafelschokolade darf im Einzelverkehre nur in bestimmten Einheiten des Gewichts gewerbsmäßig verkauft oder feilgehalten werden.

Die Vorschrift im Abs. 1 gilt nicht für die Abgabe von Stücken unter 25 Gramm. Sie gilt ferner nicht für den Verkauf von Teilen

(Riegeln, Rippen) einer Tafel, für die Abgabe durch Automaten und für Schokolade, die zugewogen verkauft wird.

§ 2. Zugelassen sind Tafeln mit einem Reingewichte von 500, 250, 200, 125, 100, 50 und 25 Gramm.

§ 3. Das Gewicht darf bei Tafeln über 100 Gramm nicht um mehr als 2 vom Hundert und bei Tafeln von 100 Gramm und darunter nicht um mehr als 3 vom Hundert von den im § 2 vorgeschriebenen Gewichten abweichen.

§ 4. Zuwiderhandlungen gegen die Vorschriften dieser Verordnung werden auf Grund des § 11 Abs. 4 des Gesetzes gegen den unlauteren Wettbewerb vom 7. Juni 1909 bestraft.

§ 5. Diese Verordnung tritt mit dem 1. Juli 1926 in Kraft.

E. Verordnung über den Handel mit seidenen Bändern. Vom 11. Januar 1923 (RGBl. II S. 38).

Auf Grund des § 11 Abs. 1 des Gesetzes gegen den unlauteren Wettbewerb vom 7. Juni 1909 (RGBl. S. 499) wird nach Zustimmung des Reichsrats hiermit verordnet:

§ 1. Bänder, die in Kette oder Einschlag Seide oder Kunstseide — auch in Verbindung mit anderen Webstoffen — enthalten, dürfen, wenn sie unter einer handelsüblichen Nummerbezeichnung in den öffentlichen Verkehr gebracht werden, nur in den nachstehend angegebenen Nummern und dazugehörigen Linienbreiten gewerbsmäßig verkauft oder feilgehalten werden. Nicht betroffen werden Sammetbänder aller Art.

§ 2. Zugelassen sind die nachstehenden Nummern und Linienbreiten:

Nummer	Linienbreite	Nummer	Linienbreite
3/4	2	20	34
1	3	30	39
1½	4½	40	44
2	6	60	48
3	7	70	54
4	9	80	58
5	11½	100	68
6	14	120	78
9	19	140	88
12	24	160	98
14	27	180	108
16	29	200	120.

§ 3. Die handelsüblichen Linienbreiten müssen in metrischem Maße den nachstehenden Abmessungen entsprechen:

Linienbreite	Millimeter	Linienbreite	Millimeter
2	4,5	34	76,7
3	6,8	39	88,0
4½	10,1	44	99,3
6	13,5	48	108,3
7	15,8	54	121,8
9	20,3	58	130,8
11½	25,9	68	153,4
14	31,6	78	176,0
19	42,9	88	198,5
24	54,1	98	221,1
27	60,9	108	243,6
29	65,4	120	270,7.

§ 4. Werden die vorbezeichneten Bänder in Aufmachung auf Rollen mit Papierunterlauf innerhalb des deutschen Zollgebiets in den öffentlichen Verkehr gebracht, so darf dies nur in Stücken von 10 Meter Länge erfolgen. Die Längenangabe muß auf jeder Einzelaufmachung leicht erkennbar angegeben sein.

§ 5. Die nach § 3 den handelsüblichen Linienbreiten entsprechenden Abmessungen sind die Mindestmaße. Bei Rollenaufmachung von 10 Meter (§ 4) darf die Länge nicht mehr als 0,5 vom Hundert hinter der Angabe zurückbleiben.

§ 6. Zuwiderhandlungen gegen die Bestimmungen dieser Verordnung werden auf Grund des § 11 des Gesetzes gegen den unlauteren Wettbewerb vom 7. Juni 1909 bestraft.

§ 7. Die Verordnung tritt einen Monat nach der Verkündung in Kraft.

3. **Rechtsfolgen.** Die Zuwiderhandlung ist eine nur im ordentlichen Strafverfahren, nicht im Wege der Privatklage, ohne Rücksicht auf einen etwaigen Strafantrag des Verletzten, verfolgbare Übertretung, die nach § 67 Abs. 3 StGB. in drei Monaten verjährt (vgl. § 22 dieses Ges.). Selbstverständlich steht, wie bei jeder unerlaubten Handlung, auch hier dem vermögensrechtlich Verletzten der Anspruch auf Schadenersatz zu (§ 13 Abs. 2); wegen Unterlassungsklage s. § 13 Abs. 1; wegen Haftung für Angestellte § 13 Abs. 3.

§ 12.

Mit Gefängnis bis zu einem Jahre und mit Geldstrafe *) oder mit einer dieser Strafen wird, soweit nicht nach anderen Bestimmungen eine schwerere Strafe verwirkt wird, bestraft, wer im geschäftlichen Verkehre zu Zwecken des Wettbewerbes dem Angestellten oder Beauftragten eines geschäftlichen Betriebs Geschenke oder andere Vorteile anbietet, verspricht oder gewährt, um durch unlauteres Verhalten des Angestellten oder Beauftragten bei dem Bezuge von Waren oder gewerblichen Leistungen eine Bevorzugung für sich oder einen Dritten zu erlangen.

Die gleiche Strafe trifft den Angestellten oder Beauftragten eines geschäftlichen Betriebs, der im geschäftlichen Verkehre Geschenke oder andere Vorteile fordert, sich versprechen läßt oder annimmt, damit er durch unlauteres Verhalten einem anderen bei dem Bezuge von Waren oder gewerblichen Leistungen im Wettbewerb eine Bevorzugung verschaffe.

Im Urteil ist zu erklären, daß das Empfangene oder sein Wert dem Staate verfallen sei.

1. Schmiergeldverbot.
2. Bestandteile des Tatbestandes.
3. Unlauteres Verhalten.
4. Rechtsfolgen.

Lit.: Schmid in MuW. 9, 1.

1. **Schmiergeldverbot.** Die Gesetzgebung in anderen Ländern war Vorbild für diese Gesetzesbestimmung. Bestechung

*) Siehe Anhang C.

ist eines der ungehörigsten Mittel des Wettbewerbs, die Wahl eines Schleichweges, weil die Wettbewerbskräfte für den geraden offenen Weg zu klein sind. Nicht ausreichend erschien die durch die Generalklausel gegebene Möglichkeit, im Zivilprozeß vorzugehen.

Die Bestimmung ist in erster Linie als Konkurrenzvergehen gedacht; es ist daher eine Bestechung zu unlauterem Zwecke, die zum Wettbewerb geschieht, auch strafbar, wenn eine Pflichtwidrigkeit gegen den Prinzipal bei dem bestochenen Angestellten nicht vorliegt. Ob die Einwirkung auf den Prinzipal direkt geschieht oder auf dem Umwege über die Einwirkung auf die Kundschaft, die eine bestimmte Ware bevorzugen soll, bleibt sich gleich. Das schutzwürdige Interesse ist auch hier das Interesse des Mitbewerbers bei der Warenlieferung (so auch RGSt. 58, 429 und 66, 82).

2. Bestandteile des Tatbestandes:

a) daß keine schwerere Strafe nach anderen Bestimmungen verwirkt ist, z. B. wegen Betruges, Untreue (z. B. wenn der „Provisions"-Empfänger zum Nachteil des Betriebes handelt, dem er zu dienen verpflichtet ist — RGSt. 66, 84 und dort Zitierte —), Unterschlagung, Diebstahl oder dgl.

b) daß die Handlung im geschäftlichen Verkehr von oder mit dem Angestellten eines geschäftlichen Betriebs begangen ist, wobei (s. Anm. 14 zu § 1) der geschäftliche Verkehr ein weiterer Begriff ist als der geschäftliche Betrieb oder gar der gewerbliche Betrieb. Auch Betriebe sozialer Natur können in Frage kommen (RGSt. 50, 118) und der Geschäftsverkehr braucht nicht unmittelbar den Geschäftsbetrieb zu betreffen (z. B. Vorteile persönlicher Natur außerhalb des Betriebes, aber innerhalb geschäftlichen Verkehrs). Auch hier also Gegensatz zum Privatverkehr (RGSt. 44, 154) und zum Behördenverkehr. Eine Werft ist, wenn sie vorzugsweise im nationalen Interesse und nicht für „Geschäfte" des Staates arbeitet, vom RG. nicht als „Geschäft" betrachtet worden (JW. 1918, 446). Vgl. aber Bekanntmachung vom 3. Mai 1917 (RGBl. 1917 S. 393). Auch Anstellungsgesuche gehören zum Umkreis des „geschäftlichen Verkehrs" (RGSt. 56, 251).

c) daß die Handlung zu Zwecken des Wettbewerbes (s. Anm. 12 und 13 zu § 1) erfolgt, was nach RGSt. 58, 431 sich auf eine Beeinträchtigung der Rechte von Mitbewerbern beim Warenumsatz (nicht nur beim Warenbezug) bezieht. „Einmal muß der Wille des Täters darauf gerichtet sein, eine Bevorzugung beim Bezug von Waren oder gewerblichen Leistungen durch ein unlauteres Verhalten der Angestellten zu erhalten, und sodann muß diese Bevorzugung gerade dazu dienen sollen, den eigenen Absatz des Täters auf Kosten seiner „Konkurrenten" zu fördern" (darin liegt auch eine gewisse Einschränkung der wettbewerblichen Handlung, vgl. RGSt. 32, 27). Das Wettbewerbsinteresse braucht nur auf seiten des Schmiergeldgebers vorhanden zu sein, nicht auch für den Betrieb, welchem der Empfänger der „Provisionen" dient (RGSt. 66, 82). Der zu Bevorzugende braucht nicht der Bezieher der Waren oder Leistungen zu sein (ebd.). Der Wettbewerbszweck braucht nicht der einzige und hervorstechende Zweck zu sein, er kann auch mit anderen verbunden vorliegen, muß aber irgendwie bestimmend für das Verhalten geworden sein. „Auch ein Stellungsuchender handelt „zu Zwecken des Wettbewerbs", wenn er durch „Schmiergelder" erreichen will, daß er vor den Mitbewerbern bei der Auswahl der Anzustellenden bevorzugt wird. Wettbewerb im Sinne des Gesetzes findet insbesondere zwischen Erwerbsgenossen statt. Mitbewerber um die Stelle sind aber Erwerbsgenossen; ihren Mitbewerb will er durch die Bestechung beeinträchtigen" (RGSt. 56, 251).

d) Der Begriff „Bezug von Waren oder gewerblichen Leistungen" beschränkt sich nicht auf die Bestellung, er umfaßt auch die Lieferung und Prüfung (KomBer.). Bezug gewerblicher Leistungen liegt auch im Angestelltenverhältnis vor, insofern als die Anstellung für gewerbliche Dienste der Bestellung gewerblicher Leistungen gleichsteht, also z. B. Dienste eines Kassenboten einer Privatbank stellen gewerbliche Leistungen für diese dar (RGSt. 56, 250).

e) Ein Angestellter oder Beauftragter eines geschäftlichen Betriebs muß aktiv oder passiv (Anbieten, Versprechen, Gewähren — Fordern, Sichversprechenlassen, Annehmen von Geschenken oder anderen Vorteilen) daran beteiligt sein. Aber es braucht weder der Bevorzugte selbst die Vorteile gegeben zu haben noch braucht die Bevorzugung für dessen Betrieb verschafft zu sein, sondern „ein Dritter" und „ein Anderer" können Empfänger der Bevorzugung sein (vgl. auch RGSt. 56, 251). Unter den Begriff „Andere Vorteile" lassen sich auch Zuwendungen bringen, die einer dritten Person, etwa der Ehefrau des Bestochenen, angeboten werden oder für sie gefordert usw. werden (KomBer.). Auch das abgelehnte Angebot, die nicht angenommene Versprechung vollendet den strafrechtlichen Tatbestand; denn diese Tatbestände werden hier ausdrücklich neben dem „Gewähren" genannt. Das Gleiche gilt für Abs. 2 bei dem Fordern, das auch bei Erfolglosigkeit strafbar ist. Der Begriff der „Bevorzugung" ist so weit, daß darunter nicht nur eine Begünstigung bei der Aufgabe der Bestellung, sondern auch bei der Lieferung, Entgegennahme, Prüfung, Beanstandung usw. der Waren zu verstehen ist (KomBer.; s. auch RGSt. 48, 296).

f) Die Handlung muß ein unlauteres Verhalten des Angestellten oder Beauftragten sein (s. Anm. 3).

3. Unlauteres Verhalten. Die Worte „durch unlauteres Verhalten" im ersten und zweiten Absatz des Paragraphen sind erst nach langen Kämpfen in das Gesetz hereingekommen. Der in der ersten Lesung angenommene Entwurf enthielt die Worte nicht. Man war sich darüber klar, daß auch der Fall getroffen werden sollte, wo eine Nichtpflichtwidrigkeit von dem Gehilfen verlangt wurde. Schon die Annahme von Bestechungsgeldern als solchen sollte als pflichtwidrig und strafbar charakterisiert werden. Demgegenüber hat der Regierungsvertreter darauf hingewiesen, daß die Anschauungen über das Erlaubte und Nichterlaubte noch weit auseinandergingen. Nicht jedes Geschenk, das ein Lieferer dem Angestellten seines Kunden macht, werde als Bestechung angesehen. Ja, vielfach nähmen die Angestellten solche Geschenke mit Wissen und Willen ihrer Dienstherren an. Es bedürfe daher einer Begrenzung zwischen den harmlosen und nicht wohl anfechtbaren Zuwendungen, die zur Förderung des Warenumsatzes und glatteren Abwicklung der Geschäfte dienen sollten, und solchen Geschenken, die ihrem Charakter nach unbedingt Strafe verdienten. Es müsse daher eine Einschränkung in das Gesetz kommen, die dem im englischen Gesetz enthaltenen Moment des „corruptly" entspreche (um zu unlauterem Verhalten zu bestimmen, RGSt. 66, 84). Es wurde ausgeführt, das Erfordernis des unlauteren Verhaltens trenne den Tatbestand von den allerseits als unbedenklich bezeichneten Gefälligkeiten und ähnlichen Zuwendungen. Hervorgehoben wurde, daß durch die Worte „durch unlauteres Verhalten" nur der strafrechtliche Tatbestand eine Einengung erfahre, daß aber zivilrechtlich die Generalklausel unbeschränkt auf dem Gebiet des Bestechungs- und Schmiergelderunwesens anzuwenden sei. Doch dürfte diese Ansicht der Kommission unrichtig sein.

„Der Begriff der Unlauterkeit", sagt RGSt. 58, 429, „ist nicht gleichbedeutend mit Pflichtwidrigkeit. Es kommt weniger darauf an, ob das Verhalten gegenüber dem Dienstherrn des Angestellten ein pflichtwidriges ist, als daß es gegenüber dem Kreise der Mitbewerber unlauter erscheint. Die Strafvorschrift des § 12 richtet sich nicht gegen betrügerisches, ungetreues Gebaren der Angestellten gegenüber ihren Geschäftsherren, sondern sie will die Mitbewerber gegen bestimmte Formen des unlauteren Wettbewerbes schützen (vgl. RGSt. 47, 183; 48, 291 [293 ff.]; 66, 83 und dort Zitierte sowie Urt. V 254/20 vom 6. November 1920). Unlauter ist ein Verhalten dann, wenn es den Anschauungen aller billig und gerecht Denkenden des maßgebenden Verkehrskreises widerspricht." Es ist nach RGSt. 63, 428 kein Exkulpationsgrund, daß Schmiergelder in dem betreffenden Gewerbszweige üblich seien; eine Unsitte könne kein Handelsgebrauch sein (vgl. „corruptly", s. oben). Auch die Erhaltung des bisherigen Umfangs von Aufträgen darf nicht auf dem Wege des Schmiergeldes allein oder jedenfalls wesentlich (im Gegensatz zu sachlichen Entschließungsgründen) bestimmt sein; maßgebend bleibt immer, daß, wenn solche Übung gebilligt würde, alle Mitbewerber auch zu Schmiergeldern greifen müßten (RGSt. 66, 17). RGZ. 107, 208 beseitigt freilich nicht die Gültigkeit eines solchen Geschäfts schon wegen der unlauteren Handlungsweise des Bestechenden und des Bestochenen; dort wird das Kaufgeschäft, weil seine Bedingungen angemessen sind und nicht „in auffälligem Mißverhältnis zur vereinbarten Leistung" stehen, für unanfechtbar erklärt, und es wird weiter gesagt: „Die Weiterverfolgung des Anspruchs, den der Kläger durch den Vertragsabschluß erlangt hat, kann nicht schon deshalb als unzulässig angesehen werden, weil sie unanständig ist." Es wird also zwischen Nichtigkeit des Geschäfts und Unanständigkeit des Verhaltens des Bestechenden unterschieden. Die Schädigung des Prinzipals ist schon dann eingetreten, wenn ihm infolge der Unlauterkeit des Angestellten vorteilhaftere Angebote vorenthalten wurden, selbst wenn die „geschmierten" Angebote nicht zu hoch sind.

Gewährung und Annahme von Vorteilen durch Geschäftsfreunde ist erlaubt, wenn dadurch nicht der Wettbewerb Anderer in unlauterer Weise ausgeschaltet oder beeinträchtigt wird. RGSt. 63, 427 sieht „Trinkgelder, Weihnachts- oder Neujahrsgeschenke, die ohne Rücksicht auf eine besondere Gegenleistung gegeben werden, als erlaubt an, und RG. in GRUR. 20, 103 erkennt die Erlaubtheit für „harmlose Zuwendungen zur Förderung des Warenumsatzes und glatteren Abwickelung der Geschäfte" (Erledigung vertraglich schon so gut wie abgeschlossener Geschäfte) an.

4. **Rechtsfolgen.** Klage auf Unterlassung vgl. § 13 Abs. 1. Schadenersatz § 13 Abs. 2 (auch für den Fall fahrlässiger Verletzung ist die Zivilklage gegeben), Haftung für Angestellte § 13 Abs. 3. Die Vorschriften über die Verfallserklärung sind dem § 335 StGB. nachgebildet. Anspruch auf Herausgabe der Schmiergelder nach §§ 675, 667 BGB., wenn nicht im Strafverfahren dem Staate verfallen (Rosenthal Note 41 zu § 12). Vgl. § 22.

§ 13.

In den Fällen der §§ 1, 3 kann der Anspruch auf Unterlassung von jedem Gewerbetreibenden, der Waren oder Leistungen gleicher oder verwandter Art herstellt oder in den

geschäftlichen Verkehr bringt, oder von Verbänden zur Förderung gewerblicher Interessen geltend gemacht werden, soweit die Verbände als solche in bürgerlichen Rechtsstreitigkeiten klagen können. Auch können diese Gewerbetreibenden und Verbände denjenigen, welcher den §§ 6, 8, 10, 11, 12 zuwiderhandelt, auf Unterlassung in Anspruch nehmen.

Zum Ersatze des durch die Zuwiderhandlung entstehenden Schadens ist verpflichtet:

1. wer im Falle des § 3 die Unrichtigkeit der von ihm gemachten Angaben kannte oder kennen mußte. Gegen Redakteure, Verleger, Drucker oder Verbreiter von periodischen Druckschriften kann der Anspruch auf Schadensersatz nur geltend gemacht werden, wenn sie die Unrichtigkeit der Angaben kannten;
2. wer gegen die §§ 6, 8, 10, 11, 12 vorsätzlich oder fahrlässig verstößt.

Werden in einem geschäftlichen Betriebe Handlungen, die nach §§ 1, 3, 6, 8, 10, 11, 12 unzulässig sind, von einem Angestellten oder Beauftragten vorgenommen, so ist der Unterlassungsanspruch auch gegen den Inhaber des Betriebs begründet.

1. Bedeutung des § 13.
2. Unterlassungsklage.
3. Aktivlegitimation.
4. Schadenersatzpflicht.
5. Haftung des Prinzipals für Angestellte.

1. Die **Bedeutung des § 13** ist eine zwiefache: einmal scheidet er — etwa in der Mitte des Gesetzes stehend und die wichtigsten bis dahin gegebenen Bestimmungen überblickend —

die gegen die Allgemeinheit bzw. beliebige Dritte verstoßenden Handlungen unlauteren Wettbewerbs von den in §§ 14—20 behandelten gegen einen bestimmten Wettbewerber gerichteten Verstößen, und zweitens gibt er prozessuale Bestimmungen für jene generellen Verstöße.

Weiter ergibt sich gerade aus diesem § 13 die in der Rechtsprechung immer mehr hervorgetretene Ansicht, daß das UWG. in erster Linie den Wettbewerber und erst mittelbar das Publikum zu schützen bestimmt ist.

Dies ist besonders unterstrichen durch die Aktivlegitimation der Interessenverbände zur Klage, und von diesem Rechte der Popularklage ist in immer steigendem Maße Gebrauch gemacht worden, teilweise weil diese Verbände darin eine ihrer wesentlichen Aufgaben zum Schutze ihrer Mitglieder und ihrer Brancheorganisation erblicken, teilweise weil diesen Verbänden eher als dem einzelnen Wettbewerber die finanziellen Mittel zur Durchführung der gerichtlichen Klage zur Verfügung stehen.

Der § 13 verdankt seine Entstehung der Reichstagskommission, die ihn in der zweiten Lesung annahm, indem sie verschiedene im Entwurf verstreut enthaltene Bestimmungen zusammenfaßte und einheitlich regelte. In Abs. 1 ist die Legitimation zur Unterlassungsklage, in Abs. 2 der Schadenersatz, in Abs. 3 die Unterlassungsklage gegen Inhaber, wenn Angestellte Täter sind, geregelt. Auch für die Zugaben-Verordnung (s. Anhang A I) ist durch deren § 2 die Klagelegitimation und die Haftung des Prinzipals für seine Angestellten nach dem Muster dieses § 13 UWG. geregelt.

2. Die **Unterlassungsklage** ist eine subjektiv beschränkte Popularklage, sie kann nicht von jedermann, sondern nur von einem Mitbewerber, d. h. einem Gewerbetreibenden, auf dem gleichen in Frage kommenden Gebiete erhoben werden. Die Streitfrage, ob Voraussetzung der Unterlassungsklage Wiederholungsgefahr ist (Rosenthal in LZ. 1910, 589), darf als im bejahenden Sinne entschieden gelten. Das RG. (insbes. RGZ. 60, 12; 96, 244) hält die Besorgnis weiterer Beeinträchtigung für nötig, gibt jedoch dem Beklagten die Beweis-

last, daß keine Möglichkeit der Wiederholung gegeben sei (RG. in GRUR. 1911, 80, 276 sowie RGZ. 60, 155; 96, 245; 98,269; 125, 393). Stets liegt Wiederholungsgefahr vor, wenn der Beklagte im Rechtsstreit die von ihm aufgestellten Behauptungen aufrechterhält; dagegen genügt die Erklärung im Prozeß, Beklagter werde die Behauptungen in Zukunft unterlassen, allein nicht, um die Besorgnis der Wiederholung auszuschließen (OLG. Dresden in MuW. 10, 194, RG. in JurRdsch. 1926 S. 398, vgl. auch Anm. 18 zu § 1). Der Unterlassungsanspruch ist als ein vermögensrechtlicher Anspruch des betreffenden Geschäfts anzusehen, endigt mit dessen Aufhören, aber geht mit dem Geschäfte auf den Rechtsnachfolger über (vererblich und veräußerlich) RGZ. 86, 254, GRUR. 1916, 69) (vgl. auch die systematische Einleitung oben S. 53).

„Die quasinegatorische Unterlassungsklage wird nicht dadurch ausgeschlossen, daß die Kläger auch auf strafrechtlichem Wege Schutz gegen die Zuwiderhandlungen erlangen konnten" (RGZ. 116, 152). Das RG. schließt sich hier Rosenthals Meinung an und fordert kein besonderes Rechtsschutzbedürfnis als Voraussetzung für die Unterlassungsklage. Wiederholungsgefahr genügt als Voraussetzung.

3. **Aktiv legitimiert zur Klage** sind:

1. die Mitbewerber in gleichem oder verwandtem Geschäftszweig. Gleichartig sind die Waren oder Leistungen schon, wenn sie nach ihrem äußeren Aussehen übereinstimmen oder verwechslungsfähig sind. (Zahnärzte und Zahntechniker betreiben gleichartige Gewerbe, RG. in JW. 1907, 86; gegen Bezeichnung als Steuer„anwalt" oder „Volksanwalt", der nicht Rechtsanwalt ist, kann jeder Rechtsanwalt oder die Interessenvertretung der Anwälte vorgehen, RGZ. 99, 190; 105, 380). Auch Ärzte (RGSt. 37, 174) und Rechtsanwälte (RGZ. 99, 190) sind als Gewerbetreibende im Sinne des UWG. anzusehen. Über Gleichheit und Gleichartigkeit von Waren und Leistungen s. auch die Anm. zu § 2 der Zugabe-Verordnung (s. unten im Anhang A I). Für die Klaglegitimation des § 13 handelt es sich jedoch nicht um eine

technische Gleichartigkeit der Waren und Leistungen, sondern um ihre wirtschaftliche und wettbewerbliche Nähe.

2. die gewerblichen Interessenverbände, sofern sie zur Zeit der Tat bestanden haben (RGZ. 60, 418) und soweit sie zivilrechtlich klagen können, d. h. prozeßfähig sind. Da nun prozeßfähig nur eine natürliche oder juristische Person sein kann, d. i. eine Person, die sich durch Verträge verpflichten kann, so wird die Prozeßlegitimation einerseits den mit Korporationsrechten ausgestatteten Verbänden, nämlich den Innungen (GewO. §§ 86, 97), Innungsverbänden (GewO.), eingeschriebenen Hilfskassen (Ges. vom 7. April 1876 § 5, vgl. OLG. Hamburg und OLGR. 14, 418) sowie auch Erwerbs- und Wirtschaftsgenossenschaften, sofern sie den obenerwähnten Zweck verfolgen, andrerseits den Vereinigungen von Gewerbetreibenden zuzusprechen sein, welche zur Wahrung ihrer Interessen namentlich im vorgedachten Sinne bestehen, soweit sie in das Vereinsregister eingetragen sind. Über Schutzverbände vgl. RG. 60, 418; über Ärztekammer RGSt. 35, 267; 37, 175 und Anm. 10 zu § 3; über Handwerkerkammern RGSt. 44, 748; über Detaillistenvereine RGSt. 44, 748.

Außer den beiden genannten Voraussetzungen (Interessenvertretung und Prozeßfähigkeit) bestehen gesetzlich keine weiteren. Wettbewerblich interessiert gegenüber der betreffenden Handlung brauchen die Verbände nicht zu sein, um aktivlegitimiert zur Unterlassungsklage (und evtl. zum Strafantrag) zu sein (RGZ. 120, 49); nur darf ihr satzungsmäßiger Zweck ihrer Interessenvertretung nicht dem betreffenden Gegenstand, um den es sich bei der Klage handeln soll, schlechterdings fremd sein (RGSt. 45, 355). „§ 13 aber beruht auf dem Gedanken" (RGZ. 128, 342), „daß das allgemeine Interesse leidet, wenn eine Verfolgung der in Frage stehenden angeblichen Rechtsverletzung dem Belieben des unmittelbar Betroffenen allein anheimgegeben ist." Schutz verdient auch die freie Meinungsäußerung in Streitfragen des Wettbewerbs (z. B. bei der Frage der Erlaubtheit von Zugaben, RGZ. 135, 42); vgl. darüber Zugaben-Vo. § 2 (unten im Anhang A I) und JW. 1932, 1012 Anm.

Zur Stellung von Strafanträgen sind die Interessenverbände nach § 22 UWG. nur für die Fälle der §§ 4, 8, 12 berechtigt; in anderen Fällen (z. B. § 15 usw.) könnte es nur der Vorstand als Bevollmächtigter der einzelnen Vereinsmitglieder tun (RGSt. 46, 45). Vgl. auch RG. in MuW. 19, 183, einen Bußanspruch haben die Verbände nicht (RGSt. 48, 330).

Die Aktivlegitimation erstreckt sich, da § 10 auf § 7 zurückverweist, auch auf § 7 (OLG. Naumburg in MuW. 10, 257), wie denn überhaupt der ganze erste Teil des Gesetzes gemeint ist, soweit nicht die betreffenden Paragraphen sich von selbst (Strafbestimmung oder dgl.) davon ausschließen.

4. Die **Schadenersatzpflicht** besteht durchgängig bei allen Verstößen gegen das UWG.; die hier in § 13 nicht genannten Paragraphen haben entweder selbst eine Bestimmung über Schadenersatzpflicht (so §§ 1, 14, 16, 17—20) oder sie ergibt sich aus der Strafbarkeit (z. B §§ 4, 8, 10). Was die einzelnen Bestimmungen des Gesetzes betrifft, die Strafandrohungen enthalten, so war man sich darüber einig, daß diese Bestimmungen Schutzgesetze im Sinne des § 823 Abs. 2 BGB. seien. Es hätte also an sich einer besonderen Bestimmung über Schadenersatz nicht bedurft. Um aber alle in der Praxis etwa auftauchenden Zweifel von vornherein abzuschneiden, hat man die Nr. 2 des Abs. 2 noch ausdrücklich mit aufgenommen. Vgl. auch § 1 Anm. 19.

RG. in JW. 1927, 1575 (= GRUR. 1927, 484) statuiert (gemäß den mit RGZ. 108, 1 [= JW. 1924, 93] für das Warenzeichenrecht eingeleiteten Anschauungen) eine Auskunfts- (nicht Rechnungslegungs-) pflicht dessen, der unlauteren Wettbewerb beging, gegenüber dem Geschädigten, der ohne jene Auskunft seine Schädigung nicht hinreichend zu beziffern vermag, und leitet diese Auskunftspflicht aus § 242 BGB. (Treu und Glauben) her. „Die §§ 242, 157 BGB. bilden nur besonders bedeutungsvolle Anwendungsfälle des allgemeinen Grundsatzes des ungeschriebenen Rechts, daß der gesamte Rechtsverkehr davon beherrscht sein soll, was Treu und Glauben erfordern. Der vom erkennenden Senat ausgesprochene Grundsatz ist so allgemein gehalten, daß er nicht nur auf das Warenbezeichnungsrecht zu beschränken ist, sondern, wie das letztere selbst nur einen praktischen

Anwendungsfall des Schutzes gegen unlauteren Wettbewerb bildet, auf alle Fälle auszudehnen ist, wo Schadenersatzansprüche aus dem UWG. gegeben sind." Heinsheimer (in Anm. in JW. dazu) hält diese Argumentation bei Verstößen gegen § 3 UWG. nur für anwendbar, wenn der Geschädigte das Bestehen einer Schädigung selbst nachgewiesen hat, so daß erst nach Feststehen eines Schadenersatzanspruchs überhaupt dem Anderen eine Pflicht zur Mitwirkung bei der richtigen Ermittlung der Höhe des Schadens auferlegt werden kann.

Außer für die Presse genügt überall jede Fahrlässigkeit; vgl. RG. in JW. 1900, 760, das zu Unrecht eine so weitgehende Fahrlässigkeit verlangt, daß sie der Wissentlichkeit gleichsteht. Über Verantwortung der Presse vgl. Fuld in MuW. 8, 49 und Rosenthal Komm. Note 15—21 zu § 13.

5. **Haftung des Prinzipals für Angestellte.** Früher haftete der Prinzipal für seine Angestellten und Beauftragten (zu denen auch Handelsvertreter gehören, RG. in MuW. 26, 148) lediglich nach allgemeinen Grundsätzen (§§ 830, 831 BGB.). Das UWG. läßt dies für die Frage, ob vom Prinzipal Schadenersatz für Handlungen seiner Angestellten gefordert werden kann, bestehen (vgl. jedoch über Anwendung des § 831 BGB. RG. in GRUR. 1915, 155); für die Unterlassungsklage dagegen statuiert es eine von Vorsatz, Fahrlässigkeit, ja selbst vom Wissen unabhängige Haftung des Prinzipals für die Handlungen Angestellter, gewissermaßen als Delikt des geschäftlichen Unternehmens.

Demnach kann, wenn Angestellte die im § 13 bezeichneten Paragraphen verletzen, der Inhaber des Betriebs auf Unterlassung ohne näheren Nachweis (auch ohne den Exkulpationsbeweis des § 831 BGB., vgl. OLG. Kolmar in MuW. 10, 353) in Anspruch genommen werden, er kann sich vor der Unterlassungsklage, soweit man für diese eine Wiederholungsgefahr als erforderlich ansieht, nicht schon lediglich durch Entlassung des Angestellten schützen (Rosenthal). „Die Bedeutung des § 13 Abs. 3 liegt darin, daß sich der Betriebsinhaber seine Verurteilung zur Unterlassung der durch seinen Angestellten oder

Beauftragten vorgenommenen konkreten Handlung gefallen lassen muß, **auch wenn er den Angestellten oder Beauftragten sorgfältig ausgewählt und seiner etwaigen sonstigen Sorgfaltspflicht in vollem Maße genügt hat.** Das Handeln des Angestellten wird dem Betriebsinhaber somit als eigenes Handeln angerechnet, ein Entlastungsbeweis aus § 831 BGB. wird nicht zugelassen. Gegenstand des Klaganspruchs aus § 13 Abs. 3 UWG. ist daher nicht das beschränkte Recht auf Verurteilung des Betriebsinhabers, dafür Sorge zu tragen, daß der Angestellte oder Beauftragte die von ihm vorgenommene Handlung unterlasse, sondern das Recht, vom Betriebsinhaber selbst die Unterlassung der Handlung zu fordern. . . . Wenn der Betriebsinhaber nach § 13 Abs. 3 UWG. schlechthin auf Unterlassung haftet, so darf bei Prüfung der Frage der Wiederholungsgefahr nicht darauf abgestellt werden, ob die Besorgnis vorliegt, daß irgendein Angestellter des betreffenden Betriebs in Zukunft eine Handlung der beanstandeten Art begehen könnte. Maßgebend ist vielmehr auch die Besorgnis, die sich aus dem eigenen Verhalten des Betriebsinhabers oder seines verfassungsmäßigen Vertreters ergibt." (RGZ. 116, 33.) Der Prinzipal haftet natürlich auch auf Schadenersatz, wenn er Mittäter, Anstifter oder Gehilfe ist (§ 830 BGB.). (Vgl. über die Bestimmung des Abs. 3 Lobe in JW. 1909, 177, Wassermann in MuW. 8, 90, Pinner-Eyck S. 109 ff.).

Die Bestimmung des § 13 Abs. 3 (Haftung des Prinzipals) ist ausdrücklich auch auf die Tatbestände der §§ 14 und 16 für anwendbar erklärt. Vgl. ferner § 4 Abs. 2.

§ 14.

Wer zu Zwecken des Wettbewerbes über das Erwerbsgeschäft eines anderen, über die Person des Inhabers oder Leiters des Geschäfts, über die Waren oder gewerblichen Leistungen eines anderen Tatsachen behauptet

oder verbreitet, die geeignet sind, den Betrieb des Geschäfts oder den Kredit des Inhabers zu schädigen, ist, sofern die Tatsachen nicht erweislich wahr sind, dem Verletzten zum Ersatze des entstandenen Schadens verpflichtet. Der Verletzte kann auch den Anspruch geltend machen, daß die Behauptung oder Verbreitung der Tatsachen unterbleibe.

Handelt es sich um vertrauliche Mitteilungen und hat der Mitteilende oder der Empfänger der Mitteilung an ihr ein berechtigtes Interesse, so ist der Anspruch auf Unterlassung nur zulässig, wenn die Tatsachen der Wahrheit zuwider behauptet oder verbreitet sind. Der Anspruch auf Schadensersatz kann nur geltend gemacht werden, wenn der Mitteilende die Unrichtigkeit der Tatsachen kannte oder kennen mußte.

Die Vorschrift des § 13 Abs. 3 findet entsprechende Anwendung.

1. Wettbewerbsverstöße gegen bestimmte Personen.
2. Betriebs- und Kreditschädigung.
3. Bestandteile des Tatbestandes.
4. Behauptung und Verbreitung nicht erweislich wahrer Tatsachen.
5. Rechtsfolgen.
6. Vertrauliche Mitteilungen.
7. Haftung des Prinzipals für Angestellte.

Lit.: Siegel in MuW. 9, 183. Franz Haymann, Der Schutz gegen wahre üble Nachrede, zugleich ein Beitrag zum modernen Auskunfteirecht. Gruch. Beitr. 70, 61 ff.

1. **Wettbewerbsverstöße gegen bestimmte Personen.** Mit dem § 14 beginnt in dem Aufbau des Gesetzes ein neuer Abschnitt: es handelt sich von §§ 14 bis 20a um Wett-

bewerbsverstöße gegen bestimmte Personen, während die Tatbestände der §§ 1, 3—5, 6—10, 11 und 12 mit ihrem durch § 13 gegebenen Abschluß die die Allgemeinheit schädigenden Verstöße unlauteren Wettbewerbs betreffen. Dieser Verstöße gegen bestimmte Personen gibt es drei: 1. (§§ 14, 15) die Betriebs- und Kreditschädigung eines Anderen; 2. (§ 16) den Mißbrauch des Namens oder der besonderen gewerblichen Bezeichnung eines Anderen; 3. (§ 17 bis § 20 a) den Geheimnisverrat.

2. Die **Betriebs- oder die Kreditschädigung** des § 14 (und § 15) ist nur da erfüllt, wo der Täter in einen wirtschaftlichen Kampf mit Anderen eintreten will; wo er das Ziel verfolgt, in einer wider Treu und Glauben und die geschäftliche Wohlanständigkeit und Redlichkeit verstoßenden Weise den wirtschaftlichen Geschäftsbetrieb dieser Anderen durch Schmälerung ihres Absatzes, durch Entziehung von Kunden oder sonstige Mittel zu beeinträchtigen und unproduktiver zu machen, gerade hierdurch aber dem eigenen Geschäftsbetrieb auf dem Markt des wirtschaftlichen Verkehrslebens eine größere Ausdehnung und gesteigerte Einträglichkeit zu verschaffen und gerade auf diesem Wege die den anderen Geschäftsinhabern entzogenen geschäftlichen Vorteile sich selber zuzuwenden. Es müssen also die auf beiden Seiten, d. h. die vom Täter und die von seinem Gegner bei ihrem geschäftlichen Betriebe verfolgten Ziele die gleichen, und auf beiden Seiten muß der geschäftliche Betrieb darauf gerichtet sein, vollständig gleichen oder doch im wesentlichen übereinstimmenden wirtschaftlichen Bedürfnissen Dritter durch Zuführung geeigneter Bedürfnismittel zu Hilfe zu kommen und hierdurch den eigenen Geschäftsbetrieb vorteilhafter zu gestalten (RGSt. 32, 28). Insofern bildet der § 14 eine Spezialisierung des § 3, der § 15 eine solche des § 4.

Nicht nötig ist, daß der Wettbewerb zu Gunsten eines bestimmten Geschäftes erfolgt, auch nicht, daß er zu Ungunsten eines bestimmten Geschäfts geschieht (OLGR. 30, 259); wohl aber setzt § 14 Außerungen über die Waren oder Leistungen eines bestimmten Anderen voraus (OLGR.

27, 263), was ja mit der Differenzierung des Wettbewerbszwecks nicht identisch ist. § 14 ist auch beim Interessenkampf zweier Gruppen anwendbar (RG. in JW. 1902, 138), jedoch nur nach den Umständen des Falles (RGZ. 56, 271).

3. Die **Bestandteile des Tatbestandes** des § 14, der üblen Nachrede, sind folgende:

a) Behauptung oder Verbreitung nicht erweislich wahrer Tatsachen — s. unten Anm. 4 —,

b) die geeignet sind zu schädigen — daß sie wirklich schädigen oder geschädigt haben, wird nicht gefordert —,

c) zu Zwecken des Wettbewerbs — bedeutet hier nichts Anderes als in § 1 — s. Anm. 12 zu § 1 —, ist aber hier doch von ganz besonderer Bedeutung; denn hier bildet dies das scharf abgrenzende Kriterium gegenüber der auf allen Gebieten zur Förderung der Entwicklung notwendigen Kritik (vgl. Rosenthal Komm. Note 1 zu § 14). RGZ. 118, 136 sagt: „Das Tatbestandsmerkmal „zu Zwecken des Wettbewerbs" (im § 14 UWG.) ist nur da erfüllt, wo der Mitteilende mit der Verbreitung der kreditschädigenden Tatsache darauf abzielt, zum Nutzen des eigenen oder eines fremden Geschäftsbetriebs den Betrieb des Verletzten — sofern dieser die gleichen wirtschaftlichen Ziele verfolgt oder die gleichen wirtschaftlichen Bedürfnisse Anderer befriedigt — dergestalt zu beeinträchtigen, daß ihm durch Schmälerung des Absatzes, Entziehung von Kunden oder andere geeignete Mittel geschäftliche Vorteile entzogen und dem Mitteilenden oder dem von ihm begünstigten Dritten zugewendet werden sollen." (Vgl. auch RGZ. 60, 190, RGSt. 32, 27, JW. 1926, 564). Ist die Herabsetzung aus anderen Beweggründen geschehen, dann greift nicht § 14, sondern z. B. § 824 BGB. und unter Umständen § 15 UWG. Platz. Auch Verhinderung des Verlustes eigener Kunden ist Wettbewerbszweck (RG. in MuW. 15, 85). Ausschließlich braucht der Wettbewerbszweck nicht vorzuliegen; es genügt, wenn er neben anderen vorhanden war (RGZ. 128, 341),

d) über das Erwerbsgeschäft eines Anderen oder die Person des Inhabers oder Leiters oder über die Waren oder gewerblichen Leistungen eines Anderen. Unter Erwerbsgeschäft ist jedes auf dauernden oder vorübergehenden Erwerb gerichtete Geschäft im Bereiche des Handels oder der Produktion gewerblicher Art zu verstehen. Vgl. auch RG. in JW. 1901, 85. — Inhaber ist der, auf dessen Namen und für dessen Rechnung der Betrieb geführt wird; Leiter, der im Namen des Inhabers statt desselben oder neben ihm das Geschäft in seiner Gesamtheit oder in einzelnen Zweigen führt. Vgl. auch RGZ. 24, 240. — Über Waren und gewerbliche Leistungen s. Anm. 1 und 2 zu § 2.

Verschulden gehört nicht zum Tatbestand der üblen Nachrede; der Wettbewerbszweck genügt völlig, um die Behauptung oder Verbreitung einer nicht erweislich wahren Tatsache als unlauteren Wettbewerb erscheinen zu lassen; in der Verbindung von Wettbewerb und nicht erweislicher Wahrheit der zur Schädigung geeigneten Äußerung liegt das Moment der Unlauterkeit. Auch Entschuldbarkeit der Äußerung ist dabei ohne Belang (RG. in JW. 1901, 809).

4. **Behauptung und Verbreitung nicht erweislich wahrer Tatsachen.** Schwierigkeiten bereitet das Tatbestandsmerkmal der behaupteten oder verbreiteten nicht erweislich wahren Tatsachen. Dies ist etwas abweichend von den unwahren „Angaben" des § 3 zu beurteilen (s. Anm. 3 zu § 3).

Die Fassung „Tatsachen behauptet" ist gegenüber der früheren Fassung „Behauptungen tatsächlicher Art" (im Gesetz von 1896) gewählt worden, weil sie klarer den Willen des Gesetzes ausdrückt. Tatsache ist im Sinne dieses Paragraphen das erkennbar gezeichnete konkrete Geschehnis (RG. in JW. 1911, 780, also auch Manipulationen, die sich als Willensäußerung darstellen, RGZ. 60, 189), welches mit einer Person oder einer Sache in unmittelbare Verbindung gebracht wird. Das RG. hat auf Grund des UWG. angenommen, daß das Aussprechen von Urteilen dann als Angabe anzusehen ist, wenn ihre Unwahrheit objektiv nachweislich erscheint (RGSt. 44, 146). Urteile über wissenschaftliche oder künstlerische Leistungen (Arzt, Rechtsanwalt, Künstler, Photograph) fallen nicht hierunter (vgl. auch RG. in JW. 1914, 644, RGZ. 84, 296, RG. in MuW. 21, 210). Nach RG. in MuW. 1928, 495 werden sie als freie Meinungsäußerung geschützt, selbst wenn sie subjektiv irrtümlich sein sollten; denn wissenschaftliche Äußerungen sind nicht Behauptung von Tatsachen, selbst wenn sie einer gewissen Nachprüfbarkeit nicht entbehren; daß trotzdem im Einzelfall ungehöriger Wettbewerb vorliege, müßte von dem Gegner bewiesen werden. „Rein wissenschaftliche Aufsätze sind nicht als dem Wettbewerbszweck dienend anzusehen und ein Forscher wird nicht dadurch zu einem Wettbewerber, daß seine Forschungsergebnisse geeignet sind, den Wettbewerb von bestimmten Geschäftskreisen zu fördern" (RG. in GRUR. 1932, 85 = HRR. 1931, 2053); davon ist freilich „der Fall scharf zu scheiden, daß ein Gelehrter sich gegen Entgelt in den Dienst eines Erwerbsunternehmens stellt und damit den Wettbewerb Dritter fördert". Tatsachen und Urteile gehen vielfach in eins über (vgl. auch § 3 Anm. 3), oft hat dieses Letztere jenes Erstere zur Voraussetzung; der einzelne Fall erfordert genaue Prüfung (RG. in JW. 1906, 93; 1904, 422 und in GRUR. 1922, 34). Bei Würdigung dieser letzteren Entscheidung darf man sicherlich für die exakten Wissenschaften einen etwas anderen Maßstab als für die Geisteswissenschaften anerkennen; für die Nachprüfbarkeit kommt es auf die mehr oder weniger vorsichtige, problematische Art der Aufstellung der wissenschaftlichen Behauptung und auf den Stand der Wissenschaft an — beides Umstände, die nach den vom RG. ausgebildeten Grundsätzen eine Entscheidung im Einzelfall beeinflussen müssen. Wesentlich ist die Nachprüfbarkeit, wenn es sich um „Tatsachen" handeln soll; so äußert sich RG. in MuW. 20, 158, als Tatsachen seien natürlich „nicht rein subjektive Urteile und Kritiken" zu verstehen. Wenn jedoch damit zugleich etwas als vorhanden hingestellt und an dieses Urteil geknüpft wird, um das als vorhanden Hingestellte zu beleuchten und zu bewerten, und damit die Möglichkeit gegeben ist, das Urteil auf seine Richtigkeit nachzuprüfen, so liegt eben darin gleichzeitig auch die Behauptung einer Tatsache. Das entspricht der ständigen Rechtsprechung des Reichsgerichts (RG. 58, 209, RG. II 156/09 vom 20. November 1909). Nicht mit § 14 zu fassen sind Grenzfälle zwischen Urteil und Tatsachenbehauptung, so z. B. die Aussage über Wert oder Unwert eines Genußmittels („Kaffee-H." nach RG. in HRR. 1928, 1323). Benutzt ein Geschäftsgegner wissenschaftliche Äußerungen wettbewerblich, so steht nach § 14 dem Angegriffenen Gegenwirkung frei, KG. in OLGR. 30, 284. Bei Tatsachenbehauptung über den Gewerbebetrieb eines Patentanwalts ist das jedoch fraglich (bedenklich das Urteil des KG. in OLGR. 27, 282). Behauptung von Tatsachen, aus denen Urteile gefolgert werden, ist Angabe im Sinne des § 3 (z. B. „Kaufleute, die Sonderrabatte gewähren, handeln unfair", RG. in MuW. 9, 200; „Preiswürdigkeit und Güte nur im Spezialgeschäft vereint", Gutachten des Sonderausschusses bei der Hauptgemeinschaft des deutschen Einzelhandels).

Ob eine Tatsache wahr oder unwahr ist, richtet sich nach den Gesichtspunkten, die über Unrichtigkeit und Unwahrheit oben in Anm. 2 zu § 3 näher dargelegt sind. So genügt es z. B. auch hier für den zu führenden Nachweis, daß die behauptete Tatsache zur Zeit ihrer Behauptung wahr gewesen ist, wenn sie es etwa auch später nicht mehr war (vgl. RG. in MuW. 26, 82). Wie stark man an sich wahre Tatsachen wettbewerblich ausnutzen darf, z. B. Verbreitung einer früheren Bestrafung eines Konkurrenten zu Wettbewerbszwecken, darüber s. oben Anm. 1 zu § 3; RG. in JW. 1925, 2377 verbot dies, Fuld in Anm. dazu warnt vor Verallgemeinerung dieses Urteils; vgl. auch RGZ. 76, 110. In anderem Zusammenhang hat das RG. (JW. 1927, 1365) es als sittenwidrig bezeichnet, verbüßte Straftaten einem Verurteilten lebenslang vor seinen Weg zu werfen.

Tatsache im vorstehenden Sinne ist z. B. auch die behauptete (nicht vorliegende) Konkurseröffnung über das Vermögen eines Dritten oder die behauptete Wertlosigkeit einer Ware. Über

Warnungen vor Patentverletzungen als unter § 14 fallende Äußerungen: RGZ. 88, 437, RGZ. 94, 271, sowie RG. in HRR. 1929, 523 (gegen Rosenthal), Werturteil nach RG. in MuW. 22, 75 (Rosenthal in LZ. 1919, 1104 und JW. 1919, 453 zu den genannten und anderen RG.-Urteilen und literarischen Äußerungen, ferner sehr eingehend in seinem Komm Note 12 und 16—20 zu § 14).

Es genügt, daß die Behauptung mittelbar die gewerblichen Leistungen des Anderen trifft. Behauptungen über das Erwerbsgeschäft eines Lieferers können daher Behauptungen über das Geschäft dessen, dem geliefert ist, enthalten (RGZ. 75, 61). Auch in stillschweigenden Mitteilungen, z. B. in dem Verkauf von anderen Waren als den geforderten, kann die Behauptung von Tatsachen liegen (RG. in LZ. 1910, 851), ebenso im Verkauf unter einem Namen, der für einen Anderen geschützt ist (RGZ. 60, 189 [„Bergalter"], RGSt. 45, 376 [„Aspirin"]), ebenso kann bloße Gebärde eine Äußerung darstellen (Rosenthal Komm. Note 8 zu § 14). Besonders verpönt ist der Vergleich eigener mit fremder Leistung unter Namensnennung des bekämpften Wettbewerbers (darüber s. Anm. 17 zu § 1); gegen § 14 UWG. verstößt z. B. auch (RG. II 255/28 vom 21. Dezember 1928), wenn „die beanstandete Äußerung (ohne Namensnennung!) von dem unbefangenen Leser, für den sie bestimmt ist, gerade auf die Waren jenes Anderen bezogen werden muß" und wenn „der Hinweis deutlich erkennbar ist", z. B. ein „versteckter und maskierter Seitenhieb".

Verbreiten ist einer beliebigen Personenzahl auf irgendwelche Weise Zugänglichmachen.

5. **Rechtsfolgen.** Der Anspruch des Klägers geht auf Schadenersatz, nach seinem Belieben auch auf fernere Unterlassung der Verbreitung (RGZ. 55, 199; auch im Ausland). Ein Schade, der nicht Vermögensschade ist, kann an sich nach BGB. § 253 nicht in Geld geltend gemacht werden; dafür bietet aber für das UWG. und manche anderen Gesetze der Bußanspruch einen Ersatz; s. darüber § 26.

Auch der Anspruch auf Schadenersatz erfordert weder Vorsatz noch Fahrlässigkeit. Das Verbreiten objektiv unrichtiger Angaben genügt als Klagegrund (RG. in JW. 1901, 809, RG. in MuW. 26, 148). Über Voraussetzung der Unterlassungsklage Anm. 2 zu § 13. Berechtigt zur Erhebung der Klage aus § 14 auf Schadenersatz ist nur der tatsächlich vermögensrechtlich Verletzte, der einen solchen Schaden aus den gegnerischen Behauptungen herzuleiten vermag. Auch auf Unterlassung kann nur der „Verletzte" klagen. § 13 Abs. 1 und 2 ist nicht für anwendbar erklärt. S. § 13 Anm. 3. Über den Tenor des Urteils auf Unterlassung vgl. RG. in JW. 1902, 276; 1901, 65.

Die Beweislast ist hier (im Gegensatz zu derjenigen bei Abs. 2: „Vertrauliche Mitteilungen", s. unten Anm. 6) so: Hat jemand eine Tatsache behauptet und wird er auf Grund des § 14 auf Unterlassung oder Schadenersatz in Anspruch genommen, so muß er nachweisen, daß die Tatsache der Wahrheit entspricht. Bei der Klage auf Schadenersatz muß der Kläger ein schuldhaftes Verhalten des Beklagten nachweisen.

Die behauptete Verbreitung hat der Kläger, den Einwand der Wahrheit der Beklagte unter Beweis zu stellen (RG. in JW. 1901, 85; Rosenthal in JW. 1919, 453).

6. **Vertrauliche Mitteilungen (insbesondere von Auskunfteien).** Was hier wie eine Ausnahme im Gesetz steht, ist der Ausdruck eines grundsätzlichen Regelrechts, da die Interessen der soliden kaufmännischen Auskunfteien geschützt werden müssen und ebenso die private geschäftliche Auskunft. Auch dieses beruht auf dem Grundsatz der Wahrhaftigkeit in Wettbewerbsdingen.

Für die Abgrenzung der (notwendigen) Wahrhaftigkeit gegenüber (unnötiger) übler Nachrede ist wichtig RG. in JW. 1927, 1365 (= RGZ. 115, 416, dazu Fr. Haymann in Gruch. Beitr. 70, 61), wo es sich um die genaue Angabe über die frühere strafrechtliche Verurteilung eines Kaufmanns handelte und die Auskunftei verurteilt wurde, weil sie sich bei der Mitteilung über die Strafe nicht der erforderlichen milden Form bedient hatte. „Es entspricht in der Tat den zur sittlichen Norm gewordenen heutigen Anschauungen, wie sie insbesondere in dem Gesetz vom 9. April 1920 (RGBl. 507) zum Ausdruck gelangt sind (vgl. RG. vom 8. Dezember 1926, III 92/26), daß eine, wenn auch schwere Bestrafung, vor allem eine einmalige, in jungen Jahren erlittene, dem Verurteilten nicht lebenslang nachgetragen werden darf, daß ihm vielmehr dazu verholfen werden muß, die Verfehlung durch einwandfreies soziales Verhalten wieder gutzumachen." Es wird also eine relative, dem Zweck angepaßte Wahrhaftigkeit verlangt.

Über handelsrechtliche Haftung des Auskunfterteilenden s. Art. Auskunfterteilung im HdR. VII, 39 ff. (Nach RGZ. 115, 122 kann Haftung für falsche Auskunft, sogar für fahrlässige, vertraglich ausgeschlossen werden.)

Um „Auskunft" in dem hier besprochenen Sinne handelt es sich aber nur, wenn a) die Angaben „vertraulich" gemacht werden und wenn b) der Mitteilende oder der Empfänger an ihnen ein „berechtigtes Interesse" hat. Damit ist aus der milderen Beurteilung alles ausgeschlossen, was etwa zum Zweck des (eigenen) geschäftlichen Wettbewerbs gegen den „Beauskunfteten" mitgeteilt wird, sei es, daß dies nicht vertraulich — oder zu nichtvertraulicher Benutzung (RG. in MuW. 9, 390) —, sei es, daß es ohne das berechtigte Auskunftinteresse geschieht; es muß vielmehr ein solches besonderes Interesse außerhalb des Wettbewerbszweckes vorhanden sein, wodurch die objektiv unwahre Behauptung ihre Unerlaubtheit verliert (RG. in JW. 1904, 185 und OLGR. 11, 428, RG. in MuW. 6, 90; RG. in JW. 1910, 443). Über Abwehr unlauteren Wettbewerbs RGZ. 59, 1 und in JW. 1905, 174; JW. 1904, 563.

Dolose oder fahrlässige Behauptung kann mit eigenem geschäftlichen Wettbewerbsinteresse oder ohne solches geschehen. Ist eigenes geschäftliches Wettbewerbsinteresse vorliegend, dann steht dies grundsätzlich dem in Abs. 2 des § 14 genannten berechtigten Interesse im Wege. „Ist der Wettbewerbszweck, das Interesse an Schädigung oder Beseitigung der Konkurrenz ausschließlicher oder überwiegender Beweggrund, so kann ein berechtigtes Interesse nicht anerkannt werden" (Callmann Komm. zum UWG. S. 257 nach RG. in JW. 1909, 670 u. a.).

Die Bemerkung, daß die Mitteilung „streng vertraulich" sein solle, genügt nicht, wenn sie in Wirklichkeit weiterverbreitet werden sollte (RG. in MuW. 9, 390), während andrerseits ein ausdrücklicher Hinweis auf vertrauliche Behandlung nicht nötig ist, sofern sich diese aus den Umständen ergibt (RG. in MuW. 15, 84).

Da die Verbreitung objektiv unwahrer Tatsachen die Klage auf Unterlassung rechtfertigt (vgl. § 1 und § 13) und Schadenersatz auch bei Vorhandensein berechtigten Interesses, bei Vorsatz oder Fahrlässigkeit des Mitteilenden verlangt werden kann, so geht diese Vorschrift weiter als § 824 BGB.; vgl. RGZ. 94, 271 = JW. 1919, 453 und Rosenthal dazu in JW. ebenda; ferner RG. in JW. 1915, 34, wo es heißt: „Ist die Behauptung objektiv wahrheitswidrig, so liegt der Tatbestand des § 15 UWG. und des § 824 BGB. vor, wenn die Behauptung wider besseres Wissen aufgestellt ist." Aber im letzteren Falle kommt auch § 14 UWG. in Betracht. „Zur Verurteilung zum Schadenersatz genügt allein die Tatsache, daß der Täter die Wahrheit der von ihm hier behaupteten Tatsache nicht beweisen kann" (RG. in MuW. 1926/27, 148).

Was sonst die Beweislast betrifft, so muß hier (im Gegensatz zu Abs. 1, s. oben Anm. 5) der Kläger seinerseits nachweisen, daß die Tatsache unrichtig ist. Dasselbe, sowie daß der Beklagte die Tatsache kannte oder kennen mußte, muß er bei der Klage auf Schadenersatz, wenn es sich um eine der in Abs. 2 bezeichneten Mitteilungen handelt, nachweisen.

7. Über die **Haftung des Prinzipals** für seine Angestellten und Beauftragten, die wie nach § 13 Abs. 3 auch hier gilt, s. Anm. 5 zu § 13.

§ 15.

Wer wider besseres Wissen über das Erwerbsgeschäft eines anderen, über die Person des Inhabers oder Leiters des Geschäfts, über die Waren oder gewerblichen Leistungen eines anderen Tatsachen der Wahrheit zuwider be-

hauptet oder verbreitet, die geeignet sind, den Betrieb des Geschäfts zu schädigen, wird mit Gefängnis bis zu einem Jahre und mit Geldstrafe*) oder mit einer dieser Strafen bestraft.

Werden die im Abs. 1 bezeichneten Tatsachen in einem geschäftlichen Betriebe von einem Angestellten oder Beauftragten behauptet oder verbreitet, so ist der Inhaber des Betriebs neben dem Angestellten oder Beauftragten strafbar, wenn die Handlung mit seinem Wissen geschah.

1. Verhältnis des § 15 zum § 14.
2. Der strafrechtliche Tatbestand.
3. Rechtsfolgen.
4. Angestellter und Beauftragter.

1. **Verhältnis des § 15 zum § 14.** § 15 steht zu § 14 in gleichem Verhältnis wie § 4 zu § 3 (s. Anm. 1 zu § 4). Das „wider besseres Wissen" ist gleich dem „wissentlich Unwahren", bedeutet den Vorsatz. Im übrigen sind die Merkmale des Tatbestandes etwa die gleichen wie in § 14 (s. Anm. 3 zu § 14), es fehlt die Forderung „zu Zwecken des Wettbewerbs", und es ist nicht die Kreditschädigung ausdrücklich genannt; letzteres ist nebensächlich, da Kreditschädigung stets auch eine Betriebsgefährdung ist (Rosenthal Komm. Note 1 zu § 15). Der Wettbewerbszweck ist nicht erforderlich (s. Anm. 2). Durch das wissentlich Unwahre wird hier aus der üblen Nachrede die Verleumdung.

2. Der hier aufgestellte **strafrechtliche Tatbestand** der Geschäftsbetriebsschädigung durch Verleumdung hat zur Voraussetzung:

a) die Aufstellung einer positiven Behauptung seitens des Beschuldigten,

b) seine Kenntnis der Unwahrheit der Behauptung,

*) Siehe Anhang C.

c) die Eignung der Behauptung zur Geschäftsbetriebsschädigung.

(Über die Frage, ob Bewußtsein von der Eignung erforderlich ist, s. Anm. 2 zu § 4). Nicht entschuldigt hier der Einwand berechtigten Interesses. Das Motiv der Tat, das für die Anwendung des § 15 ohne grundsätzliche Bedeutung ist (vgl. RGSt. 31, 65), kann außer Wettbewerb ein verschiedenes sein, z. B. Rachsucht, Schikane, Verhöhnung; aber auch Rechtsirrtum, der vor Strafe nicht schützt.

Unter welchen begleitenden Umständen, namentlich ob innerhalb oder außerhalb des geschäftlichen Verkehrs, die falsche Behauptung aufgestellt ist und an wen sie gerichtet ist, ist rechtlich unerheblich; auch in einer Anzeige an die zuständige Behörde kann der vorgedachte Tatbestand gefunden werden (RGSt. 31, 65), oder auch in stillschweigendem Handeln, das einer Behauptung gleich ist, so wenn einem eine bestimmte Ware (mit geschütztem Namen) fordernden Kunden eine andere, ähnliche oder gleichwertige, ohne weitere Aufklärung verabfolgt wird (vgl. die bekannte „Aspirin"-Entscheidung des RG. in RGSt. 45, 376). Der Tatbestand des § 15 geht also über den Rahmen eines Wettbewerbstatbestandes weit hinaus (Konkurrenz mit § 187 StGB.).

Nicht nötig ist, daß die Behauptung ehrenkränkender Natur ist, es genügt z. B. die Behauptung, der Konkurrent sei wegen Krankheit nicht in der Lage, zu liefern, die Fabrik sei abgebrannt usw. (RGSt. 44, 148 und in MuW. 10, 349).

3. **Rechtsfolgen.** Die Strafverfolgung tritt, da es sich um ein gegen eine Privatperson gerichtetes Vergehen handelt, nur auf Antrag ein (§ 22). Zur Antragstellung ist berechtigt, wer durch die vorgenannten Behauptungen in seinem Geschäftsbetriebe geschädigt werden kann. Die Strafverfolgung kann seitens des Antragstellers mittels der Privatklage betrieben werden, sofern nicht die Staatsanwaltschaft im öffentlichen Interesse die Verfolgung übernimmt. Im Falle der Verurteilung muß dem Verletzten die Befugnis zur veröffentlichung der Verurteilung ausgesprochen werden, der Ver-

letzte kann nicht auf dieses Recht, wohl aber auf die Veröffentlichung selbst verzichten. Andrerseits kann (muß aber nicht) die Freisprechung veröffentlicht werden (§ 25). Über das Verhältnis zu § 824 BGB. s. § 14 Anm. 6.

Die zivilrechtliche Unterlassungsklage ist nicht erwähnt; sie wurde jedoch schon nach dem Gesetz von 1896 für zulässig erachtet (RG. in JW. 1903, 128 und Goldschmidt in GRUR. 1910, 80; dort auch über die zivilrechtliche Haftung des Inhabers für den Gehilfen). Da § 15 gegenüber § 14 die Qualifikation bedeutet, kann nicht ein Recht des Verletzten, das für den geringeren Tatbestand gegeben war, für den qualifizierten entfallen.

4. **Angestellter und Beauftragter.** Die Strafbarkeit ist analog derjenigen nach § 4 Abs. 2 zu behandeln, s. Anm. 5 zu § 4.

§ 16.

Wer im geschäftlichen Verkehr einen Namen, eine Firma oder die besondere Bezeichnung eines Erwerbsgeschäfts, eines gewerblichen Unternehmens oder einer Druckschrift in einer Weise benutzt, welche geeignet ist, Verwechselungen mit dem Namen, der Firma oder der besonderen Bezeichnung hervorzurufen, deren sich ein anderer befugterweise bedient, kann von diesem auf Unterlassung der Benutzung in Anspruch genommen werden.

Der Benutzende ist dem Verletzten zum Ersatze des Schadens verpflichtet, wenn er wußte oder wissen mußte, daß die mißbräuchliche Art der Benutzung geeignet war, Verwechselungen hervorzurufen.

Der besonderen Bezeichnung eines Erwerbsgeschäfts stehen solche Geschäftsabzeichen und sonstigen zur Unterscheidung des Geschäfts von anderen Geschäften bestimmten Einrichtungen

gleich, welche innerhalb beteiligter Verkehrskreise als Kennzeichen des Erwerbsgeschäfts gelten. Auf den Schutz von Warenzeichen und Ausstattungen (§§ 1, 15 des Gesetzes zum Schutze der Warenbezeichnungen vom 12. Mai 1894, Reichs-Gesetzbl. S. 441) finden diese Vorschriften keine Anwendung.

Die Vorschrift des § 13 Abs. 3 findet entsprechende Anwendung.

Lit.: Wolff-Crisolli, Recht der Reklame, Berlin 1929, insbes. S. 232 f.

I. Bedeutung des § 16.

1. **Stellung zum unlauteren Wettbewerb.** Die Bedeutung des § 16 ist dauernd gewachsen. Seine Stellung in der Bekämpfung des unlauteren Wettbewerbs ist eigenartig und groß. Der § 16 nennt einen der nur gegen bestimmte Personen gerichteten Verstöße des unlauteren Wettbewerbs (wie sie mit § 14 beginnen und bis § 20 gehen). Gleichwohl ist natürlich die Generalklausel des § 1

auch hier von Einfluß und wird in Entscheidungen häufig mit herangezogen. Aber da in dem Wortlaut des § 16 kein Wort von Wettbewerbszweck oder Unlauterkeit steht, so ist die reichsgerichtliche Judikatur dahin gelangt, schon die bloße Verwechslungsgefahr in warenzeichenmäßigem Sinne ausreichend sein zu lassen für die Ansprüche aus § 16 und aus scheinbarer Unbedingtheit der Prioritätsrechte doch auch manche natürliche Priorität gering zu achten, wenn es an einem stärkeren Gesichtspunkt als der bloßen Verwechslungsgefahr fehlt. Das ist für das Verständnis und die Anwendbarkeit des § 16 von erheblichster Bedeutung und hat zu Entscheidungen geführt, die nicht immer bedenkenfrei erscheinen. RG. (im Neuerburg-Urteil RGUR. 1926, 397 wie auch sonst vielfach) erklärt es nach § 16 für „erforderlich und ausreichend, daß objektiv die beanstandete Firmenbenutzung geeignet ist, in den Kreisen, an die diese Firma sich vorwiegend wendet, die Gefahr einer Verwechslung mit der älteren Firma des Anderen hervorzurufen. Daher können die angeblich auf seiten des Beklagten bestehenden subjektiven Momente, auf welche die Klägerin erhebliches Gewicht legt, zunächst zurücktreten; im Zweifelsfall bilden sie auch hier einen wichtigen Anhalt für das Vorliegen der objektiven Verwechslungsgefahr ... Es ist nicht richtig und widerspricht den vom erkennenden Senat — in Übereinstimmung mit der früheren, nur vorübergehend verlassenen Rechtsprechung — in RGZ. 108, 272ff. eingehend dargelegten Grundsätzen, daß die Anwendbarkeit des § 16 UWG. auf Fälle des Wettbewerbs beschränkt sei. § 16 gewährt dem Gewerbetreibenden vielmehr allgemein davor Schutz, daß ein fremder Gewerbebetrieb, auf dessen Geschäftsgebaren überhaupt und auf dessen Grundsätze bei der Herstellung seiner Erzeugnisse er keinerlei Einfluß auszuüben imstande ist, mit dem seinigen verwechslungsfähig sei und damit in sein Recht auf freie Gewerbetätigkeit, insbesondere auf Verhinderung jeglicher Verwischung der Eigenart und Unterscheidungskraft seines Betriebes, eingegriffen wird. § 16 verlangt keine unmittelbare Beziehung zum Wettbewerb." Diese feststehende, in vielen Entscheidungen des RG. wiederkehrende

Auffassung führt gewiß (so in diesem Fall „Neuerburg") vielfach zu richtigen Ergebnissen, ebenso wenn es in einer anderen Entscheidung (Brehms Tierleben) weiter heißt: „§ 16 UWG. regelt bestimmte besondere Formen des Wettbewerbs; auch gegen ein vollkommen loyales Tun kann sich eine Unterlassungsklage richten. Sie ist aufgebaut auf dem Gedanken, daß die hinter einem Unterscheidungszeichen stehende Erwerbstätigkeit Rechtsschutz genießen soll (RGZ. 75, 373); dann nämlich, wenn eine Verwechslungsmöglichkeit mit dem Schutzobjekt besteht. Für diese Fälle ist das sogenannte Prioritätsprinzip aufgestellt."

Indessen hat doch der Umstand, daß in der Mehrzahl der Fälle die objektive Verwechslungsgefahr ein Zeugnis für vorliegende Unlauterkeit sein dürfte, dazu verführt, auch von dem Moment der objektiven Unlauterkeit (s. die Einleitung oben S. 61) abzusehen. Dies führt in Fällen berechtigter Namensführung zu schwer zu lösenden Konflikten, und die reichsgerichtliche Rechtsprechung vermag mithin den oben gezeichneten Grundgedanken (s. auch unten Anm. 4) nicht einheitlich durchzuführen. Es wird bei diesem Grundsatz Folgendes übersehen:

a) daß auch der § 16 im Gesetz gegen den „unlauteren" Wettbewerb steht (auch RG. in JW. 1929, 3075 spricht von dem redlichen Besitzstand als „wettbewerblich erheblichem" Tatbestand, und Callmann, Note 4 zu § 16, nennt mit Recht den § 16 eine „reine Wettbewerbsbestimmung"),

b) daß die Generalklausel nicht nur in ergänzendem, sondern auch in richtunggebend grundsätzlichem Sinne auf die Einzelbestimmungen des UWG. von Einfluß sein muß, und

c) daß andernfalls das UWG. auf den formalen Standpunkt des Warenzeichengesetzes herabgedrückt würde.

Näheres ist unten in Anm. 4 und 6 ausgeführt. Vgl. auch die kritische Stellungnahme in Rosenthal Komm. Note 1, 11 b, 15, 15 a zu § 16, Callmann Note 1—5 zu § 16.

Auch in einem anderen Sinne wird vom RG. die Bedeutung des § 16 ausgeweitet: in RGZ. 108, 274 und GRUR. 1927, 65 heißt es, der § 16 diene nicht allein dem Schutze des Vorberechtigten, sondern auch den Interessen der Allgemeinheit, da möglichste Unterscheidbarkeit der gewerblichen Bezeichnungsmittel bei der Ausdehnung des heutigen Verkehrs unvermeidlich sei. Dies ist an sich richtig, aber eine rein akademische Feststellung etwa in dem Sinne, daß diese Verfolgung des Rechtsanspruchs des Einzelnen zugleich im allgemeinen Interesse liegt; aber einen Rechtsanspruch der Allgemeinheit im Sinne der §§ 1—15 UWG. kann man daraus nicht herleiten, wenn nicht zugleich § 1 UWG. verletzt ist. Näheres s. unten in Anm. 3.

2. Die **Anwendungsfälle** des § 16 erstrecken sich auf jede Art von Benennungen im geschäftlichen Verkehr, also: Gebrauch des eigenen Namens, von Eigennamen überhaupt, von Phantasienamen, von Firmennamen, von Bücher- und Zeitschriftentiteln, von Geschäftsabzeichen und anderen wortmäßigen Kennzeichnungen des Geschäfts. Warenbezeichnungen im Sinne des Warenzeichengesetzes sind ausgenommen, um eine Kollision mit dem Warenzeichengesetz zu verhüten; solche Kollision ist jedoch gar nicht zu vermeiden (vgl. auch das harte Urteil von Rosenthal Komm. Note 121 zu § 16). Die Rechtsprechung hat denn auch tatsächlich die Warenbezeichnungen (die doch einem Titel und sonstigen Kennzeichen der gewerblichen Leistungen sehr ähnlich sind) stets in den Betrachtungskreis des § 16 UWG. einbezogen. Die Anwendbarkeit des § 16 ist also sehr groß. Dies kann sich auch leicht und eng mit dem Tatbestand des § 3 UWG. (unrichtige Angaben) berühren, aber im § 16 handelt es sich nicht, wie im § 3, um eine Aussage, sondern um eine Nutzbarmachung von fremden Namen (oder von eigenen Namen in einer die fremde Rechtssphäre bedrohenden Art).

3. Die **Tatbestandsmerkmale** des § 16 sind diese:

a) Benutzung eines Namens (s. Anm. 4), einer Firma (s. Anm. 5) oder einer Kennzeichnung (s. Anm. 8—10) in einer besonderen Weise, nämlich

b) die eine Verwechslungsgefahr (s. Anm. 6) in sich schließt mit dem Namen der Firma usw., deren

c) sich ein Anderer befugterweise bedient (s. Anm. 7), und zwar

d) Benutzung im geschäftlichen Verkehr. Geschäftlicher Verkehr ist im weitesten Sinne zu verstehen, er umfaßt die Geschäftsverbindungen aller Gewerbetreibenden, auch der sogenannten höheren Gewerbetreibenden, des Arztes (OLGR. 30, 257), des Rechtsanwaltes (RGZ. 99, 190), des Patentanwaltes, des Apothekers, des Technikers, Chemikers u. a. mit dem Publikum und untereinander. Staatliche Werft ist kein Geschäftsbetrieb (JW. 1918, 446), wie jede staatliche Tätigkeit aus dem Begriff des Geschäftsverkehrs ausscheiden muß. Vgl. auch Anm. 12 zu § 1.

Der Wettbewerbszweck ist nicht genannt (s. oben Anm. 1); er soll kein einschränkendes Merkmal für den Tatbestand sein, aber die Eignung zum Wettbewerb liegt ohne weiteres in der verwechslungsfähigen Benutzung einer einem Anderen zugehörigen Benennung im geschäftlichen Verkehr. „Der § 16 erfordert nicht ein Handeln zu Zwecken des Wettbewerbs, wie dies bei den §§ 1, 14, 17, 20 UWG. der Fall ist; darüber läßt der Wortlaut keinen Zweifel. Er verlangt überhaupt keine unmittelbare Beziehung zum Wettbewerb: die beteiligten Geschäftsbetriebe brauchen überhaupt nicht im Wettbewerbe miteinander zu stehen. Die Worte „im geschäftlichen Verkehr" besagen nichts weiter, als daß es sich um eine der Förderung eines Geschäftszwecks dienende Tätigkeit im Gegensatz zu privater Benutzung handeln muß. Entscheidend ist allein das objektive Geeignetsein zu Verwechslungen" (RGZ. 108, 274, vgl. jedoch oben Anm. 1). Der Wettbewerbszweck braucht nicht deutlich nachgewiesen zu werden, aber er steht bei der absoluten verwechselnden Beeinträchtigung im Hintergrunde. Der „Zweck" des Wettbewerbs ist durch objektive Eignung zur Verwechslung im Rahmen des Wettbewerbs ersetzt (s. auch unten Anm. 6).

II. Namen- und Firmenmißbrauch.

4. Namen- und Firmenrecht sind auch gegenüber dem UWG., obwohl beide vielfach gleich behandelt werden, keineswegs ganz gleich. Das auf § 12 BGB. beruhende Namenrecht ist in höherem Grade persönlichkeitsrechtlicher Natur als das auf § 37 HGB. beruhende Firmenrecht. Zum Teil scheint auf die Nichtbeachtung dieser dynamischen Verschiedenheiten die etwas schwankende RG.-Rechtsprechung zurückgeführt werden zu können.

Das durch § 12 BGB. festgelegte Namenrecht als Persönlichkeitsrecht ist umfassender als das Firmenrecht des § 37 (s. Staub HGB. 12/13 I, 242 ff.), da jenes den ganzen Namen, nicht nur den in der Firma festgelegten Namen schützt; es ist auch umfassender als das Urheberrecht, besonders auch als das Warenzeichenrecht in seiner vorwiegend formellen Art (RGZ. 90, 91), und es ist auch umfassender und daher gewichtiger als das Wettbewerbsrecht. Dies kommt in der reichsgerichtlichen Rechtsprechung nur stellenweise zum Ausdruck.

In den Fällen, die einen Konflikt zwischen § 12 BGB. und § 16 UWG. betrafen, also auf namenrechtlich-wettbewerblichem Gebiet, hat das Reichsgericht wiederholt den Grundsatz vertreten, daß bloße Verwechslungsfähigkeit der Namen genüge (s. unten Anm. 6), so z. B. in den Fällen Stiller (RGZ. 75, 371), Arnheim (RGZ. 111, 67), Malzmann (RGZ. 110, 234 = JW. 1925, 1289), Salvator (JW. 1927, 653), Merx (RGZ. 108, 272), Wagner (JW. 1928, 345 = MuW. 26, 41 ff.), daß also irgendeine Unlauterkeit der Benutzung nicht zum Tatbestand gehöre, sondern die Frage der Priorität ausschlaggebend sei (RG. in GRUR. 1929, 1216 = HRR. 1929, 2126). Andrerseits ist es davon wieder abgegangen in den Fällen Grempler (JW. 1925, 2757), Commerz- und Disconto-Bank (RGZ. 103, 388), Stollwerck (RGZ. 116, 209), und diese letzteren Entscheidungen sind dann u. a. auf das Vorhandensein einer Unlauterkeit in der Benutzung des Namens abgestellt worden, während in anderen Fällen die Sittenwidrigkeit des § 1 UWG. (= Unlauterkeit) mit herangezogen und in der verwechslungsfähigen

Benutzung selbst liegend, also in der Verwendung eines bekannten und berühmten Namens eines Andern erblickt wird, so namentlich auch in dem Salamander-Fall (RGZ. 115, 401). S. auch unten Anm. 6. Einmal also steht das objektive Geeignetsein zu Verwechslungen, das andere Mal die Vorschubleistung des unlauteren Wettbewerbs im Vordergrund. (Im Salvator-Fall hatte das RG. entgegengesetzt entschieden, weil es sich um den Vertrieb ganz unähnlicher Waren handelte.) Daß hiermit kein ausreichendes Kriterium gefunden war, ergibt sich aus der Kritik im Schrifttum: Rosenthal für den schärferen Standpunkt der bloßen Verwechslungsgefahr (JW. 1925, 1289), auf Unlauterkeit abstellend dagegen Kirchberger (JW. 1925, 2106, GRUR. 1929, 1081), Kaufmann (MuW. 25, 85), Elster (Leipz. Zeitschr. 1927, Sept.), Breit (JW. 1926, 1420), Adler (JW. 1927, 653); Trautmann in MuW. 1927/28, 121; vgl. auch Becker in MuW. 1927/28, 88; Koch ebd. 42 und 299. Vgl. auch unten Anm. 10 über die Beziehungen zum Warenzeichenrecht. Was in RGZ. 116, 210 (Stollwerck-Fall) treffend gesagt ist, daß ein Rest von Verwechslungsgefahr hingenommen werden muß, weil der Gegner durch § 18 HGB. (Firmenwahrheit, d. h. hier Wahrheit des natürlichen Eigennamens!) gedeckt ist (s. auch unten Anm. 6), ist ein Hauptsatz, der in anderen Fällen mit anderer Begründung ebenfalls Geltung beanspruchen darf — und diese anderen Gründe können Besitzstand und Verkehrsgeltung sein. Daher begrüßt mit gewissem Recht Kirchberger (Anm. zu dem Leykauf-Urteil, JW. 1929, 3075) die „Leykauf"-Entsch. (GRUR. 1929, 1216) als Abkehr von umstrittenen Grundsätzen und als wichtige Betonung neuer richtunggebender Gesichtspunkte. Es heißt in dem Urteil: „Maßgeblich ist der wettbewerbsrechtlich erhebliche Tatbestand, der redliche Besitzstand hinsichtlich der Firma, der geschützt werden soll. Daß dabei der Grundsatz der Priorität in der Regel entscheiden muß, sagt das Gesetz ausdrücklich. Aber es ist ebenso allgemein anerkannt, daß das nicht zu einer Entrechtung eines anderen, ebenso befugt zustande gekommenen Besitzstandes führen darf, daß in solchen Fällen vielmehr ein gerechter Ausgleich der beiderseitigen Interessen erforderlich ist." Der Fortschritt durch diese Entsch. liegt darin, daß man noch andere (mehr innerliche und materiellrechtliche) Kriterien neben Priorität und Verwechslungsgefahr (den mehr äußerlichen und formalrechtlichen) als wichtig bezeichnet; nur darf man aus den Kriterien „Besitzstand" und „Verkehrsgeltung" nicht in Überspannung wieder absolute Größen machen, die negatorisch gegen unbequeme Wettbewerber herangezogen werden. Denn dem Besitzstand und der Verkehrsgeltung des Einen pflegen Besitzstand und Verkehrsgeltung des Anderen gegenüberzustehen, und so führen auch diese Kriterien auf die ursprünglichen des redlichen Befugtseins und der lauteren Benutzung zurück. So sagt das spätere Jacoby-Urteil (RG. in HRR. 1931, 2055) zutreffend, „dem Gebot der Interessenabwägung sei in den Fällen Rechnung zu tragen, wo ein an sich ordnungsmäßig begründeter Besitzstand der jüngeren Firma von gewisser Dauer zu einem wertvollen Vermögensgegenstand geworden ist, dessen Zerstörung durch das Interesse des Inhabers der älteren Firma nicht gerechtfertigt erscheint". Daher auch zutreffend RG. in JW. 1932, 875 (Löwenbräu) und abwegig die kritische Anm. von Baumbach (ebd.), der den Sachverhalt (Monopolbestrebungen zur Entrechtung befugterweise geführter Bezeichnungen) nicht richtig erkannt hat.

Die Führung eines Eigennamens wie des Firmennamens muß demnach im einzelnen Fall natürliche Gründe haben und darf nicht im Vertrauen auf absolutes Namenrecht zur Schädigung Anderer oder zur Ausnutzung der Leistungen Anderer gewählt sein; da findet das absolute Namenrecht eine Grenze relativer Benutzbarkeit, die aber nicht mit einer Namensenteignung (Kirchberger a. a. O.) oder einer Beschränkung der Gewerbefreiheit identisch werden darf. Es ist daher wichtig, alle erwähnten Kriterien im Zusammenhalt zueinander zu prüfen und auch für § 16 UWG. sie etwa so zusammenzufassen, wie Hagens (MuW. 1928, 289) sie für § 13 WZG. zusammenfaßt: „1. Die Verwechslungsgefahr ist nach Möglichkeit und Billigkeit zu verhüten. 2. Die Priorität ist zu schützen. 3. Notwendige und unentbehrliche Bezeichnungen sind tunlichst zu schonen. 4. Der auf unlauteren Wettbewerb, insbesondere auf Verwechslung gerichteten Absicht ist entgegenzutreten."

Die formale Wahrheit eines Eigennamens muß u. U. zwar der materiellen Wahrheit der Ehrlichkeit im Verkehr weichen (vgl. Elster, Urheber- und Erfinder-, Warenzeichen- und Wettbewerbsrecht (1928) S. 392 ff.), aber es ist nicht die Absicht des UWG., jedem Wettbewerber seinen bürgerlichen Namen vorzuenthalten, mit dem er nur irgendwo oder irgendwie anstoßen könnte.

Zutreffend ist eine äußerlich (in Wahrheit spielt dort ja das Unlauterkeitsmoment erheblich mit) nur auf das objektive Merkmal der Verwechslungsgefahr abgestellte Stellungnahme dann, wenn der Name künstlich herangezogen wird und man bestimmte Namensträger suchte, um den in dem betreffenden Geschäftszweig bekannten Namen eines Anderen für sich auszunutzen, etwa wenn ein kleiner Zigarrenhändler sich einen Sozius namens Boenicke sucht, um als Zigarrenhaus Boenicke firmieren zu können.

Es soll ehrliche Unterscheidung versucht und jedes Schmücken mit fremden Federn vermieden werden. Daher macht es einen Unterschied, ob es sich um gangbare und geläufige oder um seltene Namen handelt. Bei ersteren wird stets ein höheres Maß von unterscheidender Aufmerksamkeit des Publikums verlangt, und es wird andrerseits auch ein höheres Maß von Berühmtheit der Firma verlangt, wenn sie gegen Namensähnlichkeiten vorgehen will, wie es für gewöhnliche Verhältnisse dieser Art einmal in einer RG.-Entscheidung (RGZ. 100, 187) heißt: „Bei einem weitverbreiteten Namen kann wegen der abgeschwächten Unterscheidungskraft das Schutzinteresse des einzelnen Trägers wegfallen." Aber an sich wenig unterscheidende Merkmale eines Namens können im Laufe des Gebrauchs eine stärkere Wirkung erlangen und schließen dann eine Benutzung dieses Wortes durch Andere aus, wenn dadurch die Interessen des Berechtigten verletzt werden (RG. in HRR. 1930, 483). Das berührt sich mit der Frage des „Besitzstandes" und der „Verkehrsgeltung" (s. oben

S. 221). Bei selteneren Eigennamen und Phantasienamen treten die wettbewerbsrechtlichen Bedenken um so stärker auf. So hat OLG. Hamburg dem Träger des Namens Wohlmuth die Benennung der von ihm hergestellten Apparate als „Wohlmuth-Apparate" untersagt, weil die Inhaber einer — übrigens von dem Vater des Beklagten herrührenden — Firma Wohlmuth & Co. solche „Wohlmuth-Apparate" unter diesem Namen bekannt gemacht haben); ebenso ist unzulässig Birresborner Sprudelgesellschaft m. b. H. gegenüber Birresborner Mineralbrunnen A.-G. (RGZ. 95, 292). „Die Abweichung muß größer sein, wenn die Wettbewerbsmöglichkeit näher ist, es genügen um so kleinere Abweichungen, je weniger die Firmen einander ins Gehege kommen" (Elster, Urheber- usw. Recht S. 444). Auch auf den Unterschied, ob ein Name nur lokale oder weiter verbreitete Bedeutung hat, kommt es an (RG. in JW. 1902, 27).

Im übrigen hat das RG. in ständiger Rechtsprechung zu § 12 BGB. und § 16 UWG. klare und scharfe Grundsätze ausgebildet. Danach wird der Vereinsname ebenso nach § 12 BGB. geschützt wie der bürgerliche Name (vgl. u. a. RGZ. 74, 114; 78, 102, RG. in HRR. 1930, 483), § 16 gilt auch für juristische Personen, und Firmennamen genießen gleiches Recht gegen versuchte Verwässerungen durch Konkurrenten, mögen sie auch Phantasienamen sein, die ja, solange sie frei sind, jeder wählen kann. Vgl. z. B. bezüglich der Namen Merx RGZ. 108, 272 bzw. Kwatta für eine holländische Schokoladenfirma und eine deutsche Margarinefirma RGZ. 109, 213. Eine Artistengruppe darf den bisherigen Künstlernamen ihres Ausbilders und Leiters nicht weiterführen, wenn dieser sich von der Truppe trennt und ihr seinen Namen nicht belassen will (RGZ. 101, 226).

Über „Gattungsnamen" in der Firmenbezeichnung s. unten Anm. 5; vgl. auch das über Gattungsbezeichnung im Gegensatz zu besonderer Bezeichnung unten in Anm. 8 und 9 Gesagte.

5. Besonderheiten des Firmenrechts. In Anm. 4 wurde die Wichtigkeit natürlicher Berechtigung der Namensentstehung für Fragen des unlauteren Wettbewerbs betont. Das kann beim Firmennamen anders sein (muß es aber nicht); nur sofern hier künstliche Namengebung eine besondere Rolle spielt, ist veränderte Beurteilung, also Annäherung an die Lehre von der absoluten Verwechslungsgefahr, geboten. Im Gebiete nur formal begründeten Rechts (Firma, Warenzeichen) reicht die Namensbefugnis nicht ohne weiteres dazu hin, den Namen ohne einen deutlichen, die Erzeugnisse von denen der Namenskonkurrenz unterscheidenden Zusatz zur Warenbezeichnung anderer Waren zu verwenden, für die der Name nicht schon eingeführt war. Auch der befugte Träger eines Familiennamens muß also an seinem geformten Handelsnamen solche Unterscheidungsmerkmale im Geschäftsverkehr vornehmen, daß er dem materiellen Erfordernis ehrlichen, lauteren und nichtsstehlenden Wettbewerbs entspricht, und somit erleidet also im Gebiet des Warenverkehrs das an sich überragende Namenspersönlichkeitsrecht eine Einschränkung im Warenwettbewerbssinne. Dies um so mehr, als der Grundsatz der „Firmenwahrheit“ sehr fragmentarisch ist, da er beim Übergang der Firma in fremde Hände aufhört (vgl. auch Hagens in MuW. 1928, 291).

Bei frei wählbaren und Phantasienamen für Firmen muß mithin viel stärker als bei natürlichen Eigennamen der Grundsatz des Prioritätsrechts und der Verwechslungsgefahr, wie ihn das RG. theoretisch betont, durchgeführt werden. (Wie diese Grundsätze mit RGZ. 103, 388 in Sachen „Commerz- und Disconto-Bank“ übereinstimmen, legt Hagens in MuW. 1928, 292 dar.) Die Priorität schafft Bekanntheit und Anerkennung im Verkehr („Industriebau“, MuW. 1926/27, 149). Hier können also selbst Namen, die „Gattungs“-charakter haben oder gewinnen können, durch erstmalige Benutzung wie „besondere“ Namen geschützt sein; das gilt sogar u. U. für ursprüngliche Herkunftsbezeichnungen („Naftalan“, RG. in MuW. 1932, 187). Aus solcher Bekanntheit und Anerkanntheit eines Namens entsteht ein dem natürlichen Namen gleich starkes Recht; RGZ. 115, 408 im Salamander-Fall: „Wenn eine juristische

Person des Handelsrechts zur Bildung ihres Firmennamens ein überhaupt der deutschen Sprache angehörendes, vielleicht auch schon bisher im Geschäftsleben da und dort gebrauchtes Wort in ihre Firma aufnimmt, so hindert das nicht, daß die betreffende Bezeichnung, falls sie zum Schlagwort geworden ist, Namensschutz in vollem Umfange genießt."

Ob es sich um einen Gattungsnamen handelt, ist Tatfrage und hängt von Urteil und Gewöhnung der beteiligten Kreise ab. Zum Vorhandensein einer Gattung gehört „das Vorhandensein einer Mehrheit unter sich verschiedener Gegenstände" (RG. in MuW. 1932, 188), was nicht gleichbedeutend ist mit verschiedener Qualität gleicher Gegenstände, Waren und Leistungen. Eine Umwandlung einer besonderen Bezeichnung in einen Gattungsnamen „kann so lange nicht anerkannt werden, als noch ein beteiligter Verkehrskreis an der Bedeutung des Wortes als Hinweis auf die betreffende Herkunftstelle festhält" (RGZ. 117, 414). Auch die gattungsmäßige Nennung eines solchen Namens außerhalb des Wettbewerbs, also z. B. in Adreßbüchern, Verzeichnissen, Vorträgen, im Schrifttum usw., steht dem Wettbewerbsschutz als besondere Bezeichnung in der berechtigten Firma nicht entgegen („Buchgemeinschaft", RG. in MuW. 1932, 143).

Ob die Firma im Handelsregister eingetragen ist oder nicht, ist gleichgültig (RGZ. 63, 138; 75, 370, JW. 1918, 307). Über Zusätze wie G. m. b. H. oder Ortsbezeichnungen vgl. RG. in JW. 1906, 774.

6. **Verwechslungsgefahr.** (Grundsätzliches darüber s. auch oben Anm. 4.) Die Verwechslungsgefahr zwischen den beiden Namen oder Bezeichnungen ist unbedingte Voraussetzung für Anwendbarkeit des § 16. Also: keine Anwendung des § 16 ohne Verwechslungsgefahr. Aber sie ist auch nur Voraussetzung, nicht schon selbständiger und ausreichender Grund zur Anwendung des § 16, insbesondere nicht in der Form der bloßen Verwechslungsmöglichkeit. Zwischen der Verwechslungsmöglichkeit und dem Tatbestand des § 16 steht noch: ein aus den Umständen des

Falles sich ergebender Zustand von wettbewerblicher Nähe mit dem Ergebnis objektiver Unlauterkeit der Benutzung (s. Anm. 1). Ein „Richard Müller" ist im Geschäftsverkehr noch nicht geeignet zur Verwechslung mit einem anderen beliebigen „Richard Müller", denn Namen sind nicht unbedingte Monopole und der Verkehr muß aufpassen lernen; also nicht: keine Verwechslungsmöglichkeit ohne Anwendung des § 16. Damit Verwechslungsgefahr oder Eignung zur Verwechslung vorliege, muß hinzukommen: Nähe des Wettbewerbs oder Bekanntheit eines Namens oder Verknüpfung dieses Namens mit bestimmten Leistungen oder Unnötigkeit der Wahl gerade dieses Namens oder Ähnliches. (Mit Recht sagt RGZ. 108, 274, den Schutz genieße jeder, ob Wettbewerber oder nicht — aber es unterläßt zu sagen, daß durch die wirklich gefährliche Namensgleichheit die beiden zu Wettbewerbern werden, auch wenn sie es bisher nicht waren.)

Verwechslungsgefahr an sich ist noch nicht identisch mit der Sittenwidrigkeit des § 1 UWG., der zumeist neben § 16 noch herangezogen werden kann; aber wo § 1 UWG. gänzlich fehl am Orte wäre, weil eine wettbewerbliche Sittenwidrigkeit schlechterdings nicht vorliegen kann, entfällt auch ein Verstoß gegen § 16. Andernfalls hätte die Generalklausel einen zu einseitigen Sinn (vgl. Anm. 1). Diese Lehre stimmt mit der RG.-Entsch. im Stollwerck-Fall (RGZ. 116, 209) überein, der schon (in Anm. 4) mit dem Satz erwähnt wurde, daß ein Rest von Verwechslungsgefahr durch ein stärkeres Recht (z. B. das des § 18 HGB.) in Schatten gestellt werde. Das geschieht mit jedem stärkeren Wahrheitsrecht, das (wie RG. sagt) nicht etwa als minderen Rechts zu erblicken wäre, „das ohne weiteres weichen müßte, wenn eine Verwechslungsgefahr im Sinne des § 16 UWG. vorliegt". Das RG. schränkt mit dieser bemerkenswerten Auffassung (auf S. 211/212) die Bedeutung der früheren Entscheidungen Malzmann, Arnheim usw. in dem schon oben in Anm. 4 betonten Sinne ein. (Vgl. auch Adler in JW. 1927, 653: „Den Gebrauch des Namens schon dann als unbefugt zu bezeichnen, wenn er im geschäftlichen Verkehr Verwechslungen mit dem eines Anderen herbeiführt, geht zu weit.“) Es muß eine spezifizierte (qualifizierte) Eignung zur Verwechslung vorliegen. Es scheint zunächst nicht ganz leicht, diese neuere reichsgerichtliche Auffassung mit Entsch. GRUR. 1924, ebd. 1926, 397 u. a. (s. oben Anm. 1) in Übereinstimmung zu bringen, wo es z. B. heißt, daß „sich der Unterlassungsanspruch aus § 16 auch gegen ein vollkommen loyales Tun richte, daß überhaupt keine unmittelbaren Beziehungen zum Wettbewerbe und daher erst recht nicht ein Handeln zum Zwecke des Wettbewerbes als Voraussetzung für § 16 erfordert wird, sondern daß diese Gesetzesvorschrift ganz allgemein dem Gewerbetreibenden davor Schutz gewährt, daß ein fremder Gewerbebetrieb mit dem eigenen verwechslungsfähig ist“ (nur für den Unterlassungsanspruch gilt das; ein Schadenersatzanspruch ist nur gegeben, wenn der den verwechslungsfähigen Namen Benutzende wußte oder wissen mußte, daß Verwechslungen dadurch hervorgerufen werden können) — namentlich näher ausgeführt in RGZ. 108, 272, wo das RG. gleichfalls keine Wettbewerbsgefahr als Voraussetzung verlangt, sondern lediglich eine Verwechslungsgefahr genügen läßt, also auch Verwechslungsmöglichkeiten unter Firmen verschiedener Gewerbszweige mittels des § 16 UWG. verhindern und beseitigen will. Die richtige Mittellinie zwischen subjektiver Unlauterkeit als Voraussetzung des § 16 und bloß objektiver Verwechslungsmöglichkeit muß folgende Fassung haben: § 16 ist nicht ohne jede Beziehung zur Unlauterkeit anwendbar, er verlangt freilich nicht subjektive Unlauterkeit, sondern nur ein objektiv unlauteres Ergebnis (Verwechslungsgefahr); dies letztere kann aber durch höheres materielles Recht der Wahrhaftigkeit des Namens und seiner Verwendung ausgeschaltet sein, zumal wenn der befugt geführte Name durch Zusätze geflissentlich und in lauterer Absicht gegenüber den Mitbewerbern unterschieden wird und nicht etwa die verwechslungsfähige Benutzung mit einer Art dolus eventualis gebraucht wird (Rosenthal und Osterrieth GRUR.

1918, 147; Wassermann in MuW. 15, 349; Hagens in MuW. 1928, 290 ff.; RG. in MuW. 16, 190 und 16, 238; 13, 66, 67; RGZ. 103, 393). Die subjektive Lauterkeit also ist geeignet, die objektive Verwechslungsgefahr zu modifizieren (s. oben zu 4).

Dieses Wahrheitsmoment (des Eigennamens als Persönlichkeitsrecht oder als Gemeingut, der irgendwie gestützten Priorität) hat ein Gegenstück in den Gattungsnamen beim Titelschutz (s. unten Anm. 8).

Die Verwechslungsgefahr (besondere Eignung zur Verwechslung) aber ist im Gegensatz zu der bloßen Verwechslungsmöglichkeit nur dann gegeben, wenn die Verwechslung dem Betreffenden Gefahr bringt; also z. B. wenn der Ruf seines Namens durch die Mitbenutzung eines Anderen verwässert, verdunkelt, unklar gemacht wird, oder wenn man seine Waren mit den schlechteren eines Anderen verwechseln wird, der dann von dem Ruf der besseren für sich Nutzen zieht. Das ist z. B. im Salamander-Urteil klar gesagt (RGZ. 115, 407): „Der geschäftliche Ruf der Klägerin könnte eine Beeinträchtigung erfahren, wenn das kaufmännische Verhalten oder die Erzeugnisse der Beklagten in der einen oder anderen Hinsicht Anlaß zur Beanstandung gäben."

Die mißbräuchliche Benutzung kann auch mit dem eigenen Namen und der eigenen Firma vorgenommen werden (RG. in MuW. 9, 162; 14, 14); die Irreführung eines (erheblichen?!) Teils des Publikums (insbesondere der Abnehmerkreise) ist genügend (RG. in JW. 1911, 378, in HRR. 1930, 802; auch ist im allgemeinen nicht entscheidend, wie sich die Meinung gebildet hat). (Das RG.-Urteil RGZ. 78, 111 ist nicht ohne Bedenken und durch 108, 276 widerrufen.) In Betracht kommen die im Einzelfall betroffenen Kreise (RG. in JW. 1910, 122, in MuW. 9, 397, RGZ. 108, 276); deren Urteil ist maßgebend, nicht etwa schon die Verwechslung durch die Post, wohl aber ist dies ein Argument für vorliegende Verwechslungsmöglichkeit, RGZ. 108, 276, Hagens, MuW. 1928, 293/94.

7. **Befugter Gebrauch des Andern.** Beschwert ist nur, wer des Namens befugterweise sich bedient. Um den Nutzgebrauch

dem Andern zu verbieten, muß er also ein Recht auf den Namen, und im konkreten Fall ein besseres Recht als der Andere, haben. Das ist in der Regel ein Recht der Priorität. Befugterweise bedient sich jemand des Namens, der Firma oder einer besonderen Bezeichnung, wenn er den Namen aus natürlichen Gründen trägt oder frei geschaffen hat. In den Privilegien und Monopolen der älteren Zeit auf dem Gesamtgebiet des geistig-gewerblichen Rechtsschutzes lag ebenso der Prioritätscharakter, wie er in der Forderung der Originalität und Neuheit liegt, die die Voraussetzung für den modernen gewerblichen Rechtsschutz ausmachen. Das geistige Moment der Originalität und Priorität bedeutet zunächst etwas Schöpferisches, wird aber dann auch auf die formalen Voraussetzungen übertragen, so daß z. B. der Erstanmelder und der erste Lizenznehmer ein Vorrecht, ja oft ein ausschließliches Recht genießen. In Fällen, in denen die Priorität umstritten wird, kann Verkehrsgeltung einen redlichen Besitzstand, eine „befugte" Benutzung begründen.

Im Warenzeichenrecht und im Titelrecht des UWG. tritt der Gesichtspunkt der relativen Priorität auf, d. h. einer Priorität, die auf Erstbenutzung in Verbindung mit der betreffenden Ware beruht. Der berechtigte Träger muß das Recht auch wirklich ausüben, auch die zeichengeschützten Waren wirklich führen, um alleiniger Träger zu sein und es Anderen verwehren zu können (vgl. unten Anm. 10). Bei freier Erfindung gleicher Titel unabhängig voneinander kein Untersagungsrecht (LG. I Berlin im Archiv f. UrhR. 3, 445).

Die Benutzung darf nicht aufgehört haben und sie muß bereits in der Öffentlichkeit begonnen haben. Bloßes Planen genügt nicht. Eine nur zeitweise Unterbrechung der gewöhnlichen Benutzung hebt jedoch das Recht nicht auf, z. B. wenn eine Zeitschrift ihr Erscheinen sistiert, aber noch ältere Jahrgänge zu Verkauf stellt (vgl. auch RG. in JW. 1921, 625, OLGR. 30, 288 und unten Anm. 8). OLG. Dresden (MuW. 1927, 217) berücksichtigt bei dem Streit um einen zeitweise nicht benutzten Titel mit Recht die Umstände des Falles:

„Allerdings erweckt die Tatsache für sich allein, daß der Kläger die Zeitschrift seit deren Erwerb im Jahre 1922 nicht hat weitererscheinen lassen, die Vermutung, daß sie endgültig eingegangen sei. ... Aber das Weitererscheinen war bisher nur durch besondere Umstände verzögert worden. Danach beabsichtigte der Kläger, dem Inhalt und der Ausstattung der Zeitschrift eine besonders hohe künstlerische Form zu geben. Nach dieser Richtung haben unmittelbar nach dem Erwerbe der Zeitschrift durch den Kläger und auch später fortgesetzt Verhandlungen und Besprechungen mit Künstlern und Schriftstellern stattgefunden."

Nach RGZ. 117, 322 („Kruschensalz") kann einem Unternehmen der Firmen-, Namens-, Warenzeichen- und Ausstattungsschutz nicht deshalb ganz versagt werden, weil Art und Weise des Geschäftsgebarens, ohne daß das Unternehmen als Ganzes sittenwidrig ist, mit den guten Sitten des geschäftlichen Verkehrs nicht im Einklang steht; das berührt auch nicht die Frage, ob sich das Unternehmen befugtermaßen seiner Firma bedient (RG. in HRR. 1930, 1365), jedoch fehlt die Klagebefugnis aus § 16, wenn die klagende Firma selbst auf das Publikum durch objektive Unrichtigkeit täuschend wirkt.

III. Mißbrauch besonderer Bezeichnungen und Kennzeichnungen.

8. **Titelschutz.** (Lit.: Diss. von Caro (Heidelberg 1930), Ebel (Jena 1929), Gsell (Zürich 1930); Elster in GRUR. 1925, 146; JW. 1929, 1232; Degen in GRUR. 1929, 451; Dienstag-Elster, Handb. d. Theater- usw. Rechts (1932) S. 145 ff.) Unter den „besonderen Bezeichnungen und Kennzeichnungen" (vgl. Anm. 9) nimmt die Bezeichnung einer Druckschrift eine hervorragende Stellung ein, und zwar infolge der Schwierigkeit der Rechtsfragen und der Häufigkeit der Konflikte. Die Wichtigkeit dieser Konflikte zeigt sich in den ergangenen höchstrichterlichen Urteilen, die Schwierigkeit der Rechtsfragen liegt nicht nur in der Unterscheidung zwischen „besonderer Bezeichnung" und Allerwelts- oder Gattungsnamen, sondern auch in der hier zutage tretenden nahen Verbindung von Urheberrechts- und Wettbewerbsrechtsfragen.

a) Urheberrecht und Wettbewerbsrecht beim Titelschutz (vgl. namentlich meinen Aufsatz in GRUR. 1925, 146). So entschlossen man früher einen Urheberrechtsschutz am Titel ablehnte und den Rechtsuchenden auf den § 16 UWG. verwies, so überzeugt tritt man neuerdings für den Urheberrechtsschutz am Titel ein und neigt fast dazu, die Bedeutung des § 16 UWG. demgegenüber zu unterschätzen. Beides ist einseitig; die Wahrheit liegt in der Mitte. Ein Buch-, Film-, Zeitschriften- oder Aufsatztitel kann eine geistige Schöpfung sein und somit Voraussetzungen für einen Urheberschutz mitbringen, seine volle Funktion äußert sich aber auf dem Rechtsgebiet des Wettbewerbs. Dreierlei unterscheidet ihn von dem Werk selbst: 1. er ist kein selbständiges Verkehrsgut; 2. er kommt nur als Teil des Werkes urheberrechtlich in Betracht; 3. er dient in erster Linie zur Kennzeichnung des Werkes im geschäftlichen Wettbewerb. Der in dem Urheberschutz an sich schon liegende Wettbewerbsgedanke erhält für den Titelschutz eine erhöhte Sicherung durch den § 16 UWG. Denn der Titel wird, was urheberrechtlich nicht der Fall ist, hier durch diesen Wettbewerbsschutz bis zu einem gewissen Grade verselbständigt. Es genügt zu seiner wettbewerblich schutzfähigen Form, daß er einen wirtschaftlichen Wert nur bezeichnet, während er für den Urheberschutz einen solchen wirtschaftlichen Wert auch wirklich darstellen muß. Vgl. KG.-Urteil über Verfilmung des Zola-Romans „Au bonheur des Dames“ (MuW. 22, 99), wo das übersetzte Werk urheberrechtlich frei war, das Verfilmungsrecht nicht frei und nur mit dem richtigen Titel übertragbar war, so daß Wettbewerbsschutz aus § 16 UWG. nur für den vorlag, der sich befugterweise des Titels für den Film bediente. Weiter: RG.-Urteil in Sachen „Brehms Tierleben“ (GRUR. 1926, 118), wo klargestellt ist, daß der echte Titel zu dem freigewordenen Werk gehört, also mit dem Werk benutzt werden darf, ohne daß dadurch ein Verstoß gegen § 16 UWG. möglich würde (Elster in GRUR. 1926, 196). (Desgl. OLG. Dresden im Struwwelpeter-Fall, MuW. 26, 56). Daß es nicht zu gutem

Ziele führt, wenn ein Titelstreit lediglich urheberrechtlich gefaßt und das Wettbewerbsmoment beiseitegelassen wird, zeigt das RG.-Urteil „Brücken zum Jenseits" (RGZ. 123, 120 = JW. 1929, 1232 mit Anm.; vorbildlich dagegen RGZ. 135, 209, s. unten zu d).

Der Wettbewerbsschutz ist leichter nutzbar als der Urheberschutz. Während also nach urheberrechtlichen Gesichtspunkten z. B. die Verwendung eines Zeitschriftentitels nur in Verbindung mit dem genaueren Plan und Aufbau der Zeitschrift rechtlich gegen Nachahmung geschützt ist, kann nach wettbewerblichen Gesichtspunkten die Nachahmung des bloßen Titels untersagt werden, sofern sich nur der Berechtigte befugterweise des Titels bedient, und während der Urheberschutz in erster Linie Eigenschöpfung des Titels (also das geistige Moment) als Voraussetzung verlangt, ohne Rücksicht auf das wettbewerbliche Moment, verlangt der Wettbewerbsschutz als Voraussetzung in erster Linie eine besondere Bezeichnung (das wettbewerbliche Moment) ohne Rücksicht darauf, ob der Berechtigte sie nicht selbst irgendwo entlehnt hat. Hiermit hängt auch zusammen, daß es für den Wettbewerbsschutz von ausschlaggebender Bedeutung ist, ob die Bezeichnung zum Gattungsnamen geworden ist — denn dadurch hört ihr Charakter als besondere Bezeichnung für die bestimmten Objekte auf —, während beim Urheberschutz auch ein Gattungsname geschützter Titel sein kann, wenn er in Verbindung mit dem bestimmten, konkreten, einzelnen Werke steht. Über die Verwechslungsgefahr als Voraussetzung des Unterlassungsanspruchs s. oben Anm. 6. Das dort grundsätzlich Ausgeführte gilt auch für Titelschutzfragen (s. unten).

b) Das Titelschutzrecht ist ein Prioritätsrecht. Zum Erwerb des Rechts auf die besondere Bezeichnung einer Druckschrift genügt die Priorität der Benutzung; eine Anerkennung der beteiligten Kreise ist — im Gegensatz zum Ausstattungsschutz (§ 15 WZG.) — hier nicht nötig (RGZ. 74, 349). Dieses Prioritätsrecht wird durch zwei Momente begrenzt: 1. die Eigenschaft der Bezeichnung als Gattungsbezeichnung

(s. unten zu c), 2. die Andersartigkeit der Ware oder gewerblichen Leistung. Letzteres ist der Fall, wenn z. B. Tell-Schokolade in der Ausstattung einer 4711er Kölnisch-Wasser-Flasche vertrieben wird oder Sarotti zum Anwaltstage in der Ausstattung eines Bandes der Guttentag-Sammlung eine Pralinenpackung stiftet oder wenn ein feuilletonistisches Buch als „Baedeker des Herzens" bezeichnet wird — während für Parfüm 4711, für Gesetzessammlungen die Guttentag-Ausstattung, für Reisehandbücher der Name Baedeker nicht von der Konkurrenz verwendet werden dürfte —. Aber auch in solchen Fällen ist die Grenze des Erlaubten bald erreicht, ganz ähnlich wie wenn Zitat in Zitatmißbrauch übergeht und wenn die Ausstattung und die Benennung etwa für minderwertige Qualitäten benutzt wird und dann statt werbemäßigen Zitierens eine schiefe Nutzung fremder Errungenschaften geschieht (im Sinne des „Salamander"-Urteils oben Anm. 6 a. E.).

Nicht andersartig im Sinne des Titelschutzes ist Film und Buch. Zwei Filmgesellschaften verfilmten Bölsches „Liebesleben in der Natur"; zwar nicht das Buch (was hierbei auch wohl kaum sachlich möglich wäre), sondern sie bearbeiteten das Thema filmisch frei, aber gaben dem Filmwerk den Titel „Liebesleben in der Natur". Wilhelm Bölsche klagte gegen die Filmfirmen und siegte in drei Instanzen (RG. in JW. 1926, 1158 mit Anm.). RG. lehnt (ebenso wie KG.) mit vollem Recht die Meinung ab, daß zwischen dem Film einerseits und dem Roman oder Drama andrerseits eine Verwechslungsgefahr gar nicht auftreten könne, und bestätigt dies durch die eingehende Überlegung in der Entsch. RGZ. 135, 209 („Brand in der Oper"). Die Urteile machen zutreffend das Wesen des Begriffs der Verwechslungsgefahr klar, nämlich daß nicht die Werke selbst verwechselt zu werden brauchen, sondern daß die Bezeichnungen dahin führen, verwechselnde Ansichten über die gegenseitigen Beziehungen der Werke aufkommen zu lassen. Aber es kann auch trotz Erlaubtheit zweier gleicher (gemeinfreier, gattungsmäßiger) Titel, die nebeneinander bestehen, durch die besondere Art der Reklame unlauterer Wettbewerb getrieben werden, der also keine Verletzung des Titelschutzes, sondern anderer Grundsätze des UWG. ist (vgl. RG. in MuW. 1929, 275).

Im Prioritätsrecht liegt die Forderung der Fortdauer der Benutzung, s. oben Anm. 7.

c) Die Priorität der Benutzung (s. oben b) ist das Aktivum gegenüber der Verwechslungsgefahr; durch die Priorität ist die Bezeichnung (der Titel) gegen solche Benutzung durch einen Anderen geschützt, die eine Verwechslungsgefahr der beiden Titel bringt. Auch diese Verwechslungsgefahr wird, wie die Priorität selbst, durch die gleichen Momente (wie oben zu b genannt) beseitigt: durch die Gattungsbezeichnung und durch die völlige Andersartigkeit des Gegenstandes. Flaschen aus Schokolade verwechselt man nicht (im geschäftlichen Sinne) mit Flaschen des Kölnischen Wassers. Gattungsbezeichnungen aber verwechselt man nicht, weil man sie nicht verwechseln soll; weil der Verkehr angesichts der relativen Begrenztheit der Namengebung und angesichts der Notwendigkeit gewisser Bezeichnungen Monopole auf diese nicht zulassen kann und mithin die Sorgfalt der Unterscheidung von Beiworten verlangt. Auf die Beiworte kommt es dann an bzw. auf die näheren Umstände des Falles.

d) Gattungsbezeichnung und „besondere" Bezeichnung. Um diese Frage geht gewöhnlich der Streit im Einzelfall in vorderster Linie; die Liste solcher, bereits von höheren Gerichten entschiedener Fälle ist ziemlich groß.

Das RG., dessen Stellungnahme durchaus klar ist, sieht als besondere Bezeichnung eine solche an, die selbst den Charakter eines gewissen Geisteserzeugnisses in sich trägt und nicht nur eine Art Namen und Nachricht ist; auch kommt es dabei auf das mehr oder weniger große Unterscheidungsvermögen der in Betracht kommenden Leser- und Interessentenkreise an; sehr wichtig ist auch, ob die verwechslungsgefährliche Nähe der Bezeichnung sachlich notwendig schien („Gattungsname", da nur schwer ein anderer passender Name zu finden war) oder unnützerweise und mit gewissem dolus eventualis oder Geistesträgheit die „besondere Bezeichnung“ nachempfunden worden ist. Das RG. schlägt — unter Billigung der genau in gleichem Sinne liegenden Äußerungen des KG. als Vorinstanz — in RGZ. 135, 209 [216!] klar die Brücke von den urheberrechtlichen Anforderungen der schöpferischen Eigenart des Titels zu der damit eng zusammenhängenden wettbewerblichen Kennzeichnungskraft; KG. und RG. sprechen zutreffenderweise — ähnlich dem Sprachgebrauch bei Firmennamen und Warenzeichen — von „starken“ und „schwachen“ Titeln. Bei schwachen muß „die etwa vorhandene Verwechslungsmöglichkeit in Kauf genommen werden“ und ist somit im Rechtssinne keine Verwechslungsgefahr“; denn die Verwechslung habe ihren Grund „nicht in der Übereinstimmung der Titel als solcher, sondern darin, daß in beiden Titeln auf ein der allgemeinen Verwendung offenstehendes, bekanntes Thema hingewiesen ist“.

So wurde „Allgemeine Drogisten-Zeitung“ neben „Drogisten-Zeitung“ gestattet (RGZ. 4. Dezember 1917); ebenso „Neue Leipziger Illustrierte Zeitung“ neben „Illustrierte Zeitung (Leipzig)“ (RGZ. 90, 183), also auch daneben „Berliner Illustrirte Zeitung“; ebenso „Köbener Oderzeitung“ neben „(Frankfurter) Oderzeitung“ (RG. in LZ. 1927, 740), „Brand in der Oper“ neben „Brand im Opernhaus“ (RGZ. 135, 209), „Brand an der Wolga“ neben „Wolga, Wolga“ (RG. in Arch. f. UrhR. 4, 185), „Neues Fehntjer Blatt“ neben „Fehntjer Blatt“ (RG. in MuW. 1931, 393). Sicherlich Gattungsnamen sind z. B. Lehrbuch des bürgerlichen Rechts, Wohnungszeitung (RG. in MuW. 8, 150), Mieterzeitung, Deutsche Geschichte, Sparkasse (RGZ. 91, 212). Abwegig OLG. Naumburg (OLGR. 41, 6), das neben „Deutsche Bergwerkszeitung“ den Titel „Mitteldeutsche Bergwerkszeitung“ nicht erlaubt.

Keine Gattungsbezeichnung für Druckschriftentitel, also „besondere Bezeichnung“ ist u. a.: Sherlock Holmes, Struwwelpeter (OLG. Dresden in MuW. 26, 56), Schneidermeister, Geflügelte Worte, Ein Schritt vom Wege (LG. I Berlin 38 Q 172. 26).

Das RG. hat bei einem Streit zwischen Schorers „Echo" und Ullsteins „Welt-Echo" (RGZ. 101, 108, GRUR. 1921, 59) das später gegründete „Welt-Echo" untersagt, und zwar nicht weil Echo etwa ein Gattungsname wäre und der unterscheidende Zusatz „Welt" etwa nicht stark genug sei, sondern weil Schorers „Echo" tatsächlich inhaltlich ein Welt-Echo war und sein sollte. Ähnlich hat KG. (in OLGR. 41, 4) „Weltjahr" gegenüber „Das Jahr" verboten wegen des ähnlichen Gesamtcharakters der beiden Zeitschriften (vgl. auch Rosenthal in JW. 1921, 1546). So auch RGZ. 74, 348 „Deutsche Konkurrenzen" gegen „Architekturkonkurrenzen" (gleiches Gebiet!), OLG. Hamm (MuW. 25, 161) „Dortmunder Arbeiter-Zeitung" gegen „Westfälische Arbeiter-Zeitung" (da die abgekürzte Bezeichnung „Arbeiter-Zeitung" sich eingebürgert hatte). OLG. Jena (OLGR. 41, 7) erlaubte „Elektro-Börse" neben „Elektro-Markt", nicht jedoch „Maschinen-Börse" gegen „Maschinen-Markt" wegen der Kongruenz des Abnehmerkreises (MuW. 20, 22 = OLGR. 42, 81). KG. (OLGR. 42, 80) verbot „Deutsche Landwirtschaftliche Maschinenzeitung" gegenüber „Landwirtschaftliche Maschinenzeitung", weil letzterer (älterer!) Name als Verbindung zweier nicht farbloser Titel eigenartig ist. KG. (OLGR. 41, 5) verbot „Deutsche Musikerzeitung" gegenüber „Deutsche Musikzeitung" (mit Recht, trotz der teilweise verschiedenen Aufgaben der beiden Zeitschriften, wegen des kaum unterscheidbaren Titelnamens und der Zugehörigkeit zu dem gemeinsamen Gebiete der Musik und daraus folgender Behandlung gleicher Themata). OLG. Hamburg (MuW. 26, 58) verbot neben „Hamburger Wohnungsanzeiger" den Titel „Hamburg-Altonaer Wohnungstauschanzeiger" (mit Recht, aber verfehlt die Begründung aus der Druckart der Zeitschrift und des Titels; dies kann als qualifizierendes Moment hinzukommen, ist aber nach ständiger reichsgerichtlicher Judikatur nicht ausschlaggebend, da der Titel auch Verwechslungsgefahr bringt, wenn die Hefte nicht durch Augenschein verglichen werden (s. oben unter b).

Besonders problemreich ist der „Trotzkopf"-Fall (RGZ. 104, 88). Das Ursprungswerk „Der Trotzkopf" von Emmy v. Rohden ist frei; die Trotzkopffigur von Else Wildhagen (der Tochter der E. v. Rohden) fortgeführt in zwei Büchern „Trotzkopfs Brautzeit“, „Trotzkopfs Ehe“. Später erschien von Marie v. Felsenegg „Trotzkopfs Erlebnisse im Weltkriege“, „Trotzkopf heiratet“. Die Trotzkopffigur wird vom RG. nicht geschützt, „Trotzkopf“ also schon als Gattungsname angesehen, und nur zwischen den beiden Büchern „Trotzkopfs Brautzeit“ und „Trotzkopf heiratet“ Verwechslungsgefahr anerkannt (LG. I Berlin und KG. hatten einander entgegengesetzt und noch anders als RG. entschieden). Für verfehlt erklärt das RG. den Standpunkt des KG., daß die beiden Werke der Frau Wildhagen und das ihrer Mutter (Emmy v. Rohden: „Der Trotzkopf, eine Pensionsgeschichte“) schon rein äußerlich als Teile einer einheitlichen Büchereihe erscheinen und die beanstandeten Büchertitel nur allzu leicht der Irrtum erweckt werden könne, als gehörten auch die letztgedachten Bücher in jene Reihe. Das RG.-Urteil erscheint nicht bedenkenfrei, da aus ihm zu entnehmen wäre, daß eine rechtserheblich generelle Verwechslungsgefahr nicht vorliegt zwischen neuen Trotzkopf-Büchern und der Originalserie und daß der Trotzkopf-Titel, dessen sich der ursprünglich Berechtigte noch bedient, nur auf spezielle Ähnlichkeit des modifizierten Titels eines der Bücher eingeengt ist (s. auch oben zu a und Osterrieth in GRUR. 1923, 194).

Aber auch hier ist es wie überall in Fragen des unlauteren Wettbewerbs: absolute Kategorieen (so hier absolute Gattungsnamen) gibt es wenig, es kommt auch hier stets auf die Umstände des Falles an: also z. B. auf Verbreitung der Druckschrift und Bekanntheit des Titels, auf den Inhalt der konkurrierenden Veröffentlichungen, auch auf die Geschichte der betreffenden Titelwahl oder der betreffenden Erscheinung. Gattungsnamen können bekanntermaßen durch anerkannten langjährigen Alleingebrauch zu geschützten Bezeichnungen eines bestimmten Erzeugnisses werden („Berliner Tageblatt“). So kann auch etwas, was anfangs als Sonderbezeichnung zu gelten hatte, sich durch unbekämpften Mitgebrauch Anderer zum Gattungsnamen wandeln („Buchgemeinschaft“)

nach RG. in GRUR. 1926, 545 und MuW. 1932, 143; s. oben S. 226.

Auch der Unter- oder Nebentitel einer Druckschrift, ja sogar u. U. der Titel einer Rubrik, genießt den Schutz nach gleichen Gesichtspunkten (OLG. Hamm in MuW. 25, 161, Elster in GRUR. 1925, 147, RGZ. 133, 189); desgl. schöpferische Reklameschlagworte (Elster in GRUR. 1929, 443).

Über die Frage, ob Zeitschrift- und Zeitungstitel als Warenzeichen eintragbar sind, vgl. Elster in Buchh.-Börsenbl. 1924 Nr. 150 und 1926 Nr. 161 auf Grund patentamtlicher Eintscheidungen, ferner Elster in GRUR. 1929, 979, RPatAmt in MuW. 1930, 143 und 1931, 230.

9. **Bezeichnung und Kennzeichen eines Erwerbsgeschäfts.** Die Grenze zwischen Firma und Bezeichnung eines Erwerbsgeschäfts ist natürlich flüssig (vgl. die RG.-Entsch. betr. „Merx", RGZ. 108, 272). Titel oder Kennzeichnung eines gewerblichen Unternehmens wie einer Druckschrift können dasselbe sein. Es kann aber auch auseinanderfallen (z. B. Abkürzung, die im Volksmunde ist, gegenüber dem eingetragenen Firmennamen). Daß die Berührung zwischen Namen (natürlichen und künstlichen) und im Wettbewerb immer enger geworden ist, ist ein Ergebnis der modernen Kultur, die an die Stelle des Monopols immer ausgedehnter den freien Wettbewerb gesetzt hat. Daher nimmt die Bedeutung der Kennzeichnung für den Wettbewerb zu.

a) „Besondere Bezeichnungen" sind freigewählte Bezeichnungen oder Stichworte, die sich im Verkehr eingebürgert haben und einen eigentümlichen Charakter besitzen, der sie von anderen gleichartigen Bezeichnungen unterscheidet. Erwerbsgeschäft ist jedes als Nahrungszweig, gleichviel ob dauernd oder vorübergehend, mit oder ohne behördliche Konzession, versteuert oder unversteuert, betriebene Geschäft. Zu den besonderen Bezeichnungen eines Erwerbsgeschäfts gehören auch die „frei erfundenen Phantasienamen und Schlagwörter, wie sie von Verkaufsgeschäften, Hotels, Gastwirtschaften, Theaterunternehmungen usw. benutzt werden", um die Aufmerksamkeit anzuregen und als Unterscheidungsmerkmal zu dienen (Begr.; vgl.

auch Wassermann in MuW. 6, 182 und Abs. 3 dieses Paragraphen). Es müssen Schlagworte sein (OLGR. 25, 364; 34, 161). Gegensatz dazu ist die Gattungsbezeichnung (RGZ. 91, 212; 90, 183). Namen, die Gemeingut sind — z. B. Kurhaus (RG. in JW. 1906, 397), Hospiz (RG. in JW. 1913, 441), Wiener Café usw. —, können keine besonderen Bezeichnungen sein. Eigenartige Zusätze zu dem Namen können sie aber in dieser Verbindung zu besonderen Bezeichnungen machen. Dagegen ist unzulässig der Gebrauch eines fremden Namens lediglich zur Ankündigung einer gleichartigen und scheinbar gleichwertigen Herstellung der Ware (RGSt. 29, 331), auch nicht mit dem Zusatz „Ersatz" (RGZ. 86, 123). Es ist mit den guten Sitten des geschäftlichen Verkehrs unvereinbar, das Kenn- und Schlagwort eines fremden Betriebes, das sich im Verkehr als solches durchgesetzt hat, als Zeichen für andersartige Ware zu verwenden, wenn ein großer Teil des Publikums in solchen Fällen auf geschäftliche Beziehungen der das gleiche Schlagwort verwendenden Unternehmungen schließt (RG. in GRUR. 1927, 480 und in HRR. 1930, 1358). Ebenso unzulässig ist die unbefugte, zur Irreführung geeignete Annahme des Namens eines anderen Vereins oder die warenzeichenmäßig gegen eines Anderen Recht verstoßende Benutzung einer an sich berechtigten Herkunftbezeichnung (RGZ. 95, 292, RG. in JW. 1915, 1262: „Singer-Nähmaschine"). S. auch unten Anm. 10. An sich ist z. B. „Pilsener" oder „Münchener" Bier Herkunftbezeichnung, nicht Artbenennung, wohl aber ist es mit unverkennbarem örtlichen Zusatz, wie „Radeberger Pilsener", vom RG. zum Gebrauch als Artbenennung gestattet worden (vgl. RGZ. 79, 250 und RG. in JW. 1915, 1361, in GRUR. 1915, 98 ff.); s. § 5 Anm. 4 und § 1 Anm. 4. Das mag seinerzeit vielleicht nicht ohne Bedenken gewesen sein; nachdem aber jahrzehntelang diese Rechtsprechung festgehalten und bekannt geworden ist, hat der Verkehr die Unterscheidungen zwischen „echtem" und anderem „Pilsener" Bier beachten gelernt und es haben sich Besitzstand und Verkehrsgeltung in diesem Sinn als Rechtstatsachen gebildet.

Es gibt auf diesem Gebiete auch Umwandlungen. Manche Spezialbezeichnung wird im Laufe der Zeit Gattungsbezeichnung, und manche Gattungsbezeichnung kann sich durch Gebrauch spezialisieren. So sehr beiden Vorgängen mit Vorsicht und abwehrend entgegenzutreten ist, so kann es doch Fälle einwandfreier derartiger Entwicklung geben infolge besonderer Anerkennung im Verkehr (Verkehrsgeltung) (RG. in HRR. 1929, 1855).

Zulässig ist es auch, mit einem Namen auf eine wahre Tatsache hinzuweisen, ohne damit den Namen für sich in Anspruch zu nehmen (LG. Leipzig in LZ. 1910, 253), z. B. der Namensträger sei früherer Geschäftsinhaber oder „früher in Firma H.", der Künstler der Schüler von U. usw. (OLG. Dresden in MuW. 10, 195, RG. in JW. 1921, 621).

Über den Schutz der Telegrammadresse als Schlagwort oder besonderer Bezeichnung s. RGZ. 102, 89, dazu Rosenthal Komm. Note 96 zu § 16. Eine als Warenzeichen geschützte oder gegen unlauteren Wettbewerb schutzfähige Bezeichnung darf auch nicht als Telegrammadresse von dem Andern benutzt werden (Salvator, JW. 1927, 653).

b) Noch weniger formal zu fassen als Firma oder besondere Bezeichnung ist das Kennzeichen eines Erwerbsgeschäfts und Unternehmens oder die Geschäftsabzeichen. Kennzeichnung bedeutet etwas anderes als Namen und Bezeichnung. Die Begr. d. alten Ges. sagt hierzu:

„Neuerdings hat sich neben der Art der Bezeichnung von Erwerbsgeschäften auch die Gewohnheit bemerkbar gemacht, die Unterscheidung von anderen Geschäften durch die besondere Art der äußeren Anordnung, der Gestalt oder Ausstattung von Geschäftseinrichtungen hervorzuheben, z. B. durch die Ausstattung der Geschäftswagen oder sonstiger Wirtschaftsgegenstände, die Wahl eindrucksvoller Bekleidung für die Bediensteten des Geschäfts, durch Anbringung von Emblemen, Bildern und sonstigem Aufputz an den Geschäftshäusern oder durch die Ausstattung der Schaufenster, Warenkataloge, Zirkulare und sonstigen Druckschriften. Die Erfahrung zeigt, daß derartige Veranstaltungen einen eigentümlichen unterscheidenden Charakter gewinnen können und, nachdem sie im Publikum Ansehen und Anerkennung gefunden haben, von anderen Gewerbetreibenden mißbräuchlich zu dem

Zwecke verwendet werden, um Verwechslungen hervorzurufen. Derartige Geschäftsabzeichen sollen deshalb, sofern sie innerhalb der beteiligten Verkehrskreise als Kennzeichen eines Erwerbsgeschäftes gelten, den gleichen Schutz finden wie die Bezeichnungen, auf welche gegenwärtig die Vorschrift des § 8 Anwendung findet." Dies berührt sich eng mit dem Ausstattungsschutz des § 15 WZG., der eine rein wettbewerbliche Bestimmung ist und eigentlich in das UWG. gehört hätte.

Die Geschäftsabzeichen (z. B. Schildchen mit einer Bildermarke, z. B. gekreuzte Schlüssel, Verlagssignete — dies berührt sich meist ganz eng mit dem Warenzeichen) müssen auf das Geschäft eines bestimmten Gewerbetreibenden hindeuten. Neuheit und Eigenart ist nicht unbedingt erforderlich (RG. in JW. 1911, 827), wohl aber die Geltung innerhalb beteiligter Verkehrskreise (RGZ. 109, 228, HRR. 1930, 1359).

10. Von den engen **Beziehungen zum Warenzeichenrecht** war schon verschiedentlich die Rede (oben Anm. 9, § 5 Anm. 3 und 4, § 1 Anm. 4). „Im Interesse zutreffender Abgrenzung gegen die Vorschriften des Warenbezeichnungsgesetzes ist im letzten Satz des § 16 des Entwurfs ausdrücklich hervorgehoben, daß die neuen Vorschriften auf den Schutz von Warenzeichen und Ausstattungen keine Anwendung finden. Hiermit ist insbesondere klargestellt, daß die Voraussetzungen, unter denen ein Warenzeichen den gesetzlichen Schutz erlangt, sowie Art und Umfang des Schutzes gegen Andere sich ausschließlich nach den Vorschriften jenes Gesetzes richten. Dadurch wird aber nicht ausgeschlossen, daß die besondere Art der Benutzung eines Warenzeichens durch den Eingetragenen unter Umständen eine Handlung darstellt, auf welche die Vorschriften des vorliegenden Entwurfs Anwendung finden." (Begr.) Über das Verhältnis des § 16 zum Markenschutzgesetz vgl. auch Klöppel in GRUR. 1910, 329 und Hagens in MuW. 1928, 289 ff. Namentlich besteht eine solche rege Verbindung zwischen Markenschutz und unlauterem Wettbewerb bei der Frage des Ausstattungsschutzes nach § 15 WZG. (vgl. auch RGZ. 79, 415 und RG. in MuW. 20, 33 = GRUR. 1921, 67, ferner namentlich Rosenthal Anm. 59 ff. zu § 1). Die ganze kasuistische Fülle dieser Probleme und Beziehungen kann hier nicht besprochen werden. Es sei als grundsätzlich wichtig jedoch betont, daß Firmen- und Warenzeichenrechte formale Rechtsgüter sind, daß aber Namenrechte und besonders die Fragen des wirklich unlauteren Wettbewerbs materielle Rechtsgüter betreffen. Die Verwechslungsfähigkeit als rein objektiver Maßstab, auf den das RG. alles abstellt (s. oben Anm. 6), gehört in die formalrechtliche Kategorie; mit geistiger Kraft, mehr als mit bloßer „Form“, muß die namenrechtliche Befugnis im Geschäftsverkehr so lange gelten, bis der Tatbestand der Unlauterkeit (nach UWG.) hier ein Ziel setzt. Das spricht § 13 WZG. gegen § 12 WZG. aus, und § 20 WZG. weist gedanklich auf das UWG. So hat RG. in JW. 1929, 1203 das Warenzeichen Xaxa gegenüber Axa aus namen- und wettbewerblichen Rechtsgründen (§ 12 BGB., §§ 1 und 16 UWG.) untersagt und dabei die einzelnen Rechtsgründe in aufschlußreichster Weise auseinandergehalten: „Mit Recht hat das OLG. einen zeichenrechtlichen Anspruch auf Löschung des Warenzeichens des Beklagten und auf Schadenersatz verneint, weil der Kläger nicht selbst eingetragener Inhaber des Zeichens Axa ist, dieses vielmehr für den Hersteller der von dem Kläger vertriebenen Waren eingetragen ist. Daraus leitet das OLG. weiter zutreffend die Folgerung ab, daß die Warenbezeichnung Axa sich auch nicht im Verkehr als Bezeichnung der aus seinem Betriebe herrührenden Waren durchgesetzt haben könne. Der Kläger dagegen beanstandet mit Grund die Ausführungen der Vorinstanzen, mit denen diese die Anwendbarkeit des § 12 BGB. übereinstimmend verneinen zu müssen glauben, weil Axa und Xaxa nicht identisch seien. Diese Begründung ist unhaltbar, vielmehr hat die Rechtsprechung des Reichsgerichts wiederholt darauf hingewiesen, daß geringe Abweichungen bei der Benutzung des mit der Klage verteidigten Namens an dem Tatbestande einer unbefugten Namensbenutzung nichts ändern können. ... Auf die Verwendung des Namens für die gleichen Waren, die der Namensträger herstellt oder vertreibt, oder auf die Gleichartigkeit der beiderseitigen Waren kommt es nicht an. ... Nach § 16 UWG. wird aber ein Wettbewerb zwischen dem Namens- und Firmeninhaber und dem beanstanbeten Benutzer nicht vorausgesetzt. Die Gefahr einer Verwechslung im Verkehr kann auch bestehen, wenn die Waren der Streitparteien völlig verschieden sind. Aber der Tatbestand des § 16 Abs. 1 UWG. ist also gegeben; auch hiernach ist der Anspruch auf Löschung und Unterlassung gerechtfertigt."

Sehr ernst ist die Gefahr, in der Depossedierung des Prioritätsrechts (vgl. oben Anm. 8 bei b) infolge Gesetzeskonkurrenz zwischen UWG. und WZG. zu weit zu gehen (vgl. Elster in JW. 1927, 1570). Daß „höheres" materielles Recht dem bloßen formalen Recht nach reichsgerichtlicher Auffassung grundsätzlich vorgeht, verdient unbedingte Zustimmung; indessen ist oftmals ein Vorratszeichen, ein fürsorglich eingetragenes, aber vielleicht nach Lage der Dinge noch nicht benutzbares Zeichen doch mehr als ein bloß formales Recht und hat mithin „höhere" materielle Werte — eine wirkliche tatsächliche, wenn auch noch nicht mit so großem Glück oder so großen wettbewerblichen Mitteln gestützte Priorität — zu schützen. Um in solcher ernsten Zweifelsfrage die Antwort zu finden, ist die Stützung auf § 1 UWG. und § 826 BGB. zweifellos das einzig Richtige, wie dies schon RG. 97, 93 und 101, 372 tat. Um so wichtiger ist es dann aber, daß über den Begriff der Unlauterkeit und der Sittenwidrigkeit im Wettbewerb ganz klare Richtlinien gefunden werden (vgl. Anm. 8 ff. zu § 1).

IV. Rechtsfolgen.

11. **Unterlassungs- und Schadenersatzklage.** Anspruchsberechtigt ist der, dem das Recht auf Führung des Namens, der Firma oder der besonderen Bezeichnung des Erwerbsgeschäftes zusteht. Gegner ist bei Aktiengesellschaften und G. m. b. H. die Gesellschaft als solche, nicht etwa sind es die Gesellschafter (RG. in GRUR. 1911, 176). Über den Tenor des Unterlassungsurteils RG. in JW. 1906, 365; 1905, 410; 1905, 701 und in GRUR. 1911, 276. Es kann neben Unterlassung des Gebrauchs der Firma auch Unterlassung des Gebrauchs des in der Firma enthaltenen Schlagworts gefordert werden (z. B. auch ein Phantasiewort, das einem Mitbewerber als Warenzeichen eingetragen ist, OLG. München in OLGR. 32, 246). Der Umfang des Anspruchs ergibt sich

genau aus dem Umfang der Rechtsverletzung, und zwar der schon geschehenen oder der noch zu erwartenden. Der Anspruch auf Löschung der Firma oder des Warenzeichens kann Folge des Unterlassungsanspruchs sein, ist aber mit ihm nicht identisch; „dieser Anspruch kann sich bis zum Anspruch auf Löschung steigern, wenn die Bezeichnung schon so, wie sie eingetragen ist und verkehrsüblich benutzt wird, eine Rechtsverletzung bedeutet" (RG. in GRUR. 1927, 66 unter Berufung auf frühere Urteile); die Klage auf Löschung einer Firma ist aus § 16 aber nur gerechtfertigt, wenn dem Mißbrauch nicht auf andere Weise wirksam entgegengetreten werden kann (RGZ. 95, 294; 125, 164). „Dann aber muß nach § 16 UWG. auch ein Antrag statthaft sein, der sich darauf beschränkt, die Entfernung des die Verwechslungsgefahr begründenden Bestandteiles der Firma zu verlangen, auch wenn dadurch die Firma eine Gestaltung gewinnt, die sie nach den öffentlich-rechtlichen Vorschriften des HGB. nicht mehr als zulässig erscheinen läßt, und deshalb im Erfolg zu einer vollständigen Löschung der Zweigfirma führen muß" (RG. in GRUR. 1927, 66).

Es ist keine Popularklage (vgl. § 13) trotz der reichsgerichtlichen Äußerung, daß § 16 auch das Interesse der Allgemeinheit schütze, s. oben Anm. 1 am Ende. Im übrigen über Unterlassungs- und Schadenersatzanspruch s. § 13. Für die Schadenersatzklage ist nötig, daß Verwechslung beabsichtigt war oder vorausgesehen werden konnte, nicht aber, daß Verwechslungen wirklich vorgekommen sind (RG. in MuW. 11, 119).

12. **Haftung für Angestellte und Beauftragte** s. § 13 Anm. 5.

§ 17.

Mit Gefängnis bis zu drei Jahren und mit Geldstrafe oder mit einer dieser Strafen wird bestraft, wer als Angestellter, Arbeiter oder Lehrling eines Geschäftsbetriebs ein Geschäfts- oder Betriebsgeheimnis, das ihm vermöge des Dienstverhältnisses anvertraut worden oder

zugänglich geworden ist, während der Geltungsdauer des Dienstverhältnisses unbefugt an jemand zu Zwecken des Wettbewerbes oder aus Eigennutz oder in der Absicht, dem Inhaber des Geschäftsbetriebes Schaden zuzufügen, mitteilt.

Ebenso wird bestraft, wer ein Geschäfts- oder Betriebsgeheimnis, dessen Kenntnis er durch eine der im Abs. 1 bezeichneten Mitteilungen oder durch eine gegen das Gesetz oder die guten Sitten verstoßende eigene Handlung erlangt hat, zu Zwecken des Wettbewerbes oder aus Eigennutz unbefugt verwertet oder an jemand mitteilt.

Weiß der Täter bei der Mitteilung, daß das Geheimnis im Ausland verwertet werden soll, oder verwertet er es selbst im Ausland, so kann auf Gefängnis bis zu fünf Jahren erkannt werden.

Die Vorschriften der Abs. 1 bis 3 gelten auch dann, wenn der Empfänger der Mitteilung, ohne daß der Täter dies weiß, das Geheimnis schon kennt oder berechtigt ist, es kennenzulernen.

1. Inhalt der §§ 17—20 a.
2. Die Novelle vom 9. März 1932.
3. Antragsdelikt.

I. **Geheimnisverrat des Angestellten.**

4. Der Begriff des Geschäfts- und Betriebsgeheimnisses und der soziale (arbeitsrechtliche) Interessengegensatz.
5. Angestellter, Arbeiter und Lehrling.
6. Anvertrauen und Zugänglichmachen.
7. Geheimhaltung während des Dienstverhältnisses.
8. Der Empfänger der geheimen Mitteilung.
9. Wettbewerbszweck, Eigennutz, Schädigungsabsicht.
10. Auslandsverrat.

II. **Geheimnisverrat eines Dritten.**

11. Erlangung durch gesetz- oder sittenwidrige Handlung.
12. Unbefugte Verwertung.

1. **Inhalt der §§ 17—20 a.** Der wettbewerbliche Geheimnisverrat (Industriespionage, Werkspionage) ist der dritte der Sonderfälle, die nur einen bestimmten Wettbewerber verletzen (1. Bestechung §§ 14, 15, 2. Namenmißbrauch § 16, 3. Geheimnisverrat §§ 17—20a). Die §§ 17—20a betreffen vier verschiedene dahin gehörige Tatbestände: 1. die Verletzung des Geschäfts- oder Betriebsgeheimnisses durch einen Angestellten (§ 17 Abs. 1), 2. die unbefugte Verwertung (oder Mitteilung) von Geschäfts- oder Betriebsgeheimnissen durch irgendeinen Dritten, der durch unerlaubte Handlung zu dem Geheimnis kam (§ 17 Abs. 2), 3. die unbefugte Verwertung (oder Mitteilung) anvertrauter Vorlagen und dgl. (§ 18), 4. die Verleitung und der Verleitungsversuch zu den Delikten des § 17 Abs. 1 und des § 18 sowie das Anerbieten, Sich-Erbieten und Bereiterklären dazu (§ 20). Die Täter werden bestraft, § 19 verpflichtet sie auch zu Schadenersatz. Der Unterlassungsanspruch ist selbstverständlich außerdem gegeben (nach § 1). Neben der Strafe kann nach § 26 auf Buße erkannt werden.

Über das Verhältnis des § 17 zu § 242 StGB. RG. in JW. 1905, 548, zu § 823 BGB. RGZ. 92, 132.

2. **Die Novelle vom 9. März 1932** (Vo. des Reichspräsidenten zum Schutze der Wirtschaft, Teil II, RGBl. I, 122).

a) Anlaß:

„Die Erfahrungen namentlich des letzten Jahrzehnts haben gezeigt, daß die bisherigen Strafvorschriften gegen den Verrat von Geschäfts- und Betriebsgeheimnissen, wie sie in den §§ 17 ff. des Gesetzes gegen den unlauteren Wettbewerb enthalten sind, nicht genügen, um den unter den heutigen Verhältnissen dringend erforderlichen Schutz der deutschen Arbeit und Wirtschaft gegen die Industriespionage zu gewährleisten. Durch den Verrat von Geschäftsgeheimnissen ist die deutsche Wirtschaft überaus schwer geschädigt worden. Der Gewinn, der dem Verräter geboten wird, ist meist sehr beträchtlich, die in Aussicht stehende Strafe im Falle der Entdeckung und Überführung dagegen verhältnismäßig gering. Die bisher vorgesehene Höhe der Strafdrohungen reicht daher nicht aus, um der Wirtschaftsspionage wirksam entgegenzuwirken. Namentlich der Verrat von Geschäftsgeheimnissen an das Ausland, dessen Bestrafung nach bisherigem Recht nur in unzureichendem Umfang möglich ist, hat die Wettbewerbsfähigkeit der deutschen Industrie stark beeinträchtigt, ihren oft mit hohen Kosten errungenen Vorsprung gefährdet und nicht selten zur Absatzminderung, zur Beschränkung der Arbeitsmöglichkeiten und zur Vermehrung der Arbeitslosigkeit geführt. Auch sonst weist der objektive und subjektive Tatbestand der §§ 17 ff. des Wettbewerbsgesetzes, wie er im geltenden Recht ausgestaltet ist, empfindliche Lücken im Strafschutz auf.

Um den hervortretenden Mißständen abzuhelfen, hatte der Entwurf eines Einführungsgesetzes zum Allgemeinen Deutschen Strafgesetzbuch und zum Strafvollzugsgesetz (Reichstagsdrucksache Nr. 2070/1930) in den Ziffern 3 bis 6 seines Artikels 103 eine Verschärfung der einschlägigen Strafvorschriften des Wettbewerbsgesetzes in Aussicht genommen und gleichzeitig in den Ziffern 43 bis 46 seines Artikels 68 verfahrensrechtliche Bestimmungen zur Sicherung der Geschäfts- und Betriebsgeheimnisse im Prozeß vorgesehen. Inzwischen ist der Entwurf des Einführungsgesetzes durch die Auflösung des Reichstags der IV. Wahlperiode vorläufig gegenstandslos geworden. Andererseits ist in der Zwischenzeit eine Reihe neuer Fälle von Industriespionage aufgedeckt worden, welche die schweren Gefahren denen die deutsche Wirtschaft durch derartige Machenschaften ausgesetzt ist, mit besonderer Deutlichkeit erkennen lassen." (Aus der Begr. der Novelle im Reichsanzeiger Nr. 142 vom 20. Juni 1931.)

Insbesondere ist es die chemische Industrie, die einen weit stärkeren Rechtsschutz beansprucht. Nach Eberh. Schmidt sind wegen Verletzung der §§ 17 bis 20 UWG., die bisher die einzig greifbare sedes materiae sind, in den Jahren 1912—1926 verurteilt worden: 51, 64, 34, 7, 5, 6, 2, 7, 15, 41, 29, 18, 30, 62, 64 Personen — und dabei zeigt gewiß diese Statistik bei weitem nicht den ganzen Umfang der Schädigungen. Kohlrausch nennt die Mehrzahl jener strafbaren Handlungen „wirtschaftlichen Landesverrat" und betont die große Beteiligung des Auslandes an den Straftaten.

b) Aus dem Schrifttum über die Reformfragen: Verhandlungen des 36. Deutschen Juristentages (Lübeck 1931): Gutachten von Eberhard Schmidt und Karl Wrabetz, Referate von Rudolf Callmann und Hugo Sinzheimer. — Schramm, Betriebsspionage und Geheimnisverrat, Mannheim 1930; Harmening-Wagner-Schäfer, Ausverkaufswesen und Schutz von Geschäfts- und Betriebsgeheimnissen (Kommentar), Berlin 1932. — Kohlrausch in Ztschr. f. d. ges. Strafrechtswiss. Bd. 50 S. 1 ff.; Elster in HdR. VII, 199 ff. und GRUR. 1932, 32, eine Sammlung von Aufsätzen aus MuW. (von Reimer, Blum, Callmann, Fuld, Ed. Schmidt, Schramm, Coper, Ehrlich und M. Wassermann), herausgegeben von M. Wassermann („Werkspionage und Vorschläge zu ihrer Bekämpfung", Berlin 1931); ferner Degen in MuW. 27/28, 431 (dort weitere Literatur), Neuberg ebd. 592 (rechtsvergleichend), Herzog in MuW. 31, 157; Fuld in GRUR. 1928, 680, H. Isay in GRUR. 1929, 1368, R. Wassermann in GRUR. 1930, 254, Reimer ebd. 733, Nolting-Hauff ebd. 907.

c) Wesentlicher Inhalt und Bedeutung der Änderungen (s. auch unten zu e).

α) Erhöhung des Strafmaßes: statt bis zu 1 Jahre jetzt bis zu 3 und 2 Jahren (in §§ 17 und 18), statt bis zu 9 Monaten jetzt bis zu 2 Jahren (in § 20).

β) Änderung des Wortes „ein Anderer" in „Jemand" (in § 17 Abs. 1 und 2 und in § 18). Bisher hing, wie die Begr. sagt, „die Strafbarkeit der Tat davon ab, daß die unbefugte Mitteilung des Geheimnisses gegenüber einem „Anderen",

d. h. gegenüber einer solchen Person erfolgt, der das Geheimnis nach dem Willen des Berechtigten fremd bleiben soll. Diese Abgrenzung des Tatbestandes hat, wie die Rechtsprechung des Reichsgerichts (vgl. z. B. RGSt. 57, 14) ergibt, zur Folge gehabt, daß zahlreiche strafwürdige Fälle der Wirtschaftsspionage nicht bestraft werden konnten" (z. B. bei Mitteilung an einen scheinbaren Kaufliebhaber, der aber in Wirklichkeit ein berechtigter Kundschafter ist).

γ) Einschluß des Sichanbietens und des Eingehens auf die Verlockung in die strafbaren Tatbestände (§ 20 Abs. 2).

δ) Hinzufügung des Moments „aus Eigennutz" als subjektives Tatbestandsmerkmal (§ 17 Abs. 1 und 2, § 18, § 20).

ε) Ausdehnung des Tatbestands auf den Fall, daß der Mitteilungsempfänger das Geheimnis schon kennt oder kennenzulernen berechtigt ist (§ 17 Abs. 4).

ζ) Schwerere Bestrafung des Verrats an das Ausland (§ 17 Abs. 3).

η) Erfassung auch des im Ausland geschehenen Verrats deutscher Geschäftsgeheimnisse (§ 20a).

ϑ) Ausschluß der Öffentlichkeit in Gerichtsverhandlungen über Geheimnisverrat (s. unten zu e).

d) Nicht erfüllt wurden die Reformwünsche, daß die Bestrafung auch auf den nach Beendigung des Dienstverhältnisses begangenen Geheimnisverrat ausgedehnt werden sollte und daß jeder Versuch strafbar sein sollte. Namentlich Kohlrausch hatte folgende Mängel gekennzeichnet:

1. Die Verratsstrafe ist zu eng abgestellt auf die Zeit des Dienstverhältnisses. 2. Der subjektive Tatbestand des Gesetzes ist zu eng umgrenzt. 3. Erst die Zufügung irreparablen Schadens ist strafbar. 4. Die Auslands-Tat ist meist straflos. 5. Die Strafdrohung trägt den möglichen Fällen schwerer Schädigung der Gesamtwirtschaft nicht genügend Rechnung. 6. Die Gestaltung

des Strafverfahrens vertieft und vergrößert häufig den durch die Tat verursachten Schaden. Diesen Mängeln ist also (s. oben α—δ) nur zum Teil abgeholfen worden. Die schwierige Frage der Beschränkung auf die Zeit des Dienstverhältnisses wird so lange nicht gelöst werden können, wie man nicht das verschiedene juristische Wesen des Geheimnisbesitzes richtig erkannt hat (s. unten Anm. 4 und 7). Der § 17 Abs. 1 straft Geheimnisverrat, der nach Beendigung des Dienstverhältnisses begangen wird, nicht, und die anderen einschlägigen Paragraphen treffen ihn, wenn die Kenntnis der Geheimnisse rechtmäßig erworben war, ebenfalls nicht, während z. B. im englisch-amerikanischen Recht der zivilrechtliche Schutz des Betriebsgeheimnisses weiter geht, da dort die Pflicht zur Geheimhaltung anvertrauter Geheimnisse über die Dauer der Anstellung hinaus als stillschweigend vereinbart angesehen wird. Ist nun (nach deutschem Recht) dem ausgeschiedenen Angestellten gegen Bezahlung ein Schweigegebot oder eine Konkurrenzklausel ausdrücklich auferlegt worden, so kann man auf dem Wege der Auslegung, daß hierdurch in dieser Hinsicht das Angestelltenverhältnis als fortgesetzt anzusehen sei, zwar zivilrechtlich den Begriff des Geheimnisverrats als vorhanden behaupten und vertragsmäßige oder gar aus unerlaubter Handlung sich herleitende Schadensansprüche geltend machen. Aber — und darin hat Eberh. Schmidt recht — eine strafrechtliche Anwendbarkeit des § 17 Abs. 1 ist nicht möglich, weil der Grundsatz nulla poena sine lege im Wege steht.

Wie schwer das Gericht gerade infolge der Beschränkung auf die Zeit des Dienstverhältnisses die notwendige Ahndung offenbar unredlicher Handlungsweise zu erkämpfen hat, zeigt mit Deutlichkeit ein über einen Fall von Geheimnisverrat ergangenes Urteil des Reichsarbeitsgerichts vom 5. Februar 1930 (Entsch. d. RArbGer. 5, 99 f.), dem, da es zivilrechtlicher Natur ist, in seiner strengeren Auffassung durchaus beizupflichten ist.

Es ist richtig, wenn Kohlrausch betont, daß die nur im Rahmen des UWG. erfolgende Bekämpfung des Geheimnisverrates Begleiterscheinungen statt des Kernes der Sache in den Vordergrund gerückt hat, und Degen hat schon 1928

(MuW. 1927/28 S. 431 ff.) gezeigt, welche strafrechtlichen Vorschriften anderer Gesetze aussichtsreich gegen die Fabrikspionage, die mittelbare und die unmittelbare, herangezogen werden können.

e) Ergänzung der Änderungen des UWG. durch Änderungen anderer Gesetze:

A. Das Gerichtsverfassungsgesetz wird geändert wie folgt:

1. Dem § 172 wird folgender zweiter Absatz hinzugefügt:

Dasselbe gilt, wenn die Verhandlung ein Geschäfts- oder Betriebsgeheimnis zum Gegenstand hat. In diesem Fall soll die Öffentlichkeit nur ausgeschlossen werden, wenn von einer öffentlichen Verhandlung für den Betroffenen erhebliche, außerhalb der Zwecke des Verfahrens liegende Nachteile zu besorgen sind.

2. Im § 173 erhält der Abs. 2 folgende Fassung:

Durch einen besonderen Beschluß des Gerichts kann unter den Voraussetzungen des § 172 für die Verkündung der Urteilsgründe oder eines Teiles davon die Öffentlichkeit ausgeschlossen werden.

3. Im § 174 werden

a) im Abs. 1 der Satz 3 durch folgende Vorschrift ersetzt:

Bei der Verkündung ist in den Fällen der §§ 172, 173 anzugeben, aus welchem Grunde die Öffentlichkeit ausgeschlossen worden ist.

b) im Abs. 2 Satz 1 hinter dem Wort „Staatssicherheit" die Worte „oder eines Geschäfts- oder Betriebsgeheimnisses" eingefügt.

B. Im Art. III Abs. 1 Satz 1 des Gesetzes, betreffend die unter Ausschluß der Öffentlichkeit stattfindenden Gerichtsverhandlungen, vom 5. April 1888 (RGBl. S 133) werden hinter dem Wort „Staatssicherheit" die Worte „oder eines Geschäfts- oder Betriebsgeheimnisses" eingefügt.

Diese Ausdehnung der Befugnis des Gerichts, für Verhandlungen die Öffentlichkeit auszuschließen, auf Fälle des Geheimnisverrats ist eine wichtige und unerläßliche Ergänzung der Neufassung der §§ 17—20 a, wenn diese Neufassung eine Besserung bringen soll. Die Vorschrift gilt auch für Verstöße gegen § 18 (Harmening-Wagner-Schäfer a. a. O. S. 88). § 174 Abs. 2 GVG. sieht vor, daß das Gericht den anwesenden Personen die Geheimhaltung von Tatsachen, welche durch die Verhandlung, durch die Anklageschrift oder durch andere amtliche Schriftstücke des Prozesses zu ihrer Kenntnis gelangen, zur Pflicht machen kann. Das ist insbesondere wichtig in bezug auf die Sachverständigen, aber, wie bei Harmening-Wagner-Schäfer (S. 94) zutreffend hervorgehoben ist, kein ausreichender Schutz, da nur die bei der Verhandlung anwesenden Sachverständigen, nicht solche, die von den Geheimnissen schriftlich erfahren, zum Schweigen verpflichtet werden können, und auch diese nur zum Schweigen, während die eigene Verwertung der Kenntnisse in das Verbot nicht eingeschlossen erscheint.

3. Antragsdelikt. Die Strafverfolgung tritt, gemäß der privaten Natur der Verletzung, nur auf Antrag ein (§ 22). Antragsberechtigt ist nur der Verletzte, d. h. für Verstöße gegen § 17 der Geschäftsherr als der Berechtigte seiner Geschäfts- und Betriebsgeheimnisse, gleichgültig ob er sie dem Angestellten unmittelbar anvertraut hat oder ob sie ihm sonstwie zugänglich geworden sind, für Verstöße gegen § 18 aber nur, wenn dem Dritten die Vorlagen und dgl. anvertraut worden waren (vgl. Katz in GRUR. 1927, 454).

Bemerkt sei, daß nach § 384 ZPO. (vgl. OLG. Karlsruhe in HRR. d. JR. 1932, 170) ein Zeugnisverweigerungsrecht besteht (auch für den Angestellten, RGZ. 53, 40), wenn Gefahr vorliegt, durch das Zeugnis ein Gewerbegeheimnis zu offenbaren.

I. Geheimnisverrat des Angestellten.

4. Der Begriff des Geschäfts- und Betriebsgeheimnisses und der soziale (arbeitsrechtliche) Interessengegensatz. Die Aufgabe ist, Sittenwidriges zu bekämpfen, aber das vom Arbeitnehmer berufsmäßig Erlernte nicht zu beeinträchtigen und sein anständiges Fortkommen nicht zu hindern. Der hierbei mögliche

Interessengegensatz ist um so schwerer zu lösen, je weniger der Begriff des Geschäfts- und Betriebsgeheimnisses geklärt ist (Elster in GRUR. 1932, 32 ff.); daß die Schwierigkeit des Problems gerade an dieser Stelle liegt, ergibt sich auch aus den Untersuchungen von Eberh. Schmidt, Rud. Callmann, Arno Blum, B. Herzog, Coper u. a.

Es trifft zwar zu, daß Geschäfts- oder Betriebsgeheimnis jede Tatsache sei, die wirklich geheim (RGSt. 25, 48; 29, 426), für den Betrieb des Geschäftes von Wichtigkeit („objektives geschäftliches Interesse", Harmening-Wagner-Schäfer S. 51) und die dem Anderen als geheim zu halten bewußt oder bezeichnet (RG. in MuW. 10, 313) worden ist (z. B. Verfahren, Herstellungsart, Rezept [vgl. § 18], Gebrauchsanweisung); aber es ist keine Lösung des Problems, wenn (wie auch in der vorigen Auflage dieses Buches) einfach gemäß der Rechtsprechung aufgezählt wird, was alles zu den Geheimnissen gehören kann, z. B. Absatzquellen des Kaufmanns (RG. in JW. 1906, 497); Kundenverzeichnisse vgl. RGSt. 31, 93; 33, 62; 39, 321, RG. in MuW. 10, 95, OLGR. 30, 292, 293; Geschäftsbeziehungen zur Kundschaft RG. in MuW. 15, 127; Adressenmaterial RG. in MuW. 9, 392; Vorschriften über Akkordlohn RG. in MuW. 9, 391; Musterbücher RGSt. 42, 394; Preiskalkulationen RGSt. 35, 136; Einrichtung von Maschinen RGSt. 40, 406 (dagegen nicht Maschinen, die weder in einem Geheimverfahren hergestellt noch patentrechtlich geschützt sind, RG. in JW. 1925, 251); Verfahren zur Herstellung von Gegenständen RG. in MuW. 10, 62; Zeichnungen einer eigenartigen Möbeleinrichtung RG. in JW. 1915, 51; eine in Aussicht stehende Lieferung OLG. Frankfurt in MuW. 10, 101; einzelne Geschäftsvorkommnisse RG. in MuW. 10, 313; Lieferungsverträge OLGR. 11, 430; Submissionsofferte RG. in JW. 1905 352; sonstige Adressen RG. in LZ. 1908, 702; Agentenverzeichnis einer Versicherungsgesellschaft RG. in JurRdsch. 1927 Nr. 1367; überraschendes Herausbringen eines neuen Artikels RGSt. 48, 12; Bezugsquellen RGSt. 45, 254.

Die Ergründung muß tiefer gehen. Betriebsgeheimnis und Geschäftsgeheimnis müssen auseinandergehalten werden. Es kann etwas ein Geschäftsgeheimnis sein, was nicht als Betriebsgeheimnis gelten kann (vgl. RGSt. 48, 12). „Objektives Geheimhaltungsinteresse“ und „subjektiver Geheimhaltungswille“ (Eberh. Schmidt) sind wichtig, aber es muß außerdem gefragt werden, ob das „Geheimnis“ überhaupt geheimgehalten werden kann und wer der berechtigte Rechtsträger des betreffenden Geheimnisses ist. Mit dem Satze, geheim sei alles, was nicht offenkundig ist (Harmening-Wagner-Schäfer S. 49), dürften die Schwierigkeiten ebenfalls ungelöst bleiben. Das Gemeinsame liegt im Wettbewerbsmoment, die Unterscheidungen müssen wie folgt gesehen werden:

a) Gesetz- und sittenwidrige Dinge verdienen keinen Geheimnisschutz (z. B. Zusatz von Wasser zu Milch als „Berufsgeheimnis“, vgl. RArbGer. in JW. 1931, 490, Arno Blum in MuW. a. a. O.; für einen Geheimnisschutz der Patentverletzung Nolting-Hauff in GRUR. 1930, 907). Auf Grund des Gesetzes „gegen“ den unlauteren Wettbewerb kann man nicht etwas Unlauteres als Geheimnis schützen.

b) Ebenso muß der wettbewerbliche Geheimnisbegriff ausscheiden, wo es sich um persönliche Pflichten und Interessenkonflikte handelt (z. B. wenn ein Bankier, der im Aufsichtsrat eines mit seiner Bank in Geschäfts- und Kreditverkehr stehenden Unternehmens sitzt, die Insolvenz dieses Unternehmens erfährt und auf Grund der Kenntnis dieses „Geheimnisses“ Maßnahmen in seiner Bank trifft).

c) Weiter haben mit dem Begriff des wettbewerblichen schutzfähigen Geheimnisses diejenigen Tatsachen nichts zu tun, deren Geheimhaltungsmöglichkeit ihrer Natur und dem Gesetze nach überaus beschränkt ist (z. B. gewöhnliche Einkaufsquellen und ähnliche Kenntnisse und Verzeichnisse; Rabatte und Kalkulationsprinzipien; Kataloge; vorhergegangene Geld- und Freiheitsstrafen des Geschäftsinhabers oder leitender Angestellter; Krankheit des Geschäftsinhabers; Brandunglück; Patentanmeldungen vor ihrer Auslegung; Akkordlöhne und ihre Berechnungsgrundlagen; sämtlich Beispiele, die einer Zusammenstellung von Blum (a. a. O.) über Fälle von „Geschäftsgeheimnissen" entnommen sind, die von der Rechtsprechung als solche behandelt wurden; weiter das Verhältnis von Tochtergesellschaften zu anderen oder ähnliche aus dem Handelsregister bei einiger Personenkenntnis zu entnehmende Tatsachen). Man kann dies zeitweise verdecken und vor dem zudringlichen Blick gerade der Konkurrenz zu verbergen versuchen, aber nicht dauernd und wirksam geheimhalten.

d) Scheiden die zu 1 bis 3 genannten Gruppen aus dem Geheimnisbegriff aus, so bleibt für den Begriff „Geheimnis" und den Schutz als Geheimnis übrig, daß es sich um einen höheren Grad schöpferischen Inhalts handeln muß. Schon in dem Begriff Geheimnis liegt eine enge Beziehung zu einer Person, der das Geheimnis zugehört, oder zu mehreren Personen. Wieviel Personen an einem Geheimnis teilhaben, ist auch wichtig; denn bei Überschreitung einer gewissen Ziffer — oder schon zuvor bei natürlicher „Undichtigkeit" des Schweigens der mehreren Beteiligten — hört ein Geheimnis naturgemäß auf, ein Geheimnis sein und bleiben zu können. Das gerade juristische Merkmal des Geheimnisses ist aber, daß es auf eine originäre schöpferische Tatsache zurückgeht, in deren Geheimsphäre Andere vertrauensvoll hineingezogen werden können.

Daraus darf freilich nicht gefolgert werden, Voraussetzung für die Geheimnis-Schutzfähigkeit einer Betriebs- oder Geschäftstatsache sei, daß sie den Bedingungen, die das Urheberrecht, das Musterschutzrecht oder das Patentrecht stellt, genügen müsse. Das eben ist nicht der Fall. Das schutzwürdige Geheimnis muß zwar ein Geistesgut sein, aber es braucht keineswegs ein des Urheber- oder Erfinderschutzes fähiges Geistesgut zu sein (obwohl es ein solches sein kann, z. B. eine nicht angemeldete patentfähige Erfindung). Vgl. JW. 1929, 1227 und 3087. So gehört also auch eine Kundenliste, eine Musterkarte, eine Buchhaltungs- oder Bilanzierungsmethode, eine Werbeidee u. dgl. m. hierher, sofern bei ihnen schöpferische Arbeit ein Ergebnis geformt hat. Also könnte hier auch das sogenannte „wissenschaftliche und technische Eigentum" (vgl. HdR. VII, 644 mit Literaturangaben) eingereiht werden.

Zugleich ergibt sich aus der Betonung des selbstschöpferischen Charakters und des damit eng zusammenhängenden Hinweises auf die Person, um deren Geheimnis es sich handelt, etwas für die umstrittene soziale Seite des Geheimnisschutzes und seiner strafrechtlichen Sanktionen überaus Wichtiges. Denn wenn der Geheimnisschutz auf selbstschöpferischen Gründen beruht, so muß logischer- und gerechterweise der Schutz demjenigen zustehen, auf dessen schöpferisches Tun die geheimzuhaltende Betriebs- oder Geschäftstatsache zurückgeht. Ähnlich wie bei der Unterscheidung zwischen Diensterfindung, Betriebserfindung und freier Erfindung hat man auch bei den betreffenden in Rede stehenden Geschäfts- und Betriebsgeheimnissen jeweils zu fragen, wem sie eigentlich — ob dem Unternehmer oder dem Angestellten — von Anfang an gehörten und ob, wenn sie auf selbstschöpferische Leistung des Angestellten zurückgehen (z. B. wer die Kunden gesucht und geworben hat, die die „Kundenliste" bilden, oder wer originelle Geschäftseinrichtungen erdacht hat usw.), die Übertragung auf das Unternehmen bzw. auf den Geschäftsherrn als vollzogen, d. h. im wesentlichen als abgegolten (abgekauft) zu gelten hat. Liegt letzteres nicht vor, so muß der Angestellte, auf dessen schöpferisches Wirken das Geheimnis zurückgeht, es beim Ausscheiden aus dem Betrieb zu eigener Weiterbenutzung frei haben, im Gegensatz zu Geheimnissen, die dem Unternehmer oder dem Betrieb zu danken waren und dem Angestellten anvertraut waren.

5. **„Angestellter, Arbeiter und Lehrling"** umfaßt alle von einem Prinzipal abhängigen Leute, die in dessen Geschäftsbetrieb in Lohn und Brot stehen und daher im Interesse des Geschäftsherrn und des Betriebes zu Treue verpflichtet sind; auch schon vor Antritt des Dienstes, aber nach Abschluß des Arbeitsvertrages (RGSt. 50, 130). Der Treuecharakter des Arbeits-

vertrages macht sich hierin geltend. So tritt auch Gesetzeskonkurrenz zwischen BGB., HGB. und UWG. ein, da die arbeitsrechtlichen Vertragspflichten neben den Sondervorschriften des UWG. für den Schutz des arbeitsrechtlichen Geheimnisses in Betracht kommen (vgl. §§ 60, 61, 74—76 HGB., 157, 242 BGB.). Wenn der Angestellte selbst die verbotenen Geschäfte macht, kann der Prinzipal in das Geschäft eintreten (es für sich gelten lassen) oder Schadenersatz verlangen; wenn jedoch durch unlautere Vermittlung des Angestellten irgend jemand anderes, sei es ein anderer Gewerbetreibender oder ein Mitangestellter, mit den Geheimnissen wirtschaftet und arbeitet, so trifft jeden treulosen Angestellten außer einer Schadenersatzforderung auch noch Strafe. Daß es sich im wesentlichen um ein arbeitsrechtliches Treueverhältnis handelt, ergibt sich ganz besonders auch daraus, daß das Verbot nur für die Dauer des Dienstverhältnisses gilt und man trotz sehr beachtlicher Gegengründe davon auch in der Novelle nicht abgegangen ist (s. Anm. 7).

Unter Arbeiter ist jede Person zu verstehen, die in einem Erwerbsgeschäft oder bei einem gewerblichen Unternehmen auf Grund eines Vertragsverhältnisses für Zwecke des Geschäftsbetriebes als Gehilfe, Geselle oder Lehrling, als Betriebsbeamter, Werkmeister, Techniker, Fabrikarbeiter oder in ähnlicher Stellung dauernd oder vorübergehend gegen einen nach Zeit oder nach Leistung bemessenen Lohn (oder auch Gehalt) beschäftigt ist. Vgl. RGSt. 9, 264. Angestellter hingegen ist der Gehilfe in einem Geschäft, der eine mehr oder weniger selbständige, vorwiegend eine kaufmännische Stellung einnimmt. Es gehören hierzu Handlungs- und Gewerbegehilfen, Reisende, Hilfspersonal, Direktoren von Gesellschaften usw. Ob die Personen mit Arbeiten, die fachtechnische Kenntnisse erfordern, oder mit anderen Arbeiten beschäftigt sind, ist gleichgültig. Auch Künstler können als Gewerbegehilfen angesehen werden. Nicht zu den Angestellten gehören Agenten (RG. in HRR. d. JR. 1927, 1367).

6. **Anvertrauen und Zugänglichmachen.** Das Geheimnis muß als solches anvertraut, d. i. dem Vertrauen des Anderen übergeben, oder zugänglich gemacht,

d. i. auf irgendwelche nur mögliche, zufällige oder erstrebte Weise bekanntgeworden sein, aber „vermöge des Dienstverhältnisses". Also ein wesentliches Erfordernis des Begriffes Geheimnis (s. oben zu 4) ist der Umstand, daß sein Inhalt Unberufenen unbekannt ist; ist der Inhalt sonstwie bekannt, dann liegt ein Geheimnis nicht vor. Daran ändert der neue Abs. 4 nichts, der den strafrechtlichen Tatbestand genau so eintreten läßt, wenn der Empfänger der Mitteilung „das Geheimnis schon kennt oder berechtigt ist, es kennenzulernen"; daß Jemand ein Geheimnis kennt, schließt den Geheimnisbegriff noch nicht grundsätzlich aus; auch das Gesetz (Abs. 4) spricht ja in diesem Zusammenhang noch von „Geheimnis". Fraglich wird dies nur, wenn es zwar Geheimnis ist, der Angestellte es aber durch einen außenstehenden Dritten, also nicht vermöge des Dienstverhältnisses erfahren hat; aber selbst wenn man die Worte „vermöge des Dienstverhältnisses" im Text des Gesetzes nur auf „anvertraut" und nicht auch auf „zugänglich geworden" beziehen wollte, so spricht doch die arbeitsrechtliche Treupflicht dafür, den strengeren Sinn richtigzuheißen, solange es sich eben um ein Geheimnis und nicht um eine Vielen bekannte Sache handelt; RGSt. 33, 354 läßt eine zufällige Erlangung der Kenntnis ausreichend sein, sofern der Angestellte ohne das Dienstverhältnis nicht mit dem Geheimnis in Berührung gekommen wäre. Das löst jedoch die Frage noch nicht ganz. Vermöge des Dienstverhältnisses zugänglich geworden ist ein Geheimnis einem Angestellten auch dann, wenn dieser es durch Bestechung eines Mitangestellten ausgekundschaftet oder in Erfahrung gebracht hat (RGSt. 33, 354). Ein in einer Fabrik angestellter Chemiker, der die von ihm gemachten Erfindungen nach seinem Dienstvertrage der Fabrik zur Ausbeutung zu überlassen hat, ist als eine Person anzusehen, der die von ihr gemachte einzelne, geheimzuhaltende Erfindung vermöge des Dienstverhältnisses anvertraut gewesen ist (RGSt. 32, 136). Das Geheimnis also, das hier ursprünglich das seinige war (s. oben Anm. 4), ist vertraglich zu einem Geheimnis des Unternehmens geworden. Über Erfindungen der Angestellten vgl. auch Pinner-Eyck S. 149 und Schanze in MuW. 9, 211. Beizustimmen ist Rosenthal (Komm. Note 24 zu § 17) gegen die herrschende Meinung, so daß in dem „zugänglich geworden" (im Sinne des § 17) ein Geheimnismoment liegen muß, also eine Zugehörigkeit zu den schutzbedürftigen Interna eines Betriebs hier Tatbestandsmoment ist.

Ob der Inhalt als bekannt anzusehen ist, ist stets im einzelnen Falle zu entscheiden (vgl. RGSt. 38, 108; 40, 406; ferner RGZ. 65, 333; RG. in JW. 1929, 1227 und 3087). Die Mitteilung an eine beschränkte Zahl von Interessenten braucht noch keine Aufhebung des Geheimnisses zu sein (RGSt. 38, 108; 42, 396 und in JW. 1911, 869). Daß der Inhalt der Geschäftsbücher eines Gewerbetreibenden über Einnahmen, Ausgaben und Reingewinn ein Geheimnis im Sinne des § 9 darstellt, liegt auf der Hand (vgl. hierzu RGSt. 29, 428).

Übrigens kann ein Betriebsgeheimnis als verletzt angesehen werden, wenn die das Geheimnis bildende Tatsache zwar in einer früheren Zeit bekannt gewesen, jedoch zur Zeit der unbefugten Mitteilung an Dritte unbekannt war (RGSt. 31, 90).

7. **Geheimhaltung während des Dienstverhältnisses.** Die Geheimhaltungspflicht erstreckt sich auf die ausdrücklich oder stillschweigend vereinbarte Dauer des Dienstverhältnisses (RGSt. 39, 83), besteht also noch, auch wenn der Dienst tatsächlich vor Ablauf der vereinbarten Zeit aufgegeben wird, und auch bereits nach Vertragsschluß vor Antritt des Dienstes (RGSt. 50, 130). Ebenso ist es gleichgültig, ob der Dienst gegen oder ohne Entgelt geleistet wird. In der Beschränkung auf die Zeit des Dienstverhältnisses liegt der Keim der Unwirksamkeit jeder durchgreifenden Bekämpfung des Geheimnisverrats (vgl. oben Anm. 2). Hier bestehen natürlich soziale Gegensätze zwischen dem Unternehmer als dem Herrn des „Geheimnisses" und dem Angestellten als dem Lernenden und natürlichen künftigen Wettbewerber, und man hat oftmals an der „strafrechtlichen Greifbarkeit" des Betriebsgeheimnisbegriffes gezweifelt (André, 19. Juristentag). Eine Abgrenzung dieses sozialen Schutzes gegenüber dem notwendigen wirtschaftlich-sozialen Schutze der Industrie ist ein Postulat der praktischen Vernunft und darf jedenfalls nicht einseitig behandelt werden. Die Rücksicht auf eine

freie Bewegung des Angestellten nach Beendigung des Dienstverhältnisses muß so weit gewahrt bleiben, wie kein den Anschauungen der billig und gerecht Denkenden widersprechender „Verrat“ geschieht. Der Angestellte soll nicht gehindert sein, nach rechtlicher Beendigung des Dienstverhältnisses in dem Gewerbezweige seines Prinzipals selber Geschäfte zu machen oder die „während des Dienstverhältnisses einwandfrei erlangten Kenntnisse und Fertigkeiten nach dessen Lösung zu seinem eigenen Nutzen und Fortkommen zu verwerten“ (RGZ. 65, 337, RGSt. 44, 155, RArbGer. 5, 105). Dieser Grundsatz kann naturgemäß mit dem Problem des Geheimnisverrats, insbesondere der Geheimnisverwertung, in engste Berührung kommen. Namentlich für „Kundenlisten“, „Kalkulationsgrundlagen“ und dgl. gilt das. Jedenfalls aber darf der Dienstverpflichtete seine für eigene Rechnung bestimmten Geschäftshandlungen während des Dienstverhältnisses zwar vorbereiten, aber nicht ausführen; vorbereiten aber auch nur für sich selber und nicht etwa für das Publikum — eine Werbetätigkeit z. B. darf er nicht schon während des Laufs seines Dienstverhältnisses entfalten. Die Kundengewinnung ist ihm verboten, denn dies kann nicht als eine Vorbereitungshandlung, sondern muß bereits als Verwirklichung des Wettbewerbs angesehen werden.

Aber auch dies alles muß seine Grenze an der unlauteren Benutzung anvertrauter Geheimnisse haben, soweit es wirkliche Geheimnisse des Arbeitgebers (s. oben zu 4) waren. Indessen ist auch die Novelle von 1932 noch nicht so weit gegangen; die Gründe dafür sind bei Harmening-Wagner-Schäfer (S. 40 ff.) aufgezählt; sie schlagen nur durch, wenn man den Begriff des Geheimnisses (s. oben Anm. 4) nicht klar erfaßt.

Es ist jedoch eine Umgehung des Gesetzes, wenn der Angestellte eine Zeitlang als Angestellter in den Betrieb eintritt, dem er das Geheimnis verraten will. „Die unbefugte Verwertung oder Mitteilung kann nicht dadurch zu einer befugten werden, daß der Beklagte eine Zeitlang zum Angestellten der Klägerin geworden ist. Der der Klägerin zustehende Rechtsschutz kann durch den nachträglichen Abschluß eines Dienstvertrags mit demjenigen, dem bereits vorher ein Betriebsgeheimnis im geschäftlichen Verkehr anvertraut worden war, weder aufgehoben noch beeinträchtigt werden" (RArbGer. 5, 104). Vertrauensmißbrauch und ungehörige Handlung gibt den Tatbestand des § 17 UWG.

Fraglich könnte erscheinen, ob die Fälle des Geheimnisverrats nach § 17 UWG. diese Rechtsfolgen auch dann nach sich ziehen, wenn zwar das Dienstverhältnis gelöst ist, aber ein verabredetes Konkurrenzverbot vorliegt, also ob infolge des vereinbarten Wettbewerbsverbots, für dessen Einhaltung der Gehilfe eine Entschädigung erhält, etwas dem Dienstverhältnis Ähnliches, wenigstens für den Umkreis des Wettbewerbsverbotes, vorliegt. Die herrschende Meinung, und mit ihr das RG. (vgl. jedoch RG. in MuW. 1927, 149) verneint das, aber Rosenthal (Komm. Note 28 zu § 17) ist — m. E. mit Recht — anderer Ansicht. Wenn nämlich das Konkurrenzverbot seinem Sinne nach ein Schweigeverbot in sich schließt — etwa daß es vereinbart worden ist wegen der dem Prinzipal wichtigen Geschäfts- und Betriebsgeheimnisse —, so liegt in der Vergütung, die der Prinzipal dem Gehilfen zahlt, eine Verlängerung des Dienstverhältnisses nach dieser Richtung hin, und es muß nach dem Sinn und Zweck des Gesetzes gegen den unlauteren Wettbewerb hier die scharfe strafrechtliche Ahndung für Treubruch eintreten.

8. Der Empfänger der geheimen Mitteilung. Neu, mit der Absicht, die Bestimmung zu verschärfen, ist die Fassung „an Jemand" (statt bisher „an Andere"). Man muß wohl, um den qualifizierten Sinn dieser Änderung zu erfassen, sie zusammen mit dem Wort „unbefugt" lesen. Es sollte der Zweifel beseitigt werden, ob die Mitteilung an einen Arbeitsgenossen oder in der eigenen Familie und insbesondere an einen von der bedrohten Firma selbst bestellten Kundschafter unter den Begriff der unbefugten Mitteilung an Andere einzureihen ist. Man wird also den Sinn der Verschärfung nur dann richtig erfassen, wenn man nunmehr jede Mitteilung, gleichgültig an wen, auch die „vertrauliche" und „streng vertrauliche", für den strafrechtlichen Tatbestand genügen läßt, wenn sie nur subjektiv unbefugt geschieht und den unten in Anm. 9 zu erörternden Voraussetzungen entspricht. Dies ist aber weiter auch namentlich in Verbindung mit Abs. 4 zu verstehen, wonach die bereits vorhandenene Kenntnis des Empfängers der Mitteilung und ebenso seine Berechtigung zum Kennenlernen des Geheimnisses nicht exkulpiert. Daraus ergibt sich, daß der strafrechtliche Tatbestand nicht mehr in dem Empfang der Geheimnismitteilung, sondern schon in der Äußerung der Mitteilung vollendet ist, m. a. W.: a) die Mitteilung braucht nur für den Mitteilenden Geheimnischarakter zu haben; b) die Tat ist vollendet, wenn die Mitteilung — z. B. brieflich, telephonisch, durch Chiffre oder Zeichen — abgegeben ist und tatsächlich gar kein Empfänger da ist, sei es daß die Verbindung nicht hergestellt worden ist, sei es daß der Empfänger die Mitteilung nicht aufgenommen oder nicht verstanden hat. (Vgl. auch RGSt. 51, 189: „Auf den Nachweis eines bestimmten Grades des Verständnisses für das Mitgeteilte oder gar der Fähigkeit oder Möglichkeit, das Mitgeteilte selbst zu benutzen, kommt es bei der Frage, ob eine „Mitteilung" vorliegt oder erfolgt ist, nicht an.")

9. Wettbewerbszweck, Eigennutz, Schädigungsabsicht.

Zu den Tatbestandsmerkmalen gehört außer:

a) der Geheimniseigenschaft des Mitgeteilten (s. Anm. 4),

b) der Angestellteneigenschaft des Täters (s. Anm. 5),

c) der Dauer des Dienstverhältnisses und der Kenntnis vermöge des Dienstverhältnisses (s. Anm. 6 und 7) noch

d) die unbefugte Mitteilung zu Zwecken des Wettbewerbs oder aus Eigennutz oder in Schädigungsabsicht.

Unbefugte Mitteilung liegt nicht vor, wenn der Angestellte usw. als Zeuge vernommen wird (RG. in MuW. 10, 386); vgl. jedoch über Zeugnisverweigerungsrecht oben Anm. 3 (HRR. 1932, 170). Strenge Auslegung des Tatbestands der „Mitteilung an einen Anderen" RGSt. 51, 184 (s. Anm. 8).

α) Das Vorliegen des Wettbewerbszwecks (vgl. Anm. 2 zu § 20) wurde vom RG. (RGZ. 92, 135) verneint für den Tatbestand der Beantwortung eines Fragebogens über Anstellungs- und andere geschäftliche Verhältnisse behufs Auskunfterteilung durch einen Arbeitnehmerverband, bejaht (RGSt. 45, 254) für den Versuch eines Syndikats, die Bezugsquelle einer unter Syndikatspreis liefernden Firma zu erfahren, bejaht für die Benutzung eigener technischer und wissenschaftlicher Ausbildungszwecke in einem anderen Unternehmen (RGSt. 51, 187): „er treibt dann Wettbewerb durch Förderung des Wettbewerbes eines Anderen (RGSt. 47, 128); dies wird nicht dadurch in Frage gestellt, daß die Verwertung eine erlaubte ist; § 17 UWG. erfordert begrifflich nicht, daß der Wettbewerb selbst gegen die guten Sitten verstößt (RGSt. 45, 254)". Der Wettbewerbszweck ist also als selbständiges Tatbestandsmerkmal von den übrigen Merkmalen zu scheiden.

β) Für die Schädigungsabsicht genügt nicht dolus eventualis, daß also die Schädigung möglicherweise eintritt (RGZ. 92, 135), wohl aber bedingter Vorsatz, d. h. daß die Schädigung gewollt ist, falls irgendein Moment eintritt. Über Konkurrenz mit Diebstahl vgl. RGSt. 44, 207. Das Bewußtsein der Rechtswidrigkeit ist kein Tatbestandsmerkmal des § 17 (RG. in MuW. 10, 313). Schädigung bedeutet jede Schadenszufügung, auch ideeller Natur.

γ) Das wichtigste Moment ist das (durch die Novelle von 1932 eingefügte) des Eigennutzes. Dies deckt viele ungehörige Tatbestände, denen man mit der Frage nach dem Wettbewerbszweck und nach der Schädigungsabsicht nicht beikommen konnte. Nunmehr ist eine Zweifelsfrage wie die in der Entsch. RArbGer. 5, 99 ff. ganz leicht zu lösen; denn Eigennutz liegt auch vor, wenn der Verräter des Geheimnisses nur zur Besserung der eigenen Aussichten des Fortkommens handelt, ja auch dann, wenn der Vorteil einem seiner Familienmitglieder zukommt. Und da sich Eigennutz begrifflich nicht auf rein materielle, finanzielle, wirtschaftliche Dinge beschränkt, so ist mit diesem Moment bei richtiger Anwendung auch ein Mittel gegeben, manchen Schlichen der gewiegten Industriespione rechtlich beizukommen, wenn diese sich einer (z. B. weiblichen) Mittelsperson bedienen oder Freundschaftsdienste leisten, für die sich der Angestellte als Kenner eines Geheimnisses erkenntlich erzeigt. Als Eigennutz muß jedenfalls alles angesehen werden, was notorisch dazu beiträgt, dem Verräter Vorteile — auch geistiger oder seelischer oder gesellschaftlicher Art — infolge oder als Vorbereitung des Verrats zu verschaffen. (Bei Harmening-Wagner-Schäfer S. 62/63 ist der Begriff Eigennutz m. E. zu eng gefaßt.) Erstreben des Vorteils genügt, wirkliches Erlangen ist nicht notwendig, auch Irrtum darüber, ob der Vorteil überhaupt erlangbar war, ändert nichts an der Tat „aus Eigennutz".

10. **Auslandsverrat.** S. Anm. 2 sub a und c ζ (oben S. 248/49 und 250), ferner sub e B (oben S. 252) und § 20a (unten S. 272).

Daß der Versuch straflos gelassen ist, ist im Interesse der wirksamen Bekämpfung des meist völlig skrupellosen Auslandsverrats zu bedauern (vgl. die Vorschläge von Kohlrausch in Ztschr. f. d. ges. StrafrWiss. 50, 1 ff.; s. auch oben Anm. 250).

Eigene Verwertung durch den Verräter im Ausland ist völlig gleichgestellt dem Verrat, der der Verwertung im Auslande bewußt dienen soll (vgl. auch RGSt. 63, 208). Verwertung im Ausland genügt als Tatbestandsmoment, auch wenn der Eigennutz des Täters noch nicht belohnt worden ist.

II. Geheimnisverrat eines Dritten.

11. **Erlangung durch gesetz- oder sittenwidrige Handlung.** Der Unterschied zwischen Abs. 2 und Abs. 1 des § 17 ist der, daß das Delikt des Abs. 2, die Erlangung des Geheimnisses durch sittenwidrige Handlung und unbefugte Verwertung (oder Mitteilung), von Jedermann, nicht nur von Angestellten begangen werden kann (aber auch von Angestellten, RGSt. 33, 62; 39, 83, RG. in GRUR. 1927, 131). Tatbestandsmerkmale sind also:

a) die gegen § 17 Abs. 1 UWG. oder gegen ein anderes Gesetz oder die guten Sitten verstoßende eigene Handlung der Erlangung und

b) die unbefugte, zu Zwecken des Wettbewerbs geschehende Verwertung oder Mitteilung.

„Gegen das Gesetz" heißt: gegen jede gesetzliche Norm, positive Rechtssatzung zivil- oder strafrechtlicher, privat- oder öffentlich-rechtlicher Natur, nicht also nur gegen dieses UWG., aber nicht gegen Verkehrssitte oder Gewohnheitsrecht. Über Verstoß gegen die guten Sitten s. Anm. 8 ff. zu § 1. Ob die Erlangung der Kenntnis im Einzelfall eine sittenwidrige Handlung darstellt, hängt nach RGSt. 61, 418 von der richtigen Auslegung des Arbeitsvertrags, von der Strenge der Geheimhaltungspflicht und ähnlichen Umständen ab, so daß die Aufzeichnung eines Geheimrezepts schon an sich ein Verstoß gegen § 17 Abs. 2 sein kann; gesteigert wird die Unerlaubtheit durch die Absicht, das Rezept nach Beendigung des Dienstverhältnisses zu verwerten.

Wichtig ist, daß die eigene Handlung des Täters diesen Verstoß bedeutet (vgl. darüber RG. in JurRdschr. 1927, 1367). „Das Gesetz verbietet es einem Angestellten nicht, diejenigen Betriebsgeheimnisse, die ihm ohne Vertrauensbruch in seiner dienstlichen Stellung zur Kenntnis gelangt sind, nach Beendigung des Dienstverhältnisses zu verwerten, sei es auch zu Zwecken des Wettbewerbs mit dem bisherigen Dienstherrn" (RGSt. 61, 274).

Tatbestand des Abs. 1 (s. Anm. 9) und Tatbestand des Abs. 2 stehen nicht in Tateinheit miteinander, auch wenn ein Angestellter an dem Delikt des Abs. 2 beteiligt ist; denn „die beiden Verfehlungen richten sich gegen verschiedene Rechtsgüter: dort ist das Betriebsgeheimnis und Vertragstreue eines Angestellten, hier die ungestörte Ausübung des Gewerbebetriebs geschützt" (RGSt. 60, 54).

12. **Unbefugte Verwertung** ist mehr als unbefugte Mitteilung (s. oben Anm. 8 und 9), die aber ihrerseits der unbefugten Verwertung als Delikt gleichsteht. Unter Mitteilung ist jede Art der Zugängigmachung auf mündlichem, schriftlichem, bildlichem oder symbolischem Wege zu verstehen. Über Verwertung RGSt. 40, 406 und RG. in MuW. 10, 96, bestätigt in RGSt. 63, 205: z. B. Herstellen einer Maschine ist Verwertung, auch ohne daß

die Maschine verwendet wird, aber Aufzeichnung des Geheimnisses als Sicherung der Kenntnis ist noch keine Verwertung. Verwertung kann eigene Verwertung oder Verwertung durch Mitteilung an Andere sein. Aber nicht die Verwertung der Kenntnisse eines Geschäfts- usw. Geheimnisses ohne rechtswidrige Erlangung ist straffällig, mag letztere moralisch auch verwerflich sein (RGSt. 30, 251, OLGR. 11, 430). Es liegt Strafbarkeit nach Abs. 2 vor, wenn die Verwertung ohne Wettbewerbszwecke aus Eigennutz geschah; über Eigennutz s. Anm. 9 oben S. 264.

Das Vergehen gegen Abs. 2 kann gegenüber der Anstiftung zum Vergehen aus Abs. 1 eine selbständige strafbare Handlung sein (RG. in MuW. 10, 63). Vgl. ferner § 20.

§ 18.

Mit Gefängnis bis zu zwei Jahren und mit Geldstrafe*) oder mit einer dieser Strafen wird bestraft, wer die ihm im geschäftlichen Verkehr anvertrauten Vorlagen oder Vorschriften technischer Art, insbesondere Zeichnungen, Modelle, Schablonen, Schnitte, Rezepte, zu Zwecken des Wettbewerbes oder aus Eigennutz unbefugt verwertet oder an jemand mitteilt. § 17 Abs. 4 gilt entsprechend.

1. Zweck der Bestimmung.
2. Tatbestandsmerkmale.

1. Zweck der Bestimmung. „Aus den Kreisen der Stickerei- und Spitzenindustrie ist über den Mißbrauch Klage geführt worden, der von Unternehmern mit den ihnen von den Fabrikanten zur Ausführung von Aufträgen übergebenen Schablonen getrieben wird. Diese Unternehmer, meist sogenannte Lohnmaschinenbesitzer, benutzen die Schablonen zur Herstellung von Waren, die sie zum Schaden des Auftraggebers auf eigene Rechnung

*) S. Anhang C.

vertreiben. Es wird berichtet, daß Aufkäufer die Betriebsräume der Lohnmaschinenbesitzer besuchen, von den dort für die Fabrikanten in Arbeit befindlichen Spitzen und Stickereien die ihnen am gangbarsten erscheinenden Muster auswählen und diese von dem Unternehmer mit der Schablone der Fabrikanten ausführen lassen. Ähnliche Mißbräuche kommen auch auf anderen Industriegebieten vor. Da die bestehenden Gesetze nicht ausreichen, um solchen Verfehlungen gegen Treu und Glauben, welche ebenso verwerflich sind wie der im Wettbewerbsgesetz bereits unter Strafe gestellte Verrat von Geschäfts- und Fabrikgeheimnissen, wirksam entgegenzutreten, hat der Entwurf darüber durch Gewährung strafrechtlicher und zivilrechtlicher Rechtsbehelfe ausdrücklich Bestimmung getroffen." (Begr.) Die Änderungen durch die Novelle von 1932 bringen drei Verschärfungen: Handeln aus Eigennutz fällt unter den Tatbestand (s. unten zu 2), die Mitteilung an „Jemand" (also auch an einen Berechtigten) ebenfalls, und die Höchststrafe ist verdoppelt.

Über die Bedeutung des § 18 vgl. auch MuW. 8, 169 und Wertheimer in MuW. 9, 79, ferner Katz in GRUR. 1927, 454.

2. Tatbestandsmerkmale. Täter kann jeder sein, dem von dem Berechtigten die Vorlage usw. anvertraut ist. Der § 18 bezieht sich nicht auf die in § 17 Abs. 1 genannten Angestellten und Lehrlinge; für diese gilt nur § 17 (RGSt. 44, 152; 48, 13; ebenso Wertheimer in LZ. 1910, 725; vgl. Osterrieth in GRUR. 1911, 236).

Es ist nur nötig, daß die Vorlagen, Modelle, Rezepte usw. anvertraut, nicht daß sie Geschäftsgeheimnisse sind (RG. in MuW. 10, 350 und RGZ. 83, 384). In dem Begriff des „Anvertrauens" liegt nur, daß die Sachen nicht offenkundig sind. Ob die Gegenstände Urheberrechtsschutz genießen, ist für § 18, der den Urheberrechtsschutz hier ergänzt, gleichgültig. Ob das Geschäfts- oder Vertragsverhältnis noch läuft, ist hier (im Gegensatz zu § 17) ohne Einfluß (RG. in JW. 1914, 250). Der Schutz dieses Paragraphen endet auch nicht mit dem Aufhören des Vertrauensverhältnisses (vgl. Pinner-

Eyck S. 159, Alsberg in LZ. 1910, 112 und 443; Wehner in GRUR. 1910, 41).

Über die Tatbestandsmerkmale „unbefugt", „zu Zwecken des Wettbewerbs", „aus Eigennutz", „Verwertung" und „Mitteilung" s. Anm. 8 und 9 zu § 17, „im geschäftlichen Verkehr" s. Anm. 14 zu § 1. Über § 17 Abs. 4 s. Anm. 8 zu § 17.

Über Anfertigung von Modellkopieen besonders in der Konfektion Fuld in MuW. 10, 275.

§ 19.

Zuwiderhandlungen gegen die Vorschriften der §§ 17, 18 verpflichten außerdem zum Ersatze des entstandenen Schadens. Mehrere Verpflichtete haften als Gesamtschuldner.

1. Bedeutung des § 19.
2. Die Ansprüche.

1. Die **Bedeutung des § 19** ist nicht sehr erheblich, denn sein Inhalt ergäbe sich auch aus anderen Gesetzesbestimmungen. Er stellt für §§ 17 und 18 fest, was § 13 Abs. 2 für andere Paragraphen des UWG. feststellt: die Schadenersatzpflicht neben der Strafe.

2. **Die Ansprüche.** Der Unterlassungsanspruch folgt aus § 1 (Generalklausel). Die Schadenersatzpflicht liegt vor, gleichviel ob strafrechtlich vorgegangen wird oder nicht. Wird eine Buße festgesetzt, so konsumiert sich damit der Schadenersatzanspruch (s. § 26).

§ 20.

Wer zu Zwecken des Wettbewerbes oder aus Eigennutz jemand zu einem Vergehen gegen die §§ 17 oder 18 zu verleiten sucht oder das Erbieten eines anderen zu einem solchen Vergehen annimmt, wird mit Gefängnis bis zu zwei Jahren oder mit Geldstrafe*) bestraft.

*) S. Anhang C.

Ebenso wird bestraft, wer zu Zwecken des Wettbewerbes oder aus Eigennutz sich zu einem Vergehen gegen die §§ 17 oder 18 erbietet oder sich auf das Ansinnen eines anderen zu einem solchen Vergehen bereit erklärt.

1. Verleiten und Verleitungsversuch, Annahme eines Anerbietens, Sich-Erbieten und Bereiterklären.
2. Wettbewerbszweck und Eigennutz.

1. Verleiten und Verleitungsversuch, Annahme eines Anerbietens, Sich-Erbieten und Bereiterklären. Nach § 20 soll schon das erfolglose Unternehmen, einen Anderen zur Geheimnismitteilung zu verleiten oder sich dazu anzubieten, als ein selbständiges vollendetes Vergehen bestraft werden, ähnlich wie bei dem Tatbestand des § 12. Es ist ein gewisser Ersatz für die Bestrafung des Versuchs. Ist das Unternehmen von Erfolg begleitet, dann liegt Anstiftung im Sinne des § 48 StGB. vor. Versuch der Verleitung bedeutet, den Anderen zur Geheimnismitteilung anzustiften, auch ohne daß die Anstiftung Erfolg hat. Es genügt der Versuch, den Anderen zur Begehung einer Handlung zu verleiten, welche in objektiver und subjektiver Beziehung den Tatbestand der Geheimnisverletzung erfüllen würde. Also ist jede Tätigkeit strafbar, die nach dem Willen des Täters auf die Herbeiführung des rechtswidrigen Erfolges, d. i. die unbefugte Mitteilung des Geheimnisses, abzielt (RGSt. 32, 309). Ein Rücktritt vor dem Unternehmen macht nicht straflos. Über mittelbare Täterschaft s. RG. in JW. 1927, 2378. Die Ursache, aus welcher der Eintritt des beabsichtigten Erfolges ausblieb oder ausbleiben mußte, kommt nicht in Betracht (RGSt. 35, 136; 39, 321). Der Begriff umfaßt auch den Versuch mit untauglichen Mitteln oder am untauglichen Gegenstand (RG. in JW. 1907, 416).

Von seiten des Verräters (Besitzers des Geheimnisses) genügt als Tatbestand a) Annahme des verleitenden Anerbietens, also auch ohne Ausführungshandlung, b) Sich-Erbieten, c) Bereiterklärung. Bereiterklärung (c) ist gegenüber Annahme (a) das aktive Vorgehen, bei welchem die Initiative auf seiten des Geheimnisbesitzers (Verräters) liegt — in allen drei Fällen a—c unter der Voraussetzung, daß Wettbewerbszweck oder Eigennutz vorliegt (s. die folgende Anm. 2).

2. **Wettbewerbszweck und Eigennutz.** Jede der in Anm. 1 genannten vier Handlungen muß den Wettbewerb zum Zwecke haben oder aus Eigennutz geschehen; was dies bedeutet, s. Anm. 9 zu § 17. Der Zweck muß vom Täter (der zu verleiten sucht oder sich anbietet usw.) beabsichtigt sein, ohne daß er dem Anderen bekannt oder bewußt zu sein braucht; Gleiches gilt vom Eigennutz. Die Unlauterkeit braucht im Wettbewerbszweck selbst noch nicht zu liegen. Auch Abwehr von Wettbewerb, auch von unlauterem, geschieht zu Wettbewerbszwecken (vgl. RGSt. 45, 254). Der Wettbewerbszweck braucht nicht der Endzweck oder eigener Zweck, sondern kann auch mitwirkender oder vermittelnder Zweck sein (RGSt. 47, 128). Die reichsgerichtliche Auffassung ist in diesen Dingen mit Recht sehr streng (vgl. RGSt. 51, 184, wo ein komplizierter Fall nach verschiedensten Richtungen untersucht wird, eigene wissenschaftliche Weiterbildung auch als Wettbewerbszweck angesehen wird usw.).

Der „Jemand" muß zwar im allgemeinen eine bestimmte Person sein, es genügt aber zur Erfüllung des Tatbestandes, wenn der Kreis der im Besitze des Betriebsgeheimnisses befindlichen Angestellten, wie es häufig in der Natur der Sache liegt, ein engbegrenzter ist und somit eine beliebige dieser Personen zur Geheimnisverletzung verleitet werden sollte (RGSt. 33, 355). Es kommt auch nicht darauf an, ob die Tatsachen, welche der Täter dem Anderen entlocken will, in Wirklichkeit ein Betriebs- oder Geschäftsgeheimnis darstellen, es genügt vielmehr, daß der Täter annimmt, der Gegenstand des Verrats sei ein solches Geheimnis; bedingter Versuch genügt also (RGSt. 48, 16).

Die Begriffe Verleitungsversuch, Annahme des Anerbietens, Sich-Erbieten und Bereit-Erklären sind den Strafgesetzentwürfen entnommen. Wegen ihrer Abgrenzung und Ausfüllung im einzelnen sei auf die Kommentare zum StGB. (Ebermayer-Lobe-

Rosenberg, Frank, Olshausen) verwiesen; vgl. ferner Harmening-Wagner-Schäfer S. 76 ff. Für Tatbestände des Geheimnisverrats bieten sie kaum Besonderheiten.

§ 20 a.

Auf die Vergehen gegen die §§ 17, 18 und 20 findet die Vorschrift des § 4 Abs. 2 Nr. 1 des Strafgesetzbuchs für das Deutsche Reich Anwendung, wenn sich die Tat gegen das Geheimnis eines inländischen Geschäfts oder Betriebs richtet.

1. § 4 Abs. 2 Nr. 1 StGB.
2. Wirkungsumkreis.

1. § 4 Abs. 2 Nr. 1 StGB.

§ 4 StGB. lautet:

Wegen der im Auslande begangenen Verbrechen und Vergehen findet in der Regel keine Verfolgung statt.

Jedoch kann nach den Strafgesetzen des Deutschen Reichs verfolgt werden:

1. ein Deutscher oder ein Ausländer, welcher im Auslande eine hochverräterische Handlung gegen das Deutsche Reich oder einen Bundesstaat, oder ein Münzverbrechen, oder als Beamter des Deutschen Reichs oder eines Bundesstaats eine Handlung begangen hat, die nach den Gesetzen des Deutschen Reichs als Verbrechen oder Vergehen im Amte anzusehen ist;

. . .

2. Wirkungsumkreis. § 20 a tritt in Wirksamkeit für Verratsfälle, die nur im Ausland (nicht auch zum Teil im Inland) geschehen sind; die zum Teil im Inland verübten Taten wären auch ohne § 20 a verfolgbar. Geschützt wird nicht nur das „deutsche" Unternehmen, sondern auch das in Deutschland betriebene ausländische Unternehmen, sei es, daß es nur in Deutschland betrieben, aber im ausländischen Besitz ist, sei es, daß es sich um eine in Deutschland betriebene Niederlassung eines ausländischen Unternehmens handelt. Vgl. aber § 28 UWG.

§ 21.

Die in diesem Gesetze bezeichneten Ansprüche auf Unterlassung oder Schadensersatz verjähren in sechs Monaten von dem Zeitpunkt an, in welchem der Anspruchsberechtigte von der Handlung und von der Person des Verpflichteten Kenntnis erlangt, ohne Rücksicht auf diese Kenntnis in drei Jahren von der Begehung der Handlung an.

Für die Ansprüche auf Schadensersatz beginnt der Lauf der Verjährung nicht vor dem Zeitpunkt, in welchem ein Schaden entstanden ist.

1. Letzter Abschnitt des Gesetzes.
2. Die Verjährung des § 21.
3. Verjährung des Schadenersatzanspruchs.
4. Hemmung und Unterbrechung der Verjährung.

1. Letzter Abschnitt des Gesetzes. Mit § 21 beginnt der letzte Abschnitt des Gesetzes. Die Tatbestände des UW. nebst ihrer speziellen Regelung sind mit § 20a erschöpft, nachdem § 13 (s. d.) einen Abschluß der generellen Wettbewerbsverletzungen gegeben, §§ 14—20a Wettbewerbsverletzungen gegen bestimmte Gegner behandelten. Mit § 21 beginnen ergänzende und Schlußbestimmungen für das Ganze.

2. Die Verjährung des § 21. Im § 21 ist die Verjährung nur der zivilrechtlich, nicht die der strafrechtlich verfolgbaren Verstöße gegen das Gesetz behandelt. Letztere unterliegen den im Strafgesetzbuch bestimmten Verjährungsfristen (§§ 66 ff. StGB.). Zum zivilrechtlich verfolgbaren Anspruch gehört nicht die auf Zuerkennung einer Geldbuße gerichtete Nebenklage, da diese vom Strafverfahren nicht zu trennen ist. Zur Herbeiführung einer tunlichst einheitlichen Verjährungsfrist ist die dreijährige Verjährungsfrist nach dem Vorbilde sowohl der in anderen gewerblichen Schutzgesetzen als auch der im BGB. festgesetzten Fristen aufgestellt, aber eingeschränkt auf sechs Monate von dem

Zeitpunkt der Kenntnisnahme an. Dies liegt im Interesse eines ruhigen und rechtssicheren Verkehrs und entspringt der Erwägung, daß eine Wettbewerbsverletzung (sofern sie nicht wiederholt wird), von der der Betroffene entweder drei Jahre lang nichts merkt oder über deren Gefährlichkeit nachzudenken er sechs Monate Zeit hat, ihre Wichtigkeit eingebüßt hat. Kenntnis erlangt haben muß der Anspruchsberechtigte, bei Verbänden (s. § 13 UWG.) der Vorstand als solcher (nicht bloß ein Einzelmitglied). Die Kenntnis muß sich auf das Wesentliche des Vorgangs in objektiver und subjektiver Hinsicht beziehen, also „so weit reichen, daß der Beschädigte auf Grund des ihm bekannten Materials eine Klage gegen eine bestimmte Person zu begründen in der Lage ist" (RGZ. 76, 63).

Die Vorschrift bezieht sich im Gegensatz zum früheren Gesetz auf alle zivilrechtlichen Ansprüche aus diesem Gesetze, jedoch nicht auf Ansprüche, die aus anderen Gesetzen, z. B. auf Grund der Vorschriften des BGB. §§ 823, 824, 826 oder auf Grund urheberrechtlicher Ansprüche erhoben sind, so daß also für Ansprüche, die zugleich auf Vorschriften des UWG. und des BGB. gestützt werden (z. B. auf § 826 BGB. und § 1 UWG.), die längere Verjährung des BGB. Platz greift (RGZ. 74, 434).

Bei jeder wiederholten Zuwiderhandlung gegen das Gesetz beginnt der Lauf einer neuen besonderen Verjährungsfrist des Unterlassungsanspruchs. Auch erwirbt der Täter durch wiederholte Zuwiderhandlung gegen das Gesetz mit dem Ablauf der Verjährungsfrist kein Recht auf ferneres gleiches Tun (RGZ. 49, 20). Über fortgesetzte Handlungen in bezug auf die Verjährung — unter Bezugnahme auf frühere Entscheidungen — RGZ. 134, 335: „Der durch die strafrechtliche Rechtsprechung und deren besonderen Bedürfnissen dienende Begriff der fortgesetzten Handlung mit seinen Rechtswirkungen ist nicht in das Zivilrecht zu übernehmen"; wohl aber kann man bei „schadenstiftenden Verletzungshandlungen, die auf einen von vornherein einheitlichen und in der mehr oder weniger weitgehenden Gleichartigkeit der Begehung sich vollziehenden Willen zurückzuführen sind, von „wiederholten Handlungen“ sprechen. Bei diesen wiederholten Handlungen verkörpert jede einzelne Handlung den Tatbestand der Verletzung des Berechtigten, und damit beginnt auch der Lauf der Verjährung“, „jede erzeugt einen neuen, einer besonderen Verjährung unterliegenden Anspruch“.

3. **Verjährung des Schadenersatzanspruchs.** Etwas anders liegt es für die Verjährung des Schadenersatzanspruchs. Abs. 2 behandelt den Fall, daß die Vornahme der schädigenden Handlung und der Eintritt des Schadens zeitlich nicht zusammenfallen. Der Schadenersatzanspruch beginnt also erst zu verjähren, wenn dem Verletzten Täter, Tat und der Eintritt des Schadens bekanntgeworden ist. Dies ist von besonderer Bedeutung in den Fällen, in denen der Verletzte die ihm bekannte Verletzung für harmlos hält und erst durch die tatsächliche Entwicklung der Dinge den Eintritt eines Schadens zu erkennen vermag.

4. **Hemmung und Unterbrechung der Verjährung.** Die Verjährung der Ansprüche ist gehemmt, solange der Verpflichtete vorübergehend zur Verweigerung der Leistung berechtigt ist (BGB. § 202) oder wenn der Berechtigte durch höhere Gewalt an der Rechtsverfolgung verhindert ist (BGB. § 203) sowie im Vergleichsverfahren für die Ansprüche der an dem Verfahren beteiligten Gläubiger von der Eröffnung des Verfahrens bis zur Rechtskraft der Entscheidung (VerglO. § 39). Die Verjährung wird unterbrochen durch Anerkennung des Anspruchs (BGB. § 208) und durch gerichtliche Geltendmachung (Klage, Anmeldung im Konkurs, Aufrechnung im Prozeß, Zwangsvollstreckung usw.) (BGB. § 209). Die Erhebung der Schadenersatzklage unterbricht nicht die Verjährung des Anspruchs aus der Unterlassungsklage. Die Einklagung eines Teils des Schadens unterbricht nicht die Verjährung in betreff des Restes (RGZ. 65, 398). Über die Einzelheiten des Verjährungsrechts s. BGB. §§ 208 ff.

§ 22.

Die Strafverfolgung tritt, mit Ausnahme der in den §§ 4, 6, 10, 11 bezeichneten Fälle, nur auf Antrag ein. In den Fällen der §§ 8, 12 hat das Recht, den Strafantrag zu stellen, jeder der im § 13 Abs. 1 bezeichneten Gewerbetreibenden und Verbände.

Die Zurücknahme des Antrags ist zulässig.

Wegen der nach § 4 strafbaren Handlungen ist ebenso wie bei den nur auf Antrag verfolgbaren Handlungen (§§ 8, 12) neben dem Verletzten (§ 374 Abs. 1 Nr. 7 der Strafprozeßordnung) jeder der im § 13 Abs. 1 bezeichneten Gewerbetreibenden und Verbände zur Privatklage berechtigt.

1. Neufassung des § 22.
2. Antragsdelikte.
3. Privatklage.
4. Öffentliche Klage.

1. Neufassung des § 22. § 22 hat durch das Gesetz über den Beitritt des Reichs zu dem Madrider Abkommen, betr. die Unterdrückung falscher Herkunftsangaben auf Waren, vom 21. März 1925 (RGBl. II, 115) eine Änderung erfahren, so daß jetzt die obige Fassung (in Kraft seit 14. April 1925) gültig ist. Die Begr. sagt über den Anlaß der Änderung: „Bei den Bemühungen, unrichtige Herkunftsangaben zu unterdrücken, hat es sich vielfach als hinderlich erwiesen, daß die in §§ 14 und 15 des Warenbezeichnungsgesetzes und im § 4 des Gesetzes gegen den unlauteren Wettbewerb bezeichneten strafbaren Handlungen nur auf Antrag verfolgbar sind. Dem öffentlichen Interesse entspricht es, die Möglichkeit zu einem Einschreiten von Amts wegen zu haben. . . . Was den § 22 UWG. angeht, so war es erforderlich, in der neuen, dem § 374 der StPO. angepaßten

Fassung besonders zum Ausdruck zu bringen, daß die im § 13 Abs. 1 des Wettbewerbsgesetzes bezeichneten Gewerbetreibenden und Verbände, trotz Fortfalls ihrer Antragsbefugnis in bezug auf die nach § 4 strafbaren Handlungen, zur Erhebung der Privatklage neben dem Verletzten berechtigt bleiben; ohne eine solche Bestimmung würde nach § 374 Abs. 2 der StPO. mit der Antragsbefugnis auch die Berechtigung zur Privatklage entfallen."

Die Neuerung ist also die, daß Verstöße gegen den § 4 nicht mehr Antragsdelikte sind. Daß § 4 mit unter den Antragsdelikten stand, war zweifellos von vornherein eine Anomalie. Bei § 12 ist es vielleicht nicht unberechtigt. Der Wegfall des früheren Abs. 4 (Zulässigkeit der Privatklage und Erfordernis öffentlichen Interesses für die öffentliche Klage) bedeutet keine materielle Änderung dieser Dinge, sondern es ist dies nur im UWG. als überflüssig fortgelassen, weil § 374 Abs. 1 Nr. 7 und § 376 StPO. (in der Fassung vom 22. März 1924) diese Bestimmungen generell enthalten.

2. **Antragsdelikte.** Die Stellung des Wettbewerbs zwischen dem Immaterialgüterrecht und dem Strafrecht zeigt sich auch in der Scheidung der einzelnen Verstöße in Antragsdelikte und Nichtantragsdelikte. Die Trennung des Gesetzes in die allgemein interessierenden Verletzungen (bis § 12) und die nur einzelne Gegner angehenden Verletzungen (von § 14 bis § 21) ist auch auf die Frage des Antragsdeliktes nicht ohne Einfluß. Soweit nur die Interessen bestimmter Privatpersonen verletzt werden, ist mit Recht Antragstellung für die Strafverfolgung erforderlich. (Über die Tragweite des Strafantrags bei fortgesetztem Vergehen RG. in GRUR. 1916, 150.)

Antragsberechtigt ist der Verletzte, d. i. (nach Ebermayer in Stenglein § 22 Anm. 3) „derjenige, der zur Zeit der Vollendung der Tat Träger des Rechtsguts war, gegen das sich die Straftat richtet. Dieses Rechtsgut ist hier der geschäftliche Friede, das natürliche Recht, nur mit loyalen Waffen bekämpft zu werden." Diese Prägung Ebermayers drückt (vielleicht abgesehen von dem Ausdruck „geschäftlicher Friede") das Rechtsgut des Wettbewerbs vorzüglich aus. Es ist also nicht nur der Geschädigte, sondern schon der Bedrohte oder Beengte Hüter der Loyalität. Und hieraus erklärt sich auch die Antragsberechtigung der gewerblichen Verbände für §§ 8 und 12 (Ausverkaufsvergehen, Bestechung von Angestellten). Wegen des Vergehens nach § 15 (verleumderische Kreditschädigung) und nach §§ 17, 18 und 20 (Geschäfts- und Betriebsgeheimnisverletzung) sind antragsberechtigt nur die verletzten bzw. geschädigten Geschäftsinhaber. Über die Zulässigkeit der Anträge mehrerer Antragsberechtigter RG. in GRUR. 1914, 91. S. auch § 13 Anm. 3.

Der Strafantrag muß bei einem Gericht oder der Staatsanwaltschaft schriftlich oder zu Protokoll, bei einer anderen Behörde schriftlich vorgebracht werden (StPO. § 158). Die Zurücknahme des Antrages bedarf keiner besonderen Form. Die Frist zur Stellung des Antrages beträgt drei Monate. (Über Stellung von Strafanträgen vor zuverlässiger Kenntnis der Straftat RGSt. 38, 434.) — Der Antrag ist unteilbar (StGB. § 63). Es kommt bei der Stellung des Strafantrags nicht auf das Wort „Strafantrag" an, sondern darauf, ob aus dem Inhalt die Absicht hervorgeht, die strafrechtliche Verfolgung zu veranlassen (RG. in MuW. 11, 117). Das Antragsrecht ist rein persönlich; wer sich also selbst nicht in die Öffentlichkeit damit wagen will, was ja bei Wettbewerbsanzeigen leicht erklärlich ist, muß auf die Verfolgung verzichten; an einen Strohmann kann er das Recht nicht übertragen. Indessen sind ja diese Fälle, in denen nur ein Einziger antragsberechtigt ist, auf Verstöße gegen §§ 15 und 17—20a eingeschränkt, die gewerblichen Verbände übernehmen die Rolle pflichtgemäß und vielfach. Hier ist es von Wichtigkeit, daß auf die Verjährungsfrist nicht die Kenntnis eines beliebigen Angehörigen des Verbandes oder einer Gesellschaft von Einfluß ist, sondern nur die Kenntnis der Vertretungsberechtigten in toto (so RGZ. 47, 339 für den Vorstand einer Aktiengesellschaft).

3. Die **Privatklage** kann von jedem Verletzten erhoben werden, ferner bei Verstößen gegen die §§ 4, 8 und 12 auch von den interessierten gewerblichen Verbänden (Verfahren StPO. §§ 374 ff.).

Grundsätzlich steht die Befugnis Allen zu, denen in den Strafgesetzen das Recht, selbständig auf Bestrafung anzutragen, beigelegt ist. Sühneverfahren ist hier nicht vorgeschrieben. Die Zurücknahme der Privatklage ist bis zur Verkündung des Urteils in der Berufungsinstanz zulässig (§ 391 StPO.; anders beim Strafantrag, §§ 64, 194 StGB.). Die unlautere Wettbewerbshandlung kann auch den Tatbestand der Beleidigung in sich schließen. Nach § 374 StPO. können solche Beleidigungen, sofern deren Verfolgung nur auf Antrag eintritt, ebenfalls von dem Verletzten und den Verbänden (StPO. § 374 Abs. 2) im Wege der Privatklage, ohne vorgängige Anrufung der Staatsanwaltschaft, verfolgt werden. (Bezüglich eventueller Einstellung des Verfahrens von Amts wegen vgl. NotVo. vom 7. Oktober 1931, VI. Teil Kap. I §§ 7 ff.)

Hervorzuheben ist, daß, falls von mehreren zur Anstrengung der Privatklage Berechtigten einer die Privatklage erhoben hat, die übrigen dem eingeleiteten Verfahren auch nur in dessen jeweiliger Lage beitreten dürfen und daß die in der Sache ergangene Entscheidung ihre Wirkung zu Gunsten des Beschuldigten auch gegenüber solchen Berechtigten äußert, welche die Privatklage nicht erhoben haben (§ 375 StPO.).

4. Die **öffentliche Klage**, d. i. die Stellung des Antrages auf gerichtliche Voruntersuchung oder die Einreichung der Anklageschrift bei Gericht (§ 170 StPO.), soll von der Staatsanwaltschaft nur dann erhoben werden, wenn dies im öffentlichen Interesse (§ 376 StPO.) liegt, d. h. wenn die öffentliche Ordnung dadurch verletzt ist, daß das Publikum als solches im Gegensatz zu einzelnen Personen oder individuell begrenzten Personenkreisen gefährdet oder ungebührlich belästigt worden ist. Aus diesem Grunde kann die Staatsanwaltschaft auch in jeder Lage der Sache bis zum Eintritt der Rechtskraft des Urteils durch ausdrückliche Erklärung die Verfolgung übernehmen, auch ist in der Einlegung eines Rechtsmittels die Übernahme der Verfolgung enthalten (§ 377 Abs. 2 StPO.). Ob die Erhebung der öffentlichen Klage im öffentlichen Interesse liegt, bleibt lediglich dem Ermessen der Staatsanwaltschaft überlassen. In Erweiterung

früherer Vorschriften hat das Preußische Justizministerium durch AV. vom 16. August 1927 bestimmt, daß bei allen Zuwiderhandlungen gegen das Wettbewerbsgesetz dann, wenn ein Verband zur Förderung gewerblicher Interessen den Strafantrag stellt, in der Regel ein öffentliches Interesse an der Strafverfolgung anzunehmen ist.

Die Rechtsprechung der höheren Gerichte zeigt, daß recht zahlreiche Strafsachen aus dem Gebiete des UW. anhängig gemacht werden.

Der öffentlichen Klage kann sich der Berechtigte jederzeit als Nebenkläger anschließen (vgl. §§ 395 ff. StPO.).

§ 23.

Wird in den Fällen der §§ 4, 6, 8, 12 auf Strafe erkannt, so kann angeordnet werden, daß die Verurteilung auf Kosten des Schuldigen öffentlich bekanntzumachen sei.

Wird in den Fällen des § 15 auf Strafe erkannt, so ist zugleich dem Verletzten die Befugnis zuzusprechen, die Verurteilung innerhalb bestimmter Frist auf Kosten des Verurteilten öffentlich bekanntzumachen.

Auf Antrag des freigesprochenen Angeschuldigten kann das Gericht die öffentliche Bekanntmachung der Freisprechung anordnen; die Staatskasse trägt die Kosten, insofern sie nicht dem Anzeigenden oder dem Privatkläger auferlegt worden sind.

Ist auf Grund einer der Vorschriften dieses Gesetzes auf Unterlassung Klage erhoben, so kann in dem Urteile der obsiegenden Partei die Befugnis zugesprochen werden, den verfügenden Teil des Urteils innerhalb bestimmter

Frist auf Kosten der unterliegenden Partei öffentlich bekanntzumachen.

Die Art der Bekanntmachung ist im Urteil zu bestimmen.

1. Urteilsbekanntmachung bei strafrechtlicher Verurteilung.
2. Urteilsbekanntmachung bei Freisprechung.
3. Urteilsbekanntmachung im Zivilprozeß.
4. Private Veröffentlichung des Urteils.

1. Die **Urteilsbekanntmachung bei strafrechtlicher Verurteilung** erscheint als ein bedeutsames Korrektiv und ist in der neuen Gesetzgebung mehrfach vorgesehen. Über die rechtliche Natur der Publikationsbefugnis vgl. RG. in JW. 1907, 527. Sie ist Nebenstrafe. Von Amts wegen — fakultativ (OLGR. 11, 432) — ist die Bekanntmachung nur bei den generellen Verstößen der §§ 4, 6, 8 und 12 vorgesehen, während bei dem gegen eine bestimmte Person gerichteten Verstoß gegen § 15 die Befugnis ohne weiteres dem Verletzten zugesprochen werden muß, der dann seinerseits befinden kann, ob er von der Befugnis Gebrauch machen will. Die Frist, innerhalb deren die öffentliche Bekanntmachung der Verurteilung zu erfolgen hat, bestimmt das Gericht. Die Publikationsbefugnis fällt weg, wenn die Straftat in idealer Konkurrenz mit einer anderen begangen worden ist, auf welche eine schwerere die Publikationsbefugnis nicht androhende Strafbestimmung Anwendung findet, z. B. Betrug mit betrügerischer Reklameausschreitung oder Kreditschädigung (gemäß RGSt. 26, 407). Die Bekanntmachung kann durch Aushang an Gerichtsstelle oder durch Einrückung in die Zeitung (vgl. über die Form auch RG. in MuW. 24, 90) erfolgen. Ob bei strafrechtlichen Urteilen nur der Tenor oder auch die Gründe zu veröffentlichen sind, entscheidet das Gericht (RGSt. 30, 405). Die Anordnung der Veröffentlichung geschieht im Urteil selbst.

2. **Urteilsbekanntmachung bei Freisprechung** ist auf Antrag ebenfalls fakultativ in das Ermessen des Gerichts gestellt, geschieht

aber dann von Amts wegen; auch über die Kosten der Bekanntmachung entscheidet das Gericht. Dies alles gilt bei strafrechtlichen Freisprechungen bezüglich aller Paragraphen des UWG., nicht nur der in Abs. 1 und 2 genannten. Sie geschieht nicht, wenn das Verfahren eingestellt ist, es also zu einem Urteil nicht gekommen ist.

3. Für die **Urteilsbekanntmachung im Zivilprozeß** dem Obsiegenden die Befugnis zuzusprechen, ist ebenfalls in das Ermessen des Gerichts gestellt (OLGR. 11, 432, RG. in LZ. 1911, 320), aber dies bezieht sich (nach herrschender Ansicht) nur auf die Unterlassungsklage, so daß Ähnliches bei der Schadenersatzklage (sicherlich in vielen Fällen ganz unlogisch!) wegfallen soll. Es mag die Frage aufgeworfen werden (so auch Marcus im Recht 1904, 441), ob nicht hier a minori ad maius das, was für die Unterlassungsklage gilt (und für strafrechtliche Verfolgung möglich ist), auch für die an Schwere etwa zwischen diesen beiden stehende Schadenersatzklage ebenfalls Rechtens sein müsse und § 23 dies nur als selbstverständlich nicht ausdrücklich erwähnt hat; zumeist wird ja die Schadenersatzklage mit der Unterlassungsklage verbunden und letztere entfällt nur, wenn keine Wiederholungsgefahr gegeben, m. a. W. nichts mehr zu unterlassen ist, die Schädigung aber noch so stark nachwirkt, daß dem Verletzten an der Urteilsbekanntmachung sehr viel gelegen sein kann und muß. — Vgl. darüber und wegen Ansprüche aus dem BGB.: OLG. Köln in MuW. 5, 25.

OLG. Dresden sagt in MuW. 26, 58, nach § 23 Abs. 4 sei Urteilsbekanntmachung nur bei der Unterlassungsklage, nicht bei einstweiligen Verfügungen möglich. „Aber selbst wenn diese Vorschrift entsprechend auf einstweilige Verfügungen angewendet werden soll (vgl. LZ. 1915, 1259), müßten doch besondere Umstände diese Veröffentlichung als angebracht erscheinen lassen“ (berechtigte Gründe für das Interesse der Öffentlichkeit, nicht Reklamehandlung des Klägers).

Die Bekanntmachung eines zivilprozessualen Urteils darf nur den Urteilstenor, nicht die Gründe enthalten.

Ob die Frist von der Rechtskraft oder von der Zustellung eines erstinstanzlichen vorläufig vollstreckbaren Urteils an läuft, hat das Gericht zu bestimmen; im Zweifel gilt das erstere.

4. **Private Veröffentlichung des Urteils.** Die oben Anm. 3 aufgeworfene Streitfrage vermindert sich in ihrer praktischen Bedeutung dadurch, daß man eine private Veröffentlichung des Urteils als Selbsthilfe bewerkstelligen kann. Eine Befugnis des Verletzten, auf eigene Kosten die Verurteilung des Angreifers, und die des Angegriffenen, die Abweisung der Klage des Angreifers privatim zu veröffentlichen, muß mit Pinner-Eyck (S. 177; vgl. auch KG. in MuW. 9, 30) angenommen werden; denn Veröffentlichung auf eigene Kosten ist nirgends verboten, nur darf diese Veröffentlichung nicht gegen §§ 823, 824, 826 BGB. oder 226 BGB. oder die strafrechtlichen Sätze über Beleidigung verstoßen und nicht selbst eine Handlung unlauteren Wettbewerbs darstellen oder über das Erforderliche und Schickliche ins Sittenwidrige hinausgehen (maßgebend hierfür sind die Grundsätze des § 1 UWG.).

§ 24.

Für Klagen auf Grund dieses Gesetzes ist ausschließlich zuständig das Gericht, in dessen Bezirke der Beklagte seine gewerbliche Niederlassung oder in Ermangelung einer solchen seinen Wohnsitz hat. Für Personen, die im Inlande weder eine gewerbliche Niederlassung noch einen Wohnsitz haben, ist ausschließlich zuständig das Gericht des inländischen Aufenthaltsorts, oder wenn ein solcher nicht bekannt ist, das Gericht, in dessen Bezirke die Handlung begangen ist.

1. Örtliche Zuständigkeit (Gerichtsstand).
2. Gewerbliche Niederlassung und Wohnsitz.

1. Die **örtliche Zuständigkeit**, der Gerichtsstand, wird in § 24 behandelt, während die sachliche Zuständigkeit in

§ 27 geregelt wird. § 25 enthält eine Zuständigkeitsbestimmung für einstweilige Verfügungen. Die Zuständigkeit, die im Gesetz von 1896 nur für § 1 geordnet war, ist jetzt einheitlich für das ganze Gesetz festgestellt, sowohl für die Klage auf Unterlassung wie für die auf Schadenersatz. Die Bestimmung gilt aber natürlich nicht für Ansprüche auf Grund anderer Gesetze, z. B. des BGB. (also §§ 823 ff.), wofür der Gerichtsstand des § 32 ZPO. (Ort der begangenen Handlung) maßgebend ist, selbst wenn es sich um unlauteren Wettbewerb handelt; denn der ausschließliche Gerichtsstand des § 24 UWG. ist nur für Klagen aus diesem Gesetze gegeben (KG. in OLGR. 27, 288; RG. in HRR. 1932, 873). Wird z. B. wie so häufig aus § 1 UWG. und § 826 BGB. geklagt, so hat der Kläger die Wahl zwischen den Gerichtsständen des Wohnsitzes, der gewerblichen Niederlassung oder der unerlaubten Handlung (Ebermayer bei Stenglein S. 294 und RGZ. 61, 71; 72, 41). Ist der Ort der gewerblichen Niederlassung oder der Wohnsitz nicht zu ermitteln, so kommt der Gerichtsstand der begangenen Handlung nach § 32 ZPO. in Betracht. Vgl. ferner Rosenthal in GRUR. 1916, 81.

Der Gerichtsstand ist ausschließlich, daher ist Vereinbarung ausgeschlossen. Die Bestimmung eines gemeinschaftlichen Gerichtsstandes durch das übergeordnete Gericht ist (nach ständiger Praxis des RG. und des KG.) möglich. Für Fragen der Revisionsinstanz vgl. § 565 ZPO.

Daß die Bestimmung des § 24 sehr glücklich und ersprießlich sei, wird man nicht behaupten können (vgl. die kritischen Bemerkungen von Baumbach Komm. 2. Aufl. S. 123, und Rosenthal Note 2a zu § 24). Es hat nicht nur manchem örtlich zuständigen Gericht die nötige Erfahrung im Wettbewerbsrecht gefehlt, es hat auch schon manchmal zu bedenklichen Verlegenheitsentscheidungen der unteren Instanzen geführt, wenn eine Kammer gemäß § 24 UWG. nicht für unlauteren Wettbewerb zuständig war und einen Fall daher hilfsweise nach § 826 BGB. oder nach Urheberrecht entschied, während die richtige Begründung aus Zuständigkeitsgründen beiseitegestellt werden mußte. Das darf jedoch, wie es in dem Fall JW. 1929, 1232 geschehen ist (s. d.), beim RG. nicht begegnen, das nach § 27 UWG. für unlauteren Wettbewerb zuständig ist. Denn die Schranke, die den unteren Instanzen durch § 24 UWG. gezogen ist, darf für das in „örtlicher" Zuständigkeit nicht beschränkte RG. nicht gelten.

Der strafrechtliche Gerichtsstand richtet sich nach § 3 StGB.

2. **Gewerbliche Niederlassung und Wohnsitz.** Gewerbliche Niederlassung = Hauptniederlassung ist der Sitz, der Mittelpunkt des Gewerbebetriebes. Über Zweigniederlassung vgl. RGZ. 44, 362 und 87, 129 (= JW. 1915, 1196). Die gewerbliche Niederlassung begründet für sich allein keinen Wohnsitz (RGZ. 30, 350).

Der Wohnsitz bestimmt sich nach dem bürgerlichen Recht (RGZ. 30, 348). Wohnsitz ist der Ort, an dem sich jemand ständig niedergelassen hat (§ 7 BGB.).

§ 25.

Zur Sicherung der in diesem Gesetze bezeichneten Ansprüche auf Unterlassung können einstweilige Verfügungen erlassen werden, auch wenn die in den §§ 935, 940 der Zivilprozeßordnung bezeichneten Voraussetzungen nicht zutreffen. Zuständig ist auch das Amtsgericht, in dessen Bezirke die den Anspruch begründende Handlung begangen ist; im übrigen finden die Vorschriften des § 942 der Zivilprozeßordnung Anwendung.

1. Einstweilige Verfügung zur Sicherung der Ansprüche.
2. Zuständigkeit für einstweilige Verfügungen.

1. **Einstweilige Verfügung zur Sicherung der Ansprüche.** Der Erlaß einstweiliger Verfügungen aus diesem Gesetz ist an und für sich nach §§ 935 und 940 ZPO. statthaft. Um jedoch eine tunlichst prompte Anwendung dieses Rechtsbehelfs eintreten zu

lassen, soll die einstweilige Verfügung auch ohne die Voraussetzungen der §§ 935, 940 ZPO. zu erlassen sein. Die im früheren Gesetz nur für § 1 gegebene Vorschrift ist jetzt auf das ganze Gesetz ausgedehnt.

Einstweilige Verfügungen sind nach der Zivilprozeßordnung nur zulässig:

a) in Beziehung auf den Streitgegenstand, wenn zu besorgen ist, daß durch eine Veränderung des bestehenden Zustandes die Verwirklichung des Rechts einer Partei vereitelt oder wesentlich erschwert werden könnte (§ 935),

b) zum Zwecke der Regelung eines einstweiligen Zustandes in bezug auf ein streitiges Rechtsverhältnis, sofern diese Regelung, insbesondere bei dauernden Rechtsverhältnissen, zur Abwendung wesentlicher Nachteile oder zur Verhinderung drohender Gewalt oder aus anderen Gründen nötig erscheint (§ 940).

Die Beseitigung dieser prozessualen Voraussetzungen für die Ansprüche aus dem UWG. erhöht hier die Wirkung und die Vorteile einstweiliger Verfügungen bedeutend, erläßt dem Antragsteller die besondere prozessuale Begründung für die einstweilige Verfügung (KG. in MuW. 24, 183), entbindet ihn jedoch nicht von der Verpflichtung des Nachweises der im Gesetz aufgestellten tatsächlichen Voraussetzungen, welche den Anspruch auf Unterlassung der Angaben begründet erscheinen lassen; so ist z. B. keine einstweilige Verfügung angezeigt gegenüber einem ungehörigen Verkauf von Konkurrenzware, wenn nur noch eine verschwindende Anzahl von Stücken verkäuflich ist (vgl. OLGR. 42, 84).

2. Zuständigkeit für einstweilige Verfügungen. Für die Erlassung der einstweiligen Verfügung ist sowohl das Gericht der Hauptsache zuständig, d. i. das Gericht der ersten Instanz, bei welchem der Rechtsstreit bereits anhängig ist oder anhängig zu machen ist, und, wenn die Hauptsache in der Berufungsinstanz anhängig ist, das Berufungsgericht (§ 943 ZPO.) — oder nach dem UWG. auch das Amtsgericht bzw. das Landgericht, in dessen Bezirk die den Anspruch begründende Handlung begangen ist. Welches von den Gerichten der Hauptsache anzugehen ist, richtet sich nach § 24 UWG.

Das angerufene zuständige Amtsgericht trifft in dringenden Fällen auch ohne vorgängige mündliche Verhandlung die zur Erreichung des beabsichtigten Zweckes erforderlichen Anordnungen, die in dem Gebot oder Verbot einer Handlung bestehen können.

So sind auch alle innerhalb der Zwangsvollstreckung zulässigen Anordnungen, also auch die Haft, statthaft.

In dringenden Fällen kann ferner das Gericht, in dessen Bezirk sich der Streitgegenstand befindet, eine einstweilige Verfügung unter Bestimmung einer Frist erlassen, innerhalb deren der Gegner, d. i. der Antragsteller, zur mündlichen Verhandlung über die Rechtmäßigkeit der einstweiligen Verfügung vor das Gericht der Hauptsache (s. oben) zu laden ist.

Nach fruchtlosem Ablaufe der Frist hat das Amtsgericht die erlassene Verfügung aufzuheben (§ 942 Abs. 3 ZPO.). Die Aufhebung der einstweiligen Verfügung kann sonst nur „unter besonderen Umständen", z. B. solchen, die erst nachträglich eingetreten oder zwar älter, aber erst nachträglich zur Kenntnis des Betroffenen gelangt sind (RGZ. 24, 369), gegen eine nach freiem Ermessen zu bestimmende Sicherheitsleistung gestattet werden (§ 939 ZPO.).

Anstatt des Gerichts kann in dringenden Fällen der Vorsitzende über die in dem Verfahren, betreffend einstweilige Verfügungen, gestellten Gesuche, sofern deren Erledigung eine vorgängige mündliche Verhandlung nicht erfordert, entscheiden (§ 944 ZPO.). Gegen die einstweilige Verfügung findet Widerspruch statt, über dessen Rechtmäßigkeit durch Endurteil entschieden wird (§§ 936, 924 ff. ZPO.).

Gründe, welche in dem Gesuche um Erlaß der einstweiligen Verfügung noch nicht geltend gemacht sind, können in der mündlichen Verhandlung noch nachgebracht werden, sind aber ebenso wie die Einreden (des Antragsgegners) glaubhaft zu machen (RGZ. 5, 36).

§ 26.

Neben einer nach Maßgabe dieses Gesetzes verhängten Strafe kann auf Verlangen des Verletzten auf eine an ihn zu erlegende Buße erkannt werden. Für diese Buße haften die dazu Verurteilten als Gesamtschuldner. Eine erkannte Buße schließt die Geltendmachung eines weiteren Entschädigungsanspruchs aus.

1. Die Buße.
2. Das Verlangen nach Buße.
3. Der Verletzte.

1. Die Buße. Analog den §§ 188 und 231 StGB. kann auf eine an den Verletzten zu erlegende Buße erkannt werden. Das Rechtsinstitut der Buße ist in alle Gesetze zum Schutze der Urheberrechte und auch in das vorliegende Gesetz aufgenommen worden. Es entspricht der Eigenart des gewerblichen Rechtsschutzes, der zugleich auf strafrechtlichen wie auf zivilrechtlichen Gegenwirkungen gegen das Unrecht beruht. Der Zweck dieses Rechtsbehelfs der Buße ist es, einen oft langwierigen Zivilprozeß zu vermeiden durch Geltendmachung der Buße in dem weit schleunigeren Strafverfahren.

Nur „neben der Strafe", d. i. nur vom Strafrichter, kann auf Buße erkannt werden. Damit ist jedoch nicht gesagt, daß der Charakter der Buße ein lediglich strafrechtlicher sei; im Gegenteil, das RG. und die herrschende Ansicht im Schrifttum erklärt sie für eine Entschädigung, nicht für eine Strafe, also bürgerlich-rechtlicher Natur, nur mit der Besonderheit, daß die Durchführung und Festsetzung im Wege des Strafverfahrens geschieht. So RGSt. 44, 296 u. a., auch RGZ. 79, 148; vgl. Gutachten von Lobe in Mitt. d. Ind.- u. Handelskammer zu Berlin 1926 Nr. 5 gegen ein KG.-Urteil vom 7. November 1925 (ebenda). Dieses KG.-Urteil hatte einen Schiedsspruch des Einigungsamts in Sachen des UW. aufgehoben, weil eine Buße nur vom Strafrichter verhängt werden dürfe; sie war übrigens zu Gunsten eines Dritten, nämlich der Ind.- und Handelskammer, verhängt worden, was auch zu Rechtsfragen im Sinne des § 13 UWG. (s. d.) Anlaß gab.

Das freisprechende Urteil präjudiziert in keiner Weise der zivilrechtlichen Ersatzklage. Die Vollstreckung des die Zuerkennung der Buße aussprechenden Urteils erfolgt nach den Vorschriften über die Vollstreckung der Urteile der Zivilgerichte (§ 463 StPO.). Der Anspruch auf Buße unterliegt nicht der sechsmonatigen Verjährung des § 21 (RGSt. 44, 296).

2. **Das Verlangen nach Buße.** Den Antrag auf Zuerkennung der Buße ist bei der öffentlichen Klage in der Form der Nebenklage, d. i. einer schriftlichen Anschlußerklärung zur öffentlichen Klage, bis zur Verkündung des Urteils erster Instanz zu stellen. Der Antrag kann bis zur Verkündung des Urteils zurückgenommen, ein zurückgenommener Antrag nicht erneuert werden. Wird das Strafverfahren durch Freisprechung des Angeklagten oder durch Einstellung mit oder ohne Urteil beendet, so gilt auch der Antrag ohne weitere Entscheidung als erledigt (§§ 395 ff. und 408 ff. StPO.). Ist Privatklage erhoben, so ist mit ihr der Antrag auf Buße zu verbinden.

Der Antrag auf Buße kann von den Erben des Verletzten weder erhoben noch weiterverfolgt werden. Ist jedoch auf Buße rechtskräftig erkannt, so besteht ein Rechtsanspruch, der auf und gegen die Erben übergeht.

3. **Der Verletzte.** Verletzter ist jeder, der durch die Handlungsweise des Beschuldigten in seinem Vermögen geschädigt ist. Nach der herrschenden Meinung sind nicht zum Antrag auf Buße berechtigt die Verbände, die zu Strafantrag und Privatklage berechtigt sind (§ 13 und § 22); aber es ist durchaus die Frage erörterbar, ob diese herrschende Meinung richtig ist; sie spielte auch bei dem Schiedsspruch und RG.-Urteil (oben Anm. 1) eine Rolle. Vgl. die Ausführungen in Anm. 2 zu § 22. Da die Verbände privatklageberechtigt sind und da sie auch sehr wohl als Interessenten des lauteren Wettbewerbs gelten können, zu dessen Wahrung sie Prozesse zu führen haben, so kann man viele Gründe dafür ins Feld führen, ihnen auch einen Bußanspruch zu gewähren.

Liegt eine Schädigung offenbar nicht vor, so darf auch auf Buße nicht erkannt werden. Auch darf auf keine höhere als auf die beantragte Buße erkannt werden. Eine bereits im Zivilrechtswege erstrittene oder tatsächlich geleistete Entschädigung schließt zwar die Zuerkennung einer Buße nicht aus, darf aber jedenfalls bei Bemessung der Buße in Betracht gezogen werden. Nach der Vo. über Vermögensstrafen und Bußen vom 6. Februar 1924 (RGBl. I 44) ist der Mindestbetrag der Buße 3 RM, der Höchstbetrag 10 000 RM; s. unten Anhang C.

§ 27.

Bürgerliche Rechtsstreitigkeiten, in welchen durch die Klage ein Anspruch auf Grund dieses Gesetzes geltend gemacht wird, gehören, sofern in erster Instanz die Landgerichte zuständig sind, vor die Kammern für Handelssachen.

In bürgerlichen Rechtsstreitigkeiten, in welchen durch Klage oder Widerklage ein Anspruch auf Grund dieses Gesetzes geltend gemacht ist, wird die Verhandlung und Entscheidung letzter Instanz im Sinne des § 8 des Einführungsgesetzes zum Gerichtsverfassungsgesetze dem Reichsgerichte zugewiesen.

1. Sachliche Zuständigkeit.
2. Wert des Streitgegenstandes.

1. Die **sachliche Zuständigkeit** ist hier geregelt, während die örtliche (der Gerichtsstand) in § 24 geordnet ist (s. oben S. 283). Mit Rücksicht darauf, daß zur Beurteilung der nach dem vorliegenden Gesetz in Frage kommenden Rechtsstreitigkeiten die Kenntnis der Ansichten und Gepflogenheiten im geschäftlichen und gewerblichen Verkehrsleben erforderlich, mindestens erwünscht ist, sind auch hier wie bei den anderen gewerblichen Schutzgesetzen die bürgerlichen Rechtsstreitigkeiten, sofern in ihnen ein Anspruch auf Grund dieses Gesetzes durch Klage, nicht durch

Widerklage geltend gemacht wird — jedoch nur diese im Gegensatz zu den im Strafverfahren, also auch zu den mit der Privatklage zu erledigenden Streitigkeiten —, in erster Instanz den Kammern für Handelssachen (§§ 93 ff. GVG.) zugewiesen, sofern nicht die Amtsgerichte nach der Höhe des Streitgegenstandes (jetzt bis 800 RM) zuständig sind (§ 23 Nr. 1 ebenda). In § 95 Ziff. 5 GVG. sind ausdrücklich zu den „Handelssachen", die der Zuständigkeit der Kammern für Handelssachen unterworfen sind, die Ansprüche auf Grund des UWG. gerechnet, und dadurch erledigt sich auch gemäß § 72 GVG. die frühere Streitfrage, ob die Kammern für Handelssachen auch Berufungs- und Beschwerdegerichte für die von den Amtsgerichten entschiedenen Streitigkeiten dieser Art sind, im bejahenden Sinne.

Auch hier soll zur Herstellung einer einheitlichen Rechtsprechung das Reichsgericht in letzter Instanz entscheiden. Dieser Zweck darf bereits als in hohem Maße erreicht bezeichnet werden. (Vgl. Anm. 1 zu § 24 oben S. 284.)

2. Der **Wert des Streitgegenstandes** richtet sich nach §§ 3 ff. ZPO. Maßgebend ist bei der Unterlassungsklage das Interesse des Klägers (RG. in JW. 1902, 309; 1903, 8, in MuW. 9, 199; 10, 95). Bei Klagen von Verbänden ist die Größe des Verbandes, die Beeinträchtigung der Erwerbstätigkeit der zum Verbande Verbundenen in Betracht zu ziehen (RG. in MuW. 10, 219). Bei den oft sehr erheblichen materiellen und ideellen Interessen ist die Tendenz der Gerichte, das Objekt möglichst gering festzusetzen, schon um deswillen nicht zu billigen, weil dadurch dem RG. in den meisten Fällen die Rechtsprechung für Ansprüche aus dem Gesetz entzogen wird.

§ 27 a.

Die obersten Landesbehörden können anordnen, daß bei den amtlichen Berufsvertretungen von Handel, Handwerk und Industrie sowie deren öffentlich-rechtlichen Ver-

bänden oder bei einzelnen von ihnen Einigungsämter eingerichtet werden, die bei bürgerlichen Rechtsstreitigkeiten aus § 13, soweit die Wettbewerbshandlungen den Einzelverkauf an den letzten Verbraucher betreffen, von jeder Partei zum Zwecke einer Aussprache mit dem Gegner über den Streitfall angerufen werden können. Für die Zuständigkeit der Einigungsämter gelten die Bestimmungen des § 24 entsprechend.

Die Einigungsämter sind mit einem Rechtskundigen, der die Befähigung zum Richteramt hat, als Vorsitzenden und mindestens zwei sachverständigen Gewerbetreibenden als Beisitzern zu besetzen.

Das Einigungsamt kann das persönliche Erscheinen der Parteien anordnen und im Falle unentschuldigten Ausbleibens Ordnungsstrafen in Geld gegen sie festsetzen. Gegen die Straffestsetzung findet die sofortige Beschwerde an das für den Sitz des Einigungsamts zuständige Landgericht (Kammer für Handelssachen oder, falls es an einer solchen fehlt, Zivilkammer) statt. Die Ordnungsstrafen werden auf Veranlassung des Einigungsamts durch die amtliche Berufsvertretung nach den Bestimmungen über die Einziehung der Beiträge zu der amtlichen Berufsvertretung beigetrieben.

Das Einigungsamt hat einen gütlichen Ausgleich anzustreben: Kommt ein Vergleich zustande, so findet auf ihn die Vorschrift des § 1044 a ZPO. Anwendung. Kommt ein Vergleich nicht zustande, so kann das Einigungsamt sich in einem gutachtlichen Spruch über den

Streitfall äußern. Das Einigungsamt kann, wenn es den geltend gemachten Anspruch von vornherein für unbegründet oder sich selbst für unzuständig erachtet, die Einleitung von Einigungsverhandlungen ohne weiteres ablehnen.

Ist ein Rechtsstreit der im Abs. 1 bezeichneten Art ohne vorherige Anrufung des Einigungsamts anhängig gemacht worden, so kann das Gericht auf Antrag den Parteien unter Anberaumung eines neuen Termins aufgeben, vor diesem Termin das Einigungsamt zur Herbeiführung eines gütlichen Ausgleichs anzugehen. In dem Verfahren über den Antrag auf Erlaß einer einstweiligen Verfügung ist diese Anordnung nur zulässig, wenn die Gegenpartei zustimmt.

Die zur Durchführung der vorstehenden Vorschriften erforderlichen Bestimmungen werden von der obersten Landesbehörde getroffen.

1. Zweck der neuen Bestimmung.
2. Zuständigkeit.

1. **Zweck der neuen Bestimmung.** Der durch die Vo. vom 9. März 1932 in das UWG. eingefügte § 27a hat nach der amtlichen Begr. folgende Aufgaben:

„Einem lebhaften Wunsch der beteiligten Kreise entsprechend sollen die Einigungsämter, wie solche bei mehreren Industrie- und Handelskammern aus deren Initiative heraus bereits geschaffen worden sind, gesetzlich nach der Richtung ausgestaltet werden, daß diese Stellen mehr als bisher zur Erledigung von Streitigkeiten auf dem Gebiete des UW. herangezogen werden und einen gütlichen Ausgleich unter den Parteien versuchen. Die Beteiligten erhoffen davon neben einer Entlastung der Gerichte vor allem ein schnell wirksames Eingreifen in allen Fällen, in denen es gilt, als unzulässig oder unlauter empfundenen Wettbewerbshandlungen rechtzeitig vorzubeugen. Besonderen Anlaß zu diesem Wunsch haben die Auswüchse gegeben, die sich auf dem Gebiete der sogenannten „Sonderveranstaltungen" in den letzten Jahren gezeigt haben. Sie liegen hauptsächlich darin, daß die Sonderveranstaltungen in immer schnellerer Folge vorgenommen werden, so daß der regelmäßige Geschäftsgang bei manchen Firmen geradezu die Ausnahme bildet. Eine solche Häufung von billigen Preisangeboten, bei denen tatsächlich neue Vorteile gar nicht gewährt werden, steht im Widerspruch mit den Erwartungen des Publikums, das regelmäßig davon ausgeht, es müßten mit einer Sonderveranstaltung besondere Preisnachlässe verbunden sein. Abgesehen von der Häufung derartiger Veranstaltungen wird es vom Einzelhandel auch als unlauter empfunden, daß durch eine außerordentlich umfangreiche und aufdringliche Reklame für die Sonderveranstaltungen bei dem Käufer oft der Eindruck hervorgerufen wird, als ob ihm neue und billigere Angebote gemacht werden, während die Preise tatsächlich in vielen Fällen die sonst üblichen Preise kaum unterschreiten oder auch Waren zum Verkauf gestellt werden, die eigens für die Zwecke der Sonderveranstaltungen billig hergestellt sind. In derartigen Fällen ist es von Wert, daß das Urteil der kaufmännischen Standesgenossen über die Lauterkeit oder Unlauterkeit der Veranstaltung den darüber streitenden Gewerbetreibenden möglichst schnell und möglichst vor Beginn der Veranstaltung bekanntgegeben wird. Die Erfahrungen, die mit den bereits bestehenden Einigungsämtern nach dieser Richtung gemacht worden sind, zeigen, daß die Beteiligten sich der Auffassung der Ämter beinahe stets gefügt haben, vorausgesetzt, daß es möglich war, beide streitenden Teile auch wirklich vor das Einigungsamt zu bringen."

Damit ist die schwierige Frage der „Sonderveranstaltungen" (s. Anm. 2 zu § 9), die das Gesetz bzw. die Vo. nicht selbst zu regeln unternahm, in die Entscheidung der fachmännischen Einigungsämter gewiesen worden.

2. Zuständigkeit. Die Einigungsämter sind nicht nur für „Sonderveranstaltungen" (s. Anm. 1) zuständig. Jeder „Einzelverkauf an den Verbraucher" fällt im Streitfall ihrer Begutachtung und Beurteilung anheim. Ausgeschlossen also sind Streitfälle über Wettbewerbshandlungen zwischen Groß- und Kleinhandel. Die örtliche Zuständigkeit regelt sich nach § 24 (s. d.). Die Einigungsämter können zur Verhandlung laden, das Erscheinen durch Strafandrohung erzwingen, Vergleiche schließen und sich gutachtlich äußern. Entscheiden also können sie nicht, und der gutachtliche Spruch ist keine Entscheidung wird aber infolge der Sachkunde des Einigungsamts Beachtung bei dem entscheidenden Gericht verdienen, mag das Einigungsamt nun von einer der streitenden Parteien angerufen oder die Anrufung vom Gericht ihnen aufgegeben worden sein.

Für den Vergleich ist § 1044 a ZPO. anzuwenden, welcher lautet:

„Hat sich der Schuldner in einem schiedsrichterlichen Vergleich der sofortigen Zwangsvollstreckung unterworfen, so findet die Zwangsvollstreckung aus dem Vergleich statt, wenn er für vollstreckbar erklärt ist. Der Vergleich darf nur für vollstreckbar erklärt werden, wenn er unter Angabe des Tages seines Zustandekommens von den Schiedsrichtern und den Parteien unterschrieben und auf der Geschäftsstelle des zuständigen Gerichts niedergelegt ist.

Die Vollstreckbarerklärung ist abzulehnen, wenn der Vergleich der Rechtswirksamkeit entbehrt oder seine Anerkennung gegen die guten Sitten oder die öffentliche Ordnung verstoßen würde.

Die Vorschriften der §§ 1042 a bis 1042 d finden entsprechende Anwendung; die Geltendmachung der Rechtsunwirksamkeit des Vergleichs steht der Geltendmachung von Aufhebungsgründen gegen einen Schiedsspruch gleich."

(§§ 1042 a—d betreffen Antrag, Widerspruch und Verfahren.)

§ 28.

Wer im Inland eine Hauptniederlassung nicht besitzt, hat auf den Schutz dieses Gesetzes nur insoweit Anspruch, als in dem Staate, in welchem seine Hauptniederlassung sich befindet,

nach einer im Reichsgesetzblatt enthaltenen Bekanntmachung deutsche Gewerbetreibende einen entsprechenden Schutz genießen.

I. **Ausländerrecht.**
1. Bedeutung des § 28.
2. Gegenseitigkeitsprinzip.
3. Hauptniederlassung und Zweigniederlassung.

II. **Recht der internationalen Verträge.**
4. Bedeutung.
5. Pariser Übereinkunft.
6. Madrider Abkommen.
7. Versailler Friedensvertrag.

I. Ausländerrecht.

1. Die **Bedeutung des § 28** ist sehr gering geworden, da er durch internationale Verträge (s. Anm. 4 ff.) ergänzt und ersetzt ist; er bezieht sich also nur noch auf Angehörige solcher Staaten, die nicht der Pariser Übereinkunft oder dem Madrider Abkommen beigetreten sind.

2. **Gegenseitigkeitsprinzip.** Das Gesetz gewährt seinen Schutz ohne Rücksicht auf die Staatsangehörigkeit dem Inländer wie dem Ausländer, sofern nur der Schutzsuchende im Inlande eine Hauptniederlassung besitzt. Trifft das nicht zu, so herrscht das Gegenseitigkeitsprinzip (Reziprozitätsprinzip). Die Bekanntmachung, welche Länder in Betracht kommen, hat durch den Reichskanzler bzw. seinen Stellvertreter zu erfolgen. Die Bekanntmachung setzt nicht etwa einen völkerrechtlichen Vertrag voraus, sie muß nur ergeben, daß tatsächlich die ausländische Gesetzgebung den entsprechenden Schutz gewährt. Namentlich würde sie auch nicht etwa ersetzt durch ältere internationale Übereinkommen, sofern diese nicht die in § 28 geforderte Gegenseitigkeit, also den „entsprechenden" Schutz, gewähren. — Von Wichtigkeit ist aber auch der Namensschutz aus dem BGB. für den Ausländer, wenn die Verletzung in Deutschland begangen ist.

3. **Hauptniederlassung und Zweigniederlassung.** Über Niederlassung s. auch Anm. 2 zu § 24. Der deutsche

Reichsangehörige und der Ausländer, die im Inlande nur eine Zweigniederlassung (Filiale, Nebengeschäft, Dependence), im Auslande aber ihr Hauptgeschäft haben, können keinen Anspruch auf die Wohltaten dieses Gesetzes erheben, sofern nicht in dem Staate ihrer Hauptniederlassung der deutsche Gewerbetreibende nicht nur gegen unlauteren Wettbewerb überhaupt, sondern auch in demselben Umfange wie nach deutschem Recht geschützt ist. Auch würde der deutsche Rechtsschutz in dem Augenblick aufhören, sobald im auswärtigen Staate der Schutz erlischt.

Jedoch gilt auch hier, und somit auch zu Gunsten des Deutschen im Auslande, das Recht der internationalen Verträge (s. Anm. 4 ff.).

II. Recht der internationalen Verträge.

4. Die **Bedeutung** der internationalen Verträge auf dem Gebiete des gewerblichen Rechtsschutzes hat immer mehr zugenommen. Die Gegenseitigkeit, die im § 28 UWG. als Voraussetzung für den einzelnen Fall gedacht war, ist völkerrechtliche Satzung der wesentlich in Betracht kommenden Kulturstaaten, und zwar durch die Pariser Übereinkunft wie durch das Madrider Abkommen, geworden. Vgl. darüber den Überblick in der systematischen Einleitung unter 6 oben S. 72 ff. § 28 UWG. findet nunmehr auf Reichsangehörige keine Anwendung (AusfG. zur Rev. Par. ÜE. vom 31. März 1913 — RGBl. S. 236 — Art. I).

5. **Pariser Übereinkunft.** Durch die Bekanntmachung des Reichskanzlers vom 9. April 1903 ist Deutschland der Pariser Übereinkunft vom 20. März 1883 (revidiert in Brüssel am 14. Dezember 1900 und in Washington am 2. Juni 1911 — RGBl. 1913 S. 209 —, erneut revidiert im Haag am 6. November 1925, AusfG. vom 31. März 1913 — RGBl. S. 236 —; abgedruckt, soweit für den UW. von Wichtigkeit, unten im Anhang B I) beigetreten, so daß Deutschland seit 1. Mai 1903 Mitglied der Internationalen Union zum Schutz des gewerblichen Eigentums ist. Zu der Haager Revision hat das deutsche Gesetz vom 31. März 1928 (RGBl. II 175) die Zustimmung erteilt und die Ratifikation ist durch Bek. vom 27. Mai 1928 (RGBl. II

489) vollzogen. Den Mitgliedern der Union kommt der Schutz dieses Gesetzes zu, ohne daß die Bedingungen des § 28 erfüllt zu sein brauchen (RGZ. 60, 217 und in GRUR. 1911, 217; Fuld in MuW. 8, 102, Lobe in LZ. 1908, 193, Pinner-Eyck S. 196 ff., Elster, HdR. 4, 360; 7, 393).

Zahlreiche Kriegsvorschriften über Verlängerung der Prioritätsfristen usw., zusammengestellt bei Elster, Urheber- und Erfinder-, Warenzeichen- und Wettbewrbsrecht, Berlin 1928, S. 76 ff.

Verbandsländer sind zurzeit: Belgien, Brasilien, Bulgarien, Cuba, Dänemark, Danzig, Deutsches Reich, Dominikanische Republik, Estland, Finnland, Frankreich und Algerien nebst Kolonieen und Mandatsländern, Griechenland, Großbritannien nebst Australischem Staatenbund, Kanada, Ceylon, Neuseeland, Trinidad und Tobago, Italien, Irland, Japan, Jugoslawien, Lettland, Luxemburg, Marokko (französisch), Mexiko, Niederlande nebst Niederländisch-Indien, Surinam und Curaçao, Norwegen, Österreich, Polen, Portugal nebst Azoren und Madeira, Rumänien, Schweden, Schweiz, Spanien, Spanisch-Marokko, Syrien und Libanon, Tschechoslowakei, Tunis, Türkei, Ungarn, Vereinigte Staaten von Amerika.

Die Pariser Übereinkunft bezieht sich auf das gesamte Gebiet des gewerblichen Rechtsschutzes außerhalb des Urheber- und Kunstschutzrechts, aber einschließlich des Geschmacksmusterschutzes. Die Staats- und Gebietsangehörigen der vertragschließenden Länder sollen in allen übrigen Ländern des Verbandes in betreff der Erfindungspatente, der Gebrauchsmuster, der gewerblichen Muster oder Modelle, der Fabrik- oder Handelsmarken (einschließlich der Ausstattung), der Handelsnamen, der Herkunftsbezeichnungen und der Unterdrückung des unlauteren Wettbewerbes — alles dies jetzt zusammengefaßt als „propriété industrielle“ — die Vorteile genießen, welche die betreffenden Gesetze den Staatsangehörigen gegenwärtig gewähren oder in Zukunft gewähren werden. Demgemäß sollen sie denselben Schutz wie diese und dieselbe Rechtshilfe gegen jeden Eingriff in ihre Rechte haben, vorbehaltlich der Erfüllung der Förmlichkeiten und Bedingungen, welche den Staatsangehörigen durch die innere Gesetzgebung auferlegt werden. Die Verpflichtung, einen Wohnsitz oder eine Niederlassung in dem Lande zu haben, wo der Schutz beansprucht wird, darf den Verbandsangehörigen nicht auferlegt werden (Art. 2). Gleichgestellt sind die Staats- und Gebietsangehörigen von Nichtverbandsländern, wenn sie in einem Verbandsland ihren Wohnsitz oder tatsächliche und wirkliche gewerbliche und Handelsniederlassungen haben (Art. 3) (auch Landwirtschaft und Bergbau rechnen als gewerbliche Niederlassung).

Auch der Inländer kann sich gegebenenfalls auf Bestimmungen des Unionsvertrages berufen. Das Prinzip der Gleichstellung von In- und Ausländern ist so zu verstehen, daß natürlich die Formalitäten, die in jedem Lande für die Erlangung des Schutzes vorgeschrieben sind, eingehalten werden müssen, also nicht ohne weiteres die Anmeldung des Schutzrechts in einem der Vertragsländer den Schutz in anderen Vertragsländern nach sich zieht. Die Gleichstellung bezieht sich auf das Recht des Landes, in welchem der Schutz nachgesucht wird; ist dieses also günstiger als das Heimatland des Schutzberechtigten, so erlangt er im Ausland Rechte, die er in seinem Heimatlande nicht erlangen kann.

Für die Bekämpfung des UW. außerhalb des Warenzeichenrechts geben ferner Art. 10 b und 10 c eine Art Generalklausel wie im deutschen Recht unter besonderer Betonung von Tatbeständen wie nach unserem § 14 UWG. und § 15 WZG. und eine Stütze des § 16 UWG. Art. 8 schützt den Handelsnamen, auch wenn er nicht Teil einer Fabrik- oder Handelsmarke ist; Art. 9 gibt Beschlagnahme und Einfuhrverbot von Erzeugnissen, die einen Handelsnamen widerrechtlich tragen, und diese Bestimmung des Art. 9 bezieht sich auf jedes Erzeugnis, das eine falsche Herkunftbezeichnung trägt. Dies wird ergänzt durch das II. Madrider Abkommen.

6. Dem **II. Madrider Abkommen** vom 14. April 1891, betr. Unterdrückung falscher Herkunftangaben (revidiert in Washington am 2. Juni 1911, im Haag am 6. November 1925; abgedruckt, soweit hierher gehörig, unten im Anhang B II), ist das Deutsche Reich durch Reichsgesetz vom 21. März 1925 (RGBl. II 115 und 287, Ratifikation wie oben zu 5) beigetreten.

Infolge dieses Beitritts ist der § 22 UWG. geändert worden und hat die jetzt geltende Fassung erhalten (s. oben S. 276). Vgl. ferner hierzu § 5 (oben S. 138 ff.).

Die Begr. des Beitrittsgesetzes sagt u. a.:

„Art. 10 der Pariser Konvention läßt Gebiets- und Ländernamen unberücksichtigt und schützt Ortsnamen nur dann, wenn der als Herkunftbezeichnung fälschlich verwendete Ortsname in Verbindung mit einem erfundenen oder einem zum Zwecke der Täuschung entlehnten Handelsnamen in Erscheinung tritt. Diese Einschränkungen sind beseitigt. Die sich aus Art. 1 und 2 ergebenden Verpflichtungen sind Deutschland im wesentlichen schon durch Art. 274 Abs. 2 des Friedensvertrags auferlegt. Infolge des Beitritts genießt Deutschland nunmehr die Gegenseitigkeit. Dasselbe gilt bezüglich der Verschärfung des Schutzes des Weinbaues, welche dem Art. 275 FV. und dem Gesetz vom 1. Februar 1923 (RGBl. I 107) entspricht. Im übrigen ist der Inhalt des Art. 4 bereits in § 16 Abs. 2 WZG. und § 5 Abs. 1 UWG. enthalten. Was das Mittel der Unterdrückung der unrichtigen Herkunftangaben anlangt, so wählt der § 2 des Beitrittsgesetzes, in Anlehnung an § 17 WZG., die Beschlagnahme (nicht das in Art. 1 der Konvention wahlweise vorgeschriebene Einfuhrverbot). Die Beschlagnahme steht den Zollbehörden zu, die — abweichend von § 17 WZG. — von Amts wegen einzuschreiten haben, ohne daß sie zu einer jedesmaligen Untersuchung der eingehenden Waren in bezug auf einwandfreie Bezeichnung verpflichtet sind. Die Einziehung findet (vgl. § 19 Abs. 1 WZG.) nur dann statt, wenn die Beseitigung der unrichtigen Angaben in anderer Weise nicht möglich ist."

7. Der **Friedensvertrag von Versailles** brachte in Art. 274 durch die Betonung des Verbots unrichtiger Herkunft- und Beschaffenheitsangaben nach dem geltenden Rechte für Deutschland grundsätzlich kaum Neues; seinen Forderungen entsprach das deutsche Recht bereits, namentlich wenn es die Rechtsfragen der Herkunftbezeichnung so streng nimmt, wie dies immer mehr von der Rechtsprechung geschieht. Nur insofern waren Folgen zu erwarten, als Art. 275 die Lagenamen für Weine und Spirituosen

unter der Bedingung der Gegenseitigkeit dagegen schützt, daß sie in einem anderen Lande zur freien Gattungsbezeichnung werden. Damit werden die französischen Weinlagen und der vielumstrittene Name Kognak stärker geschützt als bisher, und das Gleiche hat, schon infolge des Beitritts zum Madrider Abkommen, von den Bezeichnungen unserer Rhein- und Moselorte zu gelten. Vgl. hierüber oben § 5 Anm. 4 mit dem Abdruck der betreffenden Paragraphen des Weingesetzes (S. 142 ff.), ferner die Inhaltsangabe der Artikel des VersFV. in der Einleitung oben S. 75. Vgl. Wassermann, Die Behandlung des UW. im Friedensvertrag, Berlin 1920; dazu: Bespr. in GRUR. 1920, 18, 63. Über die für den deutschen Wettbewerb mißlichen Folgen der Aufhebung des internationalen gewerblichen Rechtsschutzes während des Krieges s. Rosenthal Komm. Note 7 zu § 28.

§ 29.

Welche Behörden in jedem deutschen Lande unter der Bezeichnung höhere Verwaltungsbehörde im Sinne dieses Gesetzes zu verstehen sind, wird von der Zentralbehörde des deutschen Landes bestimmt.

Die Behörden sind zusammengestellt bei Wassermann Komm. II 138. Es handelt sich namentlich um das Ausverkaufsrecht (§§ 6—10).

§ 30.

Dieses Gesetz tritt am 1. Oktober 1909 in Kraft.

Mit diesem Zeitpunkte tritt das Gesetz zur Bekämpfung des unlauteren Wettbewerbes vom 27. Mai 1896 (Reichsgesetzbl. S. 145) außer Kraft.

Anhang.

A. Nebengesetze.

I.

Zugaben-Verordnung.

Erster Teil der Verordnung des Reichspräsidenten zum Schutze der Wirtschaft vom 9. März 1932 (RGBl. I S. 121 ff.).

Vorbemerkung über die Auslegung der Bestimmungen der Zugaben-Verordnung.

Der Umstand, daß die Zugaben-Vo. nur ein Kompromiß darstellt in einem wirtschaftspolitischen Meinungsstreit — denn um einen solchen handelt es sich, wie die RG.-Entscheidung vom 15. Januar 1932 in RGZ. 135, 42 ff. ausspricht —, kann nicht ohne Einfluß auf die Auslegung ihrer einzelnen Bestimmungen sein. Die Zugaben-Vo. hat nicht den Gedanken zum Grundsatz, daß Zugabegewährung „unlauter" im Sinne des UWG. sei; es ist nirgends in dieser Vo. auf den Gedanken der Sittenwidrigkeit hingewiesen. Es fehlt also ein rechtsethischer Gesichtspunkt, und es handelt sich nur um mehr oder weniger formal abgegrenzte Tatbestände erlaubten und unerlaubten Zugabegewährens. Ein generelles Zugabeverbot ist nicht ausgesprochen, und es ist angesichts des wirklichen Inhalts der Vo. falsch, von einem „grundsätzlichen Zugabeverbot“ zu sprechen, wie es die amtliche Begründung tat. Die Ausnahmen sind so zahlreich und einschneidend, daß sie nicht einmal als ganz spezielle Ausnahmen angesehen werden können, sondern neben den Fällen des Zugabeverbots fast ebenso gewichtige Fälle der Zugabeerlaubtheit bedeuten. Das ist für die Auslegung wichtig, denn es gibt in allen Gesetzen Vorschriften, die äußerlich wie eine Ausnahme aussehen, in Wahrheit jedoch neben dem Hauptrechtsatz, von dem sie eine sogenannte „Ausnahme“ bilden, einen gleich starken Rechtsgrundsatz ausdrücken. Ich habe dies für das Urheberrecht näher ausgeführt im „Arch. f. UrhR.“ Bd. 4 S. 215 ff., wo die organische Zugehörigkeit der Ausnahme zu der Regel, z. B. der Nachdruckerlaubnis von Gesetzen und Entscheidungen gegenüber dem Nachdrucksverbot privater Arbeiten, nachgewiesen ist. Dies zu erkennen, ist auch namentlich für die Anwendung der Vorschriften der Zugaben-Vo. wichtig, weil es einen juristisch anerkannten Satz gibt: Ausnahmen sind ganz eng auszulegen. Für wirkliche Ausnahmen trifft das zu; für Rechtsgrundsätze jedoch, die nur äußerlich die „Ausnahmen“ eines vorher geäußerten anderen Rechtsgrundsatzes darstellen, aber selbst an allgemeiner Bedeutsamkeit hinter jenem anderen Rechtsgrundsatz keineswegs zurückstehen, trifft das nicht zu.

Beim „Zugabenverbot“ gilt diese Erkenntnis für die „Rabatt-Erlaubnis“ (§ 1 Abs. 2 Ziff. b und c) und sicherlich auch für die „Barvergütung“ (§ 1 Abs. 2 Ziff. e); hat doch die amtliche Begründung selbst sich dahin geäußert, daß diese „Ausnahme“ die praktisch wichtigste sei. Durch die Barvergütung aber wird aus der Zugabe ein Geldrabatt, und es ist der Rechtsgrundsatz auch in der Zugaben-Vo. verwirklicht, daß Rabatte erlaubt bleiben.

Hiernach kann es nach bisheriger grundsätzlicher Rechtsauffassung nicht richtig sein, die Zugaben-Vo. allenthalben im Sinne schärffster Einseitigkeit des Verbietens auszulegen. Es geht juristisch nicht an, aus der Zugaben-Vo. ein „grundsätzliches“ Zugaben-Verbot herauszulesen, welches in Wirklichkeit nicht verordnet ist, und etwa bei jeder Unklarheit der Fassung der Vo. das Argument beizubringen, die Regierung habe es jedenfalls in dem schärferen Verbotssinne aufgefaßt wissen wollen. Das wäre richtig, wenn der Verbotsgedanke der Zugaben-Vo. von der Überzeugung „aller billig und gerecht Denkenden" getragen würde und wenn jede Zugaben- und Rabattgewährung als unlauterer Wettbewerb anzusehen wäre. Das aber ist weder in den beteiligten Kreisen — Geschäftsleute und Publikum — der Fall, wie dies durch den in gleicher Stärke vorhandenen Meinungskampf bewiesen wird, noch ist es in der Verordnung selbst zum Ausdruck gekommen.

Die Beziehungen der Zugaben-Vo. zu dem Gesetz gegen den unlauteren Wettbewerb sind derart, daß zwar eine formelle Verbindung vermieden worden ist, der Gesichtspunkt der Unlauterkeit, wie wir schon sahen, nicht zum Angelpunkt der Zugabenbehandlung gemacht worden ist, andererseits aber die Bestimmungen des UWG. zur Ergänzung der Zugaben-Vo. ausdrücklich erwähnt sind. Die geistige und wirtschaftliche Zugehörigkeit zum Komplex des unlauteren Wettbewerbes kann nicht geleugnet werden. Auch aus diesem Grunde kann es nicht gutgeheißen werden, die einzelnen Bestimmungen der Zugaben-Vo. etwa als polizeiliche Ordnungsvorschriften so scharf auszulegen, daß eine verwaltungsrechtliche Maxime daraus wird, es muß vielmehr der materiellrechtliche Gedanke der Bekämpfung eines Mißbrauchs, eines Zugabeunwesens stets wirksam bleiben, wenn Zweifelsfragen, die die Verordnung aufgibt, gelöst werden sollen. Auch durch die Tatsache, daß es sich bei dem „Delikt" der unerlaubten Zugabe durchweg um Antragsdelikte handelt, wird die Auffassung bestätigt, daß nicht verwaltungsmäßig, sondern nur gerichtlich unter allen Kautelen der §§ 61 ff. StGB. nach den §§ 158 ff. StPO. gegen Verstöße eingeschritten oder eine Untersuchung vorgenommen werden darf. Vgl. auch § 3 der Zugaben-Vo. Anm. 1—3.

Auf Grund des Artikels 48 Abs. 2 der Reichsverfassung wird verordnet:

§ 1.

Es ist verboten, im geschäftlichen Verkehr neben einer Ware oder einer Leistung eine Zugabe (Ware oder Leistung) anzubieten, anzukündigen oder zu gewähren. Eine Zugabe liegt auch dann vor, wenn die Zuwendung nur gegen ein geringfügiges, offenbar bloß zum Schein verlangtes Entgelt gewährt wird. Das gleiche gilt, wenn zur Verschleierung der Zugabe eine Ware oder Leistung mit einer anderen Ware oder Leistung zu einem Gesamtpreis angeboten, angekündigt oder gewährt wird.

Die Vorschriften im Abs. 1 gelten nicht:

a) wenn lediglich Reklamegegenstände von geringem Werte, die als solche durch eine dauerhafte und deutlich sichtbare Bezeichnung der reklametreibenden Firma gekennzeichnet sind, oder geringwertige Kleinigkeiten gewährt werden;

b) wenn die Zugabe in einem bestimmten oder auf bestimmte Art zu berechnenden Geldbetrage besteht;

c) wenn die Zugabe zu Waren in einer bestimmten oder auf bestimmte Art zu berechnenden Menge gleicher Ware besteht;

d) wenn die Zugabe nur in handelsüblichem Zubehör zur Ware oder in handelsüblichen Nebenleistungen besteht;

e) wenn der die Zugabe Gewährende sich erbietet, an Stelle der Zugabe einen festen, von ihm ziffernmäßig zu bezeichnenden Geldbetrag bar auszuzahlen, der nicht geringer als der Einstandspreis der Zugabe sein darf. Bei dem Angebot oder der Ankündigung einer solchen Zugabe ist auf das Recht, an Stelle der Zugabe den Barbetrag zu verlangen, hinzuweisen sowie hinsichtlich jeder Zugabe der für sie zu zahlende Barbetrag anzugeben;

f) wenn die Zugabe in der Erteilung von Auskünften oder Ratschlägen besteht;

g) wenn zugunsten der Bezieher einer Zeitung oder Zeitschrift Versicherungen bei beaufsichtigten Versicherungsunternehmungen oder Versicherungsanstalten abgeschlossen werden.

Bei dem Angebot, der Ankündigung und der Gewährung einer der im Abs. 2 zugelassenen Zugaben ist es verboten, die Zuwendung als unentgeltlich gewährt (Gratiszugabe, Geschenk und dergl.) zu bezeichnen oder sonstwie den Eindruck der Unentgeltlichkeit zu erwecken. Ferner ist es verboten, die Zugabe von dem Ergebnis einer Verlosung oder einem anderen Zufall abhängig zu machen.

I. Wirtschaftliche Begründung des Zugabeverbots. (§ 1 Abs. 1.)

1. Zunahme des Zugabeunwesens. Arten der Zugaben.
2. Gründe für die Berechtigung mancher Zugabegewährung.
3. Gründe für ein „grundsätzliches" Zugabeverbot.

II. Juristische Begründung des Zugabeverbots. (§ 1 Abs. 1.)

1. Angebliches Versagen des geltenden Rechts (Gesetz, Rechtsprechung und Wissenschaft).
2. Kritische Bemerkungen dazu.

III. Radius des Zugabeverbots.

1. Begriff der Zugabe.
2. Im geschäftlichen Verkehr.
3. Ware und Leistung.
4. Verschleierung der Zugabe durch Gesamtpreis.

IV. Die Ausnahmen: Erlaubte Zugaben. (§ 1 Abs. 2.)

1. Geringfügigkeit des Wertes. (Abs. 2, a.)
2. Rabatte (Geld- und Mengenrabatt). (Abs. 2, b, c.)
3. Handelsübliches Zubehör und Nebenleistungen. (Abs. 2, d.)
4. Barbetrag. (Abs. 2, e.)
5. Auskünfte und Ratschläge. (Abs. 2, f.)
6. Abonnentenversicherung. (Abs. 2, g.)

V. Form der Ankündigung und Gewährung der Zugabe. (§ 1 Abs. 1 und 3.)

1. Anbieten, Ankündigen und Gewähren.
2. Verbot der Ankündigung „Gratis".
3. Verbot der Ausspielung von Zugaben.

Lit.: Goldbaum, Zugabeverbot, Stilkes Rechtsbibliothek Nr. 127, Berlin 1932. — Klauer, Das Zugabenwesen nach der Vo. vom 9. März 1932, Berlin 1932. — Baumbach, Nachtrag zur 2. Aufl. seines Kommentars, Berlin 1932. — Lobe, Gutachten, MuW. 13, 426 ff. — Elster, Das Zugabeverbotsgesetz im Rahmen der Bekämpfung des unlauteren Wettbewerbs, JurRdsch. 1932, 4. — Elster, Der Gesetzentwurf über das Zugabeverbot, Deutsches HandwBlatt 1932, 66. — Elster, Wieweit sind Zugaben als unlauterer Wettbewerb anzusehen?, Mitt. d. Ind.- und Handelskammer Berlin 1930, 1224. — Utescher und Cl. Clab, Zugabewesen. Zwei Gutachten für den Deutschen Verein zum Schutz des gewerblichen Eigentums. GRUR. 19, 827 und 843; dort weitere Literatur. — Brune, Für Freiheit im Wettbewerb, Die Wertreklame im Wirtschaftsleben, Berlin 1931. — H. Buhl, Die Wertreklame, Stuttgart 1929. —

K. Marbe, Psychologie der Wertreklame, Stuttgart 1930. — Tschierschky, Gesetzliche Bekämpfung des Zugabewesens, Wirtschaftsdienst 1932 Heft 3. — H. H. Franke, Die rechtspolitischen Grundlagen der Reform des Wettbewerbsrechts, Berlin 1930. — Fritz Heßler, Zugabe und unlauterer Wettbewerb, Halle 1929. — Ferner die Kommentare zum Gesetz gegen den unlauteren Wettbewerb.

I. Wirtschaftliche Begründung des Zugabeverbots.

1. Zunahme des Zugabeunwesens. Arten der Zugaben. In zahlreichen Beschwerden und Anträgen wird von wirtschaftlichen Interessentenkreisen betont, das „Zugabeunwesen" habe sich seit Beendigung der Inflationszeit so gesteigert, daß die Gesetzgebung dagegen eingreifen müsse. Diese Betonung macht sich auch die amtliche Begründung der Vo. zu eigen, die u. a. sagt: „... Das geschieht in der Hauptsache bei dem Verkauf von Lebens- und Genußmitteln, wie Kaffee, Kaffee-Ersatzmitteln, Margarine, Zigaretten usw., und bei Haushaltswaren des täglichen Gebrauchs, wie Seife und Waschmitteln, besonders aber bei Markenartikeln jeglicher Art. Regelmäßig werden solche Zugaben in der Form gewährt, daß der Käufer nicht gleichzeitig mit der eigentlichen Ware auch die Zugabe erhält, sondern zunächst nur einen der Ware beigefügten Gutschein und erst später gegen Ablieferung einer bestimmten Anzahl von Gutscheinen die Zugabe. Die Zugabenartikel selbst stammen vorzugsweise aus der Porzellan-, Glas-, Textil-, Leder- und aus der graphischen Industrie."

Es fällt auf, daß hier bereits zwei verschiedene Arten der Zugaben miteinander vermengt werden: a) schlechthin andersartige Waren, die beim Kauf einer Hauptware sofort unentgeltlich mitgereicht werden, z. B. Kalender, Kinderzeitschriften, Luftballons, Weihnachtszugaben aller Art usw., und b) Gutscheine, die erst nach Erreichung eines bestimmten Kaufbetrages α) gegen Waren des betreffenden Geschäftes schlechthin oder β) gegen bestimmte von dem Geschäft bezeichnete Waren eingelöst werden können. Dies geht begrifflich bereits zu dem Rabatt hinüber, der nach Abs. 2c von dem Zugabeverbot — mit Recht — ausgenommen wird. Die Unterscheidung wird bei der Anwendung der Vo. vermutlich erhebliche Schwierigkeiten machen (vgl. unten zu IV 2).

2. Gründe für die Berechtigung mancher Zugabegewährung. Die Begr. referiert über die der Zugabegewährung günstigen Gründe Folgendes:

„Zur Erklärung der an sich eigenartigen Erscheinung, daß dem Käufer zu der Ware, deren Erwerb der Kauf bezweckt, Dinge mitgegeben werden, die dem eigentlichen Kaufgegenstand ganz fremd sind, wird von den Anhängern des Zugabewesens eine Reihe von Gründen angeführt. So namentlich, daß die Zugabe ein besonders zugkräftiges Reklamemittel (sog. „Wertreklame") darstelle und als solches ebenso berechtigt sei wie die Zeitungs- oder jede sonstige Wort- oder Anschauungsreklame; wie diese könne sie lauter oder unlauter sein. Die Zugabengewährung ersetze die Wort- und Anschauungsreklame und sei wirtschaftlich wertvoll, da sie dem kaufenden Publikum an Stelle der sonst für Wort- und Anschauungsreklame aufgewendeten Ausgaben wirkliche Werte als Zugabenartikel gebe. Sie sei für kleinere und mittlere Betriebe das einzige Mittel, sich gegen die Konkurrenz kapitalkräftiger Firmen, die hohe Summen auf die Wort- und Anschauungsreklame verwenden könnten, zu behaupten. Denn die Wertreklame werde nur für wirklich abgesetzte Waren aufgewendet; sie stehe in einem festen Verhältnis zum Absatz, da man nichts für Reklame ausgebe, ohne Ware zu verkaufen. Die Wertreklame habe bedeutenden, für das Zugabewesen arbeitenden Industrien Aufschwung und vermehrten Absatz verschafft."

Diese Gründe sind klar und einleuchtend und an sich kaum zu widerlegen. Daß die Zugabe nicht ohne weiteres unlauter im Sinne des Wettbewerbs und der kaufrechtlichen Anschauungen sei, sondern daß erst die Art und Weise ihrer Ankündigung, Bemessung und Gewährung sie sittenwidrig nach den sonst geltenden Ansichten mache, sagt mit vollem Recht auch das RG. in der grundlegenden Entsch. RGSt. 61, 58 ff. Hier heißt es u. a. mit dem Hinweis auf RTDrucks. 1109 von 1907/09, wo festgestellt worden war, daß „auf Grund der bis dahin vorliegenden Erfahrungen eine sichere Abgrenzung zwischen den einwandfreien und den geschäftlich verwerflichen Formen der Rabattgewährung — hierunter ist das Zugabewesen mitverstanden —, welche die Schaffung eines besonderen gesetzlichen Tatbestandes ermöglichte, sich nicht feststellen lasse": „Damit ist anerkannt, daß das Versprechen und Gewähren von Zugaben im kaufmännischen Geschäftsverkehr nicht ohne weiteres als unlauteres Geschäftsgebaren sich darstellen muß, daß es aber sehr wohl den Tatbestand eines unlauteren Wettbewerbs erfüllen kann. Die Frage, ob dies zutrifft, ist also nicht allgemein, sondern immer nur nach den besonderen Umständen des einzelnen Falles zu beantworten. ... Nun ist das Zugabewesen nur eine Abart der Reklame; es wird daher mit Recht als „Wertreklame" bezeichnet. ... Ausschlaggebend ist, ob der Verkäufer seine Ware mit Zugabe zu einem Preise verkauft, der sich innerhalb der Grenzen hält, in denen Waren gleicher Art und Güte von Geschäften ähnlichen Ranges am gleichen Platz zur selben Zeit verkauft zu werden pflegen. Diese Grenzen werden naturgemäß allgemein durch die Produktions-, Zwischenhandels-, Reklame- und anderen Geschäftsunkosten der im Wettbewerb stehenden Verkäufer mitbestimmt werden. Ein Händler, der sich die Reklamekosten spart und statt des hierfür in die Preisbemessung einzusetzenden Betrags, ohne den üblichen Preis zu erhöhen, Gutscheine für Zugaben aushändigt oder die Hauptware zu einem um den Wert der Zugabe (der Gutscheine) ermäßigten Preis abläßt, erweckt nicht nur den Anschein eines besonders günstigen Angebots, sondern er macht tatsächlich ein solches Angebot. Geht er aber in der Absicht, sich die Zugabe ganz oder zum Teil besonders bezahlen zu lassen, bewußt über den ortsüblichen Preis der Ware gleicher Art und Güte in dem vorher bezeichneten Sinn hinaus, so macht er durch den Ausdruck „Zugabe" oder das Versprechen, „Werte statt Worte" zu liefern, oder gleichbedeutende Anpreisungen die wissentlich unwahre Angabe, er biete dem Publikum außer dem, was die

Konkurrenz biete, noch einen Mehrwert für das gleiche Geld, und diese Angabe würde geeignet sein, das Publikum von dem Aufsuchen einer reelleren Kaufgelegenheit abzuhalten, also irrezuführen."

Ob in dem Falle selbst übrigens das verurteilende RG.-Urteil richtiger war als das der Praxis des Lebens hier nähere Schöffengerichtsurteil, bleibe dahingestellt; man könnte hier dem RG. einen von ihm selbst in JW. 1927, 1574 ausgesprochenen Gedanken entgegenhalten, daß es den Vergleich der Qualitäten der Waren nicht genügend berücksichtigt habe im Gegensatz zur alleinigen Berücksichtigung des Warenpreises. Jedenfalls ist generell diese Grenzziehung zwischen lauterer und unlauterer Wettbewerbshandlung im Zugabewesen ausgezeichnet und die bisher beste Lösung inmitten der einander widersprechenden Ansichten. Die neue Verordnung geht einen anderen Weg: sie schafft durch Aufzählung Ausnahmen (Kategorieen), während die Frage der Erlaubtheit sonst mit dem Grundsatz der Lauterkeit gegen Unlauterkeit beantwortet werden mußte (siehe unten zu II).

3. **Gründe für ein „grundsätzliches" Zugabeverbot.** Die zu 2 genannten Gründe hält die Begr. nicht für durchschlagend, weil überwiegende Bedenken entgegenstünden. Diese kennzeichnet die Begr. u. a. wie folgt:

„Es wird von den Gegnern des Zugabewesens ausgeführt, daß die Wertreklame im Gegensatz zur Wort- und Anschauungsreklame die Aufmerksamkeit des Käufers von der anzukaufenden Hauptware fortziehe und sie auf einen für den Kauf ganz unwesentlichen Nebenvorgang, die Zugabe, lenke. Die Gefahr liege außerordentlich nahe, daß die zum Ankauf reizende Zugabe nur auf Kosten der Qualität der eigentlichen Ware geliefert werden könne und daß der Käufer diese in Wirklichkeit zu teuer bezahle. ... Für den Käufer bedeute die Zugabe vielfach eine Verleitung zu unwirtschaftlicher Haushaltsführung. ... Wie der Käufer durch das Gutscheinsystem unzweckmäßig an eine Verkaufsstelle gebunden werde, trete dasselbe auch für den Händler gegenüber dem Hersteller und Lieferanten der Ware ein. ... Eine besonders unerwünschte Folge sei es auch, daß die

Zugabewaren oft von nicht sachkundigen Persönlichkeiten eingekauft würden und daß dem branchekundigen Einzelhandel der Absatz eines Teils jener Artikel entzogen werde, die als Zugaben in die Hände der Verbraucher gelangten.

Wie das Gutachten des Vorläufigen Reichswirtschaftsrats vom 12. Mai 1930 — Drucksache des Vorläufigen Reichswirtschaftsrats Nr. 367 — ergibt, sind die gegen das Zugabewesen vorgebrachten Bedenken zum großen Teil gerechtfertigt. Dabei stehen zwei Momente im Vordergrund, die ein gesetzgeberisches Vorgehen geboten erscheinen lassen. Einmal trägt das Zugabesystem notwendig die Gefahr einer Übersteigerung in sich, die sich wirtschaftlich auf die Dauer höchst nachteilig auswirken muß. Da die Zugabe eine Reklameart darstellt, die stärker in die Augen springt als die Anschauungsreklame, und gerade auf die breiten und weniger geschäftskundigen Massen Anziehungskraft ausübt, so muß damit gerechnet werden, daß mehr und mehr auch solche Firmen, die bisher von der Zugabereklame keinen Gebrauch gemacht haben, gezwungenermaßen dazu übergehen, um sich der Konkurrenz zu erwehren. Damit wäre die Zuverlässigkeit des Geschäftsverkehrs in hohem Maße in Frage gestellt."

Die hier in der Begr. ausgesprochenen Sätze *entsprechen nicht* durchaus dem Gutachten des Vorläufigen Reichswirtschaftsrats. Aber selbst die Richtigkeit dieser wirtschaftlichen Gesichtspunkte vorausgesetzt, bleibt doch die Frage berechtigt, ob die Bekämpfung eines Zugabe*un*wesens notwendigerweise durch das Mittel eines „grundsätzlichen" Zugabeverbots mit Durchlöcherung durch schwerwiegende Ausnahmen als die richtige Lösung der Schwierigkeiten anzusehen ist. Die Grenzziehung zwischen gutzuheißender Zugabe (insbesondere Rabatt, siehe unten zu IV 2) und Zugabeunwesen ist sehr schwer, muß aber versucht werden, *weil man Rabatte nicht verbieten kann.*

Es fällt aber insbesondere auf, daß diese wirtschaftsrechtliche Begründung sich fast ausschließlich auf den Kleinhandel, den Einzelhandel, den unmittelbaren Publikumsabsatz bezieht und daß diese Gründe für den Schutz des „fachunkundigen" Einzelkäufers ihre Geltung völlig eingebüßt haben in dem Augenblick, als durch den Reichsrat die Beschränkung der Vo. auf den Einzelhandel aufgegeben und die Ausdehnung auf jeden geschäftlichen Verkehr vorgenommen wurde. Die Systemlosigkeit dieses neuen gesetzlichen Schrittes ist dadurch nur noch gesteigert worden.

Die Zugabeindustrie und manche Kreise des Einzelhandels sind für die Freiheit im Zugabewesen, Warenhäuser und weitere Teile des Einzelhandels sind für schärfere gesetzliche Maßnahmen. Die Gewerkschaften haben sich für die Freiheit im Zugabewesen ausgesprochen. Eine bestimmte wirtschaftliche Abgrenzung wird da schwer erkennbar sein. Die Behauptung der Warenqualitätsverschlechterung durch die Zugabe und der zu starken Bindung an bestimmte Waren und Firmen ist sehr problematisch. Es darf auch nicht übersehen werden, daß, wie die „Forschungsstelle für den Handel“ ermittelt hat (vgl. „Konfektionär“ vom 19. Juli 1930), der Gesamtumsatz an Waren, die mit Zugaben vertrieben werden, sich auf etwa 800 bis 1000 Millionen Reichsmark beläuft, die jährlichen Wertreklameaufwendungen demnach auf etwa 56 bis 70 Millionen Reichsmark zu werten sind, so daß also ganz erhebliche wirtschaftliche Interessen hier aktiv beteiligt sind. Die wirtschaftlichen Gründe erscheinen also — insbesondere im Zusammenhalt mit den oben zu 2 gegebenen Ausführungen — sehr relativ. (Vgl. namentlich auch T s c h i e r s c h k y und B r u n e a. a. O.)

II. Juristische Begründung des Zugabeverbots.

1. **Angebliches Versagen des geltenden Rechts (Gesetz, Rechtsprechung und Wissenschaft).** Die Begr. sagt darüber:

„Das geltende Recht hat sich für die Bekämpfung der mit dem Zugabesystem zusammenhängenden Mißbräuche nicht als ausreichend erwiesen. In dieser Hinsicht ist in dem Gutachten des Reichswirtschaftsrats zutreffend dargelegt, daß die Vorschriften des § 1 des Gesetzes gegen den unlauteren Wettbewerb und die §§ 823, 826 BGB. eine genügend sichere Handhabe nicht bieten. Die Rechtsprechung hat auf dieser Grundlage darüber, ob und inwieweit die Gewährung von Zugaben gegen die guten Sitten verstößt, ausreichend feste Ergebnisse nicht zu zeitigen vermocht;

Rechtssicherheit ist aber sowohl für die Gewerbetreibenden wie für das kaufende Publikum das erste Gebot. Das gilt gleicherweise für die Bewertung der gegen unrichtige und betrügerische Reklame gerichteten Vorschriften der §§ 3 und 4 des Wettbewerbgesetzes, soweit die Bekämpfung unlauterer Zugaben in Frage steht. Mit gutem Grund wird in dem Gutachten des Reichswirtschaftsrats auf die ungemeinen Schwierigkeiten hingewiesen, die sich für die Feststellung des vom Reichsgericht für die Lauterkeit von Zugaben aufgestellten Merkmals („Verkauf der eigentlichen Ware zu einem Preise, der sich innerhalb der Grenzen hält, in denen Waren von gleicher Art und Güte von Geschäften ähnlichen Ranges am gleichen Platz zur selben Zeit verkauft zu werden pflegen") regelmäßig ergeben. Die Preisbemessung ist eine dem einzelnen Gewerbetreibenden zu überlassende Frage der Kalkulation, die sich nach den besonderen Bedingungen, unter denen jeder Geschäftsbetrieb arbeitet, verschieden gestalten wird. Ein Eindringen in alle Einzelheiten der Preisberechnung beim zugabegewährenden Händler und seinen Konkurrenten wird deshalb in den seltensten Fällen durchführbar sein.

Um den geschilderten Mißständen zu begegnen, sind klare Bestimmungen erforderlich, die den Gerichten bestimmte, nachprüfbare Voraussetzungen an die Hand geben. Mit dem Gutachten des Reichswirtschaftsrats wird davon auszugehen sein, daß Voraussetzung für die Zulassung von Zugaben zu sein hat, daß die Konsumenten über den wirklichen Wert der Zugabe nicht im unklaren gehalten werden. Es muß eine feste Berechnung für sie möglich sein, welcher Teil des ihnen abverlangten Preises auf die eigentliche Ware und welcher Teil auf die Nebenleistungen entfällt. Nur dadurch wird die Zugabereklame durchsichtig gemacht und die Gefahr einer Täuschung der Kundschaft beseitigt."

Daß jede Heranziehung des § 1 UWG. und des § 826 BGB. ein Unsicherheitsmoment in sich trägt und daß Rechtssicherheit ein mit heißem Bemühen zu erstrebendes Ziel ist, kann nicht bestritten werden. Es bleibt nur die Frage offen, ob mit den Bestimmungen und insbesondere den Ausnahmen derjenige Stand der Klarheit und Sicherheit erreicht wird, der verdient, an die

Stelle einer Heranziehung des § 1 UWG. und § 826 BGB. gesetzt zu werden.

2. **Kritische Bemerkungen dazu.** Durch die Aufzählung von Kategorieen von Ausnahmen, die das grundsätzliche Zugabeverbot durchbrechen, wird an die Stelle der Sonde, ob Unlauterkeit im Wettbewerb vorliege, ein schematischer Maßstab gesetzt, von dem sich erst noch erweisen muß, ob er zu einem richtigen Recht und zur Rechtssicherheit führt. Die Behauptung, daß das geltende Recht, und insbesondere die Rechtsprechung, versagt habe, wird aber nur vom Standpunkt der unbedingten Zugabegegner verstanden werden können, vom Standpunkt der einheitlichen juristischen Bekämpfung des unlauteren Wettbewerbs jedoch nicht. Man darf sagen, daß für die Bekämpfung der Unlauterkeit Wissenschaft und Rechtsprechung, voran das Reichsgericht, in dieser Hinsicht nicht versagt haben, ja daß man eher hie und da eine zu strenge Behandlung des Wettbewerbes gesehen hat als eine zu milde, so daß sich derjenige, der sich über Unlauterkeit des Konkurrenten zu beschweren Anlaß hatte, mit einem großen Maß von Wahrscheinlichkeit zu seinem Recht kommt. Vgl. auch unten Anm. 2 zu § 2 (S. 353). Die oben (zu I 2) erwähnte RG.Entsch. ist m. E. nicht so beiseitezuschieben, wie die amtliche Begr. der Vo. es tut, sondern steht mitteninne in den — nun einmal ihrer Natur nach flüssigen — Anschauungen über Sittenwidrigkeit im Wettbewerb. Daß diese keine schematische Beantwortung vertragen, zeigt sich ja u. a. darin, daß die Wirtschaftskreise (siehe oben zu I 2 und 3) eine so verschiedene Stellung zu dem Zugabewesen einnehmen.

Daß neben der reichsgerichtlichen Rechtsprechung auch die Wissenschaft bisher schon brauchbare Grundsätze der Abgrenzung gezeigt hat, geht aus folgenden Zitaten hervor:

Callmann (Komm. Anm. 76 § 1): „Sobald das Publikum den Wareneinkauf als Nebensächlichkeit und die Erlangung der Zugabe oder Prämie als Hauptziel betrachtet, ist diese Art der Reklame, die sog. Wertreklame, unzulässig." Ebenda Anm. 102 zu § 1: „Die Gewährung eines Rabattes, nicht als Lockmittel, sondern z. B. als Vergütung für eine Leistung des Kunden, wie

Barzahlung in der üblichen Höhe und für Waren, die in der Regel gegen Kredit gekauft werden, muß als zulässig gelten." Baumbach (Komm. 1. Aufl. S. 205): „Keinesfalls sollte das Zugabewesen gefördert werden, weil es dem Grundsatz „Waren gegen angemessenen Preis" zuwiderläuft und ein fremdes Moment in die Preisbemessung hineinträgt. Dagegen geht es nicht an, Zugaben als „ungewöhnliches Mittel" für sittenwidrig zu erklären, wenn die anderen Kaufleute des Orts „in freiwilliger Selbstbeschränkung" keine solchen geben. Sittenwidrig ist nicht alles, was aus dem Rahmen des Üblichen herausfällt. ... Gegen Rabatte ist vom Standpunkt des Wettbewerbsrechts nichts zu erinnern. Wird aber der Rabatt in den Preis einkalkuliert oder eine schlechtere Ware geliefert, oder werden etwa die Ladenpreise erhöht, damit der Käufer in Form des Rabatts einen Vorteil zu erlangen hofft, so liegt unlauterer Wettbewerb vor." In der zweiten Auflage (S. 177/78) hat Baumbach die Ansichten etwas geändert, er verurteilt die Zugaben stärker, verteidigt die Rabatte wie bisher, sagt aber gesetzespolitisch mit Recht: „Der Schrei nach dem Gesetzgeber erschallt natürlich auch hier; hoffentlich bleibt er ungehört." Rosenthal (Komm. Note 43 a zu § 1): „Die Zugabe (Wertreklame) ist, ebenso wie die sonstige (Anschauungs-) Reklame, der Rabatt oder wie z. B. der Aufwand für die luxuriöse Einrichtung des Geschäftshauses, ein Werbemittel und demgemäß grundsätzlich erlaubt. Rechtswidrigkeit tritt ein, wenn beim Publikum eine unrichtige Auffassung erweckt wird über die allgemeine oder besondere Preiskalkulation des die Zugabe gewährenden Unternehmens, also namentlich über die Preisstellung der Ware oder über den Wert der Zugabe" (vgl. OLG. Stettin in JW. 1929, 3098). ... „Die Reklamekosten bilden einen Teil der allgemeinen Spesen; der Gewerbetreibende muß sie also in den Warenpreis hineinrechnen." ... „Mancher Händler deckt die Kosten, die ihm die Zugabe verursacht, aus den Ersparnissen, die er durch das Entfallen der Wort- und Bildreklame erzielt."

Die in diesen Sätzen sich kennzeichnenden grundsätzlichen Unterscheidungen führender Kommentatoren verdienen bei der

Auslegung des Abs. 2 (Ausnahmen) — siehe unten zu IV — Berücksichtigung. Diejenigen, die über Versagen des Rechts klagen und immer nach neuen gesetzlichen Bestimmungen rufen, haben meist weder die Tragweite des geltenden Rechts studiert noch auch sie durch prozessuale Schritte erprobt. So sagt mit Recht Heß im BuchhBörsenbl. 1931 Nr. 265): „Obwohl die Rechtsprechung keine ganz klaren Richtlinien aufweist, wann beim Verkauf preisgebundener Waren das Angebot und die Gewährung von Zugaben unzulässig ist, gelang es doch bisher in allen Fällen obzusiegen, in denen gerichtliche Hilfe in Anspruch genommen werden mußte." (!) Danach ist also der generelle Vorwurf des „Versagens" der Rechtsprechung (wie auch der Wissenschaft vom Wettbewerbsrecht) eine irrtümliche Behauptung.

Man hat auf die Eingabe des Deutschen Vereins für den Schutz des gewerblichen Eigentums (M. Mintz) vom 6. Mai 1929 (GRUR. 1929, 700) nicht gehört, wo gesagt war: „Gerade mit Rücksicht auf das bisherige Ergebnis der Rechtsprechung (RGSt. 61, 58 sollte danach nicht genügen!) ist von verschiedenen Seiten ein besonderes gesetzliches Verbot der unlauteren Zugaben gefordert worden. Der Schaffung einer solchen Sonderbestimmung stehen indes die Bedenken entgegen, daß die begriffliche Abgrenzung der unlauteren Zugaben gegenüber denjenigen, die wettbewerblich einwandfrei erscheinen, zu schwierig ist, daß, wie die gemachten Vorschläge zeigen, eine solche Bestimmung, um den mannigfaltigen Erscheinungsformen des Zugabeunwesens begegnen zu können, bestimmte Kategorieen aufzählen würde und so die Gefahr in sich trüge, ihre Umgehung durch neue Erscheinungsformen anzuregen. ... Deshalb muß eine Blankettnorm, wie sie der § 1 UWG. enthält, zur Bekämpfung der unlauteren Zugaben geeigneter erscheinen. Sie hat den Vorteil, auf alle Formen des Zugabewesens, welche als unlauterer Wettbewerb anzusehen sind, anwendbar zu sein und eine Anpassung an die nicht immer gleichbleibenden Anschauungen über die Zulässigkeit einer Zugabe zu ermöglichen. Aus der Tatsache, daß bisher nur wenige Entscheidungen ergangen sind, welche dem Zugabeunwesen mit einer Begründung aus § 1 UWG. entgegentreten, kann bei der geringen Gesamtzahl der bekannten Prozesse über Zugaben nicht gefolgert werden, daß der § 1 UWG. in der Handhabung durch die Gerichte versage. ..." Das ist ganz richtig, und es wird dort weiter unter Hinweis auf einige Urteile der Berliner Landgerichte mit Recht gesagt, die Rechtsprechung (und die Wissenschaft) werde geeignete Grundsätze zur Bekämpfung des Zugabeunwesens aus § 1 UWG. entwickeln.

Es ist daher auch abwegig, wenn Utescher (GRUR. 1929, 838) sagt, die Rechtsprechung habe zwei Jahrzehnte Zeit gehabt, die Mißstände zu beseitigen, und es sei ihr nicht gelungen; die dort von ihm (S. 837/38) aufgeführten acht Gründe für die Notwendigkeit eines neuen Sondergesetzes sind fast durchweg überaus schwach. Die Erlasse der Ministerien behufs schärferen Zupackens (ebenda S. 836/37) wären im Verein mit ein paar energisch durchgeführten Prozessen fähig gewesen, die Brauchbarkeit der §§ 1, 3, 4 UWG. auch im Kampfe gegen das Zugabeunwesen zu erweisen. Auch die ebendort (S. 834/35) erwähnten Urteile des AG. Halle, der LG. Leipzig, Aurich, der OLG. Dresden, Kiel, Naumburg zeigen, daß man mit den Grundsätzen des UWG. Fälle der Zugaben sachlich beurteilen und aburteilen kann und besser zu der notwendigen Differenzierung der Unlauterkeit gelangt als durch ein schematisches Verbotsgesetz.

Ob diese Entscheidungen, die jetzt im wesentlichen durch die neue Vo. in ihrer unmittelbaren Bedeutung überholt sind, durchweg das Richtige getroffen haben, darf dahingestellt bleiben; überwiegend waren sie scharf gegen die „Wertreklame" eingestellt, so daß aus diesem Anlaß die Verbotsgesetzgebung nicht hätte bemüht zu werden brauchen. Eine volle Klärung, die brauchbare Rechtsgrundsätze entwickelt hätte, wäre also sehr wohl möglich gewesen.

Gegenüber dem Vorwurf Uteschers, die Rechtsprechung habe binnen zwei Jahrzehnten das Wesentliche nicht erreicht, hat schon Clad mit Recht darauf hingewiesen (GRUR. 1929, 852), daß der Zeitraum von 1910 bis 1914 zur endgültigen Beurteilung der Verhältnisse zu kurz war, dann bis 1924 es kaum unlauteren Wettbewerb gegeben habe. „Daß die Nichtanwendung des § 1 UWG. Schuld der Rechtsprechung ist, kann so lange nicht behauptet werden, als nicht mehrere Urteile bekannt werden, die den auf § 1 UWG. gestützten Unterlassungs- oder Schadensersatzanspruch zurückgewiesen haben." Auch das Reichsjustizministerium hat in einem Erlaß an das Württembergische Ministerium des Innern vom 9. Januar 1926 (abgedr. bei Clad, GRUR. S. 852, und bei Utescher, ebenda S. 837) gesagt: „In der Eingabe wird zutreffend ausgeführt, daß den Auswüchsen des Zugabewesens bei richtiger Anwendung der in Betracht kommenden Vorschriften des Gesetzes gegen den unlauteren Wettbewerb wohl zu begegnen ist. Dies deckt sich durchaus mit der Auffassung, wie ich sie in meinem das Zugabewesen betreffenden Schreiben vom 20. Januar vorigen Jahres — IB 122 KL — dargelegt habe, und gilt insbesondere auch gegenüber solchen Mißbräuchen der Wertreklame, die zu einer Verteuerung der eigentlichen Ware führen. Es liegt deshalb m. E. kein Anlaß vor, im Rahmen des Gesetzes zur Förderung des Preisabbaues eine Ausnahmevorschrift gegen das Zugabewesen zu erlassen, ganz abgesehen davon, daß auch in dieser Form eine Abänderung des Gesetzes gegen den unlauteren Wettbewerb selbst nicht zu umgehen sein würde."

Auch von dieser berechtigten Stellungnahme ist also das Ministerium — offenbar auf andauerndes Drängen der Interessenten — abgegangen. Die Sonder-Vo. ist da und muß angewendet werden. Aber diese Äußerung des Reichsjustizministeriums bleibt wichtig genug für die Tatsache des engen Zusammenhanges dieses neuen Sondergesetzes mit dem Gesetz gegen den unlauteren Wettbewerb und für die Auslegung der neuen Vo.; diese Auslegung darf von dem engen geistigen Zusammenhang nicht absehen. Soweit die Vo. als Sondergesetz Zweifel offenläßt, sind also die Fälle nach den Grundsätzen des UWG. zu entscheiden.

Dieser enge geistige Zusammenhang, der auch durch § 2 Abs. 3 (siehe unten S. 350) bewiesen wird, bezieht sich aber nur auf die Ergänzung der Lücken dieser neuen Vo., während er an sich in seinen positiven Bestimmungen nicht von dem Tatbestandsmerkmal der Sittenwidrigkeit abhängig gemacht, sondern auf absolute Erlaubtheit oder Unerlaubtheit nach dem Wortlaut der Vo. abgestellt ist.

Es soll gewiß nichts Unrechtes durchgelassen werden, aber zur Beschneidung von Auswüchsen genügt das UWG., das sich der sorgsamsten wissenschaftlichen Auslegung und einer so strengen höchstrichterlichen Judikatur erfreut, daß die Hineinhäufung von neuen kasuistischen Verboten in dieses Gesetz kaum eine Förderung bedeuten kann. Will man freilich nicht etwa nur das Zugabeunwesen, sondern jegliche Zugabe schlechthin bekämpfen, dann handelt es sich — und darüber sollte man sich klar sein — nicht mehr um eine Materie innerhalb des Rahmens des Gesetzes gegen den unlauteren Wettbewerb, sondern um einen Eingriff in die Gewerbefreiheit auf dem Wege eines Eingriffs in die Werbefreiheit (vgl. Kattentidt in „Mitteilungen der Industrie- und Handelskammer Berlin 1930 Heft 4; ferner Elster ebenda Heft 23, woraus verschiedene Ausführungen hier übernommen sind).

III. Radius des Zugabeverbots.

1. **Begriff der Zugabe.** Zugabe ist begrifflich nicht gleichbedeutend mit unentgeltlicher Hingabe jeglicher Art oder einem Geschenk. Zugabe setzt dem Wortsinne nach eine andere Ware oder Leistung voraus, zu welcher, d. h. bei deren käuflichem oder anderem rechtsgeschäftlichen Erwerb diese (im Wert meist geringere) Ware oder Leistung zugegeben wird. (Goldbaum, Komm. S. 26, betont für die Zugabe begrifflich, daß sie „als unentgeltliche Zuwendung bedingt sein müsse durch den Abschluß eines entgeltlichen Geschäfts über die Hauptware oder die Hauptleistung"; das ist, nur anders ausgedrückt, im wesentlichen das Gleiche.) Es kann also Ware zu Ware, Ware zu Leistung,

Leistung zu Ware und Leistung zu Leistung zugegeben werden. Immer muß das Zugegebene sich durch seinen Charakter als Accidens, als Nebensache oder Nebenleistung kennzeichnen. Unentgeltliche Hingabe ohne Zusammenhang mit einer Hauptware oder Hauptleistung fällt aus dem Begriff der Zugabe heraus, also z. B. der „freie Verkaufstag" und Ähnliches (siehe unten zu III 3), und die Werbehingabe, Verteilung von Gratiswaren behufs Werbung, zur Probe usw. Wieweit etwa darin eine unzulässige Wettbewerbshandlung liegt, muß nach den Vorschriften des UWG. ermittelt werden, zu dem Umkreis der Vo. über das Zugabeverbot gehört dies nicht, da es sich nicht um Zugaben handelt. Wenn Goldbaum, Komm. S. 19, den „Treurabatt" in der Regel aus dem Begriff der Zugabe herausnimmt, so ist das richtig; dann muß aber, entgegen seiner Meinung, das Gleiche für die Umsatzbonifikation gelten, die zu den Rabatten gehört; denn sie wird gewährt in Geld (Skonto) oder in denjenigen Waren, in denen die Umsätze getätigt worden sind, also in den „gleichen" Waren (vgl. unten zu IV 2). Auf den Namen kommt es nicht an; auch „Treuprämien", „Wertprämien", „Wertreklame-Gegenstände" sind — je nachdem — Zugabe oder Rabatte.

Die Frage, ob Zugabe als „Zuwendung" an den Käufer juristisch eine Schenkung sei (Goldbaum, Komm. S. 26), erscheint müßig und die Folgerung, daß die Zusage einer Schenkung, um gültig zu sein, nach § 518 BGB. gerichtlich oder notariell beurkundet werden müsse, abwegig. „Zugabe" ist ein selbständiger Rechtsbegriff; sie als „Geschenk" zu bezeichnen, ändert ihren Rechtscharakter ebensowenig, wie wenn sich Parteien bei anderen Geschäften in der Überschrift und Bezeichnung ihres Vertrages vergreifen. Der Jurist hat den Vertrag nach seinem Wesen zu bestimmen. Dadurch, daß die Zugabe begrifflich ein Accidens zu einem anderen Vertragsobjekt ist, unterscheidet sie sich von der Schenkung.

Man könnte daran denken, hier als beweisend anzuführen, daß nach Abs. 1 Satz 2 eine Zugabe auch vorliegt, wenn ein geringfügiges und bloß zum Schein gegebenes Entgelt geleistet wird, während die Schenkung nach § 516 BGB. unentgeltlich sein muß. Doch würde dieses Argument nicht durchschlagen, da es auch verschleierte Schenkungen und auch Verträge gibt, die teilweise eine Schenkung, teilweise eine Entgeltlichkeit zum Gegenstand haben (RGZ. 68, 328). Wichtiger ist der Gesichtspunkt, daß nach RG. in SeuffA. 70, 390 keine Schenkung vorliegt, wenn, sei es auch ohne Rechtsgrund, eine Vergütung beabsichtigt ist. Das ist bei der Zugabe der Fall; sie ist eine Art Vergütung für den Einkauf; daher ihr unbedingt akzessorischer Charakter, der dem Rechtsbegriff der Schenkung nach § 516 BGB. im Wege steht.

Der Gegenstand der Zugabe ist ziemlich unbegrenzt. Auch Gewinnchancen können Gegenstand der Zugabe sein. Diese sind immer Zugabe und nicht Rabatt, selbst wenn man nur Waren derselben Art oder Geld gewinnen kann; denn infolge des Umstandes, daß nicht unmittelbar Geld oder Ware gegeben wird, sondern eine Gewinnchance (aleatorische Unsicherheit), deren Inhalt nichts oder etwas sein kann, ist es ein aliud und mithin „Zugabe". Ganz verschieden liegt es bei dem Gutschein. In ihm selbst (mit Goldbaum, Komm. S. 28) den Gegenstand der Zugabe zu erblicken, geht nicht an. Erst der eingelöste Gegenstand (Ware oder Leistung) ist die Zugabe. Das stimmt auch mit der Definition überein, die in den Ausschußverhandlungen bei Beratung der Vo. umschrieben wurde, nämlich daß es sich bei der Zugabe um Waren oder Leistungen „mit eigenem Gebrauchs- oder Verbrauchswert" handeln müsse. Das muß weiter auch deshalb angenommen werden, weil viele den Gutschein gar nicht einlösen, also die Zugabe gar nicht empfangen, und zweitens, weil Gutscheine auch Rabatte enthalten können. Das kommt auf den vertraglichen Inhalt des Gutscheins an. Lautet er auf einen bestimmten Geldbetrag oder auf eine bestimmte Menge der gleichen Ware, so ist er unbedingt Rabatt und nicht Zugabe (siehe unten zu IV 2). Kann der Kunde sich beliebige Waren daraufhin aussuchen, so gehört der Gutschein auch noch zu der Gruppe des Mengenrabatts, des Treurabatts, der Umsatzbonifikation. Es ist Barrabatt, wenn der Zugebende Barvergütung als Rabatt gewährt, aber Waren zum Kauf dafür anbietet. Anders ist es nur, wenn der Gutschein auf eine bestimmte Ware oder Leistung lautet, die mit den gekauften Waren nicht unbedingt gleich ist (z. B. Kaffeegeschirr bei Einkauf von X Mark von Waren des Kaffeegeschäfts); in diesem Fall liegt Zugabe, nicht Rabatt vor, und man ersieht daraus zugleich, daß nicht der Schein (das Legitimationspapier), sondern der eingetauschte Bonus Inhalt des Zugabe- (oder Rabatt-) Vertrags ist. In dem Gutschein kann man häufig das eigentliche „Angebot" der Zugabe erblicken.

Unentgeltliche Gewährung gehört grundsätzlich zum Begriff der Zugabe. Unentgeltlichkeit im Sinne der Vo. liegt nach Abs. 1 Satz 2 auch vor, wenn ein „geringfügiges" Entgelt für die Zugabe „bloß zum Schein" verlangt wird. Dieses Entgelt braucht nicht entweder geringfügig oder zum Schein verlangt zu sein, es ist kumulativ gemeint, obwohl nicht ausdrücklich dasteht: geringfügig und bloß zum Schein. Es ist damit aber ein neues zweifelhaftes Kriterium in das Zugabeverbot gekommen. Zu unterscheiden ist der Fall, daß ein Verkäufer dem Kunden, der schon allerlei gekauft hat, nun noch eine andere Ware zu einem sehr geringfügigen Preise abläßt (keine Zugabe, sondern eine Art Mengenrabatt oder Preisrabatt wegen des anderweitigen Einkaufs), von dem anderen Fall, daß der Verkäufer eine Ware zugibt und dafür, um das gesetzliche Verbot zu umgehen, einen geringfügigen Betrag in Anrechnung bringt. Der Unterschied besteht deutlich: im ersteren Fall kauft der Käufer, im zweiten läßt er sich die Zugabe aufhängen. Aber in der Praxis wird die Unterscheidung doch erhebliche Schwierigkeiten machen und zu Rechtsunsicherheit führen müssen, weil die Grenzen flüssig sind und die Kriterien der „Geringfügigkeit" des Entgelts und der „bloß scheinbaren" Hingabe nicht exakt faßbar sind. Es geht nicht an, unter (nicht passender!) Heranziehung des Zugabebegriffs alle gekoppelten Angebote von Waren (z. B. Packungen von Kölnischwasser und Seife oder Anderes) verbieten zu wollen. Auf die enge Auslegung des Begriffs „Verschleierung" kommt es an. Vgl. auch unten zu 2 und 4 und zu IV 1 (S. 326, 329 und 330/31). Immerhin kann man sagen: „Geringfügigkeit" bedeutet, daß das Entgelt von dem regulären Preis der Zugabe so weit entfernt ist, daß es als Kaufpreis nicht in Betracht kommen würde; „Scheinbarkeit" des Entgelts bedeutet Ähnliches: beides sind Gegensätze zum Preis der Zugabe als einer Ware oder Leistung.

Wird ein Zugabegegenstand einem Dauerkunden zu Weihnachten oder am Schluß des Jahres gegeben (was z. B. oft bei Kalendern der Fall ist), so ist nicht einmal der Charakter der Zugabe (nämlich für bereits gelieferte Leistungen und Waren) gegeben (so auch Klauer Komm. S. 25 und 44); dies muß vielmehr auch als Werbegabe für künftige Aufträge, für Leistungen und Lieferungen des kommenden Jahres, als Probe des technischen Könnens gelten. Diese Auffassung ist sogar die näherliegende; denn der Geschäftsmann pflegt für kommende Beschäftigung zu werben, mehr als für Vergangenes den Kunden zu belohnen! Auch mit diesen Erwägungen kommt eine neue Bresche in den Begriff der Zugabe; denn Werbegaben für die Zukunft und Warenproben entbehren des Zugabecharakters, weil die fest gekaufte Hauptware oder -leistung fehlt — auch dann, wenn die Gabe bei Gelegenheit eines sonstigen Einkaufs gewährt wird. Bei der Unsicherheit dieser Dinge bleibt freilich immer Vorsicht für den Geschäftsmann geboten, wenn er Unannehmlichkeiten aus der Zugaben-Vo. vermeiden will. Daß der Zweck (Werbezweck) gar keinen Einfluß auf die Beurteilung des Zugabefalles haben solle, dafür fehlt die klare Stütze im Gesetz; Zugabe ist begrifflich ein Anhängsel zu einer Hauptware; das unentgeltliche Hingeben einer Probe kann nicht in den Begriff der Zugabe eingereiht werden.

Zugabe ist insofern ein absoluter Begriff, als er von der Person des Empfängers jedenfalls, u. U. auch von der Person des Gebers unabhängig ist. So könnte z. B. der Grossist dem Einzelkaufmann Gegenstände überlassen, die dieser an die Kunden weitergeben soll. Und so empfängt der Bote, der Hausangestellte, das Kind die Zugabe, gleichgültig ob es für sich oder für einen Auftraggeber einkauft. Es bleibt Zugabe, auch wenn dieser Bote die Hauptware seinem Auftraggeber aushändigt, die Zugabe aber für sich behält. Ob darin Unterschlagung oder Untreue liegt, kommt auf die Lagerung des Falles an. Die Zugabe bleibt in ihrem Wesen dieselbe. Anders wird das erst dann, wenn der Verkäufer, der Zugebende, bewußt von sich aus Unterschiede macht, also nicht schematisch den üblichen Gutschein dem Käufer gibt, gleichgültig ob es der Hausangestellte oder die Herrschaft selbst ist, sondern von sich aus absichtlich (vorsätzlich) eine Trennung vornimmt, die dann, wenn der Bonus dem Angestellten zukommen soll, zur Bestechung, zum Schmiergeld werden kann.

2. **Im geschäftlichen Verkehr.** Ursprünglich war das Zugabeverbot nur für den „Einzelhandel" gedacht, d. h. den Handel, der an das Publikum unmittelbar, also an den letzten Abnehmer verkauft. Diese Beschränkung ist aufgegeben worden, weil sie, wie die Kritik gezeigt hat, an der Schwierigkeit einer zuverlässigen Abgrenzung des Begriffs „Einzelhandel" krankt. Es hätte sich ja auch zu sehr gezeigt, wie sehr das Zugabeverbot — wirtschaftlich und juristisch — an der Oberfläche bleibt und wie wenig es mit Rechtsgrundsätzen zu tun hat. Die amtliche Begr. hatte diese Einschränkung damit erklärt, daß „die Einwendungen gegen das Zugabewesen sich fast ausschließlich auf die im Einzelhandel dem laufenden Publikum gegebenen Zugaben beziehen; die Fälle, in denen Zugaben von Produzenten an den Groß- und Einzelhändler oder vom Großhändler an den Einzelhändler gegeben werden, treten an wirtschaftlicher Bedeutung zurück" — diese sehr schmale juristisch-logische Begründung für einen solchen gesetzlichen Eingriff in die Gewerbefreiheit ist also inzwischen verlassen worden.

Das Zugabeverbot betrifft nunmehr jede Zugabe „im geschäftlichen Verkehr". Es ist dadurch weit umfassender, aber nicht rechtspolitisch besser geworden. Zwar braucht man nicht mehr die schwierige Abgrenzung zwischen Einzelhandel und Großhandel, zwischen Fabrik und Kleingewerbe vorzunehmen, aber die Erstreckung des Zugabeverbots auf jeden „geschäftlichen Verkehr" zeigt eine Uferlosigkeit, die der Geltungskraft der Vo. gefährlich werden muß. Der Begriff „geschäftlicher Verkehr" ist aus dem UWG. (§§ 1, 12,

13, 16, 18) bekannt; er bedeutet auch den landwirtschaftlichen wirtschaftlichen Verkehr, den Berufsverkehr des Arztes, Künstlers, Anwalts. Und da das Zugabeverbot ja auch Leistungen in sich schließt, so ist es danach künftig verboten, daß der Künstler im Konzert eine Zugabe gewährt (oder ist sie gleicher Art, also Rabatt?, aber doch nicht vorher hinsichtlich der Menge bestimmt!), der Arzt und der Anwalt dürfen nichts, was von der eigentlichen werkvertraglichen Tätigkeit in der Art etwas abweicht, unentgeltlich leisten. Denn es dürfte schwer sein, zu beweisen, daß dies „handelsüblich" oder „von geringem Werte" sei. Die Folge muß sein, daß — da solche liberalen Dienste sich unter das Verbot nicht beugen lassen — entweder der Begriff „geschäftlicher Verkehr" vergewaltigt werden muß oder daß die Vo. nicht durchführbar ist. Nach Satz 3 des § 1 ist ja sogar das Kombinieren einer (Ware oder) Leistung mit einer anderen (Ware oder) Leistung zu einem Gesamtpreis nicht erlaubt, wenn dadurch die Zugabe „verschleiert" werden soll, d. h. die geringere Leistung nicht besonders in Rechnung gestellt wird. Man denke sich dies im Arzt- und Anwaltverkehr, aber auch bloß im handwerklichen Verkehr durchgeführt, wo bei einer größeren Aufgabe eine kleinere „mitgemacht" wird! Der Konkurrent, der das erfährt, hätte dann jede Handhabe, sich dagegen zu wenden, sofern es sich um nennenswerte Zugabeleistungen, also um solche von nicht ganz geringfügiger Art handelt.

Die Unbeschränktheit des Ausdrucks „im geschäftlichen Verkehr" zeigt, daß die Zugabegewährung und -ankündigung überall getroffen werden soll, wo sie vorkommt, also auch beim handwerklichen Schuhmacher, Schneider usw. wie beim Großhandel, der andere Waren beifügt (falls es sich nicht um Kaufproben handelt; denn Kaufproben sind keine Zugabe). Es gehören hierher auch alle nach §§ 1 und 2 HGB. zum Handelsgewerbe gehörigen Geschäftsbetätigungen.

Die Bestimmungen beziehen sich nicht nur auf den Kauf von Waren, auch Miete und andere entgeltliche Überlassungsgeschäfte gehören zum geschäftlichen Verkehr.

3. Ware und Leistung.

„Das Verbot der Zugabe beschränkt sich nicht nur auf die Fälle des Verkaufs einer Ware. Die beim Zugabewesen hervorgetretenen Mißbräuche können ebenso in Geschäftsbetrieben eintreten, die bestimmte Leistungen für ihre Kunden gewerbsmäßig vornehmen (wie z. B. Färbe- und Reinigungsanstalten). Es macht ferner keinen Unterschied aus, ob die Zugabe selbst in einer Ware oder in einer Leistung besteht; Leistungszugaben, wie z. B. Photoschecks, wirken sich wirtschaftlich ebenso aus wie die Warenzugabe. Um Umgehungen des Verbots vorzubeugen, ist im Abs. 1 ausdrücklich hervorgehoben, daß als Zugabe auch solche Zuwendungen anzusehen sind, für die zwar ein Entgelt verlangt wird, jedoch nur in so geringer Höhe, daß dies offenbar bloß zum Schein geschieht." (Begr.)

Es ist keinerlei Begrenzung gemacht, welcher Art die Waren oder die Leistungen sind, insbesondere ob nur betriebsfremde Leistungen oder auch Mehrleistung zu den betriebseigenen Leistungen dahin gehören. Es fallen also auch handelsgewerbliche Leistungen des Schneiderateliers, der Schuhfabrik usw. darunter, bezw. betriebsgewerbliche eines Handelsgeschäfts. Nach dem Gesetzeswortlaut dürfen diese also auch keine Leistung — irgendwelcher Art, auch aus ihrem eigenen Arbeitsgebiet — „zugeben", — ein übrigens ganz unmöglicher Zustand, da also Überstunden oder besondere nicht berechnete Leistungen darunter fallen. Ist also einer dieser Leistenden billiger als der andere, d. h. leistet er zum selben Entgelt, für die gleiche Vergütung, mehr, gibt er z. B. Zusatzleistungen, so könnte ein Berufsgenosse ihn (vgl. § 2 unten) verklagen. Eine Rechtsunsicherheit ganz großen Ausmaßes ergibt sich hier aus dem Umstand, daß Leistungen nicht so scharf gegenständlich zu umgrenzen sind wie Waren.

Leistungen beziehen sich insbesondere auf Werkverträge und Werklieferungsgeschäfte; sie können z. B. ganz besonders bei folgenden der im § 1 HGB. genannten Handelsgewerbe vorkommen:

„Übernahme der Bearbeitung oder Verarbeitung von Waren für Andere, sofern der Betrieb über den Umfang des Handwerks hinausgeht“;

„Übernahme von Versicherungen gegen Prämie“;

„Bankier- und Geldwechslergeschäfte“;

„Übernahme der Beförderung von Gütern oder Reisenden, Geschäfte der Frachtführer usw.“;

„Geschäfte der Kommissionäre, Spediteure und Lagerhalter“;

„Geschäfte der Handlungsagenten oder der Handelsmäkler“;

„Geschäfte der Druckereien, sofern ihr Betrieb über den Umfang des Handwerks hinausgeht“.

Ebenso gehören hier alle der Gewerbeordnung unterliegenden Betriebe her.

4. **Verschleierung der Zugabe durch Gesamtpreis.** Satz 3 des Abs. 1 ist im Reichsrat hinzugefügt worden. Er bringt ebensowenig wie die Änderung Einzelhandel in geschäftlichen Verkehr (siehe oben zu 2) eine Verbesserung, sondern muß notgedrungen zur Unmöglichkeit der wirklichen Durchführung der Vo. führen. Denn nimmt man diesen Satz ernst, so ist künftig jeder Gesamtpreis bei Abnahme mehrerer verschiedener ungleichwertiger Waren (oder Leistungen) verdächtig. Die eine geringerwertige Ware oder Leistung kann leicht begrifflich als Zugabe aufgefaßt werden (der Konkurrent wenigstens wird das tun) und der Gesamtpreis „verschleiert“ dann den Tatbestand. Es gehört ja nicht zum Begriff der Zugabe, daß der Käufer den Zugabegegenstand nicht haben will. Nimmt er das Geringerwertige also noch mit, so müßte untersucht werden, ob der „Gesamtpreis“ auch allein für das Hauptwertige gegolten hätte und nicht ohne das „Zugegebene“ ermäßigt worden wäre. Ist das der Fall, dann handelt es sich gar nicht um (unentgeltliche) Zugabe, die verschleiert worden wäre, sondern um eine aufgeschwatzte Ware; wäre der Preis aber nicht ermäßigt worden ohne die im Gesamtpreis enthaltene geringerwertige Ware oder Leistung, so liegt — abgesehen von der fast unmöglichen Gegenbeweisführung — ja überhaupt keine „Verschleierung“ der Zugabe,

sondern offenkundige Zugabe vor. Der Satz 3 des Abs. 1 ist also, wenn nicht irreführend, so wenigstens überflüssig Jeden gekoppelten Verkauf damit treffen zu wollen, geht nicht an (s. auch oben S. 323).

IV. Die Ausnahmen: Erlaubte Zugaben. (§ 1 Abs. 2).

1. Geringfügigkeit des Wertes (Abs. 2, a). Reklamegegenstände und geringwertige Kleinigkeiten. Die Schwierigkeiten, die (siehe oben zu I 1, 3) befürchtet werden müssen für die „rechtssichere" Auslegung der Ausnahmetatbestände (erlaubten Zugaben), zeigen sich schon bei der ersten Position a. Es taucht hier (wie auch Goldbaum, Komm. S. 31, mit Recht hervorhebt) der Gesichtspunkt der Preishöhe des Zugabegegenstandes auf, während das grundsätzliche Zugabeverbot einem solchen Gesichtspunkt fremd sein sollte. Die Abgrenzung, was „Reklamegegenstände" sind und was „geringwertige Kleinigkeiten" sind, ist kaum einwandfrei zu geben und wird der wettbewerblichen Tüchtigkeit der Zugabeinteressenten großen Spielraum lassen. Wird von einem Kaffeegeschäft ein Kaffeegeschirr (Kanne, Tassen usw.) als Zugabe gegeben, so wird zu verneinen sein, daß die Gabe „von geringem Wert" sei, sie wird also auch mit Firmenaufdruck als unzulässige Zugabe anzusehen sein; anders, wenn es sich nur um eine einzelne Tasse handelt, die einen Firmennamen sichtbar trägt.

Reklamebilder (z. B. in Zigarettenschachteln) gehören hierher — also zu den erlaubten Ausnahmen — zweifellos, wenn sie einen deutlich sichtbaren Aufdruck der reklametreibenden Firma tragen. Ist dies nicht der Fall, dann ist zu fragen, ob der Begriff der „geringwertigen Kleinigkeit" darauf anwendbar ist. Wenn Klauer (Komm. S. 33) eine Streichholzschachtel nicht mehr zu den geringwertigen Kleinigkeiten rechnet, so scheint mir dies dem Begriff der Geringwertigkeit Gewalt anzutun. Reklamebilder sind zweifellos geringwertige Kleinigkeiten.

Jedenfalls sind die Begriffe „geringwertig" und „Kleinigkeit" sehr unsicher für eine Gesetzesbestimmung; denn sie sind überaus relativ und subjektiv, und die Meinungen können daher im Einzelfall sehr weit auseinandergehen. Die Frage der Geringwertigkeit ganz relativ zu lösen, insofern man den Wert der Zugabe mit dem Wert der (u. U. recht großen) Hauptware oder Hauptleistung in Beziehung setzt, geht in dieser Form nicht (vgl. Klauer Komm. S. 32), obwohl der Gesichtspunkt der Relativität im Einzelfall auch nicht ganz außer acht bleiben kann.

Eine klarere Abgrenzung gibt z. B. § 8 Ziff. 1 der Buchhändlerischen Verkehrsordnung, der die Zugaben erlaubt, die lediglich der Werbung dienen und ihrer Natur nach nicht zum Verkauf bestimmt sind. Unter den unerlaubten Zugabe„leistungen" sind dort u. a. das handelsübliche Maß übersteigende Zahlungsbedingungen genannt.

Zu den erlaubten Ausnahmen gehören demnach auch: Luftballons für Kinder (mit Firmenaufdruck, nicht ohne Firmenaufdruck) und ähnliche geringfügige Spielsachen; billige Kalender mit Aufdruck der die Zugabe gewährenden Firma (Aufdruck des Verlags, der den Kalender hergestellt hat, würde nicht genügen); desgleichen Schuhanzieher in Schuhgeschäften, Streichhölzer in Zigarren- und Zigarettengeschäften, Seifenlappen in Handlungen mit Seife und Wirtschaftsartikeln — immer unter der Voraussetzung der deutlichen Firmenanbringung der reklametreibenden Firma auf dem Zugabegegenstand. Aber auch hier können Zweifel auftauchen: Klauer (Komm. S. 33) will z. B. Streichholzschachteln ausnehmen, obwohl sie auch als handelsübliches Zubehör zu Zigarren und Zigaretten angesehen werden; unter den als Neujahrsgeschenk gegebenen Kalendern sind oft auch wertvollere Arten; Neujahrs- und Weihnachts„präsente" brauchen aber nicht immer als Zugaben angesehen zu werden, weil sie meist nicht in enge Beziehung zu einer bestimmten Hauptware gebracht werden. Die amtliche Begr. nennt als Beispiele Fähnchen, Luftballons, eine Schreibfeder, einzelne Zuckerwerkstückchen, woraus hervorgeht, wie klein man sich die erlaubte Zugabe gedacht hat. Es zeigt sich daraus, daß „Reklamegegenstand" keine

Kategorieenbezeichnung für Waren ist, daß man also nicht etwa grundsätzlich zwischen Waren, die Reklamegegenstände sein können, und solchen, die es nicht sein können, zu unterscheiden hat, sondern daß geringwertige Waren eben durch die deutliche Anbringung des Firmennamens zu Reklamegegenständen werden. Aber auch darin liegen Gefahren für die Klarheit und Rechtssicherheit dieser Ausnahmebestimmung. Eine begriffliche Kennzeichnung der Zugabeware danach, ob sie in die Branche des Zugabegebers gehöre oder nicht, ist von der Verordnung nicht gemacht.

Ob die unentgeltliche Mitgabe von Modenblättern in Bekleidungs- und Modengeschäften unter diese Gruppe fällt, wird noch schwieriger zu beantworten, aber wohl zu verneinen sein, da hier der Gegenstand auch durch aufdringlichen Aufdruck kaum zum bloßen Reklamegegenstand wird, sondern eine recht wichtige Ware für die Stoffkäuferin ist. Aber das Modenblatt kann zu der Gruppe des „handelsüblichen Zubehörs" (s. unten zu 3) gehören. Für die Kinderzeitschrift trifft das nicht zu; sie wird künftig als Zugabe nur dann erlaubt sein, wenn das Blatt wirklich von „geringem Wert" und grundsätzlich als Reklamegegenstand anzusehen ist; das ist nur von Fall zu Fall zu entscheiden.

Umstritten wird auch die Frage sein oder werden, was unter „dauerhafter und deutlich sichtbarer Bezeichnung" der reklametreibenden Firma zu verstehen ist. Trägt z. B. eine Porzellantasse oder ein Teller auf der Unterseite diese Bezeichnung deutlich, so müßte das genügen; eine aufdringliche Bezeichnung wird nach dem Gesetzeswortlaut nicht zu verlangen sein: Dauerhaftigkeit und Deutlichkeit genügen; daß die Begr. von „auffälligem" Anbringen spricht, macht für die Auslegung der Vo. nichts aus.

2. Rabatte (Abs. 2, b, c).

a) Allgemeines. Es muß als wichtigstes Ergebnis gelten, wenn das Zugabeverbot nicht verheerend wirken soll, daß die Rabatte aller Art ausgenommen werden. Zugabe — ihrem eigentlichen Wesen nach — bedeutet (siehe oben zu III 1), daß die zugegebene Ware anderer Art ist als die Hauptware, die Gegenstand des Kaufes ist. Ist dies nicht der Fall, also handelt es sich um Stücke der gleichen Ware oder Warengattung, dann liegt Rabatt oder Preisermäßigung vor; so wenn bei drei Kragen oder drei Paar Strümpfen das dritte Stück oder Paar billiger ist, so wenn im Buchhandel, wo es feststehende Norm ist, auf eine gewisse Anzahl von Exemplaren des gleichen Buches oder der Teile einer einheitlichen Serie (auf sechs oder acht oder zehn oder zwölf Exemplare) ein Freiexemplar geliefert wird. Das ist keine Zugabe, sondern eine Preisermäßigung bei Mengenbezug, die in der Mehrzahl der Industrieen und in weitesten Kreisen des Handels als vollauf berechtigt und ganz unantastbar angesehen wird. Es ist ausgeschlossen, dies mit Rechtsmitteln oder mit dem Gedanken des unlauteren Wettbewerbs bekämpfen zu wollen. Eine Unterscheidung in Geld- (Bar-) und Waren- (Mengen-) Rabatt (b und c) ist zutreffend.

Etwas anderer Art sind die Rabattsparmarken, die als Wertmarken dem Kunden ausgehändigt und bei Erreichung eines bestimmten Gesamtertrages zu einem Prozentanteil (etwa 5 v. H.) „eingelöst" werden, d. h. beliebige Ware desselben Geschäfts dafür gegeben wird. Das sind keine Zugaben im Rechtssinne (bei denen ja der Käufer keine Wahl über die Zugabe hat), sondern Formen des Mengenrabatts. Ja es gab — oder gibt in manchen Städten noch — einen Zusammenschluß solcher Art von vielen Ladengeschäften in Rabattsparvereinen. Dieses Prinzip besteht darin, daß der Rabatt in gleicher Höhe in Klebemarken gegeben wird, diese Marken in ein sog. „Sparbuch" geklebt werden, das nach Erreichung einer bestimmten Sparsumme (5 oder 10 Reichsmark) eingelöst wird (überwiegend in bar, nur vereinzelt in Waren). Der Zweck dieser Einrichtung sollte die Förderung des Barverkehrs, gesunde Preisbildung, Milderung des Konkurrenzkampfes und des unlauteren Wettbewerbs (!) sein, ferner Beseitigung der marktschreierischen Reklame, der Preisschleuderei, des ungesunden Rabatt- und Zugabewesens.

Dem „ungesunden" Rabatt- und Zugabewesen wird also da ein „gesundes" entgegengesetzt, das gewiß bedeuten soll: Rabatt in festumgrenzter Form ist gesund und erlaubt. Aber es ist auch da nicht die Form des echten Rabatts gewählt, der im

Preisnachlaß bei Mengenbezug der gleichen Ware in Gestalt einer Barermäßigung oder einer Zugabe von Stücken der gleichen Ware besteht, sondern in der Form der Zugabe, freilich nach Wahl des Kunden, der diese „Zugabe“ auch in bar entnehmen kann. Auch da also kommt eine der Forderungen der Zugabegegner zum Ausdruck, die in der Wahlfreiheit der Bargeld- oder Warenentnahme liegt.

Die Begr. beschränkt sich darauf, als gemeinsame und grundsätzliche Ursache der Erlaubtheit des Rabatts zu sagen: „Bar- und Mengenrabatt lassen ohne weiteres den Wert der Zuwendung erkennen und schließen daher eine Täuschung über das Maß der gebotenen Begünstigung und damit eine Verschleierung des Preises aus.“

b) Geld- (oder Bar-) Rabatt. Die Betonung der amtlichen Begr., daß Rabatt nicht gefährlich sei, weil sein Wert klar ersichtlich sei und keine Verschleierung des Preises vorliege, bedeutet, daß es sich im wesentlichen um einen Wettbewerbsschutz zu Gunsten des Publikums und erst mittelbar um einen solchen der konkurrierenden Geschäftswelt handeln soll; denn der Schutz der letzteren, der anerkanntermaßen der Hauptgesichtspunkt im Gesetz gegen den unlauteren Wettbewerb war und ist, würde genau so wenig gewahrt durch die Erlaubnis einer durchsichtigen wie einer undurchsichtigen Zugabe. Der wirkliche Grund — namentlich für den Barrabatt — dürfte vielmehr der — schon nach geltendem Recht anerkannte — Gesichtspunkt sein, den RGZ. 78, 197/98 ausspricht: „Die Gewährung eines Abzugs vom üblichen Ladenpreise als Rabatt bildet eine besondere Art der Preisstellung. Weder die Rabattgewährung an sich noch auch die Gewährung des Rabatts durch sofortigen Abzug oder durch spätere Rückerstattung eines Teiles des Kaufpreises noch auch die Beschränkung des Rabatts durch bestimmte Voraussetzungen oder auf bestimmte Kundenkreise kann als gegen die guten Sitten verstoßend angesehen werden“, und das RG. zitiert die Regierungsbegründung zum UWG. von 1909, die den Rabatt als eine uralte Geschäftsgewohnheit bezeichnet. Namentlich wird auch die unterschiedliche Behandlung verschiedener Kundenkreise vom RG. als nicht sittenwidrig bezeichnet im Gegensatz zu der Behauptung der Klägerin, die darin eine sittenwidrige Wettbewerbshandlung erblicken wollte. Auch RGZ. 79, 321 erklärt das Gewähren von Sonderrabatt für erlaubt.

Die Formen der Rabattgewährung — auch des Barrabatts — sind verschieden: es gibt Rabatt für größere Bezüge, was sich mit dem Begriff des Mengenrabatts berührt — z. B. billigerer Preis bei gleichzeitiger Entnahme von drei Paar, von einem Dutzend usw. —, und es gibt Rabatt für Barzahlung, den man Skonto nennt. Letzterer ist eine mehr zum Gebiet des Zinses als des Umsatzes gehörige Vergünstigung. Die (unten zu e zu besprechende) Barvergütung von Zugaben (Gutscheinen) macht im Ergebnis wahlweise die gegenständliche Zugabe zum Barrabatt.

c) Mengenrabatt im engeren Sinne ähnelt der Warenzugabe mehr als der Barrabatt. Typische Fälle sind z. B. die Einkaufskarten des Herrengeschäfts, die nach dem Kauf von zwölf Krawatten eine Krawatte im Durchschnittspreise der zwölf gekauften unentgeltlich geben, oder die „Partie" im Buchhandel, wo auf sechs oder acht oder zehn Exemplare entweder desselben Werkes oder einer Serie von Werken ein Exemplar unentgeltlich gegeben wird. Diesen Formen ist gemeinsam, daß der Mengenrabatt a) nicht in Geld, sondern nur in Ware, b) auch bei zeitlich auseinanderliegenden Einzelkäufen und c) im entsprechenden Wert des Einkaufs gewährt wird.

Der Unterschied dieser der Zugabe sehr ähnlichen Rabattgewährung in Waren gegenüber den vom Gesetz verbotenen Zugaben liegt lediglich in der Gleichheit oder mindestens Gleichartigkeit der als Mengenprämie zugegebenen Ware zu der gekauften Ware. Deshalb betont Ziff. c des Gesetzes: „wenn die Zugabe zu Waren in einer bestimmten oder auf bestimmte Art zu berechnenden Menge gleicher Ware besteht". Gleichheit und Gleichartigkeit der Ware (oder Leistung) ist nicht dasselbe. Hier ist die Gleichheit verlangt (was mehr ist als Gleichartigkeit), während in § 2 (siehe unten S. 349) für die Aktivlegitimation zur Klage nur von Waren „gleicher oder verwandter Art“ die Rede ist; doch ist dort nur eine Nachlässigkeit im Ausdruck anzunehmen und nach dem Sinn der Vorschrift selbstverständlich auch dem Hersteller „gleicher“ Ware die Klaglegitimation gegeben.

„Gleichheit“ und „Gleichartigkeit“ der Ware ist schon im Warenzeichenrecht ein schwieriges Problem. Dort helfen aber die Warenklasseneinteilung und die Frage der zeichenrechtlichen Verwechselungsfähigkeit. Das kommt für das Zugabenrecht nicht in Betracht, weil hier nicht die Warenkennzeichnung, sondern der Unterschied zwischen Rabatt und Zugabe in Frage steht, und weil es hier sich auch nicht um das mildere Kriterium der Gleichartigkeit, sondern um das strengere der Gleichheit der Waren handelt. Man darf aber auch diesen Begriff nicht überspannen und etwa (wie Goldbaum, Komm. S. 32/33) Stollwerkschokolade und Sarottischokolade oder Fleisch und Knochen als verschiedene Waren ansehen. Soll, wenn der Kaufmann auf zwölf Tafeln Schokolade eine dreizehnte „zugibt“, dieser Mengenrabatt Zugabe im Rechtssinne werden, sobald die dreizehnte eine andere Marke oder von anderer Herkunft ist? Soll der Fleischer bei einem Braten von zehn Pfund zwar ein Viertelpfund Übergewicht unentgeltlich an Fleisch, aber nicht an Knochen geben dürfen? Solche Überspannung würde das Gesetz, die Rechtsprechung und das Recht überhaupt ad absurdum führen (vgl. auch unten zu 3 über „Zubehör und Nebenleistungen“) und es würde dann schließlich keine Umsatzbonifikation in Waren gegeben werden können, falls der Umsatz nicht in einer ganz eng begrenzten Warengattung getätigt worden ist. Das hängt natürlich davon ab, wie eng man den Begriff der einzelnen Ware fassen oder die Gattung als Ware betrachten und bezeichnen will. Der Sprachgebrauch und die Auffassung des Publikums müssen bei der Beurteilung herangezogen werden. Dann aber muß Schokolade gleich Schokolade genommen werden und es darf nicht die Ausnahme unnatürlich so beschränkt werden, daß nur Tafelschokolade der Tafelschokolade oder gar nur Sarottitafelschokolade der Sarottitafelschokolade gleichgesetzt wird, um die unerlaubte Zugabe von dem erlaubten Mengenrabatt zu unterscheiden.

Besonders schwierig wird die Frage bei der Gewährung von Gutscheinen.

Auch der Gutschein des Kaffee- oder des Drogengeschäftes, laut welchem der gesammelte Nennwert — etwa von 20 Reichsmark — die Berechtigung zu der Entnahme von Waren im Werte von einer Reichsmark oder eines anderen Gegenstandes (Kaffeetasse) gewährt, lautet an sich auf eine „bestimmte Menge" oder eine „auf bestimmte Art zu berechnende" Menge, aber wenn es sich nicht um die gleiche Ware wie die gekaufte handelt, dann soll diese Art des „Rabatts" nach der neuen Vo. als unerlaubte Zugabe verboten sein. Die Grenzen sind sehr flüssig; der Gutschein ist noch neutral, sein Inhalt erst besagt, ob Rabatt oder Zugabe vorliegt (siehe oben zu III, 1), d. h. ob es sich um die „gleiche Ware" handelt. Die „gemischte Partie" im Buchhandel, z. B. bei einer Serie von Büchern mit verschiedenem Inhalt und verschiedenen Preisen, könnte als Ware, die nicht gleich sei, angesehen werden; wenn aber dies, wie mit Sicherheit anzunehmen ist, nicht die Absicht des Gesetzes ist, dann darf z. B. das Drogengeschäft seine Bons allgemein auf Parfümerieen ausgeben, das Konfitürengeschäft auf Schokolade, das Lebensmittelgeschäft auf Lebensmittel aller Art oder zum mindesten auf Wurst oder Konserven. Die Schwierigkeit liegt also in der Frage, was „gleiche Ware" ist, eine Frage, die generell und für alle Fälle gültig überhaupt nicht zu beantworten ist, aber nicht kleinlich beantwortet werden darf.

Vgl. auch unten zu 4.

3. **Handelsübliches Zubehör und Nebenleistungen (Abs. 2, d).** Wie eng die Regierung diese Position der Ausnahme angesehen wissen will, zeigt der Satz der Begr.: „Eine dem Üblichen entsprechende Verpackung der Ware, eine Nebenleistung wie die unentgeltliche Zusendung der Ware und dergl. sind nicht zu beanstanden; ihre Zulassung gibt zu Mißbräuchen keinen Anlaß." Indessen legt der Wortlaut der Vo. eine weitere Auslegung nahe oder er fördert sie sogar. Denn daß man Zu-

sendung der Ware oder *Verpackung* der Ware nie und nimmer überhaupt unter dem Begriff einer „Zugabe“, auch nicht im engeren Sinne einer *erlaubten* „Zugabe“, verstanden hat, dürfte nicht zweifelhaft sein. Die Beispiele der Begr. sind also mindestens sehr schlecht gewählt, weil sie über die Begriffe „Zubehör“ und „Nebenleistungen“ und deren „Handelsüblichkeit“ auch nicht den leisesten Anhalt geben, und somit als Richtlinien für die Auslegung des Textes der Vo. nicht zu gebrauchen. Dabei hat man „Zubehör“ als Zugabe zu Waren von „Nebenleistungen“ als Zugabe von Leistungen zu unterscheiden.

a) *Zubehör.* Es muß gefragt werden, wieweit der *sachenrechtliche Zubehörbegriff* hier heranzuziehen ist. § 97 BGB.: „Zubehör sind bewegliche Sachen, die, ohne Bestandteile der Hauptsache zu sein, dem wirtschaftlichen Zwecke der Hauptsache zu dienen bestimmt sind und zu ihr in einem dieser Bestimmung entsprechenden räumlichen Verhältnisse stehen. Eine Sache ist nicht Zubehör, wenn sie im Verkehr nicht als Zubehör angesehen wird. Die vorübergehende Benutzung einer Sache für den wirtschaftlichen Zweck einer anderen begründet nicht die Zubehöreigenschaft. Die vorübergehende Trennung eines Zubehörstückes von der Hauptsache hebt die Zubehöreigenschaft nicht auf.“

Wenn wir Beispiele von Zubehören aus der Rechtsprechung entnehmen, wie Kamin des Miethauses (OLGR. 15, 310), Kohlenvorräte eines Ziegeleigrundstücks (RGZ. 77, 36; a. A. OLGR. 13, 312), so besagen diese nicht viel für die Anwendung auf die „Zugabe als Zubehör“; denn für diese kommt als Voraussetzung (siehe oben S. 316) hinzu, daß es sich um eine *Wettbewerbsmaßnahme* handeln muß; *nicht* jedoch um unbedingt geringwertige Reklamegegenstände, denn die Position d (Zubehör und Nebenleistungen) des § 1 Abs. 2 obigen Gesetzes steht *koordiniert* neben Position a. *Handelsübliches Zubehör und Nebenleistungen brauchen, um zulässig zu sein, nicht geringwertig zu sein.* Wohl aber muß eben der *Gedanke* der „Zugabe“ beachtet werden, der ein *Werbegedanke* ist.

Gibt der Fleischer Knochen zum Fleisch zu, so ist das Neben- und Zubehörware; denn wenn z. B. Suppe gekocht werden soll, so wird sie aus Fleisch und Knochen gekocht; die räumliche Verbindung ist also ebenfalls gegeben. Einen Unterschied zu machen, wenn die Knochen nicht für die Suppe, sondern vielleicht für den Hund sind, hieße das Gesetz lächerlich machen. Es kommt der Umstand hinzu, daß die Knochen ohne Fleisch nur einen beschränkten Verkaufswert haben und somit als Zubehör der Fleischerware selbst dann anzusehen sind, wenn etliche Kunden hie und da nur Knochen kaufen.

Gibt z. B. der Wirt unentgeltlich Salz und Senf oder englische Soße zu den Speisen, Zucker zum Kaffee, in Norddeutschland Kartoffeln zum Fleisch (in Süddeutschland nicht), so müßte solche Zugabe, wenn sie nicht handelsüblich ist (Kartoffeln in Süddeutschland), unter die unerlaubten Zugaben fallen. Die Forderung des „Handelsüblichen" entspricht dem Satz in § 97 BGB.: „Eine Sache ist nicht Zubehör, wenn sie im Verkehr nicht als Zubehör angesehen wird." Das „räumliche Verhältnis" aber, in welchem das Zubehör nach § 97 BGB. zu der Hauptsache stehen muß, wird die erlaubten Zubehörzugaben stark einschränken. Streichhölzer zu Zigaretten, Senf zu Würstchen, Zucker zum Kaffee kommen beim Gebrauch in ein ganz nahes räumliches Verhältnis, und dies dürfte hier als Voraussetzung genügen. Als Gegensatz dazu wird man solche Zugaben nicht als Zubehör anzusehen haben, die auch in keine räumliche Beziehung zu der Hauptsache kommen, wenn man sie gebraucht, der Hauptsache also wirtschaftlich und im Gebrauch fremd sind.

b) Nebenleistungen. Ebenso schwierig wie der Charakter des Zubehörs bei gekauften (oder gemieteten) Waren ist der Charakter der Nebenleistung bei Werkverträgen und Werklieferungsverträgen zu bestimmen. Die Handelsüblichkeit ist auch hier Voraussetzung der Erlaubtheit der Nebenleistung; diese Handelsüblichkeit kann aber örtlich und nach Geschäftszweigen verschieden sein. Im allgemeinen muß Aufhängen gerahmter Bilder, Aufbügeln eines neuhergestellten Anzuges, Ausprobieren der Radioanlage und dergl. als handelsübliche und erlaubte Nebenleistung gelten, ebenso aber auch die Nebenleistung zu einem Warenkauf (nicht nur zu einem Werklieferungsvertrag): also z. B. Aufbügeln des „von der Stange“ gekauften Anzuges, Anmontieren der neugekauften Badewanne oder Beleuchtungskrone, Garantieleistung des Uhrmachers für Reparaturen binnen eines Jahres (vgl. jedoch unten zu V 2 und RG. in MuW. XXIII, 94).

4. **Barvergütung (Abs. 2, e).** Diese Ausnahme, die die Zugabe erlaubt macht, wenn der Zugebende sie in bar zu entrichten bereit ist, erscheint als völlige Negierung des ganzen Zugabeverbots, sofern man es materiellrechtlich und mit juristischer Logik auffaßt. (Gleicher Ansicht ist Heß in BuchhBörsBl. 1931 Nr. 265: „Die Ausnahme erscheint mir geeignet, den Wert des gesamten Entwurfs illusorisch zu machen. ... Wirtschaftlich praktisch gesehen kann sich das gar nicht anders auswirken, als daß der Zugabepreis vom Hauptpreis der Ware abgezogen wird. Für preisgebundene Waren [Markenartikel] ... wäre das legalisierte Schleuderei.“) Hiernach sind also Zugaben an sich überhaupt nicht verboten, nur die angebliche Undurchsichtigkeit ihres Wertes wird bekämpft. Die Begr. bezeichnet diese Ausnahme als „die praktisch wichtigste“:

„Die Ausnahme entspricht dem gutachtlichen Vorschlag des Reichswirtschaftsrats. Wie bereits hervorgehoben, ist für die Zulassung dieser Ausnahme der Gesichtspunkt maßgebend, daß bei der Einräumung eines Anspruchs auf einen baren Geldbetrag jede Unklarheit in der Preisberechnung für den Käufer schwindet. Dem Verkäufer soll es überlassen bleiben, den Barbetrag ziffernmäßig zu bestimmen, es steht deshalb in seinem Ermessen, ob er bei Festsetzung des Betrages von dem ihm selbst erwachsenen Erstehungspreis des Zugabeartikels ausgehen will oder von der Summe, die der Käufer im gewöhnlichen Geschäftsverkehr für den Erwerb des Zugabegegenstandes zahlen müßte. Der Verkäufer wird abzuwägen haben, was für ihn vorteilhafter erscheint, ob er es vorzieht, eine verhältnismäßig niedrige Schätzung der Zugabe in barem Geld vornehmen und damit den Wert des Zugabeartikels in den Augen des Käufers gering erscheinen zu lassen, oder ob er mit einer höheren Schätzung die Zugabe als wertvoller hinstellen will, sich aber damit der Verpflichtung aussetzt, gegebenenfalls auch größere Barbeträge auf Verlangen des Käufers zahlen zu müssen." (Begr.)

Der Groß- oder Einzelhändler darf seine Zugabepraxis wie bisher unbeschränkt beibehalten, wenn er nur bereit ist, den Preis des Zugabeartikels in bar statt des Zugabeartikels selbst zu gewähren.

In der Reichsratsberatung ist die Einschränkung hinzugekommen, daß der Wahl-Barbetrag nicht geringer als der Einstandspreis sein darf. Das beruht wiederum auf der Absicht, „Verschleierungen" zu verhüten (siehe oben zu Abs. 1 Satz 3). Der damit beabsichtigte Publikumsschutz gegen Übervorteilung durch undurchsichtige Bewertung der Zugabe ist nicht einmal bei Waren leicht zu verwirklichen, da die Ermittelung des Einstands- bezw. des Selbstkostenpreises oft recht schwierig ist, geschweige denn bei Leistungen. Was den Begriff „Einstandspreis" betrifft, so sagt darüber K. Mellerowicz in „Allgemeine Betriebswirtschaftslehre der Unternehmung" (Samml. Göschen Nr. 1008, Berlin und Leipzig 1929, S. 112): „Der Kostenwert ist im Augenblick der Entstehung ein wirklicher Wert. Er verliert seine Werteigenschaft in dem Maße, wie die Marktverhältnisse andere werden. Er beruht auf den zum Erwerb eines Gutes aufgewandten Kosten. Er ist ein Anschaffungswert (Rechnungsbetrag + Beschaffungskosten: Fracht, Zoll, Versicherung, Spesen). Er entspricht dem Einstandspreis (Einkaufspreis + Bezugskosten). Der Herstellungswert ist die Summe der zur Produktion aufgewandten Einzel- und Gemeinkosten. Anschaffungs- und Herstellungswert sind Gestehungswerte. Gestehungskosten + Vertriebskosten geben Selbstkosten." Hiernach entspricht der Einstandspreis dem Anschaffungswert, d.h. dem Einkaufspreis + Bezugskosten, als da sind Fracht und andere spezielle Spesen. Er soll hiernach nicht vollidentisch sein dem Selbstkostenpreis, bei welchem zu dem Einstandspreis noch die Vertriebskosten kommen! Denn wenn es sich darum handelt, Kosten aufzuwenden, damit die Ware wieder aus dem Geschäftsbetrieb hinausgehe, ist logischerweise der „Einstands"preis zu Ende. Nach RG. in JW. 1916, 273 (mit Anm. von Kohler) ist bei Selbstkostenpreis nur der Einschluß spezieller Geschäftsunkosten (Fracht, Zoll und dgl.), aber nicht ein Anteil an Generalunkosten zu verstehen. (So auch Klauer Komm. S. 38.)

Weit schwieriger aber liegen die Dinge, wenn es sich nicht um Waren, sondern um Leistungen handelt. Die Gestehungskosten von kleinen Extraleistungen, die der Handwerker oder der Anwalt dem Kunden oder Mandanten unberechnet „zugibt", werden sich nur nach Willkür schätzen lassen. Wie wir aus der amtlichen Begr. der Vo. sahen, dachte diese beispielsweise an Zusenden der Ware. Wenn dies wirklich — wo es nicht als handelsübliche Nebenleistung anzusehen ist — eine unerlaubte Zugabe sein soll, so kommen wir zu dem grotesken Ergebnis, daß der Handwerker, der dem Kunden die Zusendung der besohlten Stiefel anbietet, dem Kunden das Fahrgeld oder die Zeitversäumnis des Angestellten in bar auszahlen muß, falls dieser es verlangt und die Stiefel selbst abholt, oder daß der Anwalt, der den Mandanten besucht, ihm das Fahrgeld ersetzen muß, falls der Mandant den Besuch ablehnt und selbst zum Anwalt kommt.

Der Geldbetrag ist „ziffernmäßig zu bezeichnen" und er ist „bei dem Angebot" oder „bei der Ankündigung" anzugeben.

Das Publikum soll also über das, was es als „Zugabe" erhält, hinreichend aufgeklärt werden: a) nach der Richtung, daß es den Barbetrag jeweils zu verlangen berechtigt ist, b) wieviel er in jedem Einzelfall beträgt. Offen blieb zunächst also die Frage, wo eine solche Mitteilung anzubringen ist. Wenn man geneigt sein sollte, dieses „oder" des Verordnungstextes als „und" zu lesen, so käme man zu dem Ergebnis, daß die Mitteilung bei jeder Ankündigung sowie bei jedem Angebot erfolgen müsse. Diese Auslegung dürfte unrichtig sein, denn es steht eben nicht da: bei jeder Ankündigung und bei jedem Angebot, sondern: bei der Ankündigung oder dem Angebot. Andererseits wird man auch nicht sagen können, daß, wenn Ankündigung und Angebot auseinanderfallen — zeitlich und örtlich —, dann die Mitteilung auf einem von beiden (auf dem Plakat oder auf dem Gutschein, auf dem Prospekt oder in der Packung selbst) immer und vollauf genüge. Richtig erscheint der Mittelweg: Wenn Ankündigung und Angebot eine Einheit bilden, genügt einmalige Mitteilung des Betrages der Barvergütung (Einstandspreis): dann bedeutet das „oder" wirklich ein „entweder — oder"; andernfalls ist es kumulativ zu fassen. Bilden Ankündigung und Angebot eine Einheit, dann hört die Ankündigung auf, eine Ankündigung im Rechtssinne zu sein, und wird zu einem bloßen Hinweis. Beim bloßen Hinweis auf eine andere Mitteilung, deren der Kunde leicht habhaft werden kann, wird daher meiner Ansicht nach die einmalige Mitteilung genügen, andernfalls aber empfiehlt sich doppelte Mitteilung.

Hiernach muß z. B. der Gutschein, wenn er nicht räumlich nahe verbunden ist mit der ziffernmäßigen Angabe der Barvergütung, diese Angabe über die spezielle Barvergütung selbst enthalten. Bei Plakaten und Flugblättern wird man das ebenfalls fordern müssen. Bei der Packung wird außen der Hinweis auf den „einliegenden Gutschein" genügen, wenn dieser dann die ziffernmäßigen Angaben über die Barvergütung enthält.

Für die Form der Ankündigung dürfte es nach dem Sinn der Vo. genügen, wenn das kaufende Publikum seitens der Wertreklame treibenden Firma durch Flugblätter, Handzettel oder ähnliche Ankündigungen, die beim Kauf der Ware auszuhändigen sind, darauf hingewiesen wird, daß die Gutscheine in bar eingelöst werden.

Wenn der Fabrikant oder Grossist seinerseits gar nicht direkt an die Kundschaft, der die Zugabe zugute kommen soll, herankommen kann, sei es, daß, wie es häufig der Fall ist, diese beiden gar nichts voneinander wissen, sondern durch den Einzelhändler getrennt sind, sei es, daß der Fabrikant oder Grossist sich für seine Werbemaßnahmen beim Verbraucherpublikum des Einzelhändlers als Mittelsmannes auch bisher zu bedienen pflegte, so genügt es, daß der Fabrikant den Grossisten bzw. den Einzelhändler darauf aufmerksam macht, daß auch die Gutscheine der alten Packungen auf Wunsch gegen den Barbetrag eingelöst werden, und diese bittet, dies auch der Kundschaft bekanntzugeben.

Trieb er jedoch direkte Propaganda (durch Inserate, Plakate usw.), so wird er diesen Weg auch für die neue Ankündigung der Barvergütung beschreiten müssen.

5. Auskünfte und Ratschläge (Abs. 2, f).

„Die Ausnahme zu f ist in erster Linie mit Rücksicht auf das Zeitungsgewerbe aufgenommen worden. Erfahrungsgemäß erteilen Zeitungen, ganz besonders die Fachzeitungen, den Beziehern häufig kostenlos Auskünfte und Ratschläge; in manchen Fällen ist diese Auskunfterteilung geradezu die Voraussetzung für die Aufnahme und Aufrechterhaltung des Bezugs. Die Ausnahme ist indessen nicht auf den Fall des Zeitungsgewerbes beschränkt, sondern allgemein gefaßt, da es im Einzelhandel häufig begegnet, daß die Verkäufer von Gebrauchsgegenständen den Käufern eine nähere unentgeltliche Unterweisung über den Gebrauch des Gegenstandes zusichern. Mögen solche Unterweisungen auch zumeist handelsüblich sein (zu vgl. Ausnahme unter d), so soll die Vorschrift unter f doch zweifelsfrei feststellen, daß alle Fälle der Auskunfterteilung ohne Rücksicht auf die Frage ihrer Handelsüblichkeit von dem Zugabenverbot ausgenommen sind." (Begr.)

Die unbeschränkte Erlaubnis von Auskünften und Ratschlägen (ebenso wie die der unten zu 6 zu nennenden Versicherungen) in einem sonst so strengen Gesetz erscheint durch nichts gerechtfertigt und kann den Anreiz zu Mißbrauch solcher generellen Erlaubnis geben. Heß (BörsBl. f. d. dtsch. Buchh. 1931 Nr. 265) vermißt hier mit Recht die Einschränkung, daß es sich nur um handelsübliche Leistungen der genannten Art handeln dürfe. Nach dem Gesetz ist aber diese Beschränkung nicht gegeben.

6. Abonnentenversicherung (Abs. 2, g).

„Die Ausnahme unter g betrifft Versicherungsgeschäfte, die von Zeitungs- und Zeitschriftenunternehmungen zugunsten der Bezieher der Zeitungen oder Zeitschriften abgeschlossen werden, und berücksichtigt damit eine Gepflogenheit im Zeitungsgewerbe, die zu wirtschaftlichen Schäden bisher nicht geführt hat. Voraussetzung ist dabei, daß es sich um gesetzlich zulässige Versicherungen handelt, insbesondere also um solche, die vom Reichsaufsichtsamt für Privatversicherung oder der sonst zuständigen Stelle genehmigt worden sind." (Begr.)

Auch diese Ausnahme wirkt befremdend in einer Vo., die so sehr in die Handlungsfreiheit des geschäftlichen Verkehrs eingreift.

V. Form der Ankündigung und Gewährung der Zugabe.

1. Anbieten, Ankündigen und Gewähren (§ 1 Abs. 1 und 3). Der Tatbestand, den das Zugabeverbot treffen will, ist ein dreifacher: sowohl das Angebot einer Zugabe wie das Ankündigen wie das Gewähren erfüllt bereits den Tatbestand des Verbotenen. Gleiches ist schon in § 12 UWG. der Fall (Angestelltenbestechung). Es bedeutet Anbieten: „jede dem Anderen erkennbar gemachte Willensgeneigheit, den betreffenden Vorteil zu gewähren" (so ähnlich Rosenthal für § 12 nach RGSt. 37, 171), was auch durch konkludente Handlung geschehen kann (ebenda nach RGSt. 26, 424); Ankündigen ist eine ebensolche Erkennbarmachung dieser Willensgeneigtheit, aber nicht einem Einzelnen gegenüber, sondern ins Allgemeine, so daß der Geschäftspartner sich erst daraufhin anfindet; Gewähren ist die Ausführung der Zugabe, bei der es gleichgültig ist, ob sie zuvor angeboten oder angekündigt worden ist.

Da hier die Ankündigung der Zugabe in gleicher Linie mit Angebot und Gewährung steht, so muß der Schluß gezogen werden, daß der von der Vo. betroffene Tatbestand beim Angebot und der Gewährung erfüllt ist, auch wenn das Angebot oder die Zugabe von dem Anderen nicht oder noch nicht angenommen worden ist. Also enthebt Zurückweisung der Zugabe den Anbietenden oder Gewährenden nicht von den Rechtsfolgen, die die Vo. festgesetzt hat. Auch bleibt es sich gleich, wie die Ankündigung geschieht (Inserat, Aushang im Geschäft und dergl.) Es bleibt sich auch gleich, ob der Annehmende ein Anderer als der Käufer ist, also z. B. wenn der Kauf für die Hausfrau getätigt wird, die Zugabe aber dem Hausangestellten verbleibt.

Das österreichische Gesetz vom 20. Juli 1929 (BGBl. S. 899) beschränkt sich auf das Verbot des Angebots und der Ankündigung und schließt die unangekündigte oder unangebotene Gewährung von dem Verbot aus.

2. Verbot der Ankündigung „Gratis".

„Der Abs. 3 entspricht den Vorschlägen des Reichswirtschaftsrats, die besonderes Gewicht darauf legen, daß unter allen Umständen bei dem Publikum der Eindruck vermieden werden muß, als sei die Zugabe ein Geschenk, da dies in jedem Fall eine Irreführung bedeuten würde. Die dem Verkäufer durch die Zugabe entstehenden Unkosten werden in jedem Falle in die Preiskalkulation der Ware mit eingeschlossen; die Zugabe stellt also niemals eine unentgeltliche Zuwendung dar. Für die in einer großen Zahl von Fällen hervorgetretenen Mißbräuche der Ankündigung von Geschenken, Gratiszugaben und dergl. darf kein Raum bleiben." (Begr.)

Die „Gratis"-Ankündigung hat im Buchhandel zu Prozessen geführt, die auch mehrmals das Reichsgericht beschäftigt haben (JW. 1928, 2364 = GRUR. 1928, 712; JW. 1930, 1687 = GRUR. 1930, 337; BuchhBörsBl. 1930 Nr. 39, 57, 137). Es handelt sich dort nicht durchaus um „Zugaben" im strengen Sinne des Wortes, doch soll die Frage hier im ganzen besprochen werden. Nach anfänglich nicht so scharfer Stellungnahme des RG. hat dieses sich später, in Übereinstimmung mit anderen Gerichten, zu der Ansicht durchgerungen, daß jene Ankündigung einer Gratislieferung, die in Wirklichkeit etwas ganz anderes als eine Gratislieferung bezweckte und sich mithin als ein sehr ungewöhnliches Anlockungsmittel darstellte, gegen §§ 1 und 3 UWG. verstößt. Das RG. hat dabei mehr die Gesamttatsache und die psychologische Wirkung auf die Käuferkreise in Betracht gezogen und das Wahrheitsmoment in wettbewerblichen Ankündigungen stärker betont. „In Wahrheit decke der Preis (für die gebundene, bessere Ausgabe) nicht nur das Einbinden mit Einband und einem Gewinn der Beklagten für ihre Leistung, sondern es bleibe darüber hinaus für sie aus den Einbänden ein solcher Verdienst, daß er die ganzen Kosten und Spesen beider Ausgaben decke und außerdem noch ein großer Geschäftsgewinn verbleibe." Das Urteil zeigt also deutlich, worin das unwahrhaftige Moment der „Gratis"-Anzeige und der Anlockung bestand: die broschierte, schlechtere Ausgabe nur als Köder zu benutzen, um in Wirklichkeit durch die weitere Behandlung von Angebot und Annahme jeden Interessenten auf die gebundene Ausgabe zu stoßen, mit deren Kauf er den Inhalt des „Gratis"-Angebots ad absurdum führt. Dieses Locken mit einem Angebot, das voraussichtlich bei näherem Zusehen keinen Interessenten zufriedenstellt, weil er eben dann, wenn auch für sehr geringen Preis, etwas Minderwertiges erhält — dieses Anlocken zu dem richtig bezahlten (also nicht unentgeltlichen) Besseren auf eine überdies ganz unübliche Methode und unter Ausnützung einer Unerfahrenheit der Käuferkreise, — das ist es, was neben dem Tatbestand der unrichtigen Angabe nach § 3 UWG. auch noch den Tatbestand der sittenwidrigen Wettbewerbshandlung nach § 1 UWG. ausmacht. Denn der Interessent war doch durch die „Gratis"-Anzeige irregeführt. Dadurch ist gezeigt, daß die Rechtsprechung also auch schon auf Grund des bisherigen UWG. mit der Bekämpfung solcher irreführenden und unlauter erscheinenden Wettbewerbsmaßnahmen fertig geworden ist und es mithin eines neuen Gesetzes aus diesem Anlaß nicht bedurfte, ganz abgesehen davon, daß die neue Vo. nur die Gratisankündigung von „Zugaben" betrifft. In den obengenannten Fällen würde also, wenn man sie aus der neuen Vo. beurteilen und aburteilen wollte, zu fragen sein, ob man die Bücher, die da „gratis" angeboten waren, als Zugabe zu dem Einband, der bezahlt werden sollte, ansehen konnte — was bei den ungebundenen Büchern überhaupt fortfiel, da unmöglich das Buch als Zugabe zu dem Portoersatz angesehen werden kann. Man sieht hieraus zugleich wieder, wieviel weniger die neue Vo. in der Bekämpfung unlauteren Wettbewerbs zu leisten vermag als das richtig verstandene und angewandte ältere Hauptgesetz von 1909. Die Zugabe-Vo. als lex specialis geht in den von ihr geregelten Sonderfragen dem UWG. als der lex generalis vor, aber in den von ihr nicht geregelten, namentlich in allen auch auf Zugaben bezüglichen allgemeineren wettbewerblichen Rechtsfragen ist das UWG. von 1909 anzuwenden (vgl. auch unten § 2 Abs. 3).

Das RG. hat Anschauungen, die Wertheimer in JW. 1928, 2364 und Elster in BuchhBörsBl. 1928 Nr. 246 vertreten haben, bestätigt, indem es u. a. sagte: „Bei dieser Prüfung sind nicht nur rein bürgerlich-rechtliche Gesichtspunkte (Auslegungsgrundsätze usw.) zu berücksichtigen, sondern auch alle jene durch Gewohnheit und Herkommen, vielfach auch durch Vorurteil bedingten, manchmal ganz eigenartigen, aber deshalb von der unlauteren Konkurrenz vorzugsweise ausgenutzten Momente in Betracht zu ziehen, welche die Auffassung der in Frage kommenden Käuferkreise über die Vorzüge des Angebots zu bestimmen und dadurch letztere anzulocken geeignet sind." Es ist dies eine klarere Erfassung des Wahrheitsmomentes in wettbewerblichen Ankündigungen.

Die unjuristische Nivellierung durch die neue Vo. zeigt sich deutlich, wenn wir an die RG.Entsch. in MuW. XXIII (1924) 94 erinnern, wo es sich darum handelte, ob die unentgeltlich angebotene Garantie des Optikers für Augengläser (bei Zerbrechen innerhalb eines Jahres nach Kauf) als unlauteres Angebot anzusehen ist oder nicht. RG. hat damals gegenüber KG. diese Garantie als erlaubt bezeichnet und in der Ankündigung, die die Bedingungen ganz deutlich angab, keine Irreführung (also keinen Verstoß gegen § 3 UWG.) erblickt. Heute würde nach der neuen Vo. zu fragen sein, ob diese Garantie (des Optikers, des Uhrmachers), die zwar handelsüblich ist, eine Zugabe ist und mithin dann als handelsüblich zwar gewährt und auch angekündigt werden, aber ja nicht als „unentgeltlich" bezeichnet werden darf. Daß es begrifflich Zugabe sei, wird man wegen des akzidentiellen Charakters zu dem Kaufgeschäft bejahen müssen — allerdings auf die Gefahr hin, daß dann jede „Garantie" (Gewährleistung, auch u. U. Mängelhaftung) in bedenkliche Nähe zu diesen Begriffen kommen kann.

3. **Verbot der Ausspielung.** Daß unerlaubte Zugaben (Abs. 1) auch nicht im Wege der Ausspielung angeboten oder gewährt werden können, versteht sich von selbst. Das besondere Verbot der Ausspielung nach Abs. 3 Satz 2 bezieht sich also nur auf die erlaubten Zugaben (und Rabatte) des Abs. 2 (handelsübliche Nebenleistungen, Kleinigkeiten, Rabatte, in Geld einlösbare Zugaben usw.). Die Bestimmung dürfte also von geringer praktischer Bedeutung sein. Die amtliche Begründung sagt:

„Dabei ist hauptsächlich an solche Fälle gedacht, in denen dem Käufer z. B. versprochen wird, daß in jedem fünften Paket eine Zugabe enthalten sei oder daß bei einem Einkauf über einen bestimmten Betrag hinaus durch Ziehung eines Loses ein Gewinn erlangt werden könne und dergl. In Fällen dieser Art wird es oft nicht möglich sein, das Vorliegen einer nach § 286 des Strafgesetzbuchs strafbaren Lotterie oder Ausspielung festzustellen, da es an der Voraussetzung des Einsatzes auf seiten des Käufers fehlen wird. Vielfach wird schon unter Heranziehung des § 1 des Wettbewerbsgesetzes gegen Geschäftspraktiken dieser Art als mit den anständigen kaufmännischen Gepflogenheiten nicht vereinbar eingeschritten werden können. Zur Erhöhung der Rechtssicherheit ist aber ausdrücklich festgestellt, daß Zugaben, die derart vom Zufall abhängig sind, zu den durch das vorliegende Gesetz verbotenen gehören."

Sofern aber eine erlaubte Zugabe — etwa ein für eine Dutzendpackung vorgesehener Rabatt — in Form eines Loses dem Käufer zugeführt werden soll, geht die Vo. diktatorisch durch positive Vorschrift noch über die reichsgerichtliche Lehre vom „versteckten" Einsatz bei der wettbewerblichen Ausspielung hinaus (z. B. RGSt. 1, 54; 16, 83; 34, 447; 59, 350; 60, 127; 64, 1; 65, 194; vgl. dazu Elster, JW. 1931, 145). Eine in ihrem wesentlichen Kern m. E. unrichtige Auffassung des RG. wird hier ratifiziert — wenigstens soweit es sich um „Zugaben" handelt.

Nicht unter das Verbot fällt ein Vorgang, wenn es sich bei ihm überhaupt nicht um eine Zugabe handelt; also weder um eine nach Abs. 1 unerlaubte noch um eine nach Abs. 2 erlaubte. Dann ist freie Rechtsfindung nach den Gesichtspunkten des UWG. und der Ausspielungsbestimmungen des StGB. gegeben, wobei die Kritik an der reichsgerichtlichen Theorie vom „versteckten Einsatz" ihre Bedeutung behält. Es ist also jeweils bei den durch Ausspielung angebotenen Kundenvorteilen zu fragen, ob es sich um „Zugaben" im Sinne der neuen Vo. handelt oder nicht.

Über Ausspielungen ohne Zugabecharakter s. oben S. 102 ff. Die Ware (bzw. deren Preisverbilligung) hier als „Zugabe" zu dem Werbeerfolg (Leistung) anzusehen (wie anscheinend Goldbaum, Komm. S. 37, für möglich hält), geht nicht an. Hier liegt Kauf mit aleatorischer Preisverbilligungsaussicht durch Werbearbeit und bei den Reklame-Preisausschreiben liegt meist Spiel (nicht einmal immer echte Auslosung) vor. Den ausgelobten Preis als „Zugabe" zu der Leistung oder den Gewinn auf Lose, die ohne Kaufzwang an Kunden verteilt werden, irgendwie mit dem Zugabebegriff in Verbindung zu bringen, hieße völlige Verwirrung anrichten.

§ 2.

Wer den Vorschriften des § 1 zuwiderhandelt, kann von jedem, der Waren oder Leistungen gleicher oder verwandter Art wie die Haupt- oder Zugabeware oder Haupt- oder Zugabeleistung herstellt oder in den geschäftlichen Verkehr bringt, sowie von Verbänden zur Förderung gewerblicher Interessen, soweit sie als solche in bürgerlichen Rechtsstreitigkeiten klagen können, auf Unterlassung in Anspruch genommen werden. Ist die Zuwiderhandlung im Geschäftsbetriebe von einem An-

gestellten oder Beauftragten vorgenommen worden, so ist der Unterlassungsanspruch auch gegen den Inhaber des Betriebs begründet.

Wer vorsätzlich oder fahrlässig gegen die Vorschriften des § 1 verstößt, ist zum Ersatze des durch die Zuwiderhandlung entstehenden Schadens verpflichtet.

Ansprüche, die wegen der Gewährung von Zugaben auf Grund anderer Vorschriften, insbesondere des Gesetzes gegen den unlauteren Wettbewerb, begründet sind, bleiben unberührt.

Die in den Abs. 1, 2 bezeichneten Ansprüche auf Unterlassung oder Schadensersatz verjähren in sechs Monaten von dem Zeitpunkt an, in welchem der Anspruchsberechtigte von der Handlung und von der Person des Verpflichteten Kenntnis erlangt, ohne Rücksicht auf diese Kenntnis in drei Jahren von der Begehung der Handlung an. Für die Ansprüche auf Schadensersatz beginnt der Lauf der Verjährung nicht vor dem Zeitpunkt, in welchem der Schaden entstanden ist.

1. Unterlassungsanspruch und Schadenersatzanspruch.
2. Klagelegitimation.
3. Haftung des Prinzipals für den Angestellten.
4. Ansprüche auf Grund anderer Gesetzesvorschriften.
5. Verjährung.

1. **Unterlassungsanspruch und Schadenersatzanspruch.** Die Androhung der zivilrechtlichen Folgen der Zuwiderhandlung gegen das Zugabeverbot umfaßt wie bei anderen Tatbeständen des UWG.: Unterlassung bei nicht vorsätzlicher oder fahrlässiger (jedenfalls bei objektiver) Rechtsverletzung, aber Schadenersatz bei schuldhafter (vorsätzlicher

und fahrlässiger), und Bestrafung — siehe § 3 — bei vorsätzlicher Rechtsverletzung.

Unter Einbeziehung des § 3 ergibt sich also folgende Reihe der Rechtsfolgen:

a) Bei schuldloser Zuwiderhandlung (Jemand gibt verbotene Zugaben, ohne daß man ihm „Fahrlässigkeit" vorwerfen kann; z. B. wenn er die Unerlaubtheit nicht wissen konnte, was bei der Uneinheitlichkeit des vorliegenden Gesetzes sehr leicht möglich ist, vielleicht der Begriff der Zugabe in dem betreffenden Fall ganz unsicher ist, oder wenn er den Sachverhalt nicht kannte und kein Verantwortlicher da ist): Unterlassungsanspruch. Der Unterlassungsanspruch bedeutet, daß der Zuwiderhandelnde verklagt werden kann, die schon begonnene Zugabegewährung, z. B. die Gewährung der angekündigten Zugabe, zu unterlassen und jede Wiederholung zu vermeiden; also sowohl in der schon veranlaßten Handlung innezuhalten, auch ihre Fortwirkung zu beseitigen, wenn dies möglich ist, wie auch natürlich keine neue gleiche oder gleichwertige zu beginnen. Der Nachweis eines besonderen Interesses an der Unterlassung durch den Klagenden ist nicht nötig (siehe unten zu 2).

b) Bei fahrlässiger Zuwiderhandlung: Unterlassungs- und Schadenersatzanspruch. Fahrlässig handelt, wer nicht vorsätzlich (absichtlich), aber doch unentschuldbar (verschuldet) die verbotene Zugabe ankündigt, anbietet oder gewährt. Mit Recht kritisiert Goldbaum (Komm. S. 43/44) die Verfehltheit einer Schadenersatzforderung bei nur fahrlässigem Handeln eines Zugebenden: erstens sei das eine viel zu scharfe Ahndung, zweitens aber sei gar nicht zu klären, wer geschädigt sei und in welchem Maße. Da (siehe unten zu 2) die Klage auch als Popularklage gegeben ist, könnte ja jeder Wettbewerber behaupten wollen, gerade ihm sei durch die Zugabepraxis des Beklagten Schaden erwachsen. Freilich ist die Gefahr in der Praxis nicht so groß; denn der Schade muß ja ziffermäßig nachgewiesen werden, der angeblich Geschädigte hat die Beweislast; er müßte also dem Gericht nachweisen, daß infolge der Zugabepraxis des Konkurrenten gerade er um so viel weniger (um wieviel?) verkauft und verdient habe. Maßgebend für den Schadenersatzanspruch sind die §§ 249 bis 259 BGB. und § 287 ZPO. (freie Würdigung und Schätzung durch das Gericht).

c) Bei vorsätzlicher Zuwiderhandlung: Unterlassungsanspruch, Schadensersatzanspruch, Strafbarkeit (siehe unten § 3 und Anm.). Eine Buße ist (im Gegensatz zum UWG.) hier nicht vorgesehen.

2. Klagelegitimation.

„Wie bei den entsprechenden Tatbeständen im Gesetz gegen den unlauteren Wettbewerb ist der Unterlassungsanspruch den Wettbewerbern gegeben, die Waren gleicher oder verwandter Art herstellen oder vertreiben (zu vgl. § 13 des Wettbewerbsgesetzes), mit der Besonderheit jedoch, daß hierbei auch Waren berücksichtigt werden, die von den Zuwiderhandelnden als Zugabeartikel gegeben werden. Denn es ist von Wichtigkeit, daß auch die durch die Gewährung von Zugabeartikeln benachteiligten Spezialgeschäfte, die solche Artikel als Hauptware vertreiben, sich gegen diese Beeinträchtigungen wehren können. Die übrigen Vorschriften im § 2 entsprechen der im § 13 des Wettbewerbsgesetzes für ähnliche Fälle bestehenden Regelung.“ (Begr.)

Die hierdurch festgesetzte Popularklage steht a) jedem zu, der sich geschädigt oder auch nur „auf den Fuß getreten“ fühlt, weil er Waren oder Leistungen gleicher oder verwandter Art (wie die Haupt- oder die Zugabeware oder -leistung!) herstellt oder vertreibt, und b) den Verbänden zur Förderung gewerblicher Interessen, genau so, wie es der § 13 UWG. vorsieht. Es darf also für Einzelheiten auf Erläuterungen zu diesem § 13 UWG. (s. oben S. 195 ff.) verwiesen werden.

Daß die Bedingung der Herstellung oder des Vertriebs gleicher (denn auch diese sind selbstverständlich mit eingeschlossen — arg. a maiori ad minus —), gleichartiger und verwandter Waren Rechtsunsicherheit der Abgrenzung des Umkreises der Aktivlegitimation mit sich bringt, ist klar. Der Wortlaut entspricht ja genau dem des § 13 UWG. Aber die Frage, was gleiche oder gleichartige Waren sind (s. oben S. 334), büßt hier an Bedeutung und Schwierigkeit dadurch etwas ein, daß auch „verwandte" Waren und Leistungen genannt sind. Das bedeutet freilich ein hohes Maß von Ungenauigkeit, zeigt aber die Tendenz der Gesetzesvorschrift, die Aktivlegitimation zur Klage möglichst weit zu spannen. Im allgemeinen wird man als verwandte Waren und Leistungen solche ansehen, die in der Regel in dem gleichen Spezialgeschäft (nicht Warenhaus, Kaufhaus und dergl.) geführt oder geliefert werden. Diese Umgrenzung entspricht dem wettbewerblichen Charakter der Vorschrift.

Hier ist der (das Berufungsurteil des KG. vom 27. April 1931 — 31 U 1559. 31/18 — aufhebenden) Entsch. des RG. (II. Ziv.-Sen.) vom 15. Januar 1932 zu gedenken (RGZ. 135, 39 ff.). Diese hat — im Gegensatz zum KG. — die Klage des Schutzverbandes für Wertreklame gegen den Reichsausschuß für das Zugabeverbot abgewiesen. Es sei kein unlauterer Wettbewerb, wenn ein Plakat oder Flugblatt die preisverteuernde Wirkung der Zugaben ausspreche. Die Klage stützte sich auf die durch § 13 UWG. (ebenso wie nach § 2 Abs. 1 des neuen Gesetzes) gegebene Aktivlegitimation von Interessenverbänden. Daher kam für die Frage des unlauteren Wettbewerbs nur § 1 UWG. in Betracht. (Jetzt würde übrigens der Verband für jede Klage gegen Zugabeankündigung, -angebot oder -gewährung aktiv legitimiert sein — ohne Rücksicht darauf, ob unlauterer Wettbewerb vorliegt.) Es ist grundsätzlich Niemandem verboten, sich in Wort und Schrift für die wirtschaftliche Berechtigung der Zugaben einzusetzen oder begründete Kritik an dem neuen Gesetz zu üben; denn es ist der Hauptinhalt der RG.Entsch. vom 15. Januar 1932, daß „das verfassungsmäßige Recht der freien Meinungsäußerung im Falle der Vertretung wirtschaftspolitischer Anschauungen nicht durch die Vorschriften des Wettbewerbsgesetzes ausgeschlossen werden kann" (RGZ. 135, 42). Gleiches gilt auch nach Erlaß des Zugabeverbotsgesetzes, zumal dieses die Zugabe nicht für sittenwidrig erklärt, sondern eben ohne tiefere rechtsethische Begründung nur teilweise verbietet, teilweise erlaubt. Es bleibt also auch weiterhin der wirtschaftspolitischen Meinungsfreiheit unbenommen, so wie das RG. die Meinungsäußerung für Einführung eines Zugabeverbotsgesetzes für rechtmäßig erklärt (a. a. O. S. 43), so auch wieder für Änderung oder Abschaffung seiner Bestimmungen im wirtschaftspolitischen Kampfe einzutreten — unbeschadet der Tatsache, daß die Vorschriften eines geltenden Gesetzes natürlich tatsächlich befolgt werden müssen. Nicht zutreffend aber ist die Auffassung des RG., daß in solchem Kampf der Organisationen kein Verstoß gegen das Wettbewerbsgesetz zu erblicken sei, weil diese Organisationen nicht selbst geschäftlichen Wettbewerb trieben. Die Grenze ist hier doch sehr unsicher. Dieser „Meinungskampf" wirtschaftlicher Natur hat einen sehr starken wettbewerblichen Hintergrund, und die Verbände treten hier ganz deutlich in Vertretung der Wettbewerbsinteressen ihrer Mitglieder auf. Wenn dann noch, wie es geschehen ist, interessierte Firmen die Plakate, die die „Meinung", daß Zugaben eine „künstliche Verteuerung" der Waren herbeiführen, in den Geschäften anschlagen lassen, so ist hier kein Unterschied gegenüber einer Wettbewerbshandlung mehr zu erblicken. Zwar wird vom RG. mit Recht betont, daß es nicht sittenwidrig sei, bestrittene Überzeugungen auszusprechen, und daß nicht verlangt werden könne, man dürfe nur völlig beweisbare Thesen im Wirtschaftskampf aussprechen und verbreiten, aber das KG. hatte mit Recht dargelegt, daß „die allgemein gehaltene Behauptung, die Zugaben seien geeignet, die Preise künstlich hochzuhalten und den Preisabbau zu hemmen, für weiteste Volkskreise irreführend sei". „Dieses ganze Verhalten läßt im Zusammenhang mit der Art und Weise der Flugblätter und Plakate deutlich erkennen, daß es sich um eine — zum mindesten ihrem wesentlichen Zwecke nach — wettbewerbliche Maßnahme handelt, die dazu dient, eine Interessengruppe zum Vorteil einer anderen zurückzudrängen (RGZ. 79, 322)."

Dadurch aber, daß das RG. — im Gegensatz zum KG. — die (gegenüber dem Gutachten des Reichswirtschaftsrats einseitig zugabengegnerische) „Begründung" des damals noch nicht erlassenen Zugabeverbotsgesetzes mit als Stütze seiner Ansicht, daß man sich gerade gegen die Zugaben frei aussprechen dürfe, heranzieht, geht es von dem Hauptargument — des Schutzes der wirklich freien Meinungsäußerung in umstrittenen Fragen — ab und verläßt seine Hauptthese von der verfassungsmäßigen freien Meinungsäußerung. Befremdlich erscheint jedenfalls, daß das RG. (a.a.O. S. 48 und S. 54) ohne Widerspruch die Äußerungen zitiert, daß die bisherige Rechtsprechung sich im Zugabewesen als nicht ausreichend erwiesen habe. Damit tritt es nicht nur zu dem III. Strafsenat (RGSt. 61, 58) in unerfreulichen Gegensatz, sondern auch zu der bisherigen Rechtsprechung des eigenen (II. Zivil-) Senats, der, wie auch die neue Entscheidung beweist, auf diesem Gebiet in vorbildlicher Weise gutes Recht zu finden in der Lage war und ist, ohne daß das Zugabeverbotsgesetz vorhanden war.

3. **Haftung des Prinzipals für den Angestellten** (Abs. 1 Satz 2). Diese Bestimmung ist genau dem § 13 UWG. nachgebildet, der sie für Verstöße gegen §§ 1, 3, 6, 8, 10, 11, 12 UWG. vorgesehen hat. Der enge Zusammenhang des Zugabeverbotsgesetzes mit dem UWG. (s. oben S. 314 ff., 319 ff.) ist also auch hierdurch erneut bestätigt. Im Gegensatz zu allgemeinen Rechtsregeln wird hier eine erhöhte Haftung für den Prinzipal, offenbar wegen der angeblichen Unlauterkeit oder Gemeinschädlichkeit der Zugaben, statuiert, auch ohne daß culpa in eligendo und custodiendo (Verschulden bei der Auswahl, Bestellung und Überwachung des Angestellten) des Prinzipals vorliegt. Auch durch Entlassung des Angestellten befreit sich der Prinzipal nicht von der Haftung für Geschehenes. Das bezieht sich aber nur auf den Unterlassungsanspruch; auf Schadenersatz haftet er nur, wenn er Mittäter, Anstifter oder Gehilfe ist (§ 830 BGB.; Exkulpation § 831 BGB.).

4. **Ansprüche auf Grund anderer Gesetzesvorschriften** (Abs. 3). Dieser Abs. 3 des § 2 sagt eigentlich Selbst-

verständliches. Nicht ganz klar stellt er das Verhältnis dieser neuen Vo. zu dem UWG. (vgl. darüber auch oben S. 314 ff. und 345 ff.). Jedenfalls muß nach diesem Abs. 3 als zweifellos gelten, daß Fälle von Zugaben, die diese neue Vo. nicht regelt oder nicht vollständig regelt, auf Grund des UWG., z. B. § 1 und §§ 3, 4, sowie der §§ 823 und 826 BGB. beantwortet werden müssen. Die Generalklausel des § 1 UWG., und damit der Grundgedanke der Bekämpfung wettbewerblicher Sittenwidrigkeit, bleibt auch im Zugaberecht als Ergänzung. Ob er angesichts der sehr weitgehenden Bestimmungen des neuen Gesetzes viel Anwendungsmöglichkeiten im Zugaberecht finden wird, bleibe dahingestellt; aber jedenfalls ist durch diese Bestimmung die Tendenz der neuen Vo., beim Zugabeverbot das Moment der Unlauterkeit und Sittenwidrigkeit unwesentlich zu machen, teilweise durchbrochen und paralysiert. In Zweifelsfällen muß demnach § 2 Abs. 3 — die Frage also, ob eine Zugabe als wettbewerblich ungehörig (unlauter, sittenwidrig) anzusehen ist — zur Auslegung und Gesetzesanwendung mit herangezogen werden. Daß sich die neue Vo. teilweise außerhalb dieses Grundgedankens stellt und Zugaben ohne jede Rücksicht auf wettbewerbliche Sittenwidrigkeit verbietet, wurde schon oben in den Erläuterungen zu § 1 ausgeführt.

5. **Verjährung.** Die Fassung des Abs. 4 stimmt wörtlich überein mit § 21 UWG. Sachlich ist also auch damit wiederum die enge Verwandtschaft der Vo. mit dem Gegenstand des UWG. bestätigt. Vgl. darüber oben S. 273 ff.

§ 3.

Wer vorsätzlich den Vorschriften des § 1 zuwiderhandelt, wird, sofern die Tat nicht nach anderen Vorschriften mit schwererer Strafe bedroht ist, mit Geldstrafe bestraft.

Die Strafverfolgung tritt nur auf Antrag ein. Das Recht, den Strafantrag zu stellen, hat selbständig jeder der im § 2 Abs. 1 bezeich-

neten Gewerbetreibenden und Verbände. Die Zurücknahme des Antrags ist zulässig.

Wird auf Strafe erkannt, so kann angeordnet werden, daß die Verurteilung auf Kosten des Schuldigen öffentlich bekanntzumachen ist.

1. Vorsatz.
2. Antragsdelikt.
3. Öffentliche Klage.

1. **Vorsatz.** „Vorsätzlich handelt, wer in Voraussehung der tatsächlichen und rechtlichen Tragweite seines Verhaltens pflichtwidrig handelt." (Liszt-Schmidt, Lehrb. d. Strafrechts [1932] S. 253.) Strafbarkeit von Verstößen gegen das Zugabeverbot wird, da Vorsatz die Kenntnis der tatsächlichen und rechtlichen Tragweite des Verstoßes verlangt, nur in ganz klar liegenden, sog. eklatanten, Fällen vorliegen, z. B. nach geschehener Verwarnung oder im Rückfall. Da aber das Zugabeverbot nicht auf allgemeiner sittlicher Überzeugung beruht, sondern sowohl im ganzen sehr umstritten wie im einzelnen durch die Vo. selbst mit zahlreichen und zum Teil schwer abzugrenzenden Ausnahmen durchsetzt ist, so treten hier ganz besonders die Streitfragen um den sog. Strafrechtsirrtum, das Bewußtsein der Rechtswidrigkeit usw. modifizierend auf. Für ein ähnlich liegendes Gebiet (die Höchstpreisverordnung) sagt mit Recht Artur Wegner im HdR. III, 377: „Der Irrtum über eine solche Höchstpreisverordnung ist ein Irrtum über eine Strafdrohung, nach der Rechtsprechung des Reichsgerichts also ein unbeachtlicher Strafrechtsirrtum. Die Einsicht, daß solche Rechtsprechung zu hart und ungerecht ist, führte zu der bekannten Rechtsirrtumsverordnung vom 18. Januar 1917. Diese blieb aber in Halbheiten, also im besonders Falschen stecken (vgl. Binding, LZ. 1917 Sp. 1, 297 ff.). Die richtige Lösung kann nur sein, den entschuldbaren wie den unentschuldbaren Irrtum über die rechtliche Regelung, die einen Tatsachenkomplex erst geschaffen hat, als Tatirrtum mit vorsatzausschließender Wirkung zu behandeln." Für die Anwendung des § 3 (Strafbarkeit der Zu-

widerhandlung gegen § 1 des Zugabeverbotsgesetzes) muß man sich dieser Ansicht **Wegners** durchaus anschließen. Es werden also sehr viele Verstöße, was das Verschulden betrifft, zu den fahrlässigen gerechnet werden müssen, sofern nur Zweifel über die Tragweite der Vo., z. B. des Begriffs der Zugabe, des Umfangs einer unklar gefaßten Ausnahme und dergl., berechtigt sind. Auch für den Eventualdolus kann mithin kein großes Anwendungsgebiet gegeben sein, sofern nur irgendwie von dem „Täter", d. h. dem die Zugabe Gewährenden oder Ankündigenden, ehrlich versucht worden ist, in den Grenzen der zugelassenen Ausnahmen (Rabatt, Barvergütung usw.!) zu bleiben.

2. **Antragsdelikt.** Abs. 2 ist dem Abs. 1 des § 22 UWG. nachgebildet. In § 22 (s. oben S. 276) sind einige Tatbestände als Offizialdelikt ausgenommen. Das Zugabegesetz kennt nur Antragsdelikte, sieht mithin wohl im allgemeinen die Strafbarkeit milder an (was mit den obigen Ausführungen zu 1 übereinstimmt). Antragsberechtigt ist nicht nur der wirklich Verletzte, sondern auch der Bedrohte und Beengte und der Hüter der Loyalität, was daraus hervorgeht, daß — wie nach § 13 UWG. (siehe oben Anm. 2 zu § 2) — jeder, der gleiche oder verwandte Waren oder Leistungen herstellt oder feilhält, sowie die Interessenverbände antragsberechtigt sind. Für die Stellung des Strafantrags (bei Gericht oder Staatsanwaltschaft) gilt § 158 StPO. Vgl. auch oben S. 304. Der „Antrag" (Strafantrag, Strafanzeige) ist (nach herrschender Lehre) Voraussetzung jeder Prozeßhandlung, also wohl auch einschließlich polizeilicher Ermittelungen, da die Polizei hier nur Gehilfin der Staatsanwaltschaft ist und nur in Fällen, bei denen Gefahr im Verzuge ist (vgl. § 163 StPO.) oder klarliegende allgemeine (öffentliche) Interessen berührt werden, von sich aus vorgehen darf (s. unten zu 3).

3. Die **öffentliche Klage** soll von der Staatsanwaltschaft nur erhoben werden, wenn dies im öffentlichen Interesse liegt (§ 376 StPO.). Da die Strafverfolgung für alle Verstöße gegen das Zugabeverbot von Anträgen der privaten Be-

rechtigten abhängig gemacht ist, so ist damit bereits festgestellt, daß diese Verstöße in der Regel nicht das öffentliche Interesse berühren. Dieses wird vielmehr nur bei krassen Fällen, die sich als unlauterer Wettbewerb darstellen, der Fall sein (das Zugabeverbot ist ja in dieser Vo. nicht unter den Gesichtspunkt grundsätzlicher Unlauterkeit gestellt!). Mithin ist auch die Allgemeine Verfügung des Preußischen Justizministers vom 16. August 1927 nicht auf Verstöße gegen das Zugabeverbot anzuwenden, wonach „bei allen Zuwiderhandlungen gegen das Wettbewerbsgesetz dann, wenn ein Verband zur Förderung gewerblicher Interessen den Strafantrag stellt, in der Regel ein öffentliches Interesse an der Strafverfolgung anzunehmen ist". Das trifft also nur auf solche Verstöße gegen das Zugabeverbot zu, die nicht lediglich nach § 1 dieser Vo., sondern nach Bestimmungen des UWG. als ungehörig (unlauter) verfolgt werden können. Denn wenn ein Verband sich eines Verstoßes gegen das U W G. annahm, so handelte es sich um einen einschneidenden, im öffentlichen Interesse liegenden Fall, während beim Zugabewesen auch heute noch, nach Erlaß der neuen Vo., die Meinungen über die Schädlichkeit der Zugabe und über die Umgrenzung des Zugabe u n wesens weit auseinandergehen.

Der nach § 2 Abs. 1 Berechtigte kann sich der öffentlichen Klage jederzeit als Nebenkläger anschließen (§§ 395 ff. StPO.).

Über die Privatklage siehe § 4.

§ 4.

Vergehen gegen § 3 können im Wege der Privatklage verfolgt werden. Die allgemeinen Vorschriften über die Privatklage finden Anwendung.

Die Privatklage steht (§ 374 StPO.) jedem zu, dem das Recht, selbständig auf Bestrafung anzutragen, beigelegt ist. Ja es ist jeder dieser Berechtigten vom anderen unabhängig und kann ohne weiteres seinerseits Privatklage erheben; ist diese jedoch von einem Berechtigten erhoben worden, so steht den übrigen nur der Beitritt zu dem eingeleiteten Verfahren zu (§ 375 StPO.).

Durch § 4 reiht die Vo. ihre Straftatbestände eng an die Materie des gewerblichen Rechtsschutzes einschließlich des unlauteren Wettbewerbs. Es handelt sich um die sog. prinzipale Privatklage.

Die Betonung in § 3 Abs. 2, daß jeder der in § 2 Abs. 1 bezeichneten Gewerbetreibenden und Verbände „selbständig" strafantragsberechtigt ist, stellt ebenfalls die Verbindung zu § 374 StPO. Abs. 2 dar (siehe Anm. 3 zu § 3).

§ 5.

Die Vorschriften dieses Teiles treten drei Monate nach der Verkündung in Kraft. Unberührt bleiben die Ansprüche aus Zugabegeschäften, die vor dem Inkrafttreten eingeleitet worden sind.

1. Übergangsfrist.
2. Eingeleitete Geschäfte.

1. Übergangsfrist.

„§ 5 nimmt, um möglichst schnell zu einer Beruhigung des durch die Zugabenmißbräuche gestörten Geschäftslebens zu gelangen, einen verhältnismäßig naheliegenden Termin für das Inkrafttreten des Gesetzes in Aussicht, der andererseits für die beteiligten Gewerbetreibenden ausreichen wird, um sich auf die neue Rechtslage umzustellen. Die im Anschluß daran gegebenen Übergangsvorschriften sollen den Bedürfnissen der zugabegewährenden Firmen und des Publikums in bezug auf die Abwicklung laufender Zugabegeschäfte Rechnung tragen." (Begr.)

2. Eingeleitete Geschäfte. In einem gewissen Zusammenhang mit der Frage der Übergangsfrist steht die Frage, ob bereits eingeleitete Zugabegewährungen nach Erlaß der Vo. rückgängig gemacht werden müssen. Das

ist nicht der Fall. „Eingeleitet" bedeutet nicht einmal dasselbe wie eine begonnene Handlung. Als „eingeleitet" sind schon diejenigen Handlungen anzusehen, die vertraglich festgelegt worden sind. Wenn also Gutscheine in bereits in den Handel gebrachten Warenpackungen liegen, so besteht kein Zweifel, daß a) diese Waren weiter im Handel bleiben dürfen, b) die Gutscheine auch noch eingelöst werden müssen. Denn auf letzteres hat der Käufer einen Rechtsanspruch. Fraglich kann nur sein, ob die Beigabe des Gutscheins in den Waren, die noch in der Hand (auf dem Lager) des die Zugabe Gewährenden (nicht des Wiederverkäufers) sich befinden, beseitigt werden muß, auch wenn die Entfernung mit erheblichen Kosten, z. B. mit Vernichtung der Verpackung und deren Ersatz durch neue Verpackung, verbunden ist. Dies wird sicherlich dann nicht verlangt werden können, wenn dieser Beigabe ein Zugabegeschäft mit einem Dritten zugrunde liegt. Solche Geschäfte müssen noch abgewickelt werden, denn die Vo. spricht von „Zugabegeschäften", die schon eingeleitet sind. Es wird jeweils im einzelnen Fall zu prüfen sein, ob ein solches „Zugabegeschäft" vorliegt, das bereits eingeleitet war. — Nicht übersehen werden darf aber auch hier, daß dies überhaupt nur bei unerlaubten Zugaben, nicht bei den genehmigten Ausnahmen (z. B. Rabatt durch Gutscheine auf die gleiche Ware) fraglich ist.

Gutscheine und Packungen sind — im Gegensatz zu Plakaten — Erfüllungen eingeleiteter Zugabegeschäfte, sofern sie zu der Warenlieferung an den Einzelhändler gehören, also wenn sie in den Warenpackungen enthalten sind. Sie brauchen aus den Packungen nicht entfernt zu werden, denn diese Packungen gehören als solche noch zu den früher eingeleiteten Geschäften (zwischen Fabrikant oder Grossist und Einzelhändler). Denn es ist in § 5 der Vo. nicht gesagt, daß die Ansprüche aus „eingeleiteten" Geschäften nur Ansprüche des Publikums sein dürfen. Dies behauptet zwar der Kommentar von Klauer (S. 54), der damit die Absicht der Regierung aussprechen will. Aber dem Wortlaut des Gesetzes entspricht diese Auffassung nicht. Auch der Einzelhändler, zumal wenn das Publikum Gutscheine aus Packungen gesammelt hat, muß m. E. alte Packungen noch zu alten Bedingungen (also mit Gutschein) an das Publikum liefern. Auch Klauer sagt (S. 54), daß ein Zugabegeschäft, das „einem Käufer gegenüber" bereits eingeleitet worden ist, auch „in vollem Umfange durchgeführt" werden darf (Fortsetzung des Sammelns von Gutscheinen bis zu der vertragsmäßigen Zahl, die den Zugabeartikel erlangt). Die schwierige Frage, ob dies auch zugelassen werden kann, wenn vor dem Zeitpunkt des Inkrafttretens der Vo. erst eine verschwindend kleine Anzahl von Gutscheinen dem einzelnen Kunden ausgehändigt waren, während er, um den Wertreklame-Gegenstand zu erlangen, noch eine erhebliche Anzahl dieser Gutscheine sammeln muß, kann in der Praxis dadurch gelöst werden, daß die Barvergütung gewährt und damit den Vorschriften der Vo. genügt wird.

II.

Einheitspreisgeschäfte.

Dritter Teil der Verordnung des Reichspräsidenten zum Schutze der Wirtschaft vom 9. März 1932 (RGBl. I S. 125).

§ 1.

Verkaufsstellen, in denen Waren mehrerer nicht zusammengehöriger Warenarten ausschließlich oder überwiegend in einer oder mehreren feststehenden Preisstufen feilgehalten werden (Einheitspreisgeschäfte), dürfen in Städten mit weniger als 100 000 Einwohnern in der Zeit bis 1. April 1934 nicht errichtet werden. Die oberste Landesbehörde oder die von ihr bestimmten Landeszentralbehörden können in Einzelfällen Ausnahmen zulassen, sofern die besonderen örtlichen Verhältnisse dies rechtfertigen.

§ 2.

Einzelhandelsunternehmungen dürfen in ihrer Firma, auf Geschäftsschildern, auf Anschlägen innerhalb oder außerhalb der Verkaufsräume, auf Geschäftspapieren, Werbeschriften und geschäftlichen Ankündigungen die Bezeichnung „Einheitspreisgeschäft“ oder eine ähnliche Bezeichnung, auch in abgekürzter Form, nur führen, wenn in ihren Verkaufsstellen oder in Teilen derselben ausschließlich Waren zu feststehenden, nach § 3 Abs. 1 bekanntgegebenen Preisstufen feilgehalten werden.

§ 3.

Einzelhandelsunternehmungen, die die Bezeichnung „Einheitspreisgeschäft“ oder eine ähnliche Bezeichnung, auch in abgekürzter Form, führen, haben sämtliche Einheitspreise in einem deutlichen Anschlag in jedem Verkaufsraum und an jedem Eingang bekanntzugeben und dürfen Waren nur zu diesen Preisen feilhalten und verkaufen.

Werden in Einheitspreisgeschäften Waren in anderen als in handelsüblichen Einheiten der Zahl, des Maßes oder des Gewichtes verkauft oder feilgehalten, so ist auf der Ware oder ihrer Verpackung neben der Angabe des Preises für die feilgehaltene Menge auch eine Angabe des Preises für eine handelsübliche Einheit der Zahl, des Maßes oder des Gewichtes dieser Ware anzubringen. Die Preise dürfen nicht in einer Schrift angegeben sein, die größer ist oder mehr auffällt als die Angabe über Zahl, Maß und Gewicht.

§ 4.

Die Vorschrift des § 1 gilt nicht, soweit bei Inkrafttreten der Vorschriften dieses Teiles zur Errichtung eines Einheitspreisgeschäfts bereits Vorkehrungen (Bereitstellung von Verkaufsräumen durch Grundstückskauf oder Ladenermietung, Anstellungsverträge, Lieferverträge o. dgl.) getroffen waren und das Geschäft vor dem 1. Mai 1932 errichtet wird.

§ 5.

Wer vorsätzlich oder fahrlässig einer der Vorschriften der §§ 1 bis 3 zuwiderhandelt, wird mit Geldstrafe bestraft.

§ 6.

Den Betrieb von Verkaufsstellen, die entgegen der Vorschrift des § 1 errichtet sind, hat die Polizeibehörde zu schließen.

§ 7.

Die Vorschriften dieses Teiles treten mit dem Tage der Verkündung in Kraft.

Amtliche Begründung.

Die Bestimmungen über die Einheitspreisgeschäfte enthalten in § 1 eine auf die Dauer von zwei Jahren bemessene Sperre für die Errichtung weiterer Verkaufsstellen von Einheitspreisgeschäften in Städten unter 100 000 Einwohnern. Diese Maßnahme soll für die nächsten zwei Jahre, während derer nach der bisherigen Entwicklung voraussichtlich mit einer weiteren beachtlichen Ausdehnung der Einheitspreisgeschäfte gerechnet werden müßte, den mittelständischen Einzelhandelsbetrieben, die in den mittleren und kleineren Städten durch die hier auftretenden Einheitspreisgeschäfte in der gegenwärtigen Krisenzeit besonders hart bedrängt werden, und die zum Teil gerade auch infolge dieses Wettbewerbs erlegen sind, einen gewissen Schutz ihres Bestandes sichern; für die Großstädte dagegen, in denen sich dieser Wettbewerb auf eine verhältnismäßig große Zahl von Einzelhandelsbetrieben verteilt, dem einzelnen Betrieb gegenüber also verhältnismäßig leichter erträglich ist, erschien eine solche eingreifende Maßnahme zurzeit nicht erforderlich. Im übrigen ist davon ausgegangen worden, daß es noch weiterer Erfahrungen, insbesondere unter Berücksichtigung der gleichzeitig getroffenen Änderungen des Gesetzes gegen den unlauteren Wettbewerb, für eine endgültige Beurteilung des Einheitspreisgeschäftes im Rahmen der gesamten Güterverteilung bedarf.

Bei der Begriffsbestimmung in § 1 ist davon auszugehen, daß die Merkmale eines Einheitspreisgeschäftes in der öffentlichen Meinung im allgemeinen als feststehend vorausgesetzt werden können. In der Regel handelt es sich hierbei um Gemischtwarengeschäfte. Nicht betroffen werden demnach Fachgeschäfte, die sich auf den Vertrieb einer bestimmten Warengattung als Hauptartikel beschränken, und die daneben lediglich noch solche Waren feilhalten, die als Zubehör zu dem Hauptartikel angesehen werden können. Als „zusammengehörige Warenarten" in diesem Sinne sind z. B. Schuhe und ihre Zubehörartikel anzusehen, zu denen nach der gegenwärtigen Handelsübung auch Strümpfe und Gamaschen gehören. Die Voraussetzungen zusammengehöriger Warenarten im Sinne des § 1 sind dagegen nicht schon durch die Zugehörigkeit zur selben „Branche" erfüllt (etwa „Haus- und Küchengeräte", „Textilien" u. a.).

Die weiteren Bestimmungen in den §§ 2 und 3 beziehen sich auch auf die schon bestehenden Einheitspreisgeschäfte und bezwecken die Verhütung einer mißbräuchlichen Verwendung der Bezeichnung „Einheitspreisgeschäft" in Fällen, in denen die Merkmale eines solchen Geschäftsbetriebs fehlen, ferner eine deutlich sichtbare Bekanntgabe der im einzelnen geführten Preisstufen und schließlich im Interesse der Preiswahrheit und zum Schutze des Verbrauchers beim Verkauf in nicht handelsüblichen Mengen, Maßen oder Gewichten die Angabe des Preises für die handelsüblichen Mengen, Maße und Gewichte derselben Ware. Im Gegensatz zu § 1 gelten die Vorschriften der §§ 2 und 3 auch für die Einheitspreisabteilungen der Waren- und Kaufhäuser oder anderer Einzelhandelsbetriebe. Für die Anwendung des § 3 Abs. 1 genügt es in diesen Fällen, wenn der Anschlag der Einheitspreise in den Verkaufsabteilungen der Einheitspreisabteilung und an den Eingängen zu ihnen angebracht wird.

Die getroffene Regelung konnte weitgehend auf die eingehenden Beratungen gestützt werden, die im Vorläufigen Reichswirtschaftsrat gegenwärtig zur Begutachtung der der Reichsregierung von anderer Seite unterbreiteten Vorschläge auf Einführung einer Konzessionspflicht für Warenhäuser und Einheitspreisgeschäfte und weiterer gesetzgeberischer Maßnahmen zum Schutze der mittelständischen Einzelhandelsbetriebe stattfinden.

Wenn auch ein endgültiges Gutachten des Vorläufigen Reichswirtschaftsrats bei Erlaß dieser Verordnung noch nicht vorliegt, so haben doch schon die bisherigen Beratungen und das im Laufe dieser Beratungen angesammelte Material es als notwendig erscheinen lassen, die in der Verordnung getroffenen Maßnahmen ohne zeitlichen Aufschub zu treffen, um weitere Schädigungen der mittleren und kleinen Einzelhandelsbetriebe zu verhüten.

B. Internationales Recht.

I.

Pariser Übereinkunft (Unionsvertrag) vom 20. März 1883 in der Fassung nach den Haager Beschlüssen vom 6. November 1925.

Artikel 1.

Die vertragschließenden Länder bilden einen Verband zum Schutze des gewerblichen Eigentums.

Der Schutz des gewerblichen Eigentums hat zum Gegenstande die Erfindungspatente, die Gebrauchsmuster, die gewerblichen Muster oder Modelle, die Fabrik- oder Handelsmarken, den Handelsnamen und die Herkunftsangaben oder Ursprungsbezeichnungen sowie die Unterdrückung des unlauteren Wettbewerbs.

Das gewerbliche Eigentum wird in der weitesten Bedeutung verstanden und nicht allein auf Gewerbe und Handel im eigentlichen Sinne des Wortes bezogen, sondern ebenso auf das Gebiet der Landwirtschaft (Wein, Getreide, Rohtabak, Früchte, Vieh usw.) und der Gewinnung der Bodenschätze (Mineralien, Mineralwässer usw.).

Zu den Erfindungspatenten zählen die von den Gesetzgebungen der vertragschließenden Länder zugelassenen verschiedenen Arten gewerblicher Patente, wie Einführungspatente, Verbesserungspatente, Zusatzpatente, Zusatzbescheinigungen usw.

Artikel 2.

Die Angehörigen eines jeden der vertragschließenden Länder sollen in allen übrigen Ländern des Verbandes in bezug auf den Schutz des gewerblichen Eigentums die Vorteile genießen, welche die betreffenden Gesetze den Staatsangehörigen gegenwärtig gewähren oder in Zukunft gewähren werden, und zwar unbeschadet der durch die gegenwärtige Übereinkunft besonders vorgesehenen Rechte. Demgemäß sollen sie denselben Schutz wie diese und dieselbe Rechtshilfe gegen jeden Eingriff in ihre Rechte haben, vorbehaltlich der Erfüllung der Förmlichkeiten und Bedingungen, welche den Staatsangehörigen durch die innere Gesetzgebung auferlegt werden.

Jedoch darf in keiner Weise der Genuß irgendeines Rechtes des gewerblichen Eigentums für die Verbandsangehörigen von der Bedingung abhängig gemacht werden, daß sie einen Wohnsitz oder eine Niederlassung in dem Lande haben, wo der Schutz begehrt wird.

Ausdrücklich bleiben vorbehalten die Vorschriften der Gesetzgebung eines jeden der vertragschließenden Länder über das gerichtliche und das Verwaltungsverfahren und die Zuständigkeit sowie über die Wahl des Wohnsitzes oder die Bestellung eines Vertreters, die etwa nach den Gesetzen über das gewerbliche Eigentum erforderlich sind.

Artikel 3.

Den Angehörigen der vertragschließenden Länder werden gleichgestellt die Angehörigen der dem Verbande nicht beigetretenen Länder, welche im Gebiet eines der Verbandsländer ihren Wohnsitz oder tatsächliche und wirkliche gewerbliche oder Handelsniederlassungen haben.

[Art. 4—7 b sind patent- bzw. warenzeichenrechtlicher Natur.]

Artikel 8.

Der Handelsname soll in allen Verbandsländern, ohne Verpflichtung zur Hinterlegung oder Eintragung, geschützt werden, gleichviel ob er den Teil einer Fabrik- oder Handelsmarke bildet oder nicht.

Artikel 9.

Jedes widerrechtlich mit einer Fabrik- oder Handelsmarke oder mit einem Handelsnamen versehene Erzeugnis ist bei der Einfuhr in diejenigen Verbandsländer, in welchen diese Marke oder dieser Handelsname Recht auf gesetzlichen Schutz hat, zu beschlagnahmen.

Die Beschlagnahme ist auch in dem Lande vorzunehmen, wo die widerrechtliche Anbringung stattgefunden hat, oder in dem Lande, wohin das Erzeugnis eingeführt worden ist.

Die Beschlagnahme erfolgt gemäß der inneren Gesetzgebung jedes Landes auf Antrag entweder der Staatsanwaltschaft oder einer anderen zuständigen Behörde oder einer beteiligten Partei, sei diese eine natürliche oder eine juristische Person.

Die Behörden sollen nicht gehalten sein, die Beschlagnahme im Falle der Durchfuhr zu bewirken.

Läßt die Gesetzgebung eines Landes die Beschlagnahme bei der Einfuhr nicht zu, so ist die Beschlagnahme durch das Verbot der Einfuhr oder die Beschlagnahme im Inland zu ersetzen.

Läßt die Gesetzgebung eines Landes weder die Beschlagnahme bei der Einfuhr noch das Einfuhrverbot, noch die Beschlagnahme im Inland zu, so sind diese Maßnahmen bis zu einer entsprechenden Änderung der Gesetzgebung durch diejenigen Klagen und Rechtsbehelfe zu ersetzen, die das Gesetz dieses Landes im gleichen Falle den Staatsangehörigen sichert.

Artikel 10.

Die Bestimmungen des vorigen Artikels sollen auf jedes Erzeugnis anwendbar sein, welches als Bezeichnung der Herkunft fälschlich den Namen eines bestimmten Ortes oder Landes trägt, wenn diese Bezeichnung einem erfundenen oder einem zum Zwecke der Täuschung entlehnten Handelsnamen beigefügt wird.

Als Beteiligter, mag er eine natürliche oder eine juristische Person sein, ist in jedem Falle jeder Produzent, Fabrikant oder Kaufmann anzuerkennen, welcher die Produktion oder die Fabrikation des Erzeugnisses oder den Handel mit demselben betreibt und in dem fälschlich als Herkunftsort bezeichneten Orte oder in der Gegend, in der dieser Ort liegt, oder in dem fälschlich bezeichneten Lande seine Niederlassung hat.

Artikel 10 bis.

Die vertragschließenden Länder sind gehalten, den Angehörigen des Verbandes einen wirksamen Schutz gegen unlauteren Wettbewerb zu sichern.

Den Tatbestand unlauteren Wettbewerbs erfüllt jede Wettbewerbshandlung, die den anständigen Gebräuchen auf dem Gebiete des Gewerbes oder des Handels zuwiderläuft.

Insbesondere sind zu untersagen:

1. jegliches Tun, das geeignet ist, auf welchem Wege es auch sei, eine Verwechslung mit den Waren eines Wettbewerbers hervorzurufen;
2. die falschen Angaben im Handelsbetriebe, die den Ruf der Waren eines Wettbewerbers gefährden.

Artikel 10 ter.

Die vertragschließenden Länder verpflichten sich, den Angehörigen der anderen Verbandsländer geeignete Rechtsbehelfe zu gewähren, um die in den Artikeln 9, 10 und 10 bis bezeichneten Handlungen wirksam zu unterdrücken.

Sie verpflichten sich weiter, Maßnahmen zu treffen, die es den Verbänden und Vereinigungen, welche die beteiligten Gewerbe- und Handelskreise vertreten und deren Bestehen den Gesetzen ihres Landes nicht zuwiderläuft, gestatten, die Unterdrückung der in den Artikeln 9, 10 und 10 bis bezeichneten Handlungen vor den Gerichten oder Verwaltungsbehörden in dem Maße zu betreiben, wie es das Gesetz des Landes, in dem der Schutz beansprucht wird, den Verbänden und Vereinigungen dieses Landes gestattet.

[Artikel 11 und 12 betreffen Behörden für Patent- und Warenzeichenschutz.]

Artikel 13.

Das unter dem Namen „Internationales Büro zum Schutze des gewerblichen Eigentums" zu Bern errichtete Internationale Amt ist der hohen Autorität der Regierung der Schweizerischen Eidgenossenschaft unterstellt, die seine Einrichtung regelt und seine Geschäftsführung überwacht.

Die Amtssprache des Internationalen Büros ist die französische Sprache.

Das Internationale Büro sammelt die auf den Schutz des gewerblichen Eigentums bezüglichen Mitteilungen aller Art und vereinigt und veröffentlicht sie. Es beschäftigt sich mit gemeinnützigen Studien, welche für den Verband von Interesse sind, und redigiert mit Hilfe des ihm von den verschiedenen Regierungen zur Verfügung gestellten Aktenmaterials ein regelmäßig erscheinendes Blatt in französischer Sprache, welches die den Gegenstand des Verbandes betreffenden Fragen behandelt.

Die Nummern dieses Blattes sowie alle von dem Internationalen Büro veröffentlichten Schriftstücke werden auf die Regierungen der Verbandsländer im Verhältnis der Zahl der unten erwähnten Beitragseinheiten verteilt. Die außerdem von den genannten Regierungen oder von Gesellschaften oder Privatpersonen etwa beanspruchten Exemplare und Schriftstücke sind besonders zu bezahlen.

Das Internationale Büro hat sich jederzeit zur Verfügung der Verbandsländer zu halten, um ihnen über Fragen der internationalen Verwaltung des gewerblichen Eigentums die besonderen Mitteilungen zu machen, deren sie bedürfen könnten. Der Direktor des Internationalen Büros erstattet über seine Amtsführung jährlich einen Bericht, der allen Verbandsländern mitgeteilt wird.

Die Ausgaben des Internationalen Büros werden gemeinsam von den vertragschließenden Ländern getragen. Bis auf weiteres dürfen sie die Summe von einhundertzwanzigtausend Schweizer Franken jährlich nicht übersteigen. Diese Summe kann im Bedarfsfall durch einstimmigen Beschluß einer der im Artikel 14 vorgesehenen Konferenzen erhöht werden.

Um den Beitrag jedes Landes zu dieser Gesamtsumme der Kosten zu bestimmen, werden die vertragschließenden Länder und diejenigen, welche dem Verbande später beitreten werden, in sechs Klassen geteilt, von denen jede im Verhältnis einer bestimmten Zahl von Einheiten beiträgt, nämlich:

die 1. Klasse	. . . .	25	Einheiten,
„ 2. „	. . . .	20	„ ,
„ 3. „	. . . .	15	„ ,
„ 4. „	. . . .	10	„ ,
„ 5. „	. . . .	5	„ ,
„ 6. „	. . . .	3	„ :

Diese Koeffizienten werden mit der Zahl der Länder jeder Klasse multipliziert, und die Summe der so erhaltenen Produkte bildet die Zahl der Einheiten, mit der die Gesamtausgabe zu dividieren ist. Der Quotient ergibt dann den Betrag der Ausgabeeinheit.

Jedes der vertragschließenden Länder wird bei seinem Beitritt die Klasse angeben, welcher es zugeteilt zu werden wünscht.

Die Regierung der Schweizerischen Eidgenossenschaft überwacht die Ausgaben des Internationalen Büros, leistet die nötigen Vorschüsse und stellt die Jahresrechnung auf, die allen anderen Regierungen mitgeteilt wird.

Artikel 14.

Die gegenwärtige Übereinkunft soll periodischen Revisionen unterzogen werden, um Verbesserungen herbeizuführen, die geeignet sind, das System des Verbandes zu vervollkommnen.

Zu diesem Zwecke werden der Reihe nach in einem der vertragschließenden Länder Konferenzen zwischen den Delegierten der genannten Länder stattfinden.

Die Regierung des Landes, in welchem die nächste Konferenz tagen soll, hat mit Hilfe des Internationalen Büros die Arbeiten dieser Konferenz vorzubereiten.

Der Direktor des Internationalen Büros hat den Sitzungen der Konferenzen beizuwohnen und an den Verhandlungen ohne beschließende Stimme teilzunehmen.

Artikel 15.

Man ist einverstanden, daß die vertragschließenden Länder sich das Recht vorbehalten, einzeln miteinander besondere Abmachungen zum Schutze des gewerblichen

Eigentums zu treffen, sofern diese Abmachungen den Bestimmungen der gegenwärtigen Übereinkunft nicht zuwiderlaufen.

[Artikel 16 bis 19 sind organisatorischer Natur.]

II.

II. Madrider Abkommen vom 14. April 1891 in der Fassung nach den Haager Beschlüssen vom 6. November 1925.

Die Unterzeichneten haben auf Grund ordnungsmäßiger Vollmachten ihrer Regierungen im gemeinschaftlichen Einverständnis die folgende Vertragsfassung festgestellt, die an die Stelle des am 2. Juni 1911 in Washington revidierten Madrider Abkommens vom 14. April 1891 treten soll.

Artikel 1.

Jedes eine falsche Herkunftsangabe tragende Erzeugnis wird, wenn in ihr eines der vertragschließenden Länder oder ein darin belegener Ort unmittelbar oder mittelbar als Land oder als Ort des Ursprungs angegeben ist, bei der Einfuhr in ein jedes der genannten Länder beschlagnahmt.

Die Beschlagnahme erfolgt ebenso in dem Lande, wo die falsche Herkunftsangabe angebracht, oder in dem, wohin das mit der falschen Angabe versehene Erzeugnis eingeführt worden ist.

Läßt die Gesetzgebung eines Landes die Beschlagnahme bei der Einfuhr nicht zu, so tritt an die Stelle dieser Beschlagnahme das Verbot der Einfuhr.

Läßt die Gesetzgebung eines Landes die Beschlagnahme im Innern nicht zu, so treten an die Stelle dieser Beschlagnahme die Klagen und Rechtsbehelfe, die das Gesetz dieses Landes im gleichen Falle den Staatsangehörigen sichert.

Mangels besonderer, die Unterdrückung falscher Herkunftsangaben sichernder Zwangsvorschriften sind die entsprechenden Zwangsvorschriften der Gesetze über die Marken oder die Handelsnamen anwendbar.

Artikel 2.

Die Beschlagnahme erfolgt auf Betreiben der Zollbehörde, die den Beteiligten, sei er eine natürliche oder eine juristische Person, sofort benachrichtigt, damit er, wenn er will, der nur fürsorglich bewirkten Beschlagnahme Rechtsbeständigkeit verschaffen kann. Die Staatsanwaltschaft oder jede andere zuständige Behörde kann jedoch auf Antrag des Verletzten oder von Amts wegen um die Beschlagnahme ersuchen; das Verfahren nimmt dann seinen gewöhnlichen Lauf.

Im Falle der Durchfuhr sind die Behörden nicht verpflichtet, die Beschlagnahme zu bewirken.

Artikel 3.

Die gegenwärtigen Bestimmungen hindern den Verkäufer nicht, seinen Namen oder seine Anschrift auf den Erzeugnissen anzugeben, die aus einem anderen Lande als dem des Verkaufs herkommen; in diesem Falle muß jedoch in Verbindung mit der Anschrift oder dem Namen das Land oder der Ort der Herstellung oder der Erzeugung genau und in deutlichen Buchstaben angegeben oder eine andere Angabe beigefügt werden, die ausreicht, um jeden Irrtum über den wirklichen Ursprung der Waren zu verhüten.

Artikel 4.

Die Gerichte eines jeden Landes haben zu entscheiden, welche Bezeichnungen gattungsmäßig sind und deswegen nicht unter die Bestimmungen des gegenwärtigen Abkommens fallen; die geographischen Herkunftsbezeichnungen für die Erzeugnisse des Weinbaues sind jedoch in dem Vorbehalte dieses Artikels nicht einbegriffen.

[Artikel 5 und 6 sind organisatorischer Natur.]

C.

Verordnung über Vermögensstrafen und Bußen.

Vom 6. Februar 1924 (RGBl. I, 44).

Auf Grund des Ermächtigungsgesetzes vom 8. Dezember 1923 (RGBl. I S. 1179) verordnet die Reichsregierung nach Anhörung eines Ausschusses des Reichsrats und des Reichstags:

Die Vorschriften des Gesetzes zur Erweiterung des Anwendungsgebiets der Geldstrafe und zur Einschränkung der kurzen Freiheitsstrafen vom 21. Dezember 1921, des Geldstrafengesetzes vom 27. April 1923, des Gesetzes über Vermögensstrafen und Bußen vom 13. Oktober 1923 und der Verordnung auf Grund des Gesetzes über Vermögensstrafen und Bußen vom 23. November 1923 (Reichsgesetzbl. 1921 S. 1604; 1923 I S. 254, 943, 1117) werden durch folgende Vorschriften ersetzt:

Artikel I.

§ 1 Abs. 2, 3, §§ 27 bis 29, § 70 Abs. 1 und § 78 des Strafgesetzbuchs lauten:

§ 1 Abs. 2 und 3.

Eine mit Festungshaft bis zu fünf Jahren, mit Gefängnis oder mit Geldstrafe von mehr als einhundertfünfzig Goldmark oder mit Geldstrafe schlechthin bedrohte Handlung ist ein Vergehen.

Eine mit Haft oder Geldstrafe bis zu einhundertfünfzig Goldmark bedrohte Handlung ist eine Übertretung.

§ 27.

Die Geldstrafe ist in Goldmark festzusetzen.

Sie beträgt:

1. bei Verbrechen und Vergehen, soweit nicht höhere Beträge oder Geldstrafe in unbeschränkter Höhe angedroht sind oder werden, mindestens drei Goldmark und höchstens zehntausend Goldmark;
2. bei Übertretungen mindestens eine Goldmark, soweit nicht ein höherer Mindestbetrag angedroht ist oder wird, und höchstens einhundertfünfzig Goldmark.

Die Vorschriften des Abs. 2 über Höchstbeträge gelten nicht, soweit die angedrohte Strafe in dem Mehrfachen, dem Einfachen oder dem Bruchteil eines bestimmten Betrags besteht. Ist dieser nicht auf Goldmark gestellt, so ist er für die Festsetzung der Geldstrafe in Goldmark umzurechnen.

§ 27 a.

Bei einem Verbrechen oder Vergehen, das auf Gewinnsucht beruht, kann die Geldstrafe auf einhunderttausend Goldmark erhöht und auf eine solche Geldstrafe neben Freiheitsstrafe auch in denjenigen Fällen erkannt werden, in denen das Gesetz eine Geldstrafe nicht androht.

§ 27 b.

Ist für ein Vergehen oder eine Übertretung, für die an sich eine Geldstrafe überhaupt nicht oder nur neben Freiheitsstrafe zulässig ist, Freiheitsstrafe von weniger als drei Monaten verwirkt, so ist an Stelle der Freiheitsstrafe auf Geldstrafe (§§ 27, 27 a) zu erkennen, wenn der Strafzweck durch eine Geldstrafe erreicht werden kann.

Die Vorschriften des Militärstrafgesetzbuchs bleiben unberührt.

§ 27 c.

Bei der Bemessung einer Geldstrafe sind die wirtschaftlichen Verhältnisse des Täters zu berücksichtigen.

Die Geldstrafe soll das Entgelt, das der Täter für die Tat empfangen, und den Gewinn, den er aus der Tat gezogen hat, übersteigen.

Reicht das gesetzliche Höchstmaß hierzu nicht aus, so darf es überschritten werden.

§ 28.

Ist dem Verurteilten nach seinen wirtschaftlichen Verhältnissen nicht zuzumuten, daß er die Geldstrafe sofort zahlt, so hat ihm das Gericht eine Frist zu bewilligen oder ihm zu gestatten, die Strafe in bestimmten Teilbeträgen zu zahlen.

Das Gericht kann diese Vergünstigung auch nach dem Urteil bewilligen. Es kann seine Entschließungen nachträglich ändern. Leistet der Verurteilte die Teilzahlungen nicht rechtzeitig, oder bessern sich seine wirtschaftlichen Verhältnisse wesentlich, so kann das Gericht die Vergünstigung widerrufen.

Auf die nach Abs. 2 zu treffenden Entscheidungen findet § 494 (jetzt § 462) der Strafprozeßordnung Anwendung.

§ 28 a.

Soweit die Geldstrafe nicht gezahlt wird, ist sie beizutreiben.

Der Versuch, die Geldstrafe beizutreiben, kann unterbleiben, wenn mit Sicherheit vorauszusehen ist, daß sie aus dem beweglichen Vermögen des Verurteilten nicht beigetrieben werden kann.

§ 28 b.

Die Vollstreckungsbehörde kann dem Verurteilten gestatten, eine uneinbringliche Geldstrafe durch freie Arbeit zu tilgen.

Das Nähere regelt die Reichsregierung mit Zustimmung des Reichsrats. Soweit dies nicht geschieht, sind die obersten Landesbehörden ermächtigt, das Nähere zu regeln.

§ 29.

An die Stelle einer uneinbringlichen Geldstrafe tritt bei Verbrechen und Vergehen Gefängnis oder, wenn neben der Geldstrafe auf Zuchthaus erkannt wird, Zuchthaus, bei Übertretungen Haft. Auch bei Vergehen kann die Geldstrafe in Haft umgewandelt werden, wenn Geldstrafe allein oder an erster Stelle oder wahlweise neben Haft angedroht ist.

Die Dauer der Ersatzstrafe ist mindestens ein Tag und bei Gefängnis und Zuchthaus höchstens ein Jahr, bei Haft höchstens sechs Wochen. Ist neben der Geldstrafe wahlweise Freiheitsstrafe von geringerer Höhe angedroht, so darf die Ersatzstrafe deren Höchstmaß nicht übersteigen. Die Ersatzstrafe darf nur nach vollen Tagen bemessen werden.

Im übrigen richtet sich das Maß der Ersatzstrafe nach freiem Ermessen des Gerichts.

In den Fällen des § 27 b ist Ersatzstrafe die verwirkte Freiheitsstrafe.

Der Verurteilte kann die Vollstreckung der Ersatzstrafe jederzeit dadurch abwenden, daß er den noch zu zahlenden Betrag der Geldstrafe entrichtet.

Kann die Geldstrafe ohne Verschulden des Verurteilten nicht eingebracht werden, so kann das Gericht anordnen, daß die Vollstreckung der Ersatzstrafe unterbleibt. § 494 (jetzt § 462) der Strafprozeßordnung findet Anwendung.

§ 70 Abs. 1.

Die Vollstreckung rechtskräftig erkannter Strafen verjährt, wenn

1. auf Tod oder auf lebenslängliches Zuchthaus oder auf lebenslängliche Festungshaft erkannt ist, in dreißig Jahren;
2. auf Zuchthaus oder Festungshaft von mehr als zehn Jahren erkannt ist, in zwanzig Jahren;
3. auf Zuchthaus bis zu zehn Jahren oder auf Festungshaft von fünf bis zu zehn Jahren oder Gefängnis von mehr als fünf Jahren erkannt ist, in fünfzehn Jahren;
4. auf Festungshaft oder Gefängnis von zwei bis zu fünf Jahren erkannt ist, in zehn Jahren;
5. auf Festungshaft oder Gefängnis bis zu zwei Jahren oder auf Geldstrafe von mehr als einhundertfünfzig Goldmark erkannt ist, in fünf Jahren;
6. auf Haft oder auf Geldstrafe bis zu einhundertfünfzig Goldmark erkannt ist, in zwei Jahren.

§ 78.

Sind mehrere Geldstrafen verwirkt, so ist auf jede gesondert zu erkennen.

Das gleiche gilt von den Freiheitsstrafen, die an die Stelle uneinbringlicher Geldstrafen treten. Ihre Gesamtdauer darf zwei Jahre nicht übersteigen; die Gesamtdauer mehrerer zusammentreffender Haftstrafen darf drei Monate nicht übersteigen.

Artikel II.

Geldstrafen, die nicht bei Verbrechen, Vergehen oder Übertretungen angedroht sind oder werden, insbesondere Zwangsstrafen und Ordnungsstrafen, sind in Goldmark festzusetzen.

Die Geldstrafe beträgt, soweit nicht höhere Beträge oder Geldstrafe in unbeschränkter Höhe angedroht sind oder werden, mindestens eine Goldmark und höchstens eintausend Goldmark.

Die Vorschrift des Abs. 2 über Höchstbeträge gilt nicht, soweit die angedrohte Strafe in dem Mehrfachen, dem Einfachen oder dem Bruchteil eines bestimmten Betrags besteht. Ist dieser nicht auf Goldmark gestellt, so ist er für die Festsetzung der Geldstrafe in Goldmark umzurechnen.

Soweit an die Stelle einer uneinbringlichen Geldstrafe eine Ersatzfreiheitsstrafe zu treten hat, darf die Geldstrafe nur in Haft von höchstens sechs Wochen umgewandelt werden; ist neben der Geldstrafe wahlweise Freiheitsstrafe von weniger als sechs Wochen angedroht, so darf die Ersatzstrafe deren Höchstmaß nicht übersteigen. Die Ersatzstrafe darf nur nach vollen Tagen bemessen werden. Im übrigen richtet sich ihr Maß nach freiem Ermessen der Behörde, die sie festsetzt.

Artikel III.

Ist oder wird eine Behörde, ein Beamter, eine Körperschaft oder deren Vorstand ermächtigt, Geldstrafen (§ 27 des Strafgesetzbuchs, Artikel II dieser Verordnung) anzudrohen oder festzusetzen, so beträgt die zulässige Geldstrafe, soweit nicht eine Ermächtigung zur Androhung oder Festsetzung höherer Beträge oder von Geldstrafe in unbeschränkter Höhe besteht oder erteilt wird,

1. bei Geldstrafen der im § 27 des Strafgesetzbuchs bezeichneten Art für Vergehen mindestens drei Goldmark und höchstens zehntausend Goldmark, für Übertretungen mindestens eine Goldmark und höchstens einhundertfünfzig Goldmark;
2. bei Geldstrafen der im Artikel II bezeichneten Art mindestens eine Goldmark und höchstens eintausend Goldmark.

Die Vorschriften des Abs. 1 über Höchstbeträge gelten nicht, wenn die anzudrohende oder festzusetzende Strafe in dem Mehrfachen, dem Einfachen oder dem Bruchteil eines bestimmten Betrags besteht. Artikel II Abs. 3 Satz 2 gilt entsprechend.

Artikel IV.

Bei einer an den Verletzten zu zahlenden Buße beträgt der Mindestbetrag drei Goldmark, der Höchstbetrag zehntausend Goldmark.

Artikel V.

Der in Goldmark festgesetzte Betrag einer Vermögensstrafe oder Buße ist in Reichswährung nach dem für den Tag der Zahlung oder Beitreibung maßgebenden Goldumrechnungssatz umzurechnen, den der Reichsminister der Finanzen auf Grund des § 2 Abs. 3 der Aufwertungsverordnung vom 11./18. Oktober 1923 (Reichsgesetzbl. I S. 939, 979) festsetzt und fortlaufend veröffentlicht.

Die Zahlung kann auch in anderen als den gesetzlichen Zahlungsmitteln geleistet werden, soweit sie an den öffentlichen Kassen anzunehmen sind; den Umrechnungssatz bestimmt der Reichsminister der Finanzen. Maßgebend ist der für den Tag der Zahlung oder Beitreibung geltende Umrechnungssatz.

Vermögensstrafen im Sinne dieser Verordnung sind alle Geldstrafen (§ 27 des Strafgesetzbuchs, Artikel II, III dieser Verordnung) und solche Geldbeträge, die mit Rücksicht auf eine begangene strafbare Handlung eingezogen, für verfallen erklärt oder sonst auferlegt werden.

Artikel VI.

Bei Vermögensstrafen und Bußen gilt als Tag der Zahlung:

1. bei Zahlung durch Postscheck oder Postüberweisung der Tag, der sich aus dem Tagesstempel des Postscheckamts auf dem dem Zahlungsempfänger ausgehändigten Abschnitt ergibt;
2. bei sonstiger Übermittlung der Zahlung durch die Post der aus dem Tagesstempel der Aufgabepostanstalt ersichtliche Tag der Einzahlung oder Einlieferung.

Im übrigen gilt als Tag der Zahlung der Tag des Zahlungseinganges.

Artikel VII.

Vermögensstrafen (Artikel V Abs. 3) und Bußen, die vor dem 8. Dezember 1923 in Reichswährung festgesetzt worden und noch nicht gezahlt sind, werden von der Vollstreckungsbehörde in Goldmark umgerechnet.

Die Umrechnung erfolgt in der Weise, daß zunächst der erkannte Betrag nach Maßgabe des Artikel IV des Gesetzes über Vermögensstrafen und Bußen vom 13. Oktober 1923 (Reichsgesetzbl. I S. 943) unter Zugrundelegung einer abgerundeten Reichsindexzahl von 1000 Milliarden umgewertet und sodann der umgewertete Betrag auf der Grundlage eine Billion Reichsmark gleich eine Goldmark in Goldmark umgerechnet wird. Soweit eine Umwertung des erkannten Betrags nach Artikel IV des genannten Gesetzes nicht zu erfolgen hat, wird der erkannte Betrag auf dieser Grundlage unmittelbar in Goldmark umgerechnet.

Der Betrag wird auf volle Goldmark nach unten abgerundet. Vermögensstrafen und Bußen, die auch nach der Umrechnung weniger als eine Goldmark betragen, werden niedergeschlagen.

Die Vorschriften der Abs. 1, 2 gelten entsprechend für Gerichtsgebühren bei Verurteilung zu einer Geldstrafe (§ 49 des Gerichtskostengesetzes vom 21. Dezember 1922, Reichsgesetzbl. 1923 I S. 12). Der Betrag wird auf volle fünfzig Goldpfennig nach unten abgerundet. Gebühren, die auch nach der Umrechnung weniger als fünfzig Goldpfennig betragen, werden niedergeschlagen.

Artikel VIII.

Die Vorschriften der Artikel I bis VII gelten für das gesamte Reichs- und Landesrecht.

Hinsichtlich der landesrechtlichen Geldstrafen, Ermächtigungen und Bußen kann durch das Landesrecht Abweichendes bestimmt werden.

Sachregister.

(Die Zahlen verweisen auf die Seiten.)

A.

C.

D.

E.

F.

G.

T.

U.

Otto Walter, Buchdruckerei, Berlin S 14

Nachweis wichtiger Gesetzesausgaben

mit und ohne Erläuterungen, größere und kleinere Kommentare, Lehrbücher, Sammelwerke, Entscheidungssammlungen, Zeitschriften

Verlag Walter de Gruyter & Co., Berlin W 10 Genthiner Str. 38

Herbst 1931

Inhaltsübersicht

I. Allgemeines, Sammelwerke.

Handwörterbuch der Rechtswissenschaft. Unter Mitberatung von Reichsgerichtspräsident Dr. Dr. E. Bumke, Reichsgerichtsrat Dr. L. Busch, Oberreichsanwalt Prof. Dr. Dr. L. Ebermayer, Geh. Rat Professor Dr. Dr. Fr. Endemann, Geh. Justizrat Professor Dr. Dr. E. Heymann, Senatspräsident am Reichsgericht Dr. O. Strecker, Präsident des Bayerischen Obersten Landesgerichts Staatsrat Dr. K. v. Unzner †, herausgegeben von Dr. jur. **Fritz Stier-Somlo**, o. Professor an der Universität Köln, und Dr. jur. **Alexander Elster**, Berlin. 6 Bände. Lexikon-Oktav. 1926/29. In Halbleder geb. RM. 304.—

Hierzu erschien 1931 ein **Ergänzungsband**. RM. 37.—, in Halbleder geb. RM. 43.—, der nicht weniger als 228 Stichworte enthält. Neben allen durch die Rechtsentwicklung gebotenen Ergänzungen zu den im Hauptwerk behandelten Themen findet sich noch eine Anzahl neuer Aufsätze, die der eine oder andere Leser vielleicht vermißt hat. Das HdR. ist also ein stets auf der Höhe der Rechtsentwicklung stehendes Kompendium des gesamten Rechts.

„Es zeigt sich doch jetzt immer mehr, daß Ihr Handwörterbuch ein ganz großer Wurf war. Wie ich höre, wird es auch in der Praxis in steigendem Maße benutzt." Professor Dr. Nipperdey, Köln.

Die Reichsgerichtspraxis im deutschen Rechtsleben. Festgabe der juristischen Fakultäten zum 50jährigen Bestehen des Reichsgerichts (1. Oktober 1929), unter Mitwirkung der Professoren Gerhard Anschütz, Heidelberg, Ernst Heymann, Berlin, Theodor Kipp, Berlin, Wilhelm Kisch, München, Alfred Schultze, Leipzig, Heinrich Siber, Leipzig, herausgegeben von Otto Schreiber, weiland Professor in Königsberg i. Pr. 6 Bde. Groß-Oktav. 1929.
Geh. RM. 110.—, in Halbfranz geb. RM. 134.—

I. Band: Öffentliches Recht. II. Band: Zivil- und Handelsrecht. III. Band: Zivil- und Handelsrecht (Fortsetzung). IV. Band: Handels- und Wirtschaftsrecht. V. Band: Strafrecht und Strafprozeß. VI. Band: Zivilprozeßrecht.

Die Bände werden einzeln abgegeben.

Mit dieser umfangreichen Festgabe wird eine große, systematisch geordnete Reihe hervorragender Monographien veröffentlicht, die durchweg besonders wichtige und schwierige Fragen aus allen Teilen des Rechts behandeln.

Fünfzig Jahre Reichsgericht am 1. Oktober 1929. Von Dr. Adolf **Lobe**, Senatspräsident am Reichsgericht i. R., M. d. R. unter Mitarbeit von Mitgliedern und Beamten des Reichsgerichts, der Reichsanwaltschaft und der Rechtsanwaltschaft am Reichsgericht. Mit 14 Porträts und 15 Abbildungen. Lexikon-Oktav. VI, 436 Seiten. 1929.
RM. 20.—, in Halbfranz RM. 24.—

Von den beiden Festschriften „Lobe, Fünfzig Jahre Reichsgericht" und der Festgabe der juristischen Fakultäten gibt die vorliegende ein Bild der organisatorischen Gestaltung des Reichsgerichts und seiner Einrichtungen, in deren Schutz sich seine Aufgaben und seine Arbeit gestalten. Ausführlicher Prospekt mit Inhaltsverzeichnis kostenlos.

Bürgerliches Rechtslexikon. (Nach dem Bürgerlichen Gesetzbuch, dem Handelsgesetzbuch und sonstigen Reichs- und Landesgesetzen.) Von E. **Christiani**, weil. Amtsgerichtsrat. Vierte, durchgearbeitete und verbesserte Auflage von Dr. Alexander **Elster**, Rechtsanwalt Dr. Hugo **Hoormann**, Amtsgerichtsrat Georg **Krause**, Lexikon-Oktav. **IV, 474 Seiten. 1930** . . . . Geb. RM. 15.—

„Wir kennen kein zweites Werk, das das gleiche Material in so kurzer, trefflicher und verständlicher Weise enthält und das so brauchbar wäre wie das hiermit warm empfohlene Buch."
Zeitschrift für das gesamte Gebiet der direkten Steuern.

Hedemann, J. W., **Einführung in die Rechtswissenschaft.** Zweite, erweiterte und umgestaltete Auflage. Oktav. XXII, 566 Seiten. 1927. (Lehrbücher und Grundrisse der Rechtswissenschaft Bd. IX.)
RM. 14.—, geb. RM. 16.—

„. . . Das Buch Hedemanns, welches die Aufgabe einer Einführung am reichsten und umfassendsten auffaßt und löst . . ."
Juristische Wochenschrift.

Wegner, Arthur, **Einführung in die Rechtswissenschaft.**
I. Band: Aufbau des Rechtes, geschichtlich und systematisch. Rechtswissenschaftliche Arbeitsweise. Bürgerliches Recht. Handelsrecht. Arbeitsrecht. 144 Seiten. 1931. (Sammlung Göschen Bd. 1047.)
Geb. RM. 1.80
II. Band: Drei Bücher Öffentliches Recht: Staat, Völkergemeinschaft, Kirche. 140 Seiten. 1931. (Sammlung Göschen Bd. 1048.)
Geb. RM. 1.80

Schröder, Richard, und **Künßberg**, F., **Lehrbuch der deutschen Rechtsgeschichte.** Sechste, verbesserte Auflage. Groß-Oktav. Mit einer Abbildung im Text, fünf Tafeln und einem Bildnis. 1124 Seiten. 1922.
RM. 26.—, in Halbleder geb. RM. 30.—

Dieses bekannte Lehrbuch hat sich seit langen Jahren bestens bewährt.

Fehr, Hans, **Deutsche Rechtsgeschichte.** Zweite, verbesserte und ergänzte Auflage. Oktav. 416 Seiten. 1925. (Lehrbücher und Grundrisse der Rechtswissenschaft Bd. X.) RM. 13.—, geb. RM. 14.50

Das Buch gibt eine plastische Darstellung der deutschen Rechtsgeschichte, die eine Anhäufung von Stoff ausdrücklich vermeidet, vielmehr das Schwergewicht auf eine mehr ideengeschichtliche Behandlung des Gegenstandes legt.

Schröder, Richard, und **Glitsch**, Heinrich, **Deutsche Rechtsgeschichte.** Zweite Auflage. Neudruck.
I. Bis zum Ende des Mittelalters. 160 Seiten. 1929. (Sammlung Göschen Bd. 621.) . . . . Geb. RM. 1.80
II. Die Neuzeit. 90 Seiten. 1929. (Sammlung Göschen Bd. 664.)
Geb. RM. 1.80

Eine gemeinverständliche kurze Darstellung der deutschen Rechtsgeschichte.

Giese, Friedrich, **Preußische Rechtsgeschichte.** Übersicht über die Rechtsentwicklung der preußischen Monarchie und ihrer Landesteile. Ein Lehrbuch für Studierende. Groß-Oktav. 256 Seiten. 1920.
RM. 5.—, geb. RM. 6.50

„Das Buch ist nicht ein, sondern das (bisher fehlende) Lehrbuch der preußischen Rechtsgeschichte."
Dr. Karl Strupp im „Verwaltungsarchiv"

von Mayr, Robert, **Römische Rechtsgeschichte.** I. Buch. Die Zeit des Volksrechtes. 1. Hälfte: Das öffentliche Recht. 150 Seiten. 1912. (Sammlung Göschen Bd. 577.) . . . . Geb. RM. 1.80
2. Hälfte: Das Privatrecht. 117 Seiten. 1912. (Sammlung Göschen Bd. 578.) . . . . Geb. RM. 1.80
II. Buch: Die Zeit des Amts- und Verkehrsrechtes. 1. Hälfte: Das öffentliche Recht. 158 Seiten. 1912. (Sammlung Göschen Bd. 645.)
Geb. RM. 1.80

2. Hälfte: Das Privatrecht I. 122 Seiten. 1913. (Sammlung Göschen Bd. 646.) . . . . Geb. RM. 1.80
Das Privatrecht II. 150 Seiten. 1913. (Sammlung Göschen Bd. 647.) Geb. RM. 1.80
III. Buch. Die Zeit des Reichs- und Volksrechtes. 111 Seiten. 1913. (Sammlung Göschen Bd. 648.) . . . . Geb. RM. 1.80
IV. Buch. Die Zeit der Orientalisierung des römischen Rechtes. 155 Seiten. 1913. (Sammlung Göschen Bd. 697.) . . . . Geb. RM. 1.80

Schott, Richard, **Hilfsbüchlein für die Vorlesungen über Institutionen, Geschichte und Zivilprozeß des römischen Rechts.** Oktav. 42 Seiten. 1931 . . . . RM. 1.60

Das „Hilfsbüchlein" ist aus dem vorwiegend für die romanistischen Vorlesungen und Übungen der Breslauer Universität benutzten „Hilfsbüchlein für den römischen Zivilprozeß" von Schott, Fischer und Bruck hervorgegangen, das bereits in mehreren Auflagen erschien. Es enthält in seiner neuen Form Urkunden aus dem römischen Recht, die dem Studenten einen lebendigen Eindruck von der Entwicklung der Gesetzestechnik und der Abwicklung von Rechtsgeschäften vermitteln sollen. Trotz der aus Preisrücksichten gebotenen Beschränkung in der Auswahl wurde auf eine recht vielseitige Beispielgebung geachtet. Das Heft ist von besonderem Wert als Material für die durch die Studiumreform eingeführten Besprechungsstunden.

Stammler, Rudolf, **Lehrbuch der Rechtsphilosophie.** Dritte, vermehrte Auflage. Groß-Oktav. XVI, 396 Seiten. 1928.
RM. 13.—, geb. RM. 15.—

„. . . Ein Werk aus einem Gusse, ein herbes Werk von größter wissenschaftlicher Strenge, eine Schule, durch die jeder gehen muß, der mit den rechtsphilosophischen Problemen der Gegenwart ringt." *Schweizerische Juristenzeitung.*

Stammler, Rudolf, **Rechts- und Staatstheorien der Neuzeit.** Leitsätze zu Vorlesungen. Zweite, vermehrte und verbesserte Auflage. Oktav. IV, 116 Seiten. 1925. . . . . RM. 3.50, geb. RM. 4.50

Ein unentbehrlicher Führer durch die Rechts- und Staatstheorien der Neuzeit.

Stammler, Rudolf, **Wirtschaft und Recht** nach der materialistischen Geschichtsauffassung. Eine sozialphilosophische Untersuchung. Fünfte, durch einen Nachtrag ergänzte Auflage. Oktav. VIII, 704 Seiten. 1924. . . . . RM. 14.—, geb. RM. 16.—

„Das Werk Stammlers darf den Ruhm in Anspruch nehmen, unter allen Büchern, die in der letzten Zeit auf dem hier in Betracht kommenden Gebiet erschienen sind, die stärkste Wirkung hervorgebracht zu haben." *Historische Zeitschrift.*

Friedrichs, Karl, **Der Allgemeine Teil des Rechts.** Eine Darstellung der gemeinsamen Lehren des öffentlichen und des privaten Rechts. Groß-Oktav. X, 306 Seiten. 1927. . . . . . RM. 12.—, geb. RM. 13.50

„Eine solche Arbeit fehlte bisher in der juristischen Literatur. Friedrichs ist wie kein anderer berufen, eine grundlegende Arbeit über dieses Gebiet zu schreiben." *Mitteilungen des Preuß. Richtervereins.*

Maas, Georg, und **Magnus**, Julius, **Abkürzungsverzeichnis der Rechtssprache.** Abkürzungen der Bezeichnungen von Rechtsquellen, Behörden, Entscheidungen usw. des deutschen und österreichischen Rechts. Oktav. IV, 140 Seiten. 1929. . . . . RM. 4.—

„Bis jetzt fehlte eine Zusammenstellung, die in zuverlässiger Weise die gebräuchlichsten Abkürzungen wiedergab. Diese Lücke füllt das neue Buch in glücklicher Weise aus." *Der junge Rechtsgelehrte.*

Endemann, Friedrich, **Grundriß des römischen Privatrechts.** Oktav. X, 256 und 30 Seiten. 1925. (Lehrbücher und Grundrisse der Rechtswissenschaft Bd. XII.) . . . . RM. 9.—, geb. RM. 10.50

„. . . ein nach jeder Richtung hochstehendes Werk."
Der junge Rechtsgelehrte.

Stammler, Rudolf, **Aufgaben aus dem römischen Recht.** Der „Institutionenübungen für Anfänger" vierte Auflage. Oktav. IV, 92 Seiten. Mit Figuren im Text. 1919 . . . . Geb. RM. 5.—

Zum selbständigen Einarbeiten in das System des römischen Privatrechts.

II. Bürgerliches Recht

1. Bürgerliches Gesetzbuch

Lehmann, Heinrich, **Allgemeiner Teil des Bürgerlichen Gesetzbuches.** Dritte, vermehrte und verbesserte Auflage (9. bis 12. Tausend). Oktav. XIV, 439 Seiten. 1928. (Lehrbücher und Grundrisse der Rechtswissenschaft Bd. I.) . . . . RM. 12.—, geb. RM. 13.50

„Es liegt ein großer pädagogischer Wert in diesem Buch. Es wird sich unter den Studenten rasch großer Beliebtheit erfreuen."
Das Recht.

Leonhard, R., **Der Allgemeine Teil des Bürgerlichen Gesetzbuches** in seinem Einflusse auf die Fortentwicklung der Rechtswissenschaft. Groß-Oktav. XVI, 537 Seiten. 1900. (Recht des Bürgerlichen Gesetzbuches in Einzeldarstellungen Nr. X.) . . . . RM. 10.—

Die Sammlung „Recht des Bürgerlichen Gesetzbuches" umfaßt systematische Darstellungen des BGB. aus der Feder erster Juristen der Wissenschaft und Praxis.

Oertmann, Paul, **Allgemeiner Teil des Bürgerlichen Gesetzbuches.**
I. Einleitung. Lehre von den Personen und von den Sachen. Dritte, verbesserte Auflage. 136 Seiten. 1926. (Sammlung Göschen Bd. 447.) Geb. RM. 1.80
II. Erwerb und Verlust, Geltendmachung und Schutz der Rechte. Dritte, verbesserte Auflage. 147 Seiten. 1928. (Sammlung Göschen Bd. 448.) . . . . Geb. RM. 1.80

Nach der die Vorgeschichte des BGB. und einzelne für seine Bedeutung und Anwendung wichtige Hauptfragen behandelnden Einleitung bespricht der Verfasser die Lehre von den Personen und von den Sachen. Er verarbeitet den Inhalt der einzelnen Gesetzesparagraphen wissenschaftlich und erörtert dabei auch mehrfach Fragen, die im BGB. selbst nicht geregelt, höchstens gestreift werden.

Plancks Kommentar zum Bürgerlichen Gesetzbuch nebst Einführungsgesetz. Bisher herausgegeben von E. Strohal. Bearbeitet von E. Brodmann, L. Busch, J. Ebbecke, F. Flad, M. Greiff, K. Gunkel, P. Knoke, M. Landois, A. Lobe, Fr. Oegg, H. Siber, O. Strecker, K. von Unzner. Vierte, völlig neubearbeitete Auflage. Lexikon-Oktav. Bisher sind erschienen:
I. Band: Allgemeiner Teil. 606 Seiten. 1913. RM. 15.—, geb. RM. 17.—
II. Band, 1. Hälfte: Recht der Schuldverhältnisse. (Allgemeiner Teil.) 640 Seiten. 1914 . . . . RM. 15.—, geb. RM. 17.—
II. Band, 2. Hälfte: Recht der Schuldverhältnisse. (Besonderer Teil.) 1296 Seiten. 1928 . . . . RM. 49.—, geb. RM. 52.—
III. Band: Sachenrecht . . . . Neue Auflage im Druck.
IV. Band: Familienrecht. 1. Hälfte §§ 1297—1588. 701 Seiten. 1928. RM. 26.—, geb. RM. 28.—

V. Band: Erbrecht. Vierte, völlig neubearbeitete Auflage. Groß-Oktav. XII, 1136 Seiten. 1930 . . RM. 51.—, geb. RM. 54.—

„Für jeden Praktiker, der tiefer in den Rechtsstoff eindringen muß, um die zur Entscheidung stehende Frage zu prüfen, ist Plancks Kommentar immer ein zuverlässiger Ratgeber und seine Erläuterung und Meinung von hohem Wert und Gewicht, stets sorgfältiger Beachtung wert.“ Zentralblatt für freiwillige Gerichtsbarkeit.

Das Bürgerliche Gesetzbuch mit besonderer Berücksichtigung der Rechtsprechung des Reichsgerichts. Erläutert von Dr. Busch, Erler, Dr. Lobe, Michaelis, Oegg, Sayn, Schliewen und Seyffarth, Reichsgerichtsräten und Senatspräsidenten am Reichsgericht. Siebente, unveränderte Auflage. 5 Bände. §§ 1—2385. Lexikon-Oktav. 3182 Seiten. 1928 . . . . In Halbleder geb. RM. 150.—

I. Band: Allgemeiner Teil. Recht der Schuldverhältnisse I. (Allgemeiner Teil.) — II. Band: Recht der Schuldverhältnisse II. (Einzelne Schuldverhältnisse.) — III. Band: Sachenrecht. — IV. Band: Familienrecht. — V. Band: Erbrecht. Alphabetisches Sachverzeichnis.

(Das Werk wird nur komplett abgegeben.)

„Eine neue Auflage dieses für die Praxis wertvollsten Kommentars ist ein Ereignis für die Juristenwelt.“
Blätter für Rechtspflege im Bezirk des Kammergerichts.

Achilles-Greiff, Bürgerliches Gesetzbuch nebst Einführungsgesetz. Mit Einleitung, Anmerkungen und Sachregister. Nach dem Tode des ersten Herausgebers Dr. A. Achilles in Verbindung mit J. Altstötter, Oberamtsrichter in München, O. Meyer, Oberlandesgerichtspräsident in Celle, Dr. J. Kieckebusch, Land- und Amtsgerichtsrat in Kassel, Dr. O. Strecker, Senatspräsident am Reichsgericht i. R. in Leipzig, herausgegeben von Dr. M. Greiff, Wirkl. Geh. Oberjustizrat, Oberlandesgerichtspräsident i. R. in Berlin. Dreizehnte, vermehrte und verbesserte Auflage. Mit Erläuterungen der Verordnung über das Erbbaurecht, des Gesetzes über die religiöse Kindererziehung und des Gesetzes für Jugendwohlfahrt. Groß-Oktav. XXIII, 1304 Seiten. 1930. (Guttentagsche Sammlung Deutscher Reichsgesetze Bd. 38/39.) . . . . . Geb. RM. 24.—, in Halbleder geb. RM. 26.—

„Das ausgezeichnete Buch, das einer weiteren Empfehlung kaum bedarf, wird seine führende Stellung unter den Handausgaben ohne Zweifel behaupten.“ Juristische Rundschau.

Bürgerliches Gesetzbuch nebst Einführungsgesetz. Vom 18. August 1896 mit Berücksichtigung der bis zum 1. Januar 1928 ergangenen Abänderungen. Textausgabe mit ausführlichem Sachregister. Sechzehnte Auflage. (61. bis 66. Tausend). Taschenformat. 758 Seiten. 1928. (Guttentagsche Sammlung von Textausgaben ohne Anmerkungen mit Sachregister.) . . . . Geb. RM. 2.80

Die vorliegende Ausgabe zeichnet sich durch Vollständigkeit und besondere Ausführlichkeit des Sachregisters aus.

Schulz, F. H., Bürgerliches Gesetzbuch. Taschenformat. XI, 682 Seiten. 1930 . . . . Geb. RM. 8.—
(Lehrausgaben Deutscher Gesetze, Bd. I.)

Dieser Band bringt auch die Bezeichnung der entsprechenden römisch-rechtlichen bzw. gemeinrechtlichen Institute und verwirklicht damit einen Gedanken, der eigentlich wohl schon vor dreißig Jahren hätte ausgeführt werden sollen.

Lindemann, Otto, Ausführungsgesetz zum Bürgerlichen Gesetzbuche vom 20. September 1899 nebst einem Anhang: Verordnung zur Ausführung des Bürgerlichen Gesetzbuchs vom 16. November 1899. Nach dem Tode des früheren Herausgebers Kammergerichtsrat Dr. P. Siméon, erläutert von Geh. Oberjustizrat Otto Lindemann, Ministerialdirektor im Pr. Justizministerium. Vierte Auflage. Taschenformat. 208 Seiten. 1930. (Guttentagsche Sammlung Preußischer Gesetze Bd. 23.) Geb. RM. 5.—

Die neue Auflage kommt im richtigen Augenblick, um dem fühlbaren Mangel an neuen Bearbeitungen der Ausführungsgesetze zum Bürgerlichen Gesetzbuch abzuhelfen. Sie ist völlig neu bearbeitet und nach den Ergebnissen von Gesetzgebung und Rechtsprechung bis in die jüngste Zeit ergänzt.

Juristischer Anschauungsstoff. Herausgegeben von Helmut Rühl, o. Prof. d. Rechte a. d. Handelshochschule Mannheim.

Heft 1:

Rühl, H., **Bürgerliches Recht und Arbeitsrecht.** Groß-Oktav. VIII, 148 Seiten. 1931 . . . . RM. 4.—

In der Sammlung „Juristischer Anschauungsstoff" werden für den Gebrauch im akademischen Unterricht Urkunden aus der Rechtspraxis zusammengestellt. So bringt das erste Heft 140 typische Beispiele für fast jedes Rechtsinstitut des BGB. und des Arbeitsrechts (Registereintragungen, Geschäftsbedingungen, Tarifverträge, Satzungen usf.). Die Anordnung folgt dem Gang des Gesetzes. Die gewählten Beispiele sind für die Praxis kennzeichnend. Sie gewähren einen Einblick in das lebendige Recht und zeigen die Abwandlung des Gesetzes durch die Wirtschaft.

Schück, Richard, **Zivilrechtspraktikum.** Zum Selbststudium und zum Lehrgebrauch. Vierte, vermehrte Auflage. Herausgegeben von Gustav Schreiber. Groß-Oktav. 160 Seiten. 1930. Geb. RM. 6.—

Das „Schücksche Zivilrechtspraktikum" bringt in einem billigen Band über 600 Fälle aus allen fünf Büchern des BGB. und dem Einführungsgesetz. Es hat sich seit seinem Erscheinen durch seine praktische Auswahl überall durchgesetzt und durch drei Auflagen hindurch bewährt. Die vorliegende vierte Auflage weist eine Anzahl Ergänzungen auf, die aber durch die besondere Art ihrer Einordnung den Gebrauch mehrerer Auflagen nebeneinander nicht stören.

von der Mosel, Heinrich, **Lösungen** zu dem von Kammergerichtsrat Dr. Richard Schück herausgegebenen **Zivilrechtspraktikum.** Nach dem Bürgerlichen Gesetzbuch bearbeitet für Studierende und Referendare. Fünfte Auflage. Oktav. 227 Seiten. 1931. RM. 6.—, kart. RM. 6.50

Die Lösungen behandeln fast alle in dem Praktikum enthaltenen Fälle.

v. Schwerin, Cl., Frhr., **Grundzüge des deutschen Privatrechts.** Zweite Auflage. Oktav. XII, 342 Seiten. 1928. (Lehrbücher und Grundrisse der Rechtswissenschaft Bd. XIII.) RM. 9.50, geb. RM. 11.—

„Was dem Studenten not tut, ist ein kurzgefaßtes Handbuch. ... Ein ausgezeichnetes Hilfsmittel dieser Art ist das vorliegende Buch."
Zeitschrift für Rechtspflege in Bayern.

Wegner, Arthur, **Jugendrecht.** Ein Lehrbuch zur Einführung. Oktav. IX, 219 Seiten. 1929 . . . . RM. 6.—, geb. RM. 7.50

Schuldverhältnisse insbesondere

Hedemann, Justus Wilh., **Schuldrecht des Bürgerlichen Gesetzbuches.** Zweite Auflage. Oktav. XXIV, 503 Seiten. 1931. (Lehrbücher und Grundrisse der Rechtswissenschaft Bd. II.) RM. 14.50, geb. RM. 16.—

„Die Schrift bietet die beste mir bekannte Einführung in das schwierige Recht der Schuldverhältnisse." Staats- und Selbstverwaltung.

Oertmann, Paul, **Schuldrecht.** (BGB. II.)
I. Allgemeine Lehren. Dritte, verbesserte Auflage. 142 Seiten. 1927. (Sammlung Göschen Bd. 323.) . . . . Geb. RM. 1.80
II. Die einzelnen Schuldverhältnisse. Dritte, verbesserte Auflage. 159 Seiten. 1929. (Sammlung Göschen Bd. 324.) . . Geb. RM. 1.80

„In knapper Form und gemeinverständlicher Ausdrucksweise ist ein vorzüglicher Überblick über den Stoff gegeben."
Leipziger Zeitschrift für deutsches Recht.

Meyer, Georg, **Das Recht der Beschlagnahme von Lohn, Gehalt und Diensteinkommen.** Auf Grund des Reichsgesetzes vom 21. Juni 1869, der Verordnung über Lohnpfändung vom 25. Juni 1919 nebst Abänderungen und der Zivilprozeßordnung dargestellt. Siebente, vermehrte Auflage. Taschenformat. 174 Seiten. 1930. (Guttentagsche Sammlung Deutscher Reichsgesetze Bd. 55.) . . Geb. RM. 4.50

„Das Lohnbeschlagnahmegesetz wird hier in mustergültiger Weise erläutert. Die zahlreichen Zweifelsfragen werden gründlich erörtert." *Hessische Rechtsprechung.*

Seligsohn, Franz, **Kommentar zum Haftpflichtgesetz.** Zweite Auflage. Groß-Oktav. 360 Seiten. 1930 . . . . . . RM. 12.—, geb. RM. 13.50

„Das reiche Material hat der Verfasser mit logischer Schärfe und in knapper Form bearbeitet und damit ein mustergültiges Werk geschaffen, das für die meist veralteten Kommentare zum Reichshaftpflichtgesetz einen wertvollen Ersatz bietet."
Blätter für Rechtspflege im Bezirk des Kammergerichts.

Krieg, O., **Mietrecht und Wohnungsmangelgesetzgebung** im Reiche, in Preußen und in Berlin, einschließlich Hauszinssteuer, Kostenwesen und Rechtsentscheiden des Kammergerichts und des Obersten Landesgerichts. Zusammengestellt und mit ausführlichem Schlagwortregister versehen. Vierte Auflage. Taschenformat. XII, 594 Seiten. 1928. (Guttentagsche Sammlung Deutscher Reichsgesetze Bd. 156.) Geb. RM. 10.—

„Eine solche Ausgabe zu besitzen, ist wertvoll. Diese Ausgabe verdient schon wegen ihrer Vollständigkeit besondere Beachtung. Ein vortreffliches Sachregister ist beigegeben." *Juristische Wochenschrift*

Stölzle, Hans, **Viehkauf** nach Bürgerlichem Gesetzbuch und ausländischem Recht. Verordnung, betreffend die Hauptmängel und Gewährfristen beim Viehhandel. Von Eugen Fröhner. Sechste, vermehrte und wesentlich verbesserte Auflage. Taschenformat. 699 Seiten. 1926. (Guttentagsche Sammlung Deutscher Reichsgesetze Bd. 50.)
Geb. RM. 15.—

„Das Buch ist Juristen wie Laien als lichtvoller Ratgeber in allen Fragen nur auf das wärmste zu empfehlen."
Deutsche Juristen-Zeitung.

Crisolli, Karl-August, Das Reichsgesetz, betreffend die **Abzahlungsgeschäfte** vom 16. Mai 1894. Mit Einleitung, Anmerkungen und Sachregister. Unter Mitwirkung von Julius Crisolli. Vierte, völlig umgearbeitete Auflage des Werkes von Hoffmann-Wilke. Taschenformat. 413 Seiten. 1931. (Guttentagsche Sammlung Deutscher Reichsgesetze Bd. 34.) . . . . Geb. RM. 8.—

„Der Vorzug dieses Buches, das schon in seiner Anordnung und in seinem Gesamtaufbau mustergültig ist, liegt ganz besonders darin, daß es alle einschlägigen Fragen kritisch behandelt und zu ihnen erschöpfend Stellung nimmt. Der Verfasser hat die ihm aus der Zeit, den wirtschaftlichen und den weiter entwickelten Rechtsverhältnissen heraus gegebenen Möglichkeiten voll ausgenutzt, er hat zu allen einschlägigen Fragen der Rechtsprechung, die gerade in den letzten Jahren nicht unerheblicher Wandlung unter-

worfen war, Stellung genommen und auch unter Anführung und Namhaftmachung der entsprechenden Entscheidungen das von ihm benutzte Material voll ausgewertet und der Öffentlichkeit durch dieses Buch zur Verfügung gestellt." Die Teilzahlung.

Göppert, H., Gesetz, betreffend die gemeinsamen Rechte der Besitzer von Schuldverschreibungen. Zweite Auflage, bearbeitet von E. Trendelenburg. Taschenformat. 156 Seiten. 1915. (Guttentagsche Sammlung Deutscher Reichsgesetze Bd. 52.) . . . . . Geb. RM. 1.50

Kruse, Fr. Vinding, **Das Eigentumsrecht.** Aus dem Dänischen übersetzt von Knud Larsen. Groß-Oktav. XXIII, 881 Seiten. 1931. Geb. RM. 25.—

Der Verfasser sieht das Eigentumsrecht nicht als ein Rechtsgebiet neben beliebigen anderen an, ihm ist es die Grundlage aller bisherigen Gemeinwesen und so von zentraler Bedeutung für Rechts- und Sozialwissenschaft. Der Begründung dieser Auffassung und einer tiefschürfenden Bestimmung des Begriffs des Eigentumsrechts dient ein Hauptteil des Werkes. In der Folge geht der Verfasser über zu einer Kritik an den gegenwärtig leitenden sozialwissenschaftlichen Ideen, denen er in ihren Umrissen eine Sozialwissenschaft der Zukunft gegenüberstellt. Seine Erkenntnisse gewinnt der Autor nicht nur aus seinem engeren Arbeitsgebiet, der Rechtswissenschaft, und aus deren spezifisch skandinavischer Ausprägung. Gerade der Vergleich mit der Rechtslehre anderer Nationen und die Zusammenfassung der Resultate aller beteiligten wissenschaftlichen Disziplinen geben den Darlegungen besonderes Gewicht.

Beiträge zum ausländischen und internationalen Privatrecht, herausgegeben vom Institut für ausländisches und internationales Privatrecht.

Heft 1:

Nußbaum, Arthur, **Vertraglicher Schutz gegen Schwankungen des Geldwertes.** Goldklauseln und andere Abreden zur Minderung des Valutarisikos. Groß-Oktav. 95 Seiten. 1928 . . . . . . RM. 5.—

Heft 2:

Wolff, John, **Die Haftung des Verkäufers einer fremden beweglichen Sache in den Vereinigten Staaten von Amerika in Vergleichung mit dem deutschen bürgerlichen Recht.** Groß-Oktav. 84 Seiten. 1930. RM. 4.—

Heft 3:

Friedmann, Wolfgang, **Die Bereicherungshaftung** im anglo-amerikanischen Rechtskreis in Vergleichung mit dem deutschen bürgerlichen Recht. Groß-Oktav. 148 Seiten. 1930 . . . . RM. 7.—

Heft 4:

Raiser, Ludwig, **Die Wirkungen der Wechselerklärungen im internationalen Privatrecht.** Groß-Oktav. 124 Seiten. 1931 . . RM. 9.—

Sachenrecht insbesondere

Hedemann, Justus Wilh., **Sachenrecht des Bürgerlichen Gesetzbuches.** Oktav. XXXII, 507 Seiten. 1924. (Lehrbücher und Grundrisse der Rechtswissenschaft Bd. III.) . . . . . RM. 12.—, geb. RM. 13.50

„Ein trotz seiner Kürze ausgezeichnetes und inhaltreiches Lehrbuch, nicht nur für den Studierenden, sondern auch für ältere Juristen. Die Arbeit ist wissenschaftlich tiefgründig und doch gemeinverständlich geschrieben." Zeitschrift des Deutschen Notarvereins.

Kretzschmar, F., Sachenrecht.

I. Allgemeine Lehren. Besitz und Eigentum. Zweite, verbesserte Auflage. 142 Seiten. 1922. (Sammlung Göschen Bd. 480.) Geb. RM. 1.80

II. Begrenzte Rechte. 144 Seiten. 1923. (Sammlung Göschen Bd. 481.) Geb. RM. 1.80

Diese Bändchen bieten die Grundzüge des Sachenrechts in gedrängter und klarer Form.

Lenzen, Georg, **Das Deutsche Pfandleihrecht.** Kommentar zum preußischen Pfandleihgesetz unter Berücksichtigung der außerpreußischen Gesetze. Oktav. XXVI, 266 Seiten. 1929 . . . . Geb. RM. 20.—
„Diese zusammenfassende Darstellung ist die erste ihrer Art und sehr verdienstlich. Das Buch regt zu allerhand Fragen an."
Juristische Wochenschrift.

Günther, Hermann, **Erbbaurecht.** Taschenformat. 167 Seiten. 1919. (Guttentagsche Sammlung Deutscher Reichsgesetze Bd. 135.)
Geb. RM. 2.—
„. . . Der Praxis wird das Werk von hervorragendem Nutzen sein."
Beiträge zur Erläuterung des deutschen Rechts.

Arnheim, Hugo, **Grundbuchordnung.** Kommentar zur Grundbuchordnung für das Deutsche Reich nebst den für Preußen erlassenen Ausführungsbestimmungen. Zweite, völlig neubearbeitete Auflage. Lexikon-Oktav. 959 Seiten. 1913 . . . . RM. 15.—
„Der Band weist außerordentliche Gründlichkeit, Klarheit und Übersichtlichkeit auf. Man kann wohl sagen, daß kaum eine Frage auftauchen wird, die nicht wenigstens berührt wäre."
Zentralblatt für freiwillige Gerichtsbarkeit.

Fischer, Otto, und **Fischer,** Norbert, **Grundbuchordnung für das Deutsche Reich** nebst den preußischen Ausführungsbestimmungen. Neunte, durchgearbeitete und ergänzte Auflage. Taschenformat. 322 Seiten. 1927. (Guttentagsche Sammlung Deutscher Reichsgesetze Bd. 42.)
Geb. RM. 5.—
„Eine der vortrefflichen alteingeführten Handausgaben der Guttentagschen Sammlung, bei der schon die Auflagenziffer für die Brauchbarkeit in der Praxis spricht. Nach wie vor ist das Buch ein vortrefflicher Wegweiser und Berater." Juristische Wochenschrift.

Ricks, Gerhard, **Die Grundbuchpraxis.** Ein Handbuch für den täglichen Gebrauch in Grundbuchsachen. Achte Auflage. Mit Nachtrag. Groß-Oktav. XII, 412 Seiten. 1929 . . . RM. 12.—, geb. RM. 14.—
„Das Buch hat einen Anspruch darauf, in der Praxis geradezu verschlungen zu werden. Es ist aus der täglichen Praxis heraus für die Praxis lebensfrisch und unterhaltend geschrieben."
Mitteilg. a. d. Württemb. Notariats-Praxis.

Friedlaender, Martin, **Hypothekenbeschaffung für Wohn- und Geschäftshäuser.** Handbuch für die Praxis der Grundstückswirtschaft. Groß-Oktav. VIII, 151 Seiten. 1929 . . . . . RM. 6.—, geb. RM. 7.50
„Das Buch gibt einen außerordentlich praktischen Überblick über alle Fragen der Hypothekenbeschaffung." Deutsche Sparkassen-Zeitung.

Familienrecht, Erbrecht

Lehmann, Heinrich, **Familienrecht** des Bürgerlichen Gesetzbuches einschließlich Jugendfürsorgerecht. Oktav. XII, 352 Seiten. 1926. (Lehrbücher und Grundrisse der Rechtswissenschaft Bd. IV.)
RM. 11.—, geb. RM. 12.50
„Die Schilderung Lehmanns ist überall anregend und fesselnd. Das Werk kann allen Rechtsstudenten und Referendaren zur Anschaffung dringend empfohlen werden." Der junge Rechtsgelehrte.

Titze, Heinrich, **Familienrecht.** (BGB. IV.) 169 Seiten. Neudruck. 1924. (Sammlung Göschen Bd. 305.) . . . . Geb. RM. 1.80

Endemann, Fr., **Erbrecht.** Oktav. XII, 166 Seiten. 1923. (Lehrbücher und Grundrisse der Rechtswissenschaft Bd. V.) RM. 3.—, geb. RM. 4.50
„Dieser Leitfaden behandelt den spröden Stoff des schwierigen Erbrechts in meisterhafter, fesselnder Darstellung."
Zeitschrift des Bundes Deutscher Justizamtmänner.

v. **Blume**, Wilh., **Erbrecht.** (BGB. V.)
I. Einleitung. Die Grundlagen des Erbrechts. 75 Seiten. 1913. (Sammlung Göschen Bd. 659.) . . . . Geb. RM. 1.80
II. Die Nachlaßbeteiligten. Mit 23 Figuren. 131 Seiten. 1913. (Sammlung Göschen Bd. 660.) . . . . Geb. RM. 1.80

Riesenfeld, S., **Die Erbenhaftung nach dem Bürgerlichen Gesetzbuch.** Groß-Oktav. 2 Bände. 1916 . . . . . RM. 15.—, geb. RM. 18.—
I. Band: Die Grundsätze der Haftung. XII, 461 Seiten.
II. Band: Das Inventar und die Mittel der Haftungsbeschränkung. VIII, 455 Seiten.

„Ein hervorragendes Werk, das in allen Teilen die vollständige Beherrschung des schwierigen Stoffes erkennen läßt und sich dabei durch klare und gemeinverständliche Darstellung auszeichnet."
Sächsisches Archiv für Rechtspflege.

Aufwertung

Michaelis, Richard, **Das Aufwertungsrecht** nach den Aufwertungsgesetzen und nach allgemeinem bürgerlichem Rechte. Kommentar zu den Gesetzen vom 16. Juli 1925 über die Aufwertung von Hypotheken und anderen Ansprüchen und über die Ablösung öffentlicher Anleihen sowie systematische Darstellung des Aufwertungsrechts außerhalb dieser Gesetze. Zweite, gänzlich umgearbeitete Auflage des Kommentars zur Dritten Steuernotverordnung vom 14. Februar 1924 (Aufwertung). Mit einer Fristentabelle von H. Hoormann. Groß-Oktav. X, 516 Seiten. 1926. Mit Nachtrag 1927. (de Gruytersche Sammlung Deutscher Gesetze. Handkommentare.) . . . . Geb. RM. 16.—

„Es handelt sich um ein ganz erstklassiges Werk, das sich für jeden Aufwertungsinteressenten als unentbehrlich erweisen wird."
Deutsche Allgemeine Zeitung.

Michaelis, Richard, Die beiden **Aufwertungsnovellen** vom 18. Juli 1930. (Hypotheken-Fälligkeits- und Verzinsungsgesetz; Grundbuchbereinigungsgesetz.) Taschenformat. VI, 202 Seiten. 1930. (Guttentagsche Sammlung Deutscher Reichsgesetze Bd. 178.) . . . . Geb. RM. 4.—

Reichsgerichtsrat Michaelis, der im „Kommentar über das Bürgerliche Gesetzbuch von Reichsgerichtsräten" den Abschnitt „Aufwertung" bearbeitet hat, erläutert in der gleichen autoritativen Art auch die neuen Gesetze, die die Aufwertungsgesetzgebung ändern und abschließen. Die Erläuterung der zuverlässig abgedruckten Gesetzestexte ist übersichtlich und in der Sprache leicht verständlich, wie überhaupt in ihrer ganzen Anlage, nicht zuletzt aber wegen ihres niedrigen Preises, auf die Praxis zugeschnitten.

Berliner, Ludwig, und **Pfaffenberger**, Ernst, **Aufwertung von Versicherungsansprüchen** mit Durchführungsbestimmungen.
I. Teil. Oktav. 235 Seiten. 1925. (Guttentagsche Sammlung Deutscher Reichsgesetze Bd. 164.) . . . . Geb. RM. 6.50
II. Teil: Sach- und Transportversicherung; Unfall- und Haftpflichtversicherung. Oktav. 112 Seiten. 1926. Mit Nachtrag. (Guttentagsche Sammlung Deutscher Reichsgesetze Bd. 164a.) . . Geb. RM. 3.50

„Eine ganz ausgezeichnete, wohldurchdachte Darstellung und Erläuterung des Aufwertungsrechtes des gesamten Versicherungswesens, eine unentbehrliche Ergänzung zu jedem Gesamtkommentar über das Aufwertungsgesetz." *Zentralblatt für Handelsrecht.*

2. Handelsrecht

v. **Gierke**, Jul., **Handelsrecht und Schiffahrtsrecht.** Dritte, ergänzte Auflage. Groß-Oktav. XIV, 744 Seiten. 1929. (Lehrbücher und Grundrisse der Rechtswissenschaft Bd. VI.) RM. 21.—, geb. RM. 22.50

„. . . ein außerordentlich hochstehendes, immer den neuesten Stand der Lehre und der Rechtsprechung widerspiegelndes Lehrbuch des Handelsrechts im weitesten Sinn." *Der junge Rechtsgelehrte.*

v. Gierke, Jul., **Handelsgesetzbuch** nebst Wechselordnung und Scheckgesetz. Mit systematischen Paragraphenüberschriften und ausführlichem Sachregister. Oktav. VIII, 295 Seiten. 1931. (Lehrausgaben Deutscher Gesetze, Bd. IV.) . . . . Geb. RM. 5.—

Nicht nur dem Lernenden, auch dem Kaufmann, der ohne ermüdende Durcharbeitung des ganzen Gesetzwerkes seine wesentlichen Bestimmungen schnell und sicher kennenlernen und von Fall zu Fall nachlesen will, wird diese Lehrausgabe willkommen sein.

Lehmann, K., und **Hoeniger,** H., **Lehrbuch des Handelsrechts.** Dritte Auflage. Erster Halbband, enthaltend die Lehre vom Handelsstand und von den Handelsgesellschaften. Groß-Oktav. 432 Seiten. 1921 RM. 10.—

Ein großangelegtes Lehrbuch des Handels- und Schiffahrtsrechts.

Lehmann, K., und **Hoeniger,** H., **Deutsches Handelsrecht.**
I. Einleitung. Der Kaufmann und seine Hilfspersonen. Offene Handelsgesellschaft, Kommandit- und stille Gesellschaft. 117 Seiten. 1921. (Sammlung Göschen Bd. 457.) . . . . Geb. RM. 1.80
II. Aktiengesellschaften, Gesellschaften mit beschränkter Haftung, eingetragene Genossenschaften. Handelsgeschäft, 126 Seiten. 1924. (Sammlung Göschen Bd. 458.) . . . . Geb. RM. 1.80

Hein, Joh., **Die Zusammenhänge zwischen Steuerrecht und Handelsrecht und ihre Entwicklung,** untersucht an dem Gewinn und an der Bewertung. Eine bilanzrechtliche und bilanzkritische Darstellung mit praktischen Beispielen. Groß-Oktav. X, 280 Seiten. 1928. RM. 10.—, geb. RM. 12.—

„Das Buch führt in klarer Gestaltung in die Probleme des Bilanzrechts ein. Eine übersichtliche Gliederung ermöglicht eine schnelle und doch gründliche Einführung. Darüber hinaus stellt das Buch eine wesentliche Förderung für die dringend notwendige wissenschaftliche Behandlung des Steuerbilanzrechts und seiner Zusammenhänge mit den verwandten Rechtsmaterien dar." Zeitschrift für Handelsrecht.

Staubs Kommentar zum Handelsgesetzbuch. Zwölfte und dreizehnte Auflage. Bearbeitet von Heinrich Koenige, Albert Pinner, Felix Bondi. Vier Bände und ein Registerband. Groß-Oktav. 4000 Seiten. 1927 . . . . Zusammen RM. 157.—, in Halbleder RM. 183.60

Ein Nachtrag, der in ausführlicher Kommentierung die neuen Bestimmungen der Verordnung über das Aktienrecht vom 19. IX. 31 und die dadurch hervorgerufenen Änderungen des HGB. enthält, erscheint im November 1931.

Mosse, Albert, und **Heymann,** Ernst, **Handelsgesetzbuch** (ohne Seerecht). Mit den ergänzenden Vorschriften des Bürgerlichen Gesetzbuchs und einem Anhang, enthaltend das Einführungsgesetz, das Depotgesetz, die Bestimmungen über Börsentermin- und Differenzgeschäfte u. a. Nebst Erläuterungen. Im Anschluß an die Textausgabe von F. Litthauer. Siebzehnte Auflage. Unter Mitwirkung von Karl August Crisolli. Oktav. VIII, 693 Seiten. 1926 (Guttentagsche Sammlung Deutscher Reichsgesetze Bd. 4.) . . . . .Geb. RM. 14.—

Diese Ausgabe wurde durch Nachträge ergänzt.

„Die Litthauer-Mossesche Ausgabe des Handelsgesetzbuches hat bei allen Praktikern seit langem den wohlbegründeten Ruf größter Zuverlässigkeit und übersichtlicher Anordnung, die mit möglichster Knappheit des Ausdrucks gepaart sind. Das Buch ist ein zuverlässiger Führer durch das immer schwieriger werdende Gebiet des Handelsrechts." Vossische Zeitung.

Handelsgesetzbuch nebst Einführungsgesetz vom 10. Mai 1897, unter

Berücksichtigung der bis 15. Juni 1930 ergangenen Novellen. Textausgabe mit Sachregister. Zwölfte Auflage. 370 Seiten. 1930. (Guttentagsche Sammlung von Textausgaben ohne Anmerkungen mit Sachregister.) . . . . Geb. RM. 3.50
Diese Ausgabe wurde durch einen Nachtrag ergänzt.

Baum, G., **Das vertragliche Wettbewerbsverbot** (Konkurrenzklausel). Nebst Kommentar zum Gesetze vom 10. Juni 1914. Taschenformat. XII, 231 Seiten. 1914. (Guttentagsche Sammlung Deutscher Reichsgesetze Bd. 115.) . . . . Geb. RM. 3.—

Gesellschaften

Brodmann, Erich, **Aktienrecht.** Kommentar. Groß-Oktav. XII, 580 Seiten. 1928. (Gewerbe- und Industrie-Kommentar Bd. IV.)
RM. 28.—, geb. RM. 30.—
„Mit unvergleichlichem Geschick hat der Verfasser Großartiges geleistet — Brodmann ist Trumpf!" Zeitschrift für Aktiengesellschaften.

Brodmann, Erich, **Die Sanierung unseres Aktienwesens.** Groß-Oktav. 46 Seiten. 1931 . . . . RM. 3.—

Entwurf eines Gesetzes über Aktiengesellschaften und Kommanditgesellschaften auf Aktien sowie Entwurf eines Einführungsgesetzes nebst erläuternden Bemerkungen. Veröffentlicht durch das **Reichsjustizministerium.** Lexikon-Oktav. 132 Seiten. 1930 . . . . . RM. 3.—

Pinner, Albert, **Aktiennovelle und Bankenaufsicht.** Verordnung vom 19. 9. 1931. Textausgabe mit Einführung in die Aktiennovelle. Taschenformat. 101 Seiten. 1931. (Guttentagsche Sammlung Deutscher Reichsgesetze Bd. 179.) . . . . Geb. RM. 1.80
Das erste eindringliche und zuverlässige Orientierungsbuch über die Neuregelung des Aktienwesens führt schnell in die wichtigen Hauptfragen ein. Der Herausgeber ist als hervorragender Kenner des Aktienrechts und Mitarbeiter an Staubs berühmtem HGB.-Kommentar der Fachwelt bekannt.

Hachenburg, Max, **Kommentar zum Gesetz, betr. die Gesellschaften mit beschränkter Haftung.** (Früher **Staub-Hachenburg.**) Fünfte Auflage unter Mitarbeit von Fritz Bing und Walter Schmidt. 2 Bände . . . . RM. 43.—, geb. RM. 47.—
I. Band: §§ 1—34. Groß-Oktav. VI, 527 Seiten. 1926.
II. Band: §§ 35—84. Groß-Oktav. II, 452 Seiten. 1927.
„Was Hachenburg in seinen Neubearbeitungen aus diesem Buche gemacht hat, ist erstaunlich. Sein reiches juristisches Wissen, sein überlegener und kritischer Verstand, seine vorzügliche Gestaltungskraft und seine nur wenigen Juristen eigene vielseitige Auslegungskunst haben etwas Großes, Unvergleichliches geschaffen. Man findet selten ein literarisches Werk, in welchem Rechtsgelehrsamkeit und praktisches Können vereint einem Spezialgesetz so zugute kamen wie hier."
Zeitschrift für Aktiengesellschaften.

Brodmann, Erich, **Gesetz, betr. die Gesellschaften mit beschränkter Haftung.** Kommentar. Zweite Auflage. Groß-Oktav. VIII, 304 Seiten. 1930. (Gewerbe- und Industrie-Kommentar Bd. I.)
RM. 16.—, geb. RM. 18.—

Parisius, Ludolf, und **Crüger,** Hans, **Das Reichsgesetz, betr. die Gesellschaften mit beschränkter Haftung.** Textausgabe mit Anmerkungen und Sachregister. Achtzehnte Auflage, bearbeitet von Adolf Crecelius und Fritz Citron. Taschenformat. 244 Seiten. 1929. (Guttentagsche Sammlung Deutscher Reichsgesetze Bd. 32.)
Geb. RM. 3.50
„Die äußerst sachkundig erläuterte Ausgabe wird von den interessierten Kreisen freudig begrüßt werden. Wir können das Bändchen der bekannten Sammlung bestens empfehlen."
Badische Wirtschafts-Zeitung.

Starke, Arthur, **Offene Handelsgesellschaften, Kommanditgesellschaften und stille Gesellschaften** von der Errichtung bis zur Auflösung. Nebst Vertrags- und Anmeldeformularen und mit Berücksichtigung des Steuerrechts. Oktav. XIV, 167 Seiten. 1928 . . . . RM. 5.—

Eine systematische Darstellung für Studium und Praxis.

Wechselordnung und Scheckrecht

Staubs Kommentar zur Wechselordnung. Fortgesetzt von J. Stranz und M. Stranz. Zwölfte Auflage, bearbeitet von M. Stranz und Martin Stranz. Groß-Oktav. 432 Seiten. 1929. RM. 16.—, geb. RM. 18.—

„Staub-Stranz ist der Kommentar zur Wechselordnung. Auch die jüngste Auflage des Kommentars gibt einen echten Staub-Stranz. Weiterer Kommentar dazu ist überflüssig.“ Juristische Wochenschrift.

Stranz, J., und **Stranz,** M., **Wechselordnung** in der Fassung der Bekanntmachung vom 3. Juni 1908. Kommentar. Dreizehnte, der Neubearbeitung sechste Auflage. Taschenformat. 419 Seiten. 1930. (Guttentagsche Sammlung Deutscher Reichsgesetze Bd. 5.) Geb. RM. 7.—

Diese Ausgabe enthält nicht etwa nur Hinweise und kurze Erläuterungen, sondern ist ihrer ganzen Anlage nach ein verkürzter Kommentar; außer der Wechselordnung bringt sie auch die bekannten Nebengesetze: sie umfaßt also das gesamte Wechselrecht.

Wechselordnung in der Fassung der Bekanntmachung vom 3. Juni 1908 (RGBl. S. 326 ff.). Mit einem Anhang, enthaltend den Wechselprozeß und Nebengesetze. Textausgabe mit Einleitung und Sachregister. Taschenformat. 102 Seiten. 1928. (Guttentagsche Sammlung von Textausgaben ohne Anmerkungen.) . . . . Geb. RM. 1.50

Vorteilhafte Anordnung, ein zuverlässiges Sachregister, das das Gesetz erschließt, Handlichkeit und sauberer Druck zeichnen auch die neue Auflage der Wechselordnung aus, deren Einleitung den letzten Stand dieser Materie erfaßt und deren Anhang „Nebengesetze“ bis auf die letzte Zeit ergänzt ist.

Michaelis, Richard, **Scheckgesetz** mit allen einschlägigen Nebengesetzen, den ausländischen Gesetzen und dem Deutschen Postscheckgesetz mit Postscheckordnung. Kommentar. Groß-Oktav. VII, 339 Seiten. 1927. (Gewerbe- und Industrie-Kommentar Bd. II.) RM. 16.—, geb. RM. 18.—

„Wenn irgendein Buch, so entspricht dieses einem Bedürfnis.“ Berliner Tageblatt.

Der Eigentumsvorbehalt in Wirtschaft und Recht. Herausgegeben von der Industrie- und Handelskammer zu Berlin. Oktav. 280 Seiten. 1931 . . . . RM. 4.—, geb. RM. 5.—

Die Industrie- und Handelskammer zu Berlin bringt in diesem Buche zum Thema „Kreditsicherung durch Eigentumsvorbehalt“ eine geschlossene Reihe von Kapiteln erster Autoritäten bei, in denen diese zum Eigentumsvorbehalt von allen Gesichtspunkten (z.B. seiner Bedeutung in der Industrie, im Großhandel, im Einzelhandel, im Bankverkehr, im internationalen Verkehr, im Konkursverfahren, im Steuerrecht, im Strafrecht, seiner zweckmäßigsten Formulierung usw.) ausführlich Stellung nehmen. Seiner Zweckbestimmung nach ist dieses Buch gleicherweise nach der praktischen wie nach der wissenschaftlichen Seite hin orientiert.

Schiffahrtsrecht

Schaps, Georg, **Das deutsche Seerecht.** Kommentar zum vierten Buche des Handelsgesetzbuches (als Ergänzung zu Staub's Kommentar) nebst Erläuterungen zu den seerechtlichen Nebengesetzen. Zweite, vollständig umgearbeitete Auflage herausgegeben von Max Mittelstein † und Julius Sebba.

I. Band. (Handelsgesetzbuch: Viertes Buch.) Groß-Oktav. VIII, 1041 Seiten. 1921 . . . . RM. 25.—, geb. RM. 28.—
II. Band. (Seerechtliche Nebengesetze mit Nachtrag zur Ergänzung des I. Bandes nach dem Stand von 1929.) Bearbeitet von J. Sebba. XVI, 1108 Seiten. 1929 . . . . RM. 52.—, geb. RM. 55.—

„Die alte, auf der Staubschen Kommentierungsmethode beruhende Auflage erfreute sich mit Recht schon großen Ansehens. In diesen bewährten Bahnen leistet die zweite Auflage an Vollständigkeit, Übersichtlichkeit und Genauigkeit das Höchste, was Wissenschaft und Praxis nur wünschen können.“ Juristische Wochenschrift.

Brandis, Otto, **Das deutsche Seerecht** (mit Ausschluß des Seeversicherungsrechts.) I. Allgem. Lehren: Personen und Sachen des Seerechts. 130 Seiten. 1908. II. Die einzelnen seerechtlichen Schuldverhältnisse: Verträge des Seerechts und außervertragliche Haftung. 156 Seiten. 1908. (Sammlung Göschen Bd. 386/87.) . . . . . Geb. je RM. 1.80

Knitschky-Rudorff, Seegesetzgebung. 6. Auflage von J. Sebba. Im Druck.

Sieveking, Gustav, **Das deutsche Seeversicherungsrecht.** Kommentar zum zehnten Abschnitt des vierten Buches des Handelsgesetzbuches. Lexikon-Oktav. 218 Seiten. 1912 . . . . . . RM. 5.—, geb. RM. 6.80

Allgemeine Deutsche Seeversicherungs-Bedingungen. Im Jahre 1919 herausgegeben von den deutschen Seeversicherern nach Beratung mit deutschen Handelskammern und Fachverbänden unter Vorsitz der Handelskammer Hamburg. 16.—20. Tausend. 50 Seiten. 1925 . RM. 2.—

General Rules of Marine. Insurance 1919 adopted by the German Underwriters. Authorised Translation by Dr. Alfred Sieveking, larger in Hamburg. 64 Seiten. 1920 . . . . RM. 3.—

Materialien zu den Allgemeinen Deutschen Seeversicherungs-Bedingungen. Im Auftrag der vereinigten Handelskammern herausgegeben von Prof. Dr. E. Bruck. Groß-Oktav. 2 Bände. 678 Seiten. 1920 . . RM. 10.—

v. Liebig, Eugen, **Die Transportversicherung.** Teil I: Die Seeversicherung. Systematische Darstellung des Seeversicherungswesens. Groß-Oktav. VIII, 226 Seiten. 1914 . . . . RM. 5.—

Bene, F., **Der Begriff des Versicherungsfalles in der Seeversicherung.** (Hamburger Rechtsstudien, herausgegeben von Mitgliedern der Rechts- und Staatswissenschaftlichen Fakultät der Hamburgischen Universität, Heft 1.) Groß-Oktav. 75 Seiten. 1928 . . . . RM. 4.50

Elkan, H. H., **Die Bedeutung des Interesses für die Veräußerung der versicherten Sache.** (Hamburger Rechtsstudien, herausgegeben von Mitgliedern der Rechts- und Staatswissenschaftlichen Fakultät der Hamburgischen Universität, Heft 2.) Oktav. 58 Seiten. 1928 . . RM. 4.—

Makower, H., **Gesetze, betreffend die privatrechtlichen Verhältnisse der Binnenschiffahrt und der Flößerei.** Nach den Materialien erläutert. Sechste, vermehrte Auflage, bearbeitet von E. Loewe. Taschenformat. 458 Seiten. 1923. (Guttentagsche Sammlung Deutscher Reichsgesetze Bd. 36.) . . . . Geb. RM. 4.—

„Das vorzüglich bearbeitete Buch dürfte mit seinen klaren und verständlichen Erläuterungen für jeden, der in irgendeiner Weise mit der Binnenschiffahrt und der Flößerei zu tun hat, ein nie versagender Ratgeber sein.“ Schiffbau.

Sebba, Jul., **Seewasserstraßenordnung.** (Polizeiverordnung zur Regelung des Verkehrs auf den deutschen Seewasserstraßen vom 31. März 1927.) Mit Nachtrag, enthaltend die Änderungen vom 31. März 1928 und vom 20. März 1930. Taschenformat. 493 Seiten. 1928. (Guttentagsche Sammlung Deutscher Reichsgesetze Nr. 171.) . . Geb. RM. 8.50

Die vorliegende Ausgabe ist für die an dem neuen Gesetz interessierten beiden Fachgruppen, die der Nautiker und der Juristen, von gleich großer Bedeutung. Diese Verbindung zweier Kenntnisgebiete gibt dem vorliegenden Kommentar seine besondere Note und seinen großen Wert.

Behlert, Heinz, **Der Konnossement-Teilschein.** Groß-Oktav. 79 Seiten. 1930.
(Hamburger Rechtsstudien, Heft 5.) RM. 5.—

Die Schrift löst die Frage, ob ein Konnossement-Teilschein dem Konnossement gleichzusetzen ist, unter Zugrundelegung der Hamburger Verhältnisse und unter Berücksichtigung der Rechtsprechung, der Lehre und des ausländischen Rechtes.

Lion, Robert, **Reine Konnossemente gegen Revers.** Groß-Oktav. 78 Seiten. 1930.
(Hamburger Rechtsstudien, Heft 7.) RM. 5.—

Die Abhandlung beginnt mit einer ausführlichen Darstellung der Entwicklung, Anwendung und Funktion des Konnossementsreverses. Es folgt eine Untersuchung der rechtlichen Probleme, die sich bemüht, die wirtschaftlichen Interessen aller Beteiligten gegeneinander abzuwägen; eine eingehende Übersicht über die Rechtsprechung ist mit ihr verbunden. Den Abschluß bildet eine Darstellung und Würdigung der zahlreichen Reformvorschläge. Wirtschaft und Recht des Auslandes sind in weitestgehendem Umfange berücksichtigt.

Bank und Börse

Koch, R., und **Schacht,** Hjalmar, **Die Reichsgesetzgebung über das Münz- und Notenbankwesen.** Textausgabe mit Anmerkungen und Sachregister. Siebente, völlig neubearbeitete Auflage. Taschenformat. XVIII, 617 Seiten. 1925. (Guttentagsche Sammlung Deutscher Reichsgesetze Bd. 26.) . . . . Geb. RM. 14.—

„Dieser Kommentar zeichnet sich durch Vollständigkeit und Reichhaltigkeit aus und bietet außerdem in der Einleitung einen vortrefflichen Überblick über die Entwicklung des deutschen Noten- und Geldwesens während der letzten Jahrzehnte."

Monatsschrift für Handelsrecht und Bankwesen.

Nußbaum, Arthur, **Bank- und Börsenrecht.** Eine Sammlung von Gesetzen und Geschäftsbedingungen. Taschenformat. XII, 622 Seiten. 1927. (Guttentagsche Sammlung Deutscher Reichsgesetze Bd. 169) Geb. RM. 11.—

Die vorliegende Sammlung der verstreuten bank- und börsenrechtlichen Vorschriften fehlte bisher in der kaufmännischen und juristischen Bankpraxis ebenso wie im handelsrechtlichen und betriebswirtschaftlichen Unterricht. Ihr Erscheinen wurde daher vielseitig begrüßt. Die Sammlung berücksichtigt auch die dem freien Verkehr entstammenden Rechtsbildungen.

Kommentar zum Börsengesetz. Im Auftrage des Centralverbandes des Deutschen Bank- und Bankiergewerbes (E. V.) bearbeitet von H. Rehm, H. Trumpler, Heinrich Dove, Ernst Neukamp, R. Schmidt-Ernsthausen, James Breit. Mit einem Vorwort von J. Rießer. Lexikon-Oktav. VIII, 464 Seiten. 1909.
RM. 12.—, geb. RM. 13.50

„Einen so guten Kommentar zum Börsengesetz hat es noch nie gegeben. Wer sich darein vertieft, wird reiche Belehrung daraus schöpfen über das Börsenwesen im allgemeinen und über seine Rechtsübung und Rechtsprechung im besonderen."

Sächsisches Archiv für Rechtspflege.

Hemptenmacher, Th., **Börsengesetz.** Dritte Auflage von O. Meyer. Taschenformat. XXIII, 373 Seiten. 1915. (Guttentagsche Sammlung Deutscher Reichsgesetze Bd. 41.) . . . . Geb. RM. 3.50

„Das Bändchen bringt neben einem kurzen Überblick und einem vorteilhaft erweiterten Anhang das Börsengesetz nebst Ausführungsbestimmungen." *Bayrische Handelszeitung.*

Lusensky, F., Gesetz, betreffend die Pflichten der Kaufleute bei Aufbewahrung fremder Wertpapiere (Depotgesetz). Neue Auflage in Bearbeitung. (Guttentagsche Sammlung Deutscher Reichsgesetze Bd. 40.)

„Die beste Bearbeitung des sogenannten Depotgesetzes."
Zeitschrift für Aktiengesellschaften.

Frohner, G., Aktiensonderdepot und Legitimationsübertragung. (Hamburger Rechtsstudien, herausgegeben von Mitgliedern der Rechts- und Staatswissenschaftlichen Fakultät der Hamburgischen Universität, Heft 3.) Groß-Oktav. VII, 114 Seiten. 1929 . . . . RM. 7.—

Schwerin, Frh. Cl. von, Recht der Wertpapiere (einschließlich Wechsel- und Scheckverkehr). Oktav. X, 234 Seiten. 1924. (Lehrbücher und Grundrisse der Rechtswissenschaft Bd. 7.) RM. 7.—, geb. RM. 8.50

„Das Buch löst seine Aufgabe, den Studierenden eine Einführung in die Materie des Wertpapierrechts zu geben, ausgezeichnet, vor allem deshalb, weil es eine gute theoretische Fundierung mit einer dem Lehrzweck entsprechenden Darstellung des praktischen Rechts und der Rechtstatsachen verbindet." *Deutsche Juristenzeitung.*

Zeitgemäße Bankrechtsfragen. Festgabe der Rechtsabteilung der Disconto-Gesellschaft zum 70. Geburtstage des Herrn Dr. jur. Arthur Salomonsohn. Quart. 126 Seiten. 1929 . . . RM. 8.—, geb. RM. 10.—

„Der Band enthält 8 vorzügliche Aufsätze. Die Verfasser befassen sich mit Problemen, die in der Rechtsabteilung einer Großbank oft zur Debatte stehen und deren endgültige Klärung ein praktisches Bedürfnis ist." *Wirtschaftl. Nachrichten.*

Verhandlungen des VII. allgemeinen deutschen Bankiertages. Köln 9.—11. September 1928 auf Grund stenographischer Berichte. Groß-Oktav. 436 Seiten. 1928 . . . . RM. 10.—

III. Grenzgebiete des Bürgerlichen Rechts

1. Privat- und Sozialversicherung

Koenige, Heinrich, und Petersen, A., Gesetz über die privaten Versicherungsunternehmungen vom 12. Mai 1901. Textausgabe mit Anmerkungen und Sachregister. Dritte, umgearbeitete Auflage. Taschenformat. 856 Seiten. 1927. (Guttentagsche Sammlung Deutscher Reichsgesetze Bd. 62.) . . . . Geb. RM. 20.—

„Der Verfasser hat es meisterhaft verstanden, reiche Literatur und Judikatur zu dem wichtigen Grundgesetz der Privatversicherung mit seiner eigenen selbständigen Auffassung von der Bedeutung der Gesetzesbestimmungen in Verbindung zu bringen. Für Theorie und Praxis der Privatversicherung wird das Werk dadurch zu einem unentbehrlichen Hilfsmittel." *Deutsche Versicherten-Zeitung.*

Koenige, Heinrich, **Petersen,** A. und **Wirth,** K., **Gesetz über die Beaufsichtigung der privaten Versicherungsunternehmungen und Bausparkassen** vom 6. Juni 1931. Textausgabe, enthaltend den vollständigen, geltenden Gesetzestext sowie Erläuterungen zu den neuen, auf dem Gesetz vom 30. März 1931 beruhenden Vorschriften. Nachtrag zu Koenige-Petersen, Private Versicherungsunternehmungen, dritte Auflage (Bd. 62 der Sammlung). Taschenformat. 238 Seiten. 1931. (Guttentagsche Sammlung Deutscher Reichsgesetze Bd. 62a.) . . . . Geb. RM. 6.—

Die vorliegende Ausgabe enthält den vollständigen Gesetzestext, nicht nur die geänderten und zugefügten Paragraphen. Sie erläutert jedoch nur die in der Neuschöpfung des Gesetzes geänderten Bestimmungen, während hinsichtlich der unverändert gebliebenen gesetzlichen Vorschriften auf den Kommentar von Koenige-Petersen verwiesen wird.

Bruck, E., Reichsgesetz über den Versicherungsvertrag nebst dem zugehörigen Einführungsgesetz vom 30. Mai 1908. Sechste, vollkommen neubearbeitete Auflage. Taschenformat. 708 Seiten. 1929. (Guttentagsche Sammlung Deutscher Reichsgesetze Bd. 83.) Geb. RM. 14.—

„... Obwohl ich mit dem Worte „unentbehrlich" sparsam umgehe, muß ich anerkennen, daß niemand, der in irgendwelcher Art mit Versicherungsgeschäften zu tun hat, den Bruck'schen Kommentar entbehren könnte." Reichsgerichtsrat Schliewen i. d. Jurist. Rundschau.

Moldenhauer, Paul, Das Versicherungswesen.

I. Allgemeine Versicherungslehre. Vierte Auflage. 152 Seiten. 1925. (Sammlung Göschen Bd. 262.) . . . . Geb. RM. 1.80

II. Die einzelnen Versicherungszweige. Zweite Auflage. 130 Seiten. 1923. (Sammlung Göschen Bd. 636.) . . . . Geb. RM. 1.80

„Das Buch ist für jeden, der sich mit dem Versicherungswesen und seinen Zweigen vertraut machen will, ein trefflicher Führer." Versicherungspost.

Die Entwicklung des privaten Versicherungswesens in dem Jahrfünft 1902—1906. Groß-Oktav. 53 Seiten. Mit 3 Tafeln. 1909. RM. 2.—

— in dem Jahrfünft 1907—1911. Groß-Oktav. 61 Seiten. 1912. RM. 2.50

Veröffentlichungen des Reichs-Aufsichtsamts für Privatversicherung. Groß-Oktav. 29. Jahrgang. Pro Band RM. 40.—, bis RM. 50.—

Gesamtregister zu den Veröffentlichungen des Reichs-Aufsichtsamts für Privatversicherung. 1912—26. 184 Seiten. 1928 . . . . RM. 14.—

Versicherungsstatistik für 1902 über die unter Reichsaufsicht stehenden Unternehmungen. Herausgegeben vom Reichsaufsichtsamt für Privatversicherung. Lexikon-Oktav. LXXVII, 384 Seiten. 1905. RM. 10.—

— für 1903 bis 1917 . . . . Je Jahrgang RM. 10.—

— für 1928 bis 1929. 1930 . . . . RM. 24.—

— für 1930. 1931 . . . . RM. 13.—

v. Liebig, Eugen, Das deutsche Feuerversicherungswesen. Groß-Oktav. 211 Seiten. 1911 . . . . RM. 5.—

„In einer außerordentlich klaren Darstellung gibt der Verfasser einen geschichtlichen Überblick von den Gilden an bis zum gegenwärtigen Stand der Feuerversicherung in Deutschland. Das Buch ist in so flüssiger, schöner Sprache geschrieben, daß auch der Anfänger und selbst der Laie durch die fesselnde Darstellung leicht einen tiefen Einblick in das Wesen der Feuerversicherung gewinnen wird." Archiv für Versicherungswirtschaft.

Weygand, J., Die Grundzüge der Kundenversicherung. (Generalversicherung der Speditions- und Lagergüter.) Mit einer Einleitung über das Interesse als Element der Sachversicherung. Groß-Oktav. 162 Seiten. 1914 . . . . RM. 4.—

„Das interessante Werk bietet namentlich für Juristen wertvolle Hinweise zur Rechtsbehandlung der Kundenversicherungsfrage." Archiv für Gewerbepolitik und Volkswirtschaft.

Berliner, Ludwig, und Pfaffenberger, Ernst, Aufwertung von Versicherungsansprüchen mit Durchführungsbestimmungen.

I. Teil. Oktav. 235 Seiten. 1926. Mit Nachtrag. (Guttentagsche Sammlung Deutscher Reichsgesetze Bd. 164.) . . . . Geb. RM. 6.50

II. Teil: Sach- und Transportversicherung; Unfall- und Haftpflichtversicherung. Oktav. 112 Seiten. 1926. (Guttentagsche Sammlung Deutscher Reichsgesetze Bd. 164a.) . . . . Geb. RM. 3.50

„Ein bedeutsamer Kommentar, durch den die gesetzlichen Bestimmungen von der juristischen und versicherungstechnischen Seite aus

eingehend erläutert werden. In seinem straffen, systematischen Aufbau, der Geschlossenheit der Darstellung muß man das Buch als ein Standardwerk für das gesamte versicherungsrechtliche Aufwertungsgebiet bezeichnen.

Ein unentbehrlicher Ratgeber in allen interessierten Kreisen."

Versicherungs-Post, Berlin.

Tsirintanis, Alexander, **Die Order-Polize.** Groß-Oktav. 95 Seiten. 1930. (Hamburger Rechtsstudien, Heft 6.) RM. 6.—

Der Verfasser behandelt die Frage, inwieweit das Versicherungsrecht, um den heutigen Verkehrsbedürfnissen zu entsprechen, die Orderklausel und das Indossament verwerten kann. Nach einer Darstellung und kritischen Würdigung der Ergebnisse aus der Anorderstellung des Versicherungsscheins in anderen Ländern, insbesondere in Frankreich, versucht der Verfasser die rechtlichen und wirtschaftlichen Folgen aus der Ausstellung von Order-Polizen darzulegen. In einem besonderen Teil wird die Order-Polize mit anderen, auf denselben wirtschaftlichen Erfolg gerichteten Rechtsinstituten, namentlich der Versicherung für Rechnung wen es angeht, verglichen und die vorhandenen Unterschiede gestreift.

Lippmann, Karl, **Die Reichsversicherungsordnung** in der Fassung der Bekanntmachung vom 15. Dezember 1924 und des Gesetzes über das Reichsschiedsamt vom 22. Januar 1925 nebst dem Einführungsgesetze, den wichtigsten Ausführungsvorschriften, den ergänzenden Gesetzen und Verordnungen sowie den Verordnungen über das Verfahren. Oktav. Guttentagsche Sammlung Deutscher Reichsgesetze Bd. 161.)
2. Aufl. im Druck.

Reuß, Max, und **Hense,** Fritz. **Das Reichsknappschaftsgesetz** vom 1. Juli 1926 nebst Einführungsgesetz. 2. Aufl. Taschenformat. XVI, 640 Seiten. 1926. (Guttentagsche Sammlung Deutscher Reichsgesetze Bd. 155.) . . . . Geb. RM. 12.—

„Die Herausgabe des Gesetzes bedarf keiner besonderen Empfehlung. Das Buch kann allen, die auf dem Gebiete des Knappschaftswesens tätig sind, aufs wärmste empfohlen werden."

Zeitschrift für Bergrecht.

Embden, Helmuth, **Versicherung für Rechnung wen es angeht.** Groß-Oktav. VIII, 39 Seiten. 1930 . . . . RM. 3.—
(Hamburger Rechtsstudien, Heft 8.)

Im ersten Teil wird der versicherungsrechtliche Interessenbegriff im streng individualistischen Sinne präzisiert. Im Hauptteil versucht dann der Verfasser, die universelle Vertragsform der Versicherung für Rechnung wen es angeht in Einklang mit einer so engen Auffassung des Interessenbegriffs zu bringen.

Angestelltenversicherungsgesetz vom 28. Mai 1924. Zweite Auflage. Taschenformat. 143 Seiten. 1927. Mit Nachtrag. (Guttentagsche Sammlung Deutscher Reichsgesetze. Textausgaben ohne Anmerkungen.) Geb. RM. 2.50

Manes, Alfred, **Sozialversicherung.** 7., ergänzte Aufl. 1928. Kl.-Oktav. 139 Seiten. (Sammlung Göschen Bd. 267.) . . . . Geb. RM. 1.80

„Es gibt keine andere Darstellung der geltenden Sozialversicherung, die in solch erfreulicher Kürze und Sachlichkeit durch die annähernd 2400 Paragraphen führt."

Hanseatische Rechts- und Gerichts-Zeitschrift.

Schmeißer, Herbert, **Das Gesetz über Arbeitsvermittlung und Arbeitslosenversicherung** in der Fassung der Notverordnung vom 1. Dezember 1930. 2 Bände. Taschenformat. Band I: XVI, 639 Seiten. 1931. Band II erscheint voraussichtlich im Winter 1931. (Guttentagsche Sammlung Deutscher Reichsgesetze Bd. 165.) . . . . Geb. RM. 15.—

Der bekannte Verfasser bringt mit diesem Werk einen Kommentar zum gesamten Arbeitsvermittlungs- und Arbeitslosenrecht, das im Laufe der Jahre umfangreichen Änderungen unterworfen war und so unübersichtlich geworden ist, daß eine straffe, übersichtliche und allgemeinverständliche Kommentierung für den Fach- und Nichtfachmann immer dringlicher wird. Der Verfasser berücksichtigt das gesamte einschlägige Material: Rechtsprechung der Arbeitsgerichte, der Spruchbehörden, der Arbeitslosenversicherung und der Beschluß- und Spruchbehörden der RVO. Die grundsätzlichen Entscheidungen des Spruchsenats für die Arbeitslosenversicherung sind bis Ende Januar 1931 verarbeitet, ferner die Begründung zu den Gesetzentwürfen und die Verhandlungen der gesetzgebenden Körperschaften. — Auch die vielen Ausführungsbestimmungen sind erläutert.

2. Arbeitsrecht

Depène, Hans, **Das Arbeitsgerichtsgesetz.** Taschenformat. (Guttentagsche Sammlung Deutscher Reichsgesetze Bd. 168.) 2. Auflage im Druck.

Arbeitsrechtliche Spruchsammlung. Beiträge zum Deutschen Handwerksblatt . . . . Pro Quartal RM. 0.90

Günther, Adolf, und **Schneider,** Richard, **Arbeiterschutz und Arbeitsrecht.** Zweite Auflage. Taschenformat.

I. Teil: **Arbeitszeitschutz.** Das Arbeitszeitnotgesetz und die übrige arbeitszeitrechtliche Gesetzgebung des Reichs seit dem 9. November 1918. 386 Seiten. 1927 . . . . Geb. RM. 7.50

„Der Kommentar umfaßt die gesamte arbeitszeitrechtliche Gesetzgebung von der Staatsumwälzung bis zur Gegenwart. Er ist ein Führer durch das weite und unübersichtliche Gebiet der arbeitszeitrechtlichen Gesetzgebung. Ein ausführliches Sachregister soll die praktische Benutzung erleichtern." Die Wirtschaftsgenossenschaft.

II. Teil: Gesetz über die **Beschäftigung Schwerbeschädigter** nebst den einschlägigen gesetzlichen Bestimmungen. 404 Seiten. 1928. (Guttentagsche Sammlung Deutscher Reichsgesetze Bd. 138a/138c.) Geb. RM. 8.—

„Das Buch stellt nicht nur beim Studium des Gesetzes ein wertvolles Hilfsmittel dar, sondern ist auch für den Handgebrauch des Arbeitsrechtspraktikers unentbehrlich." Berliner Wohlfahrtsblatt.

IV. Teil: **Betriebsstillegungsverordnung.** 240 Seiten. 1929. (Guttentagsche Sammlung Deutscher Reichsgesetze. Bd. 138 d.) Geb. RM. 6.50

Warneyer, Otto, **Betriebsrätegesetz** vom 4. Februar 1920 nebst der Wahlordnung zum Betriebsrätegesetz, dem Aufsichtsratsgesetz samt Wahlordnung und den Ausführungsverordnungen des Reichs und der Länder. Auf der Grundlage der Güntherschen Textausgabe mit Anmerkungen erläutert unter besonderer Berücksichtigung der Rechtsprechung des Reichsgerichts und des Reichsarbeitsgerichts. Zweite Auflage. Taschenformat. 235 Seiten. 1931. (Guttentagsche Sammlung Deutscher Reichsgesetze Bd. 138 b.) . . . . . . Geb. RM. 5.—

Diese Handausgabe ist ihrer Anlage nach ein verkürzter Kommentar, der die Entwicklung des Gesetzes, der Rechtsprechung — vor allem des Reichsarbeitsgerichts! — und der einschlägigen Literatur bis Ende 1930 berücksichtigt.

Tilly, Dr. Helmuth Tczerclas von, **Internationales Arbeitsrecht.** Unter besonderer Berücksichtigung der Internationalen Arbeitsorganisation. 120 Seiten. 1924. (Sammlung Göschen Bd. 882.) . . . . Geb. RM. 1.80

Es ist das erste Werk, das in klarer, kurzer und allen leicht verständlicher Weise das gesamte grundlegende Tatsachenmaterial — und zwar nur dieses — auf dem umfassenden Gebiete des internationalen Arbeiterschutzes von dessen ersten Anfängen bis in die neueste Zeit bietet.

v. Ungern-Sternberg, Die Auflösung und Fusion von Berufsvereinen und ihre arbeitsrechtliche Bedeutung. Oktav. IV, 52 Seiten. 1931. RM. 3.50

Für laufende Tarifverträge ebenso wie für Schlichtungsverfahren haben Auflösung und Fusion von Gewerkschaften bzw. Arbeitgeberverbänden erhebliche Bedeutung. Deshalb lohnt eine zusammenfassende Durchforschung und Darstellung der Materie wohl. An Hand von Literatur und Rechtsprechung werden alle Zweifelsfragen hier geklärt. Die Schrift bringt den Beteiligten wertvolle Unterlagen für die Praxis.

3. Gewerberecht

Hiller, Fr., und Luppe, H., Gewerbeordnung für das Deutsche Reich nebst Kinderschutzgesetz und Hausarbeitsgesetz sowie den für das Reich und Preußen erlassenen Ausführungsbestimmungen. Einundzwanzigste, veränderte Auflage. (143. bis 148. Tausend.) Taschenformat. 931 Seiten. 1928. Mit Nachtrag vom 11. 2. 1929. (Guttentagsche Sammlung Deutscher Reichsgesetze Bd. 6.) . . . . . . Geb. RM. 11.—

„Ein Wort der Empfehlung für dieses Buch zu sagen, erübrigt sich. Hervorgehoben sei, daß diese Auflage alle Vorzüge der früheren Auflagen in sich schließt. Die zahlreichen neuen Gesetze sind erschöpfend berücksichtigt." Zeitschrift des Deutschen Notarvereins.

Brassert, H., Allgemeines Berggesetz für die preußischen Staaten mit Kommentar. Zweite Auflage, bearbeitet von Hans Gottschalk. Groß-Oktav. XXIX, 1291 Seiten. 1914. RM. 27.—, geb. RM. 30.—

Sonnenfeld, Hugo, **Die reichsrechtlichen Bestimmungen, betreffend den Handel mit Drogen und Giften.** Dritte, veränderte Auflage. Taschenformat. 435 Seiten. 1926. (Guttentagsche Sammlung Deutscher Reichsgesetze Bd. 64.) . . . . Geb. RM. 12.—

„Die Arbeit gehört einem Spezialgebiet an, mit dem nicht jeder Jurist zu tun hat. Wird er einmal genötigt, sich auf dieses Gebiet zu begeben, so ist er um so dankbarer für eine Arbeit, die sofort den Eindruck größter Sachkunde und vollständiger Materialsammlung macht, und deren Führung man sich unbedenklich anvertrauen kann."

Vossische Zeitung.

Friedrichs, Karl, **Gaststättengesetz** vom 28. April 1930 mit den Durchführungs- und Ausführungsverordnungen des Reichs und Preußens. Taschenformat. VIII, 144 Seiten. 1930. (Guttentagsche Sammlung Deutscher Reichsgesetze, Textausgabe mit Erläuterungen und Sachregister, Band 176.) . . . . RM. 3.50

Eine vollständige und zuverlässige Erläuterung des neuen Gesetzes; die Durch- und Ausführungsverordnungen für das Reich und Preußen sind wörtlich abgedruckt und, soweit notwendig, erläutert.

Lebbin, Georg, **Nahrungsmittelgesetze** mit Erläuterungen. Zweite, stark vermehrte Auflage in zwei Bänden.

I. Band: Das Lebensmittelgesetz vom 5. Juli 1927 mit Nebengesetzen (Margarine, Fleisch, Milch, Süßstoff, Essigsäure usw.). Erläutert von G. Lebbin und R. Gießner. Taschenformat. XVI, 419 Seiten. 1928. Geb. RM. 8.50

II. Band: Getränkegesetze und Getränkesteuergesetze (Wein, Bier, Branntwein, Mineralwasser). Unter Mitarbeit von Rechtsanwalt Dr. Kniebe. Taschenformat. XII, 400 Seiten. 1926. (Guttentagsche Sammlung Deutscher Reichsgesetze Bd. 54b.) . . . . Geb. RM. 10.—

„Das Werk ist für unsere Leser und überhaupt die ganze Fachwelt der Getränkeindustrie unentbehrlich, muß doch jedermann mit den einschlägigen Gesetzesbestimmungen sich soweit wie irgend möglich vertraut machen, wenn er nicht in Nachteile geraten will. Die Anschaffung des Buches kann bestens empfohlen werden."

Branntweinmonopol.

Voß, Werner, **Die reichs- und landesrechtlichen Bestimmungen auf dem Gebiete des Gesundheitswesens.** Taschenformat. 608 Seiten. 1929. (Guttentagsche Sammlung Deutscher Reichsgesetze Bd. 172.) Geb. RM. 11.—

„Das Buch wird seiner Aufgabe, fast den gesamten Gesetzesstoff in einem einzigen kleinen Bande in die Hand zu geben, gewiß gerecht und wird sich schnell als unentbehrliches Hilfsmittel für jeden erweisen, der öfter mit dem Gesundheitswesen zu tun hat.“ Reichsverwaltungsblatt.

4. Geistig-gewerblicher Rechtsschutz.

Elster, Alexander, **Urheber- und Erfinder-, Warenzeichen- und Wettbewerbsrecht.** (Gewerblicher Rechtsschutz.) Zweite, stark erweiterte und völlig umgearbeitete Auflage. Mit Abdruck der Gesetzestexte. Oktav. XII, 611 Seiten. 1928. Mit Nachtrag 1931. (Lehrbücher und Grundrisse der Rechtswissenschaft Bd. VIII.) RM. 18.—, geb. RM. 19.50

„Seit Kohler und Osterrieth endlich wieder das lang entbehrte Lehrbuch. Hier unternimmt ein wahrhaft selbständiger und ideenreicher Kopf den Versuch, eine wirkliche Synthese zu schaffen.“ Juristische Rundschau.

Neuberg, J., **Der internationale gewerbliche Rechtsschutz.** 2. Auflage. 128 Seiten. 1923. (Sammlung Göschen Bd. 271.) . . . Geb. RM. 1.80

Daude, Paul, **Die Reichsgesetze über das Urheberrecht an Werken der Literatur und der Tonkunst und das Verlagsrecht** vom 19. Juni 1901 in der Fassung des Gesetzes vom 22. Mai 1910 zur Ausführung der revidierten Berner Übereinkunft. Oktav. VIII, 293 Seiten. 1910. RM. 6.—

„Der Zusammenhang der erläuterten Gesetze mit dem Strafgesetzbuch, dem Bürgerlichen Gesetzbuch und anderen Gesetzen ist in leichtverständlicher Weise praktisch dargestellt. Es wird vorzügliche Dienste leisten.“ Deutsche Literatur-Zeitung.

Lindemann, O., **Gesetz, betr. das Urheberrecht** an Werken der Literatur und der Tonkunst. Vierte Auflage. Taschenformat. 171 Seiten. 1921. (Guttentagsche Sammlung Deutscher Reichsgesetze Bd. 60.) Geb. RM. 1.80

„Die Arbeit ist nicht bloß eine Gesetzesausgabe, sondern ein wertvoller Kommentar des Gesetzes. Das Werk sei jedermann auf das beste empfohlen.“ Juristische Wochenschrift.

Fuld, Ludwig, **Gesetz, betr. das Urheberrecht an Werken der bildenden Künste und der Photographie.** Zweite Auflage. Taschenformat. 192 Seiten. 1925. (Guttentagsche Sammlung Deutscher Reichsgesetze Bd. 81.) . . . . Geb. RM. 6.—

„Der zwar kleine, aber inhaltreiche und daher sehr beliebte Kommentar von Fuld erscheint in zweiter, völlig neubearbeiteter Auflage. Überall ist dem Stande der heutigen Rechtsprechung und wissenschaftlichen Auffassungen Rechnung getragen. In einem Anhang sind die einschlägigen internationalen Übereinkommen abgedruckt. Alle Interessenten werden mit Freuden die neue Auflage begrüßen.“ Danziger Juristische Monatsschrift.

Reininger, O., **Der Schutz des Urheberrechts im deutschen Rundfunk.** Oktav. 88 Seiten. 1929 . . . . RM. 4.—

„Eine interessante, zeitgemäße, namentlich auch für geistige Neuschöpfer wichtige Studie.“ Badische Rechtspraxis.

Andritzky, Christoph, **Die Rechtsstellung des Drehbuchautors.** Oktav. XI, 80 Seiten. 1931 . . . . RM. 3.50

Andritzky äußert sich zu den Streitfragen um die Urheberschaft am Film. Er trennt scharf zwischen künstlerischer Leistung und künstlerisch-urheberischer Schöpfung und kommt zu der These: Der Filmurheber ist der Urheber des kurbelfertigen Drehbuches. — Die

Verhältnisse beim Tonfilm sind, soweit dies möglich erschien, berücksichtigt.

Heinitz, Ernst, und Marwitz, Bruno, Das Reichsgesetz über das Verlagsrecht. Textausgabe mit Einleitung, Anmerkungen und Sachregister. Dritte Auflage. Taschenformat. 136 Seiten. 1922. (Guttentagsche Sammlung Deutscher Reichsgesetze Bd. 61.) . . . . Geb. RM. 1.60

„Dieser kurze Kommentar ist durch seine knappen, das Wichtige klar vortragenden Darlegungen dazu berufen, eine Lücke auszufüllen, die sich für den Praktiker des Verlagsrechts seit Jahren ergab. Man darf deshalb das Erscheinen dieser neuen Auflage aus der Feder des Spezialisten des Verlagsrechts mit größter Freude begrüßen."

Börsenblatt für den Deutschen Buchhandel.

Elster, A., Das deutsche Urheber- und Verlagsrecht. 128 Seiten. 1923. (Sammlung Göschen Bd. 863.) . . . . Geb. RM. 1.80

„Erstaunlich ist, wie Elster diese beiden so viel umstrittenen Gesetze auf so engem Raum in vortrefflicher Weise zur Darstellung gebracht hat." *Deutscher Journalistenspiegel.*

Heymann, E., Die zeitliche Begrenzung des Urheberrechts. Oktav. 74 Seiten. 1927. (Sitzungsberichte der Preußischen Akademie der Wissenschaften zu Berlin.) . . . . RM. 5.—

Pietzcker, Eduard, Patentgesetz und Gebrauchsmusterschutzgesetz. Kommentar unter Berücksichtigung der vorgeschlagenen und weiter beantragten Abänderungen des Patentgesetzes. Erster Halbband: §§ 1—12 PatG. Groß-Oktav. 427 Seiten. 1929. (Gewerbe- und Industrie-Kommentar Bd. V, 1.) Der zweite, das Werk abschließende Band, wird 1932 erscheinen. . . . . . . RM. 26.—, geb. RM. 28.—

„Die überall zutage tretende geistige Leistung macht Pietzckers Kommentar für jeden, der sich mit diesem Rechtsgebiet zu beschäftigen hat, zum unentbehrlichen Rüstzeug."

Markenschutz und Wettbewerb.

Seligsohn, Arnold, Patentgesetz und Gesetz, betr. den Schutz von Gebrauchsmustern. Siebente Auflage. Oktav. 1931. In Bearbeitung.

Lutter, R., Patentgesetz. Nebst Ausführungsbestimmungen, völkerrechtlichen Verträgen und Patentanwaltsgesetz, unter eingehender Berücksichtigung der Rechtsprechung des Reichsgerichts und der Praxis des Reichspatentamts. Neunte Auflage. Taschenformat. XV, 467 Seiten. 1928. (Guttentagsche Sammlung Deutscher Reichsgesetze Bd. 22.) Geb. RM. 10.—

„Der jetzige Verfasser hat einen völlig neuen Kommentar geschaffen, der in seiner Knappheit und Sparsamkeit dem ursprünglichen Zweck gerecht wird, aber an wissenschaftlicher Durcharbeitung und Gründlichkeit die vorangegangenen Auflagen weit überragt."

Gewerblicher Rechtsschutz und Urheberrecht.

Elster, A., Das deutsche Erfinderrecht. (Patent- und Musterschutzrecht). 118 Seiten. 1924. (Sammlung Göschen Bd. 891.) . . Geb. RM. 1.80

„Die Aufgabe, einen Überblick über das deutsche Erfinderrecht zu geben, ist im Rahmen der kurzen Erörterungen mit viel Geschick gelöst. Deshalb wird das Büchlein auch bei allen Gruppen der am Patentrecht interessierten Personen seine Freunde finden."

Gewerblicher Rechtsschutz und Urheberrecht.

Seligsohn, Jul., Geheimnis und Erfindungsbesitz. Groß-Oktav. 147 Seiten. 1921 . . . . RM. 3.—

Pinner-Elster, Gesetz gegen den unlauteren Wettbewerb. Achte, sehr vermehrte und umgestaltete Auflage. Taschenformat. 254 Seiten. 1927. (Guttentagsche Sammlung Deutscher Reichsgesetze Bd. 37.) Geb. RM. 5.—

„Das Buch ist mehr als eine bloße ‚Textausgabe mit Anmerkungen', nämlich ein richtiger Kommentar, und wird in der Praxis ausgezeichnete Dienste tun."

Senatspräsident am Reichsgericht Dr. Lobe, Leipzig, i. d. Jurist. Wochenschrift.

Wassermann, Martin, **Der unlautere Wettbewerb** nach deutschem Recht. I. Generalklausel, Reklameauswüchse, Ausverkaufswesen, Angestelltenbestechung. 160 Seiten. 1911. II. Kreditschädigung, Firmen- und Namenmißbrauch, Verrat von Geheimnissen, Ausländerschutz. 151 Seiten. 1911. (Sammlung Göschen Bd. 339 u. 535.) . . . Geb. je RM. 1.80

Wolff, F., und **Crisolli,** K.-A., **Das Recht der Reklame.** Lexikon-Oktav. 424 Seiten. 1929 . . . . RM. 20.—, geb. RM. 22.—

„. . . Mit großer Umsicht ist ein umfänglicher Stoff gesammelt und in gründlicher Arbeit juristisch durchdrungen und dargestellt. Das Buch ist wohl in erster Reihe für Juristen bestimmt, aber auch für wirtschaftliche Kreise und Reklamefachleute wertvoll und jedenfalls für die Beschäftigung mit diesem Sondergebiet ein zuverlässiges Hilfsmittel." Juristische Rundschau.

Hagens, Alfred, **Warenzeichenrecht.** Kommentar. Groß-Oktav. VIII, 408 Seiten. 1927. (Gewerbe- und Industrie-Kommentar Bd. III.)
RM. 22.—, geb. RM. 24.—

„Eine ausführliche Darstellung, die zeigt, daß der Verfasser das gesamte Fachschrifttum und die reichhaltige Rechtsprechung restlos beherrscht. Ich habe gefunden, daß nicht ein einziger Fall von Bedeutung fehlt." Markenschutz und Wettbewerb.

Seligsohn, Arnold, **Gesetz zum Schutz der Warenbezeichnungen.** Dritte Auflage, bearbeitet in Gemeinschaft mit Martin Seligsohn in Berlin. Groß-Oktav. IV, 416 Seiten. 1925. RM. 15.—, geb. RM. 16.50

„Der Kommentar zeigt alle Vorzüge des in der Wissenschaft und Praxis des gewerblichen Rechtsschutzes gleich ausgezeichneten Juristen: volle theoretische und praktische Beherrschung des Stoffes, klare Darstellungsgabe, sorgsame Behandlung und treffsicheres Urteil."

Badische Rechtspraxis.

Freund, G. S., **Magnus,** Julius, und **Jüngel,** Friedrich, **Das deutsche Warenzeichenrecht.** Sechste, neubearbeitete Auflage. Teil I: Die internationalen Verträge. VI, 247 Seiten. Mit 4 Tafeln. 1924. (Guttentagsche Sammlung Deutscher Reichsgesetze Bd. 87a.) Geb. RM. 9.—

„Das ganze Werk mit seiner Fülle von Gesetzen, Verordnungen, Verträgen, Bekanntmachungen bildet eine Quellensammlung für das internationale deutsche Zeichenrecht, ohne die man fortan nicht mehr auskommen kann." Gewerblicher Rechtsschutz und Urheberrecht.

Born, A., **Reichspreßgesetz** vom 7. Mai 1874 in der jetzt geltenden Fassung nebst den einschlägigen Bestimmungen der Reichsverfassung, des Reichsstrafgesetzbuches, der Gewerbeordnung usw. Mit Kommentar und Sachregister. Vierte, veränderte Auflage. Taschenformat. 234 Seiten. 1931. (Guttentagsche Sammlung Deutscher Reichsgesetze Bd. 53.) . . . . Geb. RM. 6.—

„Das Werk bringt eine sehr reichhaltige Kommentierung des Stoffes, die um so wertvoller ist, als den Entscheidungen der Wortlaut der Urteilsbegründungen beigefügt ist. Sämtliche einschlägigen Bestimmungen der das Pressewesen berührenden Gesetze sind aufgeführt, eingehend besprochen und in Beziehung zueinander gebracht worden. Als Nachschlagewerk in Zweifelsfällen wird das Buch von großem Nutzen sein." Ministerialblatt für die preußische innere Verwaltung.

IV. Zivilprozeß

Fischer, Otto, **Lehrbuch des deutschen Zivilprozeß- und Konkursrechts.** Groß-Oktav. XII, 488 Seiten. 1918 . . . RM. 8.—, geb. RM. 10.—

Kisch, Wilh., Deutsches Zivilprozeßrecht.
I. Band. Vierte, verbesserte Auflage. 115 Seiten. 1929. (Sammlung Göschen Bd. 428.) . . . . Geb. RM. 1.80
II. Band. Vierte, verbesserte Auflage. 168 Seiten. 1929. (Sammlung Göschen Bd. 430.) . . . . Geb. RM. 1.80
III. Band. Vierte, verbesserte Auflage. 148 Seiten. 1929 (Sammlung Göschen Bd. 430.) . . . . Geb. RM. 1.80
Diese Auflage wird jedem, der sich auf gemeinverständliche Weise über unser geltendes Zivilgerichtswesen unterrichten will, gute Dienste leisten, und kann namentlich den Studierenden des Rechts als Einführung bestens empfohlen werden.

Sydow, R., Busch, L., und Krantz, W., Zivilprozeßordnung und Gerichtsverfassungsgesetz nebst Anhang, enthaltend Entlastungsgesetze und die Notverordnung vom 1. Dezember 1930. Handkommentar unter besonderer Berücksichtigung der Entscheidungen oberster Gerichte. Neubearbeitete, zwanzigste Auflage. Zwei Bände. Groß-Oktav. VIII, VIII und 1540 Seiten. 1930 . . . . Geb. RM. 33.—
(de Gruytersche Sammlung Deutscher Gesetze, Handkommentare.)
„Auch innerlich ist der ausgezeichnete Handkommentar von Sydow-Busch-Krantz verändert. Es sind viele veraltete Entscheidungen ausgemerzt und dafür die Erläuterungen durch eingehendere Darlegungen zweckmäßig erweitert worden. An der Grundanlage des Buches wurde nichts geändert, die Druckanordnung ist noch übersichtlicher als bisher. So wird das Buch seine alten Freunde behalten und ohne Zweifel viele neue hinzuerwerben."
Leipziger Zeitschrift für deutsches Recht.

Rosenberg, L., Zivilprozeßgesetzgebung. Taschenformat. 580 Seiten. 1930. Geb. RM. 8.—
(Lehrausgaben Deutscher Gesetze, Bd. II.)
„Die Besonderheiten dieser handlichen und erschöpfenden Ausgabe der Zivilprozeßgesetzgebung bestehen in der sachlichen Ordnung des umfassenden Stoffes, in der Hervorhebung von besonders Wesentlichem durch Sperrdruck, und vor allem aber darin, daß den einzelnen Paragraphen in systematischer Weise Überschriften vorausgeschickt sind, die die hier besonders wichtige Aufgabe erfüllen, den Aufbau des Gesetzes und den Zusammenhang der einzelnen Vorschriften klar erkennen zu lassen." *Juristische Wochenschrift.*

Zivilprozeßordnung mit Gerichtsverfassungsgesetz und Einführungsgesetzen in der Fassung der Bekanntmachung vom 13. Mai 1924 mit den bis 1. April 1929 ergangenen Abänderungen. Textausgabe mit Sachregister. Taschenformat. 440 Seiten. 1929. (Guttentagsche Sammlung von Textausgaben ohne Anmerkungen.) . . . Geb. RM. 3.50
Die handliche Ausgabe enthält den genannten Gesetzestext mit einem das Zurechtfinden sehr erleichternden Sachregister.

Der neue Entwurf einer Zivilprozeßordnung. Veröffentlicht durch das Reichsjustizministerium. Lexikon-Oktav. 561 Seiten mit 2 Paragraphen-Verzeichnissen. 1931 . . . . . . RM. 10.—, geb. RM. 12.—

Sydow, R., Busch, L., und Krantz, W., Gerichtsverfassungsgesetz mit Einführungsgesetz. Unter besonderer Berücksichtigung der Entscheidungen des Reichsgerichts. Zehnte Auflage. Taschenformat. 347 Seiten. 1925. (Guttentagsche Sammlung Deutscher Reichsgesetze Bd. 14.)
Geb. RM. 6.—
„Das Buch bedarf keiner Empfehlung, es empfiehlt sich selbst durch die Fülle dessen, was es bietet. Gesetzgebung und Rechtsprechung sind bis in die neueste Zeit berücksichtigt."
Leipziger Zeitschrift für Deutsches Recht.

Rausnitz, Julius, Gebührenordnung für Notare vom 28. Oktober 1922 (GS. 404) nebst den einschlägigen Vorschriften des Preußischen Gerichtskostengesetzes vom 28. Oktober 1922 (GS. 363), beide in der Fassung der Gesetze vom 12. April 1923 (GS. 107), 18. Dezember 1923 (GS. 556) und der Verordnung vom 28. Juni 1924 (GS. 573). Sechste, umgearbeitete Auflage. Oktav. 158 Seiten. 1925. (Guttentagsche Sammlung Preußischer Gesetze Bd. 4.) . . . Geb. RM. 7.—

„Der in seiner äußeren Form sehr handlich und gut ausgestaltete Kommentar kann nur auf das wärmste empfohlen werden. Er wird sehr bald ein unentbehrlicher, weil nie versagender Ratgeber werden, der die Berufsarbeit sehr erleichtern wird.“ Juristische Wochenschrift.

Sydow, R., Busch, L., und Krieg, O., Die Deutsche Gebührenordnung für Rechtsanwälte, das Gesetz, betreffend die Erstattung von Rechtsanwaltsgebühren in Armensachen, und die Preußische Landesgebührenordnung mit Erläuterungen. Auf der Grundlage der Sydow-Busch'schen Textausgabe mit Anmerkungen in dreizehnter Auflage unter Mitaufnahme des Gesetzes über die Erstattung in Armensachen neubearbeitet. Taschenformat 496 Seiten. 1929. (Guttentagsche Sammlung Deutscher Reichsgesetze Bd. 17.) . . . . Geb. RM. 9.—

„Die Erläuterung der Gebührenordnung bietet besonders Wertvolles. Sie steht schon lange unter den Anmerkungsausgaben mit an erster Stelle. Und das mit Recht.“
Zeitschrift des Bundes Deutscher Justizamtmänner.

Sydow, R., Busch, L., und Krieg, O., Deutsches Gerichtskostengesetz nebst Gebührenordnung für Gerichtsvollzieher und für Zeugen und Sachverständige in den neuesten Fassungen. Auf der Grundlage der Sydow-Busch'schen Textausgabe mit Anmerkungen neubearbeitet in elfter Auflage. Taschenformat. XI, 433 Seiten. 1928. (Guttentagsche Sammlung Deutscher Reichsgesetze Bd. 15.) . . . . . . Geb. RM. 7.50

„Die neue Auflage bietet unter gründlicher Berücksichtigung der gesamten einschlägigen Rechtsprechung eine zeitgemäße, übersichtliche und erschöpfende Erläuterung des Gesetzes. Für den täglichen Gebrauch in der Praxis erscheint diese Textausgabe mit Anmerkungen als unentbehrlich.“
Dr. Natter in der „Württembergischen Zeitschrift für Rechtspflege“.

Lindemann, Otto, **Preußisches Gerichtskostengesetz** (neueste Fassung). Nach dem Tode des früheren Herausgebers P. Siméon erläutert. Achte, völlig umgearbeitete Auflage. Taschenformat. 439 Seiten. 1928. (Guttentagsche Sammlung Preußischer Gesetze Bd. 17.) Geb. RM. 8.—

„Die achte Auflage dieser bekannten Ausgabe des Preußischen Gerichtskostengesetzes ist entsprechend den bedeutsamen Änderungen der letzten Jahre völlig umgearbeitet. Die gesamte Rechtsprechung wurde eingehend berücksichtigt, so daß hier eine Erläuterung vorliegt, die Zuverlässigkeit und Vollständigkeit in sich verbindet.“
Mitteilungen des Preußischen Richtervereins.

Freiwillige Gerichtsbarkeit

Jastrow, Hermann, und **Günther,** Hermann, **Die Gesetze des Reiches und Preußens über die freiwillige Gerichtsbarkeit.** Textausgabe mit Einleitung, Anmerkungen und Sachregister. Siebente, vermehrte Auflage. Taschenformat. 548 Seiten. 1928. (Guttentagsche Sammlung Deutscher Reichsgesetze Bd. 46.) . . . . Geb. RM. 9.—

„Die Anmerkungen unterrichten in zuverlässiger Weise über die wichtigste Rechtsprechung des Reichsgerichts und der deutschen Oberlandesgerichte auf dem Gebiete der freiwilligen Gerichtsbarkeit. Ein ausführliches Sachregister erhöht die Brauchbarkeit des bewährten Buches, das auch in der neuen Auflage seinen Zweck auf das beste erfüllen wird.“ Juristische Wochenschrift.

Die Gesetze des Reiches und Preußens über die freiwillige Gerichtsbarkeit. Textausgabe mit Sachregister. Taschenformat. 168 Seiten. 1930.

(Guttentagsche Sammlung von Textausgaben ohne Anmerkungen mit Sachregister.) . . . . RM. 3.—

Das Buch enthält in der bekannten Art der Guttentagschen Gesetzesausgaben außer dem „Gesetz über die Angelegenheiten der freiwilligen Gerichtsbarkeit" alle in dieses Gebiet fallenden sonstigen Gesetze, Ausführungsbestimmungen, Abkommen, Verordnungen usw. in absolut zuverlässigem Abdruck und ein das Zurechtfinden sehr erleichterndes Sachregister.

Szkolny, Felix, und **Kober**, Leopold, **Das Notariatrecht**, unter besonderer Berücksichtigung des materiellen Rechts und des Steuer- und Stempelrechts erläutert. Oktav. 236 Seiten. 1926. (Guttentagsche Sammlung Deutscher Reichsgesetze Bd. 163.) . . . . Geb. RM. 8.50

„Die Darlegung des materiellen Rechts, soweit es in der täglichen Anwendung den Notar hauptsächlich beschäftigt. Es wird die Beurkundung einzelner Rechtsgeschäfte und anderer Rechtsvorgänge behandelt Die Ausführungen verwerten die neueste Lehre und Rechtsprechung eingehend, die Darstellung ist leicht faßlich und klar, einzelne Muster vervollkommnen das anschauliche Bild."

Zeitschrift des Deutschen Notarvereins.

Szkolny, Felix, **Die Belehrungspflicht des Notars.** Oktav. 52 Seiten. 1927. . . . . RM. 2.—

„Ein trotz seines geringen Umfanges sehr nützliches Buch, für das wir dem Verfasser Dank wissen müssen."

Zeitschrift des Deutschen Notarvereins.

Konkursordnung und Zwangsvollstreckung

Jaeger, Ernst, **Kommentar zur Konkursordnung** und den Einführungsgesetzen. Mit einem Anhang, enthaltend das Anfechtungsgesetz, die Vergleichsordnung, Auszüge aus den Kostengesetzen, Ausführungsgesetze und Geschäftsordnungen. Sechste und siebente, neubearbeitete Auflage. Lexikon-Oktav. Der Umfang des Gesamtwerkes umfaßt etwa 100 Bogen. Die Ausgabe erfolgt in Lieferungen.

Erster Band: §§ 1—46. XXVIII, 828 Seiten. 1928—1931.

RM. 45.—, geb. RM. 54.—

(Der Kauf des ersten Bandes verpflichtet zum Bezug des ganzen Werkes, das Erscheinen von Band 2 (Schlußband) ist 1932 zu erwarten.)

„. . . Kurz gesagt: das Buch ist das unübertreffliche Standardwerk, der Kommentar zur Konkursordnung." *Deutsche Richterzeitung.*

„Das Jaegersche Werk ist ohne Zweifel der beste von den mehreren guten Kommentaren zur Konkursordnung, die wir besitzen."

Zeitschrift für Deutschen Zivilprozeß.

Sydow, R., **Busch**, L., und **Krieg**, O., **Konkursordnung** und Anfechtungsgesetz mit Erläuterungen. Auf der Grundlage der Sydow-Buschschen Textausgabe mit Anmerkungen in fünfzehnter Auflage unter Mitaufnahme der Vergleichsordnung neubearbeitet. Taschenformat. 816 Seiten. 1929. (Guttentagsche Sammlung Deutscher Reichsgesetze Bd. 13.) . . . . Geb. RM. 12.—

„Die Erläuterungsbücher von Sydow-Busch sind als Kommentare mittleren Umfanges seit vielen Jahren in der Juristenwelt rühmlichst bekannt." *Juristische Rundschau.*

Fischer, K., und **Schäfer**, L., **Die Gesetzgebung, betr. die Zwangsvollstreckung in das unbewegliche Vermögen** im Reiche und in Preußen. Bearbeitet von J. Krech und O. Fischer. Zweite Auflage. Lexikon-Oktav. XVI, 728 Seiten. 1910 . . . RM. 15.—, geb. RM. 18.—

„Unter den zahlreichen Bearbeitungen des Zwangsvollstreckungsgesetzes ist der Kommentar von Fischer und Schäfer wohl der wissenschaftlich bedeutendste. Überall sind die Erläuterungen systematisch, manchmal

geradezu lehrbuchartig aufgebaut, die leitenden Gedanken treten trotz der Fülle der behandelten Einzelfragen klar und deutlich hervor."
Zeitschrift für Rechtspflege in Bayern.

Krech, J., und Fischer, O., Die Gesetzgebung, betr. die Zwangsvollstreckung in das unbewegliche Vermögen im Reiche und in Preußen. Textausgabe mit Einleitung, Anmerkungen und Sachregister. Zehnte Auflage, bearbeitet von O. Fischer. Taschenformat. 266 Seiten. 1929. (Guttentagsche Sammlung Deutscher Reichsgesetze Bd. 43.) Geb. RM. 5.—

„Einer besonderen Empfehlung dieser handlichen Ausgabe, deren Hauptteil das Gesetz über die Zwangsversteigerung und Zwangsverwaltung bildet, bedarf es nicht. Gesetzgebung, Rechtsprechung und Rechtslehre sind bis zur Gegenwart berücksichtigt."
Sächsisches Archiv für Rechtspflege.

Kretzschmar, F., Die Zwangsversteigerung und die Zwangsverwaltung. 110 Seiten. 1911. (Sammlung Göschen Bd. 523.) . . Geb. RM. 1.80

Huyke, W., **Offenbarungseid und Haft im Zivilprozeß.** Taschenformat. 1930. (Guttentagsche Sammlung Deutscher Reichsgesetze, Bd. 177.) RM. 4.—

Dieser Band bietet eine ganz auf die Praxis zugeschnittene Erläuterung der das Offenbarungseidsverfahren betreffenden Paragraphen der ZPO. und gibt in einem allgemeinen Teil zuverlässig Auskunft über die sich auf diesem Gebiete ergebenden Streit- und Zweifelsfragen. Die Rechtsprechung der höheren Gerichte und die Literatur ist berücksichtigt worden.

V. Strafrecht und Strafprozeß

Strafgesetzbuch

Ebermayer, Ludwig, **Lobe,** Adolf und **Rosenberg,** Werner, **Das Reichsstrafgesetzbuch,** Leipziger Kommentar mit besonderer Berücksichtigung der Rechtsprechung des Reichsgerichts. Vierte, vermehrte und verbesserte Auflage. Lexikon-Oktav. X, 1282 Seiten. 1929. RM. 56.—, in Halbleder geb. RM. 63.—

„Zusammenfassend wird man sagen müssen, daß der Kommentar nun wohl endgültig an die Spitze der großen Kommentare zum StGB. getreten ist." *Zeitschrift für Rechtspflege in Bayern.*

Kohlrausch, Eduard, **Strafgesetzbuch für das Deutsche Reich mit Nebengesetzen.** Textausgabe mit Anmerkungen und Sachregister. Früher von Dr. Fr. v. Liszt u. Dr. E. Delaquis. Neunundzwanzigste Auflage. Taschenformat. X, 562, *48 Seiten. 1930. (Guttentagsche Sammlung Deutscher Reichsgesetze Bd. 2.) . . . Geb. RM. 8.—

„Ein Buch, an Hand dessen eine schnelle und zuverlässige Orientierung über die wichtigsten Auslegungsfragen möglich ist. Es dient in gleicher Weise dem Studierenden zur Einführung in eine Lektüre des Gesetzes wie dem Praktiker zur schnellen Auffindung einer Entscheidung."
Rechtsanwalt Dr. Max Alsberg in der „Juristischen Wochenschrift".

v. Liszt, Fr., **Lehrbuch des deutschen Strafrechts.** Sechsundzwanzigste, vollkommen durchgearbeitete und zum Teil umgestaltete Auflage, besorgt von Dr. E. Schmidt, Professor an der Universität Kiel. Im Druck.

Gerland, H. B., **Das deutsche Reichsstrafrecht.** Oktav. 600 Seiten. 1922. (Lehrbücher und Grundrisse der Rechtswissenschaft Bd. XVI.) RM. 10.—, geb. RM. 11.50

„Durch knappe, geradezu klassische Kürze zeigende Darstellung gelang es Gerland, auf engem Raume eine ungeheure Fülle des Stoffes zu bieten und auf jede Frage Antwort zu geben."
Juristische Wochenschrift.

Gerland, H., Der Entwurf 1925. Allgemeiner Teil. Kritische Bemerkungen. Oktav. 96 Seiten. 1925 . . . . RM. 5.—
„Eine außerordentlich interessante Abhandlung. Die Schrift stellt ein fast unentbehrliches Hilfsmittel für jeden dar, der sich mit den einschlägigen Fragen zu beschäftigen hat."
Mitteilungen des Preußischen Richtervereins.

Aschrott, P. F., u. Kohlrausch, Ed., Reform des Strafrechts. Kritische Besprechung des Amtlichen Entwurfs eines Allgemeinen Deutschen Strafgesetzbuchs. Auf Veranlassung der Deutschen Landesgruppe der Internationalen Kriminalistischen Vereinigung unter Mitwirkung erster Fachgenossen herausgegeben. Gr.-Oktav. V, 415 S. 1926. RM. 18.—
„Die gestellte Aufgabe ist glänzend gelöst. Kaum ein Punkt ist übersehen worden, der die Kritik herausfordert. — Niemand, der an der endgültigen Gestaltung unseres Strafrechts Anteil nimmt, darf an dieser Sammelkritik achtlos vorübergehen."
Geh. Hofrat Prof. Dr. v. Lilienthal in der „Deutschen Juristen-Zeitung".

Sammlung außerdeutscher Strafgesetzbücher in deutscher Übersetzung. Herausgegeben von den Schriftleitungen der Zeitschrift für die ges. Strafrechtswissenschaft u. d. Mitteilungen der Internationalen Kriminalistischen Vereinigung. Nr. 1—43. 1881—1914 . . Preise auf Anfrage.

Nr. 44:
Japanische Strafgesetze. I. Schwurgerichtsordnung vom 18. April 1923 und strafrechtliche Nebengesetze. Übersetzt von Hyoichiro Kusano, Reichsgerichtsrat in Tokio, Tadao Sugiura, Oberlandesgerichtsrat in Sapporo, und Dr. jur. Fritz Bartelt in Berlin. II. Strafvollzugsgesetz vom 28. März 1908 nebst Ausführungsverordnung vom 16. Juni 1908. Übersetzt von Dr. jur. Toshita Tokiwa, Gerichtsassessor in Tokio, und Dr. jur. Werner Gentz, Justizrat beim Strafvollzugsamt in Kiel. Groß-Oktav. 55 Seiten. 1927. RM. 3.—

Nr. 45:
Die Auslieferungsgesetze Norwegens, Schwedens und Finnlands. Mit einer systematischen Darstellung der Grundzüge des nordischen Auslieferungsrechts im Hinblick auf den Erlaß eines deutschen Auslieferungsgesetzes Von Dr. jur. Ernst Wolgast, Privatdozent in Königsberg i. Pr. Groß-Oktav. VIII, 487 Seiten. 1928. . . RM. 20.—

Nr. 46:
Das Türkische Strafgesetzbuch vom 1. März 1926. Gesetz Nr. 765. (Türkisches Gesetzblatt Nr. 320 vom 13. März 1926.) Das Ausführungsgesetz zum Türkischen Strafgesetzbuch vom 26. April 1926. Deutsche Übersetzung von Dr. K. Ziemke. Groß-Oktav. 138 Seiten. 1927 . . . . RM. 5.—

Nr. 47:
Entwurf eines griechischen Strafgesetzbuches. Übersetzt und eingeleitet von Demetrius G. Venturas, Rechtsanwalt in Korfu, Griechenland. Groß-Oktav. 123 Seiten. 1928 . . . . RM. 7.—

Nr. 48:
Italienischer Vorentwurf zu einem neuen Strafgesetzbuch. (Progetto di un nuovo codice penale.) In deutscher Übersetzung von Dr. K. Bunge, Landgerichtsrat in Berlin. Groß-Oktav. XXXII, 244 Seiten. 1928 . . . . RM. 10.—

Nr. 49:
Strafgesetzbuch (Ugolownyj Kodex) **der Russischen Sozialistischen Föderativen Sowjet-Republik** (R.S.F.S.R.) vom 22. November 1926, übersetzt von Dr. Wilhelm Gallas, Gerichtsassessor in Berlin. Groß-Oktav. 68 Seiten. 1930 . . . . RM. 4.—

Lindemann, Otto, Sammlung der wichtigsten preußischen Strafgesetze. Zweite Auflage. Taschenformat. 372 Seiten. 1912. (Guttentagsche Sammlung Preußischer Gesetze Bd. 34.) . . . . . Geb. RM. 3.50

„. . . Nur mittels einer solchen ausgezeichneten Sammlung ist es möglich, auch die zerstreuten Gebiete des Strafrechts völlig zu beherrschen." *Deutsche Juristen-Zeitung.*

Fraustädter, Werner, **Deutsches Auslieferungsgesetz** vom 23. Dezember 1929 und andere neuere Vorschriften der Rechtshilfe in Strafsachen, einschließlich der Auslieferung. Textausgabe mit Einleitung, Erläuterungen und Sachregister. Taschenformat. 143 Seiten. 1930. (Guttentagsche Sammlung Deutscher Reichsgesetze Bd. 86.) . Geb. RM. 4.—

Die neue Auflage enthält eine ausführliche Erläuterung der neuen Bestimmungen sowie einen Abdruck der wichtigsten Verträge und Vorschriften und ermöglicht einen vollständigen Überblick über den gegenwärtigen Stand des deutschen Auslieferungsrechtes.

Lindemann, Otto, **Polizeiverordnungen in Preußen.** Zweite Auflage. Taschenformat. 189 Seiten. 1912. (Guttentagsche Sammlung Preußischer Gesetze Bd. 36.) . . . . Geb. RM. 2.50

Abhandlungen des Kriminalistischen Instituts an der Universität Berlin. Herausgegeben von Dr. **Franz von Liszt,** o. Professor der Rechte. Sonderverzeichnis kostenlos. Vierte Folge. I. Band.

Heft 1:
Dannenberg, Herbert, **Liberalismus und Strafrecht im 19. Jahrhundert unter Zugrundelegung der Lehren Karl Georg von Waechters.** Oktav. IV, 66 Seiten. 1925 . . . . RM. 3.—

Heft 2:
Tarnowski, Hans, **Die systematische Bedeutung der adäquaten Kausalitätstheorie für den Aufbau des Verbrecherbegriffs.** Oktav. X, 340 Seiten. 1927 . . . . RM. 18.—

Heft 3:
Ehrlich, Lore, **Der Verrat von Betriebsgeheimnissen nach englischem und nordamerikanischem Recht.** Oktav. VIII, 75 Seiten. 1930. RM. 4.—

Heft 4:
Kuttner, Stephan, **Die juristische Natur der falschen Beweisaussage.** Ein Beitrag zur Geschichte und Systematik der Eidesdelikte, zugleich zur Frage einer Beschränkung der Strafbarkeit auf erhebliche falsche Aussagen. Oktav. VI, 76 Seiten. 1931 . RM. 6.—

Vierte Folge II. Band.

Heft 1:
Gallas, Wilhelm, **Kriminalpolitik und Strafrechtssystematik** unter besonderer Berücksichtigung des sowjetrussischen Rechts. Oktav. VIII, 88 Seiten. 1931 . . . . RM. 5.—

Heindl, Robert, **System und Praxis der Daktyloskopie** und der sonstigen technischen Methoden der Kriminalpolizei. Dritte, neubearbeitete und vermehrte Auflage. 900 Abbildungen im Text und 21 Bildertafeln. 780 Seiten. Groß-Oktav. 1927 . . . . RM. 36.—, geb. RM. 40.—

„Ein Werk, mit dem wohl für geraume Zeit die Literatur dieses Gebiets ihren krönenden Abschluß gefunden haben dürfte. — Es darf erwartet werden, daß jeder Richter, Rechtsanwalt und Verteidiger sich dieses vorzüglichen Werkes bedient." *Deutsche Juristenzeitung.*

Kleine kriminalistische Bücherei.

Band 1:
Schneickert, Hans, Die strafrechtlichen Aufgaben der Polizei. Für den Polizeiunterricht und die Polizeipraxis. Taschenformat. 182 Seiten. 1921. RM. 2.—

Band 2:
Philipp, Lothar, **Beobachtungs- und Ermittlungspraxis im Polizei- und Detektivdienst.** Taschenformat. 180 Seiten. 1923 . . . RM. 2.—

Band 3:
Manteuffel, H. v., **Falschspieler.** Formen und Technik des Spiel-

betruges, nebst einem Anhange: Der Spielprofessor und sein angeblich sicheres System beim Spiele gegen eine öffentliche Roulettebank. Taschenformat 90 Seiten. 1923 . . . . RM. 2.—

Band 4:

Schneickert, Hans, Kriminalistische Spurensicherung. Sammlung dienstlicher Anweisungen und sachverständiger Ratschläge für den Dienstgebrauch und für Polizeischulen. Zweite, vermehrte und verbesserte Auflage. Taschenformat. 96 Seiten. Mit 2 Abbildungen. 1925. Geb. RM. 3.—

Band 5:

Rehfeld, P., Gerichtsärztliche Tatbestandsfeststellungen im Dienste der Polizei. Ein Leitfaden für Polizei- und Kriminalbeamte. Taschenformat. 133 Seiten. 1927 . . . . Geb. RM. 3.50

Strafprozeßordnung

Kohlrausch, Eduard, **Strafprozeßordnung** und Gerichtsverfassungsgesetz. Textausgabe mit Einleitung, Anmerkungen und Nebengesetzen. In Verbindung mit Dr. Hermann Mannheim, Landgerichtsrat und Professor in Berlin, bearbeitet von Dr. Eduard Kohlrausch, Professor der Rechte in Berlin. Zweiundzwanzigste Auflage (101. bis 104. Tausend). Taschenformat. XI, 510 Seiten. 1930. (Guttentagsche Sammlung Deutscher Reichsgesetze Bd. 12.) RM. 7.50

„Das Buch ist nicht nur für den Praktiker, der sich rasch unterrichten will, sondern auch für den Studierenden, zumal wenn ihm die wirtschaftlichen Verhältnisse die Anschaffung umfangreicher Kommentare nicht ermöglichen, von größtem Wert.“
Oberreichsanwalt Dr. Ebermayer in der „Juristischen Wochenschrift“.

Feisenberger, Albert, **Strafprozeßordnung und Gerichtsverfassungsgesetz.** Handkommentar. Groß-Oktav. IX, 517 Seiten. 1926. Mit Nachtrag. 1927. (de Gruytersche Sammlung Deutscher Gesetze. Handkommentare.) . . . . Geb. RM. 17.—

„Eine glänzende Arbeit, die bald in der Hand jedes Strafrichters und Rechtsanwalts sein wird. Geradezu vorbildlich ist der Handkommentar für den Umfang der Heranziehung der Rechtsprechung. Alles Wesentliche ist berücksichtigt.“ Danziger Juristische Monatsschrift.

Beling, E., **Deutsches Reichsstrafprozeßrecht** mit Einschluß des Strafgerichtsverfassungsrechts. Oktav. XIV, 568 Seiten. 1928. (Lehrbücher und Grundrisse der Rechtswissenschaft Bd. XVII.) RM. 15, geb. RM. 16.50

Die Eigenart des vorliegenden Lehrbuches des Reichsstrafprozeßrechts ist, daß es dem Verständnis der Gesetzestexte vorarbeiten und zu ihnen hinführen will. Gerade das, was nicht im Gesetz steht, ist die Hauptsache; die Gesetzesparagraphen sind Ziel, nicht Ausgangspunkt. Insbesondere aber stellt der Verfasser die Regelungsinhalte des geltenden Rechts in die heutige rechtspolitische Gedankenwelt hinein und gibt ein auch äußerlich scharf hervortretendes System, das den Lernenden befähigt, die Fülle der Einzelheiten unter allgemeinen Ordnungsgesichtspunkten zusammenzusetzen.

Rosenfeld, E. H., **Deutsches Strafprozeßrecht.** 2 Bände. 128 und 148 Seiten. 1926. (Sammlung Göschen Bd. 938/939.) Geb. je RM. 1.80

„Eine wissenschaftlich hochstehende, auf einem knappen Raum zusammengedrängte, klar und originell geschriebene Einführung in den deutschen Strafprozeß.“ Schweizer. Zeitschrift für Strafrecht.

Löwe, F., und **Rosenberg,** Werner, **Die Strafprozeßordnung für das Deutsche Reich** vom 22. März 1924 nebst dem Gerichtsverfassungsgesetz. Kommentar. Achtzehnte, neubearbeitete Auflage. Lexikon-Oktav. 1332 Seiten. 1929 . . . . RM. 44.—, in Halbleder geb. RM. 50.—

„Der Kommentar steht nach wie vor an erster Stelle und ist ein Meisterwerk in der Kunst einer klaren, übersichtlichen und erschöpfenden Darstellung dieses außerordentlich spröden Stoffes."
Zeitschrift des deutschen Notarvereins.

Feisenberger, Albert, **Strafprozeßordnung und Gerichtsverfassungsgesetz,** in alter und neuer Fassung synoptisch gegenübergestellt. Mit ausführlichem Sachregister. Taschenformat. 265 Seiten. 1924. Mit Nachtrag. 1927. (Guttentagsche Sammlung Deutscher Reichsgesetze Bd. 158.) . . . . Geb. RM. 4.50
„Die Ausgabe ist für die Praxis auf längere Zeit unentbehrlich. Die synoptische Darstellung erleichtert die Arbeit und schützt vor Gedächtnisfehlern." *Juristische Wochenschrift.*

Aschrott, P. F., **Die Reform des Strafprozesses.** Kritische Besprechungen der von der Kommission für die Reform des Strafprozesses gemachten Vorschläge. Auf Veranlassung der Internationalen Kriminalistischen Vereinigung, Gruppe Deutsches Reich. Groß-Oktav. XII, 120 und 784 Seiten. 1906 . . . . RM. 12.—

Beiträge zur Reform des Strafprozesses. Herausgegeben von Dr. Franz **Adickes,** Dr. P. F. **Aschrott,** Dr. K. **von Lilienthal,** Dr. Fr. **von Liszt.** 2 Bände. Groß-Oktav. I. Bd. Heft 1—6. 1908. RM. 9.70. — II. Bd. Heft 1—5. 1909. RM. 15.10.

Boehringer, Margrit, Die Eidesreform im Strafprozeß und Strafrecht. Oktav. 203 Seiten. 1931 . . . . RM. 10.—
In der vorliegenden Arbeit wird versucht, einen möglichst vollständigen Überblick über die Grundfragen und die komplizierten Einzelfragen der Reform des Strafprozesses im Beeidigungsverfahren und dem damit unmittelbar zusammenhängenden Teil der Eidesreform im Strafrecht zu geben.
Hierbei wurde ein wesentlicher Bestandteil der Aufgabe in der Systematisierung dieser meist so unübersichtlich und durcheinanderlaufend behandelten Probleme gesehen und weiter versucht, durch möglichst vollständige Literaturangabe und Behandlung ein sachliches Urteil zu ermöglichen.

Frede, L., u. **Grünhut,** M., **Reform des Strafvollzugs.** Kritische Beiträge zu dem Amtlichen Entwurf eines Strafvollzugsgesetzes. Oktav. VII, 264 Seiten. 1927 . . . . RM. 10.—
Die in dem vorliegenden Buch zusammengefaßten Beiträge üben nicht nur eine Einzelkritik an den Bestimmungen des Entwurfs, sondern dienen zugleich unter dem Gesichtspunkt der gegenwärtigen gesetzgeberischen Aufgabe der wissenschaftlichen Grundlegung des ganzen Strafvollzugsproblems.

VI. Öffentliches Recht.

1. Staats- und Völkerrecht.

Fischbach, O. G., **Allgemeine Staatslehre.** Zweite Auflage. 136 Seiten. 1928. (Sammlung Göschen Bd. 358.) . . . . . Geb. RM. 1.80
„Das Buch darf einer breiten Öffentlichkeit als ausgezeichnete Einführung, den Fachgenossen aber, jung und alt, als Musterbeispiel wissenschaftlichen Bemühens um die denkbar beste Leistung anempfohlen werden, wie man ihm heute nicht allzu häufig mehr begegnet."
Reichsverwaltungsblatt.

Fischbach, O. G., **Allgemeines Staatsrecht.**
I. Teil. 139 Seiten. 1923. (Sammlung Göschen, Bd. 415.) Geb. RM. 1.80
II. Teil. 151 Seiten. 1923. (Sammlung Göschen Bd. 416.) Geb. RM. 1.80

Diese Bearbeitung bringt nicht bloß einen leicht faßlichen gemeinverständlichen Überblick über alle Zweige des Staatsrechtes, sondern auch in den einzelnen Partien viele gründliche wissenschaftliche Erörterungen der einschlagenden Probleme und kritischen Beleuchtung der verschiedenen Rechtsansichten.

Bühler, O., Staatsrecht des Reichs und Preußens. Taschenformat. 608 Seiten. 1931. (Lehrausgaben Deutscher Gesetze Bd. IIIa.)
Geb. RM. 9.—

Stier-Somlo, Fritz, Deutsches Reichs- und Landesstaatsrecht I. Oktav. XVI, 726 Seiten. 1924. (Lehrbücher und Grundrisse der Rechtswissenschaft Bd. XVIII.) . . . . RM. 16.50, geb. RM. 18.—
„. . . *Von den zurzeit vorhandenen größeren Lehrbüchern des Reichsstaatsrechts das geeignetste.*" *Juristische Wochenschrift.*

Stier-Somlo, Fritz, Reichsstaatsrecht. I. Grundbegriffe des Staatsrechts. Verfassungsgeschichte vom Ende des 18. Jahrhunderts bis zur Reichsverfassung vom 11. August 1919. 108 Seiten. 1927. (Sammlung Göschen Bd. 967.) . . . . Geb. RM. 1.80
II. Das geltende Reichsstaatsrecht. 114 Seiten. 1927. (Sammlung Göschen Bd. 968.) . . . . Geb. RM. 1.80

Stier-Somlo, Fritz, Preußisches Staatsrecht. Zweite Auflage. 136 Seiten. 1927. (Sammlung Göschen Bd. 298.) . . . . Geb. RM. 1.80

Die Verfassung des Deutschen Reichs vom 11. August 1919 **mit den wichtigsten Nebengesetzen.** Textausgabe mit Einleitung und Sachregister. Dritte Auflage. Taschenformat. 104 Seiten. 1931. (Guttentagsche Sammlung von Textausgaben ohne Anmerkungen mit Sachregister.) . . . . RM. 1.—
Die handliche Ausgabe enthält den genauen Gesetzestext mit einem das Zurechtfinden sehr erleichternden Sachregister. Sie entspricht dem letzten Stand.

Arndt, Adolf, Die Verfassung des Deutschen Reiches. Dritte Auflage. Taschenformat. 1927. (Guttentagsche Sammlung Deutscher Reichsgesetze Bd. 137.) . . . . RM. 8.—
„*Für alle, die sich auf dem schwierigen Gebiet der Reichverfassung orientieren wollen, liegt hier ein vorzügliches Nachschlagewerk von gediegener Wissenschaftlichkeit vor.*"
Staats- und Selbstverwaltung.

Stier-Somlo, Fritz, Kommentar zur Verfassung des Freistaates Preußen. Groß-Oktav. 319 Seiten. 1921 . . . . Geb. RM. 3.—
„*Die Darstellung ist flüssig und knapp und ist als treffliche Orientierung über das neue Verfassungswerk, eine Orientierung, die ihre notwendige Ergänzung in dem vorzüglichen Kommentar Stier-Somlos findet, sehr zu empfehlen.*" *Zeitschrift für öffentliches Recht.*

Arndt, Adolf, Die Verfassung des Freistaats Preußen vom 30. November 1920. Mit Einleitung, vollständigem Kommentar, Landeswahlgesetz und Sachregister. Taschenformat. 158 Seiten. 1921. (Guttentagsche Sammlung Preußischer Gesetze Bd. 1.)
Geb. RM. 2.—
„. . . *Der Kommentar wird denjenigen, die sich mit den einzelnen Bestimmungen der Verfassung vertraut machen wollen, ein willkommener Ratgeber sein.*"
Zeitschrift für Polizei- und Verwaltungsbeamte.

Veröffentlichungen der Vereinigung deutscher Staatsrechtslehrer.
Heft 1: Der deutsche Föderalismus. Oktav. 1924 . . . RM. 5.—
Heft 2: Der Schutz des öffentlichen Rechts. Oktav. 1925. RM. 12.—

Heft 3: Die Gleichheit vor dem Gesetz. Der Einfluß des Steuerrechts auf die Begriffsbildung des öffentlichen Rechts. Oktav. 1927. RM. 7.—
Heft 4: Das Recht der freien Meinungsäußerung. — Der Begriff des Gesetzes in der Reichsverfassung. Oktav. 1928 . . . . . . RM. 10.—
Heft 5: Wesen und Entwicklung der Staatsgerichtsbarkeit. — Überprüfung von Verwaltungsakten durch die ordentlichen Gerichte. Oktav. 1929 . . . . RM. 12.—
Heft 6: Bundesstaatliche und gliedstaatliche Rechtsordnung. Verwaltungsrecht der öffentlichen Anstalt. Berichte von Fritz Fleiner, Josef Lukas, Lutz Richter und Arnold Köttgen. Verhandlungen der Tagung der deutschen Staatsrechtslehrer zu Frankfurt a. M. am 25. und 26. April 1929. Mit einem Auszug aus der Aussprache. Oktav. IV, 166 Seiten. 1929 . . . . RM. 9.—

Sehling, Emil, Kirchenrecht. Zweite Auflage.
I. Teil. Einleitung. Quellen, Verfassung und Verwaltung der katholischen Kirche. Anhang: Die griechisch-orthodoxe Kirche. 119 Seiten. 1922. (Sammlung Göschen Bd. 377.) . . . . Geb. RM. 1.80
II. Teil: Das evangelische Kirchenrecht. Die Stellung des Staates zur Kirche und das Verhältnis der Religionsgesellschaften zueinander. 87 Seiten. 1927. (Sammlung Göschen Bd. 954.) . . . Geb. RM. 1.80

Edler v. Hoffmann, H., **Deutsches Kolonialrecht.** 150 Seiten. 1907. (Sammlung Göschen Bd. 318.) . . . . Geb. RM. 1.80

Delius, H., **Die Beamtenhaftpflichtgesetze** des Reiches und der Länder. Vierte, vermehrte und vollkommen neubearbeitete Auflage. Taschenformat. 384 Seiten. 1929. (Guttentagsche Sammlung Deutscher Reichsgesetze Bd. 94.) . . . . Geb. RM. 10.—

Wörterbuch des Völkerrechts und der Diplomatie. Begonnen von Professor Dr. **Julius Hatschek** †. Fortgesetzt und herausgegeben von Dr. Karl **Strupp,** Professor an der Universität Frankfurt a. M., Associé de l'Institut de droit international, membre de l'Academie Diplomatique Internationale. Lexikon-Oktav.

Band I: Aachen—Lynchfall. VI, 860 Seiten. 1924.
RM. 35.—, in Halbleder geb. RM. 40.—
Band II: Maas—Utschiali. 779 Seiten. 1925.
RM. 35.—, in Halbleder geb. RM. 40.—
Band III (Schluß): Vasallenstaaten—Zwangsverschickung. Ferner Anhang: Abessinien—Weltgerichtshof; Sachverzeichnis und Mitarbeiterregister. II, 1316 Seiten. 1929.
RM. 62.—, in Halbleder geb. RM. 67.—

„Der Vorsprung, den entsprechende Werke in französischem Sprachgewande bisher hatten, ist nunmehr in Deutschland eingeholt. Die Form der alphabetischen Zergliederung des Stoffes ermöglicht eine breitere Behandlung der Einzelfälle, die im internationalen Rechtsleben nicht selten von größerer Bedeutung als vorzeitig aufgestellte Abstraktionen sind.“ Zeitschrift für Völkerrecht.

Anzilotti, D., **Lehrbuch des Völkerrechts.** Übersetzt und herausgegeben vom Institut für ausländisches öffentliches Recht und Völkerrecht, Berlin. I. Band. Groß-Oktav. 444 Seiten. 1929. RM. 19.—, geb. RM. 20.—

Das Buch ist nicht schlechthin eine Übersetzung der italienischen Originalausgabe, sondern berücksichtigt auch die gesamte Rechtsprechung und Literatur der letzten Zeit und stellt somit das zurzeit modernste Lehrbuch des Völkerrechts überhaupt dar.

Niemeyer, Theodor, **Völkerrecht.** 168 Seiten. 1925. (Sammlung Göschen Bd. 865.) . . . . Geb. RM. 1.80

Dieses Bändchen gibt in gedrängter Form eine vollständige Übersicht über das Völkerrecht.

Beiträge zum ausländischen öffentlichen Recht und Völkerrecht. Herausgegeben im Auftrage des Instituts für ausländisches öffentliches Recht und Völkerrecht in Berlin in Gemeinschaft mit Friedrich Glum, Ludwig Kaas, Rudolf Smend, Heinrich Triepel von Viktor **Bruns.** Groß-Oktav.

Eine Sammlung einschlägiger wissenschaftlicher Abhandlungen, Materialsammlungen, Übersetzungen besonders wertvoller ausländischer Werke u. a.

Heft 1:
Triepel, H., **Staatsrecht und Politik.** Rede beim Antritt des Rektorats der Friedrich-Wilhelms-Universität zu Berlin am 15. Oktober 1926. 40 Seiten. 1927 . . . . RM. 2.—

Heft 2:
Schmitt, Carl, **Volksentscheid und Volksbegehren.** Ein Beitrag zur Auslegung der Weimarer Verfassung und zur Lehre von der unmittelbaren Demokratie. 54 Seiten. 1927 . . . . RM. 2.60

Heft 3:
Heck, K., **Der Aufbau des britischen Reiches.** (Der Verhandlungsbericht der Reichskonferenz von 1926.) 152 Seiten. 1927. RM. 6.—

Heft 4:
Heller, H., **Die Souveränität.** Ein Beitrag zur Theorie des Staats- und Völkerrechts. 177 Seiten. 1927. . . . . RM. 8.50

Heft 5:
Grentrup, Theodor, **Die Missionsfreiheit** nach den Bestimmungen des geltenden Völkerrechts. 112 Seiten. 1928 . . . . RM. 5.50

Heft 6:
Robinson, Jakob, **Das Minoritätenproblem** und seine Literatur. Kritische Einführung in die Quellen und die Literatur der europäischen Nationalitätenfrage der Nachkriegszeit, unter besonderer Berücksichtigung des völkerrechtlichen Minderheitenschutzes.

Allgemeiner Teil. 265 Seiten. 1928 . . . . RM. 9.—

Heft 7:
Bilfinger, Karl, **Der Reichssparkommissar.** 68 Seiten. 1928. RM. 3.60

Heft 8:
Bumiller, J. M., **Die völkerrechtliche Stellung der fremden Truppen im Saargebiet.** 156 Seiten. 1928 . . . . RM. 9.—

Heft 9:
Das Recht des Ausnahmezustands im Auslande (Frankreich, Belgien, Niederlande, Italien, England, Irland). 296 Seiten. 1928. RM. 14.—

Heft 10:
Gerland, B., **Die Beziehungen zwischen dem Parlament und den Gerichten in England.** Eine rechtsvergleichende Studie. 137 Seiten. 1928. RM. 8.—

Heft 11:
Leibholz, Gerhard, **Zu den Problemen des fascistischen Verfassungsrechts.** Akademische Antrittsvorlesung. 112 Seiten. 1928. RM. 5.—

Heft 12:
Glum, Friedrich, **Der deutsche und der französische Reichswirtschaftsrat.** Ein Beitrag zu dem Problem der Repräsentation der Wirtschaft im Staat. 188 Seiten. 1929 . . . . RM. 9.—

Heft 13:
Leibholz, Gerhard, **Das Wesen der Repräsentation** unter besonderer Berücksichtigung des Repräsentativsystems. Ein Beitrag zur allgemeinen Staats- und Verfassungslehre. Groß-Oktav. 214 Seiten. 1929. RM. 14.—

Heft 14:
Schenk, v. Stauffenberg, G., **Das Recht der russischen Handelsvertretungen.** Oktav. 95 Seiten. 1930 . . . . RM. 6.—

Heft 16:
Menzel, Kurt, **Das deutsche Vorkriegs-Vermögen in Rußland und der deutsche Entschädigungsvorbehalt.** Eine Übersicht, zugleich über die Entschädigungsbemühungen der anderen Staaten. Oktav. IV, 236 Seiten. 1931 . . . . RM. 9.—
Heft 17:
Kaufmann, Erich, **Zur Problematik des Volkswillens.** Oktav. 19 Seiten. 1931 . . . . RM. 1.50

Kraus, H., **Internationale Schiedssprechung.** Eine Sammlung der für das Deutsche Reich verbindlichen Verträge und Vertragsbestimmungen, die sich auf internationale Gerichtsbarkeit, Schiedsgerichtsbarkeit, sowie Vergleichsverfahren beziehen, nebst den dazugehörigen deutschen Regierungsdenkschriften. Taschenformat. XXXVI, 348 Seiten. 1929. (Guttentagsche Sammlung Deutscher Reichsgesetze Bd. 174.) . . . . Geb. RM. 10.—

„Die vorliegende Dokumentensammlung füllt eine Lücke aus, da es bisher schwer war, alle schiedsrichterlichen Verpflichtungen des Deutschen Reiches auf einmal einzusehen.“ Friedenswarte.

Strupp, Karl, **Das Werk von Locarno.** Eine völkerrechtlich-politische Studie. Oktav. 180 Seiten. 1926 . . . . RM. 10.—

„Die lückenlose Mitteilung aller für das Verständnis und die Auslegung wichtiger Urkunden macht das aktuelle Buch zu einem außerordentlich wertvollen Mittel der Erkenntnis des Inhalts und der Tragweite dieser grundlegenden Staatsverträge.“ D. A. Z.

Sering, Max, **Deutschland unter dem Dawes-Plan.** Entstehung, Rechtsgrundlagen, wirtschaftliche Wirkungen der Reparationslasten. Oktav. VIII, 237 Seiten. 1928 . . . . RM. 10.—

„Nicht nur dem Juristen und Volkswirtschaftler, sondern auch dem Laien verständlich, gibt das Werk einem jeden wertvollen Einblick in Deutschlands wirtschaftspolitische Abhängigkeit, die sich bis in die kleinsten Betriebe hineinzieht, die jedes einzelne Glied des deutschen Volkes betrifft.“ Prakt. Rundschau.

2. Verwaltungsrecht.

Reichsrecht

Bühler, O., **Verwaltungsgesetze des Reiches und Preußens.** Taschenformat. XI, 682 Seiten. 1930. Mit Nachtrag 1931. Geb. RM. 11.—
(Lehrausgaben Deutscher Gesetze, Bd. III.)

Außer den preußischen Verwaltungsgesetzen bringt der vorliegende Band als erster auch die immer wichtiger werdenden Verwaltungsgesetze des Reichs. Durch Weglassung aller für den Unterricht überflüssigen Gesetze, Weglassung auch unwichtiger Bestimmungen in den oft sehr weitschweifigen Verwaltungsgesetzen (wobei aber der Inhalt weggelassener Bestimmungen jeweils kurz angedeutet ist) ist es ermöglicht worden, auch hier einen Band erstehen zu lassen, der nicht schon durch seinen Umfang abschreckt.

Blume, E., und **Weirauch,** W., **Die Eisenbahn-Verkehrsordnung** vom 16. Mai 1928 mit Allgemeinen Ausführungsbestimmungen sowie dem Internationalen Übereinkommen über den Eisenbahnfrachtverkehr vom 30. Mai 1925 und dem Internationalen Übereinkommen über den Eisenbahn-Personen- und Gepäckverkehr vom 12. Juni 1925. Textausgabe mit Anmerkungen. Vierte Auflage. Taschenformat. X, 482 Seiten. 1928. (Guttentagsche Sammlung Deutscher Reichsgesetze Bd. 91.)
Geb. RM. 9.—

„Ein treffliches Hilfsbuch für alle, die sich mit dem Eisenbahnverkehrsrecht theoretisch und praktisch zu beschäftigen haben. Der Kommentar wird besonders auch den Gerichten und den Anwälten

gute Dienste leisten, da die Ausführungsbestimmungen zur Eisenbahnverkehrsordnung, die vollständig abgedruckt werden, sonst nur in den Tarifen veröffentlicht werden, die in den Kreisen der Juristen weniger bekannt sind. Allen, die es angeht, kann daher die Anschaffung der neuen Auflage dringend empfohlen werden."

Juristische Wochenschrift.

Fischbach, O. G., **Das Reichsbeamtengesetz vom 31. März 1873 in der Fassung der Bekanntmachung vom 18. Mai 1907 mit allen Abänderungen und Ergänzungen.** Taschenformat. 311 Seiten. 1930. (Guttentagsche Sammlung Deutscher Reichsgesetze, Bd. 82.) Geb. RM. 6.—

Die vorliegende Erläuterung des Beamtengesetzes entspricht den neuesten Fortschritten der Wissenschaft und Rechtsprechung. Bemerkenswert ist, daß auch verwandte Gesetze und Verordnungen der einheitlichen Erläuterung unterzogen wurden, so daß dieses Buch für die Praxis ein der Sache wie der Erläuterungsart wichtiges Hilfsmittel darstellt.

Fischer, D., und **Staedler,** E., **Die deutsche Post- und Telegraphengesetzgebung.** Teil I: Postrecht (mit Ausschluß des internationalen Rechts). Siebente Auflage. 47*, 586 Seiten. 1929. (Guttentagsche Sammlung Deutscher Reichsgesetze Bd. 7.) . . . . Geb. RM. 15.—

„Die Texte sind mit großer Sorgfalt und mit dem Streben nach einschlägiger Vollständigkeit zusammengestellt. Eine Verbesserung gegenüber den früheren Auflagen bedeutet der der Sammlung neu vorangestellte systematische Abriß des geltenden Postrechts."

Württembergische Industrie.

Teil II: **Telegraphen- und Fernsprechrecht** (mit Ausschluß des internationalen Rechts). Taschenformat. 495 Seiten. 1930. (Guttentagsche Sammlung Deutscher Reichsgesetze Band 7a.) . . RM. 13.—

Wie im ersten Teil, so werden auch hier die Erläuterungen unter die folgenden Gesichtspunkte gestellt: 1. die wechselseitige juristische und tatsächliche Berührung zwischen den sehr zersplitterten Rechtsquellen. 2. die rechtsgeschichtlichen Zusammenhänge, die zur kritischen Beurteilung des Gegenstandes unerläßlich sind. 3. die öffentlich-rechtliche Eigenschaft des gesamten Rechtsstoffes. Rechtsprechung und Literatur sind bis in die letzte Zeit berücksichtigt.

Sebba, Julius, **Seewasserstraßenordnung.** (Polizeiverordnung zur Regelung des Verkehrs auf den deutschen Seewasserstraßen vom 31. März 1927.) Taschenformat. 493 Seiten. 1928. (Guttentagsche Sammlung Deutscher Reichsgesetze Bd. 171.) . . . . Geb. RM. 8.50

„Es bedarf hierbei wohl nicht der besonderen Hervorhebung, daß die Kommentierungsmethode des rühmlichst bekannten Neu-Herausgebers von Schaps-Seerecht auch in dem vorliegenden Werke eine knappe und doch gründliche geworden ist."

Verkehrsrechtliche Praxis.

Busse, Rudolf, **Luftrecht einschließlich Luftverkehrsgesetz und Pariser Luftverkehrsabkommen.** Taschenformat. XVIII, 448 Seiten. 1928. (Guttentagsche Sammlung Deutscher Reichsgesetze Bd. 170.) Geb. RM. 10.—

Das vorliegende Buch sucht in einem nationalen und internationalen Teil einen klaren Überblick über das gesamte Luftrecht zu geben; der neueste Stand der Rechtsprechung ist hierbei berücksichtigt. Den erläuterten Gesetzesabkommenstexten ist eine systematische Einführung in das gesamte Luftrecht mit seinen vielseitigen Rechtsdisziplinen vorausgeschickt.

Volkmann, Kurt, **Die Straßenverkehrsordnungen** nebst den einschlägigen Nebenbestimmungen. Taschenformat. 312 Seiten. 1929. (Guttentagsche Sammlung Deutscher Reichsgesetze Bd. 175.) . . . Geb. RM. 7.—

„Das übersichtliche Werkchen, das uns eine schnelle Information über auftauchende Rechtsfragen auf diesem besonderen Verkehrgebiete verschafft, kann Polizeibeamten, Gerichten, Anwälten, Fuhrwerksbesitzern, Kraftfahrern und Radfahrern zur Anschaffung empfohlen werden."
Verkehrsrechtl. Rundschau.

Holzapfel, W., Die Siedlungsgesetzgebung im Reich und in Preußen. 347 Seiten. 1920. (Guttentagsche Sammlung Deutscher Reichsgesetze Bd. 140.) . . . . Geb. RM. 3.—
„Die zur Ausführung jener Gesetze bestimmten Behörden und auch die literarische Forschung wird dem Verfasser für seine mühevolle Arbeit Anerkennung zollen." *Archiv für öffentliches Recht.*

Behrend, Ernst, und **Stranz-Hurwitz,** Helene, **Sammlung von Wohlfahrtsgesetzen** des Deutschen Reichs und Preußens nebst den allgemeinen Wohlfahrtsgesetzen von Sachsen, Thüringen, Hamburg, Mecklenburg-Schwerin und -Strelitz, Oldenburg, Lippe und Lübeck.
Teil I: Taschenformat. 560 Seiten. 1923 . . . . . Geb. RM. 5.—
Teil II: Nebst Ausführungsgesetzen sämtlicher Länder zum Reichsjugendwohlfahrtsgesetz. Taschenformat. XVI, 551 Seiten. 1925. (Guttentagsche Sammlung Deutscher Reichsgesetze Bd. 152 und 152a.)
Geb. RM. 9.—
Teil I und II zus. RM. 12.—
„Die kurzen, alles Wesentliche zusammenfassenden Einleitungen zu den einzelnen Gesetzen sind mit außerordentlicher Sachkunde und Klarheit geschrieben; sie genügen zusammen mit den Literaturangaben völlig für den Praktiker, um die Gesetzestexte richtig handhaben zu können. Das Werk ist für alle in der Wohlfahrtspflege Arbeitenden unentbehrlich und sehr praktisch."
Nachrichtendienst des Deutschen Vereins für öffentliche Fürsorge.

Wegner, Arthur, **Jugendrecht.** Ein Lehrbuch zur Einführung. Oktav. IX, 219 Seiten. 1929 . . . . RM. 6.—, geb. RM. 7.50

Drewes, Paul, und **Sandré,** Emil, **Das Reichsgesetz für Jugendwohlfahrt** vom 9. Juli 1922 und **Jugendgerichtsgesetz** vom 16. Februar 1923 nebst Nebengesetzen. Zweite Auflage. Taschenformat. XVI, 496 Seiten. 1928. (Guttentagsche Sammlung Deutscher Reichsgesetze Bd. 154.)
Geb. RM. 11.—
„Eine sehr handliche Gesetzesausgabe. Sie bietet in ausführlichen geschichtlichen und rechtlichen Vorbemerkungen und Einleitungen wertvolles Material zur Einführung in den Willen und Geist beider Gesetze und gibt in knappen, aber ausreichenden Erläuterungsbemerkungen zu den einzelnen Bestimmungen dem Praktiker die erforderlichen Unterlagen zur richtigen Anwendung. Das Werk dürfte sich in der Praxis beliebt machen." *Blätter für öffentliche Fürsorge*

Sandré, Emil **Verordnung über die Fürsorgepflicht.** Vom 14. Februar 1924. Mit Einschluß der für die Durchführung dieser Verordnung in Frage kommenden reichs- und landesgesetzlichen Bestimmungen. Taschenformat. 342 Seiten. 1925. (Guttentagsche Sammlung Deutscher Reichsgesetze Bd. 160.) . . . . Geb. RM. 6.—
„Die Zusammenstellung der bis in die jüngste Zeit ergangenen gesetzlichen Bestimmungen, die in Beziehung zur Fürsorgepflichtverordnung stehen, gibt der Sandréschen Arbeit ihre besondere Bedeutung. Die Anmerkungen sind zahlreich und zeichnen sich durch einen feinen, klaren Stil aus. Das Buch ist übersichlich geordnet und leicht zu handhaben." *Schleswig-Holsteinsche Wohlfahrtsblätter.*

Szczesny, Viktor, **Das Lichtspielgesetz** vom 12. Mai 1920 mit der Ausführungsverordnung Einleitung, Gebührenordnung und Sachregister. Taschenformat. 106 Seiten. 1920. (Guttentagsche Sammlung Deutscher Reichsgesetze Bd. 147.) . . . . Geb. RM. 1.50

„Das neue Lichtspielgesetz hat hier eine ausführliche Kommentierung gefunden. Das Buch kann bei der gründlichen Behandlung des Stoffes als ein geeignetes Hilfsmittel für die Praxis bezeichnet werden." *Preußische Gemeinde-Zeitung.*

Wündisch, Ernst, **Das Gesetz über Schußwaffen und Munition** vom 12. April 1928 (RGBl. I S. 143) nebst der Ausführungsverordnung der Reichsregierung vom 13. Juli 1928 (RGBl. I S. 198) und dem Preußischen Erlaß zur Durchführung des Gesetzes vom 7. September 1928 (MBliV. S. 925). Taschenformat. 139 Seiten. 1928. (Guttentagsche Sammlung Deutscher Reichsgesetze Bd. 173.) . . . . Geb. RM. 5.—
Ein klares zuverlässiges Erläuterungsbuch für den praktischen Gebrauch.

Fraustädter, W., und **Kreutzberger,** M., **Das deutsche Ausländerrecht.** Die Bestimmungen des Reichsrechts und preußischen Landesrechts. Textausgabe mit Erläuterungen und Sachregister. Taschenformat. 396 Seiten. 1927. (Guttentagsche Sammlung Deutscher Reichsgesetze Bd. 166.) Geb. RM. 9.—
„Eine höchst begrüßenswerte Veranstaltung, aus dem Bedürfnis der Praxis hervorgegangen und mit vollendetem Sachverständnis unternommen. Sowohl die Vollständigkeit der mannigfach verstreuten gesetzlichen Bestimmungen als deren Anordnung, Registrierung und Erläuterung durch Ausführungsbestimmungen, Gerichtsentscheidungen, Verwaltungspraxis ist vortrefflich." *Niemeyers Zeitschrift für internationales Recht.*

Voß, Werner, **Die reichs- und landesrechtlichen Bestimmungen auf dem Gebiete des Gesundheitswesens.** Zusammengestellt und mit Anmerkungen versehen. Taschenformat. 608 Seiten. 1929. (Guttentagsche Sammlung Deutscher Reichsgesetze Bd. 172.) . . . . . . Geb. RM. 11.—
„Der Band enthält eine Sammlung der Gesetze, Verordnungen und Bestimmungen auf dem Gebiete des Gesundheitswesens, wie sie in dieser Vollständigkeit sonst nicht besteht. Dadurch erst ist ein zuverlässiger und rascher Überblick über die einschlägigen weit verstreuten Bestimmungen gewährleistet." *Württ. Zeitschr. f. Rechtspflege.*

Hippel, W. von, **Reichsviehseuchengesetz** vom 26. Juni 1909 nebst Ausführungsvorschriften und dem preußischen Ausführungsgesetz. Zweite Auflage. Taschenformat. 486 Seiten. 1913. (Guttentagsche Sammlung Deutscher Reichsgesetze Bd. 103.) . . . . Geb. RM. 4.—

Boxberger, L. von, **Vogelschutzgesetz** vom 30. Mai 1908 nebst den das Flugwild betreffenden Bestimmungen der Preußischen Jagdordnung. Taschenformat. 57 Seiten. 1909. (Guttentagsche Sammlung Deutscher Reichsgesetze Bd. 89.) . . . . Geb. RM. 1.—

Landesrecht

Bitter, von, **Handwörterbuch der Preußischen Verwaltung.** Dritte, vollständig umgearbeitete Auflage. Unter Mitwirkung zahlreicher hoher Reichs- und preußischer Staatsbeamten herausgegeben von Dr. Bill Drews, Staatsminister a. D., Präsident des Pr. Oberverwaltungsgerichts, und Dr. Franz Hoffmann, Wirklicher Geheimer Oberregierungsrat, Berlin. Lexikon-Oktav. 1928.
RM. 120.—, in Halbleder geb. RM. 132.—

Erster Band, 1. Halbband: Abbaugerechtigkeiten—Fleisch- und Viehagenten. 552 Seiten.

2. Halbband: Fleischvergiftung—Kyffhäuserbund. Seite 553 bis 1134 und IX Seiten.

Zweiter Band: Lackfabriken—Zwischenkredit. VII, 1220 Seiten.

(Im Verlage der Firmen: Walter de Gruyter & Co., Berlin; Carl Heymanns Verlag, Berlin; Roßberg'sche Verlagsbuchhandlung, Leipzig.)

Das zentrale Werk der Praxis des Verwaltungsrechts.

Reichelt, H., **Verwaltungsgesetzbuch für Preußen.** Systematische Zusammenstellung der wichtigsten Verwaltungsgesetze und Verordnungen für Praxis und Unterrichtszwecke. Lexikon-Oktav. VII, 1302 Seiten. 1914 . . . . Geb. RM. 7.60

„Das Buch ist sehr wertvoll, dem Praktiker unentbehrlich und leistet demjenigen, der sich auf eine Prüfung vorbereitet, vorzügliche Dienste. Allen Verwaltungsbehörden wird das Buch warm empfohlen.“
Preußische Verwaltungs- und Finanz-Zeitung.

Friedrichs, K., **Die Gesetzgebung über die allgemeine Landesverwaltung und Zuständigkeit der Verwaltungs- und Verwaltungsgerichtsbehörden.** Dritte, durchgesehene Auflage. Taschenformat. XXIII, 295 Seiten. 1927. (Guttentagsche Sammlung Preußischer Gesetze Bd. 42.) Geb. RM. 5.—

„Der Wert dieser Arbeit liegt darin, daß er eine erschöpfende und klare Übersicht über das tatsächlich geltende Verwaltungsrecht bringt. Das Werk ist ein vorzügliches und nie versagendes Hilfsmittel.“
Gesetz und Recht.

Pfafferoth, Carl, **Preußische Beamtengesetzgebung.** Fünfte Auflage. XIV, 280 Seiten. 1916. (Guttentagsche Sammlung Preußischer Gesetze Bd. 2.) . . . . Geb. RM. 2.40

Dultzig, Eugen von, **Das preußische Disziplinargesetz für die nichtrichterlichen Beamten.** Taschenformat. XIV, 364 Seiten. 1914. (Guttentagsche Sammlung Preußischer Gesetze Bd. 51.) . . . . Geb. RM. 4.20

„Der Verfasser kennt das Disziplinarrecht aus eigener Tätigkeit und aus langer Erfahrung. Diese hat er zu einem praktischen Nachschlagebuch für alle praktischen Fragen des Disziplinarrechts ausgestaltet. Bei tunlichster Kürze sind doch recht erschöpfende, klare und anschauliche Erläuterungen entstanden, die das Verständnis und die Anwendung des Disziplinarrechts in zweckmäßiger Weise erleichtern. Das Büchlein verdient volle Beachtung.“
Zeitschrift für Polizei- und Verwaltungsbeamte.

Hagemann, Rudolf, **Hinterlegungsordnung** vom 21. April 1913. Taschenformat. 175 Seiten. 1914. (Guttentagsche Sammlung Preußischer Gesetze Bd. 53.) . . . . Geb. RM. 2.20

„Das in der vorteilhaft bekannten Guttentagschen Sammlung erschienene Buch darf als ein Hilfsmittel zu dem nicht immer ganz einfachen Verständnis der neuen Hinterlegungsvorschriften bestens empfohlen werden; es ist klar, übersichtlich und ausführlich.“
Zentralblatt für freiwillige Gerichtsbarkeit.

Aschrott, P. F., **Gesetz über die Fürsorgeerziehung Minderjähriger.** Vom 2. Juli 1900. Nebst Ausführungsanweisungen. Dritte Auflage. Taschenformat. 374 Seiten. 1917. (Guttentagsche Sammlung Preußischer Gesetze Bd. 28.) . . . . Geb. RM. 2.80

„Das Buch gewährt nicht nur einen klaren Einblick in die gegenwärtige Gestaltung der Fürsorgeerziehung in Preußen, sondern es gibt auch über die Zweifelsfragen, welche bei der Auslegung des technisch ziemlich unvollkommenen Fürsorgeerziehungsgesetzes in besonders reicher Fülle auftauchen, durchweg eine erschöpfende und zutreffende Auskunft.“ *Das Recht.*

Marcks, A., **Gesetz, betr. die Unterhaltung der öffentlichen Volksschulen.** Taschenformat. 194 Seiten. 1906. (Guttentagsche Sammlung Preußischer Gesetze Bd. 39.) . . . . Geb. RM. 1.80

„Das handliche Büchlein wird, von sachkundiger Seite herrührend und praktisch angelegt, Verwaltungsbeamten, Schulvorständen, Lehrern beim Gebrauch gute Dienste leisten.“

Schulblatt der Provinz Brandenburg.

Ledermann, W., und **Brühl,** L., **Die Städteordnung für die sechs östlichen Provinzen Preußens.** Zweite Auflage. Taschenformat. 593 Seiten. 1913. (Guttentagsche Sammlung Preußischer Gesetze Bd. 32.) Geb. RM. 6.—

„Der Kommentar, eine hervorragende Arbeit, ist von der Kritik und der Praxis so einmütig günstig aufgenommen worden, daß er auch in seiner zweiten durch Gesetzgebung, Literatur und Rechtsprechung der letzten zehn Jahre bereicherten Ausgabe keiner weiteren Empfehlung bedarf.“ *Kommunale Praxis.*

Wölbling, P., **Bildung der neuen Stadtgemeinde Berlin.** Zweite Auflage Taschenformat. 114 Seiten. 1920. (Guttentagsche Sammlung Preußischer Gesetze Bd. 59.) . . . . Geb. RM. 1.40

„Die Ebenmäßigkeit mit den Kommentaren anderer Gesetze der Guttentagschen Sammlung erringt der Verfasser durch seine strenge Sachlichkeit. Damit muß seinem Werk die Beachtung bei der Durchführung des Gesetzes und bleibender Wert gesichert erscheinen.“

Soziale Praxis.

Caro, H., **Gesetz, betr. Austritt aus der Landeskirche,** vom 14. Mai 1873. Taschenformat. 190 Seiten. 1911. (Guttentagsche Sammlung Preußischer Gesetze Bd. 46.) . . . . Geb. RM. 2.40

„Ein sehr praktisches Buch, das in den Anmerkungen zum Wortlaut des Gesetzes eine reiche Fülle von Material bietet für alle möglichen Fragen, die mit Aus- und Übertritt zusammenhängen. Das genau gearbeitete Inhaltsverzeichnis ermöglicht bei gelegentlicher Benutzung ein leichtes Auffinden des Nötigen.“

Deutsch-Protestantische Bücherschau.

Meyer, O., **Gesetz, betr. die Anlegung und Veränderung von Straßen und Plätzen in Städten und ländlichen Ortschaften.** Taschenformat. 211 Seiten. 1913. (Guttentagsche Sammlung Preußischer Gesetze Bd. 50.) RM. 3.—

Strauß-Torney, Hugo von und **Saß,** Carl, früher **Friedrichs,** R., **Gesetz, betr. Anlegung und Veränderung von Straßen und Plätzen** in Städten und ländlichen Ortschaften. (Straßen- und Baufluchtengesetz.) Kommentar. Sechste Auflage. Groß-Oktav. 211 Seiten. 1920. RM. 8.—, geb. RM. 9.50

„Das Werk zeigt eine Reichhaltigkeit und Vollständigkeit, die sonst wenigen Kommentaren eigen ist, und übertrifft hierin noch weit die früheren Auflagen. Besonders erwähnenswert ist die geschickte Anordnung der Erläuterungen und das praktische Inhaltsverzeichnis.“

Wochenschrift des Architektenvereins zu Berlin.

Heine, H. **Die preußischen Baupolizeigesetze** nebst den sonstigen einschlägigen Reichs- und Landesgesetzen. Taschenformat. 404 Seiten. 1928. (Guttentagsche Sammlung Preußischer Gesetze Bd. 64.) Geb. RM. 8.—

Diesem Band ist die Aufgabe gestellt, die in erster Linie in Betracht kommenden Gesetze und sonstigen Vorschriften und die im Zusammenhang hiermit entstehenden Rechtsfragen in übersichtlicher Weise zusammenzufassen und zu erörtern. Die Rechtsprechung des Oberverwaltungsgerichts und anderer Gerichte ist hierbei berücksichtigt worden.

Goldschmidt, O., **Gesetze gegen die Verunstaltung landschaftlich hervorragender Gegenden mit Ausführungsanweisungen.** Taschenformat. 152 Seiten. 1912. (Guttentagsche Sammlung Preußischer Gesetze Bd. 49.) Geb. RM. 2.40

„Der Kommentar bietet eine sachgemäße, sorgfältige und erschöpfende Erläuterung der einzelnen gesetzlichen Bestimmungen. Er wird als ein durch Vollständigkeit und Zuverlässigkeit ausgezeichnetes Hilfsmittel jedem Freunde des Heimatschutzes ein willkommener Ratgeber sein.“ *Jahrbuch des Verwaltungsrechts.*

Wulff, O., und **Herold, F., Wassergesetz** vom 7. April 1913. Mit Einleitung, Erläuterungen und Sachregister. Zweite, umgearbeite Auflage von O. Wulff. Taschenformat. XVI, 665 Seiten. 1928. (Guttentagsche Sammlung Preußischer Gesetze Bd. 52.) . . Geb. RM. 12.—

„Gründlichkeit und trefflichere Kürze bilden einen besonderen Vorzug des Werkes.“ *Ministerialblatt f. d. preuß. innere Verwaltung.*

Holtgreven, A., und **Wolff,** Th., **Das Wildschadengesetz** vom 11. Juli 1891. Kommentar. Vierte, vermehrte und verbesserte Auflage. Oktav. VIII, 216 Seiten. 1902 . . . . RM. 4.—

„Dieses Werkchen will einerseits die juristisch zweifelhaften Punkte des Wildschadengesetzes wissenschaftlich erörtern und klarstellen und andererseits allen denjenigen, welche bei der Handhabung dieses Gesetzes in irgendeiner Weise, sei es als Private, Beamte, Grundbesitzer oder als Jagdberechtigte, beteiligt sind, ein praktischer Berater sein.“ *Allgemeine Forst- und Jagdzeitung.*

Born, A., Das preußische Fischereigesetz vom 11. Mai 1916 in der geltenden Fassung. Taschenformat. 428 Seiten. 1928. (Guttentagsche Sammlung Preußischer Gesetze Nr. 62.) . . . . Geb. RM. 7.50

Die Ausgabe bietet eine übersichtliche, zusammenfassende Darstellung des Fischereigesetzes, in der die Rechtsprechung eingehend verwertet ist. Außer dem Fischereigesetz, das eine ausführliche Erläuterung gefunden hat, sind die wichtigen Ausführungsverordnungen und im Anhang die einschlägigen Bestimmungen anderer für die Anwendung des Fischereigesetzes in Frage kommenden Gesetze berücksichtigt.

Born, A., Die preußischen Jagdgesetze in ihrer geltenden Fassung. Mit Erläuterungen versehen. Taschenformat. 433 Seiten. 1928. (Guttentagsche Sammlung Preußischer Gesetze Nr. 63.) . . . Geb. RM. 8.—

„Das Buch kann zur Belehrung und Handgebrauch den Gerichten, Landratsämtern, Gemeinden und Forstbehörden sowie allen jagdlich interessierten Personen warm empfohlen werden.“ *Leipziger Ztsch. f. dtsch. Recht.*

Kunze, F., Das Jagdscheingesetz. Zweite Auflage. Taschenformat. 157 Seiten. 1899. (Guttentagsche Sammlung Preußischer Gesetze Bd. 19.) . . . . Geb. RM. 2.—

„Die eingehenden Anmerkungen und die im Titel hervorgehobenen Beigaben machen den kleinen Kommentar zu einem vortrefflichen, in der Praxis schwer entbehrlichen Hilfsmittel zur Auslegung des Gesetzes.“ *Zeitschrift für die gesamte Strafrechtswissenschaft.*

Holzapfel, W., Umlegungsordnung. Taschenformat. 144 Seiten. 1921. (Guttentagsche Sammlung Preußischer Gesetze Bd. 60.) . . RM. 1.80

„Holzapfel, der hervorragende Kenner der Auseinandersetzungsgesetze, erläutert die Vorschriften der Umlegungsordnung in seiner scharfsinnigen Art in durchaus erschöpfender Weise und gibt in diesen Erläuterungen ein außerordentlich anschauliches Bild von der Umlegung der Grundstücke. Das Buch ist auch für Laien leicht und gut verständlich und kann jedem, der für die Umlegung Interesse hat, zur Benutzung angelegentlich empfohlen werden.“ *Preußisches Verwaltungsblatt.*

Holzapfel W., Gesetz über Landeskulturbehörden. Taschenformat. 176 Seiten. 1919. (Guttentagsche Sammlung Preußischer Gesetze Bd. 57.) Geb. RM. 2.—

„Der Titel gibt den Inhalt des Werkchens vollständig an, hinzuzufügen ist aber, daß die Erläuterung, die umfangreich und eingehend ist und der praktischen Handhabung des Gesetzes Schritt für Schritt folgt, aus der Feder eines Mannes herrührt, der durch seine sachliche Qualifikation als gründlicher Kenner der Materie für eine zuverlässige Führung die größte Gewähr bietet. Dankenswert ist die Gründlichkeit der im bescheidenen Rahmen geleisteten Arbeit.“

Verwaltungs-Archiv.

Kollenscher, M., Rechtsverhältnisse der Juden in Preußen. Taschenformat. VIII, 199 Seiten. 1910. (Guttentagsche Sammlung Preußischer Gesetze Bd. 45.) . . . . RM. 2,40

„Eine zusammenfassende, erschöpfende Darstellung der in den verschiedensten Quellen zerstreuten zahlreichen Judengesetze und Verordnungen. Jede Synagogengemeinde und jeder, der sich mit jüdischen Angelegenheiten beschäftigt, müßte dieses Buch besitzen.“

Jüdische Rundschau.

3. Steuerrecht

Nieberl, A., Reichsabgabenordnung vom 13. Dezember 1919 nebst Einführungsverordnung vom 18. Dezember 1919 und Übergangsverordnung vom 11. Oktober 1921. Textausgabe mit Anmerkungen und ausführlichem Sachregister. Zweite, neubearbeitete Auflage. Taschenformat. 1927. (Guttentagsche Sammlung Deutscher Reichsgesetze Bd. 143.) . . . . Mit folgendem Nachtrag geb. RM. 12.—

„Die Darstellung ist leicht verständlich und klar. Das Sachregister ist gründlich bearbeitet. Jedenfalls wird das Buch, das einen mit der praktischen Handhabung der RAbgO. vertrauten Verfasser erkennen läßt, nicht nur den Steuerbeamten, sondern auch dem rechtsuchenden Publikum und seinen Beratern ein willkommener guter Führer auf diesem Gebiet sein.“ Juristische Wochenschrift.

Nieberl, A., Die Änderungen der Reichsabgabenordnung durch die Verordnung vom 1. Dezember 1930. Taschenformat. 127 Seiten. 1931. RM. 2.—

Michaelis, Richard, **Die Dritte Steuernotverordnung** vom 14. Februar 1924. Mit besonders ausführlicher Berücksichtigung der Vorschriften über die Aufwertung und die öffentlichen Anleihen. Taschenformat. VIII, 388 Seiten. 1924. (Guttentagsche Sammlung Deutscher Reichsgesetze Bd. 157.) . . . . Geb. RM. 7.—

„Ganz besonders zu rühmen ist der Kommentar von Michaelis, der dank seiner eingehenden und gründlichen Bearbeitungsweise erheblichen Einfluß auf die Praxis gewonnen hat.“ Juristische Wochenschrift.

Hollaender, Adolf, **Einkommensteuergesetz und Körperschaftsteuergesetz** nebst den zugehörigen Aus- und Durchführungsbestimmungen, Verordnungen und Erlassen. Taschenformat. XXXIX, 697 Seiten. 1926. Mit Nachtrag. 1928. (Guttentagsche Sammlung Deutscher Reichsgesetze Bd. 151.) . . . . Geb. RM. 24.—

„Das auf die Bedürfnisse der Praxis abgestellte und ihnen gerecht werdende Buch wird jedem gute Dienste leisten, der sich handelnd oder leitend auf dem äußerst unsicheren, ohne Hilfsmittel überhaupt nicht begehbaren Boden der heutigen Einkommensteuer zurechtfinden muß.“ Juristische Rundschau.

Pick, Reichsbewertungsgesetz. Textausgabe mit Anmerkungen. In Bearbeitung.

Schachian, Herbert, **Erbschaftsteuergesetz,** Fassung 1931, mit Anmerkungen. Fünfte Auflage. Taschenformat. 1931. Im Druck.

„Eine vollständige Darstellung des Erbschaftssteuerrechts und der zugrunde liegenden bürgerlich-rechtlichen Vorschriften des Erbrechts.

Als wissenschaftliche und praktische Leistung steht der klar und scharf geschriebene Kommentar in vorderster Reihe unter seinen Rivalen; er ist als Wegweiser besonders zu empfehlen."
Juristische Wochenschrift.

Hoffmann, U., Die preußischen Erbschaftsteuergesetze. Taschenformat. 561 Seiten. 1905. (Guttentagsche Sammlung Preußischer Gesetze Bd. 20.) . . . . RM. 3.—

Lindemann, Otto, Umsatzsteuergesetz (neueste Fassung) mit Ausführungsbestimmungen. Vierte, vermehrte und verbesserte Auflage. Taschenformat. 518 Seiten. 1926. (Guttentagsche Sammlung Deutscher Reichsgesetze Bd. 132.) . . . . Geb. RM. 10.—

„Es handelt sich um einen ausführlichen, gediegenen und klar abgefaßten Kommentar, der den weiteren Vorzug besitzt, auf dem laufenden zu sein. Das Werk kann allen Interessenten nur warm empfohlen werden." *Industrie- und Handelszeitung.*

Lindemann, Otto, Grunderwerbsteuergesetz (neueste Fassung) mit den Ausführungsbestimmungen. Zweite, völlig umgearbeitete Auflage. Taschenformat. 186 Seiten. 1926. Mit Nachtrag 1927. (Guttentagsche Sammlung Deutscher Reichsgesetze Bd. 139.) . . . . Geb. RM. 4.—

„Das Buch wird manchem in den mannigfachen Streitfragen des in der Praxis sehr einschneidenden Gesetzes ein willkommener Ratgeber sein. Die Erläuterungen zeichnen sich durch Klarheit und Gemeinverständlichkeit im besten Sinne aus." *Württembergische Industrie.*

Hagelberg, E., und Krämer, L., Grunderwerbsteuergesetz vom 12. September 1919 (RGBl. S. 1617) in der Fassung des Gesetzes vom 11. März 1927 (RGBl. I S. 72) nebst Einleitung, Sachregister und Ausführungsbestimmungen und der einschlägigen Vorschriften des Finanzausgleichs-Steuermilderungsgesetzes und Steuerstrafrechts. Für die Praxis erläutert. Zweite, völlig umgearbeitete und erweiterte Auflage. Groß-Oktav. 355 Seiten. 1928 . . . . Geb. RM. 15.—

„Die verhältnismäßige Kürze ihrer Erläuterungen bei großer Vollständigkeit ist zu rühmen. Das Buch ist nicht nur für den Juristen, sondern auch für den gebildeten Laien, namentlich Grundstücksmakler und Hausbesitzer, von großem, praktischem Wert."
Zeitschrift d. Deutsch. Notarvereins.

Hagelberg, E., und Krämer, L., Wertzuwachssteuerrecht. Kommentar. Groß-Oktav. 256 Seiten. 1929 . . . . . RM. 12.—, geb. RM. 13.50

Die Verfasser kommentieren die neue Wertzuwachssteuerordnung für Berlin und die preußische Mustersteuerordnung. Ihr Buch ist ein Leitfaden für die Steuerpflichtigen und ihre Rechtsberater und die mit der Wertzuwachssteuer befaßten Behörden. Es stellt die rechtliche und wirtschaftliche Bedeutung der Bestimmungen klar: Die Rechtsprechung des Preußischen Oberverwaltungsgerichts wurde erschöpfend berücksichtigt. Auch Spezialfragen wie die Aufwertung und das Schwarzkaufwesen wurden behandelt.

Hoepker, Heinrich, Die Industriebelastungsgesetze vom 30. August 1924 nebst den Durchführungsbestimmungen zum Gesetz über die Industriebelastung. Taschenformat. XV, 200 Seiten. 1925. Mit Nachträgen. (Guttentagsche Sammlung Deutscher Reichsgesetze Bd. 159.)
Geb. RM. 4.—

„Die Anmerkungen sind erschöpfend und führen den Leser mit Geschick in die schwierige und neue Materie ein. Rechtsanwälte sowie Kaufleute, für welche die Industriebelastung in Frage kommt, werden das mit einem guten Sachregister ausgestattete Werk mit gleichem Nutzen gebrauchen!" *Industrie- und Handels-Zeitung.*

von Lympius, W., von Elbe, K., Das Kommunalabgabengesetz und das Kreis- und Provinzialabgabengesetz. Dargestellt in der Rechtsprechung des Oberverwaltungsgerichts. Groß-Oktav. X, 440 Seiten. 1930. RM. 22.50, geb. 24.—

„Man muß es als einen besonders glücklichen Gedanken bezeichnen, wenn die Verfasser die gesamte Rechtsprechung des OVG., ja auch die nichtveröffentlichten Entscheidungen auszugsweise in einer Form wiedergegeben haben, die in hohem Grade die Arbeit der Praxis wie auch der Wissenschaft erleichtert. Wenn dieses Werk in hervorragendem Maße geglückt ist, so ist es wohl in erster Linie darauf zurückzuführen, daß beide Verfasser als Mitglieder des OVG. zu den Berufensten in der Abfassung einer solchen Arbeit gehören.“ Reichsverwaltungsblatt.

Eiffler, Kurt, Staatliche Verwaltungsgebühren. Gesetz über staatliche Verwaltungsgebühren vom 29. September 1923 nebst Gebührenordnungen und Ausführungsbestimmungen. Taschenformat. 192 Seiten. Mit Nachtrag. 1925. (Guttentagsche Sammlung Preußischer Gesetze Bd. 61.) Geb. RM. 6.—

„Das Buch ist für alle preußischen staatlichen und kommunalen Behörden unentbehrlich.“ Deutsches Beamtenarchiv.

Loeck, P., und Eiffler, K., Preußisches Stempelsteuergesetz mit den gesamten Ausführungsbestimmungen. Unter besonderer Berücksichtigung der Entscheidungen der Verwaltungsbehörden und der Gerichte herausgegeben. Elfte Auflage. Taschenformat. 1931. (Guttentagsche Sammlung Preußischer Gesetze Bd. 18.) In Bearbeitung.

Lebbin, Georg, Nahrungsmittelgesetze mit Erläuterungen. Zweite, stark vermehrte Auflage in zwei Bänden.
Zweiter Band: **Getränkegesetze und Getränkesteuergesetze** (Wein, Bier, Branntwein, Mineralwasser). Unter Mitarbeit von Rechtsanwalt Dr. Kniebe. Taschenformat. XII, 400 Seiten. 1926. (Guttentagsche Sammlung Deutscher Reichsgesetze Bd. 54b.) . . . . Geb. RM. 10.—

„Die wichtigsten Gesetze sind eingehend kommentiert und so vollständig ergänzt, daß die Sammlung als unentbehrliches Hilfsmittel, wie es in dieser Art bislang noch fehlte, für den Sachbearbeiter bei Behörden und Verbänden sowohl als auch für den Kaufmann der Branche zu begrüßen ist.“ Württembergische Wirtschafts-Zeitschrift.

Wündisch, Friedrich, Das Tabaksteuergesetz vom 12. September 1919 nebst den Ausführungsbestimmungen vom 26. Februar 1920. Taschenformat. 286 Seiten. 1920. Mit Nachtrag 1925. (Guttentagsche Sammlung Deutscher Reichsgesetze Bd. 146.) . . . . Geb. RM. 4.—

„Endlich ein Kommentar zum Tabaksteuergesetz! Die Ausgabe kommt den Wünschen der Praxis nach einer erschöpfenden Darstellung des neuen Gesetzes in umfassender Weise entgegen. Das Buch bildet eine ausgezeichnete Informationsquelle für alle Fragen, die in der Praxis vorkommen.“ Deutsche Tabak-Zeitung.

VII. Entscheidungs-Sammlungen und Zeitschriften.

Entscheidungen des Reichsarbeitsgerichts. Herausgegeben von den Mitgliedern des Reichsarbeitsgerichts. Oktav.
Band I. 1928. Band II. 1928/29. Band III. 1929. Band IV. 1929/30. Band V u. VI 1930, Band VII 1931 . . Je RM. 6.50, geb. RM. 8.—

Entscheidungen des Reichsgerichts. Herausgegeben von den Mitgliedern des Gerichtshofes u. d. Reichsanwaltschaft. Oktav. (2 Sammlungen.)
1. **Entscheidungen in Zivilsachen.** (Werden in Heften im Umfange

von etwa 5 bis 6 Bogen sowie in vollständigen Bänden, geheftet und gebunden, ausgegeben. Jährlich 4 Bände.) 1.—132. Band.
Je RM. 6.50, geb. RM. 8.—

2. **Entscheidungen in Strafsachen.** (Werden in Heften im Umfange von 5 bis 6 Bogen sowie in vollständigen Bänden, geheftet und gebunden, ausgegeben. Jährlich 1 Band.) 1.—65. Band. Je RM. 6.50, geb. RM. 8.—

Generalregister zum 111.—120. Bande der von den Mitgliedern des Gerichtshofes und der Reichsanwaltschaft herausgegebenen **Entscheidungen des Reichsgerichts in Zivilsachen.** Bearbeitet von **Hans Triebel.** Oktav. XXIII, 509 Seiten. 1929. RM. 15.—, in Halbleder RM. 18.—
— Zum 121.—130. Band. Oktav. XXIV, 755 Seiten. 1931.
Geb. RM. 22.—

Durch die umfassenden Register über je 10 Bände der amtlichen Sammlung von Reichsgerichtsentscheidungen wird das in dieser enthaltene umfängliche reiche Material der praktischen Benutzung erst voll erschlossen. Die Register verarbeiten das Material in 1. einem systematischen Register (mit einer dazugehörigen alphabetischen Übersicht), 2. einem alphabetischen Register, 3. einem Quellenregister, 4. einer chronologischen Übersicht, 5. einer Zusammenstellung der Entscheidungen nach Oberlandesgerichtsbezirken. Damit ist der höchste Grad von Sicherheit und Schnelligkeit für die Benutzung der Entscheidungssammlung erreicht.

Schiedsgericht für Oberschlesien. Trybunal Rozjemczy dla Górnego Slaska. Amtliche Sammlung von Entscheidungen des Schiedsgerichts für Oberschlesien, veröffentlicht gemäß der Bestimmung des Art. 592 des Genfer Abkommens vom 15. Mai 1922. **Zbiór urzedowy orzeczeń** Trybunalu Rozjemczego dla Górnego Śląska ogloszony wedle postanowienia art. 592 Konwencji Genewskiej z dnia 15 maja 1922r. Oktav. Band I. Tom. I. Nr. 1/4. 129 Seiten. 1929.
Pro Band RM. 12.—

Diese amtliche Sammlung veröffentlicht Entscheidungen des Schiedsgerichts für Oberschlesien, soweit sie von grundsätzlicher Bedeutung sind, in deutscher und polnischer Sprache. Die veröffentlichten Entscheidungen sind insofern für alle Gerichte und Verwaltungsbehörden von besonderer Bedeutung, als sie für sie bindend sind und jede Abweichung dem Schiedsgericht zur Entscheidung vorzulegen ist.

Zeitschrift für die gesamte Strafrechtswissenschaft. Gegründet von Fr. von **Liszt** und **A. Dochow.** Unter ständiger Mitarbeiterschaft hervorragender Fachmänner herausgegeben von Prof. Dr. K. **von Lilienthal,** Prof. Dr. Ed. **Kohlrausch** und Prof. Dr. W. **Gleispach.** Der Jahrgang besteht aus 8—9 Heften. Quart.
Bd. 1—43. 1881—1922. Je RM. 15.—. Bd. 44. 1922. RM. 25.—. Bd. 45. 1924. RM. 21.—. Bd. 46—49. 1925—1929. Je RM. 30.—. Bd. 50. 1929/30. RM. 36.—.

Juristische Rundschau. Herausgegeben von Otto **Lindemann,** Ministerialdirektor, Geh. Oberjustizrat, Berlin, Dr. Friedrich **Flad,** Senatspräsident beim Reichsgericht, Leipzig, **Fritz Hartung,** Reichsgerichtsrat, Leipzig und

Höchstrichterliche Rechtsprechung. Herausgegeben von Eugen **Friedrichs,** Senatspräsident, Breslau, Dr. Albert **Feisenberger,** Reichsanwalt, Leipzig. — Erscheint am 1. und 15. jeden Monats.
Jahrgang 1931. Vierteljährlich RM. 7.50, Einzelheft RM. 1.50

Beilage „Höchstrichterliche Rechtsprechung" einzeln vierteljährlich 5.—

Zeitschrift für ausländisches öffentliches Recht und Völkerrecht. Im Auftrage des Instituts für ausländisches öffentliches Recht und Völkerrecht herausgegeben von Dr. Viktor **Bruns**, Professor an der Universität Berlin, Leiter des Instituts. Lexikon-Oktav.

Band I, Teil 1: Abhandlungen. XXVIII, 657 Seiten. 1929. RM. 43.—

Band I, Teil 2: Urkunden. XVI, 858 Seiten. 1929 . . . RM. 54.—

Band II, Teil 1/2: Abhandlungen und Urkunden. 368 Seiten. 1930. RM. 45.—

Der neuen Zeitschrift für ausländisches öffentliches Recht und Völkerrecht ist es als Aufgabe gesetzt, die wichtigsten, die Wissenschaft und die Praxis beschäftigenden Probleme des Völkerrechts und des außerstaatlichen öffentlichen Rechts zu behandeln. Sie wird zu all diesen Fragen eingehend Stellung nehmen und über alle wichtigen Ergebnisse der Gesetzgebung und der Rechtsprechung auf diesem Gebiete im In- und Ausland eingehend berichten. Der I. Jahrgang der Zeitschrift wird in zwei Bänden herausgegeben; künftig erfolgt das Erscheinen vierteljährlich.

Zeitschrift für ausländisches und internationales Privatrecht. Herausgegeben in Gemeinschaft mit Ernst **Heymann**, Heinrich **Titze**, Martin **Wolff**, ordentliche Professoren an der Universität Berlin, wissenschaftliche Berater des Instituts, Max **Pagenstecher**, o. Professor an der Universität Hamburg, Franz **Schlegelberger**, Ministerialdirektor im Reichsjustizministerium, Honorarprofessor an der Universität Berlin, von Ernst **Rabel**, o. Professor an der Universität Berlin, Direktor des Instituts. Jährlich 6 Hefte im Umfang von etwa 65 Bogen.
Preis des fünften Jahrganges RM. 54.—

Sonderhefte: **Die deutsche Rechtsprechung auf dem Gebiete des internationalen Privatrechts in den Jahren 1926 und 1927.** 1928. RM. 8.— do. **im Jahre 1928.** 1930. RM. 11.—, do. **im Jahre 1929.** RM. 12.50

Zeitschrift für Bergrecht. Bis zu seinem Tode herausgegeben von dem Wirkl. Geh. Rat, Berghauptmann a. D. Dr. jur. H. Brassert. **Redigiert und herausgegeben** von den rechtskundigen Ministerialräten der Bergabteilung des Preußischen Ministeriums für Handel und Gewerbe. Jährlich ein Band von mehreren Heften. Die Hefte erscheinen in zwangloser Folge. 1928/29. RM. 20.—, Jahrgang 70. 1929. RM. 20.—, Jahrgang 71. 1930 . . . . RM. 20.—

Zeitschrift für Bergrecht. Register zu Jahrgang 37—40 . . . RM. 14.—

Zeitschrift für das gesamte Luftrecht (ZLR.). Herausgegeben von weiland Dr. jur. Otto **Schreiber.** Erscheint in Bänden zu je vier Heften.

Band I. 1926/28 . . . . RM. 50.—, geb. RM. 55.—

Band II, Heft 1 . . . . RM. 10.—

Bank-Archiv. Zeitschrift für Bank- und Börsenwesen. Unter Mitwirkung von hervorragenden Fachmännern herausgegeben von Geh. Justizrat Prof. Dr. **Rießer,** Berlin. Schriftleitung: Rechtsanwalt Otto **Bernstein,** geschäftsführendes Mitglied des Centralverbandes des Deutschen Bank- und Bankiergewerbes. Quart. Jährlich 24 Nummern. XXX. Jahrgang. 1930/31 . . . . Pro Halbjahr RM. 12.—

Veröffentlichungen des Reichs-Aufsichtsamts für Privatversicherung. Groß-Oktav. 29. Jahrgang. Heft 1—4 . . . . RM. 23.—

Jahrgang 1—28. Preise auf Anfrage.

mentar nur schlechthin von „genau gleicher" Ware spricht, ohne die Abgrenzung schärfer zu bestimmen, dann bliebe danach allerdings Gleichheit nur dann gegeben, wenn genau das gleiche Dessin (in gleicher Preislage), der gleiche ganz spezielle Artikel, als erlaubter Rabatt gewährt wird. Wenn man aber die nächsthöhere, zwei Gegenstände zusammenfassende Warenbezeichnung wählt (Leibwäsche), werden Gegenstände (z. B. Hemd und Beinkleid) gleiche Waren, die bei der spezielleren Bezeichnung sprachlich als ungleiche Waren erscheinen können. (Weiter ausgeführt in MuW. 1932, 488.)

3. Es bleiben ferner unberührt die Ausnahmen § 1 Abs. 2 Ziff. a: Reklamegegenstände von geringem Wert und geringwertige Kleinigkeiten; Ziff. d: handelsübliches Zubehör und handelsübliche Nebenleistungen; Ziff. f: Auskünfte und Ratschläge; Ziff. g: Abonnentenversicherung. Vgl. die entsprechenden Anmerkungen zu IV 1, 3, 5 und 6.

4. Zu § 3 des neuen Gesetzes sind für den Begriff des bereits „eingeleiteten Zugabegeschäfts" die Anmerkungen zu § 5 der Vo. vom 9. März 1932 heranzuziehen. Auch hier bestehen Zweifel nach wie vor, ob das Zugabegeschäft mit dem Konsumenten (dem Käufer, dem die Zugabe zugute kommen soll) eingeleitet sein muß (so Klauer) oder ob die Lieferung an den Groß- oder Einzelhandel vor Inkrafttreten der neuen Bestimmung schon genügt, um das Zugabegeschäft als „eingeleitet" im Sinne des Gesetzes erscheinen zu lassen.

5. Auch bei Rabatten, die ja nach wie vor erlaubt bleiben, werden u. U. Gutscheine ausgegeben. Für die dabei gegebenenfalls auftauchende Frage, ob der Gutschein schon „die Zugabe" (= „der Rabatt") sei oder nur ein Versprechen des Rabatts, sei auf meinen Aufsatz in MuW. 1933, 53 hingewiesen, wo diese Streitfrage eingehend gegenüber Urteilen des LG. I Berlin und des KG. und unter Heranziehung der vom Reichsjustizministerium gegebenen authentischen Erklärung, daß der einzelne Gutschein noch nicht als die Zugabe anzusehen sei, behandelt wird. Dort auch Erörterungen über die Fragen der „Gratis"-Ankündigung und über den „Eindruck der Unentgeltlichkeit".

Nachtrag

zu

Guttentagsche Sammlung Deutscher Reichsgesetze

Nr. 37 und 37a

Gesetz über das Zugabewesen.

Vom 12. Mai 1933 (RGBl. I S. 264).

Die Reichsregierung hat das folgende Gesetz beschlossen, das hiermit verkündet wird:

§ 1.

Die in der Verordnung des Reichspräsidenten zum Schutze der Wirtschaft vom 9. März 1932 Erster Teil § 1 Abs. 2 unter e (Reichsgesetzbl. I S. 121) enthaltene Ausnahme vom Zugabeverbot wird gestrichen.

§ 2.

Die im § 27a des Gesetzes gegen den unlauteren Wettbewerb (Fassung der Verordnung vom 9. März 1932 Zweiter Teil Artikel I — Reichsgesetzbl. I S. 122 —) vorgesehenen Einigungsämter können auch bei bürgerlichen Rechtsstreitigkeiten aus der Verordnung zum Schutze der Wirtschaft vom 9. März 1932, Erster Teil (Reichsgesetzbl. I S. 121) angerufen werden.

§ 3.

Die Vorschrift des § 1 tritt am 1. September 1933 in Kraft.

Ansprüche aus vorher eingeleiteten Zugabegeschäften bleiben unberührt. Jedoch dürfen die auf Grund der aufgehobenen Vorschrift ausgegebenen Gutscheine nach dem 31. Dezember 1933 nur noch durch Zahlung des an Stelle der Zugabe angebotenen Barbetrags eingelöst werden. Reicht die Zahl der im Einzelfall zur Verfügung stehenden Gutscheine zum Bezug des ganzen Barbetrags nicht aus, so kann nach dem 31. Dezember 1933 ihre Einlösung durch einen verhältnismäßig geminderten Betrag verlangt werden.

---

1. Das neue Gesetz, das die Vo. vom 9. März 1932 abändert, bringt wiederum noch nicht das von zugabegegnerischen Wirtschaftskreisen verlangte unbedingte und umfassende Zugabeverbot, nähert sich ihm jedoch stark, da es die einschneidendste der sieben Ausnahmen des § 1 Abs. 2 der Vo. vom 9. März beseitigt. Diese Ausnahme, die jede Zugabe erlaubte, sofern zugleich und in deutlicher Form die „Barvergütung" für den Zugabegegenstand (die nicht geringer als der Einstandspreis sein durfte) angeboten wurde, ist als die eigentliche Durchlöcherung des Zugabeverbots angesehen und heftig bekämpft worden. Auch Verteidiger der Wertreklame waren mit der durch die Vo. vom 9. März geschaffenen Lösung nicht vollauf einverstanden. Durch die Beseitigung dieser Ausnahme wird die Produktion der betroffenen Industriekreise empfindlich geschmälert und damit eine fühlbare Belastung des Arbeitsmarktes bewirkt.

2. Wichtiger noch als bisher wird nun die Unterscheidung zwischen eigentlicher Zugabe und Rabatt, den die Vo. auch zu den Zugaben rechnete (vgl. Ziff. b und c des § 1 Abs. 2). Denn Rabatte bleiben erlaubt. Sie kennzeichnen sich durch die Gewährung bestimmter Geldbeträge bezw. bestimmter Mengen gleicher Ware. Vgl. die früheren Anmerkungen zu III 1 und IV 2. Auf die Frage der Warengleichheit kommt nunmehr für die Unterscheidung zwischen erlaubter und unerlaubter Zugabe alles an. Die Frage der Warengleichheit kann nicht rein wirtschaftlich oder wirtschaftspolitisch, sondern muß juristisch aus der Anschauung und Redeweise der in Frage kommenden Verkehrskreise beurteilt werden. Eine klare und der Praxis entsprechende Beantwortung der Frage, was Warengleichheit im Sinne der Zugaben-Vo. bedeutet, ist unumgänglich notwendig, wenn die Zugaben-Vo. in ihren noch geltenden wichtigen Teilen in vernünftiger Weise anwendbar bleiben soll. Eine Mittellinie zwischen zu weiter und zu enger Auslegung ist schon deshalb richtig, weil z. B. die von Weißstein (MuW. 1932, 417) bekämpfte Auffassung über das „Strumpfabonnement" — einen in dieser Hinsicht praktisch wichtigen Fall — davon auszugehen scheint, daß Rabatt- oder Zugabengewährung schlechthin als unlauterer Wettbewerb anzusehen sei. Das ist jedoch nicht der Fall. Das Strumpfabonnement („Strumpfsparbüchse", ein 13. Paar als Vergütung zu dem Kauf von 12 Paaren) muß nach § 1 Abs. 2 Ziff. c als erlaubter Mengenrabatt gelten und bedarf daher der Hilfsstellung von Ziff. e (Barvergütung) nicht. Bei Strümpfen und Krawatten hat sich das „Abonnement" mit dem Bonus des 13. Stückes (Paars) seit längerer Zeit eingebürgert, wohl nicht so lange wie die buchhändlerische „Partie" (7 für 6, 9 für 8, 11 für 10 usw.), aber doch schon lange genug, um gewisse Auffassungen im Publikum über diesen Rabatt herbeigeführt zu haben. Das Publikum weiß hier ganz genau, daß es auf Strümpfe nur Strümpfe, auf Krawatten nur Krawatten als Bonus bekommen kann — also nicht Handschuhe oder Schlüpfer (mögen diese auch aus gleichem Material sein) oder Kragen oder Oberhemden. Auf das Material (Seide oder Kunstseide) kann es demgemäß nicht ankommen, sondern auf die Benennung durch das unbefangene Publikum! Wenn Klauer in seinem Kom-

Gesetz über Preisnachlässe
(Rabattgesetz)

Zweiter Nachtrag

zu

Elster

Gesetz gegen den unlauteren Wettbewerb

Neunte Auflage

(Guttentagsche Sammlung Deutscher Reichsgesetze Nr. 37)

Berlin und Leipzig 1934

Walter de Gruyter & Co.

vormals G. J. Göschen'sche Verlagshandlung — J. Guttentag, Verlagsbuchhandlung — Georg Reimer — Karl J. Trübner — Veit & Comp.

Gesetz über Preisnachlässe (Rabattgesetz).

Vom 25. November 1933 (RGBl. I S. 1011 ff.).

1. Das Gesetz ist verwandt mit der gesetzlichen Regelung des Zugabewesens. Es behandelt aber den Bar- und Mengenrabatt mit Recht nicht mehr als „Ausnahme" von einem Zugabeverbot (mit der etwa nahe liegenden Folge, daß „Ausnahmen" besonders eng auszulegen seien), sondern als eine erlaubte Art der Vergütung auch im Einzelhandel, sofern es in den allgemeinen Grenzen des Handelsüblichen und kaufmännisch Soliden und in den besonderen Grenzen dieses Gesetzes bleibt.

Den Anlaß des Gesetzes umschreibt die amtliche Begründung (RAnz. Nr. 284 vom 5. Dezember 1933) u. a. so:

„Der Umfang der im Einzelhandel gewährten Preisnachlässe (Rabatte) hat seit Eintritt fester Währungsverhältnisse immer mehr zugenommen. Nach den Feststellungen der Forschungsstelle für den Handel in Berlin betrugen im Jahre 1931 die mit einem Preisnachlaß verbundenen Umsätze im Einzelhandel 6,8 Milliarden Reichsmark, die zurückvergüteten Preisnachlaßbeträge etwa 250 Millionen Reichsmark. Im einzelnen hat diese Entwicklung in den letzten Jahren zu Ausartungen geführt, die ein gesetzgeberisches Eingreifen notwendig machen. Das Gesetz über Preisnachlässe soll diese auf dem Gebiet des Preisnachlaßwesens im Einzelhandel hervorgetretenen starken Mißstände beseitigen.

Diese Mißstände liegen einmal darin, daß vielfach Nachlässe in einer Höhe gewährt werden, die mit einer normalen kaufmännischen Betriebsrechnung nicht mehr in Einklang steht. Im einzelnen schwankt die Höhe des Preisnachlasses zwischen 2 und 10 v. H. Ferner werden in sich steigerndem Umfange Nachlässe an alle möglichen Käuferschichten gegeben. Da diese Sondernachlässe in der Regel mit einer gewissen Werbung für die den Nachlaß gewährenden Unternehmungen verbunden sind, ist auch hier der Nachlaßsatz vielfach auf eine Höhe hinaufgetrieben worden, die die Grenzen der Wirtschaftlichkeit überschreitet. Weitere Klagen beziehen sich auf die ebenfalls immer stärker hervortretenden wilden Nachlässe mehrerer zum Zweck der Herausgabe gemeinsamer Spar- (Rabatt-) Marken zusammengeschlossener Einzelhandelsunternehmungen, bei denen vielfach die spätere Einlösung der Sparmarken nicht genügend gesichert ist. . . .

. . . Die gesetzliche Regelung kann nicht zum Ziel haben, die Preisnachlässe völlig auszuschließen und zu beseitigen, vielmehr muß das Bestreben dahin gehen, die Nachlaßgewährung entsprechend dem in ihr steckenden gesunden Kern auf den erzieherischen Grundgedanken zurückzuführen: „Kein Preisnachlaß ohne Gegenleistung.“ Ferner ist in Betracht zu ziehen, daß die Preisnachlässe Abwehrmaßnahmen darstellen, die besonders in den Kreisen des mittelständischen Gewerbes gegen die Rückvergütung der Konsumvereine getroffen worden sind. Auch gegenüber den Preisen und Werbemöglichkeiten der Warenhäuser und Großbetriebe im Einzelhandel wird in dem mittelständischen Gewerbe mit Hilfe der Preisnachlässe eine wirksame Abwehr versucht. Grundsätzlich ist gegen den Preisnachlaß als Wettbewerbsmittel nichts einzuwenden, solange er sich innerhalb einer vernünftigen und gesunden kaufmännischen Preisrechnung bewegt. Die vorgeschlagene gesetzliche Regelung beschränkt sich daher auf die Bekämpfung der verschiedenen Auswüchse.“

Das Gesetz bezieht sich **nicht auf den Wiederverkäuferrabatt**, sondern nur auf den dem Verbraucher, d. h. dem Publikum, gewährten Nachlaß.

2. Das Rabattgesetz liegt, wie die Gesetzgebung über das Zugabewesen, für die es als eine Fortsetzung, ja zum Teil als eine Modifikation anzusehen ist, im Zuge der Schaffung einer neuen Wettbewerbsordnung, die zur Sicherung der Vorschriften, die vom Gesetz gegen den unlauteren Wettbewerb ausgehen, bestimmt ist. Dieser Aufgabe dient insbesondere auch das Gesetz über Wirtschaftswerbung vom 12. September 1933 (RGBl. I 625), das die gesamte öffentliche und private Wirtschaftswerbung der Aufsicht des Reichs unterstellt und den „Werberat der deutschen Wirtschaft" schuf. Vgl. dazu 1. und 2. DurchfVO. vom 14. September und 27. Oktober 1933 (RGBl. I 628 und 791). Die 3. DurchfVO. vom 19. Januar 1934 (RGBl. I 57) regelt die Berechnung der Werbeabgabe. Der Werberat als Körperschaft des öffentlichen Rechts füllt diesen Rahmen der ihm gegebenen Befugnisse durch Bekanntmachungen aus. Solche Bekanntmachungen liegen bisher vor:

Erste Bekanntmachung vom 1. November 1933 (RAnz. Nr. 256 vom 1. November 1933) über die Satzung des Werberats;

Zweite Bekanntmachung vom 1. November 1933 (RAnz. Nr. 256 vom 1. November 1933) über das materielle Recht der Wirtschaftswerbung (Begriffsbestimmungen, Richtlinien der Werbung, Genehmigung und Versagung der Genehmigung, Werbeabgabe); hier ist besonders wichtig in grundsätzlicher Hinsicht die Ziff. 6:

II. Richtlinien,

nach denen Wirtschaftswerbung ausgeführt und gestaltet werden soll.

6. Im Rahmen der bestehenden gesetzlichen Vorschriften und der vom Werberat erlassenen Richtlinien und Bestimmungen ist jeder in der Ausübung und Gestaltung seiner Werbetätigkeit frei.

Die Werbung hat in Gesinnung und Ausdruck deutsch zu sein. Sie darf das sittliche Empfinden des deutschen Volkes, insbesondere sein religiöses, vaterländisches und politisches Fühlen und Wollen, nicht verletzen.

Die Werbung soll geschmackvoll und ansprechend gestaltet sein. Verunstaltungen von Bauwerken, Ortschaften und Landschaften müssen unterbleiben.

Wer Wirtschaftswerbung ausführt, hat dabei als ehrbarer Kaufmann zu handeln. Alle Angaben müssen wahr und klar sein und die Möglichkeit einer Irreführung vermeiden. Die Werbung darf nicht amtlichen Zeichen und Formen (z. B. Hoheitszeichen, Banknoten, Verkehrszeichen oder behördlichen Verlautbarungen) nachgebildet sein. Sie darf weiter nicht in marktschreierischer Weise oder durch Übertreibung verlocken, sondern soll in sachlicher Beweisführung die Vorteile der eigenen Leistung hervorheben. Der Wettbewerber darf nicht herabgesetzt werden.

Nicht statthaft ist ferner eine mißbräuchliche Verquickung der Werbung mit der wirtschaftlichen und obrigkeitlichen Tätigkeit staatlicher und kommunaler Stellen und öffentlich-rechtlicher Körperschaften.

Dritte Bekanntmachung vom 21. November 1933 (RAnz. Nr. 274 vom 23. November 1933) über das Anzeigenwesen (Normung, Anzeigenpreise, Rabattsätze, Anzeigenvermittlung, Anzeigenpacht, Auflagenangabe, Anzeigenleiter, Allgemeine Geschäftsbedingungen im Anzeigenwesen);

Vierte Bekanntmachung vom 21. November 1933 (RAnz. Nr. 274 vom 23. November 1933) über Werbeberatung und Werbeberater;

Fünfte Bekanntmachung vom 6. Dezember 1933 (RAnz. Nr. 286 vom 7. Dezember 1933, mit Berichtigung vom 12. Dezember 1933, RAnz. Nr. 291), Ergänzung zur Dritten Bekanntmachung über Preisaufschläge und Nachlässe im Anzeigenwesen.

3. Stoff zum gesamten Wettbewerbsrecht ergibt sich ferner aus den Anordnungen, die auf Grund des § 25 der 1. VO. zur Durchführung des Reichskulturkammergesetzes ergangen sind und noch ergehen werden.

Erster Teil.

Preisnachlässe.

§ 1.

(1) Werden im geschäftlichen Verkehr Waren des täglichen Bedarfs im Einzelverkauf an den letzten Verbraucher veräußert oder gewerbliche Leistungen des täglichen Bedarfs für den letzten Verbraucher ausgeführt, so dürfen zu Zwecken des Wettbewerbs Preisnachlässe (Rabatte) nur nach Maßgabe der nachfolgenden Vorschriften angekündigt oder gewährt werden.

(2) Als Preisnachlässe im Sinne dieses Gesetzes gelten Nachlässe von den Preisen, die der Unternehmer ankündigt oder allgemein fordert, oder Sonderpreise, die wegen der Zugehörigkeit zu bestimmten Verbraucherkreisen, Berufen, Vereinen oder Gesellschaften eingeräumt werden.

1. Es ist „gleichgültig, ob der Gewerbetreibende, der die Waren verkauft oder die Leistungen bewirkt, ein Einzelhandels-, Herstellungs- oder Einfuhrunternehmen betreibt; es genügt, daß gewerbsmäßig an den letzten Verbraucher Waren verkauft oder Leistungen bewirkt werden. Auch Versandgeschäfte und ähnliche Unternehmungen werden also im geschäftlichen Verkehr mit dem letzten Verbraucher von den Vorschriften des Gesetzes erfaßt werden; dagegen werden Leistungen eines Versicherers auf Grund von Versicherungsverträgen nicht betroffen, da sie nicht als gewerbliche Leistungen im Sinne dieses Gesetzes anzusehen sind." (Begr.) Nicht betroffen werden gelegentliche private Verkäufe, da dies nicht dem Begriff „geschäftlicher Verkehr" zugehört.

2. Über den Begriff „Gegenstände des täglichen Bedarfs" vgl. Verordnung über Handelsbeschränkungen vom 13. Juli 1923 (RGBl. I 706) und RGSt. 53, 117. (Es genügt,

daß es sich um Gegenstände handelt, „für die bei einem bedeutenderen Teile der Bevölkerung ein sich täglich erneuernder Bedarf besteht“.)

3. „Letzter Verbraucher“ kann auch der Käufer sein, der die Ware oder Leistung nicht selbst verbraucht, sondern sie für einen Anderen bestellt oder gekauft hat, sie diesem aber unentgeltlich, also nicht mit gewerblichem Nutzen, weitergibt. Vgl. auch unten § 9.

4. Zu den „gewerblichen“ Leistungen gehören hier nicht die Leistungen der Anwälte und Ärzte.

Erster Abschnitt.

Barzahlungsnachlässe.

§ 2.

Der Preisnachlaß für Barzahlung (Barzahlungsnachlaß) darf drei vom Hundert des Preises der Ware oder Leistung nicht überschreiten. Er darf nur gewährt werden, wenn die Gegenleistung unverzüglich nach der Lieferung der Ware oder der Bewirkung der gewerblichen Leistung durch Barzahlung oder in einer der Barzahlung gleichkommenden Weise, insbesondere durch Hingabe eines Schecks oder durch Überweisung, erfolgt.

1. Die Förderung der wirtschaftlich ersprießlichen Barzahlung geschieht nicht, wenn der Begriff der Barzahlung zeitlich verwässert wird. Diesem zu Tage getretenen Übelstand sowie den Mißbräuchen bezüglich der Höhe des Barrabattes tut § 2 Einhalt.

2. Das Verhältnis des neuen Gesetzes zu den Zugabebestimmungen vom 9. März 1932 und 12. Mai 1933 ist bestritten. Manche betonen, daß es neben den in dem neuen Gesetz als erlaubt umschriebenen Preisnachlässen andere, also auch die in der Zugabeverordnung § 1 Abs. 2 Ziff. b und c erlaubten, nicht mehr geben kann. So H. Rasch in MBl.

f. Wirtsch. u. Arbeit Nr. 31 vom 31. Dezember 1933, wo es u. a. heißt: „Das Rabattgesetz läßt — von den Sonderbestimmungen des § 9 zunächst abgesehen — die Gewährung von Preisnachlässen nur noch unter zwei Voraussetzungen zu, von denen eine gegeben sein muß: als Gegenleistung für Barzahlung (Bezahlungsnachlaß, § 2) oder als Gegenleistung für die Abnahme einer größeren Warenmenge (Mengennachlaß, § 7). Alle anderen Arten von Preisnachlässen sind unzulässig." — Ob diese Ansicht richtig ist, wird von der Abgrenzung der Begriffe Rabatt und Zugabe abhängen müssen — was keine rein begriffliche, sondern eine überaus praktische gewerberechtliche Frage ist. Nach RG. vom 26. September 1933 (in Markensch. u. Wettbew. 1933, 556) „bildet der Barrabatt in Gestalt eines Abzugs vom üblichen Ladenpreis eine besondere Art der Preisstellung, die in einem bestimmten oder auf bestimmte Art zu berechnenden Geldbetrage bestehen muß, sei es, daß der Preisabschlag in einer bestimmten Summe oder in einem Hundertsatz des Kaufpreises gewährt wird." (Vgl. auch Junckerstorff in Markensch. u. Wettbew. 1934, 47 und Rasch a. a. O.). Zugabe und Preisnachlaß sind durchaus nicht identisch. Man darf sich nicht dadurch beeindrucken lassen, daß das, was die Zugabeverordnung § 1 Abs. 2 Ziff. b und c anführt, von den Kommentaren als „Rabatt" (Bar- und Mengenrabatt) bezeichnet wird. Preisnachlässe (Rabatte) sind außer den in dem vorliegenden Gesetz erlaubten nicht zulässig; aber es gibt Barvergütungen sonstiger Art und gelegentliche Zuwendungen, die keine „Preisnachlässe" sind.

Durch die Durchführungsverordnung vom 21. Februar 1934 (RGBl. I 120) ist eine „Treuvergütung" bei Markenwaren zugelassen worden, was einem Barrabatt im Sinne der Ausnahmen der Zugabenverordnung gleichkommt. Vgl. darüber unten bei § 7.

§ 3.

Werden während eines bestimmten Zeitabschnitts unter Stundung der Gegenleistung Waren geliefert oder Leistungen bewirkt, so kann bei der nach Ablauf des Zeitabschnitts erfolgenden Bezahlung ein Barzahlungsnachlaß gewährt werden, sofern der Zeitabschnitt nicht länger als einen Monat dauert. Die Vorschrift des § 2 gilt entsprechend.

Gemeint sind insbesondere die auf Kontobuch wöchentlich oder monatlich gelieferten Lebensmittel und andere Haushaltsgegenstände („Buchkauf"). Die zeitliche Begrenzung bringt einen guten Ausgleich zwischen dem Gedanken echten Barzahlungsrabatts und praktischer Geschäftserleichterung durch Zusammenfassung täglicher kleiner Posten und Einzelleistungen.

§ 4.

(1) Wer einen Barzahlungsnachlaß gewährt, muß den Nachlaßbetrag sofort vom Preise abziehen oder Gutscheine (Sparmarken, Kassenzettel, Zahlungsabschnitte) ausgeben, die in bar einzulösen sind. Der Umsatz an Waren oder Leistungen, von dem die Einlösung der Gutscheine abhängig gemacht wird, darf auf keinen höheren Betrag als fünfzig Reichsmark festgesetzt werden.

(2) Gutscheine, die von einer Vereinigung nachlaßgewährender Gewerbetreibender (Rabattsparvereine und dergleichen) eingelöst werden, dürfen nur ausgegeben werden, sofern sich die Vereinigung alljährlich einer unabhängigen Prüfung durch einen sachverständigen Prüfer unterzieht. Die Prüfung muß sich auf die gesamte Geschäftsgebarung der Vereinigung während der Dauer des Geschäftsjahres erstrecken, insbesondere darauf, daß die Einlösung der ausgegebenen Gutscheine gesichert ist. Der Prüfer muß einen schriftlichen Bericht erstatten, den die Vereinigung ihren Mitgliedern zugänglich zu machen hat. Die Vorschrift des Abs. 1 Satz 2 findet keine Anwendung.

1. Abs. 1 bezieht sich auf die sog. „Eigennachlässe", insbesondere bei sofortigem Abzug des Barskontos, Abs. 2 auf den „organisierten Preisnachlaß". Beide Arten sind weiterhin zugelassen, aber an Bedingungen, die das kaufende Publikum vor Nachteilen sichern sollen, geknüpft. Die übliche Art, in Einzelhandelsgeschäften die Quittung über die einzelne Barzahlung als Kassengutschein auszugeben, für den nach Erreichung eines gewissen aufgesammelten Betrages (meist 20 RM, Höchstmaß von 50 RM als zur Einlösung berechtigender Sammelbetrag darf nicht überschritten werden) ein 3 v. H. nicht übersteigender Barbetrag vergütet wird, bleibt also erlaubt. Dieser Betrag darf nicht in Waren angeboten werden, doch steht natürlich nichts im Wege, ihn bei einem neuen Einkauf zu verrechnen.

2. Das Rabattsparsystem unter Zusammenschluß von einer Reihe von Firmen bleibt hiernach erlaubt. Infolge der Sicherung, die durch die Pflichtprüfung gegeben wird, sieht das Gesetz hier von der Festsetzung einer Höchstgrenze für den geförderten Mindestumsatzbetrag ab, er darf also über 50 RM liegen. Der Rabatt darf aber auch hier 3 v. H. nicht übersteigen.

3. „Den verschiedenen Vorschlägen, eine staatliche Reichssparmarke zu schaffen (Einheitsrabattsystem), die die nachlaßgewährenden Unternehmer bei staatlichen Stellen (etwa den Postämtern) zu kaufen hätten, konnte nicht zugestimmt werden. Eine solche Regelung würde einmal zu einer erheblichen Belastung der öffentlichen Verwaltung und ferner zu einer starren Vereinheitlichung des Preisnachlaßwesens führen. Demgegenüber stellt die vorgeschlagene Einschränkung des Eigennachlasses und die Überwachung des organisierten Preisnachlasses die nachgiebigere, den wirtschaftlichen Bedürfnissen eher gerecht werdende Regelung dar, da sie dem Einzelnen einen größeren Spielraum läßt." (Begr.)

4. Über Einlösung der Gutscheine trifft § 1 der DurchfVO. vom 21. Februar 1934 (RGBl. I 120) Bestimmungen (s. unten S. 24).

5. Wichtig für Abs. 2 die §§ 2 bis 10 der DurchfVO. (s. unten S. 24 ff.).

§ 5.

Wird bei einem Konsumverein der Gewinn auf die Mitglieder nach Maßgabe der von den Mitgliedern mit dem Konsumverein erzielten Umsätze verteilt (Rückvergütung), so darf die Rückvergütung drei vom Hundert nicht überschreiten.

1. „Etwaige weitere Beträge sollen die Konsumvereine künftig als Gewinnanteile nach Maßgabe der Geschäftsanteile ausschütten." (Begr.) Vgl. dazu § 6, der für Konsumvereine jeglichen Barnachlaß (Rabattmarken) verbietet; sie dürfen nur Rückvergütungen an Mitglieder gewähren.

2. Über weitere Gewinnausschüttung § 11 der DurchfVO. (s. unten S. 27).

§ 6.

Warenhäuser, Einheits-, Klein- oder Serienpreisgeschäfte oder ähnliche, durch die besondere Art der Preisstellung gekennzeichnete Geschäfte, Konsumvereine und Werkskonsumanstalten dürfen Barzahlungsnachlässe nicht gewähren.

Vgl. § 5.

Zweiter Abschnitt.

Mengennachlässe.

§ 7.

(1) Werden mehrere Stücke oder eine größere Menge von Waren in einer Lieferung veräußert, so kann ein Mengennachlaß gewährt werden, sofern dieser nach Art und Umfang sowie nach der verkauften Stückzahl oder Menge als handelsüblich anzusehen ist.

(2) Der Mengennachlaß kann entweder durch Hingabe einer bestimmten oder auf bestimmte Art zu berechnenden Menge der verkauften Ware oder durch einen Preisnachlaß gewährt werden.

1. Die amtliche Begr. erklärt den Mengennachlaß für „grundsätzlich gerechtfertigt, weil bei der Abnahme einer größeren Menge die Unkosten entsprechend geringer sind. Außerdem wird durch den Mengennachlaß eine volkswirtschaftlich nützliche Nebenwirkung ausgeübt, die die Läger verringert und den Umsatz vergrößert (z. B. Abnahme einer ganzen Kiste Zigarren, eines Kastens Seife oder Anstrich eines ganzen Hauses)".

2. „Die §§ 7 und 8 treffen nur die wirklichen Mengennachlässe durch Preisabschlag und Hingabe gleicher Waren. Sie finden also auf eine von vorn herein berechnete günstigere Preisstellung für größere Mengen keine Anwendung; eine derartige besondere Preisstellung ist vielfach bei solchen Waren üblich, die bei Abnahme größerer Mengen geringere Verpackungskosten verursachen und schon dadurch die Preisstellung beeinflussen, wie z. B. bei Waren, die in Dosen, Tuben, Flaschen und dergl. abgegeben werden." (Begr.)

3. § 7 betrifft die Lieferung von Waren, § 8 die Erbringung gewerblicher Leistungen. Für beide sind im wesentlichen gleiche Bestimmungen erlassen (Handelsüblichkeit s. Anm. 5, reiner Mengen- oder Preisnachlaß s. Anm. 6 und 7), aber bemerkenswert als Unterschied ist, daß bei Warenlieferung Veräußerung „in einer Lieferung" und „Warengleichheit" (s. Anm. 4) verlangt wird, was bei gewerblichen Leistungen nicht entsprechend der Fall ist. Der Begriff „in einer Lieferung" kann manche Auslegungsschwierigkeiten mit sich bringen, da es einen kaufmännischen Begriff der einheitlichen Lieferung gibt, selbst dort, wo die Ware in Teilen und Abständen („auf Abruf") abgenommen wird. Maßgebend ist die Sprachüblichkeit des Publikumverkehrs.

Eine Ausnahme ist durch § 13 der DurchfVO. (s. unten S. 27) für Markenwaren in verschlossenen Packungen gegeben. Hier ist eine „Treuvergütung" zugelassen. Diese ist nicht an die Grenze der 3 v. H. des Barzahlungsnachlasses gebunden, wohl aber durch die Handelsüblichkeit und wettbewerbliche Sittenübung begrenzt. Nur in bar, nicht in Gegenständen darf die Treuvergütung gewährt werden.

Die Zulassung der Treuvergütung ist ein wichtiger Rechtsgrundsatz; sie ist jedoch praktisch eingeschränkt auf Markenwaren, die vom Hersteller in verschlossenen Packungen abgegeben werden. Der Begriff Markenware ist nicht stofflich, sondern funktionell begrenzt. Nach der Verordnung über Preisbildungen für Markenwaren vom 16. Januar 1931 (RGBl. I 12) sind Markenwaren „Waren, soweit diese, ihre Umhüllung, ihre Ausstattung oder die Behältnisse, aus denen sie an den Verbraucher verkauft werden, mit einem ihre Herkunft kennzeichnenden Merkmal (Firma, Wort- oder Bildzeichen u. ä.) versehen sind". Dies kann also mit beliebigen Warensorten geschehen, aber sie müssen, um für die Gewährung einer Treuvergütung zugelassen zu sein, in verschlossenen Packungen an den Verbraucher abgegeben werden, d. h. also vom Hersteller, nicht vom Zwischenhändler.

4. Die Frage der Warengleichheit ist auch von dem vorliegenden Gesetz nicht zweifelsfrei gelöst worden. Es kann der Begr. nicht beigestimmt werden, wenn es dort u. a. heißt:

„Die Fassung des § 7 Abs. 2, daß der Mengennachlaß „in einer bestimmten oder auf bestimmte Art zu berechnenden Menge der verkauften Ware bestehen" muß, beendigt gleichzeitig den im Anschluß an § 1 Abs. 2 Ziff. c der Notverordnung zum Schutze der Wirtschaft vom 9. März 1932 entstandenen Zweifel im Sinne der herrschenden Lehre. Es darf also nur dieselbe Ware und von derselben Ware nur die gleiche Qualität gegeben werden, z. B. zu Kaffee Sorte I nur die Sorte I usw."

Zwischen „Menge gleicher Ware" und „Menge der verkauften Ware" besteht an sich überhaupt kein Unterschied des Gedankenausdrucks; die Schwierigkeit liegt nach wie vor darin, was unter dem Begriff der Ware zu verstehen sei, also ob

Tafelschokolade gleiche Ware wie Tafelschokolade, Damenstrümpfe gleiche Ware wie Damenstrümpfe sei, d. h. ob die Auffassung des Volkes, des kaufenden Publikums hier maßgebend ist, welches solche Warengleichheit bejahen wird, oder ob die fachmännische Sprache des Kaufmanns, der unter „gleicher Ware" freilich dasselbe Dessin (Sorte und Preislage) verstehen mag, allein maßgebend zu sein hat. Da es sich hier aber um den an das verbrauchende Publikum zu gebenden Rabatt handelt (und nicht um den Wiederverkäuferrabatt), halte ich es nach wie vor für richtig, die Sprache des Volkes, des Publikums hier maßgebend sein zu lassen. Und diese wird als Ware (wie die „verkaufte" Ware) bei Damenstrümpfen die Gattung „Damenstrümpfe" verstehen; so auch Urteil des AG. Bremen vom 25. November 1933 — C 10984/33—.

5. Handelsüblichkeit ist kein ganz feststehender Begriff. Er ist nicht gleichbedeutend mit Handelsbrauch oder gar mit Handelsgewohnheitsrecht (vgl. Gierke, Art. Handelsbrauch, HdR. III, 107; dieser bezeichnet Handelsbrauch als „tatsächliche Übung"). Diese Begriffe beziehen sich sämtlich auf den Verkehr unter Kaufleuten. Hier im Rabattgesetz, wo es sich um die Übung gegenüber dem Publikum handelt, bekommt die Frage der Handelsüblichkeit einen Einschlag ins Wettbewerblich-Sittliche. Es nähert sich daher dem Gedankenkreis des § 1 UWG. und darf auch nach den Gesichtspunkten, die dort für das Wettbewerblich-Sittliche von Schrifttum und Rechtsprechung herausgearbeitet sind, mit beurteilt werden. Dann aber bedeutet „handelsüblich" zwar nicht nur das Wettbewerblich-Sittliche, aber auch nicht etwa nur das, was Alle tun, sondern das, was die Mehrheit der Geschäfts- und Volksgenossen als etwas ansieht, was nicht gegen Üblichkeit verstößt. In Zweifelsfällen werden die Industrie- und Handelskammern wohl maßgebende Auskunft geben, und sofern in einzelnen Geschäftszweigen Ordnungen und Satzungen bestehen, die die Rabatt- und ähnliche Fragen regeln, so sind diese Regeln maßgebend bei der Feststellung der Handelsüblichkeit heranzuziehen.

6. „Für den Mengennachlaß, soweit er vom Preise abgezogen wird, einen dem Barzahlungsnachlaß entsprechenden Höchstsatz von 3 v. H. festzusetzen, ist bei der Verschiedenheit und Vielgestaltigkeit des Mengennachlasses in den einzelnen Geschäfts- und Warenzweigen nicht möglich. Der Entwurf stellt daher Art und Umfang des Mengennachlasses auf die Handelsüblichkeit ab. Eine solche Regelung erscheint ausreichend, um wirtschaftlich falsche und schädliche Mengennachlässe zu verhindern." (Begr.) Aus diesen Sätzen der Begründung ist zu schließen, daß es nach wie vor einen zulässigen Barrabatt im Sinne des § 1 Abs. 1 Ziff. b der Verordnung vom 9. März 1932 gibt (s. oben Anm. 2 zu § 2 und die folgende Anm. 7).

„Für den Mengennachlaß, der durch Hingabe gleichartiger Waren gewährt wird (z. B. Abgabe von 11 oder 12 bei Zahlung von 10 Stück), würde die Festsetzung eines bestimmten Hundertsatzes als Höchstgrenze gleichfalls unbrauchbar sein. Deshalb glaubt der Entwurf auch für diese Fälle von dem Höchstsatz von 3 v. H. absehen können, zumal die Berechnung (nach dem Einkaufs- oder dem Verkaufspreis?) Schwierigkeiten bereiten und eine solche Regelung auch in Handelsbräuche eingreifen würde, die zum Teil seit langem bestehen und nicht zu beanstanden sind." (Begr.)

7. Auf der Grenze zwischen reinem Mengennachlaß und reinem Preisnachlaß liegt auch die Verkaufsart „$1 + \frac{1}{2} = 2$", nach der das zweite Stück einer Ware zum halben Preis verkauft wird. „Diese Art des Anreißertums," sagt die Begr., „die einem Mengennachlaß von 25 v. H. gleichkommt, steht mit einer sachgemäßen kaufmännischen Berechnung nicht mehr im Einklang und ist deshalb nicht zu billigen."

Es muß nach der Fassung des Gesetzes wohl angängig sein, z. B. vermittelst der Strumpfsparkasse das zehnte oder zwölfte oder dreizehnte Paar zu einem ermäßigten Preise abzugeben — immer unter der Voraussetzung der Abnahme „in einer Lieferung", sofern es sich nicht um verschlossen verpackte Markenwaren handelt (s. oben Anm. 3). Denn wenn selbst die gekauften Paare nicht unbedingt von gleicher Qualität und Sorte waren und mithin das zwölfte oder dreizehnte Paar nicht mit allen vorher gekauften Stücken gleich ist und die strengere Ansicht über die Warengleichheit (s. oben Anm. 4) geteilt werden sollte, so ist doch ein in handelsüblichen Grenzen sich haltender Preisnachlaß nach § 8 gestattet. Denn dieser reine Preisnachlaß des § 7 Abs. 2 kann schon deshalb nicht abhängig von der Identität der Ware sein, weil sowohl § 7 wie § 8 ausdrücklich von der „Veräußerung mehrerer Stücke oder einer größeren Menge von Waren" handeln, also zunächst ohne jede Beschränkung auf identische Waren, und weil die unbedingte Identität jedenfalls für den reinen Preisnachlaß nicht vorgeschrieben ist. Auch Rasch (a. a. O. S. 571) erklärt beim Verkauf einer größeren Menge von Waren verschiedener Art einen Mengennachlaß in Form eines Preisnachlasses (nicht in Ware) für zulässig.

§ 8.

Werden bei Aufträgen für mehrere gewerbliche Leistungen oder für eine gewerbliche Leistung größeren Umfanges oder beim Kauf von Dauer- oder Reihenkarten, die einen Anspruch auf eine bestimmte Zahl von Leistungen begründen, Mengennachlässe gewährt, so gilt die Vorschrift des § 7 entsprechend.

1. Das materielle Recht der zwar auseinanderliegenden, aber doch sachlich zusammenhängenden Einzelstadien von gewerblichen Leistungen (die Begr. nennt als Beispiele Abonnements für Mahlzeiten oder für Friseurarbeiten und andere handwerkliche Leistungen, für Theaterplatzmieten und dergl.) entspricht dem § 7 Abs. 1 und 2. Vgl. also die Anm. 1—3 und 4—7 zu § 7.

2. Werklieferungen (anzufertigende Waren) können Grenzgebiet zwischen § 7 und 8 bedeuten und die Fragen der einheitlichen Lieferung und der Gleichartigkeit modifizieren.

Dritter Abschnitt.

Sondernachlässe.

§ 9.

Sondernachlässe oder Sonderpreise dürfen gewährt werden

1. an Personen, die die Ware oder Leistung in ihrer beruflichen oder gewerblichen Tätigkeit verwerten, sofern dieser Nachlaß seiner Art und Höhe nach orts- oder handelsüblich ist;
2. an Personen, die auf Grund besonderen Lieferungs- oder Leistungsvertrages Waren oder Leistungen in solchen Mengen abnehmen, daß sie als Großverbraucher anzusehen sind;
3. an die Arbeiter, Angestellten, Leiter und Vertreter des eigenen Unternehmens, sofern die Ware oder Leistung für deren Bedarf, den Bedarf ihrer Ehegatten, ihrer Abkömmlinge oder der mit ihnen in häuslicher Gemeinschaft lebenden Personen bestimmt ist (Eigenbedarf) und in dem Unternehmen hergestellt, vertrieben oder bewirkt wird.

1. Die Umgrenzung der erlaubten Sondernachlässe beruht auf dem Gegenleistungsgrundsatz (s. oben S. 4). Wo ein solcher nicht zu erkennen ist, würde ein Mißbrauch vorliegen, der der Anlaß zu dieser Gesetzesbestimmung war. Die amtliche Begr. sagt darüber:

„Gerade die Gruppe der Sondernachlässe und -preise gehört zu den Fällen, in denen Nachlässe ohne eigentliche Gegenleistung gewährt werden. Diese verfolgen den Zweck, bestimmte Verbraucherkreise, Vereinsmitglieder oder Berufsgruppen, z. B. Beamte oder Festangestellte, als Kunden heranzuziehen und damit eine Umsatzvermehrung zu erzielen. Zu ihrer Begründung wird gelegentlich geltend gemacht, eine gewisse Gegenleistung liege darin, daß die Bezahlung, und zwar auch bei Teilzahlungen, durch das feste Einkommen der in Betracht kommenden Kundschaft gesichert sei. Auch führe die Werbewirkung in den betreffenden Berufsständen zu einem stärkeren Absatz. Die Sondernachlässe und -preise sind jedoch nicht nur in den Kreisen von Einzelhandel, Handwerk und Gewerbe je länger desto stärker abgelehnt und bekämpft worden, sondern auch in den Kreisen der Abnehmer und Verbraucher hat sich im Laufe der Jahre ein immer stärkerer Widerstand geltend gemacht, weil die unterschiedliche Behandlung der Kunden mit dem Grundsatz gleicher Preisstellung nicht vereinbar ist. Der Entwurf glaubt deshalb die Sondernachlässe und ebenso die Einräumung von Sonderpreisen an bestimmte Gruppen und Schichten von Verbrauchern grundsätzlich beseitigen zu sollen."

2. Nach der Begr. wird durch diese Regelung „die Möglichkeit, im Wert geminderte Ware billiger zu verkaufen, nicht ausgeschlossen, da der Entwurf eine Herabsetzung der Preise allgemein oder für einzelne Stücke nicht ausschließt. In diesen Fällen wird der Preis nicht wegen der Zugehörigkeit des Abnehmers zu bestimmten Verbraucherkreisen geändert, sondern aus Gründen, die im Geschäft des Unternehmers liegen, so z. B. wegen der Beschaffenheit der Ware oder aus Gründen des Geschmackswechsels. Der Unternehmer muß den herabgesetzten Preis für die betreffenden Stücke dann aber auch als den allgemeinen, tatsächlichen Preis und nicht als einen Nachlaß in Hundertsätzen ankündigen oder fordern."

3. Unter Ziff. 1 sind z. B. gemeint: Ärzte für Arznei- und Verbandmittel, Handwerker für Arbeitsgerät und Werkstoff, auch wohl Buchhändler für Bücher zum eigenen Bedarf, denn sie brauchen diese zu ihrer Fortbildung im Beruf. Das Gegenleistungsmerkmal besteht hier mitunter in der Verpflichtung eines bestimmten Jahresbezugs oder der Bindung an ein bestimmtes Unternehmen, andererseits auch in der Befürwortung und Empfehlung gewisser bewährter Waren (Arzneien, Bücher). Gedanklich grenzt dies an den Wiederverkäuferrabatt an (ähnlich wie bei Ziff. 2, s. die folgende Anm. 4).

4. Unter Ziff. 2 ist insbesondere gedacht an Gaststätten, Krankenhäuser, Behörden, Arbeitslager und dergl., denen üblicherweise Sonderpreise oder Sondernachlässe eingeräumt werden, ohne daß darin ein Mißbrauch gesehen werden könnte. Für Behördenlieferungen vgl. § 12 der DurchfVO. (s. unten S. 27).

5. Ziff. 3 entspricht dem Brauch, den Angestellten und Arbeitern des eigenen Unternehmens Preisnachlässe oder Sonderpreise zu gewähren, und damit dem Gedanken der Betriebsgemeinschaft, der die Vorteile des Unternehmens allen seinen Mitgliedern zu gute kommen lassen will. (Begr.) Verwendung für Eigenbedarf in familienhäuslicher Ausdehnung und Eigenherkunft aus dem Betriebe sind Bedingung.

Vierter Abschnitt.

Zusammentreffen mehrerer Preisnachlaßarten.

§ 10.

Treffen bei einem Rechtsgeschäft im Sinne des § 1 mehrere Preisnachlaßarten zusammen, so darf der Nachlaß nur für zwei Arten gewährt werden.

Die Arten sind: Barzahlungsnachlaß, Mengennachlaß, Sondernachlaß. Es darf also beispielsweise ein Weiterverwertungsnachlaß (§ 9 Ziff. 1) nur mit Mengennachlaß oder Barzahlungsnachlaß verbunden werden.

Zweiter Teil.

Schlußvorschriften.

§ 11.

Wer vorsätzlich oder fahrlässig einer der Vorschriften dieses Gesetzes zuwiderhandelt, wird mit Geldstrafe bestraft. Ist der Täter wegen Zuwiderhandlung gegen dieses Gesetz bereits wiederholt rechtskräftig verurteilt worden, so kann auf Gefängnis erkannt werden.

§ 12.

(1) Wer einer der Vorschriften dieses Gesetzes zuwiderhandelt, kann von jedem Gewerbetreibenden, der Waren oder Leistungen gleicher oder verwandter Art herstellt oder in den geschäftlichen Verkehr bringt, oder von Verbänden zur Förderung gewerblicher Belange, soweit sie als solche in bürgerlichen Rechtsstreitigkeiten klagen können, auf Unterlassung in Anspruch genommen werden.

(2) Nimmt in einem geschäftlichen Betriebe ein Angestellter oder Beauftragter Handlungen vor, die nach diesem Gesetz unzulässig sind, so ist der Unterlassungsanspruch auch gegen den Inhaber des Betriebes begründet.

1. Diese Bestimmung entspricht dem § 13 UWG. Man vergleiche die Erläuterungen zu diesem § 13 im Kommentar (R 37 S. 195 ff.). Da die Rabattfrage zum Umkreis der Bekämpfung unlauteren Wettbewerbs gehört, sind allgemeine Bestimmungen des UWG. überhaupt bei der Anwendung des Preisnachlaßgesetzes heranzuziehen. Für die Aktivlegitimation zur Rechtsverfolgung bestimmt § 12 dies hier ausdrücklich.

2. Verjährung des Unterlassungsanspruchs s. § 14 der DurchfVO. (unten S. 28).

§ 13.

Die im § 27a des Gesetzes gegen den unlauteren Wettbewerb in der Fassung der Notverordnung zum Schutze der Wirtschaft vom 9. März 1932, Zweiter Teil, Artikel I (Reichsgesetzbl. I S. 122) vorgesehenen

Einigungsämter können bei bürgerlichen Rechtsstreitigkeiten aus diesem Gesetz angerufen werden.

Vgl. Kommentar R 37 S. 293 ff.

§ 14.

(1) Dieses Gesetz tritt am 1. Januar 1934 in Kraft.

(2) Ansprüche aus vorher eingeleiteten Preisnachlaßgeschäften bleiben unberührt. Jedoch müssen die auf Grund dieser Geschäfte ausgegebenen Gutscheine (Sparmarken, Kassenzettel, Bons und dergleichen) der Zahl- und Leistungsstelle spätestens bis zum 31. März 1934 vorgelegt werden, sofern die Bedingungen des Preisnachlaßgeschäftes nicht den Vorschriften dieses Gesetzes entsprechen. Erreicht Zahl oder Betrag der in einem solchen Fall zur Verfügung stehenden Gutscheine nicht den erforderten Mindestbetrag, so kann der Nachlaßbetrag unter einer verhältnismäßigen Minderung verlangt werden.

1. Hier tauchen ähnliche Fragen wie bei § 5 der Zugabenverordnung auf. Vgl. Kommentar R 37 S. 360 ff.

2. Vgl. hierzu weiter § 15 DurchfVO. (unten S. 28).

§ 15.

Die Vorschriften des Gesetzes über das Verbot des Verkaufs von Tabakerzeugnissen unter Steuerzeichenpreis vom 21. September 1933 (Reichsgesetzbl. I S. 653) bleiben, soweit sich aus ihnen etwas anderes ergibt, unberührt.

§ 16.

Zum Ersatz eines Schadens, der durch die in diesem Gesetz bestimmten Maßnahmen entsteht, sind weder das Reich noch die Länder verpflichtet.

§ 17.

Der Reichswirtschaftsminister erläßt die zur Durchführung dieses Gesetzes erforderlichen Rechts- und Verwaltungsverordnungen. Er kann auch Vorschriften ergänzenden oder abändernden Inhalts erlassen.

1. In der dem Reichswirtschaftsminister gegebenen Ermächtigung zu Änderungen und Ergänzungen liegt zugleich, daß natürlich auch authentische Auslegung der Gesetzesbestimmungen, freilich nur in Form von Durchführungsbestimmungen oder Verwaltungsverordnungen, gegeben werden kann.

2. Siehe die im folgenden abgedruckte DurchfVO. vom 21 Februar 1934.

Verordnung zur Durchführung des Gesetzes über Preisnachlässe (Rabattgesetz).

Vom 21. Februar 1934 (RGBl. I S. 120).

Auf Grund der Vorschrift des § 17 des Gesetzes über Preisnachlässe (Rabattgesetz) vom 25. November 1933 — Reichsgesetzbl. I S. 1011 — wird hiermit verordnet:

Erster Abschnitt.

Barzahlungsnachlässe.

1. Einlösung der Gutscheine.

§ 1.

Wird ein Barzahlungsnachlaß durch Ausgabe von Gutscheinen gewährt, so müssen die Gutscheine entweder von dem nachlaßgewährenden Gewerbetreibenden selbst oder von einer Vereinigung im Sinne des § 4 Abs. 2 Satz 1 des Rabattgesetzes eingelöst werden, deren Mitglied der nachlaßgewährende Gewerbetreibende sein muß.

2. Vereinigungen nachlaßgewährender Gewerbetreibender.

§ 2.

(1) Vereinigungen nachlaßgewährender Gewerbetreibender im Sinne des § 4 Abs. 2 des Rabattgesetzes müssen entweder rechtsfähige Vereine oder Genossenschaften im Sinne des Gesetzes über die Erwerbs- und Wirtschaftsgenossenschaften sein. Bei den Vereinen kann die Rechtsfähigkeit entweder auf der Eintragung in das Vereinsregister (§ 21 BGB.) oder auf staatlicher Verleihung (§ 22 BGB.) beruhen.

(2) Vereinigungen Gewerbetreibender, bei denen die Gewährung von Barzahlungsnachlässen nicht den Hauptzweck bildet, müssen den Geschäftsbetrieb und die Kassenführung für die Gewährung der Barzahlungsnachlässe von dem übrigen Geschäftsbetrieb getrennt halten.

§ 3.

Die Vereinigungen haben die aus dem Verkauf der Gutscheine eingehenden Beträge als zweckgebundenes, ihnen zu treuen Händen anvertrautes Vermögen zu verwalten. Sie haben die Beträge zur Einlösung der ausgegebenen Gutscheine bereitzuhalten und zu verwenden. Die Beträge sind bei Sparkassen oder Banken sicher anzulegen; sie dürfen weder langfristig festgelegt noch zu wirtschaftlichen oder gewerblichen Zwecken (z. B. als Betriebsvermögen oder in Warenbeständen) angelegt werden.

§ 4.

Die jeweiligen Kassen- und Gutscheinbestände sind sicher aufzubewahren und mit der Sorgfalt eines ordentlichen Kaufmanns zu verwalten. Die Unternehmungen (Sparkassen, Banken), denen die Beträge anvertraut werden, sind gleichfalls mit der Sorgfalt eines ordentlichen Kaufmanns auszuwählen.

§ 5.

Der Vorstand der Vereinigung ist für die Erfüllung der im § 2 Abs. 2 und in den §§ 3 und 4 vorgeschriebenen Verpflichtungen verantwortlich. Er hat insbesondere jedes Verschulden bei der Verwaltung und Anlegung der anvertrauten Beträge oder bei der Auswahl der Unternehmungen, denen die Beträge anvertraut werden, zu vertreten.

§ 6.

(1) Die im § 4 Abs. 2 des Rabattgesetzes vorgeschriebene Pflichtprüfung hat sich auf die gesamte Geschäftsgebarung der Vereinigung während der Dauer des Geschäftsjahres, insbesondere darauf zu erstrecken, daß die Einlösung der ausgegebenen Gutscheine gesichert ist. Ferner ist darauf zu achten, daß den in den §§ 2, 3 und 4 dieser Verordnung aufgestellten Erfordernissen genügt ist und daß die sachlichen und persönlichen Unkosten möglichst niedrig gehalten werden und zu dem Geschäftsumfang und Aufgabenkreis der Vereinigung in einem angemessenen Verhältnis stehen.

(2) Die Prüfung hat für jedes Geschäftsjahr besonders zu erfolgen. Als Geschäftsjahr gilt das Kalenderjahr.

(3) Die Prüfer sind zur gewissenhaften und unparteiischen Prüfung und zur Verschwiegenheit verpflichtet.

§ 7.

Sachverständige Prüfer im Sinne des § 4 Abs. 2 des Rabattgesetzes sind:

a) die öffentlich bestellten Wirtschaftsprüfer oder die Gesellschaften, die in die bei der Hauptstelle für die öffentlich bestellten Wirtschaftsprüfer geführte Liste der zur Wirtschaftsprüfertätigkeit zugelassenen Gesellschaften eingetragen sind;

b) die beeidigten Bücherrevisoren;

c) die Diplombücherrevisoren;

d) diejenigen, welche die Prüfung als Diplomkaufmann oder Diplomvolkswirt oder eine gleichartige Prüfung bestanden und mindestens ein Jahr lang im Prüfungswesen gearbeitet haben.

§ 8.

Die Prüfung kann auch einem Prüfungsverband von Rabattsparvereinigungen oder einem Revisionsverband gewerblicher Genossenschaften (§ 54 des Genossenschaftsgesetzes) übertragen werden. In diesem Fall muß der Verbandsprüfer die Voraussetzungen zu a, b, c oder d des § 7 erfüllen oder eine mehrjährige Tätigkeit als Verbandsprüfer nachweisen. Der Reichswirtschaftsminister kann gegen die Übertragung der Prüfung an einen der im Satz 1 genannten Prüfungsverbände Einspruch erheben. Der Prüfungs- oder Revisionsverband haftet für einen durch eine Pflichtverletzung seines Verbandsprüfers etwa entstehenden Schaden.

§ 9.

Die Vereinigung hat den Bericht des Prüfers gemäß § 4 Abs. 2 Satz 3 des Rabattgesetzes ihren Mitgliedern dadurch zugänglich zu machen, daß sie ihnen einen Abdruck übersendet oder die Urschrift oder Abschrift in ihren Geschäftsräumen mindestens einen Monat lang auslegt. Der Zeitraum, während dessen der Bericht ausliegt, ist den Mitgliedern schriftlich bekanntzugeben.

§ 10.

(1) Ist die Vereinigung in das Vereins- oder Genossenschaftsregister eingetragen, so hat sie jeweils dem zuständigen Registergericht einen Abdruck des Prüfungsberichtes zu übersenden und mitzuteilen, wann die Prüfung stattgefunden hat. Das Registergericht hat darüber zu wachen, daß die Pflichtprüfung alljährlich stattfindet. Es kann nach Ablauf des Geschäftsjahres den Beteiligten unter Androhung einer Ordnungsstrafe aufgeben, innerhalb einer bestimmten Frist den Bericht einzureichen. Die Vorschriften der §§ 132 bis 139 des Reichsgesetzes über die Angelegenheiten der freiwilligen Gerichtsbarkeit gelten entsprechend.

(2) Ist die Vereinigung durch staatliche Verleihung rechtsfähig, so hat sie der zuständigen Verwaltungsbehörde einen Abdruck des Prüfungsberichtes zu übersenden und mitzuteilen, wann die Prüfung stattgefunden hat. Die Vorschriften des Abs. 1 Satz 2 und 3 gelten entsprechend. Wird innerhalb der bestimmten Frist der Verpflichtung nicht genügt, so ist die angedrohte Strafe festzusetzen; gegen die Festsetzung der Ordnungsstrafe ist die Aufsichtsbeschwerde zulässig.

(3) Vereinigungen im Sinne des Abs. 1 haben dem zuständigen Registergericht, Vereinigungen im Sinne des Abs. 2 der zuständigen Verwaltungsbehörde ihren Geschäftsbetrieb unverzüglich anzumelden.

3. Konsumvereine.

§ 11.

Konsumvereine dürfen außer der Rückvergütung gemäß § 5 des Rabattgesetzes einen etwaigen weiteren Gewinn nur nach Maßgabe der Geschäftsanteile ausschütten. Der über die Rückvergütung hinaus errechnete Gewinnanteil darf erst dann ausgezahlt werden, wenn das Mitglied seinen Geschäftsanteil in voller Höhe eingezahlt hat (§ 19 des Genossenschaftsgesetzes). Entgegenstehende Satzungsbestimmungen (§ 19 Abs. 2 des Genossenschaftsgesetzes) sind insoweit unwirksam.

Zweiter Abschnitt.

Sondernachlässe.

§ 12.

Bei Lieferungen an Behörden oder Einrichtungen des Reichs, der Länder, der Deutschen Reichsbahn-Gesellschaft, an die Reichsbank oder an Gemeinden mit mehr als 100 000 Einwohnern kann ein Sondernachlaß oder Sonderpreis gemäß § 9 Ziffer 2 des Rabattgesetzes auch dann gewährt werden, wenn die Lieferung unter den von der zuständigen Beschaffungsstelle aufgestellten Bedingungen erfolgt.

Dritter Abschnitt.

Treuvergütung.

§ 13.

(1) Bei Markenwaren, die in verschlossenen Packungen abgegeben werden, kann deren Hersteller eine Vergütung dadurch gewähren, daß er der Ware einen Gutschein beipackt und gegen

eine bestimmte Anzahl gesammelter Gutscheine einen Barbetrag auszahlt (Treuvergütung). Der Reichswirtschaftsminister kann die Gewährung einer Treuvergütung nach Satz 1 untersagen, wenn sie nach Art und Umfang unter Berücksichtigung der Verhältnisse in dem Geschäfts- oder Warenzweig nicht angemessen erscheint.

(2) Die Gewährung von Preisnachlässen durch den Wiederverkäufer einer Markenware wird durch die Gewährung einer Treuvergütung nach Abs. 1 nicht berührt.

Vierter Abschnitt.

Schlußvorschriften.

§ 14.

Der Unterlassungsanspruch (§ 12 des Rabattgesetzes) verjährt in sechs Monaten von dem Zeitpunkt an, in dem der Anspruchsberechtigte von der Handlung und von der Person des Verpflichteten Kenntnis erlangt, ohne Rücksicht auf diese Kenntnis in drei Jahren von der Begehung der Handlung an.

§ 15.

(1) Diese Verordnung tritt am Tage ihrer Verkündung in Kraft.

(2) Markenwaren, denen Gutscheine beigepackt sind, die den Bestimmungen des § 13 Abs. 1 nicht entsprechen, dürfen, sofern sie bis zum 15. März 1934 an den Wiederverkäufer gelangt sind, von diesem auch nach dem 1. März 1934 im Einzelverkauf an den letzten Verbraucher abgegeben werden. Die Bestimmung des § 13 Abs. 2 gilt entsprechend.

(3) Für die Einlösung der Gutscheine, die den Bestimmungen des § 13 Abs. 1 widersprechen, gilt § 14 Abs. 2 des Rabattgesetzes mit der Maßgabe entsprechend, daß die Gutscheine der Zahl- und Leistungsstelle bis zum 31. August 1934 vorgelegt werden müssen.

Berlin, den 21. Februar 1934.

Der Reichswirtschaftsminister.
Dr. Schmitt.

Druck von Otto Walter, Berlin S. 14

FSC
www.fsc.org
MIX
Papier | Fördert
gute Waldnutzung
FSC® C083411

Kolibri 360 GmbH
Ferdinand-Jühlke-Straße 7
99095 Erfurt, Deutschland
produktsicherheit@kolibri360.de